DR. OETKER KOCHEN VON A–Z

DR. OETKER
KOCHEN VON A–Z

Dr. Oetker Verlag

Vorwort   A B C D E F G H I J K L M

Abkürzungen

EL	= Esslöffel
TL	= Teelöffel
Msp.	= Messerspitze
Pck.	= Packung/Päckchen
g	= Gramm
kg	= Kilogramm
ml	= Milliliter
l	= Liter
evtl.	= eventuell
geh.	= gehäuft
gestr.	= gestrichen
TK	= Tiefkühlprodukt
°C	= Grad Celcius
Ø	= Durchmesser

Kalorien-/Nährwertangaben

E	= Eiweiß
F	= Fett
Kh	= Kohlenhydrate
kcal	= Kilokalorie
kJ	= Kilojoule

Hinweise zu den Rezepten

Die Rezepte sind – wenn nicht anders angegeben – für 4 Portionen berechnet. Lesen Sie bitte vor der Zubereitung das Rezept einmal vollständig durch. Oft werden Arbeitsabläufe oder -zusammenhänge dann klarer.

Arbeitsschritte

Die Arbeitsschritte sind einzeln hervorgehoben, in der Reihenfolge, in der sie von uns ausprobiert wurden.

Backofeneinstellungen

Die Backofeneinstellungen sind Richtwerte, die von uns ausprobiert wurden. Sehen Sie auf jeden Fall in der Gebrauchsanweisung Ihres Backofens nach.

Zubereitungszeit

Die Zubereitungszeit beinhaltet nur die Zeit für die eigentliche Zubereitung, Garzeiten sind gesondert ausgewiesen. Längere Wartezeiten, z. B. Kühl-, Einweich-, Marinier- und Durchziehzeiten sind nicht miteinbezogen.

Zutatenliste

Die Zutaten sind in der Reihenfolge ihrer Verarbeitung aufgeführt.

Vorwort

Kochen von A-Z, das ist das Basiswerk für Ihre Küche. In diesem Küchenlexikon finden Sie die wichtigsten und bekanntesten Rezepte und diese sortiert von A-Z.
Eine Buchstabenleiste zeigt Ihnen, wo Sie sich im Alphabet befinden. Gehen Sie mit uns auf eine kulinarische Entdeckungsreise – egal, ob Sie saisonal das Gemüse verarbeiten möchten, das in Ihrem Garten wächst oder ob Sie Ihre Familie oder Ihre Gäste mit einem leckeren Menü verwöhnen wollen. Wir zeigen Ihnen von A-Z, was Sie Köstliches an Ihrem Herd zaubern können.

Viele Menüvorschläge erleichtern Ihnen das Zusammenstellen von Vorspeisen, Hauptgerichten und Desserts.

Außerdem sind alle Rezepte am Ende des Buches noch einmal thematisch sortiert nach:

Aufläufe und Gratins, Butter und Schmalz, Desserts, Eierspeisen, Eintöpfe, Fisch und Schalentiere, Fleisch, Geflügel, Gemüse, Kartoffeln, Knödel, Nudeln, Pikant backen, Reis und Getreide, Salate, Saucen, Fonds und Dips, Snacks, Suppen und Suppeneinlagen, Süße Mahlzeiten, Vorspeisen, Wild.

Am Schluss des Buches finden Sie die Küchenfeuerwehr. Sie soll Ihnen in der Küche mit Tipps und Tricks zur Seite stehen. Oft sind es nur Kleinigkeiten, die einem das Kochen erleichtern oder sogar entscheidend zum Gelingen eines Gerichts beitragen. Aber, man muss sie kennen!

Aal grün

■ Klassisch

Pro Portion:
E: 33 g, F: 58 g, Kh: 8 g,
kJ: 3261, kcal: 778

800 g küchenfertiger, enthäuteter Aal
150 g Blattspinat
1 Bund glatte Petersilie
1 Blatt fein geschnittener Salbei
8 Blättchen fein gehackter Estragon
1 TL Salz
250 ml (¼ l) Weißwein
2 EL Butter
1 EL Weizenmehl
1 Eigelb
4 EL Schlagsahne
1 TL Zucker
1 EL Zitronensaft
¼ TL Pfeffer
4 EL fein geschnittener Dill
Zucker
Zitronensaft
Pfeffer, Salz

Zubereitungszeit: 40 Min.

1. Den Aal unter fließendem kalten Wasser abspülen, trockentupfen, in etwa 5 cm lange Stücke schneiden.
2. Blattspinat verlesen, waschen, trocknen und klein schneiden.
3. Petersilie abspülen, trockentupfen, die Blättchen von den Stängeln zupfen, ¾ der Menge abnehmen, mit fein gehacktem Salbei, Estragon, Spinat, Salz und Weißwein aufkochen.
4. Aalstücke hineingeben, zugedeckt etwa 10 Minuten gar ziehen lassen. Auf einer vorgewärmten Platte anrichten, warm stellen.

Aal in Gelee

5. Butter zerlassen, Weizenmehl hinzufügen, unter Rühren so lange darin erhitzen, bis es hellgelb ist, die Fischsauce hinzugeben, mit einem Schneebesen durchschlagen, darauf achten, dass keine Klümpchen entstehen, zum Kochen bringen, 10 Minuten kochen lassen.
6. Eigelb mit Sahne, Zucker, Zitronensaft, Pfeffer verschlagen, in die Sauce rühren, nicht mehr kochen lassen, die restliche Petersilie und den Dill hinzufügen.
7. Die Sauce abschmecken, über die Aalstücke gießen.

MENUE

Vorspeise:
Aal in Gelee (Seite 6)
Hauptgericht:
Heilbutt Gärtnerin (Seite 204)
Dessert:
Orangen-Parfait (Seite 334)

Aal in Gelee

■ Für Gäste

Pro Portion:
E: 38 g, F: 33 g, Kh: 1 g,
kJ: 2131, kcal: 508

6 Blatt weiße Gelatine
400 g Räucheraalfilet
400 ml Fischfond
100 ml weißer Wermut (Noilly Prat)
Salz, Pfeffer
1 Päckchen Gartenkresse
4 kleine Formen (konisch), zum Stürzen geeignet

Zubereitungszeit: 50 Min.

1. Blattgelatine in kaltem Wasser einweichen.
2. Räucheraalfilet in passende Stücke zu den Formen schneiden.
3. Fischfond und Wermut erhitzen, die eingeweichte Gelatine darin auflösen,

mit Salz und Pfeffer würzen. Das noch warme Gelee in die Formen gießen, kalt stellen. Wenn am Boden und an den Formrändern das Gelee fest geworden ist und es in der Mitte noch flüssig ist, das flüssige Gelee wieder in den Topf mit dem restlichen Gelee zurückgießen.

4. In diesen Leerraum die zurechtgeschnittenen Aalstücke setzen, Zwischenräume mit Gelee auffüllen und zum Erstarren kühl stellen.
5. Ränder mit einem spitzen Messer lösen, die Formen kurz in warmes Wasser halten, den Aal in Gelee auf Teller stürzen, mit gewaschener Kresse garnieren.

Aalspieße mit Champignons

■ Schnell

Pro Portion:
E: 44 g, F: 85 g, Kh: 3 g,
kJ: 4242, kcal: 1013

1 küchenfertiger Aal (1 kg)
Salz, 2 Knoblauchzehen
1 Bund Dill
1 kleine Salatgurke (600 g)
200 g große Champignons
100 g geräucherter Speck
Zitronensaft
5 EL Weizenkeimöl
1 TL Paprika rosenscharf
1 TL Paprika edelsüß

Zubereitungszeit: 25 Min.

1. Aal gründlich unter fließendem kalten Wasser waschen, trockentupfen, in etwa 3 cm lange Stücke schneiden, mit Salz einreiben.
2. Die Knoblauchzehen abziehen und fein hacken.
3. Dill abspülen, trockentupfen, die Blättchen von den Stängeln zupfen und fein schneiden.
4. Dill und Knoblauch mischen und in jedes Aalstück etwas von der Mischung geben.
5. Salatgurke waschen, trockentupfen, längs halbieren und mit einem Löffel die Kerne herausschaben. Die Gurkenhälften in 1 cm dicke Scheiben schneiden.
6. Champignons putzen, mit Küchenpapier abreiben, evtl. die Stängel abschneiden.
7. Speck in Scheiben schneiden. Aal, Gurken, Champignons und Speck abwechselnd auf Spieße stecken, mit Zitronensaft beträufeln.
8. Weizenkeimöl mit Paprika verrühren, die Spieße damit bestreichen. Auf den heißen Grillrost legen, während des Grillens wenden. Mit der Ölmischung bestreichen.

Beilage:
Kartoffelsalat mit Kresse, Sesambrötchen.

Aalspieße mit Champignons

A B C D E F G H I J K L M

Allgäuer Käsesuppe

■ Schnell – preiswert

Pro Portion:
E: 38 g, F: 35 g, Kh: 35 g,
kJ: 2874, kcal: 687

200 g Weißbrot
750 ml (³/₄ l) heiße Fleischbrühe
400 g geriebener Allgäuer
Emmentaler
250 ml (¹/₄ l) Weißwein
Salz, Zucker, fein gehackte Kräuter
(z. B. Petersilie, Dill, Kerbel)

Zubereitungszeit: 30 Min.

1. Vom Brot die Rinde entfernen, Brot in Würfel schneiden. Brotwürfel in einen Topf geben, die heiße Brühe hinzugießen und kurz aufkochen lassen. Die Suppe mit einem elektrischen Handrührgerät pürieren.
2. Den Käse langsam nach und nach zu der Brühe geben. Den Weißwein hinzugießen, erhitzen, mit Salz und Zucker abschmecken. Die Suppe mit Kräutern bestreuen.

Tipp:
Weißbrotwürfel in zerlassener Butter anrösten, in die Suppe geben.

Ambrosia

■ Raffiniert – klassisch

Pro Portion:
E: 6 g, F: 44 g, Kh: 58 g,
kJ: 2813, kcal: 672

500 g saure Sahne, 200 g feiner Zucker
1 Pck. Vanillin-Zucker
6 EL Arrak oder weißer Rum
6 Blatt rote Gelatine
250 ml (¹/₄ l) Schlagsahne

Zubereitungszeit: 25 Min.

1. Saure Sahne, Zucker, Vanillin-Zucker und Arrak oder Rum verrühren.
2. Gelatine in kaltem Wasser einweichen, ausdrücken, unter Rühren erwärmen. Mit Sahnemasse verrühren, etwas fest werden lassen.
3. Sahne steif schlagen, eine Hälfte unter die Masse geben. In 4 Gläser füllen, mit Sahne verzieren.

Variante:
Ambrosia abwechselnd mit Kirschen einschichten.

Amerikanischer Schinken mit Sirup

10 Portionen

■ Raffiniert

Pro Portion:
E: 54 g, F: 100 g, Kh: 17 g,
kJ: 5258, kcal: 1256

1 ganzer Schinken (kleine Keule vom Jungschwein), etwa 3 kg
20 Gewürznelken
100 g brauner Zucker (Rohrzucker)
1 EL mittelscharfer Senf
4 EL Ahornsirup
frisch gemahlener Pfeffer

Zubereitungszeit: 30 Min.,
ohne Garzeit

1. Die Schwartenseite des Schinkens (oder Jungschweinkeule) rautenförmig einritzen und mit Gewürznelken spicken. In den Backofen auf den Rost geben.

Ambrosia

Ober-/Unterhitze: etwa 180 °C
(vorgeheizt)
Heißluft: etwa 160 °C
(nicht vorgeheizt)
Gas: Stufe 2–3 (nicht vorgeheizt)
Garzeit: 2 1/2 Stunden.
Das austretende Fett in der Fettpfanne auffangen.

2. Nach 2 Stunden Bratzeit das Fett abgießen, etwa 1 Liter davon auffangen und mit braunem Zucker, Senf und Ahornsirup verrühren.
3. Den Schinken mit Pfeffer bestreuen, mit dem angerührten Fett bestreichen und im Backofen bei Oberhitze glasieren.

Ananas-Charlotte

■ Für Gäste

Pro Portion:
E: 11 g, F: 26 g, Kh: 55 g,
kJ: 2458, kcal: 587

200 g Löffelbiskuits
1 große Dose (820 g) Ananas
1 Pck. gemahlene Gelatine, weiß
3 EL kaltes Wasser
2 Eigelb
60 g Zucker
2 EL Zitronensaft
250 ml (1/4 l) Schlagsahne
8 kandierte Kirschen
2 EL gehackte Pistazienkerne

Zubereitungszeit: 40 Min.

1. Den Rand einer Springform (Ø 22 cm) mit Pergamentpapier auslegen und auf eine mit Pergamentpapier ausgelegte, runde Platte stellen.
2. Die Hälfte der Löffelbiskuits an einem Ende gerade schneiden, als Rand aufstellen, Boden mit den restlichen Löffelbiskuits auslegen.
3. Ananas auf ein Sieb zum Abtropfen geben, dabei den Saft auffangen. Die Löffelbiskuits mit 3–4 Esslöffeln Saft beträufeln.
4. Gelatine mit kaltem Wasser anrühren, quellen lassen und unter Rühren erwärmen.
5. Eigelb mit dem Zucker schaumig schlagen, Zitronensaft und 125 ml (1/8 l) Ananassaft unterrühren.
6. Die aufgelöste Gelatine unterrühren und fest werden lassen.
7. Ananasscheiben fein würfeln. Sahne steif schlagen.
8. Wenn die Creme anfängt dick zu werden, Ananasstücke und Sahne unterheben, Creme auf den Löffelbiskuits verteilen und fest werden lassen.
9. Springformrand und Pergamentpapier entfernen, die Charlotte mit den Ananaswürfeln, kandierten Kirschen, gehackten Pistazienkernen garnieren.

Ananas-Charlotte

MENUE

Vorspeise:
Gemüsesuppe mit Pesto (Seite 160)

Hauptgericht:
Filet Wellington (Seite 119)

Dessert:
Ambrosia (Seite 8)

Ananascurry mit Garnelen
1 Portion

■ Raffiniert

Pro Portion:
E: 2 g, F: 1 g, Kh: 28 g,
kJ: 575, kcal: 137

etwa 200 g frische Ananas
150 ml Kokosmilch (Dose)
1 TL rote Currypaste (in Asialäden erhältlich)
Salz
1/2 TL Zucker
6 aus der Schale gelöste Garnelen

Zubereitungszeit: 15 Min.

1. Die Ananas einmal quer durchschneiden, mit der Schnittfläche auf ein Schneidebrett legen.
2. Mit einem großen Messer von oben die Schale senkrecht nach unten hin abschneiden.
3. Die halbe Frucht nochmal längs durchschneiden, die holzige Mitte aus dem Fruchtfleisch lösen (die ungeschälte Hälfte in Folie verpackt kalt stellen), das Fruchtfleisch würfeln.
4. Ananaswürfel mit Kokosmilch, Currypaste, Salz und Zucker aufkochen.
5. Garnelen hinzufügen und in dem Curry erhitzen. Nochmals abschmecken.

Beilage:
Langkornreis.

Tipp:
Ananas aus der Dose verwenden.

Anglertopf

■ Raffiniert

Pro Portion:
E: 13 g, F: 25 g, Kh: 56 g,
kJ: 2179, kcal: 521

1 kg gewaschene Kartoffeln
1 TL Kümmel
Salzwasser
500 g Möhren
125 ml (1/8 l) Gemüsebrühe
etwas Butter zum Einfetten
Salz, Pfeffer
500 g gekochtes Fischfilet
3 Eier
250 ml (1/4 l) Milch oder Schlagsahne
Paprika edelsüß
Thymian
fein gehackte Petersilie
20 g Semmelbrösel
20 g Butterflöckchen

Zubereitungszeit: 45 Min.

1. Kartoffeln mit Kümmel in kochendem Salzwasser gar kochen lassen, heiß pellen und erkaltet in Würfel schneiden.
2. Möhren schälen, waschen, in Scheiben schneiden und in der Gemüsebrühe etwa 10 Minuten dünsten, dann abtropfen lassen.
3. In eine gefettete Auflaufform abwechselnd Kartoffeln, Möhren und das zerpflückte, mit Salz und Pfeffer bestreute Fischfilet einschichten.
4. Eier mit Milch und Gewürzen verschlagen und darüber gießen. Semmelbrösel darüber streuen, Butterflöckchen darauf setzen und überbacken.
Ober-/Unterhitze: etwa 200 °C (vorgeheizt)
Heißluft: etwa 180 °C (vorgeheizt)
Gas: Stufe 3–4 (vorgeheizt)
Backzeit: etwa 30 Minuten.

Tipp: Mit Thymian garnieren.

Anglertopf

Apfel-Matjes-Salat

■ Schnell

Pro Portion:
E: 23 g, F: 35 g, Kh: 16 g,
kJ: 2155, kcal: 514

6 Matjesfilets
250 ml (¼ l) Mineralwasser
4 hart gekochte Eier
4 Gewürzgurken (200 g)
4 kleine säuerliche Äpfel (etwa 500 g)
2 EL Zitronensaft

Für die Salatsauce:
100 g Salatmayonnaise
50 g Joghurt, etwas Gurkensud
Salz, Pfeffer, Dillzweige

Zubereitungszeit: 30 Min.

1. Matjesfilets evtl. mit Mineralwasser übergießen, kurz wässern, trockentupfen, in Streifen schneiden.
2. Eier pellen, die Eigelb mit einem Löffel herauslösen, hacken, beiseite stellen, das Eiweiß würfeln. Gewürzgurken würfeln. Äpfel waschen, abtrocknen, vierteln, entkernen, würfeln, mit Zitronensaft beträufeln.
3. Für die Salatsauce die Mayonnaise mit Joghurt und etwas Gurkensud verrühren, mit Salz und Pfeffer würzen.
4. Mit den Salatzutaten vermengen, den Salat mit dem gehackten Eigelb bestreuen, mit Dillzweigen garnieren.

MENUE

Vorspeise:
Endivien-Apfel-Salat (Seite 102)

Hauptgericht:
Anglertopf (Seite 10)

Dessert:
Quark-Trifle (Seite 371)

Apfel-Möhren-Rohkost
2 Portionen

■ Schnell

Pro Portion:
E: 4 g, F: 4 g, Kh: 18 g,
kJ: 545, kcal: 130

2 kleine Äpfel (200 g)
150 g Möhren
150 g Joghurt (3,5%)
2 TL Dickmilch oder Kefir
1 TL Zitronensaft
Zucker, evtl. Zimtpulver

Zubereitungszeit: 15 Min.

1. Äpfel schälen, halbieren und entkernen, raspeln. Möhren putzen, schälen, waschen, raspeln.
2. Joghurt mit Dickmilch und Zitronensaft verrühren. Mit etwas Zucker abschmecken. Die geraspelten Zutaten mit der Sauce vermengen. Nach Belieben mit Zimt abschmecken.

Apfelbeignets

■ Preiswert

Pro Portion:
E: 5 g, F: 25 g, Kh: 50 g,
kJ: 1988, kcal: 474

125 g Weizenmehl
125 ml (1/8 l) Bier
1 Eigelb
60 g Zucker
1 Prise Salz
2 TL Speiseöl
1 Eiweiß
4 mittelgroße, säuerliche Äpfel
1 1/2 kg Ausbackfett
Zucker und Zimtpulver (gemischt)

Zubereitungszeit: 25 Min.

1. Mehl in eine Rührschüssel sieben.
2. Nach und nach mit Bier, Eigelb, Zucker, Salz, Speiseöl verrühren, 15 Minuten ruhen lassen.
3. Eiweiß steif schlagen, unterheben.
4. Äpfel schälen, das Kerngehäuse ausstechen, die Äpfel in 1/2 cm dicke Scheiben schneiden, mit Hilfe von 2 Gabeln in dem Teig wenden.
5. In siedendem Ausbackfett goldbraun backen.
6. Gut abtropfen lassen, mit Zucker und Zimt bestreuen.

Apfelbeignets

Apfelklöße

■ Für Kinder

Pro Portion:
E: 14 g, F: 16 g, Kh: 69 g,
kJ: 2101, kcal: 501

2 Brötchen (Semmeln)
50 g Butter
2 Eier, 1 Prise Salz
250 g Weizenmehl
3 EL Milch
500 g Äpfel
kochendes Salzwasser

Zubereitungszeit: 40 Min.

1. Brötchen in kaltem Wasser einweichen.
2. Butter geschmeidig rühren, nach und nach die gut ausgedrückten Brötchen, Eier und Salz hinzufügen.
3. Mehl sieben und abwechselnd mit Milch unterrühren.
4. Äpfel schälen, vierteln, entkernen, in ganz kleine Stücke schneiden, unter den Teig rühren.
5. Mit einem in heißes Wasser getauchten Esslöffel Klöße abstechen, in kochendes Salzwasser geben, zum Kochen bringen, in etwa 15 Minuten gar ziehen lassen.

Beilage:
Zucker und Zimtpulver.

MENUE

Hauptgericht:
Gans, gebraten (Seite 146)

Beilage:
Apfelrotkohl (Seite 13)

Dessert:
Zitronensorbet (Seite 510)

Apfelklöße

Apfelmus

■ Preiswert

Pro Portion:
E: 2 g, F: 3 g, Kh: 125 g,
kJ: 2332, kcal: 555

750 g Äpfel
5 EL Wasser
etwa 50 g Zucker

Zubereitungszeit: 25 Min.

1. Äpfel waschen, vierteln, entkernen, in Stücke schneiden.
2. Mit dem Wasser zum Kochen bringen, weich kochen lassen.
3. Durch ein Sieb streichen und mit Zucker abschmecken.

Apfelpfannkuchen

■ Schnell

Pro Portion:
E: 9 g, F: 22 g, Kh: 34 g,
kJ: 1631, kcal: 389

O P Q R S T U V W X Y Z **A**

Apfelpfannkuchen

125 g Weizenmehl
250 ml ($^1/_4$ l) Milch
1 EL Zucker, 2 Eier
30 g zerlassene Butter
2 säuerliche Äpfel (z. B. Boskop)
4 EL Butterschmalz

Zubereitungszeit: 25 Min.

1. Aus Mehl, Milch, Zucker und Eiern einen dickflüssigen Teig zubereiten. Zuletzt die zerlassene Butter unterrühren und zugedeckt etwa 20 Minuten quellen lassen.
2. Inzwischen die Äpfel schälen, das Kerngehäuse ausstechen. Die Äpfel in dünne Scheiben schneiden.
3. 1 Esslöffel Butterschmalz in einer großen Pfanne erhitzen. $^1/_4$ der Apfelscheiben darin fast weich dünsten, $^1/_4$ Teig darüber gießen, stocken lassen, dabei immer wieder den Teig vom Boden lösen.
4. Den Pfannkuchen wenden und fertig braten. 4 Pfannkuchen herstellen und warm halten.

Apfelrotkohl

■ **Gut vorzubereiten**

Pro Portion:
E: 5 g, F: 15 g, Kh: 20 g,
kJ: 1078, kcal: 256

1 kg Rotkohl
3 säuerliche Äpfel
2 Zwiebeln
50 g Schweineschmalz
1 Lorbeerblatt
3 Gewürznelken
3 Wacholderbeeren
5 Pfefferkörner
$^1/_2$ Zimtstange
2 EL Rotweinessig
Salz, Zucker
125 ml ($^1/_8$ l) Gemüsebrühe
6 EL Rotwein

Zubereitungszeit: 2 Std.

1. Von dem Rotkohl die groben äußeren Blätter ablösen, den Kohl vierteln, Strunk herausschneiden, waschen, sehr fein schneiden oder hobeln.
2. Äpfel schälen, vierteln, entkernen. Zwiebeln abziehen, beides in Würfel schneiden.
3. Schweineschmalz zerlassen, Zwiebelwürfel darin andünsten. Rotkohl und Äpfel hinzufügen und mit andünsten.
4. Alle anderen Zutaten dazugeben und 1$^1/_2$ Stunden garen.
5. Rotkohl umrühren und abschmecken.

Tipp:
Johannisbeergelee oder Preiselbeerkompott unterrühren.

Apfelrotkohl

13

Aprikosenauflauf

6 Portionen

■ Für Kinder

Pro Portion:
E: 6 g, F: 5 g, Kh: 35 g,
kJ: 924, kcal: 221

1 Dose Aprikosen (Abtropfgewicht 820 g)
4 Eigelb
125 ml (⅛ l) Aprikosensaft
100 g Zucker
100 g Speisestärke
2 EL Zitronensaft
4 Eiweiß
10 g Butter
10 g Puderzucker

Zubereitungszeit: 40 Min.

1. Aprikosen auf ein Sieb zum Abtropfen geben (Saft auffangen), Aprikosen pürieren.
2. Eigelb mit dem Aprikosensaft schaumig rühren, Zucker unterrühren, bis eine cremeartige Masse entstanden ist.
3. Speisestärke mit Zitronensaft verrühren, unter die Eigelbmasse rühren.
4. Eiweiß steif schlagen, mit den pürierten Aprikosen unter die Eigelbmasse heben.
5. Masse in eine gefettete, breite Auflaufform geben, in den Backofen auf die unterste Schiene schieben.
   Ober-/Unterhitze: etwa 180 °C (vorgeheizt)
   Heißluft: etwa 160 °C (vorgeheizt)
   Gas: Stufe 2–3 (vorgeheizt)
   Backzeit: etwa 25 Minuten.
6. Den Auflauf nach dem Backen mit Puderzucker bestäuben, sofort servieren.

Aprikosenkaltschale

Aprikosenkaltschale

■ Schnell

Pro Portion:
E: 2 g, F: 0,5 g, Kh: 52 g,
kJ: 1173, kcal: 280

600 g Aprikosen
375 ml (⅜ l) Weißwein
375 ml (⅜ l) Aprikosennektar
80 g Zucker
1 Pck. Vanillin-Zucker
1 Stück Zimtstange
30 g Sago, etwas Zitronensaft

Zubereitungszeit: 30 Min.

1. Aprikosen waschen, halbieren, entsteinen, kurze Zeit in kochendes Wasser legen, in kaltem Wasser abschrecken, enthäuten, in Spalten schneiden.
2. Weißwein, Aprikosennektar, Zucker, Vanillin-Zucker, Zimtstange und Sago zum Kochen bringen und etwa 20 Minuten ausquellen lassen.
3. Aprikosenspalten dazugeben und noch etwa 5 Minuten ziehen lassen.
4. Kaltschale mit Zitronensaft abschmecken und abkühlen lassen.

Tipp:
Die Kaltschale kann auch nur mit Apfelsaft zubereitet werden.

MENUE

Vorspeise:
Spargel in Kräutermarinade (Seite 444)

Hauptgericht:
Hähnchenauflauf (Seite 192)

Dessert:
Aprikosenkaltschale (Seite 14)

Aprikosenkompott

■ Schnell

Pro Portion:
E: 1 g, F: 0,2 g, Kh: 33 g,
kJ: 617, kcal: 147

600 g Aprikosen
75 g Zucker

Zubereitungszeit: 30 Min.

1. Aprikosen kurze Zeit in kochendes Wasser legen (nicht kochen lassen), in kaltem Wasser abschrecken, halbieren, enthäuten, entsteinen, einige Steine aufbrechen, zu den Früchten geben, diese mit Zucker bestreuen.
2. Sobald die Früchte Saft gezogen haben, sie weich dünsten.
3. Das Kompott erkalten lassen, evtl. mit Zucker abschmecken.

Arme Ritter

■ Preiswert

Pro Portion:
E: 16 g, F: 38 g, Kh: 34 g,
kJ: 2464, kcal: 588

300 ml Milch
3 Eigelb, 3 EL Mandellikör
2 EL Zucker
6 dicke Scheiben altbackenes Kastenweißbrot
3 Eiweiß
100 g abgezogene, gemahlene Mandeln
80 g Butter

Zubereitungszeit: 25 Min.

1. Milch mit Eigelb, Mandellikör und Zucker verrühren. Das Kastenweißbrot in eine Schale legen, mit der Eiermilch übergießen, einweichen lassen, bis die Milch aufgesogen ist.
2. Das Eiweiß mit einer Gabel leicht anschlagen, die Brotscheiben in Eiweiß, dann in den Mandeln wenden.
3. Die Butter zerlassen, die Brotscheiben darin von beiden Seiten knusprig braun braten und heiß servieren.

Tipp:
Dazu Zimtzucker, Zwetschenkompott oder Apfelmus servieren.

Arrakpunsch

■ Für Gäste

Pro Portion:
E: 2 g, F: 2 g, Kh: 93 g,
kJ: 2603, kcal: 621

300 g Zucker
400 ml Zitronensaft
150 ml Orangenlikör
250 ml (¼ l) Arrak
750 ml (¾ l) Wasser
3 Zitronen (unbehandelt)

Zubereitungszeit: 10 Min.

1. Zucker im Zitronensaft auflösen, Orangenlikör, Arrak und Wasser zugeben. Alles in einem Topf erhitzen, aber nicht kochen lassen.
2. Zitronen waschen und in Scheiben schneiden. Je eine Zitronenscheibe in ein Punschglas geben und mit dem heißen Punsch auffüllen.

Arme Ritter

Artischocken mit Sauce Vinaigrette

■ Vegetarisch

Pro Portion:
E: 3 g, F: 24 g, Kh: 14 g,
kJ: 1242, kcal: 296

4 Artischocken
1 Zitrone
Salz

Für die Vinaigrette:
1 Schalotte
3 EL Weinessig
frisch gemahlener Pfeffer
1 Prise Zucker
8 EL Olivenöl
1 EL gehackte, glatte Petersilie
1 Tomate

Zubereitungszeit: 35 Min.

1. Die Artischocken waschen, äußere unansehnliche Blätter abschneiden. Mit einer Küchenschere die Blattspitzen gerade abschneiden. Die Schnittflächen mit der halbierten Zitrone abreiben.
2. Die Artischocken mit dem Saft von $1/2$ Zitrone in kochendes Salzwasser geben und zugedeckt bei schwacher Hitze etwa 30 Minuten köcheln. Beim Einstechen müssen sich die Böden weich anfühlen. Die Artischocken mit einem Schaumlöffel herausnehmen und mit dem Boden nach oben auf einem Sieb abtropfen lassen.
3. Für die Vinaigrette Schalotte abziehen und sehr fein würfeln. Mit Essig, Salz, Pfeffer, Zucker, Olivenöl und Petersilie verrühren.
4. Die Tomate überbrühen, enthäuten, halbieren, Kerne und Stängelansatz entfernen, das Fruchtfleisch würfeln und unter die Vinaigrette rühren.

Tipp:
Statt Vinaigrette passt auch Sauce Hollandaise dazu.

Artischocken, römisch

Artischocken, römisch
6 Portionen

■ Für Gäste – vegetarisch

Pro Portion:
E: 12 g, F: 24 g, Kh: 38 g,
kJ: 1904, kcal: 453

16 junge, kleine Artischocken
$1/2$ Zitrone
3 Knoblauchzehen
1 Bund glatte Petersilie
10 frische Minzeblätter
50 g Semmelbrösel
50 g Parmesan
Salz
frisch gemahlener Pfeffer
125 ml ($1/8$ l) Olivenöl
250 ml ($1/4$ l) Weißwein

Zubereitungszeit: 1 Std.

1. Die Artischocken waschen, äußere unansehnliche Blätter auszupfen. Mit einem scharfen Messer das obere Viertel und die Stiele abschneiden. Mit einer Küchenschere die Blattspitzen gerade abschneiden, die Schnittflächen mit Zitrone abreiben.
2. Knoblauchzehen abziehen, Petersilie, Minzeblätter waschen, alles fein hacken. Semmelbrösel und Parmesan vermischen. Salzen, pfeffern.
3. Von den Artischocken die Mittelblätter lockern, das Herz innen entfernen und mit dem Gemisch füllen.
4. Öl in einer feuerfesten Form erhitzen. Gefüllte Artischocken hineinlegen. Mit so viel Weißwein auffüllen, dass die Artischocken halb bedeckt sind. Im Backofen weich dünsten.

Artischocken-Tomaten-Salat

5. Champignonscheiben in die Mitte legen und mit Zwiebeln bestreuen. Basilikumblätter abspülen, trockentupfen, in Streifen schneiden und darüber streuen.

MENUE

Vorspeise:
Artischocken, römisch (Seite 16)
Hauptgericht:
Lasagne, klassisch (Seite 279)
Dessert:
Tiramisu (Seite 471)

Ober-/Unterhitze: etwa 200 °C (vorgeheizt)
Heißluft: etwa 180 °C (nicht vorgeheizt)
Gas: Stufe 3–4 (nicht vorgeheizt)
Dünstzeit: etwa 35 Minuten.

Beilage:
Frisches Stangenweißbrot.

Artischocken-Tomaten-Salat

■ Für Gäste

Pro Portion:
E: 5 g, F: 18 g, Kh: 15 g,
kJ: 1067, kcal: 254

4 kleine, spitze Artischocken
1 Zitrone, Salz
1 rote Zwiebel
200 g Kirschtomaten
150 g Champignonscheiben

Für die Salatsauce:
1 EL Weinessig
1 EL Zitronensaft
frisch gemahlener Pfeffer
1 Prise Zucker
6 EL Olivenöl
15 Basilikumblätter

Zubereitungszeit: 40 Min.

1. Von den Artischocken den Stiel abschneiden und die Blattspitzen abschneiden, in kaltes Zitronenwasser legen, dann in kochendem Salzwasser in etwa 25 Minuten garen.
2. Zwiebel abziehen und in Streifen schneiden. Tomaten waschen und halbieren.
3. Für die Sauce Essig, Zitronensaft, Salz, Pfeffer und Zucker verrühren und das Öl unterschlagen.
4. Artischocken achteln, dabei das Herz entfernen und mit den Tomaten kranzförmig auf vier Tellern anordnen.

Asia-Sauce

■ Raffiniert

Pro Portion:
E: 0,2 g, F: 0,1 g, Kh: 17 g,
kJ: 327, kcal: 78

200 g fein geraspelte Ananas aus der Dose
2 EL Ananassaft
3 gestr. EL brauner Zucker
2 EL Essig
$1/4$ TL Knoblauchsalz, Cayennepfeffer
$1/2$ TL frisch gemahlener Pfeffer
Tabasco

Zubereitungszeit: 15 Min.

1. Ananas abtropfen lassen, den Saft auffangen, Saft erhitzen.
2. Zucker darin auflösen, mit Ananasraspeln und Essig verrühren.
3. Mit Knoblauchsalz, Pfeffer und Tabasco würzen.

Tipp:
Asia-Sauce eignet sich für Fleisch- Wild-, Fisch- und Käsesalate.

Auberginenauflauf

Auberginenauflauf

■ Gut vorzubereiten

Pro Portion:
E: 27 g, F: 61 g, Kh: 28 g,
kJ: 3382, kcal: 808

2 Auberginen (500 g)
8 EL Olivenöl
Salz
frisch gemahlener Pfeffer
100 g Makkaroni
300 g grobes Bratwurstbrät
2 enthäutete Fleischtomaten (400 g)
1 Pck. Tomatensauce (500 g)
gerebelter Oregano
125 g Mozzarella
40 g Butter
1 EL frisches Basilikum

Zubereitungszeit: 65 Min.

1. Auberginen putzen, waschen, in Scheiben schneiden.
2. Etwas von dem Olivenöl erhitzen, die Auberginenscheiben portionsweise darin anbraten, auf Küchenpapier zum Abtropfen legen, mit Salz und Pfeffer bestreuen.
3. Makkaroni nach Packungsanleitung in Salzwasser gar kochen, auf ein Sieb zum Abtropfen geben.
4. Bratwurstbrät in einer Pfanne andünsten, dabei mit einer Gabel etwas zerdrücken.
5. Tomaten in Scheiben schneiden.
6. Eine Lage Auberginenscheiben in eine gefettete Auflaufform legen, darauf die Makkaroni, Tomatenscheiben und das Bratwurstbrät verteilen. Mit dem Rest der Auberginenscheiben belegen.
7. Die Tomatensauce darauf verteilen, mit den Gewürzen bestreuen.
8. Mozzarella in Scheiben schneiden, darauf verteilen, mit Butterflöckchen belegen, in den Backofen schieben.
   Ober-/Unterhitze: etwa 180 °C (vorgeheizt)
   Heißluft: etwa 160 °C (nicht vorgeheizt)
   Gas: Stufe 2–3 (nicht vorgeheizt)
   Backzeit: etwa 35 Minuten.
9. Mit frischem Basilikum bestreuen.

Auberginen-Lasagne

■ Vegetarisch – raffiniert

Pro Portion:
E: 19 g, F: 66 g, Kh: 51 g,
kJ: 3829, kcal: 915

Für die Füllung:
500 g Auberginen
150 g Staudensellerie
250 g Champignons
1 große Zwiebel
6 EL Pflanzenöl
2 Knoblauchzehen
1 TL Thymian, Pfeffer, Salz
2 Dosen Pizza-Tomaten (je 400 g)

Auberginen-Lasagne

Zum Bestreichen:
200 g Frischkäse
200 ml Schlagsahne
200 ml saure Sahne
1 Bund Basilikum
Salz, Pfeffer
geriebene Muskatnuss
40 g Butter

12 Lasagneplatten (nach Belieben Vollkorn)

Zubereitungszeit: 1 1/2 Std.

1. Von den Auberginen die Stängelansätze entfernen. Staudensellerie am Wurzelansatz abschneiden, an den äußeren Seiten grobe Fasern abziehen.
2. Das Gemüse waschen, in kleine Würfel schneiden.
3. Pilze putzen, evtl. abspülen, in feine Scheiben schneiden.
4. Die Zwiebel abziehen, halbieren, in feine Würfel schneiden.
5. Öl erhitzen. Zwiebelwürfel glasig dünsten lassen. Auberginenwürfel hinzufügen, unter Rühren etwa 4 Minuten dünsten lassen.
6. Knoblauchzehen abziehen, fein zerdrücken. Zusammen mit den Staudenselleriewürfeln und Champignonscheiben unter die Auberginen rühren, mit Thymian, Pfeffer und Salz würzen.
7. Das Gemüse zugedeckt bei schwacher Hitze in 3-4 Minuten garen. Pizza-Tomaten hinzufügen.
8. Frischkäse und Sahne zu einer geschmeidigen Masse verrühren. Basilikum abspülen, trockentupfen. Blätter von den Stängeln zupfen, fein schneiden und unter die Käsecreme rühren, abschmecken.
9. Die Lasagneplatten mit etwas von der Masse bestreichen, abwechselnd lagenweise mit der Gemüsefüllung in eine mit 20 g Butter gefettete Auflaufform schichten. Die oberste Schicht soll aus Käsemasse bestehen, die restliche Butter darauf verteilen. Die Form auf dem Rost in den Backofen schieben.

Ober-/Unterhitze: etwa 200 °C (vorgeheizt)
Heißluft: etwa 180 °C (nicht vorgeheizt)
Gas: Stufe 3-4 (nicht vorgeheizt)
Backzeit: 40-45 Minuten.

Auberginenscheiben, ausgebacken

■ Für Gäste

Pro Portion:
E: 7 g, F: 54 g, Kh: 14 g,
kJ: 2467, kcal: 589

2 Auberginen (etwa 600 g)
Salz
etwa 50 g Weizenmehl
1 TL gerebeltes Basilikum
frisch gemahlener Pfeffer
geriebene Muskatnuss
2 Eier
1 l Speiseöl zum Ausbacken

Zubereitungszeit: 40 Min.

1. Auberginen waschen, trocknen, längs in etwa 1 cm dicke Scheiben schneiden. Schnittflächen mit Salz bestreuen, immer einige Scheiben übereinanderlegen, mit einem Brett bedecken und mit Gewichten (z. B. Konservendosen) beschweren. Nach etwa 2 Stunden nochmals zusammenpressen und jede Scheibe mit Küchenpapier gründlich trockentupfen.
2. Mehl mit Basilikum und Gewürzen mischen, Scheiben darin wenden.
3. Öl erhitzen, Auberginenscheiben nach und nach im leicht geschlagenen Ei wenden und gold-gelb ausbacken. Auf Küchenpapier abtropfen lassen, heiß servieren.

Auberginenscheiben, ausgebacken

Austern, gebacken

Austern

■ Etwas teurer

Pro Portion:
E: 2 g, F: 0,4 g, Kh: 4 g,
kJ: 136, kcal: 33

5–6 Austern pro Person
gesalzenes Wasser
Eisstückchen
Zitronenscheiben
Zitronensaft

Zubereitungszeit: 10 Min.

1. Austern gründlich waschen, mit dem Austernbrecher öffnen, die Austern dazu in die linke Hand nehmen (stark gewölbte Schale nach unten), den Austernbrecher zwischen die Schalen stecken, leicht auf und ab bewegen.
2. Die geöffnete, noch nicht gelöste Auster in leicht gesalzenem Wasser abspülen, damit die beim Öffnen unvermeidlichen Austernsplitter entfernt werden.
3. Die Austern anschließend auf eine mit kleinen Eisstücken belegte Platte oder in eine flache, mit Eis belegte Porzellanschüssel setzen, mit Zitronenscheiben garnieren.
4. Beim Genuss den „Bart" der Austern entfernen, die Austern aus der Schale lösen, mit Zitronensaft beträufeln, im Ganzen schlürfen.

MENUE

Vorspeise:
Austernpilze, gegrillt (Seite 21)

Hauptgericht:
Fischfilet mit Sesam (Seite 123)

Dessert:
Joghurteis (Seite 231)

Austern, gebacken

■ Für Gäste

Pro Portion:
E: 3 g, F: 25 g, Kh: 2 g,
kJ: 1133, kcal: 271

18 Austern
100 g weiche Butter
2 EL abgezogene, gemahlene Mandeln
1 Knoblauchzehe
½ Bund gehackte, glatte Petersilie
Saft von ½ Zitrone
1 EL Weinbrand
frisch gemahlener Pfeffer
1 EL Mandelblättchen

Zubereitungszeit: 20 Min.

1. Die Austern in einer Serviette mit der gewölbten Seite nach unten auf die Arbeitsfläche legen. Das Austernmesser an der spitzen Seite der Auster am Scharnier ansetzen. Durch Drehen des Messers die Schalen knacken. Mit dem Messer die Schalen trennen.
2. Butter und Mandeln verrühren. Knoblauchzehe abziehen und zerdrücken. Petersilie, Zitronensaft, Weinbrand und Pfeffer darunter mischen.
3. Das Muschelfleisch in den Schalenhälften gut mit Mandelbutter bedecken. Mandelblättchen darüber streuen. Unter dem vorgeheizten Grill goldbraun backen.

Austernpilze

■ Für Gäste

Pro Portion:
E: 4 g, F: 25 g, Kh: 10 g,
kJ: 1431, kcal: 342

750 g Austernpilze
2 mittelgroße Zwiebeln
3 Knoblauchzehen
6 EL Speiseöl
Salz, frisch gemahlener Pfeffer
5 EL Weißwein
5 EL Schlagsahne

Zubereitungszeit: 20 Min.

1. Austernpilze putzen, mit Küchenpapier abreiben, evtl. abspülen, die dicken Stiele abschneiden, große Austernpilze halbieren oder vierteln.
2. Zwiebeln abziehen, würfeln. Knoblauchzehen abziehen, durch die Knoblauchpresse drücken.

3. Einen Teil des Speiseöls erhitzen, die Austernpilze in 2-3 Portionen darin anbraten, herausnehmen.
4. Restliches Öl erhitzen, Zwiebelwürfel ebenfalls portionsweise im Öl andünsten, Knoblauchmus dazugeben, mit Salz und Pfeffer würzen.
5. Alle Austernpilze wieder in die Pfanne geben, gut mit den Zwiebelwürfeln vermischen, Weißwein, Schlagsahne hinzufügen, einmal aufkochen lassen, mit Salz, Pfeffer abschmecken.

Austernpilze, gegrillt

■ Raffiniert – schnell

Pro Portion:
E: 6 g, F: 41 g, Kh: 7 g,
kJ: 1959, kcal: 468

500 g Austernpilze
3 Sträußchen Petersilie
1 kleines Bund Basilikum
Salz, frisch gemahlener, weißer Pfeffer
6-8 EL Speiseöl
1-2 EL Balsamicoessig

Austernpilze, gegrillt

Austernpilze, mariniert

4 kleine Tomaten
8 Scheiben (etwa 120 g) durchwachsener Speck

Zubereitungszeit: 25 Min., ohne Marinierzeit

1. Die Austernpilzköpfe vom Strunk schneiden, mit Küchenpapier abreiben, nicht waschen.
2. Petersilie und Basilikum abspülen, trockentupfen, Blättchen von den Stängeln zupfen. Petersilie und die Hälfte des Basilikums fein hacken. Kräuter mit Gewürzen und Öl verrühren. Pilzköpfe darin 1/2 Stunde marinieren, dann mit Essig beträufeln.
3. Tomaten waschen, abtrocknen und kreuzweise einschneiden.
4. Tomaten, Austernpilze und Speckscheiben auf ein mit Alufolie belegtes Backblech legen, unter den vorgeheizten Grill schieben und 5-10 Minuten grillen, bis die Speckscheiben knusprig braun sind. Austernpilze mit Tomaten und Speckscheiben anrichten, mit Basilikumsträußchen garnieren.

Austernpilze, mariniert

■ Für Gäste

Pro Portion:
E: 2 g, F: 26 g, Kh: 7 g,
kJ: 1284, kcal: 307

Für die Marinade:
100 ml Olivenöl
2 Knoblauchzehen
250 ml (1/4 l) Wasser
etwa 6 EL Zitronensaft
2 Lorbeerblätter
1 TL italienische Kräutermischung
Salz
frisch gemahlener Pfeffer
500 g Austernpilze

Zubereitungszeit: 25 Min.

1. Olivenöl in eine Pfanne gießen. Knoblauchzehen abziehen, durchpressen, mit Wasser, Zitronensaft, Lorbeerblättern, Kräutermischung, Salz und Pfeffer zu dem Öl geben.
2. Die Pfanne mit einem Deckel verschließen, das Öl mit den Gewürzen zum Kochen bringen, etwa 5 Minuten kochen lassen.
3. Austernpilze putzen, abspülen, evtl. etwas kleiner schneiden, in die Olivenölmarinade geben, zugedeckt 3-4 Minuten darin dünsten lassen, mit Salz, Pfeffer abschmecken.
4. Die Austernpilze in der Marinade erkalten lassen, mit der Marinade in sorgfältig gespülte, gut abgetropfte Gläser mit Schraubverschluss füllen.
5. Die Gläser verschließen, kühl aufbewahren (Keller). Haltbarkeit etwa 4 Tage. Wenn die Pilze länger aufbewahrt werden sollen, müssen sie eingekocht werden.

Austernpilzschnitzel

■ Vegetarisch

Pro Portion:
E: 8 g, F: 6 g, Kh: 26 g,
kJ: 1117, kcal: 267

8 sehr große Austernpilze (etwa 700 g)
100 g Weizenmehl
1 EL geriebener Parmesan
1 Ei
125 ml (1/8 l) Weißwein
Salz
frisch gemahlener Pfeffer
geriebene Muskatnuss
1 TL getrocknete Petersilie
etwas Mineralwasser
Speiseöl

Zubereitungszeit: 25 Min.

1. Austerpilze putzen, mit Küchenpapier abreiben, evtl. abspülen, trockentupfen, mit etwas Mehl bestäuben.
2. Aus dem übrigen Mehl, Parmesan, Ei, Wein, Gewürzen und Petersilie einen dickflüssigen Teig rühren. Etwa 15 Minuten ruhen lassen, wenn nötig mit einem Schuss Mineralwasser verdünnen.
3. Öl 1 cm tief in eine Pfanne füllen, erhitzen. In mehreren Portionen Austernpilze durch den Teig ziehen und von beiden Seiten knusprig braun backen. Auf Küchenpapier abtropfen lassen, warm halten und heiß servieren.

Tipp:
Dazu passen Salate oder Kartoffelgerichte mit Gemüse.

Austernpilzschnitzel

Avocado-Krabben-Toast

■ Schnell

Pro Portion:
E: 11 g, F: 21 g, Kh: 41 g,
kJ: 1778, kcal: 425

1 reife Avocado
etwa 1 EL Zitronensaft
Salz
frisch gemahlener Pfeffer
8 Scheiben Weißbrot oder Toastbrot
30 g Butter
80 g geschälte Krabben oder Shrimps
Paprika edelsüß
gehackte Thymianblättchen
geschabter Gruyère
100 g helle Weintrauben
50 g Radieschen
20 g Feldsalatblättchen

Zubereitungszeit: 15 Min.

1. Avocado halbieren, den Stein herauslösen, die Avocado schälen, in Scheiben schneiden, mit Zitronensaft beträufeln, mit Salz und Pfeffer bestreuen.
2. Weißbrot oder Toastbrot toasten, mit Butter bestreichen, mit den Avocadoscheiben belegen.
3. Krabben oder Shrimps mit Zitronensaft, Salz, Pfeffer, Paprika, Thymianblättchen würzen.
4. Mit Käse auf den Toasts anrichten und mit Weintrauben, Radieschen, Feldsalatblättchen garniert servieren.

Avocado-Krabben-Toast

O P Q R S T U V W X Y Z **A**

Avocados mit Krabben

■ Für Gäste

Pro Portion:
E: 8 g, F: 25 g, Kh: 9 g,
kJ: 1306, kcal: 312

2 reife Avocados
2 EL Zitronensaft

Für die Sauce:
2 EL Crème fraîche
1 EL Milch
1 TL fein gehackter Dill
Salz, frisch gemahlener Pfeffer
Zucker, Zitronensaft
Worcestersauce

Für die Füllung:
4 mittelgroße Tomaten
100 g frische Krabben
oder Shrimps
Zwiebelsalz
gewaschene Salatblätter
Zitronenscheiben (unbehandelt)
Dillzweige

Zubereitungszeit: 25 Min.

1. Avocados längs halbieren, entsteinen, das Fruchtfleisch bis auf einen etwa $1/2$ cm breiten Rand herauslösen. In kleine Stücke schneiden, mit Zitronensaft beträufeln.
2. Für die Sauce Crème fraîche mit Milch, Dill verrühren. Mit Salz, Pfeffer, Zucker, Zitronensaft, Worcestersauce würzen.
3. Für die Füllung Tomaten waschen, abtrocknen, die Stängelansätze herausschneiden, halbieren, entkernen, in kleine Würfel schneiden.
4. Frische, gepulte Krabben oder Shrimps mit den Avocadostückchen und Tomatenwürfeln unter die Sauce rühren.

Avocados mit Krabben

5. Die Füllung etwas durchziehen lassen. Die Avocadohälften mit Zwiebelsalz ausstreuen, die Füllung hineingeben. Die Avocadohälften auf Salatblättern anrichten, mit Zitronenscheiben und Dillzweigen garnieren.

Beilage:
Stangenweißbrot oder Toast.

Variante:
Die Sauce über der Füllung verteilen.

MENUE

Vorspeise:
Avocado-Krabben-Toast (Seite 22)

Hauptgericht:
Farfalle mit Broccoli (Seite 113)

Dessert:
Pfirsich Melba (Seite 348)

Bachforellen in Rosmarinsauce

■ Schnell

Pro Portion:
E: 30 g, F: 22 g, Kh: 11 g,
kJ: 1649, kcal: 394

4 küchenfertige Bachforellen
(ersatzweise Forellen je 200–250 g)
Zitronensaft
Salz
40 g Weizenmehl
50 g Butter

Für die Sauce:
2–3 Rosmarinzweige
125 ml (1/8 l) Gemüse- oder Fischfond
oder -brühe
125 ml (1/8 l) Schlagsahne
1 EL Weizenmehl
2 EL kaltes Wasser
2 EL Sherry medium
frisch gemahlener Pfeffer
Paprika edelsüß
Zitronenscheiben
Rosmarin

Zubereitungszeit: 25 Min.

1. Bachforellen unter fließendem kalten Wasser abspülen, trockentupfen, innen und außen mit Zitronensaft beträufeln, mit Salz würzen, in Weizenmehl wenden.
2. Butter zerlassen, die Fische von beiden Seiten 10–12 Minuten darin braten, auf einer vorgewärmten Platte anrichten, warm stellen.
3. Für die Sauce Rosmarinzweige abspülen, gut trockentupfen, in Stücke brechen, in dem Bratfett andünsten. Fond oder Brühe, Sahne hinzugießen, mit dem Bratfett verrühren, erhitzen.
4. Weizenmehl mit kaltem Wasser anrühren, unter Rühren in die Flüssigkeit geben, zum Kochen bringen, etwa 5 Minuten kochen lassen, Sherry unterrühren.
5. Die Sauce mit Salz, Pfeffer, Paprika edelsüß abschmecken. Zu den Fischen reichen, die Bachforellen mit Zitronenscheiben und Rosmarin garnieren.

Tipp:
Die Bachforelle ist in zahlreichen Gebirgs- und Mittelgebirgsgewässern Mitteleuropas heimisch. Sie eignet sich außer zum Braten auch sehr gut zum Blaukochen.

Bachforellen, gebraten

■ Preiswert

Pro Portion:
E: 27 g, F: 61 g, Kh: 37 g,
kJ: 3487, kcal: 833

Für den Kartoffelsalat:
200 ml Gemüsebrühe
2 EL Speckwürfel
2 EL Zwiebelwürfel
1 EL Essig, 1 EL Speiseöl
frisch gemahlener Pfeffer
700 g gekochte Kartoffelscheiben
2 EL Schnittlauchröllchen

4 Bachforellen (küchenfertig)
Salz, Worcestersauce
etwas Weizenmehl
40 g Butter, 2 EL Pflanzenöl

Zubereitungszeit: 30 Min.

1. Für den Kartoffelsalat Gemüsebrühe erhitzen, Speck- und Zwiebelwürfel darin gar ziehen lassen und dann mit Essig, Öl und Pfeffer würzen.
2. Noch warm über die Kartoffelscheiben gießen, mehrmals schwenken und gut durchziehen lassen (etwa 2 Stunden).
3. Forellen unter fließendem kalten Wasser abspülen, mit Salz, Pfeffer und Worcestersauce würzen, mit Mehl bestäuben und in heißem Butter-Öl-Gemisch etwa 5 Minuten von jeder Seite braten.
4. Auf einer Platte anrichten, den Kartoffelsalat mit Schnittlauchröllchen garnieren.

Tipp:
Bachforellen erreichen eine Länge von 20–60 cm und können bis zu 2 kg Lebendgewicht haben.

Bachforellen in Rosmarinsauce

Bäckers Spinatauflauf

Backerbsen
Suppeneinlage

■ Gut vorzubereiten

Pro Portion:
E: 7 g, F: 27 g, Kh: 19 g,
kJ: 1525, kcal: 364

2 Eier
100 g Weizenmehl
1 EL Speiseöl
Salz, frisch gemahlener Pfeffer
geriebene Muskatnuss
300 g Ausbackfett

Zubereitungszeit: 25 Min.

1. Aus den Zutaten einen halbfesten Teig herstellen. Etwa 10 Minuten abgedeckt ruhen lassen.
2. Teig durch einen Durchschlag oder eine grobe Reibe portionsweise in heißes Fett tropfen lassen (am besten in einen schmalen Topf) und goldgelb ausbacken.
3. Mit einer Kelle herausnehmen, gut abtropfen lassen und in die heiße Suppe geben.

Bäckers Spinatauflauf

■ Preiswert

Pro Portion:
E: 21 g, F: 31 g, Kh: 27 g,
kJ: 2077, kcal: 496

1 Pck. (450 g) tiefgekühlter Blattspinat
3 Brötchen
375 ml ($^3/_8$ l) Milch
75 g durchwachsener Speck
1 Zwiebel
3 Eigelb
Salz, frisch gemahlener Pfeffer
geriebene Muskatnuss
3 Eiweiß
Butter zum Ausfetten
3 EL geriebener Käse
40 g Butterflöckchen

Zubereitungszeit: 40 Min.

1. Spinat bei Zimmertemperatur auftauen lassen. Brötchen in der Milch einweichen und gut ausdrücken. Speck in Würfel schneiden, auslassen. Die Zwiebel abziehen, würfeln, in dem Speck andünsten.
2. Spinat mit dem Eigelb zu der Speck-Brötchen-Masse geben, gut verrühren, würzen. Eiweiß steif schlagen, unterheben.
3. Die Masse in eine mit Butter gefettete Auflaufform füllen. Mit dem Käse bestreuen. Butter in Flöckchen darauf setzen.
4. Die Form auf dem Rost in den Backofen schieben.
Ober-/Unterhitze: etwa 200 °C (vorgeheizt)
Heißluft: etwa 180 °C (vorgeheizt)
Gas: Stufe 3–4 (vorgeheizt)
Backzeit: 25–30 Minuten.

Backhendl

■ Für Kinder

Pro Portion:
E: 26 g, F: 50 g, Kh: 29 g,
kJ: 2902, kcal: 693

1 küchenfertiges Hähnchen
1 Ei
2 EL Wasser
frisch gemahlener Pfeffer
Paprika edelsüß
1 TL Salz
150 g Semmelbrösel
1 kg Frittierfett
Tomatenachtel
Zitronenscheiben, Petersilie

Zubereitungszeit: 25 Min.

1. Hähnchen unter fließendem kalten Wasser abspülen, trockentupfen, in 8 Stücke zerlegen.
2. Ei mit Wasser, Pfeffer, Paprika, Salz verschlagen, die Hähnchenteile darin wenden.
3. Rundum fest in Semmelbrösel drücken. Frittierfett in der Fritteuse auf 180–190 °C erhitzen.
4. Die Hähnchenteile darin etwa 10 Minuten goldbraun frittieren, auf Haushaltspapier abtropfen lassen, mit Tomatenachteln, Zitronenscheiben, Petersilie garnieren.

MENUE

Hauptgericht:
Bachforellen in Rosmarinsauce (Seite 24)
Beilage:
Butterreis mit Kräutern (Seite 67)
Dessert:
Rote Grütze, klassisch (Seite 396)

Backobstkompott mit Klößen

■ Preiswert

Pro Portion:
E: 17 g, F: 30 g, Kh: 100 g,
kJ: 3388, kcal: 808

500 g gemischtes Backobst
250 ml (¹/₄ l) Wasser
250 ml (¹/₄ l) Rotwein
1 Zimtstange
40 g Zucker
20 g Speisestärke
2 EL Wasser

Für die Klöße:
125 g gesiebtes Weizenmehl
375 ml (³/₈ l) Milch
100 g Butter
2 Brötchen
4 Eigelb
40 g Weizengrieß
4 Eiweiß
Salz
60 g Zucker
1 TL Zimtpulver

Zubereitungszeit: 50 Min.

1. Backobst etwa 1 Stunde in Wasser einweichen.
2. Mit Rotwein, Zimtstange, Zucker etwa 15 Minuten weich kochen, abkühlen lassen, Zimt entfernen. Speisestärke mit Wasser anrühren, das Kompott damit binden.
3. Weizenmehl mit Milch, 20 g Butter verrühren, bei kleiner Hitze im Topf unter ständigem Rühren zum Kloß abbrennen, etwas ausdampfen lassen.
4. Brötchen in kleine Würfel schneiden, in 80 g Butter goldgelb rösten. Eigelb mit den Knethaken des Handrühr-

Backobstkompott mit Klößen

gerätes nach und nach mit dem Mehlkloß verrühren, Brötchenwürfel und Grieß unterheben.

5. Eiweiß steif schlagen, unterheben. In einem Topf reichlich Wasser mit Salz zum Kochen bringen. Mit einem Esslöffel etwa 16 Klößchen abstechen, 5–8 Minuten kochen, zwischendurch wenden, abtropfen lassen.
6. Zucker mit Zimt vermischen, über die Klöße streuen, mit dem Kompott servieren.

Backofenkartoffeln

■ Preiswert

Pro Portion:
E: 5 g, F: 12 g, Kh: 38 g,
kJ: 1195, kcal: 285

1 kg neue, kleine Kartoffeln
4 EL Pflanzenöl
Kümmel, Salz

Zubereitungszeit: 1 Std.

1. Die Kartoffeln (mit der Schale) sehr sorgfältig waschen, abtropfen lassen.
2. Ein Backblech sparsam einölen. Mit Kümmel bestreuen.
3. Die Kartoffeln der Länge nach halbieren, mit der Schnittfläche nach unten nebeneinander auf das Backblech setzen. Mit dem restlichen Öl bestreichen. Mit Kümmel und wenig Salz würzen, Backblech in den Backofen schieben.

Ober-/Unterhitze: etwa 220 °C (vorgeheizt)
Heißluft: etwa 200 °C (nicht vorgeheizt)
Gas: Stufe 4–5 (nicht vorgeheizt)
Backzeit: 35–40 Minuten.

Backpflaumen im Speckmantel

P Q R S T U V W X Y Z A **B**

Backpflaumen im Speckmantel

■ Für Gäste

Pro Portion:
E: 10 g, F: 57 g, Kh: 38 g,
kJ: 3285, kcal: 761

20 große, entsteinte Backpflaumen
5 EL Portwein
10 Scheiben durchwachsener Speck
Zahnstocher

Zubereitungszeit: 25 Min.

1. Backpflaumen mit Portwein übergießen, abgedeckt mehrere Stunden marinieren, ab und zu umrühren.
2. Speck halbieren, Pflaumen darin einwickeln, Speck mit Zahnstochern feststecken, die Pflaumen auf ein gefettetes Backblech legen, in den Backofen schieben.
Ober-/Unterhitze: etwa 200 °C (vorgeheizt)
Heißluft: etwa 180 °C (vorgeheizt)
Gas: Stufe 3–4 (vorgeheizt)
Backzeit: 12–15 Minuten.
3. Backpflaumen immer wieder wenden, sofort servieren.

Bacon and Eggs

■ Preiswert – schnell

Pro Portion:
E: 14 g, F: 21 g, Kh: 0,7 g,
kJ: 1128, kcal: 269

150 g Bacon (Frühstücksspeck)
2 EL Speiseöl
4 Eier, Salz

frisch gemahlener Pfeffer
2 EL Schnittlauchröllchen

Zubereitungszeit: 10 Min.

1. Den Frühstücksspeck portionsweise in eine heiße Pfanne geben und kurz von jeder Seite kross braten. Dabei mehrmals wenden. Aus der Pfanne nehmen und warm halten.
2. Öl in der gleichen Pfanne zerlassen, die Eier hineingleiten lassen, mit Salz und Pfeffer bestreuen und bei mittlerer Hitze garen, auf den Bacon geben. Mit dem Schnittlauch bestreuen.

Badische Schneckensuppe

■ Schnell

Pro Portion:
E: 3 g, F: 24 g, Kh: 6 g,
kJ: 1194, kcal: 285

1 Zwiebel
1 Knoblauchzehe
150 g Frühlingszwiebeln

1 große Möhre (etwa 70 g)
20 g Butter
1–2 EL Weizenmehl
375 ml ($^3/_8$ l) Gemüsebrühe
250 ml ($^1/_4$ l) Schlagsahne
1 Dose Schnecken (etwa 25 Stück)
125 ml ($^1/_8$ l) Weißwein
Salz, frisch gemahlener Pfeffer
1 EL gehackte Petersilie

Zubereitungszeit: 25 Min.

1. Zwiebel und Knoblauchzehe abziehen, fein würfeln. Frühlingszwiebeln putzen, waschen, in Scheiben schneiden. Möhre putzen, schälen, waschen, in kleine Würfel schneiden.
2. Butter in einem Topf zerlassen, Zwiebelwürfel darin glasig dünsten. Knoblauch und Gemüse dazugeben, kurz andünsten, mit Mehl bestäuben, kurz andünsten.
3. Brühe und Sahne dazugießen, aufkochen. Schnecken abtropfen lassen, grob hacken, in die Suppe geben, etwa 10 Minuten leicht kochen lassen.
4. Wein hinzufügen, abschmecken, mit Petersilie bestreut servieren.

Badische Schneckensuppe

27

Baeckeofe
Fleischauflauf aus dem Elsass

■ Klassisch

Pro Portion:
E: 42 g, F: 21 g, Kh: 30 g,
kJ: 2586, kcal: 617

750 g Schweinefleisch
4 Möhren
1 Stange Porree (Lauch)
1 Flasche (0,7 l) Weißwein
1 Knoblauchzehe
10 Körner schwarzer Pfeffer
1 Lorbeerblatt
2 Pimentkörner
250 g Zwiebeln
600 g Kartoffeln
Salz
frisch gemahlener Pfeffer
je $1/2$ TL gerebelter Thymian,
Basilikum, Bohnenkraut
1 gestr. TL Semmelbrösel
20 g Butter

Zubereitungszeit: $2^1/_2$ Std. mit Kochzeit

1. Schweinefleisch unter fließendem kalten Wasser abspülen, trockentupfen, in Würfel schneiden. Möhren und Porree putzen, schälen, waschen, klein schneiden, mit dem Fleisch in eine Schüssel geben, mit so viel Weißwein begießen, dass die Zutaten knapp bedeckt sind.
2. Knoblauch abziehen, zerdrücken, zusammen mit Pfefferkörnern, Lorbeerblatt und Pimentkörnern zum Fleisch geben, zugedeckt einige Stunden an einem kühlen Ort stehen lassen.
3. Zwiebeln abziehen, halbieren, in Scheiben schneiden. Kartoffeln schälen, waschen, in Scheiben schneiden. Einen Brattopf gut ausfetten, Fleisch und Gemüse aus der Marinade nehmen, abtropfen lassen.
4. Zwiebelscheiben, Fleischwürfel, Gemüsestücke, Kartoffelscheiben abwechselnd lagenweise einschichten, dabei jede Lage mit Salz und Pfeffer bestreuen.
5. Das Ganze mit der Marinade begießen, bis es knapp bedeckt ist (evtl. noch Wein hinzufügen), mit Thymian, Basilikum, Bohnenkraut bestreuen, den Topf mit einem Deckel verschließen, auf dem Rost in den Backofen schieben.
Ober-/Unterhitze: etwa 200 °C (vorgeheizt)
Heißluft: etwa 180 °C (nicht vorgeheizt)
Gas: Stufe 3–4 (nicht vorgeheizt)
Backzeit: etwa 2 Stunden.
6. Semmelbrösel und Butter in Flöckchen darauf setzen, kurz im geöffneten Topf bei starker Hitze überbacken, im Topf servieren.

Baked Beans

Baeckeofe

Baked Beans

■ Gut vorzubereiten

Pro Portion:
E: 25 g, F: 43 g, Kh: 61 g,
kJ: 3035, kcal: 723

320 g trockene, weiße Bohnen
$1^1/_2$ l Gemüsefond oder -brühe
250 g durchwachsener Speck
1 TL Senfpulver
frisch gemahlener Pfeffer
2 EL Ahornsirup
30 g brauner Zucker, Salz

Zubereitungszeit: $1^1/_2$ Std.

1. Bohnen in reichlich kaltem Wasser über Nacht einweichen.
2. Gemüsefond erhitzen, Speck und abgetropfte Bohnen darin etwa 1 Stunde kochen, in einen Bräter umgießen, mit Senfpulver, Pfeffer und Ahornsirup würzen und im Backofen backen.
Ober-/Unterhitze: etwa 200 °C (vorgeheizt)
Heißluft: etwa 180 °C (vorgeheizt)
Gas: Stufe 3–4 (vorgeheizt)
Backzeit: etwa 10 Minuten.
3. Mit braunem Zucker bestreuen und bei Oberhitze noch weitere 20 Minuten backen lassen. Evtl. zum Schluss mit Pfeffer und Salz abschmecken.

Tipp:
Baked Beans sind ein bekanntes Gericht der USA, speziell Boston Baked Beans.

Balatoner Karpfen

Balatoner Karpfen

■ Gut vorzubereiten

Pro Portion:
E: 47 g, F: 65 g, Kh: 43 g,
kJ: 4217, kcal: 1007

800 g Karpfenfilet
80 g Räucherspeck
50 g Weizenmehl
1 EL Rosenpaprika
100 ml Speiseöl
600 g Pellkartoffeln
250 g Paprikaschoten
150 g Tomaten
4 Zwiebeln
1½ TL Salz
1 EL Paprika edelsüß
300 g saure Sahne

Zubereitungszeit: 1 Std.

1. Fischfilet abspülen, trockentupfen, mit einem scharfen Messer mehrmals einschneiden, ohne die Haut zu verletzen. Dann in 4 gleich große Stücke schneiden.
2. Räucherspeck in dünne Streifen schneiden und den Fisch damit spicken. Mehl und Paprika mischen und die Fischstücke darin wenden.
3. Öl erhitzen, die Fischstücke mit der Hautseite hineinlegen und vorsichtig von beiden Seiten kurz braten. Mit demselben Öl einen Bräter oder eine feuerfeste Schüssel ausstreichen.
4. Die Kartoffeln pellen und in Scheiben schneiden. Gefäß damit auslegen, Fischstücke darauf geben.
5. Paprikaschoten waschen, Kerne und weiße Scheidewände entfernen, in Ringe schneiden. Tomaten enthäuten, in Scheiben schneiden. Zwiebeln abziehen, in hauchdünne Ringe schneiden.
6. Gemüse über die Fischstücke streuen, würzen. Sahne glatt rühren, darüber gießen, in den Backofen schieben.
Ober-/Unterhitze: etwa 180 °C (vorgeheizt)
Heißluft: etwa 160 °C (vorgeheizt)
Gas: Stufe 2–3 (vorgeheizt)
Backzeit: etwa 25 Minuten.
7. Sofort servieren.

MENUE

Vorspeise:
Gemüsesuppe, klare (Seite 161)

Hauptgericht:
Baeckeofe (Seite 28)

Dessert:
Sauerkirschkompott (Seite 408)

Bamberger Spargelsalat

■ Für Gäste – gut vorzubereiten

Pro Portion:
E: 5 g, F: 18 g, Kh: 4 g,
kJ: 867, kcal: 207

je 750 g weißer und grüner Spargel
Salzwasser
20 g Butter, Salz, Zucker
1 abgezogene Zwiebel

Für die Salatsauce:
4 EL Speiseöl
2–3 EL Essig
Salz, frisch gemahlener Pfeffer
Zucker
2–3 EL fein gehackte Kräuter, z. B.
Petersilie, Kerbel, Estragon

Zum Garnieren:
2 hart gekochte Eier

Zubereitungszeit: 40 Minuten

1. Den weißen Spargel von oben nach unten schälen und darauf achten, dass die Schalen und holzigen Stücke vollständig entfernt sind, die Köpfe aber nicht verletzt werden, grünen Spargel nur am unteren Ende schälen. Spargel in 3–5 cm lange Stücke schneiden.
2. Spargelstücke in kochendem Salzwasser mit Butter, Salz und Zucker 8–10 Minuten gar kochen lassen. Die Spargelstücke zum Abtropfen auf ein Sieb geben.
3. Zwiebel abziehen, in feine Ringe schneiden, mit dem Spargel in eine Schüssel geben.
4. Für die Salatsauce die Zutaten zu einer Sauce verrühren, über den Spargel geben und gut durchziehen lassen.
5. Salat nochmals abschmecken. Die Eier pellen, klein schneiden und über den Salat streuen.

Bamberger Spargelsalat

Bami Goreng

■ Raffiniert

Pro Portion:
E: 35 g, F: 13 g, Kh: 45 g,
kJ: 1928, kcal: 460

250 g feine Bandnudeln
Salz
1 kleine Zwiebel
2 Knoblauchzehen
1 Stange Staudensellerie
250 g Hühnerbrustfilet oder
Schweinefleisch
200 g geschälte Scampi
3 EL Speiseöl
2 EL helle Sojasauce
frisch gemahlener Pfeffer

Zubereitungszeit: 40 Min.

1. Bandnudeln in reichlich Salzwasser 8–10 Minuten bissfest kochen. Die Nudeln auf einem Sieb abtropfen lassen.
2. In der Zwischenzeit Zwiebel und Knoblauch abziehen und sehr fein hacken. Staudensellerie waschen, die harten Fäden von der Außenseite abziehen und in Stücke schneiden.
3. Hühnerbrustfilet abspülen, trockentupfen, in Würfel schneiden. Scampi evtl. in kleinere Stücke schneiden.
4. In einer Pfanne das Öl erhitzen und Zwiebel, Knoblauch und Staudensellerie darin anbraten. Hühnerbrust

Bami Goreng

und die Scampi zugeben, umrühren und bei schwacher Hitze garen.
5. Die Nudeln dazugeben, gut umrühren, mit der Sojasauce beträufeln, salzen und pfeffern. Das Ganze etwas ziehen lassen und heiß servieren.

Bananen, flambiert

■ Raffiniert – schnell

Pro Portion:
E: 1 g, F: 8 g, Kh: 26 g,
kJ: 998, kcal: 239

4 kleine Bananen
40 g Butter, 40 g Zucker
Saft von 2 Orangen
Saft von 1/2 Zitrone
4 cl Bananenlikör
4 cl Weinbrand

Zubereitungszeit: 15 Min.

1. Bananen schälen, in heißer Butter leicht anbraten, aus der Pfanne nehmen und warm stellen.
2. In der verbliebenen Butter den Zucker karamellisieren, mit Orangen- und Zitronensaft sowie Bananenlikör ablöschen, kurz einkochen lassen.
3. Bananen wieder in die Pfanne legen, erhitzen, mit Weinbrand übergießen, anzünden und flambieren.

Tipp:
Bananen, flambiert sind ein schnelles Dessert nach einem festlichen Essen.

Bandnudeln mit Kräutern

■ Gut vorzubereiten

Pro Portion:
E: 13 g, F: 40 g, Kh: 45 g,
kJ: 2607, kcal: 623

250 g Bandnudeln
200 ml Schlagsahne
4 Eier
4 EL gemischte, gehackte Kräuter, z. B. Petersilie, Basilikum, Thymian
Salz, frisch gemahlener Pfeffer
geriebene Muskatnuss

Bandnudeln mit Kräutern

etwas Butter zum Ausfetten der Form
4 Scheiben durchwachsener Speck

Zubereitungszeit: 1 Std.

1. Bandnudeln bissfest kochen, in ein Sieb schütten, gut abtropfen lassen.
2. Sahne mit Eiern und Kräutern verrühren, mit Salz, Pfeffer und Muskat würzen.
3. Eine flache Auflaufform einfetten, mit den Nudeln füllen und das Sahne-Eier-Gemisch darüber gießen. In den Backofen schieben.
Ober-/Unterhitze: etwa 180 °C (vorgeheizt)
Heißluft: etwa 160 °C (nicht vorgeheizt)
Gas: Stufe 2–3 (nicht vorgeheizt)
Backzeit: etwa 45 Minuten.
4. Die Speckscheiben nach 25 Minuten Garzeit auf die Nudeln legen.

MENUE

Vorspeise:
Bamberger Spargelsalat (Seite 30)

Hauptgericht:
Hähnchenbrust in Orangensauce (Seite 193)

Dessert:
Erdbeerquark (Seite 111)

Bananen, flambiert

31

Barsch in Kräutersauce

■ **Für Gäste**

Pro Portion:
E: 72 g, F: 43 g, Kh: 14 g,
kJ: 3239, kcal: 774

2 küchenfertige Barsche (etwa 1¹/₂ kg)
verdünnte Essigessenz (25%) oder
Saft von 2 Zitronen
1 Möhre
2 Zwiebeln
1¹/₂ l Wasser
1 Lorbeerblatt
10 Pfefferkörner
1 EL Essigessenz (25%)
1 EL Salz
40 g Butter
40 g Weizenmehl
250 ml (¹/₄ l) Schlagsahne
1 Eigelb
Salz, frisch gemahlener Pfeffer
2–3 Bund fein gehackte Petersilie

Zubereitungszeit: 40 Min.

1. Barsche unter fließendem kalten Wasser abspülen, trockentupfen, mit verdünnter Essigessenz oder Zitronensaft beträufeln.
2. Möhre putzen, schälen, waschen, in Würfel schneiden. Zwiebeln abziehen, halbieren.
3. Wasser mit Möhre, Zwiebeln, Lorbeerblatt, Pfefferkörnern, Essigessenz, Salz zum Kochen bringen, etwa 10 Minuten kochen lassen.
4. Die Fische in das schwach kochende Wasser geben, 15–20 Minuten darin ziehen lassen, herausnehmen, auf einer vorgewärmten Platte anrichten, warm stellen.
5. Für die Kräutersauce die Fischbrühe durch ein Sieb gießen, 250 ml (¹/₄ l) davon abmessen.
6. Butter zerlassen, Weizenmehl unter Rühren so lange darin erhitzen, bis es hellgelb ist.
7. Die abgemessene Fischbrühe hinzugießen, mit einem Schneebesen durchschlagen, darauf achten, dass keine Klümpchen entstehen. Zum Kochen bringen, etwa 5 Minuten kochen lassen.
8. Sahne unterrühren, weitere 2–3 Minuten kochen lassen. Eigelb mit kaltem Wasser verschlagen, die Sauce damit abziehen, mit Salz und Pfeffer abschmecken.
9. Petersilie unter die Sauce rühren, über die Barsche gießen oder getrennt dazureichen.

Beilage: Salzkartoffeln, Tomatensalat.

Basilikumnudeln mit Pinienkernen

2 Portionen

■ **Vegetarisch**

Pro Portion:
E: 38 g, F: 63 g, Kh: 74 g,
kJ: 4443, kcal: 1061

2 Bund Basilikum
3 Knoblauchzehen
6 EL kaltgepresstes Olivenöl
60 g geriebener Parmesankäse
60 g geriebener Gruyère-Käse
Salz
200 g Bandnudeln
30 g Pinienkerne

Zubereitungszeit: 20 Min.

1. Basilikum unter fließendem kalten Wasser abspülen, trockentupfen, Blättchen von den Stängeln zupfen. Knoblauchzehen abziehen, zusammen mit Basilikum und Olivenöl pürieren. Käse und Salz hinzufügen und zu einer Paste verrühren.
2. Nudeln kochen, in einer heißen Schüssel mit der Basilikumpaste verrühren.
3. Pinienkerne in einer Pfanne ohne Fettzugabe rösten, über die Nudeln streuen.

Barsch in Kräutersauce

Basilikumnudeln mit Pinienkernen

2. Joghurt-Salatcreme, Basilikum mit Tomatenpüree und Sahne verrühren, mit Pfeffer würzen.
3. Die Sauce in einer Schüssel anrichten, mit Basilikum garnieren.

Tipp:
Zu gegrilltem Fleisch reichen.

Bauernfrühstück

■ Preiswert

Pro Portion:
E: 15 g, F: 41 g, Kh: 31 g,
kJ: 2417, kcal: 577

750 g fest kochende Kartoffeln
75 g durchwachsener Speck
30 g Margarine
4 Zwiebeln
3 Eier
3 EL Milch
Salz
frisch gemahlener Pfeffer
Paprika edelsüß
geriebene Muskatnuss
125 g Schinkenspeck im Würfel
2 EL fein geschnittener Schnittlauch

MENUE
Vorspeise: Fenchel-Orangen-Salat (Seite 118)
Hauptgericht: Barsch in Kräutersauce (Seite 32)
Dessert: Nektarinen mit Häubchen (Seite 318)

Zubereitungszeit: 35 Min.

1. Kartoffeln waschen, in Salzwasser zum Kochen bringen, gar kochen lassen, abgießen, pellen und erkalten lassen. Die Kartoffeln in Scheiben schneiden.
2. Den Speck fein würfeln, in einer Pfanne auslassen, Margarine dazugeben. Die Zwiebeln abziehen, fein würfeln, darin glasig braten.
3. Die Kartoffelscheiben hinzugeben und von allen Seiten darin anbraten.
4. Die Eier mit Milch, Salz, Pfeffer, Paprika, Muskatnuss verquirlen. Schinkenspeckwürfel und Schnittlauch hinzugeben und über die gebräunten Kartoffeln geben, auf kleiner Flamme stocken lassen.

Basilikumsauce

■ Gut vorzubereiten

Pro Portion:
E: 2 g, F: 15 g, Kh: 11 g,
kJ: 759, kcal: 183

2 Tomaten (etwa 250 g)
1 Glas (200 g) Joghurt-Salatcreme
2 Bund gehacktes Basilikum
4 EL Schlagsahne
frisch gemahlener Pfeffer, Basilikum

Zubereitungszeit: 15 Min.

1. Tomaten kurze Zeit in kochendes Wasser legen (nicht kochen lassen), in kaltem Wasser abschrecken, enthäuten, die Stängelansätze herausschneiden, die Tomaten vierteln, entkernen, das Tomatenfleisch pürieren.

Basilikumsauce

Bayerisch Kraut

■ Gut vorzubereiten

Pro Portion:
E: 8 g, F: 12 g, Kh: 19 g,
kJ: 951, kcal: 228

1 Kopf (750 g) Weißkohl
1 Zwiebel
40 g Butter
1 EL Zucker
1 Apfel
500 ml (½ l) Fleischbrühe
2 EL Essig
Salz
frisch gemahlener Pfeffer

Zubereitungszeit: 45 Min.

Bayerisch Kraut

1. Weißkohl von den welken äußeren Blättern befreien, den Kopf vierteln, den Strunk herausschneiden. Den Kohl waschen, in feine Streifen schneiden.
2. Zwiebel abziehen, fein würfeln.
3. Butter zerlassen, die Zwiebel darin andünsten, mit Zucker bestreuen, bräunen lassen.
4. Apfel schälen, vierteln, entkernen, in Scheiben schneiden, zu den Zwiebeln geben, mitdünsten lassen.
5. Die Apfelscheiben herausnehmen, beiseite stellen, den Weißkohl mit Fleischbrühe zu den Zwiebelwürfeln geben, zum Kochen bringen. Den Kohl in 30–35 Minuten gar dünsten lassen.
6. Die Apfelscheiben wieder zu dem Kohl geben, Essig unterrühren, den Kohl mit Salz und Pfeffer abschmecken.

Bayerische Creme

■ Klassisch

Pro Portion:
E: 7 g, F: 26 g, Kh: 24 g,
kJ: 1515, kcal: 362

1 Vanilleschote
250 ml (¼ l) Milch
3 Eigelb
75 g Zucker
6 Blatt weiße Gelatine
250 ml (¼ l) Schlagsahne

Zubereitungszeit: 30 Min.

1. Vanilleschote aufschlitzen. Mark mit einem Messerrücken herausschaben, mit der Milch zusammen aufkochen.
2. Eigelb mit dem Zucker verrühren, die heiße Milch unter Rühren dazugeben. Bei mittlerer Hitze im Wasserbad unter ständigem Rühren erhitzen, bis die Masse leicht dicklich und weiß wird, aber nicht kochen lassen, da sie sonst gerinnt.
3. Creme von der Herdplatte nehmen. Die in kaltem Wasser eingeweichte Blattgelatine gut ausdrücken. In der noch heißen Creme auflösen. Creme anschließend durch ein feines Sieb passieren, auskühlen lassen, dabei öfter durchrühren.
4. Sahne steif schlagen und unter die Creme ziehen, sobald diese genügend ausgekühlt ist. Creme in eine Schüssel geben oder in mit kaltem Wasser ausgespülte Portionsförmchen füllen. Im Kühlschrank etwa 3 Stunden fest werden lassen.
5. Förmchen kurz ins heiße Wasser tauchen, auf Dessertteller stürzen.

Bayerische Creme

Bayerischer Krautbraten

■ Gut vorzubereiten

Pro Portion:
E: 30 g, F: 60 g, Kh: 16 g,
kJ: 3214, kcal: 76

1 Kopf Weißkohl (1 kg)
kochendes Salzwasser
1 abgezogene Zwiebel
1 TL Kümmel
60 g Schweineschmalz
Salz
frisch gemahlener Pfeffer
20 g Butter

350 g Rinderhackfleisch
2 Eier
1 Brötchen (Semmel)
2 EL gehackte Petersilie
100 g magere, durchwachsene Speckscheiben
evtl. 150 g saure Sahne

Zubereitungszeit: 1 1/2 Std.

1. Die schlechten äußeren Blätter von dem Weißkohl entfernen, den Strunk herausschneiden und den Kohlkopf etwa 15 Minuten in kochendes Salzwasser legen. Die äußeren großen Blätter vorsichtig lösen.
2. Den restlichen Kohl klein schneiden und mit der gewürfelten Zwiebel und dem zerdrückten Kümmel in dem zerlassenen Schmalz fast gar schmoren, mit Salz und Pfeffer würzen und etwas abkühlen lassen.
3. Mit den zurückgelassenen, großen Blättern einen gefetteten Topf oder eine längliche, gefettete Auflaufform auslegen.
4. Das Hackfleisch mit Eiern, eingeweichtem, gut ausgedrücktem Brötchen, Petersilie und dem Schmorkohl vermengen, mit Salz und Pfeffer würzen. Den Fleischteig auf die Kohlblätter füllen, die zurückgelassenen Blätter darüber legen und mit den Speckscheiben belegen. Nach Belieben saure Sahne darüber geben und im Backofen garen lassen.

Ober-/Unterhitze: etwa 200 °C (vorgeheizt)
Heißluft: etwa 180 °C (nicht vorgeheizt)
Gas: Stufe 3 – 4 (nicht vorgeheizt)
Garzeit: etwa 1 Stunde.

Tipp:
Salzkartoffeln und Tomatensauce dazureichen.

Bayerischer Wurstsalat

■ Schnell – gut vorzubereiten

Pro Portion:
E: 35 g, F: 56 g, Kh: 7 g,
kJ: 2978, kcal: 711

250 g Emmentaler Käse
75 g Gewürzgurken
350 g Fleischwurst
250 g abgezogene Zwiebeln

Für die Salatsauce:
2 EL Essig
Salz
frisch gemahlener Pfeffer
etwas Zucker
1 TL Senf
6 EL Speiseöl
1 EL Schnittlauchröllchen

Zubereitungszeit: 25 Min.

1. Käse in Streifen, Gewürzgurken in Scheiben schneiden. Fleischwurst enthäuten, evtl. halbieren, in Scheiben schneiden.
2. Zwiebeln in Ringe schneiden, in kochendes Wasser geben, 2 Minuten kochen lassen, auf ein Sieb geben, gut abtropfen lassen.
3. Für die Salatsauce Essig mit Salz, Pfeffer, Zucker und Senf verrühren, Öl unterrühren.
4. Die Salatzutaten mit der Sauce vermischen.
5. Wurstsalat mit Schnittlauchröllchen bestreut servieren.

MENUE

Vorspeise:
Flädlesuppe (Seite 129)
Hauptgericht:
Fasanenbrust auf Linsen (Seite 114)
Dessert:
Bayerische Creme (Seite 34)

Bayerischer Wurstsalat

Béarnaise

■ Schnell – klassisch

Pro Portion:
E: 2 g, F: 23 g, Kh: 1 g,
kJ: 962, kcal: 230

100 g Butter
1 kleine Zwiebel
gehackte Estragonblättchen
Basilikumblättchen
frisch gemahlener Pfeffer
2 TL Weinessig
2 EL Wasser
2 Eigelb
Salz
Zucker
Zitronensaft
1 EL gemischte, gehackte Kräuter,
z. B. Kerbel, Estragon

Zubereitungszeit: 15 Min.

1. Butter zerlassen, etwas abkühlen lassen.
2. Zwiebel abziehen, fein würfeln, mit Estragonblättchen, Basilikumblättchen, Pfeffer, Weinessig, Wasser zum Kochen bringen, kurz aufkochen lassen und durch ein Sieb streichen.
3. Den Sud mit Eigelb im Wasserbad dicklich aufschlagen
4. Die etwas abgekühlte Butter langsam darunter schlagen.
5. Die Sauce mit Salz, Pfeffer, Zucker, Zitronensaft würzen, gemischte, gehackte Kräuter unterrühren.
6. Im Wasserbad warm halten.

Tipp:
Sauce Béarnaise eignet sich als Beilage zu kurz gebratenem Fleisch und feinem Gemüse.

Béchamelkartoffeln

■ Gut vorzubereiten

Pro Portion:
E: 10 g, F: 27 g, Kh: 36 g,
kJ: 1845, kcal: 440

750 g kleine Kartoffeln
Salzwasser
75 g durchwachsener Speck
1 EL Butter
1 Zwiebel
25 g Weizenmehl
250 ml ($^1/_4$ l) Fleischbrühe
125 ml ($^1/_8$ l) Milch
125 ml ($^1/_8$ l) Schlagsahne
Salz, frisch gemahlener Pfeffer
geriebene Muskatnuss
2 EL gehackte Petersilie

Zubereitungszeit: 30 Min.

1. Kartoffeln in so viel Salzwasser zum Kochen bringen, dass sie bedeckt sind, gar kochen lassen, abgießen, mit kaltem Wasser übergießen, pellen.
2. Speck in Würfel schneiden, Butter zerlassen, Speckwürfel darin ausbraten. Zwiebel abziehen, würfeln, darin andünsten, mit Mehl bestäuben, kurz miterhitzen.
3. Fleischbrühe, Milch, Schlagsahne hinzugießen, mit einem Schneebesen durchschlagen, darauf achten, dass keine Klümpchen entstehen.
4. Die Sauce zum Kochen bringen, etwa 5 Minuten kochen lassen, würzen.
5. Die Kartoffeln in die Sauce schneiden, unter vorsichtigem Umrühren darin erhitzen, Petersilie unterrühren.

Béchamelkartoffeln

Béchamelsauce

■ Schnell

Pro Portion:
E: 6 g, F: 28 g, Kh: 9 g,
kJ: 1365, kcal: 327

40 g Schinken
30 g Butter oder Margarine
30 g Weizenmehl
1 Zwiebel
250 ml ($^1/_4$ l) kalte Brühe
250 ml ($^1/_4$ l) Milch oder Schlagsahne

Salz, frisch gemahlener Pfeffer
geriebene Muskatnuss

Zubereitungszeit: 15 Min.

1. Schinken in Würfel schneiden. Butter oder Margarine mit den Schinkenwürfeln zusammen zerlassen, Weizenmehl unter Rühren darin erhitzen.
2. Zwiebel abziehen, fein hacken und dazugeben, dünsten bis sie hellgelb ist.
3. Langsam nach und nach Brühe und Milch oder Schlagsahne hinzugießen.
4. Ständig mit einem Schneebesen durchschlagen, zum Kochen bringen und etwa 5 Minuten bei schwacher Hitze kochen lassen.
5. Sauce nach Belieben durch ein Sieb streichen und dann mit Salz, Pfeffer und Muskat abschmecken.

Beefsandwich
2 Portionen

■ Schnell

Pro Portion:
E: 21 g, F: 24 g, Kh: 20 g,
kJ: 1642, kcal: 392

1 grüne Paprikaschote
1 Zwiebel, 1 Knoblauchzehe
2 EL Speiseöl
Salz, frisch gemahlener Pfeffer
2 gr. Scheiben Vollkornbrot
2 TL Butter
150 g Roastbeef (als Aufschnitt)
2 TL Kresseblättchen

Zubereitungszeit: 15 Min.

1. Paprikaschote halbieren, entstielen, entkernen, die weißen Scheidewände entfernen, Paprikaschote waschen und

Beefsandwich

in Streifen schneiden.
2. Zwiebel abziehen, in Scheiben schneiden.
3. Knoblauchzehe abziehen, fein würfeln.
4. Speiseöl erhitzen, die drei Zutaten hinzufügen, etwa 2 Minuten dünsten lassen, mit Salz und Pfeffer würzen, etwas abkühlen lassen.
5. Vollkornbrot mit Butter bestreichen, Roastbeef darauf verteilen, das Gemüse darauf geben und mit Kresseblättchen bestreuen.

Beefsteak Tatar

■ Schnell

Pro Portion:
E: 34 g, F: 16 g, Kh: 3 g,
kJ: 1201, kcal: 287

2 Zwiebeln
500 g Tatar
1 EL Speiseöl
1–2 TL Senf
1 TL zerdrückter grüner Pfeffer, Salz
Paprika edelsüß, Essig
gerebelter Majoran
4 Eigelb
Zwiebelringe von 1 Zwiebel
geschroteter Pfeffer
2 Gewürzgurken
½ Bund Schnittlauch
4 Sardellenfilets
2 TL Kapern
1 EL gehackte Petersilie

Zubereitungszeit: 20 Min.

1. Zwiebeln abziehen, fein würfeln, mit Tatar, Speiseöl, Senf, Pfeffer verrühren. Mit Salz, Paprika, Essig abschmecken.
2. Das Tatar in Portionen auf einer Platte anrichten, mit Majoran garnieren. In jede Portion eine Vertiefung eindrücken, jeweils 1 Eigelb hineingeben.
3. In kleinen Schüsseln Zwiebelringe, Pfeffer, Gurken, Schnittlauch, Sardellenfilets, Kapern und Petersilie dazureichen.

Beilage: Bauernbrot.

Beefsteak Tatar

37

Berner Rösti

■ Klassisch

Pro Portion:
E: 5 g, F: 20 g, Kh: 39 g,
kJ: 1552, kcal: 370

1 kg fest kochende Kartoffeln
2 Zwiebeln, 100 g Butter
Salz
frisch gemahlener Pfeffer

Zubereitungszeit: 40 Min.

1. Kartoffeln waschen, gar kochen, abgießen, abdämpfen, heiß pellen, erkalten lassen.
2. Auf einer groben Reibe (Röstiraffel) grob reiben (raffeln).
3. Zwiebeln abziehen, würfeln, die Hälfte der Butter in einer großen Bratpfanne zerlassen, die Hälfte der Zwiebelwürfel darin andünsten, die Hälfte der Kartoffeln hinzufügen, mit Salz und Pfeffer würzen.
4. Unter mehrmaligen Wenden etwa 15 Minuten hellbraun braten, die Kartoffeln in der Pfanne glatt streichen, etwas festdrücken und goldbraun braten lassen, auf vorgewärmte Teller stürzen. Die zweite Rösti genauso zubereiten.

Berner Rösti

Bettlerhuhn, chinesisch

Bettlerhuhn, chinesisch

■ Dauert länger – raffiniert

Pro Portion:
E: 88 g, F: 63 g, Kh: 165 g,
kJ: 7148, kcal: 1709

1 Huhn (1 1/2 kg)

Für die Marinade:
3 EL Sojasauce
5 EL Sherry
2 EL Sesamöl
1 EL Zucker, 1 EL Salz

Für die Füllung:
500 g mageres Schweinefleisch
6 getrocknete, chinesische Pilze
150 g Bambus (aus der Dose)
100 g eingelegtes Gemüse aus Sichuan (Dose oder Glas)
2 EL Speiseöl
1 Schweinenetz
(frühzeitig beim Metzger bestellen)
Lotusblätter (gibt es in Asialäden)
750 g Weizenmehl
2 Tassen Wasser oder Töpferton
(in Bastelläden)

Zubereitungszeit: 3 1/2 Std.

1. Huhn gründlich säubern, Fettpolster wegnehmen.
2. Die Marinadezutaten miteinander vermischen. Das Huhn mit 3/4 der Marinade innen und außen einreiben.
3. Für die Füllung das Schweinefleisch in etwa streichholzdünne Streifen schneiden. Mit der restlichen Marinade übergießen.
4. Pilze nach Packungsanleitung in heißem Wasser einweichen, dann die Stiele entfernen, die Kappen in Streifen schneiden, ebenso den Bambus in Streifen schneiden.
5. Das eingelegte Gemüse unter kaltem Wasser abspülen, in Streifen schneiden. Wok erhitzen, Öl hineingeben. Fleisch 1 Minute pfannenrühren, dann die Gemüse zugeben, weitere 2 Minuten pfannenrühren. Abschmecken, evtl. etwas nachsalzen.
6. Das Huhn mit der Schweinefleischmischung großzügig füllen, aber nicht pressen. Nun mit dem Schweinenetz umwickeln. Dann in die Lotusblätter einschlagen (wenn sie trocken sind, erst einweichen). Dann mit Alufolie nochmals umkleiden.
7. Entweder aus Mehl und Wasser einen Teig rühren und ihn ganz um das Huhn herumstreichen oder den Ton ausrollen und ebenfalls um das Huhn herumstreichen. Wichtig ist, dass das Huhn luftdicht verschlossen ist.
8. Das ganze Paket in den Backofen schieben.
Ober-/Unterhitze: etwa 200 °C (vorgeheizt)
Heißluft: etwa 180 °C (nicht vorgeheizt)
Gas: Stufe 3–4 (nicht vorgeheizt)
Backzeit: 1 Stunde.
9. Nach einer Stunde die Hitze herunterschalten.
Ober-/Unterhitze: etwa 150 °C (vorgeheizt)
Heißluft: etwa 120 °C (nicht vorgeheizt)

Bierhähnchen

Gas: etwa Stufe 2 (nicht vorgeheizt)
Backzeit: 3 Stunden.

10. Den steinharten Klotz auf ein Tablett setzen, auf den Tisch bringen. Vorsichtig aufschlagen. Das Huhn darin ist so zart, dass es zerfällt.

Tipp:
Die Garmethode im luftverschlossenen Raum bewirkt, dass das Huhn zart wird.

Bierhähnchen

■ Dauert länger

Pro Portion:
E: 70 g, F: 31 g, Kh: 47 g,
kJ: 3299, kcal: 789

1 küchenfertiges Hähnchen (ca. 1 kg)
5 EL Zitronensaft
5 EL Speiseöl, 1/4 TL Kümmel
1/2 TL Salz, frisch gemahlener Pfeffer
3 EL Olivenöl, 500 ml (1/2 l) helles Bier

Für den Reis:
2 Zwiebeln, 2 mittlere Zucchini
2 EL Speiseöl, 200 g Reis
500 ml (1/2 l) Geflügelbrühe
100 g durchwachsener Speck
50 g Pinienkerne
1 Bund glatte, gehackte Petersilie

Zubereitungszeit: 1 Std.

1. Hähnchen unter fließendem kalten Wasser abspülen, trockentupfen, in 8 Teile zerlegen.
2. Aus Zitronensaft, Speiseöl, Kümmel, Salz, Pfeffer eine Marinade herstellen, die Hähnchenteile abgedeckt darin mehrere Stunden einlegen.
3. Öl erhitzen, die Hähnchenteile darin anbraten, Bier hinzugießen, die Hähnchenteile in etwa 20 Minuten darin gar schmoren, herausnehmen und warm stellen. Den Fond einkochen.
4. Für den Reis Zwiebeln abziehen, in feine Würfel schneiden. Zucchini putzen, waschen, in Würfel schneiden.
5. Speiseöl erhitzen, Zwiebel- und Zucchiniwürfel darin anbraten.
6. Reis hinzufügen, den Fond, Geflügelbrühe hinzugießen, abgedeckt 15–20 Minuten kochen lassen, abschmecken.
7. Speck in einer Pfanne zerlassen, Pinienkerne hinzufügen, mitrösten.
8. Den Reis anrichten, die Hähnchenteile darauf setzen, mit Speck, Pinienkernen, Petersilie garnieren.

Bifteki

■ Raffiniert

Pro Portion:
E: 56 g, F: 89 g, Kh: 23 g,
kJ: 4963, kcal: 1185

2 Brötchen
2 Zwiebeln
800 g Hackfleisch
(halb Rind-, halb Schweinefleisch)
1 EL Zitronensaft
2 Eier
2 EL gehackte Petersilie
1 EL gehackte Minze
Salz
frisch gemahlener Pfeffer
250 g Feta-Käse
4 EL Weizenmehl
1 kg Ausbackfett oder Butterschmalz

Zubereitungszeit: 30 Min.

1. Brötchen in kaltem Wasser einweichen, Zwiebeln abziehen, fein würfeln.
2. Die gut ausgedrückten Brötchen und die Zwiebelwürfel mit Hackfleisch, Zitronensaft und Eiern zu einer geschmeidigen Masse verkneten. Petersilie und Minze hinzufügen, Fleischteig mit Salz und Pfeffer würzen.
3. Mit einem Esslöffel kleine Portionen von der Fleischmasse abteilen, mit bemehlten Händen flach drücken, ein Stück Feta-Käse darauf geben und mit dem Fleischteig umhüllen. Die Fleischbällchen leicht in Mehl wenden.
4. Das Ausbackfett bis zum Siedepunkt erhitzen, die Fleischbällchen portionsweise darin frittieren, auf Küchenpapier abtropfen lassen.
Oder das Butterschmalz in einer Pfanne erhitzen, die Fleischbällchen von allen Seiten darin braun braten.

39

Bigosch

■ Gut vorzubereiten

Pro Portion:
E: 51 g, F: 79 g, Kh: 14 g,
kJ: 4335, kcal: 1036

500 g Schweinenacken
150 g durchwachsener Speck
2 Cabanossi
1 rote Paprikaschote
1 Gemüsezwiebel
300 g Weißkohl, 5 EL Speiseöl
2 EL Tomatenmark
1 Lorbeerblatt
Salz, frisch gemahlener Pfeffer
Kümmel, gerebelter Majoran
500 ml (1/2 l) heiße Fleischbrühe
1 kleine Dose gemischte Pilze
(Einwaage etwa 200 g)
evtl. 150 g saure Sahne

Zubereitungszeit: 65 Min.

1. Schweinefleisch abspülen, trockentupfen, in etwa 3 cm große Würfel schneiden. Speck fein würfeln. Cabanossi in Scheiben schneiden.
2. Paprikaschote vierteln, entstielen, entkernen, die weißen Scheidewände entfernen, Schote waschen und würfeln. Zwiebel abziehen und fein würfeln. Weißkohl putzen, in Streifen schneiden, waschen.
3. Speiseöl erhitzen, Speckwürfel darin auslassen. Fleisch und Wurstscheiben im Speckfett anbraten. Paprika, Zwiebel und Weißkohl dazugeben, unter Rühren dünsten.
4. Tomatenmark unterrühren, Lorbeerblatt hinzufügen und mit Salz, Pfeffer, Kümmel und Majoran würzen. Fleischbrühe angießen und etwa 40 Minuten bei mittlerer Hitze schmoren.

Bigosch

5. Kurz vor Ende der Garzeit die abgetropften Pilze dazugeben, miterhitzen. Nach Wunsch saure Sahne unterziehen und nicht mehr kochen lassen.

Bircher-Benner-Kartoffeln mit Kräuterquark

■ Preiswert

Pro Portion:
E: 12 g, F: 17 g, Kh: 27 g,
kJ: 1325, kcal: 316

600 g fest kochende Kartoffeln
3 EL Speiseöl, 20 g Butter
2 EL ganzer Kümmel, Salz

Für den Kräuterquark:
250 g Quark, etwa 3 EL Milch
1 TL gehackter Kerbel
1 TL gehackte Petersilie
1 TL Schnittlauchröllchen
1 TL gehackter Dill
grober, bunter Pfeffer

Zubereitungszeit: 50 Min.

1. Ungeschälte Kartoffeln unter fließendem kalten Wasser gut abbürsten und halbieren.
2. Öl und Butter erwärmen, die Schnittseiten der Kartoffeln mit dem Fett bestreichen, dann mit Kümmel bestreuen, auf ein Backblech legen, mit dem restlichen Fett beträufeln und salzen. In den Backofen schieben.
Ober-/Unterhitze: etwa 200 °C (vorgeheizt)
Heißluft: etwa 180 °C (vorgeheizt)
Gas: Stufe 3–4 (vorgeheizt)
Backzeit: 30–40 Minuten.
3. Quark mit Milch und Kräutern verrühren, salzen und pfeffern, zu den Kartoffeln reichen.

Bircher-Benner-Müsli
1 Portion

■ Für Kinder

Pro Portion:
E: 3 g, F: 2 g, Kh: 14 g,
kJ: 398, kcal: 95

30 g (3 geh. EL) grobe Haferflocken
10 g (1 EL) Rosinen
125 ml (1/8 l) Milch
100 g Apfel, vorbereitet
50 g Orange, vorbereitet
1/2 Banane (40 g ohne Schale)
Saft von 1/2 Zitrone
15 g (1 EL) gehackte Walnusskerne

Zubereitungszeit: 15 Min.

1. Flocken, Rosinen und Milch verrühren, etwas quellen lassen.
2. Apfel schälen, grob raspeln, sofort unter die Flocken mischen, Orange filetieren.
3. Die Banane schälen, in kleine Schei-

P Q R S T U V W X Y Z A **B**

Bircher-Benner-Müsli

ben schneiden, unter die Zutaten mischen, mit Zitronensaft abschmecken.
4. Nüsse ohne Fettzugabe unter ständigem Wenden rösten, abgekühlt über das Müsli streuen.

Birnen in Rotwein
6 Portionen

■ Gut vorzubereiten

Pro Portion:
E: 1 g, F: 1 g, Kh: 57 g,
kJ: 1236, kcal: 296

12 kleine, saftige Birnen
500 ml ($^1/_2$ l) Rotwein
200 g Zucker
einige Gewürznelken

Zubereitungszeit: 75 Min.

1. Die Birnen waschen, mit einem spitzen Messer den Blütenansatz am unteren Ende der Frucht entfernen, den Stiel aber daran lassen.
2. Die ungeschälten Birnen nebeneinander in eine höhere Auflaufform setzen und mit dem Rotwein bis zum Stielansatz bedecken, Zucker und Nelken zugeben.
3. Im Backofen weich dünsten lassen, der Rotwein soll in der Zeit sirupartig eingedickt sein.
Ober-/Unterhitze: etwa 200 °C (vorgeheizt)
Heißluft: etwa 180 °C (nicht vorgeheizt)
Gas: Stufe 3–4 (nicht vorgeheizt)
Backzeit: etwa 60 Minuten.
4. Die Birnen in dem Saft erkalten lassen.

Tipp:
Geschlagene Sahne dazu servieren.

MENUE

Hauptgericht:
Lammkeule (Seite 274)

Beilage:
Filetbohnen im Speckmantel (Seite 120)

Dessert:
Birnen in Rotwein (Seite 41)

Birnen, Bohnen und Speck

Birnen, Bohnen und Speck

■ Gut vorzubereiten

Pro Portion:
E: 18 g, F: 82 g, Kh: 26 g,
kJ: 3991, kcal: 953

500 g durchwachsener Speck
$^1/_2$ TL schwarze Pfefferkörner
750 ml ($^3/_4$ l) Wasser
1 kg grüne Bohnen
1 Bund Bohnenkraut
Salz
frisch gemahlener Pfeffer
4 Kochbirnen
1 gestr. EL Speisestärke
frisch gemahlener Pfeffer
1 EL gehackte Petersilie

Zubereitungszeit: 75 Min.

1. Den Speck mit dem Pfeffer in 750 ml kochendes Wasser geben und bei mittlerer Hitze etwa 30 Minuten köcheln lassen.
2. Bohnen abfädeln, waschen, in etwa 4 cm lange Stücke brechen, zum Speck geben. Bohnenkraut abspülen, dazugeben, mit Salz und Pfeffer würzen.
3. Die Birnen waschen, vierteln, das Kerngehäuse herausschneiden. Birnen zu den Bohnen geben und noch 25–30 Minuten garen, evtl. noch etwas Wasser hinzufügen.
4. Speck in Scheiben schneiden, mit den Birnen und Bohnen in einer vorgewärmten Schüssel anrichten. Stärke mit kaltem Wasser anrühren, die Brühe damit binden, nochmals abschmecken, in die Schüssel geben und mit Petersilie bestreuen.

Birnenkompott

■ Preiswert – schnell

Pro Portion:
E: 1 g, F: 1 g, Kh: 41 g,
kJ: 667, kcal: 159

500 g Birnen
250 ml (1/4 l) Wasser
50 g Zucker
1 Pck. Vanillin-Zucker
1 Stück Zimtstange
3 Gewürznelken
1–2 EL Zitronensaft

Zubereitungszeit: 20 Min.

1. Birnen schälen, halbieren, entkernen, in Stücke schneiden.
2. Wasser mit Zucker, Vanillin-Zucker, Zimtstange und Gewürznelken zum Kochen bringen. Die Birnen hineingeben, zum Kochen bringen, in etwa 10 Minuten weich kochen, Zitronensaft unterrühren.
3. Das Kompott erkalten lassen, evtl. mit Zucker abschmecken.

Bismarckhering

■ Klassisch

Pro Portion:
E: 40 g, F: 33 g, Kh: 5 g,
kJ: 2203, kcal: 525

1 kg küchenfertige, gesalzene Heringe, 200 g Zwiebeln
500 ml (1/2 l) Wasser
1 TL Zucker
300 ml Weinessig
3 Lorbeerblätter
1 TL Pfefferkörner
1 TL Senfkörner
1 getrocknete Chilischote

Zubereitungszeit: 25 Min.

1. Heringe in reichlich kaltem Wasser 5 Stunden wässern, zwischendurch Wasser erneuern.
2. Zwiebeln abziehen, halbieren, in dünne Scheiben schneiden, mit Wasser, Zucker, Weinessig, Lorbeerblättern, Pfefferkörnern, Senfkörnern und Chili in einen Topf geben, aufkochen lassen, etwa 5 Minuten schwach köcheln.
3. Marinade abkühlen lassen, die abgetropften Heringe in die Marinade legen und abgedeckt im Kühlschrank mindestens 2 Tage marinieren.

Blätterteigtaschen, pikant gefüllt

■ Für Kinder – schnell

Pro Portion:
E: 17 g, F: 34 g, Kh: 25 g,
kJ: 2048, kcal: 490

Bismarckhering

125 g Schinken (roh oder gekocht)
100 g Käse, z. B. Gouda
1–2 EL gehackte Petersilie
300 g (1 Pck.) tiefgekühlter Blätterteig
3 EL Wasser
1 Eigelb, 2 EL Milch

Zubereitungszeit: 35 Min.

1. Schinken und Käse in Würfel schneiden, mit Petersilie vermengen.
2. Blätterteig bei Zimmertemperatur auftauen lassen.
3. Teigplatten übereinander legen, ein Quadrat von 40 x 40 cm ausrollen, daraus Platten von 10 x 10 cm schneiden.
4. Die Füllung in die Mitte der Plättchen geben, Ränder mit Wasser bestreichen, die Teigplättchen übereinander klappen, die Ränder gut festdrücken, den Teig mit verquirltem Eigelb bestreichen, auf ein mit Wasser abgespültes Backblech legen und in den Backofen schieben.
Ober-/Unterhitze: etwa 200 °C (vorgeheizt)
Heißluft: etwa 180 °C (vorgeheizt)
Gas: Stufe 3–4 (vorgeheizt)
Backzeit: etwa 15 Minuten.
5. Lauwarm oder kalt servieren.

Tipp:
Je nach Geschmack können in die Füllung auch einige Champignonscheiben gegeben werden.

Blattsalat, bunter

■ Für Gäste

Pro Portion:
E: 5 g, F: 35 g, Kh: 5 g,
kJ: 1517, kcal: 362

MENUE

Vorspeise:
Blattsalat mit Putenfleisch
(Seite 43)

Hauptgericht:
Tortellini mit Gemüse (Seite 478)

Dessert:
Mangocreme (Seite 297)

Für die Salatsauce:
1 Knoblauchzehe, 1 Schalotte
3 EL Weinessig
1 TL Senf
6 EL Walnussöl
Salz, frisch gemahlener Pfeffer

1 Radicchio (150 g)
100 g Löwenzahnblätter
1 Chicorée
1 kleiner Friséesalat
(250 g, nur das Herzstück verwenden)
100 g Frühstücksspeck

Zubereitungszeit: 25 Min.

1. Knoblauchzehe und Schalotte abziehen und fein würfeln, mit Essig und Senf verrühren.
2. Öl unterschlagen, so dass eine cremige Sauce entsteht, mit Salz und Pfeffer abschmecken.
3. Den Salat verlesen, waschen, trockenschleudern und in mundgerechte Stücke zupfen.
4. Speck in sehr feine Streifen schneiden, bei schwacher Hitze knusprig braten.
5. Salat und Sauce gut vermengen. Den heißen Speck darüber geben.

Blattsalat, bunter

Blattsalat mit Putenfleisch

■ **Für Gäste**

Pro Portion:
E: 6 g, F: 27 g, Kh: 11 g,
kJ 1515, kcal: 362

200 g Putenfleisch

Für die Marinade:
125 ml (¹/₈ l) Sherry (fino oder amontillado)
1 TL Honig
1 TL Johannisbeergelee
1 TL Currypulver
1 TL Paprika edelsüß
1 Msp. gemahlener Ingwer
frisch gemahlener, weißer Pfeffer
1 EL Butter
200 ml Schlagsahne
Salz, Sherryessig

1 Kopf Friséesalat (600 g)
1 Kopf Radicchio (150 g)
1 Avocado
1 EL Zitronensaft
100 g frische Champignons
1 EL Butter
50 g salzige Mandeln

Zubereitungszeit: 1 Std.

1. Putenfleisch unter fließendem kalten Wasser abspülen und trockentupfen. Das Putenfleisch in Streifen schneiden.

Blattsalat mit Putenfleisch

2. Für die Marinade den Sherry mit Honig, Johannisbeergelee, Curry, Paprika, Ingwer und Pfeffer verrühren. Putenfleisch hineingeben, etwa 30 Minuten darin ziehen lassen.
3. Das Fleisch aus der Marinade nehmen. Butter in einer Pfanne zerlassen, Putenfleisch darin goldgelb braten, herausnehmen und abtropfen lassen.
4. Den Bratensatz mit der Marinade ablöschen. Schlagsahne hinzugießen, zum Kochen bringen, etwa 5 Minuten bei starker Hitzezufuhr einkochen lassen, mit Salz, Sherryessig abschmecken und beiseite stellen.
5. Friséesalat und Radicchio verlesen, gründlich waschen, gut abtropfen lassen, die Blätter zerpflücken.
6. Avocado halbieren, den Kern mit einem Löffel entfernen. Avocado schälen, das Fruchtfleisch in Spalten schneiden und mit Zitronensaft beträufeln. Champignons putzen und in dünne Scheiben schneiden.
7. Butter zerlassen, die Champignonscheiben kurz darin anbraten. Mandeln ohne Fett in einer Pfanne rösten. Die Salatzutaten in einer Schüssel anrichten, dabei die Putenfleischstreifen nach oben legen. Die lauwarme Salatsauce getrennt dazureichen.

Blattsalat mit Walnüssen

■ Vegetarisch

Pro Portion:
E: 2 g, F: 15 g, Kh: 4 g,
kJ: 701, kcal: 167

Für die Marinade:
2 Schalotten
1 Knoblauchzehe
40 g gehackte Walnusskerne
Pfeffer, 2 EL Sherryessig
3–4 EL Speiseöl
150 g Radicchio
100 g Feldsalat
100 g Champignons

Zubereitungszeit: 30 Min.

1. Für die Marinade Schalotten und Knoblauchzehe abziehen, fein würfeln, mit Nüssen, Pfeffer, Essig und Öl verrühren.
2. Radicchio und Feldsalat putzen, waschen, abtropfen lassen. Große Blätter vom Radicchio zerpflücken. Pilze putzen, evtl. abspülen, trockentupfen, in Scheiben schneiden.
3. Pilze unter die Marinade geben, durchziehen lassen. Salat vor dem Servieren unterheben.

MENUE

Hauptgericht:
Blitzgulasch (Seite 45)

Beilage:
Broccoli mit Mandelbutter
(Seite 62)

Dessert:
Zabaione (Seite 506)

Blattsalat mit Walnüssen

Blattspinat

■ Für Kinder

Pro Portion:
E: 6 g, F: 9 g, Kh: 2 g,
kJ: 492, kcal: 116

1 kg Spinat
2 mittelgroße Zwiebeln
40 g Butter
Salz
frisch gemahlener Pfeffer
geriebene Muskatnuss

Zubereitungszeit: 25 Min.

1. Spinat verlesen, waschen, auf ein Sieb geben.
2. Zwiebeln abziehen, würfeln. Butter in einem Topf zerlassen, die Zwiebelwürfel andünsten.
3. Den Spinat tropfnass hinzufügen, mit Salz, Pfeffer, Muskatnuss würzen und bei schwacher Hitze 5–10 Minuten garen lassen.
4. Vorsichtig umrühren, mit Salz und Pfeffer abschmecken.

Tipp:
30 g Pinienkerne in einer Pfanne ohne Fett leicht anrösten, den Spinat damit anrichten, 2 abgezogene, durchgepresste Knoblauchzehen mit den Zwiebeln andünsten.

Blaue Zipfel

Bratwürste aus dem Sud

■ Preiswert – schnell

Pro Portion:
E: 38 g, F: 18 g, Kh: 9 g,
kJ: 1578, kcal: 376

200 g Zwiebeln (4 Stück)
1 l Wasser, 125 ml ($^1/_8$ l) Weinessig
2 TL Salz, 1 TL Zucker
1 TL Pfefferkörner, 3 Lorbeerblätter
5 Wacholderbeeren, 2 Nelken
500 g frische, rohe Schweinsbratwürste

Blaue Zipfel

Zubereitungszeit: 30 Min.

1. Zwiebeln abziehen, halbieren, in dünne Scheiben schneiden. Zwiebeln in einen Topf geben, mit Wasser, Essig, Salz, Zucker, Pfefferkörnern, Lorbeerblättern, Wacholderbeeren und Nelken aufkochen, abgedeckt 10 Minuten köcheln lassen.
2. Würste in den Sud legen, bei schwacher Hitze im offenen Topf 15 Minuten ziehen lassen.

Blinis mit Lachs

■ Raffiniert

Pro Portion:
E: 21 g, F: 60 g, Kh: 59 g,
kJ: 3745, kcal: 894

Für den Teig:
20 g Frischhefe, 1 TL Zucker
125 ml (¹/₈ l) lauwarme Milch
200 g Kartoffeln
250 g Weizenmehl, 50 g Butter
Salz, 1 Ei
75 g Speiseöl oder Schweineschmalz

Für die Sauce:
1 Becher (150 g) Crème fraîche
150 g saure Sahne
1 Prise Zucker
frisch gemahlener Pfeffer
Zitronensaft
150 g Lachsscheiben

Zubereitungszeit: 1 Std.

1. Hefe zerbröckeln, mit dem Zucker und 5 Esslöffeln von der Milch anrühren, 5 Minuten stehen lassen.
2. Kartoffeln schälen, waschen, fein reiben.
3. Mehl in eine Schüssel sieben, in die Mitte eine Vertiefung eindrücken, die aufgelöste Hefe hineingeben.
4. Butter zerlassen, etwas abkühlen lassen, lauwarm an den Rand des Mehls geben. Von der Mitte aus alle Zutaten mit den Knethaken des Handrührgerätes zu einem Teig verkneten.
5. Die restliche Milch mit Salz und Ei verschlagen, mit den geriebenen Kartoffeln zu dem Hefeteig geben. Den Teig zugedeckt an einem warmen Ort so lange gehen lassen, bis er sich sichtbar vergrößert hat (etwa 20 Minuten). Danach den Teig nochmals durchkneten.
6. Speiseöl oder Schmalz in einer Pfanne erhitzen, den Teig esslöffelweise hineingeben, flach drücken, von beiden Seiten goldbraun backen. Die Blinis auf einer vorgewärmten Platte warm stellen.
7. Für die Sauce Crème fraîche mit saurer Sahne glatt rühren. Mit Salz, Zucker, Pfeffer und Zitronensaft abschmecken.
8. Die Sauce mit den Lachsscheiben zu den Blinis reichen.

Blinis mit Lachs

Blitzgulasch

■ Schnell

Pro Portion:
E: 28 g, F: 26 g, Kh: 8 g,
kJ: 1769, kcal: 422

500 g Rinderfilet
4 EL Speiseöl zum Braten
Salz
frisch gemahlener Pfeffer
150 g kleine Champignons
1 kleines Glas Perlzwiebeln
40 g Butter
100 ml Rotwein
200 ml Rinderfond oder Fleischbrühe
1 TL Speisestärke
2 kleine Äpfel
4 cl Calvados

Zubereitungszeit: 30 Min.

1. Filet unter fließendem kalten Wasser abspülen, trockentupfen, in Würfel schneiden, in sehr heißem Öl in einer Pfanne anbraten, herausnehmen, salzen, pfeffern und warm stellen.
2. Champignons putzen, evtl. abspülen, Perlzwiebeln gut abtropfen lassen. Butter in einer Pfanne erhitzen, Champignons und Perlzwiebeln darin anbraten.
3. Mit Rotwein und Rinderfond ablöschen und um die Hälfte einkochen lassen.
4. Speisestärke mit etwas Rotwein anrühren, den Fond damit binden.
5. Äpfel schälen, das Kerngehäuse entfernen, Äpfel in Spalten schneiden. Die Apfelspalten in die Sauce geben, mit Salz, Pfeffer und Calvados würzen.
6. Zum Schluss die gebratenen Filetwürfel in der Sauce erhitzen.

Beilage: Spätzle, frische Salate.

45

Blumenkohl mit Tomaten, gedünstet

■ Für Kinder

Pro Portion:
E: 16 g, F: 15 g, Kh: 8 g,
kJ: 1042, kcal: 249

1 Zwiebel
1 Knoblauchzehe
4 Tomaten (etwa 400 g)
40 g Butter
20 g Tomatenmark
1 kg Blumenkohl
5–6 EL Gemüsebrühe
Salz
frisch gemahlener Pfeffer
gemahlener Koriander
200 g magerer, gekochter Schinken
1 EL gehackte Petersilie

Zubereitungszeit: 35 Min.

1. Zwiebel, Knoblauchzehe abziehen und würfeln.
2. Tomaten kurze Zeit in kochendes Wasser legen (nicht kochen lassen), in kaltem Wasser abschrecken, enthäuten, entkernen, die Stängelansätze herausschneiden, in Würfel schneiden.
3. Butter zerlassen, Zwiebel- und Knoblauchwürfel darin andünsten, die Tomatenwürfel und Tomatenmark hinzufügen, kurz durchdünsten lassen.
4. Blumenkohl putzen, in kleine Röschen teilen, den Strunk in Streifen schneiden. Blumenkohlröschen und Strunkstreifen gründlich waschen, abtropfen lassen, mit der Gemüsebrühe zu den Tomatenwürfeln geben, mit Salz, Pfeffer, Koriander würzen und im geschlossenen Topf 10–15 Minuten dünsten lassen.

Blumenkohl mit Tomaten, gedünstet

5. Schinken in Streifen schneiden, mit Petersilie zu dem Gemüse geben, kurz erhitzen, nochmals abschmecken.

Blumenkohl und Broccoli mit Bierteig

■ Raffiniert – vegetarisch

Pro Portion:
E: 16 g, F: 134 g, Kh: 53 g,
kJ: 6458, kcal: 1543

600 g Blumenkohl
600 g Broccoli

Für den Bierteig:
250 g Weizenmehl
30 g flüssige Butter
200 ml Bier
2 Eigelb, Salz, 2 Eiweiß
1$^1/_2$ l Pflanzenöl oder 1$^1/_2$ kg Pflanzenfett

Zubereitungszeit: 40 Min.

1. Blumenkohl und Broccoli putzen, waschen, in walnussgroße Röschen teilen. In reichlich Salzwasser etwa 5 Minuten vorgaren.
2. Für den Bierteig Mehl in eine Schüssel sieben. Butter, Bier und Eigelb dazugeben, alles zu einem dickflüssigen Teig verrühren, mit Salz würzen, etwa 30 Minuten stehen lassen.
3. Eiweiß steif schlagen, zum Schluss unter den Backteig heben.
4. Das Fett zum Ausbacken erhitzen, es sollte so heiß sein, dass sich an einem Holzlöffel kleine Bläschen bilden (ist die Temperatur zu niedrig, saugt sich der Teig zu voll).
5. Blumenkohl- und Broccoliröschen gut abtropfen lassen, mit Gabeln durch den Backteig ziehen, etwas abtropfen lassen und in etwa 5 Minuten goldgelb backen, auf Küchenpapier abtropfen lassen.

Tipp:
Möhren, Zuckererbsen, Zucchini oder anderes, frisches Gemüse der Saison eignet sich ebenfalls zum Frittieren.

Blumenkohl und Broccoli mit Bierteig

Blumenkohl, gratiniert

■ Vegetarisch

Pro Portion:
E: 7 g, F: 19 g, Kh: 10 g,
kJ: 1040, kcal: 248

800 g Blumenkohlröschen
Salz
10 g Butter (für die Form)
60 g weiche Butter
40 g Semmelbrösel
50 g geriebener Gouda
geriebene Muskatnuss
frisch gemahlener Pfeffer
2 EL geschnittener Schnittlauch

Zubereitungszeit: 40 Min.

1. Blumenkohl von Blättern und schlechten Stellen entfernen, den Strunk abschneiden, Blumenkohl in Röschen teilen, waschen, in wenig Salzwasser etwa 10 Minuten bissfest garen. Eine feuerfeste Form einfetten.
2. Die abgetropften Blumenkohlröschen einfüllen.
3. Butter, Semmelbrösel und Käse vermischen, mit Muskat und Pfeffer würzen. Die Masse über den Blumenkohl verteilen.
4. Die Form auf den Rost in den Backofen stellen.
   Ober-/Unterhitze: etwa 200 °C (vorgeheizt)
   Heißluft: etwa 180 °C (vorgeheizt)
   Gas: Stufe 3–4 (vorgeheizt)
   Backzeit: 20–25 Minuten.
5. Mit Schnittlauch bestreuen, sofort servieren.

Tipp:
Der Blumenkohl kann nach Belieben auch unter dem heißen Grill überbacken werden. Dann verkürzt sich die Überbackzeit.

Blumenkohl, klassisch

■ Schnell

Pro Portion:
E: 5 g, F: 11 g, Kh: 10 g,
kJ: 696, kcal: 166

2 kleine Köpfe Blumenkohl (je 500 g)
kochendes Salzwasser
50 g Butter
4 EL Semmelbrösel

Zubereitungszeit: 30 Min.

1. Von dem Blumenkohl die Blätter und die schlechten Stellen entfernen, den Strunk abschneiden. Blumenkohlköpfe gründlich waschen, in kaltes Salzwasser legen.
2. In kochendes Salzwasser geben, zum Kochen bringen, in 15–20 Minuten gar kochen lassen.
3. Die Blumenkohlköpfe mit einem Schaumlöffel aus der Flüssigkeit nehmen, in eine Schüssel geben und warm stellen.
4. Butter zerlassen, Semmelbrösel unter Rühren darin leicht bräunen lassen, über den Blumenkohl geben, sofort servieren.

Tipp:
Mit Erbsen-Möhren-Gemüse zu Kalbsrücken reichen.

MENUE

Hauptgericht:
Frikadellen (Seite 142)

Beilage:
Blumenkohl, gratiniert (Seite 47)

Dessert:
Schokoladenpudding (Seite 419)

Blumenkohl, klassisch

Blumenkohlsuppe „Grün-Weiß"

■ Für Kinder - vegetarisch

Pro Portion:
E: 19 g, F: 15 g, Kh: 31 g,
kJ: 1487, kcal: 356

1 Blumenkohl (750 g)
1 Zwiebel
20 g Butter
1 1/2 l Gemüsebrühe
Jodsalz
frisch gemahlener Pfeffer
geriebene Muskatnuss
150 g grüne Nudeln
1 Bund Petersilie

Zubereitungszeit: 35 Min.

1. Den Blumenkohl von Blättern und schlechten Stellen befreien und unter fließendem kalten Wasser abspülen.
2. Die Zwiebel abziehen, fein hacken, in der erhitzten Butter glasig dünsten.
3. Den Blumenkohl und die Brühe zufügen, mit Jodsalz, Pfeffer und Muskat würzen. Zugedeckt bei geringer Hitze etwa 15 Minuten garen, die Hälfte davon pürieren, die andere Hälfte dazugeben.
4. Inzwischen die Nudeln getrennt in Salzwasser nach Packungsanleitung gar kochen, abschütten und zum Blumenkohl geben.
5. Petersilie abspülen, trockentupfen, die Blättchen von den Stängeln zupfen, hacken und vor dem Servieren über die Suppe streuen.

Blumenkohlsuppe „Grün-Weiß"

Blutwurst auf Sauerkraut

■ Einfach

Pro Portion:
E: 11 g, F: 55 g, Kh: 6 g,
kJ: 2469, kcal: 589

40 g Schweineschmalz
40 g Zwiebelwürfel
400 g Sauerkraut
1 Lorbeerblatt
3 Wacholderbeeren, 2 Nelken
Salz, frisch gemahlener Pfeffer
200 ml Gemüsefond oder -brühe
4 Blutwürste im Naturdarm (je 100 g)
40 g Butter
100 g Zwiebelringe

Zubereitungszeit: 1 Std.

1. Schmalz erhitzen, Zwiebelwürfel darin glasig dünsten, das Sauerkraut, die Gewürze und den Fond dazugeben und alles bei nicht zu starker Hitze etwa 50 Minuten kochen lassen, abschmecken.
2. Kurz vor Garende die Blutwürste in Butter anbraten, im Backofen weiter schmoren lassen.
   Ober-/Unterhitze: etwa 180 °C (vorgeheizt)
   Heißluft: etwa 160 °C (vorgeheizt)
   Gas: Stufe 2–3 (vorgeheizt)
   Backzeit: etwa 10 Minuten.
3. Das Sauerkraut auf einer Platte anrichten, Blutwürste darauf setzen und mit in Butter gedünsteten Zwiebelringen garnieren.

Beilage:
Kartoffelpüree.

Blutwurst auf Sauerkraut

Boeuf à la mode
Rindfleisch in Rotwein

6 Portionen

■ Klassisch – dauert länger

Pro Portion:
E: 46 g, F: 62 g, Kh: 10 g,
kJ: 3808, kcal: 909

Für die Marinade:
100 g Zwiebeln, 100 g Möhren
1 Bund Petersilie
4 Knoblauchzehen
500 ml (1/2 l) Rotwein
50 ml Cognac
2 Lorbeerblätter
1 TL Thymian
Salz, frisch gemahlener Pfeffer
1,2 kg Rinderbraten (Schwanzrolle)

60 g Gänseschmalz
50 g Bauchspeck
1 Kalbsknochen
2 Tomaten
1 Stange Porree (Lauch)
1 Stück Speckschwarte
250 ml (¼ l) Fleischbrühe

Für das Gemüse:
20 kleine Zwiebelchen (250 g)
1 Bund Möhren (500 g)
60 g Bauchspeck
40 g Butter
Zucker
2 EL gehackte Petersilie
60 g kalte Butter

Zubereitungszeit: 2½ Std.

1. Zwiebeln abziehen, in Scheiben schneiden. Möhren putzen, schälen, waschen und grob zerkleinern. Petersilie abspülen, trockentupfen, fein hacken. Knoblauch abziehen, zerdrücken.
2. Aus Rotwein, Cognac, Zwiebeln, Möhren, Petersilie, Knoblauch, Lorbeerblättern, Thymian, Salz und Pfeffer eine Marinade zubereiten. Das Rindfleisch in die Marinade legen und über Nacht im Kühlschrank marinieren.
3. Rindfleisch aus der Marinade nehmen, abtropfen lassen, etwas trockentupfen. In einem Bräter das Gänseschmalz erhitzen. Den Braten von allen Seiten goldbraun braten. Den grob gewürfelten Bauchspeck dazugeben, ebenso den Kalbsknochen mit anschmoren. Von den Tomaten die Stängelansätze entfernen, Tomaten in Achtel schneiden. Lauch putzen, längs durchschneiden, gründlich waschen, in große Stücke zerteilen und mit den Tomaten und der Speckschwarte zum Fleisch geben.
4. Mit Fleischbrühe und etwas von der durchgesiebten Marinade auffüllen. Aufkochen lassen und im Backofen garen.
Ober-/Unterhitze: etwa 180 °C (vorgeheizt)
Heißluft: etwa 160 °C (nicht vorgeheizt)
Gas: Stufe 2–3 (nicht vorgeheizt)
Garzeit: etwa 2 Stunden.
5. Kleine Zwiebeln abziehen, evtl. halbieren, Möhren schälen, waschen, in Stücke schneiden. Bauchspeck in Würfel schneiden, auslassen, Butter zugeben, Zwiebeln und Möhren goldbraun darin braten, etwas salzen, mit Zucker würzen, mit Petersilie bestreuen.
6. Fleisch aus dem Bratenfond nehmen, etwas ruhen lassen, damit sich der Fleischsaft setzen kann, dann in dünne Scheiben schneiden. Die Sauce durch ein feines Sieb geben, mit kalter Butter binden, abschmecken und zu dem Fleisch servieren.

Tipp:
Servieren Sie den gleichen Rotwein zum Essen, den Sie zum Braten benutzen.

Boeuf à la mode

MENUE

Vorspeise:
Blumenkohlsuppe „Grün-Weiß" (Seite 48)

Hauptgericht:
Kaninchenbraten (Seite 243)

Dessert:
Welfenspeise (Seite 492)

Boeuf Bourgignon
Rindfleisch in Burgunder

■ Klassisch

Pro Portion:
E: 45 g, F: 44 g, Kh: 6 g,
kJ: 3111, kcal: 742

800 g Rindfleisch (aus der Schulter)
3 EL Olivenöl
150 g Zwiebeln (etwa 3 Stück)
2 Knoblauchzehen
60 g Bauchspeck
250 g Champignons
200 g Möhren
500 ml (1/2 l) Burgunder Rotwein
2 cl Cognac
Salz
frisch gemahlener Pfeffer
Thymian

Zubereitungszeit: 2 Std.

1. Rindfleisch in etwa 5 x 5 cm große Würfel schneiden. Öl in einem Bräter erhitzen, die Fleischwürfel darin anbraten.
2. Zwiebeln abziehen, in Scheiben schneiden, Knoblauch abziehen, fein hacken und zum Fleisch geben. Den grob gewürfelten Bauchspeck, die geputzten Champignons und die geschälten, gewaschenen, in Scheiben geschnittenen Möhren dazugeben.
3. Nachdem die Zutaten alle gut angeschmort sind, mit Rotwein und Cognac ablöschen. Mit Salz, Pfeffer und Thymian würzen. Aufkochen lassen. Im geschlossenen Topf bei kleiner Hitze 1 1/2 Stunden langsam garen.

Tipp:
Mit Baguette oder Ofenkartoffeln servieren. Dazu passt natürlich als Begleitung ein Burgunder Rotwein.

Boeuf ficelle
Rindfleisch am Faden

■ Für Gäste

Pro Portion:
E: 59 g, F: 21 g, Kh: 12 g,
kJ: 2022, kcal: 485

1 Bund kleine Möhren (500 g)
200 g weiße Rübchen
3 Stangen Staudensellerie (150 g)
1 Bund Lauchzwiebeln
2 l kräftige Rinderbrühe
800 g Rinderfilet, Mittelstück
1 Bund glatte Petersilie

Zubereitungszeit: 35 Min.

1. Möhren und weiße Rübchen putzen, schälen, in Stücke schneiden, waschen, Staudensellerie und Lauchzwiebeln putzen. Die harten Außenfäden des Staudenselleries abziehen, das Gemüse waschen, in große Stücke teilen. Die Rinderbrühe in einem flachen Topf aufkochen.
2. Das Rinderfilet von Fett und Sehnen befreien, unter fließendem kalten Wasser abspülen, trockentupfen. Mit Küchengarn binden, einen Faden lang lassen.
3. Das Gemüse, bis auf die Lauchzwiebeln, in die heiße Brühe geben. Das Filet dazugeben, den Faden um einen Holzlöffel binden, den Holzlöffel quer über den Topf legen.
4. Das Filet in der leise siedenden, nicht kochenden Brühe 20 Minuten garen. 5 Minuten vor Ende der Garzeit die Lauchzwiebeln mit in die Brühe geben.
5. Das Fleisch ruhen lassen, damit sich der Fleischsaft setzen kann. Inzwischen das Gemüse auf einer Platte anrichten. Die Filetscheiben auf das Gemüse legen.
6. Petersilie abspülen, trockentupfen, die Blättchen von den Stängeln zupfen, fein hacken, über das Gemüse streuen.

Boeuf Stroganoff

■ Klassisch

Pro Portion:
E: 36 g, F: 24 g, Kh: 3 g,
kJ: 1635, kcal: 391

Boeuf ficelle

Boeuf Stroganoff

600 g Rinderfilet
2 Zwiebeln
3–4 Tomaten
250 g Champignons
Zitronensaft
2–3 Gewürzgurken
60 g Butterschmalz
Salz, frisch gemahlener Pfeffer
1 Becher (150 g) Crème fraîche
1–2 TL Senf

Zubereitungszeit: 30 Min.

1. Rinderfilet in etwa 3 cm lange, dünne Streifen schneiden. Zwiebeln abziehen und fein würfeln.
2. Tomaten kurze Zeit in kochendes Wasser legen (nicht kochen lassen), in kaltem Wasser abschrecken, enthäuten, halbieren, entkernen, würfeln oder in Streifen schneiden.
3. Champignons putzen, evtl. abspülen, in Scheiben schneiden und mit Zitronensaft beträufeln.
4. Gewürzgurken in Würfel oder Streifen schneiden. Butterschmalz in einer Pfanne erhitzen, die Fleischstreifen portionsweise darin jeweils kurz anbraten, herausnehmen, würzen.
5. Die Zwiebelwürfel in dem Bratfett andünsten, Tomatenwürfel oder -streifen und Champignonscheiben hinzufügen, etwa 5 Minuten dünsten lassen.
6. Crème fraîche, Senf unterrühren, Gewürzgurkenwürfel oder -streifen hinzufügen, mit Salz und Pfeffer würzen, die Fleischstreifen hinzufügen, miterhitzen und sofort servieren.

Böflamot
Bayerischer Rotweinbraten

■ **Gut vorzubereiten**

Pro Portion:
E: 48 g, F: 33 g, Kh: 15 g,
kJ: 2586, kcal: 618

800 g Rindfleisch (aus der Hüfte)
2 Zwiebeln
3 Lorbeerblätter
3 Nelken
6 Wacholderbeeren
Salz
frisch gemahlener Pfeffer

Für die Sauce:
60 g Butter
40 g Weizenmehl
500 ml (½ l) Fleischbrühe
1–2 EL Zitronensaft
150 ml Rotwein

Zubereitungszeit: 2½ Std.

1. Rindfleisch unter fließendem kalten Wasser abspülen. Mit reichlich kaltem Wasser bedeckt aufkochen, abschäumen. Zwiebeln grob putzen, mit Lorbeerblättern und Nelken spicken, in die Brühe geben, mit Wacholderbeeren, Salz und Pfeffer würzen. Bei kleiner Hitze 2 Stunden köcheln.
2. Fleisch aus der Brühe nehmen, die Brühe durch ein feines Sieb geben.

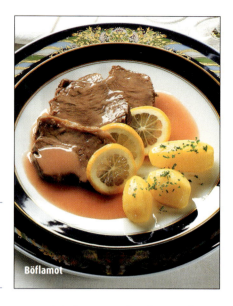

Böflamot

Das Fleisch etwas ruhen lassen, dann in Scheiben schneiden.
3. Für die Sauce in einem Topf Butter erhitzen, Mehl hinzufügen, mit einem Schneebesen verrühren, Mehl etwa 1 Minute rösten, dann mit Brühe auffüllen, unter ständigem Rühren aufkochen, 5 Minuten kochen lassen.
4. Zitronensaft, Rotwein und Fleischscheiben in die Sauce geben. Im geschlossenen Topf bei kleiner Hitze 30 Minuten ziehen lassen. Gelegentlich vorsichtig durchrühren, nochmals abschmecken.

Beilage: Salzkartoffeln.

MENUE

Hauptgericht:
Boeuf Stroganoff (Seite 50)

Beilage:
Thüringer Klöße (Seite 470)

Dessert:
Obstsalat (Seite 328)

Bohnensalat, bunt
6 Portionen

■ Schnell

Pro Portion:
E: 51 g, F: 20 g, Kh: 115 g,
kJ: 3523, kcal: 837

1 Dose Kidney-Bohnen (400 g)
1 Dose schwarze Bohnen (400 g)
1 Dose weiße Bohnen (400 g)
1 Dose grüne Bohnen (400 g)
100 g Cocktailtomaten
2 Frühlingszwiebeln
2 Knoblauchzehen

Für die Sauce:
100 ml Olivenöl
1 EL Weinessig
Salz, frisch gemahlener Pfeffer

Zubereitungszeit: 20 Min.

1. Bohnen auf ein Sieb geben, mit kaltem Wasser abspülen, gut abtropfen lassen.
2. Cocktailtomaten leicht einritzen, kurz in kochendes Wasser legen (nicht kochen lassen), herausnehmen, in kaltem Wasser abschrecken und enthäuten.
3. Frühlingszwiebeln putzen, waschen, in feine Streifen schneiden.
4. Knoblauchzehen abziehen, durch die Knoblauchpresse drücken, mit Bohnen, Cocktailtomaten und Frühlingszwiebeln vermischen.
5. Für die Sauce Olivenöl mit Weinessig, Salz und Pfeffer verrühren und über den Salat geben.

Tipp:
Der Bohnensalat ist als Vorspeise oder Beilage zu Grillgerichten gut geeignet und lässt sich gut vorbereiten.

Bohnen-Schinken-Salat

■ Schnell

Pro Portion:
E: 24 g, F: 29 g, Kh: 27 g,
kJ: 2052, kcal: 491

750 g ausgepalte dicke Bohnen (mit Hülsen 3 kg)
200 g Schinken (roh oder gekocht)

Für die Salatsauce:
1 Becher (150 g) Crème fraîche
2 EL Joghurt
2 EL Essig
1 EL Worcestersauce
Salz
Paprika edelsüß
geschroteter, schwarzer Pfeffer
Salatblätter
1 EL fein geschnittener Schnittlauch

Zubereitungszeit: 30 Min.

1. Dicke Bohnen waschen und in kochendes Salzwasser geben, zum Kochen bringen, 10–15 Minuten kochen lassen, auf ein Sieb geben, mit kaltem Wasser übergießen und gut abtropfen lassen.
2. Den Schinken in nicht zu kleine Würfel schneiden.
3. Für die Salatsauce Crème fraîche mit Joghurt, Essig, Worcestersauce verrühren, mit Salz, Paprika und Pfeffer würzen.
4. Die Sauce mit den Salatzutaten vermengen. Den Salat etwas durchziehen lassen.
5. Die Salatblätter abspülen, den Salat darauf anrichten und mit dem Schnittlauch garnieren.

Bohnensuppe mit Mettwurst

6 Portionen

■ Gut vorzubereiten

Pro Portion:
E: 35 g, F: 17 g, Kh: 33 g,
kJ: 1906, kcal: 455

375 g weiße Bohnen
2 l Wasser
250 g geräucherte Schweinerippchen
500 g Kartoffeln
1 Bund Suppengrün (250 g)
Bohnenkraut
Salz
frisch gemahlener Pfeffer
250 g geräucherte Mettwurst
2 EL gehackte Petersilie

Zubereitungszeit: 80 Min.

1. Bohnen abspülen, in dem Wasser 12–24 Stunden einweichen.
2. Rippchen abspülen und mit den Bohnen in dem Einweichwasser zum Kochen bringen. Die Bohnen in etwa 40 Minuten fast weich kochen.
3. Rippchen herausnehmen.
4. Kartoffeln schälen, waschen, in Würfel schneiden. Suppengrün putzen, waschen, klein schneiden. Mit Bohnenkraut, Salz, Pfeffer und der Mettwurst in die Suppe geben, zum Kochen bringen und in etwa 25 Minuten gar kochen.
5. Mettwurst und Schweinerippchen klein schneiden, wieder in die Suppe geben, erhitzen, abschmecken und mit der Petersilie bestreuen.

Beilage:
Bauernbrot.

Bohnensuppe, ungarisch

■ Gut vorzubereiten

Pro Portion:
E: 42 g, F: 49 g, Kh: 20 g,
kJ: 2996, kcal: 715

200 g gemischte, bunte Bohnen
1 1/2 l kaltes Wasser
350 g geräucherte Schweinehaxe (beim Metzger bestellen)
250 g Möhren
150 g Petersilienwurzeln
50 g Sellerie
1 Lorbeerblatt
30 g Selleriegrün
200 g Debrecener Wurst
4 EL Maisöl
3 Zwiebeln
2 Knoblauchzehen
2 EL Paprika edelsüß
50 g Weizenmehl
200 g saure Sahne

Zubereitungszeit: 80 Min.

1. Die Bohnen waschen und über Nacht in kaltem Wasser einweichen. Vor der Zubereitung die Bohnen abgießen.
2. Das Wasser zum Kochen bringen, die Haxe und die Bohnen hineingeben und 40 Minuten kochen lassen.
3. Möhren, Petersilienwurzeln und Sellerie putzen, waschen, würfeln. Gemüse, Lorbeerblatt, Selleriegrün und die Wurst hinzufügen und weitere 20 Minuten garen.
4. Wenn Bohnen und Haxe gar sind, das Fleisch herausnehmen und die Suppe eventuell mit Salz abschmecken.
5. Das Öl erhitzen, die abgezogenen, fein gewürfelten Zwiebeln und Knoblauchzehen kurz darin anbraten. Vom Herd ziehen, Paprika und dann das Mehl einrühren. Mit dieser Schwitze die Suppe binden.
6. Zum Schluss die saure Sahne in der Suppe verrühren und diese noch 10–15 Minuten kochen.
7. Inzwischen die Haxe von dem Knochen lösen und würfeln, die Wurst in Scheiben schneiden und in die Suppe geben.

MENUE

Vorspeise:
Bohnensalat, bunt (Seite 52)

Hauptgericht:
Lammgeschnetzeltes auf provenzalische Art (Seite 272)

Dessert:
Weincreme (Seite 489)

Bohnensuppe, ungarisch

Bollito misto
Gemischtes, gekochtes Fleisch

■ Klassisch

Pro Portion:
E: 47 g, F: 78 g, Kh: 8 g,
kJ: 4049, kcal: 966

1 1/2 l Rinderfond
1 Bund Suppengrün
1 Lorbeerblatt
Salz
frisch gemahlener Pfeffer
250 g Rinderrücken
250 g Kalbszunge
4 kleine Hühnerkeulen
250 g Schweinewurst (z. B. Zampone)

Für die Salsa verde (Grüne Sauce):
1 Bund glatte Petersilie
2 Stücke Gewürzgurken
1 EL Kapern
2 Anchovisfilet
200 ml Olivenöl
4 EL geriebenes Weißbrot
(ohne Rinde)
1 Knoblauchzehe

Zubereitungszeit: 2 Std.

1. Rinderfond erhitzen, in der Zwischenzeit Suppengrün putzen, waschen, klein schneiden und mit dem Lorbeerblatt zum Fond geben, mit Salz und Pfeffer würzen.
2. Rinderrücken, Kalbszunge und Hühnerkeulen unter fließendem kalten Wasser abspülen, im Rinderfond 1 1/4 – 1 1/2 Stunden garen.
3. Kurz vor Ende der Garzeit die Schweinewurst am Stück im Fond erhitzen.
4. Für die Sauce Petersilie putzen, waschen, die Blättchen von den Stängeln zupfen, mit gewürfelter Gewürzgurke, Kapern, Anchovis im Mixer pürieren, mit Olivenöl verrühren, geriebenes Weißbrot zum Binden hinzufügen. Knoblauchzehe abziehen, fein hacken, mit Salz und Pfeffer zusammen in die Sauce geben.
5. Die weiß gewordene Außenhaut der Kalbszunge abziehen, alle Fleischzutaten in Scheiben oder Stücke zerteilen, anrichten, mit Brühe übergießen und mit der Salsa verde servieren.

Tipp:
Dazu noch ofenwarmes, italienisches Brot reichen.

Bologneser Sauce

■ Klassisch

Pro Portion:
E: 15 g, F: 16 g, Kh: 9 g,
kJ: 1098, kcal: 262

1 mittelgroße Zwiebel
1 Knoblauchzehe
1 mittelgroße Möhre
1 Stück Knollensellerie (100 g)
2 EL Speiseöl
250 g Rinderhackfleisch
1 Dose Tomaten (Abtropfgewicht 800 g)
2 EL Tomatenmark
gerebelter Oregano
gerebeltes Basilikum
2 – 3 EL Rotwein
grüner Pfeffer, Salz

Zubereitungszeit: 35 Min.

1. Zwiebel und Knoblauchzehe abziehen. Möhre und Knollensellerie schälen, waschen und alle vier Zutaten fein würfeln.
2. Speiseöl erhitzen, die Gemüsewürfel darin andünsten, Rinderhackfleisch hinzufügen und so lange anbraten, bis es krümelig ist.
3. Tomaten, Tomatenmark dazugeben, mit Oregano, Basilikum würzen.
4. Die Sauce 15 – 20 Minuten schwach kochen lassen und mit Rotwein, Pfeffer und Salz abschmecken.

Borschtsch

■ Gut vorzubereiten

Pro Portion:
E: 55 g, F: 67 g, Kh: 17 g,
kJ: 3951, kcal: 944

400 g Rinderbrust
3 EL Speiseöl
Salz, frisch gemahlener Pfeffer
500 g Rote Bete (rote Rüben)
750 ml ($^3/_4$ l) Fleisch- oder Gemüsebrühe
1 Lorbeerblatt
200 g Weißkohl
150 g Sellerie
1 Gemüsezwiebel
1 Stange Porree (150 g)
2 geräucherte Mettwürste (300 g)
1–2 EL Kräuteressig
200 g saure Sahne
2 EL gehackte Petersilie

Zubereitungszeit: 75 Min.

1. Rindfleisch unter fließendem kalten Wasser abspülen, trockentupfen und in Würfel schneiden.
2. Speiseöl erhitzen, Fleischwürfel darin von allen Seiten anbraten, mit Salz und Pfeffer würzen.
3. Rote Bete schälen, waschen, in kleine Würfel schneiden, zu dem Fleisch geben, mit etwas von der Brühe aufgießen. Lorbeerblatt hinzufügen und etwa 40 Minuten garen.
4. Weißkohl, Sellerie, Zwiebel, Porree putzen, waschen und in Streifen oder Würfel schneiden, zu dem Fleisch geben. Restliche Brühe hinzufügen und in etwa 25 Minuten fertig garen.
5. 10 Minuten vor Beendigung der Garzeit die Mettwürste zugeben.
6. Das Gericht mit Salz, Pfeffer, Essig abschmecken. Mettwürste in Scheiben schneiden, wieder hineingeben. Saure Sahne und Petersilie unterrühren.

Bouillabaisse
Französische Fischsuppe

■ **Raffiniert**

Pro Portion:
E: 37 g, F: 5 g, Kh: 2 g,
kJ: 1061, kcal: 254

200 g Rotbarbe
200 g Petersfisch
200 g Sardinen
1 Zwiebel
200 g Krevetten oder Gambas
200 g Muscheln ohne Schale
2 Lorbeerblätter
1 Fenchelknolle
1 Stange Porree (Lauch)
2 Fleischtomaten
4 Schalotten
2 Knoblauchzehen
2–3 EL Olivenöl
4 cl trockener Wermut
4 cl Pernod
Salz, Pfeffer

Zubereitungszeit: 1$^1/_2$ Std.

1. Die Fische abspülen und die Filets heraustrennen. Gräten und Köpfe für den Fond beiseite stellen.
2. Die Zwiebel abziehen und in Ringe schneiden.
3. Krevetten und Muscheln etwa 3 Minuten in kochendem Wasser mit Lorbeerblättern und den Zwiebelringen blanchieren. Krevetten herausnehmen und aus den Schalen lösen.
4. Gräten, Fischköpfe und Schalen in 1$^1/_2$ l Wasser zum Kochen bringen und auf etwa 1 Liter Flüssigkeit einkochen. Diesen Fond durch ein Mulltuch gießen.
5. Fenchel putzen und waschen. Porree putzen, waschen, in Ringe schneiden. Tomaten waschen. Schalotten und Knoblauch abziehen. Gemüse in Würfel schneiden.
6. Olivenöl erhitzen und das Gemüse darin andünsten. Die Fische in Stücke schneiden und mit den Krevetten hinzufügen.
7. Fischfond, Wermut und Pernod hinzugießen, mit Salz und Pfeffer abschmecken und alles noch etwa 5 Minuten schwach köcheln.

Beilage:
Baguette mit Knoblauchbutter.

Borschtsch

MENUE

Vorspeise:
Bouillabaisse (Seite 55)

Hauptgericht:
Poularde mit Rosmarin (Seite 359)

Dessert:
Œufs à la neige (Seite 329)

Bouillon

■ Klassisch

Pro Portion:
E: 18 g, F: 9 g, Kh: 3 g,
kJ: 751, kcal: 179

300 g Markknochen
300 g Rindfleisch
1 1/2 l kaltes Salzwasser
1 Bund Suppengrün
1 Zwiebel
1 Lorbeerblatt
Pfefferkörner, Salz

Zubereitungszeit: 15 Min.,
ohne Garzeit

1. Markknochen und Rindfleisch unter fließendem kalten Wasser abspülen, in Salzwasser geben, zum Kochen bringen und abschäumen.
2. Suppengrün putzen, waschen, klein schneiden. Zwiebel abziehen, mit Suppengrün, Lorbeerblatt, Pfefferkörnern hinzufügen und in 1 1/2–2 Stunden gar kochen lassen.
3. Die Brühe durch ein Sieb gießen, mit Salz abschmecken.

Bouillonkartoffeln

■ Dauert länger

Pro Portion:
E: 29 g, F: 18 g, Kh: 36 g,
kJ: 1780, kcal: 424

500 g Rinderbrust
2 l Salzwasser
800 g Kartoffeln
100 g Knollensellerie
5 Möhren
1 Stange Porree (Lauch)
Salz
frisch gemahlener Pfeffer
Streuwürze
gehackte Petersilie

Zubereitungszeit: 2 1/2 Std.

1. Rinderbrust unter fließendem kalten Wasser abspülen, in Salzwasser geben, zum Kochen bringen und in etwa 1 1/2 Stunden gar kochen lassen.
2. Das gare Fleisch aus der Brühe nehmen, in Alufolie einschlagen und im Backofen warm stellen.
3. Kartoffeln, Sellerie schälen. Möhren putzen, schälen. Das Gemüse waschen, in kleine gleichmäßig Würfel schneiden (Kartoffeln können auch in größere Würfel geschnitten werden).
4. Porree putzen, das dunkle Grün bis auf etwa 10 cm entfernen, Porree in Ringe schneiden, gründlich waschen, mit dem übrigen Gemüse in einen Topf geben, mit der Rindfleischbrühe auffüllen, zum Kochen bringen, etwa 30 Minuten kochen lassen.
5. Mit Salz, Pfeffer, Streuwürze abschmecken, mit gehackter Petersilie bestreuen.
6. Das Fleisch in Scheiben schneiden und auf einer Platte anrichten.

Bratäpfel

■ Klassisch

Pro Portion:
E: 7 g, F: 32 g, Kh: 121 g,
kJ: 3567, kcal: 849

8 mittelgroße, säuerliche Äpfel
20 g Butter, 20 g Zucker
1 Pck. Vanillin-Zucker
2 EL abgezogene, gemahlene Mandeln
1 EL in Rum eingeweichte Rosinen
Puderzucker

Zubereitungszeit: 65 Min.

1. Die Äpfel waschen, abtrocknen, nicht schälen, Kerngehäuse von der Blütenseite herausbohren, aber nicht ganz durchstechen.
2. Die Äpfel in eine gefettete Auflaufform setzen.
3. Butter, Zucker, Vanillin-Zucker und die gemahlenen Mandeln gut miteinander verrühren, die Rosinen unterheben.

Bouillonkartoffeln

Bratäpfel

Brathähnchen

🟥 **Für Kinder**

Pro Portion:
E: 59 g, F: 24 g, Kh: 5 g,
kJ: 2146, kcal: 512

1 Brathähnchen
Salz, frisch gemahlener Pfeffer
Paprika edelsüß, Rosmarin
1 EL Butter
1 Zwiebel
2 Möhren, 2 Tomaten
$^1/_2$ zerkleinertes Lorbeerblatt
125 ml ($^1/_8$ l) Geflügelbrühe

Zubereitungszeit: 75 Min.

1. Hähnchen unter fließendem kalten Wasser abspülen, trockentupfen, würzen, mit flüssiger Butter bestreichen.
2. Zwiebel abziehen, würfeln. Möhren putzen, schälen, waschen, in Scheiben schneiden. Tomaten kurze Zeit in kochendes Wasser legen (nicht kochen lassen), in kaltem Wasser abschrecken, enthäuten, die Stängelansätze herausschneiden, vierteln.
3. Die drei Zutaten mit Lorbeerblatt, Brühe und Hähnchen in einen Bräter geben, in den Backofen schieben.
   Ober-/Unterhitze: etwa 200 °C (vorgeheizt)
   Heißluft: etwa 180 °C (nicht vorgeheizt)
   Gas: Stufe 3–4 (nicht vorgeheizt)
   Backzeit: 65 Minuten.

4. Diese Masse mit einem Teelöffel in die Äpfel füllen, evtl. etwas Rum in die Form gießen.
5. Auf dem Rost in den Backofen schieben.
   Ober-/Unterhitze: etwa 200 °C (vorgeheizt)
   Heißluft: etwa 180 °C (nicht vorgeheizt)
   Gas: Stufe 3–4 (nicht vorgeheizt)
   Backzeit: 30–45 Minuten.
6. Die Äpfel mit Puderzucker bestäuben.

MENUE

Vorspeise:
Eichblattsalat mit Pfifferlingen (Seite 98)

Hauptgericht:
Brathähnchen (Seite 57)

Dessert:
Vanilleeis mit Kaiserkirschen (Seite 484)

Brathähnchen

Bratheringe mit Frühlingsgemüse

Bratheringe mit Bratkartoffeln

■ Klassisch

Pro Portion:
E: 37 g, F: 49 g, Kh: 30 g,
kJ: 3184, kcal: 761

4 küchenfertige grüne Heringe
(je 250 g)
Salz, frisch gemahlener Pfeffer
20 g Weizenmehl
6 EL Speiseöl zum Braten

Für die Bratkartoffeln:
50 g durchwachsener Speck
2 EL Speiseöl
600 g gekochte Kartoffelscheiben
Paprika, einige Zwiebelringe
glatte Petersilie

Zubereitungszeit: 40 Min.

1. Heringe unter fließendem kalten Wasser innen und außen abspülen, trockentupfen, mit Salz, Pfeffer würzen, in Mehl wälzen.
2. In heißem Öl von jeder Seite 6–8 Minuten goldbraun braten.
3. Für die Bratkartoffeln Speck in Würfel schneiden und in einer großen Pfanne auslassen, Öl hinzufügen und die Kartoffelscheiben darin kross braten. Während des Bratens die Kartoffeln mehrmals wenden und mit Pfeffer und Paprika würzen.
4. Heringe anrichten und mit Zwiebelringen und Kartoffelscheiben sowie glatter Petersilie garnieren.

Beilage:
Dazu Blattsalat mit einer Vinaigrette servieren.

Bratheringe mit Frühlingsgemüse

■ Preiswert

Pro Portion
E: 67 g, F: 68 g, Kh: 14 g,
kJ: 4225, kcal: 1011

90 g Butter
20 g Weizenmehl
200 ml Gemüsebrühe
400 g Erbsen (evtl. tiefgekühlt)
1 EL Senf
Salz, frisch gemahlener Pfeffer
1 Bund Kerbel
8 küchenfertige grüne Heringe
20 g Weizenmehl
2 Bund Frühlingszwiebeln
einige Kerbelblättchen

Zubereitungszeit: 35 Min.

1. 40 g Butter zerlassen, Mehl unter Rühren so lange darin erhitzen, bis es hellgelb ist. Mit Gemüsebrühe auffüllen. Erbsen hinzufügen, mit Senf, Salz, Pfeffer und gehacktem Kerbel würzen und 6–8 Minuten garen.
2. Heringe mit Salz, Pfeffer bestreuen, in Mehl wenden, in der restlichen Butter in 6–8 Minuten goldbraun braten.
3. Frühlingszwiebeln waschen und putzen, in grobe Stücke schneiden und zu den Bratheringen geben, in den Backofen schieben.
   Ober-/Unterhitze: etwa 200 °C (vorgeheizt)
   Heißluft: etwa 180 °C (vorgeheizt)
   Gas: Stufe 3–4 (vorgeheizt)
   Backzeit: etwa 10 Minuten.
4. Mit Kerbelblättchen garnieren und mit den Erbsen servieren.

Bratkartoffeln auf dem Blech

Bratkartoffeln

■ Klassisch

Pro Portion:
E: 5 g, F: 19 g, Kh: 38 g,
kJ: 1457, kcal: 347

1 kg Kartoffeln
1 Zwiebel
75 g Butterschmalz
Salz

Zubereitungszeit: 40 Min.

1. Kartoffeln waschen, mit Wasser zum Kochen bringen, in etwa 20 Minuten gar kochen lassen.
2. Wasser abgießen, Kartoffeln abdämpfen, heiß pellen, erkalten lassen und in Scheiben schneiden.
3. Zwiebel abziehen, würfeln.
4. Butterschmalz zerlassen, Kartoffelscheiben, Zwiebelwürfel hineingeben, mit Salz bestreuen, in etwa 10 Minuten unter mehrmaligem Wenden braun braten.

Bratkartoffeln auf dem Blech

■ Schnell

Pro Portion:
E: 10 g, F: 33 g, Kh: 39 g,
kJ: 2115, kcal: 504

1 kg Kartoffeln
Salz, frisch gemahlener Pfeffer
2–3 Zwiebeln
200 g durchwachsener Speck

Zubereitungszeit: 70 Min.

1. Kartoffeln schälen, waschen, in Scheiben schneiden, auf ein gefettetes Backblech schichten und mit Salz und Pfeffer würzen.
2. Zwiebeln abziehen, würfeln.
3. Speck in Würfel schneiden und zusammen mit den Zwiebeln über die Kartoffelscheiben geben.
4. Das Backblech in den Backofen schieben, die Kartoffeln braun braten lassen.
   Ober-/Unterhitze: etwa 220 °C (vorgeheizt)
   Heißluft: etwa 200 °C (nicht vorgeheizt)
   Gas: Stufe 4–5 (nicht vorgeheizt)
   Backzeit: etwa 45 Minuten.

MENUE

Vorspeise:
Grilltomaten (Seite 173)

Hauptgericht:
Bratheringe mit Bratkartoffeln (Seite 58)

Dessert:
Johannisbeersülze (Seite 233)

Bratwurst

■ Schnell

Pro Portion:
E: 44 g, F: 22 g, Kh: 1 g,
kJ: 1710, kcal: 409

30 g Pflanzenfett
4 vorgebrühte Bratwürste

Zubereitungszeit: 15 Min.

1. Pflanzenfett erhitzen. Bratwürste von beiden Seiten bei schwacher Hitze darin 10–15 Minuten braten.
2. Mit einer Gabel mehrmals einstechen, damit das Fett herausfließt.

Beilage:
Geröstete Zwiebeln, Pommes frites, Salat.

Bratwurstklößchensuppe

Bratwurstklößchensuppe

■ Schnell – preiswert

Pro Portion:
E: 33 g, F: 25 g, Kh: 13 g,
kJ: 1832, kcal: 439

250–300 g Bratwurstmasse
Salz
frisch gemahlener Pfeffer
1 Zwiebel
fein gehackte Petersilie
30 g Butter, 1 Ei
3–5 EL Semmelbrösel
geriebene Muskatnuss
evtl. etwas Milch
1–1$^{1}/_{2}$ l Fleischbrühe oder Salzwasser

Zubereitungszeit: 35 Min.

1. Die Bratwurstmasse mit Salz und Pfeffer abschmecken. Zwiebel abziehen, fein würfeln und zusammen mit der Petersilie in der zerlassenen Butter andünsten und zu der Bratwurstmasse geben.
2. Ei und Semmelbrösel dazugeben und die Masse mit Muskat abschmecken, evtl. etwas Milch hinzugeben. Von dem Teig mit 2 nassen Teelöffeln Klöße abstechen und sie 10–15 Minuten in der kochenden Fleischbrühe oder Salzwasser gar ziehen lassen.

MENUE

Hauptgericht:
Bratwurst (Seite 60)

Beilage:
Rosenkohl (Seite 393)

Dessert:
Zwetschenkompott in Rotwein (Seite 514)

Brennnesselsalat

■ Preiswert – schnell

Pro Portion:
E: 5 g, F: 10 g, Kh: 6 g,
kJ: 576, kcal: 137

400 g junge, zarte Brennnesseln

Für die Salatsauce:
1 Knoblauchzehe
2–3 EL Zitronensaft
Salz
frisch gemahlener Pfeffer
etwas Apfeldicksaft
(aus dem Reformhaus)
3 EL Sonnenblumenöl
1 kleine Möhre

Zubereitungszeit: 25 Min.

1. Brennnesseln vorsichtig abspülen, gut abtropfen lassen, evtl. in kleine Stücke zupfen.

P Q R S T U V W X Y Z A **B**

2. Für die Salatsauce Knoblauchzehe abziehen, durchpressen, mit Zitronensaft, Salz, Pfeffer, Apfeldicksaft, Sonnenblumenöl zu einer Sauce verrühren.
3. Die Sauce vorsichtig mit den Brennnesseln vermischen.
4. Die Möhre schälen, waschen, grob reiben, über den Salat geben.

Brennsuppe

■ **Preiswert**

Pro Portion:
E: 3 g, F: 28 g, Kh: 14 g,
kJ: 1375, kcal: 328

80 g Butter
50 g Weizenmehl
750 ml (³/₄ l) Gemüsebrühe
300 g Möhren, Salz
frisch gemahlener Pfeffer
125 ml (¹/₈ l) Schlagsahne
1 EL fein gehackte Petersilie

Zubereitungszeit: 20 Min.

1. Butter zerlassen, Mehl dazugeben, unter Rühren in 3–5 Minuten hellbraun werden lassen.
2. Brühe zugeben, zum Kochen bringen.
3. Möhren schälen, waschen, fein würfeln, in die Suppe geben und 10 Minuten kochen lassen. Mit Salz und Pfeffer abschmecken.
4. Sahne unterrühren, erhitzen. Mit Petersilie bestreuen.

Tipp:
Gewürfelte, in Butter gebräunte Weißbrotscheiben in die Suppe geben.

Broccoli

■ **Schnell**

Pro Portion:
E: 9 g, F: 19 g, Kh: 5 g,
kJ: 993, kcal: 237

Broccoli

1 kg Broccoli
500 ml (¹/₂ l) Wasser
Salz, geriebene Muskatnuss
75 g Butter
2 hart gekochte Eier

Zubereitungszeit: 35 Min.

1. Vom Broccoli die Blätter entfernen, die Stängel am Strunk schälen, bis kurz vor den Röschen kreuzförmig einschneiden und waschen.
2. Wasser, Salz, Muskatnuss zum Kochen bringen, den Broccoli hineingeben, zum Kochen bringen, in 10–15 Minuten gar kochen.
3. Den garen Broccoli mit einem Schaumlöffel vorsichtig herausnehmen, in eine vorgewärmte Schüssel geben und warm stellen.
4. Butter zerlassen, hart gekochte Eier pellen, klein hacken, die Zutaten über dem Broccoli verteilen.

Brennnesselsalat

61

Broccoli mit Mandelbutter

■ Schnell

Pro Portion:
E: 7 g, F: 20 g, Kh: 4 g,
kJ: 1003, kcal: 240

800 g Broccoli
kochendes Salzwasser
50–75 g Butter
50 g abgezogene, gehobelte Mandeln

Zubereitungszeit: 25 Min.

1. Vom Broccoli die Blätter entfernen, die Stängel am Strunk schälen, bis kurz vor den Röschen kreuzförmig einschneiden, waschen, in kochendes Salzwasser geben, 10–15 Minuten kochen und abtropfen lassen.
2. Butter zerlassen, Mandeln darin leicht bräunen, über den Broccoli geben, sofort servieren.

Tipp:
Zu Steaks und Röstkartoffeln servieren.

Broccolicremesuppe
2 Portionen

■ Schnell

Pro Portion:
E: 9 g, F: 31 g, Kh: 55 g,
kJ: 1591, kcal: 380

1 Pck. (300 g) TK-Broccoli
500 ml (½ l) kochende Gemüsebrühe
1 Becher (150 g) Crème fraîche
2 EL gemischte, gehackte Kräuter, z. B. Estragon, Kerbel, Petersilie

Broccolitorte mit Garnelen

Salz, frisch gemahlener Pfeffer
geriebene Muskatnuss
Worcestersauce
abgezogene, gehobelte, geröstete Mandeln

Zubereitungszeit: 20 Min.

1. Broccoli in der Gemüsebrühe etwa 12 Minuten gar kochen lassen. Broccoli mit der Flüssigkeit pürieren. Crème fraîche (bis auf 2 Teelöffel) in die Suppe geben, verrühren, erhitzen.
2. Kräuter unterrühren, die Suppe mit Salz, Pfeffer, Muskat und Worcestersauce abschmecken, in Suppentassen füllen, auf jede Portion 1 Teelöffel der zurückgelassenen Crème fraîche geben.
3. Mit Mandeln bestreuen.

Broccoligratin
6 Portionen

■ Raffiniert

Pro Portion:
E: 21 g, F: 20 g, Kh: 5 g,
kJ: 1259, kcal: 301

1 kg Broccoli
500 ml (½ l) Salzwasser
3 Eier
125 ml (⅛ l) Schlagsahne
Salz, frisch gemahlener Pfeffer
1 Prise geriebene Muskatnuss
2 Eiweiß, 1 EL Butter
200 g geriebener Parmesan

Zubereitungszeit: 40 Min.

1. Vom Broccoli die Blätter entfernen, die Stängel am Strunk schälen, bis kurz vor den Röschen kreuzförmig einschneiden und waschen.

Broccoli mit Mandelbutter

MENUE
Vorspeise:
Tomatensalat (Seite 474)
Hauptgericht:
Broccolitorte mit Garnelen (Seite 63)
Dessert:
Nusseis mit Krokant (Seite 326)

2. Salzwasser zum Kochen bringen, Broccoli hineingeben, 6–8 Minuten kochen lassen, abgießen und mit kaltem Wasser abschrecken.
3. Eier mit Schlagsahne verschlagen, mit Salz, Pfeffer, Muskat würzen.
4. Eiweiß steif schlagen und unter die Eiermasse heben.
5. Eine Auflaufform mit Butter fetten, den Broccoli hineingeben, die Eiermasse darüber geben.
   Ober-/Unterhitze: etwa 180 °C (vorgeheizt)
   Heißluft: etwa 160 °C (vorgeheizt)
   Gas: Stufe 2–3 (vorgeheizt)
   Backzeit: 15–20 Minuten.
6. Nach etwa 10 Minuten Backzeit Parmesan über das Gratin geben und weitere 10 Minuten backen.

Broccolitorte mit Garnelen

■ Für Gäste

Pro Portion:
E: 38 g, F: 53 g, Kh: 96 g,
kJ: 3461, kcal: 828

800 g Broccoli
250 ml (¼ l) Salzwasser
300 g Garnelen, ohne Schale
1 Pck. (300 g) TK-Blätterteig
etwas Weizenmehl

Für die Eiermilch:
6 Eier, 125 ml (⅛ l) Milch
250 ml (¼ l) Schlagsahne
Salz, frisch gemahlener Pfeffer
geriebene Muskatnuss

Zubereitungszeit: 70 Min.

1. Den Broccoli putzen, in Röschen teilen, Strunk in Scheiben schneiden, in wenig kochendes Salzwasser geben und etwa 8 Minuten kochen lassen, abtropfen und erkalten lassen.
2. Die Garnelen mit Küchenpapier trockentupfen.
3. Blätterteig nach Packungsanleitung auftauen, die Teigplatten übereinander legen und auf einem bemehlten Brett ausrollen. Eine mit kaltem Wasser ausgespülte Springform (Ø 26 cm) mit dem Teig auslegen (auch den Rand).
4. Den Broccoli und die Garnelen in die ausgelegte Form füllen.
5. Eier, Milch und Sahne verquirlen, mit Salz, Pfeffer und Muskat würzen und über den Broccoli und die Garnelen gießen.
6. Die Form auf dem Rost in die unterste Schiene des Backofens schieben.
   Ober-/Unterhitze: etwa 200 °C (vorgeheizt)
   Heißluft: etwa 180 °C (nicht vorgeheizt)
   Gas: Stufe 3–4 (nicht vorgeheizt)
   Backzeit: 40–50 Minuten.

Brunnenkressesalat

Brunnenkressesalat

■ Schnell

Pro Portion:
E: 12 g, F: 33 g, Kh: 14 g,
kJ: 1732, kcal: 414

2 Bund Brunnenkresse
4 Scheiben Weißbrot (je 20 g)
75 g Butter

Für die Salatsauce:
1 Becher (150 g) Crème fraîche
2–3 EL Limettensaft
Salz
frisch gemahlener Pfeffer
Zucker
2 EL gehackte Petersilie
2 EL fein gehackter Dill
3 hart gekochte, klein gehackte Eier

Zubereitungszeit: 30 Min.

1. Brunnenkresse verlesen, gelbe Blätter und dicke Stiele entfernen, waschen, gut abtropfen lassen.
2. Weißbrot in kleine Würfel schneiden, Butter zerlassen und die Brotwürfel unter Wenden darin rösten. Etwas abkühlen lassen.
3. Mit der Brunnenkresse vermengen, in eine Schüssel geben.
4. Für die Salatsauce Crème fraîche mit etwas Limettensaft verrühren, mit Salz, Pfeffer, Zucker abschmecken.
5. Petersilie, Dill, 2 Eier unter die Sauce rühren, über die Salatzutaten geben und mit dem restlichen Ei bestreuen.

Tipp:
Brunnenkresse ist ein Salat im frühen Frühjahr. Der Geschmack ist pikant, retticharig und bitter-scharf.

63

Bruschetta

■ Schnell

Pro Portion:
E: 4 g, F: 31 g, Kh: 20 g,
kJ: 1613, kcal: 385

5 vollreife Tomaten
4 Knoblauchzehen
1 Zwiebel
2 EL Olivenöl
1 TL Oregano
Salz, frisch gemahlener Pfeffer
4 Scheiben helles Bauernbrot
8 EL Olivenöl

Zubereitungszeit: 15 Min.

1. Tomaten enthäuten, die Stängelansätze herausschneiden, vierteln, die Kerne entfernen, in Würfel schneiden.
2. Knoblauchzehen und Zwiebel abziehen, den Knoblauch in dünne Scheiben schneiden, die Zwiebel in Würfel schneiden. Olivenöl in einem Topf erhitzen, Knoblauch und Zwiebel darin andünsten. Die Tomatenwürfel hinzufügen. Mit Oregano, Salz und Pfeffer würzen und kurz dünsten.
3. Brot halbieren, in einer Pfanne mit Olivenöl knusprig braten. Tomatenpaste auf dem Brot verteilen und sofort servieren.

Buchteln

■ Klassisch

Insgesamt:
E: 72 g, F: 154 g, Kh: 522 g,
kJ: 16357, kcal: 3908

500 g Weizenmehl
1 Pck. Trockenhefe
125 g Zucker, 1 Pck. Vanillin-Zucker
4 Tropfen Zitronen-Aroma
1 Prise Salz, 1 Ei
200 ml lauwarme Milch
100 g zerlassene, abgekühlte Butter
50–75 g Butter
Puderzucker

Zubereitungszeit: 40 Min.

1. Mehl in eine Rührschüssel sieben und mit Hefe sorgfältig vermischen. Zucker, Vanillin-Zucker, Zitronen-Aroma, Salz, Ei, Milch, Butter hinzufügen.
2. Die Zutaten mit Handrührgerät mit Knethaken zunächst auf niedrigster, dann auf höchster Stufe in etwa 5 Minuten zu einem Teig verarbeiten.
3. Den Teig so lange an einem warmen Ort gehen lassen, bis er sich sichtbar vergrößert hat.
4. Ihn aus der Schüssel nehmen, auf der Arbeitsfläche nochmals gut durchkneten, zu einer Rolle formen, in 12 gleichgroße Stücke schneiden und zu Bällchen formen.
5. Butter in einer rechteckigen Auflaufform (etwa 20 x 30 cm) zerlassen, die Teigbällchen von allen Seiten darin wenden (nicht zu dicht legen), sie nochmals an einem warmen Ort gehen lassen, bis sie sich sichtbar vergrößert haben.
6. Die Form auf dem Rost in den Backofen schieben.
   Ober-/Unterhitze: etwa 200 °C (vorgeheizt)
   Heißluft: etwa 180 °C (vorgeheizt)
   Gas: Stufe 3–4 (vorgeheizt)
   Backzeit: 20–30 Minuten.
7. Die garen Buchteln nach Belieben mit Puderzucker bestäuben.

Beilage:
Kompott oder Vanillesauce.

Tipp:
Buchteln als Kaffeegebäck oder auch als leichte, sommerliche Mittagsmahlzeit reichen.

Buchweizenpfannkuchen

■ Preiswert

Pro Portion:
E: 9 g, F: 17 g, Kh: 50 g,
kJ: 1703, kcal: 407

50 g Buchweizenmehl
500 ml (½ l) lauwarmes Wasser
3 Eigelb
1 TL Zucker
3 Eiweiß, 50 g Butterschmalz

Zubereitungszeit: 30 Min.

1. Buchweizenmehl in eine Schüssel geben, lauwarmes Wasser hinzufügen, verrühren, etwa 1 Stunde quellen lassen.
2. Eigelb mit Zucker unterrühren.
3. Eiweiß steif schlagen und unter den Teig heben.
4. Etwas von dem Butterschmalz in einer Stielpfanne erhitzen, 2–3 Esslöffel von dem Teig hineingeben, von beiden Seiten goldgelb backen.
5. Die übrigen Pfannkuchen auf die gleiche Weise zubereiten.

Buchweizensuppe Gärtnerin

■ Vegetarisch

Pro Portion:
E: 4 g, F: 13 g, Kh: 22 g,
kJ: 956, kcal: 228

100 g grob geschroteter Buchweizen
1 l Gemüsebrühe
3 EL kaltgepresstes Pflanzenöl
150 g Zwiebelwürfel
geriebene Muskatnuss
Meersalz
Selleriesalz
gerebelter Oregano
frisch gemahlener Pfeffer
Knoblauchpulver
20 g geriebener Käse, z. B. Gouda, Edamer
geschnittener Schnittlauch

Zubereitungszeit: 35 Min.

1. Den Buchweizen in der Gemüsebrühe etwa 1 Stunde quellen lassen.
2. Das Öl erhitzen, die Zwiebelwürfel darin andünsten.
3. Den Buchweizenbrei hinzugießen, zum Kochen bringen, in etwa 25 Minuten gar kochen lassen.
4. Mit den Gewürzen abschmecken.
5. Die Suppe in vorgewärmte Tassen füllen. Mit Käse und Schnittlauch bestreuen.

Buchweizensuppe Gärtnerin

Bückling

■ Für Gäste

Pro Portion:
E: 14 g, F: 16 g, Kh: 18 g,
kJ: 1208, kcal: 288

1 Lollo verde-Salat
4 Bücklinge
4 Scheiben Doppelbackbrot
40 g Butter
1 Zwiebel
1 Tomate
frisch gemahlener Pfeffer

Zubereitungszeit: 25 Min.

1. Salat putzen, gründlich waschen, abtropfen lassen.
2. Bücklinge an der Rückengräte einschneiden, Haut abziehen. Filets vorsichtig mit dem Messer von der Rückengräte heben, Rückengräte und restliche Gräten vom unteren Filet entfernen, Filet von der Haut lösen.
3. Brotscheiben mit Butter bestreichen, diagonal halbieren, mit Salat belegen, die Bücklingsfilets darauf legen.
4. Zwiebel abziehen, in feine Ringe schneiden und über die Bücklingsfilets verteilen. Mit Tomate garnieren, mit Pfeffer bestreuen, servieren.

MENUE

Vorspeise:
Bruschetta (Seite 64)

Hauptgericht:
Tortelliniauflauf mit Salbei und Parmaschinken (Seite 478)

Dessert:
Orangen-Beeren-Creme (Seite 333)

Burgunderbraten

6–8 Portionen

■ Für Gäste

Pro Portion:
E: 37 g, F: 32 g, Kh: 4 g,
kJ: 2234, kcal: 533

20 rohe Perlzwiebeln
100 g Knollensellerie
100 g Möhren
100 g Porree (Lauch)
1,2 kg Rinderbraten (aus der Hüfte)
1 TL Pfefferkörner, 1 Lorbeerblatt
1 TL Rosmarin, Salz, Pfeffer
500 ml (½ l) roter Burgunder
5 EL Speiseöl
500 ml (½ l) Rinderfond oder -brühe
1 EL Tomatenmark
60 g kalte Butter

Zubereitungszeit: 2½ Std.

1. Gemüse putzen, waschen, Perlzwiebeln abziehen, Sellerie und Möhren schälen, würfeln. Die Würfel sollten etwa die Größe der Perlzwiebeln haben, damit sie zur gleichen Zeit gar werden. Porree in 3 cm lange Stücke schneiden.
2. Rinderbraten unter fließendem kalten Wasser abspülen, trockentupfen, ihn in eine große Schüssel legen, Gemüse und Gewürze darüber streuen und mit Burgunder übergießen. Mit Klarsichtfolie abdecken, das Fleisch etwa 20 Stunden im Kühlschrank beizen lassen.
3. Am nächsten Tag das Fleisch aus der Rotweinbeize nehmen, abtropfen lassen, trockentupfen und in heißem Öl im Bräter von allen Seiten kräftig anbraten. 250 ml (¼ l) Rinderfond angießen und im Backofen schmoren lassen.

Ober/Unterhitze: etwa 200 °C (vorgeheizt)
Heißluft: etwa 180 °C (nicht vorgeheizt)
Gas: Stufe 3–4 (nicht vorgeheizt)
Schmorzeit: etwa 1½ Stunden.

4. Das Gemüse in ein Sieb gießen, den Rotwein dabei in einer Schüssel auffangen. Nach und nach Rotwein und Fond zum Fleisch gießen und weiter schmoren lassen.
5. 30 Minuten vor Beendigung der Garzeit Gemüse und Tomatenmark zum Fleisch geben und den restlichen Fond und Rotwein dazugießen.
6. Zur Garprobe eine Fleischgabel in den Braten stechen, etwas anheben, rutscht das Fleisch langsam von der Gabel, so ist der Schmorprozess abgeschlossen. Fleisch dann herausnehmen, warm stellen.
7. Butter unterrühren und die Sauce nochmals abschmecken. Fleisch in Scheiben schneiden, mit der Sauce und Gemüse anrichten.

Burgunderschinken

8–10 Portionen

■ Für Gäste

Pro Portion:
E: 68 g, F: 23 g, Kh: 5 g,
kJ: 2322, kcal: 556

Burgunderbraten

Burgunderschinken

etwa 3 kg Burgunderschinken
15 Nelken
2–3 Knoblauchzehen
1–2 zerkleinerte Lorbeerblätter
3 große Zwiebeln
3 große Tomaten
heißes Wasser
Zucker
etwas Weizenmehl
Salz, frisch gemahlener Pfeffer

Zubereitungszeit: 3 Std.

1. Den Schinken unter fließendem kalten Wasser abspülen, trockentupfen und die Haut an verschiedenen Stellen einritzen. Nelken hineinstecken.
2. Knoblauchzehen abziehen, in Stifte schneiden und mit den Stücken von Lorbeerblättern in die Schwarteneinschnitte geben.
3. Zwiebeln abziehen, Tomaten waschen, abtrocknen, die Stängelansätze herausschneiden und Tomaten und Zwiebeln vierteln oder achteln. Mit dem Schinken in die Fettfangschale geben, in den Backofen schieben.

Ober-/Unterhitze: etwa 220 °C (vorgeheizt)
Heißluft: etwa 200 °C (nicht vorgeheizt)
Gas: Stufe 3–4 (nicht vorgeheizt)
Bratzeit: etwa 2$^{1}/_{2}$ Stunden.

4. Sobald der Bratensatz bräunt, heißes Wasser hinzugießen, verdampfte Flüssigkeit nach und nach ersetzen (wenn der Schinken zu stark bräunt, ihn mit Alufolie abdecken).
5. Etwa 30 Minuten vor Beendigung der Bratzeit die Schinkenschwarte mit Zucker bestreuen.
6. Den garen Schinken in Scheiben schneiden und auf einer vorgewärmten Platte anrichten oder im ganzen auf den Tisch bringen. Erst dann in Scheiben schneiden.
7. Den Bratensatz mit Wasser loskochen, durch ein Sieb streichen, nach Belieben etwas Weizenmehl mit kaltem Wasser anrühren, den Bratensatz damit binden, die Sauce mit Salz und Pfeffer abschmecken und getrennt zu dem Schinken reichen.

Tipp:
Burgunderschinken ist ein gepökelter, leicht geräucherter Schinken, der eine Woche vor Verwendung beim Schlachter bestellt werden muss. Die Schwarte sollten Sie vom Schlachter gitterartig einschneiden lassen.

Buttermilchkaltschale

■ **Schnell**

Pro Portion:
E: 10 g, F: 1 g, Kh: 33 g,
kJ: 787, kcal: 187

30 g Rosinen oder Korinthen
1 l Buttermilch

Buttermilchkaltschale

50 g geriebenes Schwarzbrot
etwa 50 g Zucker
etwas Zitronensaft

Zubereitungszeit: 10 Min.

1. Rosinen oder Korinthen in lauwarmem Wasser ausquellen lassen, abtropfen lassen.
2. Buttermilch mit Schwarzbrot, Zucker, Zitronensaft verschlagen, die Rosinen hinzufügen.
3. Die Suppe abschmecken und bis zum Verzehr kühl stellen.

Butterreis mit Kräutern
Baharatli Pilav

■ **Raffiniert**

Pro Portion:
E: 10 g, F: 24 g, Kh: 41 g,
kJ: 1772, kcal: 423

200 g Basmatireis
4 Tassen heißes Wasser
100 g Butter, 1 Zwiebel
600 ml kalte Rindfleisch- oder Hühnerbrühe
1 EL Salz
Pfeffer
2 EL gehackte Petersilie
2 EL gehackter Dill
2 EL gehackte Pfefferminze

Zubereitungszeit: 1$^{1}/_{2}$ Std.

1. Den Reis unter fließendem kalten Wasser abspülen, gut abtropfen lassen und in eine Schüssel geben.
2. Das heiße Wasser über den Reis geben und 1 Stunde ziehen lassen. Anschließend den Reis herausnehmen und unter fließendem kalten Wasser nochmals abspülen und gut abtropfen lassen.
3. Die Butter in einem Topf erhitzen und die abgezogene und fein gehackte Zwiebel darin andünsten. Den Reis dazugeben und kurz mitdünsten. Brühe angießen. Das Salz unterrühren und den Reis zum Kochen bringen. Bei mäßiger Hitze den Reis 25–30 Minuten ausquellen lassen.
4. Anschließend den Reis mit Salz und Pfeffer kräftig würzen, die Kräuter unterziehen, anrichten und servieren.

Butterreis mit Kräutern

Calvadoshuhn mit Äpfeln

■ Raffiniert

Pro Portion:
E: 62 g, F: 46 g, Kh: 27 g,
kJ: 3428, kcal: 819

1 frisches Hähnchen (1,2 kg)
Salz
frisch gemahlener Pfeffer
60 g Butterschmalz
3 Knoblauchzehen
3 Zwiebeln
700 g Äpfel (Cox Orange,
Ingrid Marie)
1 rote Paprika (250 g)
1 Zweig Thymian
1 Zweig Rosmarin, 1 Zweig Salbei
250 ml ($1/4$ l) Apfelsaft
50 ml Calvados
1 Becher (150 g) Crème fraîche

Zubereitungszeit: 1 Std.

1. Hähnchen unter fließendem kalten Wasser von innen und außen abspülen, abtropfen lassen, trockentupfen. In 8 Teile zerteilen. Mit Salz und Pfeffer würzen.
2. In einem genügend großen Bräter das Fett erhitzen, die Hähnchenteile darin von allen Seiten kräftig anbraten.
3. Knoblauch und Zwiebeln abziehen, grob zerteilen, in den Backofen stellen.
Ober-/Unterhitze: etwa 200 °C (vorgeheizt)
Heißluft: etwa 180 °C (vorgeheizt)
Gas: Stufe 3–4 (vorgeheizt)
Garzeit: 15 Minuten.
4. Äpfel schälen, vierteln, Kerngehäuse entfernen. Paprika waschen, zerteilen, die weißen Scheidewände herausschneiden, das Paprikafleisch grob würfeln.

Calvadoshuhn mit Äpfeln

5. Äpfel, Paprika, Thymian, Rosmarin und Salbei in den Bräter geben, mit Apfelsaft und Calvados ablöschen. Weitere 30 Minuten garen.
6. Hähnchenstücke auf Tellern anrichten. Bratenfond mit Crème fraîche verrühren. Bratenfond mit dem Gemüse ebenfalls darauf verteilen.

Tipp:
Dazu selbst gemachte Nudeln oder Kartoffelbrei servieren.

Calzone
2 Portionen

■ Klassisch

Pro Portion:
E: 114 g, F: 146 g, Kh: 157 g,
kJ: 10670, kcal: 2549

Für den Teig:
300 g Weizenmehl
1 Pck. Trockenhefe
4 EL Speiseöl, 1 TL Salz
knapp 125 ml ($1/8$ l) lauwarme Milch

Für den Belag:
400 g Champignons (aus der Dose)
5 Tomaten
200 g Salami
350 g Emmentaler Käse
100 g Schinkenspeck
1 mittelgroße Zwiebel
8 EL Tomatenmark
2 EL Semmelbrösel
Salz, Pfeffer
Paprika edelsüß
Knoblauchsalz, Oregano
Speiseöl

Zubereitungszeit: 80 Min.

1. Für den Teig Mehl in eine Schüssel sieben, mit Hefe vermischen.
2. Speiseöl, Salz und Milch hinzufügen und alles zu einem glatten Teig verkneten. Sollte der Teig kleben, noch Mehl hinzufügen.
3. Den Teig an einem warmen Ort so lange gehen lassen, bis er sich sichtbar vergrößert hat, nochmals durchkneten und halbieren.
4. Jede Teighälfte zu einer runden Platte ausrollen, auf ein gefettetes Backblech legen.
5. Für den Belag Champignons abtropfen lassen und die Tomaten in Scheiben schneiden.
6. Salami in Scheiben schneiden. Käse und Schinkenspeck würfeln.
7. Zwiebel abziehen, in Ringe schneiden. Tomatenmark mit Semmelbröseln verrühren, mit Salz, Pfeffer, Paprika und Knoblauchsalz würzen.
8. Die beiden Teigplatten mit der Masse bestreichen, die Tomatenscheiben darauf verteilen, mit Salz, Pfeffer, Paprika und Knoblauchsalz bestreuen.
9. Champignons, Salami, Käse, Schinken, Zwiebelringe darauf verteilen, mit Pfeffer, Paprika und Oregano bestreuen.
10. Ränder mit Wasser bestreichen, die Teigplatten zur Hälfte zusammenklappen, gut festdrücken, die Oberfläche mit Speiseöl bestreichen und mit Oregano bestreuen.

Gebackener Camembert mit Preiselbeersauce

11. Calzone nochmals an einem warmen Ort gehen lassen, bis sie sich sichtbar vergrößert hat.
12. Calzone in den Backofen schieben.
   Ober-/Unterhitze: etwa 220 °C (vorgeheizt)
   Heißluft: etwa 200 °C (nicht vorgeheizt)
   Gas: Stufe 4–5 (nicht vorgeheizt)
   Backzeit: 30–40 Minuten.

Gebackener Camembert mit Preiselbeersauce

■ Für Gäste

Pro Portion:
E: 15 g, F: 62 g, Kh: 22 g,
kJ: 3098, kcal: 740

Für die Preiselbeersauce:
4 EL Preiselbeerkonfitüre
4 EL Rotwein
2 TL scharfer Senf
1 kleine Zwiebel
Cayennepfeffer
2 Camemberts, 1 Ei
4 EL Semmelbrösel
500 ml (½ l) Speiseöl zum Ausbacken

Zubereitungszeit: 25 Min.

1. Für die Sauce Konfitüre mit Rotwein, Senf und abgezogener, fein gehackter Zwiebel verrühren. Mit Cayennepfeffer abschmecken.
2. Käse halbieren, nacheinander in verquirltem Ei und Semmelbröseln wenden. Die Panade gut andrücken.
3. Camemberthälften in 180 °C heißem Fett goldbraun ausbacken und heiß mit der Sauce servieren.

Tipp:
Statt Preiselbeeren können auch Sauerkirschen genommen werden.

Camembertsalat

2 Portionen

■ Schnell

Pro Portion:
E: 18 g, F: 30 g, Kh: 15 g,
kJ: 1759, kcal: 419

Camembertsalat

1 Rahm-Camembert (125 g)

Für die Salatsauce:
2 EL Speiseöl
2 EL Essig
1 EL Wasser, Salz
frisch gemahlener Pfeffer
Zucker

1 EL gemischte, gehackte Kräuter, z. B. Kresse, Dill, Petersilie
250 g Fenchelknolle
100 g Knollensellerie
1 säuerlicher Apfel
4–5 Kopfsalatblätter
1 EL grob gehackte Walnusskerne
Zitronensaft

Zubereitungszeit: 35 Min.

1. Camembert in Scheiben schneiden.
2. Öl mit Essig und Wasser verrühren, mit Salz, Pfeffer und Zucker würzen.
3. Kräuter unterrühren, mit den Camembertscheiben vermengen, etwa 30 Minuten durchziehen lassen.
4. Fenchelknolle putzen, waschen, halbieren, in Scheiben schneiden, das Fenchelgrün beiseite legen.
5. Knollensellerie schälen, waschen, Apfel schälen, vierteln, entkernen und anschließend die beiden Zutaten in Streifen schneiden. Zu dem Camembert geben, gut durchziehen lassen.
6. Kopfsalatblätter waschen, gut abtropfen lassen. Kurz vor dem Servieren die Salatblätter auf 2 Teller legen, die übrigen Salatzutaten darauf anrichten, mit Salz, Pfeffer und Zitronensaft abschmecken, mit Fenchelgrün garnieren.

MENUE

Vorspeise:
Feldsalat mit Champignons (Seite 116)

Hauptgericht:
Calvadoshuhn mit Äpfeln (Seite 68)

Dessert:
Bananen, flambiert (Seite 31)

Cannelloni Rosanella

■ Gut vorzubereiten

Pro Portion:
E: 24 g, F: 47 g, Kh: 17 g,
kJ: 2595, kcal: 619

Für die Füllung:
1 Brötchen
250 g Hackfleisch
(halb Rind-, halb Schweinefleisch)
Salz
frisch gemahlener Pfeffer
Oregano
gerebelter Thymian
etwa 250 g Cannelloni

Für die Sauce:
300 g Crème fraîche
125 ml ($^1/_8$ l) Milch oder Schlagsahne
Speisewürze
gehackte Basilikumblättchen
50 g geriebener Parmesan
Butter

Zubereitungszeit: 50 Min.

1. Für die Füllung Brötchen in kaltem Wasser einweichen, gut ausdrücken, mit Hackfleisch vermengen und die Masse mit Salz, Pfeffer, Oregano, Thymian würzen.
2. Cannelloni damit füllen (am besten mit Hilfe eines Spritzbeutels). Die Cannelloni nebeneinander in eine gefettete Auflaufform legen.
3. Für die Sauce Crème fraîche mit Milch oder Sahne verrühren, mit Salz, Pfeffer, Speisewürze, Basilikumblättchen abschmecken, über die Cannelloni gießen (sie müssen ganz mit der Sauce bedeckt sein).
4. Mit geriebenem Parmesan bestreuen, Butter in Flöckchen darauf setzen und die Form auf dem Rost in den Backofen schieben.
Ober-/Unterhitze: etwa 200 °C (vorgeheizt)
Heißluft: etwa 180 °C (vorgeheizt)
Gas: Stufe 3–4 (vorgeheizt)
Backzeit: etwa 30 Minuten.

Beilage:
Frische Salate.

Caprisalat

■ Schnell

Pro Portion:
E: 13 g, F: 25 g, Kh: 5 g,
kJ: 1295, kcal: 310

500 g gewaschene Tomaten
250 g Mozzarella
frisches Basilikum
frischer Oregano
Salz
4 EL Olivenöl

Zubereitungszeit: 15 Min.

1. Tomaten und Mozzarella in Würfel oder Scheiben schneiden. Beides in eine Schüssel geben.
2. Basilikum und Oregano abspülen, trockentupfen, Blätter von den Stängeln zupfen, dazugeben.
3. Vorsichtig mischen und salzen. Olivenöl darüber träufeln.
4. Etwa 1 Stunde im Kühlschrank ziehen lassen.

Carpaccio

■ Klassisch

Pro Portion:
E: 43 g, F: 54 g, Kh: 4 g,
kJ: 2939, kcal: 702

300 g Rinderfilet
4 EL Zitronensaft oder Essig
125 ml ($^1/_8$ l) Olivenöl
300 g Parmesan
Salz
frisch gemahlener Pfeffer
1 in Spalten geschnittene Zitrone

Zubereitungszeit: 2$^1/_2$ Std.

Caprisalat

1. Filetstück im Tiefkühlfach leicht anfrieren lassen.
2. Mit scharfem Messer oder elektrischer Schneidemaschine in hauchdünne Scheiben schneiden.
3. Fleisch auf einer großen Platte ausbreiten, mit Zitronensaft oder Essig beträufeln und mit Öl bedecken. Mindestens 2 Stunden ziehen lassen.
4. Parmesan in feine Scheibchen hobeln. Fleischstücke aus der Marinade nehmen, salzen, pfeffern.
5. Mit Parmesanscheibchen belegen und einrollen. Mit Zitronenspalten garniert servieren.

Cäsarsalat

Cäsarsalat

■ Schnell

Pro Portion:
E: 14 g, F: 67 g, Kh: 17 g,
kJ: 3178, kcal: 758

1 kleiner Kopf Eisbergsalat
125 g Weißbrotwürfel
40 g Butter
125 g Putenbrust
Salz, frisch gemahlener Pfeffer
1 EL Speiseöl zum Braten

Für die Marinade:
200 ml Olivenöl
2 Eigelb
2 EL Essig
1 kleine Knoblauchzehe
2 EL geriebener Parmesan

Zubereitungszeit: 30 Min.

1. Salat putzen, waschen und gut abtropfen lassen, in Streifen schneiden.
2. Weißbrotwürfel in zerlassener Butter bräunen.
3. Putenbrust in Streifen schneiden, würzen, in Öl kross anbraten und auf Küchenpapier auskühlen lassen.
4. Für die Marinade Öl langsam unter die Eigelb rühren, mit Essig, abgezogenem, zerdrücktem Knoblauch, Salz und Pfeffer würzen.
5. Salat mit gerösteten Weißbrotwürfeln, Putenbrust und Salatsauce mischen, anrichten und mit Parmesan bestreuen.

Cassoulet
(Französischer Bohneneintopf)

■ Klassisch

Pro Portion:
E: 53 g, F: 45 g, Kh: 38 g,
kJ: 3343, kcal: 797

250 g getrocknete, weiße Bohnen
2 Gänsekeulen (etwa 600 g)
1 Zwiebel
1 Knoblauchzehe
2 Möhren (200 g)
1 Stange Porree (Lauch, 200 g)
200 g durchwachsener Speck
Salz
frisch gemahlener Pfeffer
$^1/_2$ TL getrockneter Beifuß
$^1/_2$ TL getrockneter Salbei
250 ml ($^1/_4$ l) Gemüsebrühe
4 Rauchenden (mit Knoblauch)
2 EL gehackte, glatte Petersilie

Zubereitungszeit: 90 Min.

1. Weiße Bohnen über Nacht in Wasser einweichen.
2. Gänsekeulen kurz abwaschen, trockentupfen, ohne Fett in einem Bräter anbraten.
3. Zwiebel, Knoblauch abziehen, in Würfel schneiden, Möhren und Porree putzen, waschen, in Streifen schneiden.
4. Gemüse, Speck und die abgetropften weißen Bohnen zu den Gänsekeulen geben, mit Salz, Pfeffer, Beifuß und Salbei würzen. Gemüsebrühe hinzugeben, zum Kochen bringen, etwa 60 Minuten garen lassen.
5. Etwa 15 Minuten vor Beendigung der Garzeit die Rauchenden dazugeben.
6. Fleisch herausnehmen, Gänsekeulen von den Knochen lösen, in Stücke schneiden. Speck und Rauchenden in Scheiben schneiden.
7. Alles wieder in den Eintopf geben, nochmals abschmecken. Mit Petersilie bestreut servieren.

Champignon-Creme-Suppe

■ Preiswert

Pro Portion:
E: 1 g, F: 2 g, Kh: 1 g,
kJ: 112, kcal: 26

1 Zwiebel
200 g frische Champignons
2 EL Pflanzenöl
500 ml (½ l) Gemüsebrühe
2 EL fein geschnittener Schnittlauch
Zitronensaft
geriebene Muskatnuss
frisch gemahlener Pfeffer, Salz

Zubereitungszeit: 25 Min.

1. Zwiebel abziehen, halbieren, in feine Würfel schneiden. Pilze putzen, mit Küchenpapier abreiben, evtl. abspülen, in Scheiben schneiden.
2. Öl erhitzen, die Zwiebelwürfel und Champignons darin glasig dünsten lassen. Die Brühe dazugießen, zum Kochen bringen, bei schwacher Hitze etwa 5 Minuten kochen lassen.
3. Den Schnittlauch unterrühren. Die Suppe mit ein paar Tropfen Zitronensaft, Muskat, Pfeffer und Salz abschmecken.

MENUE

Vorspeise:
Champignon-Creme-Suppe (Seite 72)

Hauptgericht:
Rehgeschnetzeltes (Seite 376)

Dessert:
Erdbeergrütze mit Vanillesahne (Seite 110)

Champignons, ausgebacken

Tipp:
Nach Belieben frische Kräuter oder Croûtons kurz vor dem Servieren über die Suppe streuen.

Champignons, ausgebacken

■ Preiswert

Pro Portion:
E: 11 g, F: 76 g, Kh: 31 g,
kJ: 3757, kcal: 897

300 g Champignons

Für den Backteig:
150 g Weizenmehl
100 ml Bier (Pils)
100 ml Milch
2 Eier
Salz, Pfeffer

Für die Tatarsauce:
2 EL fein gehackte Cornichons
2 EL fein gehackte Zwiebelwürfel
2 EL fein gehacktes Ei
8 EL Mayonnaise
1 TL gehackte Anchovis
2 EL Aufgussflüssigkeit von den Cornichons
1 l Speiseöl zum Ausbacken

Zubereitungszeit: 30 Min.

1. Champignons putzen, evtl. abspülen und auf Küchenpapier gut abtropfen lassen.
2. Zutaten für den Backteig miteinander verrühren, durch ein Sieb passieren und etwa 15 Minuten ruhen lassen.
3. Für die Sauce Cornichons, Zwiebelwürfel, Ei, Mayonnaise und Anchovis verrühren, mit Salz, Pfeffer und Aufgussflüssigkeit würzen.
4. Champignons nacheinander durch den Backteig ziehen und in heißem Öl ausbacken.
5. Gebackene Champignons und Tatarsauce getrennt anrichten.

Tipp:
Das Ausbackfett ist heiß genug, wenn sich an einem Holzlöffel kleine Bläschen bilden.

Champignonsalat

■ Vegetarisch

Pro Portion:
E: 6 g, F: 17 g, Kh: 15 g,
kJ: 1068, kcal: 255

400 g Champignons
4 hart gekochte Eier
200 g blaue und grüne Weintrauben
50 g ganze Haselnusskerne

Für die Currymayonnaise:
1 große Orange
1 Becher (150 ml) Vollmilchjoghurt
100 g Salatmayonnaise
1–2 EL Currypulver
Salz
1 EL Zucker
Zitronenmelisse

Zubereitungszeit: 35 Min.

1. Champignons putzen, mit Küchenpapier abreiben, evtl. abspülen, in Scheiben schneiden.
2. Eier pellen, mit einem Eierschneider sechsteln.
3. Weintrauben gründlich waschen, abtrocknen, halbieren, entkernen. Haselnüsse grob in Scheiben schneiden.
4. Für die Currymayonnaise Orange auspressen.
5. Joghurt, Mayonnaise, Orangensaft und 1 Esslöffel Curry verrühren. Mit Curry, Salz und Zucker abschmecken.
6. Alle Zutaten mit der Currymayonnaise in einer Schüssel locker miteinander vermengen. Mit Zitronenmelisse garnieren.

Champignons mit Knoblauch

■ Preiswert - vegetarisch

Pro Portion:
E: 3 g, F: 25 g, Kh: 2 g,
kJ: 1067, kcal: 254

Champignons mit Knoblauch

600 g frische, kleine Champignons
Saft von 1 Zitrone
150 ml Olivenöl
3 Knoblauchzehen
Salz
frisch gemahlener Pfeffer
1 Bund Petersilie

Zubereitungszeit: 35 Min.

1. Champignons putzen, mit Küchenpapier abreiben, evtl. abspülen. Champignons mit Zitronensaft beträufeln und kurz marinieren.
2. Olivenöl in einer großen Pfanne erhitzen und die abgezogenen, fein gehackten Knoblauchzehen darin glasig dünsten.
3. Champignons dazugeben und bei mäßiger Hitze 5–6 Minuten schmoren lassen. Anschließend bei großer Hitze kurz braten.
4. Champignons mit Salz und Pfeffer kräftig würzen, die verlesene, gewaschene und fein gehackte Petersilie unterziehen und sofort servieren.

Champignonsalat

Charlotte Royal

8 Portionen

■ Gut vorzubereiten

Pro Portion:
E: 15 g, F: 30 g, Kh: 54 g,
kJ: 2345, kcal: 560

Für die Biskuitroulade:
8 Eigelb, 100 g Zucker
etwas abgeriebene Zitronenschale
(unbehandelt)
4 Eiweiß
80 g Weizenmehl
25 g Speisestärke
150 g Johannisbeerkonfitüre

Für die Bayerische Creme:
500 ml (½ l) Milch
120 g Zucker
Mark von ½ Vanilleschote
4 Eigelb
8 Blatt weiße Gelatine
500 ml (½ l) Schlagsahne

Zubereitungszeit: 2 Std.

1. Für den Biskuitteig Eigelb mit Zucker und abgeriebener Zitronenschale schaumig rühren.
2. Eiweiß zu steifem Schnee schlagen, Eigelb darunter heben, gesiebtes Mehl und Speisestärke einrühren.
3. Ein Backblech mit Backpapier auslegen, an der offenen Seite des Blechs das Papier unmittelbar vor dem Teig zur Falte drücken, so dass ein Rand entsteht, den Biskuitteig darauf verstreichen und im Backofen backen.
Ober-/Unterhitze: etwa 180 °C (vorgeheizt)
Heißluft: etwa 160 °C (vorgeheizt)
Gas: Stufe 2–3 (vorgeheizt)
Backzeit: 8–10 Minuten.
4. Ein Küchentuch ausbreiten, mit Zucker bestreuen und den gebackenen Teig darauf stürzen. Konfitüre durch ein Sieb streichen, auf dem Teig verteilen, den Teig mit Hilfe des Küchentuches zu einer Roulade formen (aufrollen), anschließend auskühlen lassen.
5. Die ausgekühlte Roulade in 5 mm dicke Scheiben schneiden und eine Schüssel mit glatter Innenwand damit auslegen.
6. Für die Bayerische Creme Milch mit Zucker, Vanillemark und Eigelb verrühren. Gelatine in kaltem Wasser einweichen. Die Milch-Ei-Mischung unter Rühren erwärmen (nicht zu warm werden lassen, da sonst das Eigelb gerinnt). Anschließend kalt rühren. Die eingeweichte, aufgelöste Gelatine dazugeben.
7. Die geschlagene Sahne unter die etwas dicklich werdende Milch-Eigelb-Masse heben und die Creme in die mit Biskuit ausgelegte Schüssel füllen. Im Kühlschrank etwa 4 Stunden fest werden lassen. Danach kann die Charlotte gestürzt werden.

Tipp:
Mit Sahne, Pistazien und Johannisbeeren garnieren.

Charlotte Royal

Charlotte Russe

■ Für Gäste – klassisch

Pro Portion:
E: 25 g, F: 27 g, Kh: 43 g,
kJ: 2247, kcal: 537

250 ml (¼ l) Milch
Mark von ½ Vanilleschote
3 Eigelb
80 g Puderzucker
4 Blatt Gelatine
250 ml (¼ l) Schlagsahne
150 g Löffelbiskuits

Zubereitungszeit: 40 Min.

1. Milch mit Vanillemark zum Kochen bringen.
2. In der Zwischenzeit Eigelb mit Puderzucker schaumig rühren und Gelatine in kaltem Wasser einweichen.
3. Die heiße Milch unter kräftigem Rühren in die Eimasse geben. Unter Rühren die Masse weiter erhitzen, bis die Masse am Rührlöffel haften bleibt.
4. Die eingeweichte Gelatine ausdrücken und in der Creme auflösen.
5. Anschließend durch ein feines Sieb gießen, Creme etwas fest werden lassen. Die Sahne steif schlagen und unterheben.
6. Die senkrechte Wandung der Charlottenform mit Löffelbiskuits auslegen, die Creme hineinfüllen und 5–6 Stunden erkalten lassen. Vor dem Servieren die Charlotte stürzen und mit Sahne dekorieren.

Tipp:
Charlotte am besten über Nacht im Kühlschrank kühlen.

Charlotte Russe

Cheeseburger

Cheeseburger

■ Für Kinder

Pro Portion:
E: 33 g, F: 35 g, Kh: 36 g,
kJ: 2658, kcal: 635

1 Zwiebel
375 g Hackfleisch (halb Rind-, halb Schweinefleisch)
1 eingeweichtes, ausgedrücktes Brötchen
1 Ei
1 schwach geh. TL mittelscharfer Senf
Salz
frisch gemahlener Pfeffer
Paprika edelsüß, Speiseöl
4 Scheiben Chester-Käse
Tomatenketchup
gehackte Petersilie
4 große Körnerbrötchen
4 Salatblätter

Zubereitungszeit: 20 Min.

1. Zwiebel abziehen, würfeln, mit Hackfleisch, Brötchen, Ei, Senf vermengen und mit Salz, Pfeffer und Paprika würzen.
2. Aus dem Fleischteig 4 Frikadellen (7–8 cm groß) formen, mit Speiseöl bestreichen, unter den vorgeheizten Grill schieben, zunächst von der einen, dann von der anderen Seite grillen.
3. Chester-Käse (in der Größe der Frikadellen) über Eck auf die garen Frikadellen legen, sie noch einmal unter den Grill schieben.
4. Auf die Cheeseburger nach Belieben Tomatenketchup und Petersilie geben.
5. Brötchen durchschneiden, mit Salatblatt belegen, die Cheeseburger dazwischen legen.

Beilage:
Gurken-Tomaten-Zwiebel-Salat.

MENUE

Vorspeise:
Lachs, mariniert (Seite 271)

Hauptgericht:
Hühnerfrikassee (Seite 219)

Dessert:
Charlotte Royal (Seite 74)

Chicorée im Schinkenmantel

■ Raffiniert

Pro Portion:
E: 19 g, F: 24 g, Kh: 8 g,
kJ: 1440, kcal: 344

500 g Chicorée
30 g Butter oder Margarine
30 g Weizenmehl
50 g geriebener Gouda
4 EL Schlagsahne
Salz
geriebene Muskatnuss
4 Scheiben gekochter Schinken
40 g mittelalter, geriebener Gouda

Zubereitungszeit: 1 Std.

1. Chicorée putzen, den Strunk keilförmig (etwa 2 cm tief) herausschneiden, Chicorée waschen, in kochendes Salzwasser legen und zum Kochen bringen, etwa 15 Minuten kochen lassen.
2. Aus dem Kochwasser nehmen und abtropfen lassen. Von der Chicoréeflüssigkeit etwa 375 ml ($^3/_8$ l) abmessen.
3. Butter oder Margarine zerlassen, Mehl unter Rühren so lange darin erhitzen, bis es hellgelb ist.
4. Die Chicoréeflüssigkeit hinzugießen, mit einem Schneebesen durchschlagen und zum Kochen bringen, etwa 5 Minuten kochen lassen.
5. Gouda hinzufügen, Sahne unterrühren, mit Salz und Muskat abschmecken.
6. Die Chicorée in 4 Portionen teilen, in gekochten Schinken einrollen, in eine gefettete Auflaufform legen, die Sauce darüber gießen, Käse darüber streuen, die Form in den Backofen stellen.

Ober-/Unterhitze: etwa 200 °C (vorgeheizt)
Heißluft: etwa 180 °C (vorgeheizt)
Gas: Stufe 3–4 (vorgeheizt)
Backzeit: etwa 25 Minuten.

Chicoréesalat mit blauen Trauben

■ Raffiniert

Pro Portion:
E: 6 g, F: 6 g, Kh: 23 g,
kJ: 784, kcal: 187

Für die Salatsauce:
1 Becher (150 g) Joghurt
2 EL Zitronensaft
1 EL gehackte Zitronenmelisse
Salz
Zucker

4 kleine Chicorée
2 Äpfel
2 Orangen
40 g Sonnenblumenkerne
200 g blaue Trauben

Zubereitungszeit: 30 Min.

1. Joghurt mit Zitronensaft, Zitronenmelisse, Salz und Zucker verrühren.
2. Chicorée putzen, waschen, längs halbieren, vom Strunk befreien, die Blätter abzupfen.
3. Äpfel schälen, vierteln, entkernen und in dünne Scheiben schneiden. Orangen so dick schälen, dass auch die weiße Haut ganz entfernt wird. Orangen in Scheiben schneiden.
4. Die Zutaten auf 4 Teller verteilen, Salatsauce darüber gießen, mit Sonnenblumenkernen bestreuen.
5. Trauben abspülen, abtropfen lassen, von den Stielen zupfen, dekorativ auf dem Salat verteilen.

Tipp:
Eventuell mit ganzen Melisseblättchen dekorieren.

Chicorée im Schinkenmantel

Chicoréesalat mit blauen Trauben

Chili con carne

■ Einfach

Pro Portion:
E: 81 g, F: 48 g, Kh: 68 g,
kJ: 4614, kcal: 1103

500 g getrocknete rote Bohnen
750 g mageres Rindfleisch
(ohne Knochen)
5 EL Speiseöl
4 mittelgroße Zwiebeln
4 Knoblauchzehen
1 rote und 1 grüne Paprikaschote
4 Tomaten
4–5 EL Tomatenmark
$1^{1}/_{2}$ l heiße Fleischbrühe
1–2 getrocknete Chilischoten
1–2 TL Chilipulver
3 TL Paprika edelsüß
Rosenpaprika
Salz
frisch gemahlener Pfeffer

Zubereitungszeit: 2 Std.

1. Bohnen waschen, in kaltem Wasser 12–24 Stunden einweichen.
2. Rindfleisch unter fließendem kalten Wasser abspülen, trockentupfen und in kleine Würfel schneiden.
3. Drei Esslöffel Speiseöl erhitzen, das Fleisch darin portionsweise von allen Seiten anbraten, beiseite stellen.
4. Zwiebeln abziehen, in Scheiben schneiden, Knoblauchzehen abziehen, zerdrücken. Paprikaschoten halbieren, entstielen, entkernen, die weißen Scheidewände entfernen, Paprika waschen und in Würfel schneiden.
5. Das restliche Speiseöl in dem Bratfett erhitzen, die drei Zutaten darin andünsten.
6. Tomaten kurze Zeit in kochendes Wasser legen (nicht kochen lassen), in kaltem Wasser abschrecken, enthäuten, die Stängelansätze herausschneiden, die Tomaten halbieren, entkernen, klein schneiden und mitdünsten lassen.
7. Tomatenmark unterrühren. Fleisch, die abgetropften Bohnen und Fleischbrühe hinzufügen und zum Kochen bringen.
8. Chilischoten entstielen, zerdrücken, in den Eintopf geben, mit Chilipulver, Paprika, Rosenpaprika, Salz und Pfeffer würzen. In 1–$1^{1}/_{4}$ Stunden gar kochen lassen und mit Rosenpaprika scharf abschmecken.

Beilage: Bauernbrot.

MENUE

Vorspeise:
Chicorée im Schinkenmantel (Seite 76)

Hauptgericht:
Dorschfilet auf Reis (Seite 94)

Dessert:
Aprikosenkompott (Seite 15)

Chili con carne

China-Ente

China-Ente

■ Für Gäste

Pro Portion:
E: 73 g, F: 69 g, Kh: 12 g,
kJ: 4198 kcal: 834

Für die Ente:
1 Ente (etwa 2 kg)
Salz
3 EL Melasse oder Honig
1 TL Ingwerpulver

Für die Sauce:
4 EL süße Sojabohnenpaste
4 EL Zucker
2 EL Sesamöl
8 kleine Stangen Porree

Zubereitungszeit: 2 Std.

1. Die Ente abspülen, trockentupfen und innen mit Salz einreiben. Die Öffnungen der Ente mit Küchengarn zunähen. Mit einem Strohhalm Luft zwischen Haut und Fleisch blasen. Die Entenhaut soll dabei etwas aufgebläht werden. Die Ente in eine Schüssel legen.
2. 100 ml Wasser zum Kochen bringen, Melasse oder Honig darin auflösen, 2 Teelöffel Salz und das Ingwerpulver unterrühren. Die Ente mit dieser Flüssigkeit gleichmäßig bestreichen. Danach die Ente an einem kühlen, luftigen Ort 10–24 Stunden aufhängen.
3. Die Ente in die Fettfangschale legen, zur Hälfte mit warmem Wasser füllen und in den Backofen schieben.
Ober-/Unterhitze: etwa 200 °C (vorgeheizt)
Heißluft: etwa 180 °C (nicht vorgeheizt)
Gas: Stufe 3–4 (nicht vorgeheizt)
Backzeit: etwa 45 Minuten.
4. Die Hitze um 25 °C (Gas 1 Stufe) zurückschalten, die Ente wenden und weitere 45 Minuten braten.
5. Gegen Ende der Bratzeit die Hitze wieder erhöhen, damit die Haut knusprig und goldbraun wird.
6. Für die Sauce 2 Esslöffel Wasser mit der Sojabohnenpaste und dem Zucker verrühren. Das Sesamöl erhitzen und die angerührte Paste hineingießen. Unter Rühren so lange erhitzen, bis alles etwas eingekocht ist. (Statt dieser Sauce kann auch die fertig gekaufte Hoisin-Sauce serviert werden).
7. Den Porree putzen, waschen, in etwa 7 cm lange Stücke schneiden. An einem Ende den Porree mehrfach einschneiden und in Eiswasser legen. Dadurch biegen sich die geschnittenen Porreestreifen nach außen, so dass eine Art Pinsel entsteht.
8. Beim Servieren zuerst die Haut mit einem scharfen Messer in gleichmäßigen, kleinen Stücken abschneiden. Dann das Fleisch von den Knochen lösen, schräg in feine Scheiben schneiden. Haut und Fleisch mit der Sauce servieren, die man mit den Porreepinseln auf das Fleisch streicht.

Tipp:
Kleine, hauchdünne Eierpfannkuchen dazureichen.

Chinakohl

■ Preiswert

Pro Portion:
E: 6 g, F: 26 g, Kh: 3 g,
kJ: 1170, kcal: 280

600 g Chinakohl
150 g durchwachsener Speck
1 EL Speiseöl oder Margarine
1 Zwiebel, 1 Knoblauchzehe
1 Stange Porree (Lauch)

Salz, frisch gemahlener Pfeffer
gerebelter Estragon
125 ml (⅛ l) Gemüsebrühe

Zubereitungszeit: 25 Min.

1. Chinakohl putzen, vierteln, in etwa 1 cm breite Streifen schneiden, waschen und gut abtropfen lassen.
2. Speck in Würfel schneiden, Öl oder Margarine erhitzen, die Speckwürfel etwas ausbraten lassen.
3. Zwiebel und Knoblauchzehe abziehen, würfeln. Porree putzen, längs halbieren, waschen, in Scheiben schneiden.
4. Chinakohlstreifen, Zwiebel, Knoblauchwürfel und Porreescheiben zu den Speckwürfeln geben, unter Rühren kurz dünsten lassen, mit Salz, Pfeffer, Estragon würzen.
5. Gemüsebrühe hinzugießen, zum Kochen bringen, im geschlossenen Topf etwa 8 Minuten schmoren lassen, mit Salz, Pfeffer abschmecken.

Chinakohleintopf

■ Preiswert

Pro Portion:
E: 22 g, F: 32 g, Kh: 16 g,
kJ: 1953, kcal: 467

750 g Chinakohl
2–3 Zwiebeln
250 g Tomaten
375 g Kartoffeln
40 g Butter oder Margarine
375 g Hackfleisch (halb Rind-, halb Schweinefleisch)
Salz
frisch gemahlener Pfeffer
250 ml (¼ l) Gemüsebrühe
2 EL Tomatenmark

Zubereitungszeit: 30 Min.

1. Chinakohl putzen, den Kopf halbieren, den Strunk herausschneiden, den Kohl vierteln, in schmale Streifen schneiden, waschen, abtropfen lassen. Zwiebeln abziehen, fein würfeln.
2. Tomaten kurze Zeit in kochendes Wasser legen (nicht kochen lassen), in kaltem Wasser abschrecken, enthäuten, entkernen, die Stängelansätze herausschneiden, die Tomaten in Stücke schneiden.
3. Kartoffeln schälen, waschen, in Würfel schneiden.
4. Butter oder Margarine zerlassen, die Zwiebelwürfel darin goldgelb dünsten, Hackfleisch hinzufügen, kurze Zeit miterhitzen, dabei die Klümpchen zerdrücken, mit Salz und Pfeffer würzen.
5. Kartoffelwürfel, Gemüsebrühe dazugeben und etwa 10 Minuten schmoren lassen, Chinakohlstreifen zugeben und weitere 15–20 Minuten garen.
6. Tomatenstücke und -mark unterrühren, erhitzen und mit den Gewürzen abschmecken.

Chinakohleintopf

Chinasauce süß-scharf

Chinasauce süß-scharf

■ Schnell

Pro Portion:
E: 0,2 g, F: 0,6 g, Kh: 2 g,
kJ: 193, kcal: 46

2 EL Speiseöl
2 abgezogene, gewürfelte Zwiebeln
1 abgezogene, gewürfelte Knoblauchzehe
125 ml (⅛ l) Sherry (medium)
3 EL Tomatenketchup
Chili oder Tabascosauce
Salz

Zubereitungszeit: 15 Min.

1. Speiseöl erhitzen, Zwiebeln und Knoblauch darin etwa 3 Minuten dünsten lassen.
2. Sherry und Tomatenketchup hinzufügen, aufkochen lassen.
3. Mit Chili oder Tabascosauce und Salz abschmecken.
4. Die Sauce zugedeckt abkühlen lassen.

Tipp:
Zu ausgebackenen oder gegrillten Garnelen servieren.

Chinesische Eierflockensuppe

■ Schnell

Pro Portion:
E: 46 g, F: 12 g, Kh: 28 g,
kJ: 1709, kcal: 408

60 g gekochter Schinken
2 Frühlingszwiebeln
3 Eier
1 EL Sojasauce
1 TL Sesamöl
frisch gemahlener Pfeffer
1 l Hühnerbrühe
1 EL gehackte, glatte Petersilie

Zubereitungszeit: 15 Min.

1. Schinken vom Fettrand befreien und in feine Streifen schneiden.
2. Frühlingszwiebeln putzen, waschen und in dünne Ringe schneiden.
3. Eier mit der Sojasauce und dem Sesamöl verquirlen und mit Pfeffer abschmecken.
4. Brühe aufkochen. Die Eiermischung durch ein Sieb in die Brühe geben. Die Brühe darf nicht mehr kochen, weil das Eiweiß sonst ausflockt.
5. Zuletzt Schinkenstreifen und Zwiebelringe unterrühren und in der heißen Brühe etwas ziehen lassen. Vor dem Servieren mit Petersilie bestreuen.

Chinesische Eierflockensuppe

Chinesische Hühnersuppe

Chinesische Hühnersuppe
6–8 Portionen

■ Raffiniert

Pro Portion:
E: 46 g, F: 36 g, Kh: 7 g,
kJ: 2549, kcal: 610

30 g chinesische Pilze
2½ l Hühnersuppe
1 küchenfertige Poularde (etwa 1 kg)
1 Bund Suppengrün (Möhre, Porree, Sellerie)
50 g eingeweichte Glasnudeln
Sojasauce
etwa 340 g Bambussprossen (aus der Dose)
Sambal Oelek
Chilisauce

Zubereitungszeit: 1½ Std.

MENUE

Vorspeise:
Chinesische Eierflockensuppe (Seite 80)

Hauptgericht:
Bami Goreng (Seite 30)

Dessert:
Fruchtgrütze (Seite 144)

---

1. Pilze in kaltem Wasser einige Stunden einweichen, abtropfen lassen und in Streifen schneiden.
2. Hühnersuppe zum Kochen bringen. Poularde unter fließendem kalten Wasser abspülen. Suppengrün putzen, waschen, klein schneiden. Die beiden Zutaten in die Hühnersuppe geben, zum Kochen bringen, 1 Stunde kochen lassen.
3. Poularde aus der Suppe nehmen, enthäuten, das Fleisch von den Knochen lösen und würfeln.
4. Glasnudeln, Sojasauce und Pilze in die Suppe geben, zum Kochen bringen, 20 Minuten kochen lassen.
5. Bambussprossen und Poularde dazugeben, miterhitzen, mit Sambal Oelek, Sojasauce, Chilisauce abschmecken.

Chinesisches Gemüse

■ Raffiniert

Pro Portion:
E: 7 g, F: 13 g, Kh: 26 g,
kJ: 1127, kcal: 269

15 g getrocknete Mu-err-Pilze
2 mittelgroße Zwiebeln
2 Möhren (250 g)
1 Fenchelknolle (250 g)
4 Stangen Staudensellerie
100 g Zuckerschoten
je 1 gelbe und grüne Paprika
(je 200 g)
150 g Sojabohnenkeimlinge
4 EL Sesamöl
200 ml Gemüsebrühe
4 EL trockener Sherry
2 EL Sojasauce
1 EL Honig
2 EL Weinessig
Salz

frisch gemahlener Pfeffer
Ingwerpulver
Currypulver
Cayennepfeffer
20 g Speisestärke
2 EL Wasser
2 EL Schnittlauchröllchen

Zubereitungszeit: 1 Std.

1. Mu-err-Pilze 2–3 Stunden in lauwarmem Wasser einweichen, gut ausdrücken und etwas klein schneiden.
2. Zwiebeln abziehen, in Würfel schneiden. Möhren putzen, schälen, waschen, in Stifte schneiden. Fenchel putzen, in feine Streifen schneiden, waschen, gut abtropfen lassen. Staudensellerie putzen, waschen, in feine Scheiben schneiden. Von den Zuckerschoten die Enden entfernen, Zuckerschoten waschen.
3. Paprika putzen, vierteln, entkernen, weiße Scheidewände entfernen, Paprika in Streifen schneiden. Sojabohnenkeimlinge verlesen, waschen, gut abtropfen lassen.
4. Öl erhitzen, Gemüse, außer Sojabohnenkeimlingen, hinzufügen, unter Rühren andünsten, mit Gemüsebrühe auffüllen und 10–15 Minuten garen.
5. Sojabohnenkeimlinge hinzufügen und noch weitere 2 Minuten garen, Sherry, Sojasauce, Honig, Essig hinzufügen, mit Salz, Pfeffer, Ingwerpulver, Curry und Cayennepfeffer würzen.
6. Speisestärke mit Wasser anrühren und das Gemüse damit binden. Mit Schnittlauch bestreuen.

Chop Suey

■ Für Gäste – schnell

Pro Portion:
E: 35 g, F: 4 g, Kh: 17 g,
kJ: 1445, kcal: 345

300 g Putenbrust
1 Stange Porree (Lauch)
2 Möhren
100 g Champignons

Chop Suey

200 g TK-Erbsen
175 g Sojasprossen (ersatzw.
1 kleines Glas)
1 EL Speiseöl
250 ml (¼ l) Hühnerbrühe
100 g Glasnudeln
Salz, frisch gemahlener Pfeffer
Sojasauce
Chinagewürz

Zubereitungszeit: 30 Min.

1. Putenbrust unter fließendem kalten Wasser abspülen, trockentupfen und in dünne Streifen schneiden.
2. Gemüse putzen und waschen. Porree und die Möhren in Scheiben, die Champignons feinblättrig schneiden.
3. Erbsen auftauen. Sojasprossen verlesen und abspülen.
4. Speiseöl erhitzen. Der Reihe nach alle 15 Sekunden erst das Putenfleisch, dann Porree, Möhren, Erbsen, Sprossen und Pilze zufügen.
5. Hühnerbrühe zugeben. Zugedeckt 5 Minuten schmoren lassen.
6. Glasnudeln in kochendem Wasser einweichen, abtropfen lassen, mit einer Schere kleiner schneiden und unter das Fleisch-Gemüse mischen.
7. Mit den Gewürzen abschmecken.

Chinesisches Gemüse

Choucroute
Elsässisches Sauerkraut

■ Klassisch

Pro Portion:
E: 53 g, F: 136 g, Kh: 6 g,
kJ: 6614, kcal: 1581

1 Gemüsezwiebel
2 EL Gänseschmalz
1 kg Sauerkraut
1 Lorbeerblatt
4 Wacholderbeeren
Salz
frisch gemahlener Pfeffer
400 ml Brühe
200 ml Weißwein
300 g Hackfleisch (halb Rind-,
halb Schweinefleisch)
100 g gehackte Schweineleber
Majoran
1 Ei
500 ml ($^1/_2$ l) Fleischbrühe
450 g geräucherter Schweinenacken
450 g geräucherter, durchwachsener
Speck, Speiseöl
4 geräucherte Würstchen

Zubereitungszeit: 100 Min.

1. Zwiebel abziehen, in Scheiben schneiden. Gänseschmalz in einem Bräter erhitzen, Zwiebelscheiben darin glasig dünsten, das Sauerkraut hinzufügen, mit Lorbeer, Wacholder, Salz und Pfeffer würzen und mit Brühe und Weißwein etwa 45 Minuten kochen.
2. Hackfleisch und Leber mit Salz, Pfeffer und Majoran würzen und mit dem Ei zu einer Masse verkneten.
3. Zu Klößchen formen und in heißer Brühe 10–15 Minuten garen.
4. Schweinenacken und Speck in jeweils 4 Portionen teilen, in heißem Öl kräftig anbraten und zu dem Sauerkraut geben. Die Würstchen können ungebraten zum Sauerkraut gegeben werden.
5. Das Sauerkraut mit dem Fleisch im Backofen schmoren lassen.
   Ober-/Unterhitze: etwa 180 °C (vorgeheizt)
   Heißluft: etwa 160 °C (nicht vorgeheizt)
   Gas: Stufe 2–3 (nicht vorgeheizt)
   Backzeit: etwa 45 Minuten.
6. Die gegarten Leberklöße dazulegen.

Tipp:
Mit Salzkartoffeln servieren.

Choucroute

Clafoutis
Französischer Kirschauflauf

■ Raffiniert

Pro Portion:
E: 11 g, F: 8 g, Kh: 96 g,
kJ: 2207, kcal: 525

3 EL Weizenmehl
2 EL Puderzucker
200 ml Milch
4 Eier
1 Pck. Vanillin-Zucker
400 g Kirschen
Butter für die Form
2 EL Zucker

Zubereitungszeit: 40 Min.

1. Mehl und Puderzucker in eine Schüssel sieben. Mit Milch glatt rühren. Eier und Vanillin-Zucker unterrühren.
2. Kirschen waschen, abtropfen lassen und entsteinen. In einer großen, flachen, gebutterten Auflaufform (Ø 28 cm) verteilen. Den Teig darüber geben.
3. Im Backofen auf mittlerer Schiene goldbraun backen.
   Ober-/Unterhitze: etwa 200 °C (vorgeheizt)
   Heißluft: etwa 180 °C (nicht vorgeheizt)
   Gas: Stufe 3–4 (nicht vorgeheizt)
   Backzeit: etwa 35 Minuten.
4. Mit Zucker überstreuen, lauwarm servieren.

Tipp:
Original werden die Kirschen nicht entsteint, dadurch bekommt der Auflauf noch mehr Aroma. Clafoutis kann auch mit Johannisbeeren, Heidelbeeren, Äpfeln oder anderen Früchten zubereitet werden.

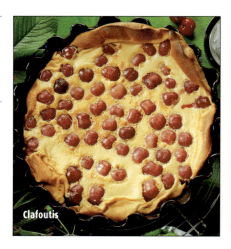
Clafoutis

Clubsandwiches

■ Schnell

Pro Portion:
E: 6 g, F: 68 g, Kh: 4 g,
kJ: 2832, kcal: 677

1 Kopfsalat (oder Eisbergsalat,
Lollo Bianco)
6 kleine Tomaten
1 kleine Salatgurke
24 Scheiben Frühstücksspeck
12 Scheiben Toastbrot
150 g Butter
8 kleine Scheiben geräucherte
Putenbrust
4 EL Mayonnaise
12 paprikagefüllte Oliven
12 Cornichons

Zubereitungszeit: 30 Min.

1. Salat putzen, zerpflücken, waschen, gut abtropfen lassen.
2. Tomaten waschen, die Stängelansätze herausschneiden, in Scheiben schneiden. Salatgurke waschen, in Scheiben schneiden. Frühstücksspeck knusprig braten.
3. Toastbrot toasten und mit Butter bestreichen.
4. Vier Scheiben Toastbrot mit je einem Salatblatt, Putenbrust belegen, je 1 Esslöffel Mayonnaise darauf geben, mit Gurkenscheiben bedecken, darauf eine weitere Scheibe gebuttertes Toastbrot legen, mit Tomatenscheiben, angebratenem Frühstücksspeck belegen, mit einer dritten Scheibe Toastbrot bedecken. Etwas andrücken, diagonal durchschneiden.
5. Sandwich mit Oliven und Cornichons garnieren.

Tipp:
Den restlichen Salat im Kühlschrank aufbewahren.

Cocktailsauce

■ Klassisch

Pro Portion:
E: 0,3 g, F: 11 g, Kh: 2 g,
kJ: 491, kcal: 117

125 g Mayonnaise
1 TL Cumberlandsauce
2 EL Schlagsahne
1 TL Weinbrand
3 Tropfen Tabascosauce
2 EL Tomatenketchup
Salz, Pfeffer, Zucker

Cocktailsauce

Zubereitungszeit: 10 Min.

1. Mayonnaise mit Cumberlandsauce, Sahne, Weinbrand, Tabascosauce, Tomatenketchup verrühren.
2. Mit Salz, Pfeffer, Zucker abschmecken.

Clubsandwiches

Consommé mit Ei
Kraftbrühe mit Ei

■ Klassisch

Pro Portion:
E: 13 g, F: 11 g, Kh: 2 g
kJ: 742, kcal: 178

4 El Weißweinessig
Salz
4 Eier
750 ml (³/₄ l) Fleischbrühe
1 Bund Schnittlauch

Zubereitungszeit: 15 Min.

1. Essig mit 750 ml (³/₄ l) Wasser und Salz zum Kochen bringen.
2. Eier einzeln aufschlagen, in eine Schöpfkelle geben und damit ins schwach siedende Wasser gleiten lassen.
3. Eier etwa 3 Minuten pochieren, vorsichtig herausnehmen und auf 4 Suppentassen verteilen.
4. Brühe aufkochen und über die Eier gießen.
5. Schnittlauch abspülen, trockentupfen, in Röllchen schneiden und auf die Suppe streuen.

Coq au Riesling
Huhn in Weißwein

■ Für Gäste

Pro Portion:
E: 60 g, F: 63 g, Kh: 10 g,
kJ: 3765, kcal: 900

4 Hähnchenkeulen
4 Hähnchenbrüste
Salz, frisch gemahlener Pfeffer
4 EL Speiseöl
150 g durchwachsene Speckstreifen
1 Gemüsezwiebel in Streifen
150 g Möhrenstreifen
150 g Selleriestreifen
150 g Porreestreifen
200 ml Weißwein (Riesling)
200 ml Geflügelfond oder -brühe
200 ml Schlagsahne
1 TL Thymianblättchen

Zubereitungszeit: 45 Min.

1. Hähnchenkeulen und -brüste unter fließendem kalten Wasser abspülen, trockentupfen, salzen, pfeffern und in heißem Öl von allen Seiten kross anbraten.
2. Speck und Gemüsestreifen dazugeben, andünsten, mit Wein und Geflügelfond ablöschen und etwa 30 Minuten garen. Fleisch herausnehmen und warm stellen.
3. Mit Sahne auffüllen, mit Salz, Pfeffer und Thymian würzen und etwas einkochen lassen. Die Sauce sollte eine leicht cremige Konsistenz erhalten. Zu den Hähnchenteilen und -brüsten servieren.

Coq au vin
Huhn in Wein

■ Klassisch

Pro Portion:
E: 82 g, F: 91 g, Kh: 9 g,
kJ: 5224, kcal: 1248

2 kleine Hähnchen (je 1 kg)
Salz
frisch gemahlener Pfeffer
2 EL Weizenmehl
5 EL Speiseöl
100 g Butter
200 g kleine Champignons
1 Glas Perlzwiebeln (Einwaage etwa 185 g)
250 ml (¹/₄ l) Rotwein
1 Lorbeerblatt
1 Thymianzweig
400 ml Schlagsahne

Zubereitungszeit: 1 Std.

Consommé mit Ei

MENUE
Hauptgericht:
Cordon bleu (Seite 85)
Beilage:
Kartoffelgratin (Seite 248)
Dessert:
Mandelsulz (Seite 296)

1. Hähnchen abspülen, trockentupfen und vierteln. Das Fleisch mit Salz und Pfeffer würzen und mit Mehl bestäuben.
2. Öl in einem Bräter erhitzen, die Hähnchenstücke darin von allen Seiten anbraten und herausnehmen.
3. Die Hälfte der Butter in das Bratfett geben. Pilze putzen, mit Küchenpapier abreiben, evtl. abspülen und mit den abgetropften Perlzwiebeln in der Butter andünsten.
4. Mit Rotwein ablöschen. Lorbeerblatt, abgespülten, gehackten Thymian und die Sahne hinzufügen.
5. Die Hähnchenteile dazugeben und bei schwacher Hitze 25–30 Minuten köcheln lassen, Fleisch herausnehmen.
6. Danach die restliche Butter in Flöckchen unterschlagen und mit Salz und Pfeffer abschmecken, mit dem Fleisch servieren.

Cordon bleu

■ **Schnell**

Pro Portion:
E: 53 g, F: 36 g, Kh: 12 g,
kJ: 2630, kcal: 628

8 Kalbsschnitzel (je 75 g)
Salz, frisch gemahlener Pfeffer
4 Scheiben Emmentaler Käse (in der Größe der Fleischscheiben, je etwa 40 g)
4 Scheiben gekochter Schinken (in der Größe der Fleischscheiben, je etwa 50 g)
2 Eier

Cordon bleu

etwa 60 g Semmelbrösel
3 EL Speiseöl, 3 EL Butter

Zubereitungszeit: 25 Min.

1. Kalbsschnitzel unter fließendem kalten Wasser abspülen, trockentupfen, leicht klopfen und mit Salz und Pfeffer bestreuen.
2. Vier Fleischscheiben mit je 1 Käse- und Schinkenscheibe belegen und mit den übrigen Fleischscheiben bedecken, mit Zahnstochern zusammenstecken.
3. Eier verschlagen, die Fleischportionen zunächst in den Eiern, dann in Semmelbröseln wenden.
4. Öl und Butter erhitzen und das Fleisch von beiden Seiten je etwa 5 Minuten darin braten.

Tipp:
Damit die in Semmelbröseln gewendeten Fleischscheiben für das Cordon bleu nicht zu rasch bräunen und nicht bitter schmecken, sollten die nicht fest haftenden Semmelbrösel vor dem Braten leicht abgeschüttelt werden.

Coq au Riesling

Couscous

■ Dauert länger

Pro Portion:
E: 38 g, F: 52 g, Kh: 70 g,
kJ: 3984, kcal: 952

150 g Kichererbsen
600 g Lammfleisch (ohne Knochen)
1 Gemüsezwiebel
2 Tomaten, 2 Möhren
1 Zucchini
1/2 Stange Porree (Lauch)
150 g Kürbisfleisch
300 g Couscousgrieß
5 EL Olivenöl
2 EL Tomatenmark
2 Knoblauchzehen
Salz, frisch gemahlener Pfeffer
Saft von 1 Zitrone

Zubereitungszeit: 2 Std.

1. Kichererbsen in kaltem Wasser über Nacht einweichen.
2. Lammfleisch kalt abspülen, trockentupfen und würfeln.
3. Zwiebel abziehen und würfeln. Tomaten enthäuten, entkernen und achteln. Möhren schälen, waschen und würfeln. Zucchini waschen, die Enden abschneiden, ebenfalls würfeln. Porree putzen, gründlich waschen und in Ringe schneiden. Kürbisfleisch von Kernen befreien und würfeln.
4. Grieß mit etwas kaltem Wasser vermengen, nach Packungsanleitung zubereiten.
5. Öl erhitzen, Lammfleisch anbraten, Gemüse und Kichererbsen dazugeben, kurz mit andünsten.
6. Tomatenmark unterrühren. Knoblauch abziehen, durchpressen, dazugeben, würzen.
7. Couscous in ein passendes Küchensieb legen, in den Topf hängen, abdecken und etwa 60 Minuten garen.

Couscous

Crème au Caramel
6–8 Portionen

■ Für Gäste

Pro Portion:
E: 9 g, F: 26 g, Kh: 21 g,
kJ: 1540, kcal: 368

120 g Zucker
2 EL Wasser
500 ml (1/2 l) Schlagsahne
8 Eier
2 EL Zucker
Mark von 1/2 Vanilleschote

Zubereitungszeit: 1 Std.

1. Zucker und Wasser in einem kleinen Topf erhitzen, bis der Zucker hellbraun geworden ist und karamellisiert. Den Boden von vier kleinen Auflaufförmchen mit dem Karamellzucker bedecken.
2. Sahne mit Eiern, Zucker und dem Vanillemark verquirlen und auf den Karamellzucker gießen, bis die Auflaufformen gefüllt sind.
3. Die Formen in einen flachen Topf setzen, so viel heißes Wasser angießen, dass die Formen zu 3/4 im Wasserbad stehen. Anschließend den Topf in den Backofen schieben und die Creme stocken lassen.
   Ober-/Unterhitze: etwa 180 °C (vorgeheizt)
   Heißluft: etwa 160 °C (nicht vorgeheizt)
   Gas: Stufe 2–3 (nicht vorgeheizt)
   Backzeit: etwa 45 Minuten.
4. Sollte die Creme Farbe nehmen, mit einem Bogen Alufolie abdecken. Die Crème au Caramel ist fertig, wenn die Ei-Sahne-Mischung fest ist.

Crêpes Suzette
6 Portionen

■ Für Gäste

Pro Portion:
E: 4 g, F: 12 g, Kh: 37 g,
kJ: 1176, kcal: 281

100 g Weizenmehl
30 g Zucker, 2 Eier
250 ml (1/4 l) Milch
130 g Butter
2 Orangen (unbehandelt)
10 Stück Würfelzucker

Crème au Caramel

50 g Zucker
2 EL Zitronensaft
125 ml (⅛ l) Orangensaft
3 EL Grand Marnier
abgezogene, gehobelte, geröstete Mandeln

Zubereitungszeit: 45 Min.

1. Mehl mit Zucker mischen, mit Eiern und Milch verrühren, 1 Esslöffel Butter zerlassen, unterrühren.
2. Die Hälfte der restlichen Butter in einem Töpfchen zerlassen, eine Stielpfanne erhitzen und mit etwas Butter auspinseln.
3. Eine dünne Teiglage hineingeben, von beiden Seiten goldgelb backen, zusammenklappen (aus dem restlichen Teig dünne Crêpes auf die gleiche Weise zubereiten).
4. Orangen waschen, abtrocknen, mit den Ecken von Würfelzucker die Orangenschale abreiben.
5. Restliche Butter in einer Stielpfanne (Flambierpfanne) erhitzen, den Würfelzucker und Zucker darin auflösen, bräunen lassen.
6. Zitronensaft und Orangensaft hinzufügen, erhitzen, die zusammengeklappten Crêpes hineinlegen, ebenfalls erhitzen, ab und zu mit der Flüssigkeit begießen.
7. Mit Grand Marnier flambieren und mit Mandeln bestreuen.

Crêpes, süß oder pikant
12 Stück

■ **Klassisch**

Pro Portion:
E: 27 g, F: 69 g, Kh: 40 g,
kJ: 3902, kcal: 932

MENUE

Hauptgericht:
Lotte, gegrillt (Seite 289)

Beilage:
Fenchel, karamellisiert (Seite 117)

Dessert:
Crêpes Suzette (Seite 86)

Für den Teig:
100 g Weizenmehl
2 Eier, Salz
50 g Butter oder Margarine
200 ml Milch
Butterschmalz

Für die süße Füllung:
200 g Mascarpone
150 g Doppelrahm-Frischkäse
75 g Sauerkirschkonfitüre
2 EL Milch, Minzeblättchen

Für die pikante Füllung:
2 Bund Dill, 1 Bund Petersilie
1 TL mittelscharfer Senf
200 g körniger Frischkäse
etwas Schlagsahne, Pfeffer
100 g gekochter Schinken

Zubereitungszeit: 50 Min.

1. Teigzutaten verrühren und 15 Minuten quellen lassen. Im heißen Butterschmalz 12 dünne Crêpes backen.
2. Für die süße Füllung die Zutaten verrühren und mit gehackter Minze würzen.
3. Für die pikante Füllung die Kräuter hacken und mit Senf zum Frischkäse geben, evtl. Sahne hinzufügen. Verrühren und würzen, Schinken würfeln und zugeben.
4. Jeweils die Hälfte der Crêpes süß oder pikant füllen.

Crêpes Suzette

Croûtons
Suppeneinlage

■ Preiswert – schnell

Pro Portion:
E: 2 g, F: 13 g, Kh: 10 g,
kJ: 711, kcal: 170

3 Scheiben Kastenweißbrot
60 g Butter
Knoblauchsalz

Zubereitungszeit: 10 Min.

1. Vom Weißbrot die Rinde entfernen, Brot in Würfel schneiden.
2. Die Butter in einer kleinen Pfanne erhitzen, die Würfel darin unter mehrmaligem Umrühren anrösten.
3. Mit Knoblauchsalz würzen, sofort zur Suppe servieren.

MENUE

Vorspeise:
Salatplatte (Seite 401)

Hauptgericht:
Currywurst
(Seite 89)

Dessert:
Pflaumenkompott
(Seite 349)

Cumberlandsauce

■ Klassisch

Pro Portion:
E: 1 g, F: 3 g, Kh: 33 g,
kJ: 740, kcal: 176

250 g rote Johannisbeeren
6 EL Gelierzucker
1 Zitrone (unbehandelt)
1 Orange (unbehandelt)
1 Zwiebel
15 g Butter
1 TL Senfkörner
3 Pfefferkörner
1 Msp. gemahlener Ingwer
1 EL Worcestersauce
Salz, Cayennepfeffer

Zubereitungszeit: 30 Min.

1. Johannisbeeren waschen, von den Rispen streifen, leicht zerdrücken und mit Gelierzucker bestreuen.
2. Zitrone und Orange heiß waschen, jeweils ein 5 cm langes Stück Schale ganz dünn abschneiden und in sehr feine Streifen schneiden. Früchte auspressen.
3. Zwiebel abziehen und würfeln. Butter zerlassen und die Zwiebel darin anbraten. Zitronen- und Orangensaft zugießen und die Beeren einrühren.
4. Senf- und Pfefferkörner im Mörser zerstoßen und in die Sauce geben.
5. Mit den übrigen Gewürzen pikant abschmecken und etwa 5 Minuten kochen, dann erkalten lassen.

Cumberlandsauce

Tipp:
Schmeckt zu englisch gebratenem Roastbeef oder zu Steaks. Wenn die Sauce zu dick wird, kann man etwas Wasser zugeben.

Currybutter

Currybutter

■ Gut vorzubereiten

Pro Portion:
E: 1 g, F: 26 g, Kh: 1 g,
kJ: 1026, kcal: 245

125 g weiche Butter
1 EL Currypulver
Salz

Zubereitungszeit: 5 Min.

1. Butter geschmeidig rühren.
2. Mit Currypulver verrühren, mit Salz würzen.

Tipp:
Zu gegrilltem Hähnchen oder gebratenem Fisch reichen.

Currysauce

■ Schnell

Pro Portion:
E: 1 g, F: 18 g, Kh: 11 g,
kJ: 916, kcal: 219

1 kleiner Apfel, 30 g Butter
1 EL Currypulver, 3 EL Weißwein
1 Becher (150 g) Crème fraîche
2 EL Orangensaft, 2 TL Honig
2 TL Zucker, Salz, Pfeffer
Ingwerpulver

Zubereitungszeit: 20 Min.

1. Apfel schälen, vierteln, entkernen und in kleine Würfel schneiden.
2. In zerlassener Butter dünsten, mit Curry bestäuben und kurz andünsten. Wein hinzufügen.
3. Crème fraîche und Orangensaft hinzufügen und erhitzen.
4. Die Sauce mit Honig, Zucker, Salz, Pfeffer und Ingwer abschmecken.

Tipp:
Currysauce eignet sich besonders gut zu Geflügel, Fisch und zu gekochten Eiern.

Currywurst

■ Für Kinder – preiswert

Pro Portion:
E: 45 g, F: 21 g, Kh: 10 g,
kJ: 1863, kcal: 446

4 gebrühte Bratwürste
Speiseöl
8 EL fein gehackte Tomatenwürfel
8 EL Tomatenketchup
Salz
frisch gemahlener Pfeffer
1 EL Currypulver

Zubereitungszeit: 25 Min.

1. Bratwürste kalt abspülen, trockentupfen, in nicht zu heißem Öl von allen Seiten in etwa 10 Minuten kross braten.
2. Tomatenwürfel mit Ketchup verrühren, mit Salz, Pfeffer und Curry pikant abschmecken.
3. Bratwürste mit der Masse übergießen.

Beilage:
Pommes frites.

Currywurst

Dampfnudeln, Bayerische

■ Preiswert

Pro Portion:
E: 13 g, F: 28 g, Kh: 77 g,
kJ: 2662, kcal: 636

300 g Weizenmehl
50 g Zucker
1 Pck. Vanillin-Zucker
1 Pck. Trockenhefe, 1 Prise Salz
125 ml ($1/8$ l) lauwarme Milch
50 g weiche Butter
1 Ei
abgeriebene Schale von 1 Zitrone (unbehandelt)
100 ml Schlagsahne
100 ml Milch
30 g Butter
evtl. etwas Puderzucker

Zubereitungszeit: 50 Min.

1. Mehl, Zucker, Vanillin-Zucker, Hefe und Salz mischen. Milch, Butter, Ei und Zitronenschale zufügen. Zutaten in 5 Minuten zu einem Hefeteig verkneten.
2. Schüssel abdecken und an einem warmen Ort gehen lassen, bis sich der Teig sichtbar vergrößert hat.
3. Teig nochmals kräftig durchkneten. Daraus mit bemehlten Händen 8 Kugeln formen. Auf eine bemehlte Arbeitsfläche legen, nochmals aufgehen lassen.
4. Sahne, Milch und Butter in einem Topf erhitzen. Dampfnudeln in die Flüssigkeit setzen (maximal 4 Stück in einem Garvorgang). Topf schließen. Etwa 20 Minuten garen lassen.
5. Nach der Garzeit den Topf geschlossen noch 10 Minuten stehen lassen. Nicht öffnen, da sonst die Dampfnudeln zusammenfallen.

Datteln in Marsala

■ Gut vorzubereiten

Pro Portion:
E: 12 g, F: 9 g, Kh: 48 g,
kJ: 1103, kcal: 264

500 g Datteln
500 ml ($1/2$ l) Marsalawein
1 Zimtstange
1 EL Zucker
1 EL Ingwersirup
einige Minzeblättchen

Zum Garnieren:
geröstete Pinienkerne
1 Minzezweig

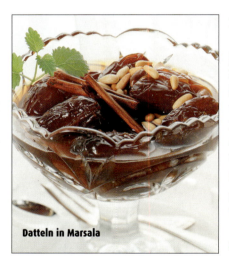
Datteln in Marsala

Zubereitungszeit: 20 Min.

1. Datteln längs aufschneiden und entkernen.
2. Wein mit Zimtstange, Zucker, Ingwersirup und Minzeblättchen erhitzen.
3. Datteln in eine Schüssel geben, mit dem gewürzten Wein übergießen und im Kühlschrank auskühlen lassen.
4. Vor dem Servieren mit Pinienkernen und einem Minzezweig garnieren.

Dauphine-Kartoffeln

■ Für Gäste

Pro Portion:
E: 16 g, F: 20 g, Kh: 63 g,
kJ: 2158, kcal: 515

Dauphine-Kartoffeln

750 g Kartoffeln, Salz

Für den Brandteig:
250 ml ($1/4$ l) Wasser
50 g Butter
150 g Weizenmehl
30 g Speisestärke
4 Eier
$1/2$ TL Backpulver
frisch gemahlener Pfeffer
geriebene Muskatnuss
1 kg Frittierfett

Zubereitungszeit: 45 Min.

1. Kartoffeln schälen, waschen, in Salzwasser zum Kochen bringen und in 20–25 Minuten gar kochen lassen.
2. Für den Brandteig Wasser mit Butter in einem Stieltopf zum Kochen bringen.
3. Mehl mit Speisestärke mischen, sieben, auf einmal in die von der Kochstelle genommene Flüssigkeit schütten, zu einem glatten Kloß rühren.
4. Unter Rühren etwa 1 Minute erhitzen, den heißen Kloß sofort in eine Rühr-

schüssel geben, abkühlen lassen, nach und nach Eier mit Handrührgerät mit Knethaken unterrühren. Weitere Eizugabe erübrigt sich, wenn der Teig stark glänzt und so vom Löffel abreißt, dass lange Spitzen hängen bleiben.

5. Backpulver in den erkalteten Teig rühren.
6. Die garen Kartoffeln abgießen, sofort durch die Kartoffelpresse geben, mit dem Brandteig vermengen und mit Salz, Pfeffer, Muskat abschmecken.
7. Frittierfett in einer Fritteuse auf 180 °C erhitzen, mit zwei in das heiße Fett getauchten Teelöffeln kleine Bällchen von dem Teig abstechen.
8. Direkt vom Löffel in das heiße Fett gleiten lassen, portionsweise darin in 2–3 Minuten goldbraun frittieren, auf Küchenpapier abtropfen lassen.

Tipp:
Als Beilage zu kurz gebratenen Wildgerichten reichen.

Deutsches Beefsteak

■ Schnell

Pro Portion:
E: 32 g, F: 48 g, Kh: 8 g,
kJ: 2651, kcal: 632

4 mittelgroße Zwiebeln
600 g Hackfleisch
(halb Rind-, halb Schweinefleisch)
1 Ei
30 g Semmelbrösel
Salz
frisch gemahlener Pfeffer
Knoblauchpfeffer
Paprika edelsüß
1 TL Senf
40 g Pflanzenfett

Deutsches Beefsteak

Zubereitungszeit: 25 Min.

1. Zwiebeln abziehen, halbieren, in Scheiben schneiden.
2. Hackfleisch mit Ei und Semmelbröseln vermengen, mit Salz, Pfeffer, Knoblauchpfeffer, Paprika und Senf abschmecken.
3. Aus der Masse mit nassen Händen runde Klöße formen, etwas flach drücken und mit einem Messer gitterförmig einkerben.
4. Pflanzenfett erhitzen, die Klopse von beiden Seiten etwa 10 Minuten darin braten, auf einer vorgewärmten Platte anrichten und warm stellen.
5. Die Zwiebelscheiben in das Bratfett geben, mit Salz und Pfeffer würzen, unter Wenden bräunen lassen und auf die Beefsteaks geben.

Beilage:
Spiegeleier, Bratkartoffeln.

Tipp:
Mit Schnittlauchröllchen und Tomatenachteln garnieren.

Dicke Bohnen mit Speck

■ Preiswert

Pro Portion:
E: 16 g, F: 17 g, Kh: 26 g,
kJ: 1426, kcal: 341

750 g frische, ausgepalte dicke Bohnen (2 1/2–3 kg mit Hülsen)
1 Stängel Bohnenkraut
100 g durchwachsener Speck
2–3 Zwiebeln
gut 125 ml (1/8 l) Wasser
Salz
1 EL fein geschnittener Schnittlauch

Zubereitungszeit: 50 Min.

1. Bohnen und Bohnenkraut waschen. Speck in Würfel schneiden und auslassen.
2. Zwiebeln abziehen, halbieren, in Scheiben schneiden, in dem Speck goldgelb dünsten lassen, die Bohnen hinzufügen und mitdünsten lassen.
3. Bohnenkraut, Wasser und Salz dazugeben, in etwa 40 Minuten gar dünsten lassen, mit Schnittlauch bestreuen.

Dicke Bohnen mit Speck

Beilage:
Durchwachsener Speck in Scheiben geschnitten und braun gebraten.

91

Dicke Bohneneintopf im Römertopf

■ Klassisch

Pro Portion:
E: 34 g, F: 31 g, Kh: 51 g,
kJ: 2665, kcal: 635

600–750 g frische, ausgepalte dicke Bohnen (3–4 kg mit Hülsen) oder 2 Pck. (je 300 g) TK dicke Bohnen
750 g Kartoffeln
400 g Schweinebauch
3 Zweige Bohnenkraut
Salz, frisch gemahlener Pfeffer
250 ml ($1/4$ l) Fleischbrühe

Zubereitungszeit: $1^{1}/_{2}$ Std.

1. Frische Bohnen waschen, TK-Bohnen bei Zimmertemperatur auftauen lassen, Kartoffeln schälen, waschen, in kleine Würfel schneiden. Schweinebauch waschen, abtrocknen, in Scheiben schneiden.
2. Bohnen, Kartoffeln, Schweinebauch und Bohnenkraut abwechselnd in den gewässerten Römertopf schichten, jede Schicht mit Salz und Pfeffer bestreuen.
3. Fleischbrühe darüber gießen, den Römertopf mit dem Deckel verschließen, in den kalten Backofen stellen.
Ober-/Unterhitze: etwa 200 °C
Heißluft: etwa 180 °C
Gas: Stufe 3–4
Backzeit: etwa 1 Stunde.

Dicke Rippe mit grünen Bohnen

■ Gut vorzubereiten

Pro Portion:
E: 34 g, F: 34 g, Kh: 26 g,
kJ: 2298, kcal: 547

600 g grüne Bohnen
600 g dicke Rippe
500 g Kartoffeln
40 g Butterschmalz
Salz
frisch gemahlener Pfeffer
375 ml ($3/8$ l) Wasser
1 Zweig Bohnenkraut

Zubereitungszeit: 75 Min.

1. Bohnen abfädeln, waschen, in etwa 3 cm lange Stücke brechen oder schneiden. Dicke Rippe unter fließendem kalten Wasser abspülen, trockentupfen, in Scheiben schneiden. Kartoffeln schälen, waschen, in Würfel schneiden.
2. Butterschmalz zerlassen, die Fleischscheiben darin anbraten, mit Salz und Pfeffer bestreuen. Etwas von dem Wasser zugießen und 25 Minuten garen.
3. Bohnen und Kartoffelwürfel, Bohnenkraut und restliches Wasser zufügen und noch 25 Minuten garen.
4. Den Eintopf nochmals abschmecken.

Dillbutter

■ Schnell

Pro Portion:
E: 0,5 g, F: 26 g, Kh: 0,5 g,
kJ: 1006, kcal: 240

125 g weiche Butter
6 EL gehackter Dill
Salz
frisch gemahlener Pfeffer
Zitronensaft

Zubereitungszeit: 15 Min.

1. Butter geschmeidig rühren.
2. Mit gehacktem Dill verrühren, mit Salz, Pfeffer und Zitronensaft würzen.

Dicke Rippe mit grünen Bohnen

Dillbutter

Tipp:
Zu gedünstetem Fisch oder gegrilltem Lachs reichen.

Dill-Gurken-Gemüse

■ Schnell – raffiniert

Pro Portion:
E: 2 g, F: 4 g, Kh: 4 g,
kJ: 254, kcal: 60

750 g Salatgurken
2 mittelgroße Tomaten
2 mittelgroße Zwiebeln
25 g Butter oder Margarine
Salz, frisch gemahlener Pfeffer
1 EL Crème fraîche
2 EL gehackter Dill

Zubereitungszeit: 25 Min.

1. Gurken schälen, halbieren, evtl. entkernen, in 2 cm breite Stücke schneiden, Tomaten kurze Zeit in kochendes Wasser legen (nicht kochen lassen), in kaltem Wasser abschrecken, enthäuten, die Stängelansätze herausschneiden, die Tomaten zerkleinern.

2. Zwiebeln abziehen, würfeln. Fett zerlassen, Zwiebelwürfel darin andünsten.
3. Gurkenstücke, Salz und Pfeffer hinzufügen, etwa 10 Minuten mit geschlossenem Deckel dünsten lassen.
4. Tomatenstücke hinzufügen, noch 2–3 Minuten dünsten lassen.
5. Crème fraîche unterrühren, das Gemüse abschmecken, mit Dill bestreuen.

Tipp :
Dill-Gurken-Gemüse ist eine vorzügliche Beilage für kurz gebratenes Fleisch.

Dill-Gurken-Salat

■ Schnell

Pro Portion:
E: 3 g, F: 2 g, Kh: 5 g,
kJ: 204, kcal: 49

1 Salatgurke (800 g)

Für die Salatsauce:
1 Zwiebel
150 g Vollmilch-Joghurt
1 EL Estragonessig
1 TL mittelscharfer Senf
Salz
Pfeffer, Zucker
4–5 EL gehackter Dill

Zubereitungszeit: 20 Min.

1. Salatgurke schälen, in dünne Scheiben schneiden oder hobeln.
2. Für die Salatsauce Zwiebel abziehen, würfeln, mit Vollmilch-Joghurt, Estragonessig, Senf, Salz, Pfeffer und Zucker verrühren, Dill unterrühren.
3. Die Salatsauce mit den Gurkenscheiben vermengen, kurz durchziehen lassen, evtl. nochmals abschmecken.

MENUE

Hauptgericht:
Kotelett oder Schnitzel, natur (Seite 262)

Beilage:
Dill-Gurken-Gemüse (Seite 93)

Dessert:
Buttermilchkaltschale (Seite 67)

Dill-Gurken-Gemüse

Dip Bombay

Dip Bombay

■ Schnell

Pro Portion:
E: 1 g, F: 12 g, Kh: 4 g,
kJ: 549, kcal: 131

1 mittelgroßer Apfel
1 Becher (150 g) Crème fraîche
2 EL Milch
1 TL Currypulver
Salz
frisch gemahlener Pfeffer

Zubereitungszeit: 10 Min.

1. Apfel schälen, vierteln, entkernen, in feine Würfel schneiden.
2. Mit Crème fraîche, Milch und Curry verrühren und mit Salz und Pfeffer würzen.

Tipp:
Zu Hähnchenkeulen reichen.

MENUE

Hauptgericht:
Dorade, gebacken (Seite 94)

Beilage:
Tomatenreis mit Auberginen (Seite 473)

Dessert:
Orangenmousse (Seite 334)

Dorade, gebacken

■ Raffiniert

Pro Portion:
E: 75 g, F: 25 g, Kh: 48 g,
kJ: 3208, kcal: 765

1 küchenfertige Dorade (etwa 1 1/2 kg)
Zitronensaft
Salz, Pfeffer
250 g Zwiebeln
3 Knoblauchzehen
1 kg Kartoffeln
7 EL kaltgepresstes Olivenöl
gerebelter Thymian
250 ml (1/4 l) Gemüsebrühe
3 Tomaten, in Scheiben geschnitten
1 Bund fein gehackte Petersilie
2 abgezogene, fein gehackte Knoblauchzehen
2 EL Semmelbrösel

Zubereitungszeit: 1 1/2 Std.

1. Dorade kalt abspülen, trockentupfen, mit Zitronensaft beträufeln, mit Salz, Pfeffer bestreuen.
2. Zwiebeln, Knoblauch abziehen, in Scheiben schneiden. Kartoffeln schälen, in Scheiben schneiden, mit den Zwiebel- und Knoblauchscheiben und 4 Esslöffeln Öl vermengen.
3. In eine feuerfeste Steingutform füllen, Salz, Pfeffer und Thymian darüber streuen. Gemüsebrühe hinzugießen, mit Pergamentpapier abdecken, die Form auf dem Rost in den Backofen schieben.
Ober-/Unterhitze: etwa 200 °C (vorgeheizt)
Heißluft: etwa 180 °C (nicht vorgeheizt)
Gas: Stufe 3–4 (nicht vorgeheizt)
Backzeit: etwa 70 Minuten.
4. Nach 40 Minuten Garzeit den Fisch auf die Kartoffeln legen, Tomatenscheiben darauf verteilen, Petersilie mit Knoblauch und Semmelbröseln vermengen, auf die Tomaten und den Fisch streichen, mit restlichem Öl beträufeln.

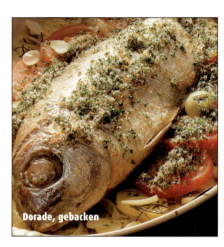
Dorade, gebacken

Dorschfilet auf Reis

■ Raffiniert

Pro Portion:
E: 40 g, F: 20 g, Kh: 78 g,
kJ: 2970, kcal: 708

600 g Dorschfilet (4 Scheiben je 150 g)
150 g Möhren
1 mittelgroße Zwiebel
1 EL Butter
125 ml (1/8 l) trockener Weißwein
250 ml (1/4 l) Wasser
1 TL Salz, 1 Lorbeerblatt
5 Pfefferkörner
frisch gemahlener Pfeffer

Für die Kapern-Möhren-Sauce:
30 g Butter
30 g Weizenmehl
125 ml (1/8 l) Fischsud
3 EL Schlagsahne
2 TL abgetropfte Kapern

1 TL Kapernsaft
Salz
2 l Salzwasser, 250 g Reis
200 g TK-Erbsen, 30 g Butter

Zubereitungszeit: 1 Std.

1. Dorschfilet unter fließendem kalten Wasser abspülen, trockentupfen.
2. Möhren schälen, putzen, waschen, die Hälfte in dünne Scheiben schneiden. Zwiebel abziehen, halbieren, in Streifen schneiden.
3. Butter zerlassen, Möhrenscheiben und Zwiebelstreifen darin andünsten, mit Weißwein ablöschen.
4. Wasser, Salz, Lorbeerblatt, Pfefferkörner und Pfeffer hinzufügen, alles einmal aufkochen.
5. Fischfilet in den kochenden Sud geben, bei geringer Hitze 6 Minuten ziehen lassen, herausnehmen, warm stellen.
6. Für die Sauce die übrigen Möhren erst der Länge nach, dann quer in sehr dünne Streifen schneiden.
7. Butter zerlassen, Mehl kurz andünsten, mit Fischsud langsam auffüllen, unter Rühren etwa 5 Minuten kräftig aufkochen lassen.
8. Von der Herdplatte nehmen, mit Sahne verfeinern. Mit Kapern, Kapernsaft, Salz und Pfeffer abschmecken, die Möhrenstreifen hinzufügen.
9. Salzwasser zum Kochen bringen, Reis hineingeben, umrühren, zum Kochen bringen, sprudelnd kochen lassen, in etwa 20 Minuten gar kochen, auf ein Sieb geben, gut abtropfen lassen.
10. Erbsen in Salzwasser 5 Minuten garen, mit Butter unter den Reis heben, auf einer Platte mit dem Reis einen Sockel formen, das Fischfilet darauf anrichten, mit der Kapern-Möhren-Sauce überziehen.

Dorsch, gebraten

■ **Für Gäste**

Pro Portion:
E: 46 g, F: 17 g, Kh: 9 g,
kJ: 1679, kcal: 401

1 küchenfertiger Dorsch (etwa 1 kg)
Zitronensaft
Salz
Pfeffer
1 große Kartoffel
60 g zerlassene Butter
3 Ananasscheiben (aus der Dose)
4 Tomaten
1 EL Speiseöl

Zubereitungszeit: 45 Min.

Dorsch, gebraten

1. Dorsch unter fließendem kalten Wasser abspülen, trockentupfen, mit Zitronensaft beträufeln, trockentupfen, innen und außen mit Salz, Pfeffer würzen.
2. Kartoffel schälen, in Stücke schneiden, in die Bauchhöhle des Fisches stecken, den Fisch mit der Bauchseite auf eine feuerfeste Platte setzen, mit zerlassener Butter bestreichen.
3. Ananasscheiben abtropfen lassen, in Abständen von 3 cm auf dem Rücken des Fisches anordnen.
4. Tomaten waschen, abtrocknen, kreuzweise einschneiden, mit Salz und Pfeffer bestreuen, mit Speiseöl bestreichen und neben den Fisch auf die Platte setzen.
5. Die Platte in den Backofen stellen, den Dorsch während des Bratens mit zerlassener Butter bestreichen.
Ober-/Unterhitze: etwa 200 °C (vorgeheizt)
Heißluft: etwa 180 °C (vorgeheizt)
Gas: Stufe 3–4 (vorgeheizt)
Bratzeit: etwa 30 Minuten.

Beilage:
Folienkartoffeln, grüner Salat in Sahnesauce.

Dorschfilet auf Reis

Dorschfilet auf Wirsing

■ Raffiniert – für Gäste

Pro Portion:
E: 41 g, F: 44 g, Kh: 14 g,
kJ: 2743, kcal: 655

1 kleiner Wirsing (etwa 750 g)
100 g Butter
Salz
frisch gemahlener, weißer Pfeffer
1 TL gemahlener Kümmel
250 ml (¼ l) Schlagsahne
2 Eigelb
750 g Dorschfilet
2 EL Zitronensaft
3 EL Semmelbrösel

Zubereitungszeit: 1 Std.

1. Wirsing von den schlechten Blättern befreien, vierteln, den Strunk herausschneiden, Wirsing in schmale Streifen schneiden, waschen, abtropfen lassen.
2. Ein Drittel der Butter zerlassen, den Wirsing darin andünsten, mit Salz, Pfeffer und Kümmel würzen. Etwas Wasser hinzugießen, zugedeckt in 15 Minuten garen.
3. Sahne mit Eigelb verquirlen, mit Salz und Pfeffer abschmecken, die Eiersahne mit dem Wirsing verrühren, in eine gefettete Auflaufform füllen.
4. Dorschfilet unter fließendem kalten Wasser abspülen, trockentupfen, in 4 Stücke schneiden, mit Salz bestreuen, mit Zitronensaft beträufeln.
5. Ein Drittel der Butter in einer Pfanne zerlassen, die Fischstücke darin von beiden Seiten kurz anbraten, auf den Wirsing legen.
6. Semmelbrösel unter die restliche Butter rühren, auf dem Fisch verteilen. Die Form auf dem Rost in den Backofen schieben.

Ober-/Unterhitze: etwa 200 °C (vorgeheizt)
Heißluft: etwa 180 °C (vorgeheizt)
Gas: Stufe 3–4 (vorgeheizt)
Backzeit: etwa 25 Minuten.

Beilage:
Dazu Kartoffelpüree servieren.

Dorschscheiben, gedünstet

■ Für Gäste

Pro Portion:
E: 38 g, F: 22 g, Kh: 21 g,
kJ: 1868, kcal: 447

4 Scheiben Dorsch (je 200 g)
Salz
frisch gemahlener Pfeffer
100 ml trockener Weißwein
100 ml trockener Wermut, z.B. Noilly Prat
4 EL Wasser
200 g Möhren
200 g TK-Broccoli
80 g kalte Butter
4 EL Crème fraîche

Dorschfilet auf Wirsing

R S T U V W X Y Z A B C **D**

Zubereitungszeit: 1 Std.

1. Dorschscheiben unter fließendem kalten Wasser abspülen, trockentupfen, mit Salz und Pfeffer würzen und in einen Topf geben.
2. Mit Weißwein, Wermut und Wasser angießen, zum Kochen bringen und den Fisch etwa 15 Minuten gar ziehen lassen.
3. Möhren putzen, schälen, waschen und in feine Streifen schneiden.
4. Den Fisch herausnehmen, warm stellen, die Möhren und Broccoli in den Sud geben, 15 Minuten dünsten lassen und herausnehmen.
5. Den Sud etwas einkochen lassen und die kalte Butter in Flöckchen unterschlagen.
6. Crème fraîche unterrühren, mit Salz und Pfeffer würzen.

Düsseldorfer Salat

■ **Raffiniert**

Pro Portion:
E: 10 g, F: 17 g, Kh: 14 g,
kJ: 1067, kcal: 255

200 g **Pellkartoffeln**
1/2 **Salatgurke**
200 g **Tomaten**
200 g **gekochter Knollensellerie**

Für die Salatsauce:
4 EL **Speiseöl**
2–3 EL **Essig**
1 TL **Senf**
Salz, Pfeffer, Zucker
gewaschene Salatblätter
2 hart gekochte Eier
50 g **Krabben**
20 g **Kaviar**

Düsseldorfer Salat

Zubereitungszeit: 40 Min.

1. Pellkartoffeln pellen. Salatgurke waschen, evtl. schälen, längs halbieren und entkernen. Tomaten waschen, abtrocknen, die Stängelansätze herausschneiden, die Tomaten halbieren, entkernen.
2. Alle Zutaten sowie den Sellerie in kleine Würfel schneiden.
3. Für die Salatsauce Speiseöl mit Essig und Senf verrühren. Mit Salz, Pfeffer und Zucker würzen und mit den Salatzutaten vermengen.
4. Den Salat etwa 30 Minuten durchziehen lassen, auf Salatblättern anrichten. Eier abpellen, in Scheiben schneiden. Den Salat mit Eierscheiben und Krabbenfleisch garnieren.
5. Die Eierscheiben mit Kaviar bestreuen.

MENUE

Vorspeise:
Krabbensuppe (Seite 264)

Hauptgericht:
Dorschfilet auf Wirsing (Seite 96)

Dessert:
Kirschkompott (Seite 257)

97

Ei im Glas

1 Portion

■ Preiswert

Pro Portion:
E: 13 g, F: 16 g, Kh: 26 g
kJ: 1327, kcal: 317

1 schnittfeste Tomate
10 g Kresse
1 Ei
frisch gemahlener Pfeffer, Salz
¹/₄ Bund Schnittlauch

Zubereitungszeit: 10 Min.

1. Tomate waschen, Stängelansatz entfernen und fein würfeln.
2. Kresse vom Kressebeet schneiden, unter fließendem kaltem Wasser abspülen, abtropfen lassen.
3. Das Ei in etwa 4 Minuten wachsweich kochen, in kaltem Wasser abschrecken.
4. Tomatenwürfel und Kresse in ein vorgewärmtes Glas füllen.
5. Die Eischale etwas aufschlagen, teilweise entfernen und mit Hilfe eines Teelöffels vorsichtig in das Glas gleiten lassen.
6. Mit Pfeffer, Salz und fein geschnittenem Schnittlauch bestreuen, sofort servieren.

Eichblattsalat mit Pfifferlingen

■ Für Gäste – etwas teurer

Pro Portion:
E: 4 g, F: 27 g, Kh: 3 g
kJ: 1163, kcal: 278

1 Kopf Eichblattsalat
200 g Pfifferlinge
70 g fetter, geräucherter Speck
10 g Butter

Für die Salatsauce:
1 Schalotte
3 EL Sherryessig
6 EL Nussöl
Salz
frisch gemahlener Pfeffer

Zubereitungszeit: 30 Min.

1. Den Salat putzen, waschen, in Stücke zerpflücken, trockenschleudern. Pfifferlinge putzen und abreiben, evtl. abspülen.
2. Speck in sehr feine Streifen schneiden, ohne Fett in einer Pfanne auslassen, aus der Pfanne nehmen und auf Küchenpapier abtropfen lassen.

Eichblattsalat mit Pfifferlingen

3. Anschließend Butter zum Speckfett geben, zerlassen und die Pilze etwa 1 Minute darin unter Wenden anbraten.
4. Schalotte abziehen und fein hacken.
5. Aus Schalottenwürfeln, Essig und Öl eine Sauce rühren, mit Salz und Pfeffer abschmecken. Die Hälfte sofort unter die Pilze rühren, die andere Hälfte mit den Salatblättern vermengen.
6. Salat und Pilze auf Portionstellern anrichten, den warmen Speck darüber streuen.

Eier im Näpfchen

2 Portionen

■ Raffiniert

Pro Portion:
E: 15 g, F: 25 g, Kh: 1 g
kJ: 1272, kcal: 304

1 Scheibe gekochter Schinken
1 TL gehackte Petersilie
2 EL geriebener Gouda
Butter

Ei im Glas

Eier, garniert

2 Eier
Butterflöckchen
fein gehackte Petersilie

Zubereitungszeit: 50 Min.

1. Schinken in Würfel schneiden, mit Petersilie und 1 Esslöffel Gouda verrühren.
2. Zwei Näpfchen mit Butter ausfetten, die Schinken-Käse-Mischung hinein geben, je 1 Ei darauf schlagen, mit je $^1/_2$ Esslöffel Gouda bestreuen, Butterflöckchen darauf setzen, im Backofen garen.
Ober-/Unterhitze: etwa 200 °C (vorgeheizt)
Heißluft: etwa 180 °C (vorgeheizt)

Eier im Näpfchen

Gas: Stufe 3–4 (vorgeheizt)
Backzeit: 35 Minuten.
3. Mit Petersilie bestreut servieren.

Eier mit Senfsauce

■ Für Kinder

Pro Portion:
E: 20 g, F: 25 g, Kh: 6 g
kJ: 1442, kcal: 345

25 g Butter oder Margarine
20 g Weizenmehl
375 ml ($^3/_8$ l) heiße Fleischbrühe
1 EL mittelscharfer Senf
1 EL körniger Senf
Salz, frisch gemahlener Pfeffer
2 EL Crème double
8 hart gekochte Eier

Zubereitungszeit: 20 Min.

1. Butter oder Margarine zerlassen, Mehl unter Rühren so lange darin erhitzen, bis es hellgelb ist.
2. Brühe hinzugießen, mit einem Schneebesen durchschlagen und darauf achten, dass keine Klümpchen entstehen, aufkochen. Die Sauce etwa 5 Minuten kochen lassen.
3. Beide Senfsorten hinzufügen, mit Salz und Pfeffer abschmecken, Crème double zum Schluss unterrühren.
4. Eier pellen, nach Belieben halbieren und kurz vor dem Servieren in die Sauce geben.

Tipp:
Mit Kerbel garnieren.

Eier, garniert

■ Schnell

Pro Portion:
E: 11 g, F: 16 g, Kh: 2 g
kJ: 855, kcal: 204

4 hart gekochte Eier
100 g Doppelrahm-Frischkäse
1 EL Crème fraîche
Salz, frisch gemahlener Pfeffer
Paprika edelsüß, Currypulver
Shrimps
je einige Blätter Radicchiosalat und Friséesalat
2 EL Schnittlauchröllchen

Zubereitungszeit: 15 Min.

1. Eier pellen, längs halbieren, das Eigelb herauslösen und durch ein feines Sieb streichen.
2. Mit Doppelrahm-Frischkäse, Crème fraîche verrühren, mit Salz, Pfeffer, Paprika, Curry würzen.
3. Die Masse in einen Spritzbeutel mit Sterntülle füllen, in die ausgehöhlten Eierhälften spritzen und mit Shrimps garnieren, auf Salatblättern anrichten, mit Schnittlauchröllchen bestreuen.

Eiersalat

■ Schnell

Pro Portion:
E: 31 g, F: 14 g, Kh: 19 g
kJ: 1472, kcal: 352

1 Pck. (300 g) TK-Erbsen
6 hart gekochte Eier
200 g gepulte Krabben
Salz, frisch gemahlener Pfeffer
1 Pck. (200 g) Frühlingsquark
2 EL gehackte Petersilie

Zubereitungszeit: 20 Minuten

1. Erbsen in kochendes Salzwasser geben, zum Kochen bringen, etwa 3 Minuten garen. Auf ein Sieb geben, abtropfen lassen.
2. Eier pellen, in Scheiben schneiden. Krabben und die Salatzutaten auf vier Tellern anrichten, mit Salz, Pfeffer würzen.
3. Frühlingsquark mit Petersilie verrühren und auf den Salatzutaten verteilen.

Eierstich

■ Gut vorzubereiten

Pro Portion:
E: 5 g, F: 4 g, Kh: 2 g
kJ: 303, kcal: 72

2 Eier
125 ml ($1/8$ l) kalte Milch
Salz
geriebene Muskatnuss

Zubereitungszeit: 40 Min.

1. Eier mit Milch, Salz und Muskat verschlagen.
2. In ein gefettetes Gefäß füllen, mit Alufolie verschließen und in kochendes Wasser stellen.
3. Das Wasser wieder zum Kochen bringen, den Topf mit einem Deckel verschließen (das Wasser nicht mehr kochen lassen), etwa 30 Minuten garen lassen.
4. Wenn die Masse fest geworden ist, sie stürzen, in Würfel schneiden und in Fleisch- oder Hühnerbrühe geben.

Variante:
1 Esslöffel fein gehackte Kräuter mit den Eiern verschlagen.

Eintopf, bunter

■ Gut vorzubereiten

Pro Portion:
E: 38 g, F: 27 g, Kh: 28 g,
kJ: 2253, kcal: 537

250 g Rindfleisch (Nacken)
250 g Schweinefleisch (aus der Schulter)
3 EL Speiseöl
2 große Zwiebeln
Salz, frisch gemahlener Pfeffer
Paprika edelsüß
750 ml ($3/4$ l) Fleischbrühe
500 g Kartoffeln
500 g grüne Bohnen
1 kleine, rote Paprikaschote
3–4 Bohnenkrautzweige
250 g Champignons

Zubereitungszeit: 65 Min.

1. Fleisch kalt abspülen, trockentupfen und in etwa $1^{1}/_{2}$ cm große Würfel schneiden.
2. Speiseöl erhitzen, die Fleischwürfel darin von allen Seiten etwa 10 Minuten anbraten.
3. Zwiebeln abziehen, würfeln, hinzufügen, durchdünsten lassen.
4. Fleisch mit Salz, Pfeffer und Paprika würzen, Fleischbrühe hinzugießen, verrühren und zum Kochen bringen.
5. Kartoffeln schälen, waschen, in Würfel schneiden. Bohnen evtl. abfädeln, waschen, in Stücke schneiden oder brechen.
6. Paprikaschote putzen, waschen und in Streifen schneiden. Bohnenkraut-

Eiersalat

zweige vorsichtig abspülen, trockentupfen.
7. Champignons putzen, evtl. abspülen, in Stücke schneiden.
8. Wenn das Fleisch etwa 30 Minuten gekocht hat, die Kartoffelwürfel und Bohnen hinzufügen, zum Kochen bringen, etwa 5 Minuten kochen lassen.
9. Paprikastreifen, Bohnenkraut und Champignonstücke in die Suppe geben, zum Kochen bringen und etwa 15 Minuten kochen lassen.

Eisbein, gepökelt

■ **Gut vorzubereiten**

Pro Portion:
E: 68 g, F: 41 g, Kh: 18 g
kJ: 3260, kcal: 778

1 kg gepökeltes Eisbein
1 Lorbeerblatt, 6 Pfefferkörner
5 Pimentkörner
6 Wacholderbeeren
1 Prise Zucker
1 abgezogene Zwiebel
1 l heißes Wasser
etwa 800 g Sauerkraut
2 große Äpfel
Cayennepfeffer

Zubereitungszeit: 2 Std.

1. Eisbein unter fließendem kalten Wasser abspülen, trockentupfen mit Lorbeerblatt, Pfefferkörnern, Pimentkörnern, Wacholderbeeren, Zucker und Zwiebel in das heiße Wasser geben, zum Kochen bringen, etwa 1$^1/_2$ Stunden kochen lassen.
2. Das gare Eisbein herausnehmen, die Brühe durch ein Sieb gießen, 500 ml ($^1/_2$ l) davon abmessen, Eisbein und Brühe wieder in den Topf geben.

Eintopf, bunter

3. Sauerkraut locker zupfen. Äpfel waschen, schälen, halbieren, das Kerngehäuse entfernen, klein schneiden.

Beide Zutaten zu dem Eisbein geben, zugedeckt etwa 20 Minuten gar schmoren lassen, mit Cayennepfeffer abschmecken.

Eisbein, gepökelt

Eisbergsalat mit Ananas
6 Portionen

■ Für Gäste

Pro Portion:
E: 1 g, F: 8 g, Kh: 14 g
kJ: 608, kcal: 144

1 frische Ananas (etwa 1 kg)
1 Eisbergsalat
250 g Möhren

Für die Salatsauce:
4 EL Pflanzenöl
2–3 EL Essig
3 EL Orangensaft
Salz, frisch gemahlener Pfeffer

Zubereitungszeit: 50 Min.

1. Von der Ananas das Grün und den Strunk herausschneiden, vierteln, die holzige Mitte längs herausschneiden.
2. Ananasfleisch mit einem großen Messer aus der Schale schneiden und in kleine Würfel schneiden.
3. Eisbergsalat putzen, zerpflücken, waschen, abtropfen lassen und in feine Streifen schneiden.
4. Möhren schälen, waschen und fein raspeln.
5. Für die Salatsauce Öl mit Essig Orangensaft verrühren, mit Salz, Pfeffer würzen.
6. Ananasstücke und Salatstreifen mit der Sauce vermengen und die geriebenen Möhren darüber streuen.

Tipp:
Sie können die frische Ananas durch eine kleine Dose abgetropfter Mandarin-Orangen ersetzen.

Eisfrüchte

■ Raffiniert

Pro Portion:
E: 3 g, F: 27 g, Kh: 37 g
kJ: 1746, kcal: 418

Je 125 g frische oder tiefgekühlte
Johannisbeeren, Himbeeren und
Blaubeeren
6 EL Zucker
350 ml Schlagsahne
frische Früchte zum Garnieren
Zitronenmelisseblättchen
Schokoblätter
Puderzucker

Zubereitungszeit: 30 Min.,
ohne Gefrierzeit

Eisfrüchte

1. Beeren vorsichtig waschen, abtropfen lassen. Johannisbeeren von den Rispen zupfen. Himbeeren und Blaubeeren entkelchen oder die Beeren auftauen lassen. Einige zum Garnieren zurücklassen.
2. Beeren, jede Sorte getrennt für sich, mit je 2 Esslöffeln Zucker pürieren.
3. Sahne steif schlagen und in drei Portionen aufteilen. Jede davon mit einem der Fruchtpürees verrühren.
4. Kleine Eisformen aus Metall mit der Masse füllen. Im Tiefgefrierfach 2 Stunden gefrieren lassen. Zitronenmelisse unter fließendem kalten Wasser waschen und trockentupfen.
5. Zum Servieren Formen kurz in heißes Wasser tauchen. Eisfrüchte herausstürzen, auf Teller legen und mit Früchten, Schokoblättern und Zitronenmelisse garnieren, mit Puderzucker bestäuben.

Endivien-Apfel-Salat

■ Schnell

Pro Portion:
E: 1 g, F: 15 g, Kh: 6 g
kJ: 732, kcal: 174

1 mittelgroßer Kopf Endiviensalat
2 säuerliche Äpfel

Eisbergsalat mit Ananas

Für die Salatsauce:
4–5 EL Speiseöl
1 TL Essigessenz (25 %), 4 TL Wasser
Salz, frisch gemahlener Pfeffer
Zucker

Zubereitungszeit: 25 Min.

1. Von dem Endiviensalat äußere Blätter entfernen, den Endivienkopf halbieren, in Streifen schneiden, gründlich waschen und gut abtropfen lassen.
2. Äpfel schälen, vierteln, entkernen und in dünne Scheiben schneiden.
3. Für die Salatsauce alle Zutaten verrühren, Salatsauce mit den Salatzutaten vermengen, sofort servieren.

Endiviensalat

Endiviensalat

■ Schnell

Pro Portion:
E: 1 g, F: 9 g, Kh: 2 g
kJ: 411, kcal: 98

1 Endiviensalat (375 g)

Für die Salatsauce:
3 EL Speiseöl, 2 EL Essig
Salz, Pfeffer, Zucker
1 EL gehackte Kräuter (Petersilie, Schnittlauch)

Zubereitungszeit: 25 Min.

1. Von dem Endiviensalat Wurzel und äußere Blätter abschneiden, die übrigen Blätter in schmale Streifen schneiden, sorgfältig waschen und gut abtropfen lassen.
2. Für die Salatsauce Öl mit Essig verrühren, mit Salz, Pfeffer, Zucker abschmecken und Kräuter unterrühren.
3. Salat mit der Sauce vermengen.

Tipp: Gehackte Walnusskerne über den Salat streuen.

MENUE

Vorspeise:
Artischocken mit Sauce Vinaigrette (Seite 16)

Hauptgericht:
Forellen mit Mandeln (Seite 138)

Dessert:
Eisfrüchte (Seite 102)

Endivien-Apfel-Salat

Ente, gebraten

■ Für Gäste

Pro Portion:
E: 36 g, F: 75 g, Kh: 4 g
kJ: 3750, kcal: 896

1 küchenfertige Ente (etwa 1 1/2 kg)
Salz, heißes Wasser
kaltes Salzwasser
1–2 gestr. EL Weizenmehl
2 EL kaltes Wasser
frisch gemahlener Pfeffer

Zubereitungszeit: 2 Std., ohne Bratzeit

1. Ente unter fließendem kalten Wasser abspülen, trockentupfen, innen mit Salz einreiben, mit dem Rücken nach unten auf den Rost auf eine mit Wasser ausgespülte Rostbratpfanne legen und auf die untere Schiene in den Backofen schieben.

Ente, gebraten

Ober-/Unterhitze: etwa 200 °C (vorgeheizt)
Heißluft: etwa 180 °C (nicht vorgeheizt)
Gas: Stufe 3–4 (nicht vorgeheizt)
Backzeit: etwa 1 3/4 Stunden.

2. Während des Bratens ab und zu unterhalb der Flügel und Keulen in die Ente stechen, damit das Fett besser ausbraten kann.

3. Nach 30 Minuten Bratzeit das angesammelte Fett abschöpfen, sobald der Bratensatz bräunt, etwas heißes Wasser hinzugießen. Die Ente ab und zu mit dem Bratensatz begießen, verdampfte Flüssigkeit nach und nach ersetzen.

4. 10 Minuten vor Beendigung der Bratzeit die Ente mit Salzwasser bestreichen, die Hitze auf stark stellen, damit die Haut schön kross wird.

5. Die gare Ente in Portionsstücke schneiden, auf einer vorgewärmten Platte anrichten und warm stellen. Den Bratensatz mit Wasser loskochen, durch ein Sieb gießen, mit Flüssigkeit auffüllen und auf der Kochstelle zum Kochen bringen.

6. Mehl mit kaltem Wasser anrühren und den Bratensatz damit binden. Die Sauce mit Salz und Pfeffer abschmecken.

Beilage:
Rotkohl, Kartoffelklöße, Apfelscheiben mit Preiselbeerkompott oder Apfelmus.

Entenbrust mit Orangensauce

Entenbrust mit Orangensauce

■ Für Gäste

Pro Portion:
E: 28 g, F: 40 g, Kh: 13 g
kJ: 2475, kcal: 591

2 Entenbrüste ohne Knochen (je 300 g)
Salz, frisch gemahlener Pfeffer
2 TL Honig, 15 g Butter
4–5 EL Grand Marnier

Für die Orangensauce:
Schale von 1 Orange (unbehandelt)
Saft von 1 Orange
1 Becher (150 g) Crème fraîche

Zubereitungszeit: 35 Min.

1. Entenbrüste unter fließendem kalten Wasser abspülen, trockentupfen, mit Salz, Pfeffer bestreuen.
2. Entenbrüste zuerst mit der Fettseite in einer beschichteten Pfanne, dann von der anderen Seite in 10–12 Minuten anbraten. Kurz vor Beendigung der Bratzeit die Haut der Entenbrüste mit Honig bestreichen, evtl. etwas Butter dazugeben.
3. Die Entenbrüste mit Grand Marnier flambieren, aus dem Bratensatz nehmen, auf einer vorgewärmten Platte anrichten und warm stellen.
4. Für die Orangensauce Orangenschale mit einem Zestenschneider in feine Streifen schneiden, mit Orangensaft zu dem Bratensatz geben und erhitzen.
5. Crème fraîche unterrühren, zum Kochen bringen. Die Sauce mit Salz, Pfeffer, Honig abschmecken und zu den Entenbrüsten reichen.

Entenconfit

Entenconfit
Eingemachte Ente

■ Gut vorzubereiten

Pro Portion:
E: 48 g, F: 127 g, Kh: 0,3 g
kJ: 5977, kcal: 1428

2 Entenbrüste
2 Entenkeulen
1 Knoblauchzehe
Salz
200 g Gänseschmalz
200 g Schweineschmalz

Zubereitungszeit: 4 Std.

1. Entenbrüste und -keulen unter fließendem kalten Wasser abspülen, trockentupfen. Knoblauchzehe abziehen, fein hacken, mit Salz mischen, das Fleisch damit einmassieren. Etwa 2 Stunden im Kühlschrank ziehen lassen.
2. Gänseschmalz und Schweineschmalz auf konstante Temperatur bringen (80–90 °C), Brüste und Keulen darin etwa 70 Minuten sieden. Das Fett hin und wieder abschäumen.
3. Die gegarten Fleischstücke in ein Weckglas schichten und mit dem Fett bedecken.

Tipp:
Confit – Das Eingemachte ist eine traditionelle Art der Konservierung. Im kühlen Raum etwa 2–3 Monate haltbar. Zum Verzehr die Ententeile braten, in mundgerechte Stücke teilen, auf Blattsalaten angerichtet mit Pilzen und Pinienkernen servieren.

Entensalat, chinesisch

■ Für Gäste – gut vorzubereiten

Pro Portion:
E: 33 g, F: 98 g, Kh: 17 g
kJ: 4835, kcal: 1155

1 küchenfertige Flugente
(etwa 1,2 kg)
1 Zitrone (unbehandelt)
2 Orangen (unbehandelt)
2 Lorbeerblätter, 3-4 Gewürznelken
1 abgezogene Zwiebel
Pfefferkörner, Salz
100 g Sojasprossen, 20 g Butter

Für die Salatsauce:
25 g frischer, geschälter Ingwer
1 Eigelb, 1 TL Senf
1 EL Zitronensaft, Pfeffer
1 gestr. TL Zucker
125 ml (1/8 l) Sojaöl
2 EL Sojasauce

Zubereitungszeit: 2 Std.

1. Ente waschen, abtrocknen, halbieren, in einen großen Kochtopf geben und so viel Wasser hinzugießen, dass die Ente bedeckt ist.
2. Schale von 1 Zitrone und Orange, Lorbeerblätter, Nelken, geviertelte Zwiebel, Pfefferkörner hinzufügen, mit Salz würzen, zum Kochen bringen und etwa 1 1/2 Stunden köcheln lassen.
3. Die garen Entenhälften aus der Brühe nehmen, abkühlen lassen, das Fleisch von den Knochen befreien, enthäuten und in Scheiben schneiden.
4. Orangen und Zitrone von der weißen Haut befreien und die Früchte filetieren.
5. Sojasprossen verlesen, in zerlassener Butter schwenken, abtropfen lassen. Das Entenfleisch auf 4 Portionsteller verteilen, Orangen- und Zitronenspalten darauf anrichten, die Sojasprossen darüber verteilen.
6. Für die Salatsauce Ingwer reiben, Eigelb mit Senf, Zitronensaft, Salz, Pfeffer, Zucker zu einer dicklichen Masse schlagen.
7. Nach und nach Sojaöl unterschlagen, Ingwer und Sojasauce unterrühren. Die Sauce über die Salatzutaten geben.

Entrecôte nach Holzfällerart

■ Raffiniert

Pro Portion:
E: 47 g, F: 38 g, Kh: 40 g
kJ: 2935, kcal: 701

2 Scheiben Roastbeef (Entrecôte, je 350 g)
1 kg Kartoffeln
50-75 g durchwachsener Speck
Salz, Pfeffer
2-3 EL Speiseöl
300 g Steinpilze (Dose)
1 Schalotte, 50 g Butter
gehackte Petersilie

Zubereitungszeit: 40 Min.

1. Das Fleisch kalt abspülen, trockentupfen und leicht klopfen.
2. Kartoffeln gar kochen, pellen und in Scheiben schneiden.
3. Speck würfeln, auslassen. Kartoffeln darin in etwa 10 Minuten hellbraun braten, würzen. Kartoffeln auf einer vorgewärmten Platte anrichten und warm stellen.

Entensalat, chinesisch

106

Entrecôte nach Holzfällerart

4. Öl in einer Pfanne erhitzen, Fleisch darin von beiden Seiten insgesamt etwa 15 Minuten braten lassen, mit Salz und Pfeffer bestreuen und auf die Bratkartoffeln legen.
5. Pilze abtropfen lassen. Die Schalotte abziehen und würfeln.
6. Butter zerlassen, Pilze und Zwiebelwürfel darin etwa 5 Minuten dünsten lassen und mit Salz und Pfeffer würzen. Pilze über das Fleisch geben und mit gehackter Petersilie bestreuen.

Erbsen

■ Für Kinder

Pro Portion:
E: 5 g, F: 9 g, Kh: 10 g
kJ: 597, kcal: 143

750 g ausgepulte Erbsen
(2 kg mit Hülsen), 40 g Butter
100 ml Wasser, Salz, Zucker
1 EL gehackte Petersilie

Zubereitungszeit: 20 Min.

1. Erbsen waschen, Butter zerlassen und das Gemüse darin andünsten.
2. Wasser, Salz und Zucker hinzufügen, in 10–15 Minuten gar dünsten lassen.
3. Mit Petersilie bestreuen.

Erbsencremesuppe

■ Vegetarisch

Pro Portion:
E: 16 g, F: 11 g, Kh: 40 g
kJ: 1427, kcal: 341

250 g getrocknete, grüne Erbsen
3 Petersilienstängel
1 Lorbeerblatt, 1 Thymianzweig
1 EL getrocknete Minze, 1 1/4 l Wasser
2 Stängel Staudensellerie (100 g)
2 junge Möhren (200 g)
2 Zwiebeln, 1 Kopfsalat
50 g Butter, Pfeffer, 1 TL Salz

Zubereitungszeit: 1 1/2 Std.

1. Erbsen über Nacht in Wasser einweichen, abgießen.
2. Petersilienstängel abspülen, mit Lorbeerblatt, Thymian zusammenbinden, mit den eingeweichten Erbsen und Minze ins Wasser geben, die Erbsen in etwa 1 Stunde weich kochen lassen.
3. Staudensellerie putzen, waschen, die harten Fäden von der Außenseite abziehen, Sellerie in Würfel schneiden. Möhren waschen, schälen, in dünne Scheiben schneiden. Zwiebeln abziehen, in Würfel schneiden. Kopfsalat verlesen, zerpflücken, waschen, abtropfen lassen.
4. 20 g Butter in einer Pfanne zerlassen, klein geschnittenes Gemüse darin 5 Minuten andünsten, Salatblätter zugeben, weitere 5 Minuten dünsten. Kräuterstrauß aus der Suppe nehmen, Gemüse zu den Erbsen geben, pürieren, durch ein Sieb geben, mit der restlichen Butter verrühren, mit Pfeffer und Salz bestreuen.

Erbsencremesuppe

Tipp:
Erbsencremesuppe schmeckt auch mit frischen Erbsen ausgezeichnet. Die Garzeit verkürzt sich dann auf 20 Minuten.

Erbsensuppe mit Würstchen

■ **Für Kinder**

Pro Portion:
E: 49 g, F: 78 g, Kh: 38 g
kJ: 4613, kcal: 1102

200 g getrocknete, ungeschälte Erbsen
1¼–1½ l Wasser oder Fleischbrühe
250 g durchwachsener Speck
1 Bund Suppengrün
2 große Kartoffeln
1 Zwiebel
20 g Butter
20 g Weizenmehl
Salz
gerebelter Majoran
Suppenwürze
4 Wiener Würstchen
Schnittlauchröllchen

Zubereitungszeit: 2½ Std.

1. Erbsen waschen, in Wasser oder Fleischbrühe 12–24 Stunden einweichen, mit der Einweichflüssigkeit zum Kochen bringen, Speck hinzufügen und etwa 1 Stunde kochen lassen.
2. Suppengrün und Kartoffeln putzen, waschen, in Stücke schneiden, in die Suppe geben und etwa 30 Minuten garen.
3. Fleisch herausnehmen, Erbsen und Suppengemüse durch ein Sieb streichen.
4. Zwiebel abziehen, würfeln. Butter zerlassen, die Zwiebelwürfel darin leicht bräunen, Mehl hinzufügen, kurz miterhitzen, die Erbsenbrühe hinzugießen, mit einem Schneebesen durchschlagen und darauf achten, dass keine Klümpchen entstehen.
5. Zum Kochen bringen, etwa 15 Minuten kochen lassen. Die Suppe mit Salz, Majoran und Suppenwürze abschmecken.
6. Würstchen in Scheiben schneiden, in die Suppe geben, darin erhitzen. Die Suppe mit Schnittlauchröllchen bestreuen.

Erbsensuppe mit Würstchen

Erbspüree

■ **Preiswert**

Pro Portion:
E: 5 g, F: 13 g, Kh: 7 g
kJ: 703, kcal: 168

375 g getrocknete, ungeschälte Erbsen, 750 ml (¾ l) Wasser
1 Bund Suppengrün
Salz, frisch gemahlener Pfeffer
1 mittelgroße Zwiebel
20 g zerlassene Butter oder 50 g ausgelassener Speck

Zubereitungszeit: 2½ Std.

1. Erbsen waschen, 12–24 Stunden in Wasser einweichen.
2. In dem Einweichwasser zum Kochen bringen und gar kochen lassen.
3. Suppengrün putzen, waschen, klein schneiden, nach 1½ Stunden Kochzeit zu den Erbsen geben, noch etwa 30 Minuten gar kochen lassen.
4. Erbsen durch ein Sieb streichen, erhitzen, schaumig rühren, mit Salz, Pfeffer abschmecken.
5. Zwiebel abziehen, in Scheiben schneiden, in Butter oder Speckwürfeln braun braten lassen. Über das Erbspüree geben.

Beilage: Sauerkraut, Schweinerippchen oder Pökelfleisch.

108

Erdbeer-Bavarois

6 Portionen

■ Für Gäste

Pro Portion:
E: 10 g, F: 15 g, Kh: 35 g
kJ: 1337, kcal: 320

600 g TK-Erdbeeren
4 Blatt Gelatine, rot
4 EL kaltes Wasser
125 g Zucker
2 Pck. Vanillin-Zucker
Saft von 1 Zitrone
250 ml ($1/4$ l) Schlagsahne
2 Eiweiß, Speiseöl
Schlagsahne

Zubereitungszeit: 30 Min.

1. Erdbeeren in eine Schüssel geben, bei Zimmertemperatur auftauen lassen.
2. Gelatine in Wasser anrühren, 10 Minuten zum Quellen stehen lassen und unter Rühren erwärmen, bis sie gelöst ist.
3. Erdbeeren (einige zum Garnieren zurücklassen) durch ein Sieb streichen, mit Zucker, Vanillin-Zucker, Zitronensaft verrühren.
4. Zunächst 3 Esslöffel davon mit der Gelatinelösung verrühren, unter das restliche Erdbeerpüree schlagen und kühl stellen.
5. Sahne steif schlagen, unter das dicklich gewordene Erdbeerpüree rühren. Eiweiß steif schlagen, unterheben.
6. Die Speise in eine dünn mit Speiseöl ausgepinselte Puddingform füllen und kalt stellen.
7. Die vollkommen steife Speise auf eine Platte stürzen, mit Schlagsahne verzieren. Mit den zurückgelassenen Erdbeeren garnieren.

Erdbeer-Bavarois

Erdbeer-Mascarpone-Eis

■ Gut vorzubereiten

Pro Portion:
E: 5 g, F: 50 g, Kh: 34 g
kJ: 2613, kcal: 625

500 g Erdbeeren
100 g Puderzucker
2 Pck. Vanillin-Zucker
1 EL Zitronensaft
500 g Mascarpone
125 ml ($1/8$ l) Schlagsahne

Zubereitungszeit: 35 Min.

1. Erdbeeren putzen, waschen, Stängelansätze entfernen und Erdbeeren pürieren (einige Erdbeeren zurücklassen und in Scheiben schneiden).
2. Mit Puderzucker, Vanillin-Zucker und Zitronensaft verrühren.
3. Mascarpone mit Schneebesen glatt rühren. Erdbeermasse unterrühren. Steif geschlagene Sahne und Erdbeerstücke unterheben.
4. Die Masse in einer Eismaschine oder in eine Form füllen und im Gefrierfach fest werden lassen. Zum Servieren in Portionen schneiden.

Tipp: Vor dem Schneiden das Erdbeer-Mascarpone-Eis etwa 10 Minuten antauen lassen.

MENUE

Hauptgericht:
Hirschgulasch (Seite 210)

Beilage:
Kartoffelklöße halb und halb (Seite 249)

Dessert:
Erdbeer-Mascarpone-Eis (Seite 109)

Erdbeeren im Schokoladenmantel

■ Raffiniert – für Gäste

Insgesamt:
E: 7 g, F: 25 g, Kh: 150 g
kJ: 3821, kcal: 914

1 EL Kokosfett, 2 EL Grand Marnier
125 g Puderzucker, 2 EL Kakao
250 g Erdbeeren mit Stiel
1 EL Kokosraspeln

Zubereitungszeit: 25 Min.

1. Kokosfett in einem kleinen Topf im heißen Wasserbad schmelzen lassen.
2. Grand Marnier erwärmen, mit Puderzucker und Kakao glatt rühren. Das flüssige Kokosfett unterrühren.
3. Erdbeeren sorgfältig waschen, trockentupfen, in die vorbereitete Glasur tauchen. Auf eine kalte Marmorplatte zum Trocknen legen. Die noch feuchten Früchte mit Kokosraspeln bestreuen, in Papierförmchen legen.

Tipp: Erdbeeren im Schokoladenmantel sind eine Art Konfekt und schmecken gut zum Kaffee. Je nach Geschmack können die Kokosraspeln auch weggelassen werden. Wichtig ist, dass die Erdbeeren sehr frisch sind.

Erdbeeren in Schokoladenmantel

Erdbeergrütze mit Vanillesahne

■ Für Kinder

Pro Portion:
E: 4 g, F: 21 g, Kh: 83 g
kJ: 2358, kcal: 565

Für die Grütze:
1 1/4 kg Erdbeeren
1 Zitrone (unbehandelt)
150 g Zucker, 120 g Perlsago
125 g Himbeeren

Für die Vanillesahne:
250 ml (1/4 l) Schlagsahne
Mark von 1/2 Vanilleschote
etwas Zucker

Zubereitungszeit: 75 Min.

1. Erdbeeren waschen, trocknen, entstielen, ein Viertel der Früchte beiseite stellen, die übrigen in 1 Liter Wasser zum Kochen bringen, auf ein gespanntes Tuch geben, damit der Saft ablaufen kann.
2. Den Fruchtbrei nach dem Erkalten kräftig auspressen. Saft mit Wasser auf 1 1/4 Liter Flüssigkeit auffüllen.
3. Zitrone waschen, dünn abschälen. Schale und Zucker zugeben, zum Kochen bringen.
4. Sago einstreuen, wieder zum Kochen bringen. Etwa 20 Minuten ausquellen lassen und die Zitronenschale entfernen.
5. Himbeeren verlesen, waschen, mit den zurückbehaltenen Erdbeeren in die Grütze geben, noch einmal 1 Minute kochen, abschmecken und erkalten lassen.
6. Für die Sauce Sahne mit Vanillemark verrühren, mit Zucker abschmecken.

Erdbeergrütze mit Vanillesahne

Erdbeerkaltschale

Erdbeerkaltschale

■ Für Kinder

Pro Portion:
E: 2 g, F: 1 g, Kh: 23 g,
kJ: 479, kcal: 115

750 g Erdbeeren, 2–3 EL Zucker
125 ml (1/8 l) Orangensaft

Zubereitungszeit: 25 Min.

1. Erdbeeren waschen, gut abtropfen lassen und entstielen.
2. Erdbeeren im Mixer pürieren, Zucker hinzufügen, die Masse mit Orangensaft verrühren und gut gekühlt servieren.

Tipp:
Zu der Kaltschale schmecken Schneeklöße, Makronen oder Grießklößchen.

Erdbeerparfait

■ Gut vorzubereiten

Pro Portion:
E: 5 g, F: 27 g, Kh: 39 g
kJ: 1854, kcal: 444

500 g Erdbeeren
2 Eigelb

75–100 g Zucker
1 Pck. Vanillin-Zucker
2 EL Zitronensaft
250 ml (1/4 l) Schlagsahne

Zum Garnieren:
4 Eiswaffeln, Schlagsahne
4 EL Erdbeerlikör

Zubereitungszeit: etwa 30 Min., ohne Gefrierzeit

1. Erdbeeren vorsichtig waschen, entstielen, pürieren.
2. Eigelb mit Zucker und Vanillin-Zucker cremig schlagen. Erdbeerpüree und Zitronensaft unterrühren.
3. Sahne steif schlagen, unter die Erdbeermasse heben.
4. Die Masse in eine Eisschale geben, im Gefrierfach des Kühlschranks etwa 3 Stunden gefrieren lassen.
5. Das Eis auf 4 Gläser verteilen, mit gezuckerten Erdbeeren und Eiswaffeln garnieren, mit Schlagsahne verzieren, nach Belieben über jede Portion 1 Esslöffel Erdbeerlikör geben.

Erdbeerparfait

Erdbeerquark

■ Für Kinder

Pro Portion:
E: 8 g, F: 8 g, Kh: 22 g
kJ: 851, kcal: 203

250 g Erdbeeren, 250 g Speisequark
125 ml (1/8 l) Milch, 50 g Zucker,
Zitronensaft, 1 Pck. Vanillin-Zucker

Zubereitungszeit: 15 Min.

1. Erdbeeren waschen, abtropfen lassen, entstielen und im Mixer pürieren (einige Erdbeeren zum Garnieren zurücklassen), mit Quark und Milch verrühren.
2. Mit Zucker, Zitronensaft und Vanillin-Zucker abschmecken.
3. Die Speise in eine Glasschale füllen und mit den zurückgelassenen Erdbeeren garnieren.

Erdbeersauce

■ Schnell

Pro Portion:
E: 1 g, F: 0,3 g, Kh: 7 g
kJ: 231, kcal: 55

300 g Erdbeeren, 3 EL Rum
1 Pck. Vanillin-Zucker, Zimtpulver

Zubereitungszeit: 15 Min.

1. Erdbeeren verlesen, waschen, abtropfen lassen, entstielen, pürieren.
2. Mit Rum, Vanillin-Zucker und Zimt abschmecken. Kalt stellen.

Tipp:
Zu Eis oder Vanillecreme reichen.

Fächerkartoffeln

■ Für Gäste

Pro Portion:
E: 8 g, F: 17 g, Kh: 38 g,
kJ: 1472, kcal: 351

1 kg mittelgroße, mehlig kochende Kartoffeln
1 TL Majoran oder Kümmel
Salz, Pfeffer
75 g Butter
30 g geriebener Parmesan

Fächerkartoffeln

Zubereitungszeit: 75 Min.

1. Kartoffeln schälen, waschen, in dichten Abständen so tief einschneiden, dass die Unterseiten noch zusammenhalten (dazu legt man die Kartoffel auf einen großen Löffel).
2. Eine feuerfeste, flache Form ausfetten. Kartoffeln mit der geschlossenen Seite nebeneinander hineinsetzen, Schnittflächen etwas auseinander drücken. Mit Majoran oder Kümmel, Salz und Pfeffer würzen.
3. Die zerlassene Butter darauf verteilen. Die Form auf dem Rost in den Backofen stellen.

Ober-/Unterhitze: etwa 200 °C (vorgeheizt)
Heißluft: etwa 180 °C (nicht vorgeheizt)
Gas: Stufe 3–4 (nicht vorgeheizt)
Backzeit: etwa 45 Minuten.

5. Den Parmesan 15 Minuten vor Beendigung der Garzeit darüber streuen.

Tipp:
Zu gebratenem Fleisch servieren.

Falscher Hase

■ Für Kinder

Pro Portion:
E: 44 g, F: 55 g, Kh: 19 g,
kJ: 3360, kcal: 802

2 Brötchen (Semmeln)
2 mittelgroße Zwiebeln
750 g Hackfleisch (halb Rind-, halb Schweinefleisch)
2 Eier
1 geh. TL Senf
1 EL gehackte Petersilie, Salz, Pfeffer
40 g durchwachsener Speck
heißes Wasser, 1 mittelgroße Zwiebel
1 mittelgroße Tomate
20 g Weizenmehl, 3 EL kaltes Wasser

Zubereitungszeit: 80 Min.

1. Brötchen in kaltem Wasser einweichen. Zwiebeln abziehen, fein würfeln.
2. Hackfleisch mit den gut ausgedrückten Brötchen, den Zwiebelwürfeln, Eiern, Senf, Petersilie vermengen, salzen und pfeffern.
3. Aus der Masse mit nassen Händen einen länglichen Kloß formen und in eine mit Wasser ausgespülte Rostbratpfanne legen.

Falscher Hase

4. Speck in feine Streifen schneiden, den Kloß damit belegen, gut mit einem Messer eindrücken und in den Backofen schieben.
Ober-/Unterhitze: etwa 200 °C (vorgeheizt)
Heißluft: etwa 180 °C (nicht vorgeheizt)
Gas: Stufe 3–4 (nicht vorgeheizt)
Backzeit: etwa 1 Stunde.
5. Sobald der Bratensatz bräunt, etwas heißes Wasser hinzugießen, das Fleisch ab und zu mit dem Bratensatz begießen, verdampfte Flüssigkeit nach und nach durch heißes Wasser ersetzen.
6. Zwiebel abziehen, Tomate waschen und beide Zutaten vierteln. 30 Minuten vor Beendigung der Bratzeit in die Rostbratpfanne geben, mitbraten lassen.
7. Den garen Braten in Scheiben schneiden, auf einer vorgewärmten Platte anrichten, warm stellen. Den Bratensatz mit etwas Wasser loskochen, durch ein Sieb gießen, mit Wasser auf 500 ml ($1/2$ l) auffüllen und auf der Kochstelle zum Kochen bringen.
8. Mehl mit kaltem Wasser anrühren, die Flüssigkeit damit binden, 5 Minuten kochen lassen, die Sauce mit Salz, Pfeffer abschmecken.

Tipp:
Als Füllung weich gekochte Eier oder Möhren verwenden.

Farfalle mit Broccoli

■ Für Kinder

Pro Portion:
E: 12 g, F: 19 g, Kh: 45 g,
kJ: 1756, kcal: 419

250 g Farfalle
2 l kochendes Salzwasser
1 EL Speiseöl
250 ml ($^1/_4$ l) Wasser
10 g Butter
Salz
300 g Broccoliröschen
125 ml ($^1/_8$ l) Broccoliflüssigkeit
1 Becher (150 g) Crème fraîche
1 Eigelb
frisch gemahlener Pfeffer
geriebene Muskatnuss

Zubereitungszeit: 35 Min.

1. Farfalle in Salzwasser geben, Speiseöl hinzufügen, die Nudeln nach Packungsanleitung garen.
2. Die Nudeln auf ein Sieb geben, abtropfen lassen und warm stellen.
3. Wasser mit Butter, Salz zum Kochen bringen, Broccoliröschen hineingeben, zum Kochen bringen, in etwa 8 Minuten gar kochen, abtropfen lassen (Broccoliflüssigkeit auffangen).
4. Broccoliröschen vorsichtig mit den Nudeln vermengen und warm stellen.
5. Broccoliflüssigkeit abmessen, mit Crème fraîche verrühren, erhitzen, Eigelb unterrühren (nicht mehr kochen lassen). Die Sauce mit Pfeffer, Muskat kräftig würzen, über die Broccolinudeln geben.

Beilage:
Magerer roher oder gekochter Schinken.

Fasan auf Weinsauerkraut

■ Römertopf

Pro Portion:
E: 63 g, F: 22 g, Kh: 25 g,
kJ: 2694, kcal: 643

1 Zwiebel
500 g Sauerkraut
1 kleines Lorbeerblatt
einige Pfefferkörner
Salz
250 ml ($^1/_4$ l) Weißwein
1 küchenfertiger Fasan ($^3/_4$ – 1 kg)
40 g in Scheiben geschnittener fetter Speck
200 g blaue Weintrauben
200 g grüne Weintrauben
Zucker
Kerbel

Zubereitungszeit: 2 Std.

1. Zwiebel abziehen, würfeln, mit Sauerkraut, Lorbeerblatt, Pfefferkörnern vermengen, mit Salz würzen, in den gewässerten Römertopf geben und Weißwein hinzugießen.
2. Fasan waschen, abtrocknen, innen und außen mit Salz einreiben, auf das Sauerkraut legen und mit Speck belegen. Den Römertopf mit dem Deckel verschließen und in den kalten Backofen stellen.
Ober-/Unterhitze: etwa 200 °C
Heißluft: etwa 180 °C
Gas: Stufe 3–4
Garzeit: $1^1/_4$–$1^1/_2$ Stunden.
3. Weintrauben waschen, halbieren, entkernen. Den garen Fasan aus dem Römertopf nehmen, in Portionsstücke schneiden, auf einer vorgewärmten Platte anrichten und warm stellen.
4. Die Weintrauben in den Römertopf geben, mit dem Sauerkraut vermengen, mit Zucker abschmecken. Den Römertopf mit dem Deckel verschließen und weitere 10 Minuten in den Backofen stellen.
5. Nach Belieben den Fasan auf dem Sauerkraut anrichten, mit Kerbelblättchen garnieren.

Farfalle mit Broccoli

Fasan vom Grillspieß

■ Für Gäste

Pro Portion:
E: 120 g, F: 42 g, Kh: 18 g,
kJ: 4269, kcal: 1021

2 küchenfertige Fasane (je 1 kg)
Salz, Zwiebelpulver
6–8 zerdrückte Wacholderbeeren
4 EL Speiseöl
4 Äpfel
10 g Butter
4 EL Preiselbeerkompott
Petersilie

Zubereitungszeit: 50 Min.

1. Fasane unter fließendem kalten Wasser abspülen, trockentupfen. Innen mit Salz und Zwiebelpulver einreiben. In die Fasane die Wacholderbeeren geben.
2. Fasane mit Öl bestreichen, hintereinander auf den Grillspieß stecken, in den vorgeheizten Grill setzen und etwa 45 Minuten grillen.
3. Für die Bratäpfel die Äpfel waschen, abtrocknen. Von jedem Apfel einen Deckel abschneiden. Äpfel in eine flache, mit Butter ausgefettete Auflaufform setzen, in den Backofen schieben.
   Ober-/Unterhitze: etwa 200 °C (vorgeheizt)
   Heißluft: etwa 180 °C (vorgeheizt)
   Gas: Stufe 3–4 (vorgeheizt)
   Backzeit: etwa 20 Minuten.
4. Die garen Fasane mit den Äpfeln auf einer Platte anrichten. Auf jeden Apfel einen Esslöffel Preiselbeerkompott geben. Petersilie waschen, trockentupfen und die Fasane damit dekorieren.

Fasan vom Grillspieß

Fasanenbrust auf Linsen

■ Für Gäste

Pro Portion:
E: 51 g, F: 35 g, Kh: 32 g,
kJ: 2870, kcal: 686

300 g Linsen
4 Fasanenbrustfilets
Salz, Pfeffer
100 g Sellerie
1 Stange Porree (Lauch, 150 g)
1 Möhre, 2 Schalotten
100 g Butter
500 ml (½ l) Gemüsebrühe
1 Becher (150 g) Crème fraîche
Sherryessig
2 EL gehackte Petersilie

Zubereitungszeit: 40 Min.

1. Linsen 2–3 Stunden einweichen, Einweichwasser abgießen.
2. Filets unter fließendem kalten Wasser abspülen, trockentupfen, salzen, pfeffern.
3. Gemüse putzen, waschen, würfeln oder in Streifen schneiden, in der Hälfte der Butter andünsten.
4. Linsen in 500 ml (½ l) Gemüsebrühe zum Kochen bringen, 25 Minuten kochen, abgießen.
5. Crème fraîche unterrühren, mit Essig, Pfeffer, Salz, Petersilie würzen.
6. Filets in der restlichen Butter kurz anbraten, mit Salz und Pfeffer bestreuen, in den Backofen schieben.

Fasanenbrust auf Linsen

Ober-/Unterhitze: etwa 200 °C (vorgeheizt)
Heißluft: etwa 180 °C (vorgeheizt)
Gas: Stufe 3–4 (vorgeheizt)
Backzeit: 8–10 Minuten.

7. Etwa 5 Minuten ruhen lassen, auf dem Gemüse und den Linsen anrichten.

Fassbohneneintopf

■ **Gut vorzubereiten**

Pro Portion:
E: 30 g, F: 20 g, Kh: 33 g,
kJ: 1926, kcal: 459

500 g Kasseler Nacken
30 g Pflanzenfett
1 Zwiebel
500 ml (¹/₂ l) Wasser
750 g Kartoffeln
500 g Fassbohnen
Salz
frisch gemahlener Pfeffer

Fassbohneneintopf

Zubereitungszeit: 65 Min.

1. Kasseler waschen, abtrocknen, in Würfel schneiden, Pflanzenfett erhitzen, die Fleischwürfel darin unter Wenden schwach bräunen.
2. Zwiebel abziehen, würfeln, zu dem Fleisch geben, 250 ml (¹/₄ l) Wasser hinzugießen, die Fleischwürfel zugedeckt etwa 10 Minuten schmoren lassen, ab und zu durchrühren.
3. Kartoffeln schälen, waschen, in Würfel schneiden. Fassbohnen waschen, evtl. kurze Zeit wässern, abtropfen lassen.
4. Beides zu dem Fleisch geben, das restliche Wasser hinzugießen, zum Kochen bringen und zugedeckt etwa 45 Minuten schmoren lassen, den Eintopf mit Salz und Pfeffer abschmecken.

Felafel
Kichererbsenbällchen

■ **Vegetarisch**

Pro Portion:
E: 15 g, F: 57 g, Kh: 48 g,
kJ: 3330, kcal: 796

250 g Kichererbsen
250 ml (¹/₄ l) Gemüsebrühe
1 Gemüsezwiebel
4 Knoblauchzehen
1 Bund Petersilie
gemahlener Kümmel
gemahlener Koriander
Paprikapulver
Salz
Pfeffer
1 EL gehackte Minze
40 g Speisestärke
1 Ei, 1 l Speiseöl

Zubereitungszeit: 1 Std.

Felafel

1. Kichererbsen in reichlich Wasser über Nacht einweichen, abgießen und in Gemüsebrühe in etwa 15 Minuten garen. Auf ein Sieb geben.
2. Überschüssige Flüssigkeit gut abtropfen lassen. Zwiebel und Knoblauch abziehen, in Stücke schneiden und mit der gewaschenen, abgetropften Petersilie und den Kichererbsen durch die feine Scheibe des Fleischwolfes drehen oder mit der Küchenmaschine (Doppelmesser-Einsatz) portionsweise fein pürieren.
3. Die entstandene Masse mit den Gewürzen pikant abschmecken und mit Speisestärke und Ei binden.
4. Anschließend zu etwa 40 Bällchen formen und in heißem Öl frittieren.

115

Feldsalat mit Champignons

■ Vegetarisch

Feldsalat mit Champignons

Pro Portion:
E: 3 g, F: 15 g, Kh: 5 g,
kJ: 701, kcal: 167

250 g Champignons

Für die Marinade:
3 EL Essig, 1 EL Speiseöl
Salz, Pfeffer, Zucker
1 Bund Radieschen
100 g Feldsalat

Für die Salatsauce:
1 Becher (150 g) Crème fraîche
1 EL Tomatenketchup
1 EL Milch
Pfeffer, Zucker
2–3 EL gemischte, gehackte Kräuter
(glatte Petersilie, Kresse,
Schnittlauch, Pimpinelle)

Zubereitungszeit: 50 Min.

1. Champignons putzen, mit Küchenpapier abreiben, evtl. abspülen und in Scheiben schneiden.
2. Für die Marinade Essig mit Speiseöl, Salz, Pfeffer, Zucker verrühren, mit den Champignonscheiben vermengen und kurze Zeit durchziehen lassen.
3. Radieschen putzen, waschen, in Scheiben schneiden. Vom Feldsalat die Wurzelenden abschneiden, die welken Blätter entfernen, den Salat mehrmals gründlich waschen und gut abtropfen lassen.
4. Für die Salatsauce Crème fraîche mit Tomatenketchup, Milch verrühren, mit Salz, Pfeffer, Zucker würzen und Kräuter unterrühren. Radieschen, Feldsalat und Champignons in eine Salatschüssel schichten, die Sauce darüber verteilen. Den Salat sofort servieren.

Feldsalat mit Croûtons

■ Für Gäste

Pro Portion:
E: 4 g, F: 25 g, Kh: 7 g,
kJ: 1177, kcal: 281

200 g Feldsalat
50 g durchwachsener Räucherspeck

Für die Sauce:
4 EL Walnussöl, 2 EL Rotweinessig
Salz
Pfeffer, 1 Prise Zucker
2 Scheiben Toastbrot
40 g Butter, 1 Knoblauchzehe

Feldsalat mit Croûtons

Zubereitungszeit: 35 Min.

1. Von dem Feldsalat die Wurzelenden abschneiden, den Salat verlesen, mehrmals gründlich waschen und trockenschleudern.
2. Räucherspeck in kleine Würfel schneiden, in einer Pfanne auslassen, die Speckwürfel aus dem Fett nehmen, auf Küchenpapier abtropfen lassen, das Speckfett in der Pfanne lassen.
3. Für die Sauce Öl mit Essig verrühren und mit Salz, Pfeffer, Zucker würzen. Toastbrot in kleine Würfel schneiden, Butter zu dem Speckfett in die Pfanne geben, erhitzen, die Brotwürfel darin von allen Seiten knusprig braten.
4. Knoblauchzehe abziehen, fein würfeln, unter die Brotwürfel mischen. Feldsalat und Speckwürfel mit der Sauce vermengen und mit den Knoblauch-Croûtons bestreuen.

Fenchel, geschmort

■ Raffiniert

Pro Portion:
E: 13 g, F: 15 g, Kh: 11 g,
kJ: 1120, kcal: 267

75 g durchwachsener, geräucherter Speck
20 g Butter, 1 Knoblauchzehe
1 Zwiebel, 1 Möhre (150 g)
1 Stange Porree (Lauch, 150 g)
4 Fenchelknollen (500 g)
1 EL Tomatenmark
125 ml (1/8 l) Weißwein
Pfeffer, Salz, gerebelter Thymian
1–2 EL gehackte Petersilie
125 ml (1/8 l) Gemüsebrühe
4 Tomaten (etwa 200 g)
60 g frisch geriebener Parmesan

Zubereitungszeit: 55 Min.

1. Speck in Würfel schneiden, mit der Butter zerlassen. Knoblauch und Zwiebel abziehen, in kleine Würfel schneiden, zum Speck geben.
2. Möhre und Porree putzen und waschen. Möhre schälen, in Streifen schneiden, Porree in Ringe schneiden. Fenchel putzen, das zarte Grün beiseite legen, Knollen vierteln oder achteln, waschen. Alles zu dem Speck geben.
3. Tomatenmark, Weißwein, Gewürze und Gemüsebrühe zugeben und etwa 20 Minuten garen.

Fenchel, geschmort

4. Tomaten kurze Zeit in kochendes Wasser legen (nicht kochen lassen), in kaltem Wasser abschrecken, enthäuten, Stängelansätze entfernen, entkernen, Tomaten in Stücke schneiden, zu dem Gemüse geben und noch 5 Minuten garen, umrühren und nochmals abschmecken. Mit Parmesan bestreut servieren.

Fenchel, karamellisiert

■ **Preiswert**

Pro Portion:
E: 4 g, F: 1 g, Kh: 33 g,
kJ: 816, kcal: 194

2 große Fenchelknollen (etwa 750 g)
250 ml (¹/₄ l) Wasser
250 ml (¹/₄ l) Weißwein
100 g Zucker

Zubereitungszeit: 40 Min.

1. Fenchelknollen putzen, waschen, halbieren.
2. Wasser mit Weißwein zum Kochen bringen, die Fenchelknollen hinzufügen, zum Kochen bringen, in etwa 25 Minuten gar kochen, abtropfen lassen.
3. Zucker in einer Pfanne ohne Fett erhitzen, bis er sich auflöst und braun wird, die halbierten Fenchelknollen hineingeben, vorsichtig darin wenden, bis sie von allen Seiten mit Karamellmasse überzogen sind.

Tipp:
Zu Kalbschnitzel und Risotto reichen.

Fenchel-Fisch-Suppe

6 Portionen

■ **Für Gäste**

Pro Portion:
E: 38 g, F: 12 g, Kh: 25 g,
kJ: 1595, kcal: 381

1 kg Edelfischgräten und -abschnitte (Steinbutt, Lachs)
1¹/₂ l Salzwasser
500 g Fischfilet (Steinbutt oder Lachs)
4 Fenchelknollen (800 g)
4 Zwiebeln (etwa 200 g)
1 Bund Suppengrün
1 Knoblauchzehe, 4 EL Olivenöl
100 g Langkornreis
1 TL eingelegter, grüner Pfeffer
2 Lorbeerblätter
250 g Tomaten, Salz, Pfeffer
2 EL gehackte Petersilie

Zubereitungszeit: 1 Std.

1. Edelfischgräten und -abschnitte unter fließendem kalten Wasser abspülen, in Salzwasser zum Kochen bringen, etwa 20 Minuten kochen lassen, durch ein Sieb gießen und die Brühe auffangen.
2. Fischfilet unter fließendem kalten Wasser abspülen, trockentupfen, in kleine Stücke schneiden.
3. Von den Fenchelknollen das Grün abschneiden, beiseite legen, die Knollen putzen, waschen, achteln. Zwiebeln abziehen, würfeln. Suppengrün putzen, waschen, in kleine Stücke schneiden. Knoblauchzehe abziehen, fein würfeln oder durchpressen.
4. Olivenöl erhitzen, die 4 Zutaten mit Langkornreis darin etwa 5 Minuten anbraten und die Fischbrühe hinzugießen. Pfeffer zerdrücken, Lorbeerblätter hinzufügen, die Suppe zugedeckt etwa 20 Minuten kochen lassen.
5. Tomaten kurze Zeit in kochendes Wasser legen (nicht kochen lassen), in kaltem Wasser abschrecken, enthäuten, halbieren, entkernen und die Stängelansätze entfernen. Das Tomatenfleisch in Würfel schneiden.
6. Die Fischstückchen mit Salz und Pfeffer bestreuen, mit den Tomatenwürfeln in die Suppe geben, die Suppe im offenen Topf 5 Minuten erhitzen (nicht kochen lassen).
7. Das Fenchelgrün waschen, trockentupfen, hacken, mit Petersilie in die Suppe geben und sofort servieren.

Fenchel-Fisch-Suppe

Fenchel-Orangen-Salat

■ Raffiniert

Pro Portion:
E: 4 g, F: 14 g, Kh: 10 g,
kJ: 774, kcal: 185

2 Fenchelknollen (400 g)
2 Orangen
1 kleine rote Zwiebel
Salz
frisch gemahlener Pfeffer
etwas Zucker
1–2 EL Weißweinessig
4 EL Olivenöl
20 g gehackte Pistazienkerne

Zubereitungszeit: 25 Min.

1. Die Fenchelknollen waschen, evtl. halbieren, abtupfen und in hauchdünne Scheiben schneiden. Das zarte Grün beiseite stellen.
2. Orangen schälen und filetieren.
3. Zwiebel abziehen und in Scheiben schneiden.
4. Salz, Pfeffer, Zucker, Essig und Öl verrühren und mit den Salatzutaten vermischen. Mit Pistazien und Fenchelgrün bestreuen.

Fenchel-Orangen-Salat

Feuerbohnentopf

■ Schnell – für Gäste

Pro Portion:
E: 47 g, F: 48 g, Kh: 102 g,
kJ: 4568, kcal: 1090

3 EL Speiseöl
500 g Hackfleisch (halb Rind-, halb Schweinefleisch)
3 große Zwiebeln (200 g)
3 bunte Paprikaschoten
3–4 EL Tomatenmark
500 ml ($^1/_2$ l) Gemüsebrühe
1 Dose (255 g) rote Bohnen
1 Dose (425 g) Mais
125 ml ($^1/_8$ l) Chilisauce
Salz, Pfeffer

Zubereitungszeit: 30 Min.

1. Öl in einem großen Topf erhitzen. Hackfleisch darin anbraten. Zwiebeln abziehen, fein würfeln. Paprikaschoten halbieren, entstielen, entkernen, die weißen Scheidewände entfernen, die Schoten waschen, in Streifen schneiden.
2. Zwiebelwürfel und Paprikastreifen hinzufügen, etwa 10 Minuten schmoren lassen, dabei öfters umrühren. Tomatenmark hinzufügen, umrühren. Brühe hinzugeben.
3. Zum Kochen bringen und etwa 10 Minuten garen. Bohnen abtropfen lassen. Zusammen mit Mais und Chilisauce zu der Suppe geben. Einmal aufkochen und mit Salz und Pfeffer abschmecken.

Feuertopf, scharf-süß

6 Portionen

■ Für Gäste

Pro Portion:
E: 42 g, F: 29 g, Kh: 26 g,
kJ: 2321, kcal: 553

1 kg Schnitzelfleisch
4 EL Speiseöl
2 rote Paprikaschoten (400 g)
2 grüne Paprikaschoten (400 g)
1 Glas (190 g) Silberzwiebeln

Feuerbohnentopf

1 Glas (170 g) Champignons
1 Dose (560 g) Ananasstücke
125 ml (1/8 l) Chilisauce
2 TL Paprikapulver edelsüß
4 EL Tomatenmark
250 ml (1/4 l) Gemüsebrühe
2 Spritzer Tabasco
etwas Cayennepfeffer
Salz, frisch gemahlener Pfeffer
Zucker
300 g saure Sahne

Zubereitungszeit: 40 Min.

1. Fleisch unter fließendem kalten Wasser abspülen, trockentupfen und in Streifen schneiden.
2. Speiseöl in einem großen Topf erhitzen, das Fleisch darin portionsweise anbraten.
3. Paprikaschoten halbieren, entstielen, entkernen, die weißen Scheidewände entfernen, die Schoten waschen und in Streifen schneiden. Paprikastreifen hinzugeben und etwa 10 Minuten mitschmoren.
4. Silberzwiebeln und Champignons abtropfen lassen und zu dem Fleisch geben. Ananasstücke mit Saft, Chilisauce, Paprikapulver, Tomatenmark und Gemüsebrühe hinzugeben, zum Kochen bringen und alles etwa 15 Minuten schmoren.
5. Mit Tabasco und Cayennepfeffer würzen und mit Salz, Pfeffer und etwas Zucker abschmecken. Zum Schluss die saure Sahne unterrühren.

Beilage:
Dazu Reis oder frisches Stangenbrot reichen.

Tipp:
Je nach Geschmack kann dem Feuertopf auch noch eine Dose Maiskörner hinzugefügt werden.

Filet Wellington

■ Klassisch

Pro Portion:
E: 53 g, F: 75 g, Kh: 27 g,
kJ: 4249, kcal: 1015

Für die Füllung:
800 g Rinderfilet
4 EL Speiseöl
Salz
frisch gemahlener Pfeffer
200 g Schinkenspeck
2 abgezogene Zwiebeln
200 g Champignons

Für den Teig:
1 Pck. (300 g) Blätterteig
1 Eigelb
1 EL Milch

Zubereitungszeit: 70 Min.

1. Für die Füllung Rinderfilet waschen, abtrocknen und enthäuten. Öl erhitzen, das Fleisch von allen Seiten kurz darin anbraten, mit Salz und Pfeffer würzen, aus der Pfanne nehmen und abkühlen lassen.
2. Schinkenspeck und Zwiebeln in Würfel schneiden. Den Speck zu dem Bratfett geben und auslassen, die Zwiebelwürfel hinzufügen, glasig dünsten lassen.
3. Champignons putzen, mit Küchenpapier abreiben, evtl. abspülen, klein schneiden und hinzufügen. Die Masse mit Salz, Pfeffer abschmecken, kalt stellen.
4. Für den Teig den Blätterteig bei Zimmertemperatur auftauen lassen und zu einer länglichen Platte in der doppelten Größe des Filets ausrollen (nach Belieben etwas Teig zum Garnieren zurücklassen). Etwas von der Zwiebel-Champignon-Masse in der Länge des Filets in die Mitte des Teiges geben, das Filet darauf legen und mit der restlichen Zwiebel-Champignon-Masse bedecken.
5. Den Teig um das Fleisch schlagen, auf ein mit Wasser abgespültes Backblech legen (glatte Teigseite nach oben), mit dem zurückgelassenen Teig garnieren und über die Teigoberseite verteilt 3 pfenniggroße Löcher ausstechen.
6. Eigelb mit Milch verschlagen und die Teigoberfläche damit bestreichen.
Ober-/Unterhitze: etwa 200 °C (vorgeheizt)
Heißluft: etwa 180 °C (nicht vorgeheizt)
Gas: Stufe 3–4 (nicht vorgeheizt)
Backzeit: etwa 40 Minuten.

Beilage:
Kräutersahnesauce, Stangenweißbrot.

Feuertopf, scharf-süß

Filetbohnen im Speckmantel

Filetscheiben in Parmesan

Filetspieße

■ Schnell

Pro Portion:
E: 22 g, F: 14 g, Kh: 2 g
kJ: 963, kcal: 230

400 g Schweinefilet
40 g Ingwerwurzel
2 Knoblauchzehen
4 EL Speiseöl
1 TL Currypulver, Salz, Pfeffer
1 Spritzer Tabasco, 1 EL Zitronensaft

Zubereitungszeit: 20 Min.

1. Schweinefilet evtl. enthäuten, unter fließendem kalten Wasser abspülen, trockentupfen und in etwa 2 cm dicke Scheiben schneiden. Ingwerwurzel schälen, in kleine Scheiben schneiden und beide Zutaten abwechselnd auf 4 Spieße stecken.
2. Knoblauchzehen abziehen, zerdrücken, mit Speiseöl, Currypulver, Salz, Pfeffer, Tabasco, Zitronensaft verrühren und das Fleisch damit bestreichen.

Filetbohnen im Speckmantel

■ Für Gäste

Pro Portion:
E: 9 g, F: 46 g, Kh: 7 g,
kJ: 2079, kcal: 496

600 g Filetbohnen (Keniabohnen)
2–3 Bohnenkrautzweige
8 Scheiben Schinkenspeck
3 EL Butter

Zubereitungszeit: 40 Min.

1. Von den Filetbohnen die Enden abschneiden, die Bohnen waschen. Bohnenkrautzweige vorsichtig abspülen, trockentupfen. Beide Zutaten in wenig kochendes Salzwasser geben, zum Kochen bringen, 8–10 Minuten kochen, abtropfen lassen und die Bohnenkrautzweige entfernen.
2. Die Bohnen in 8 Portionen teilen, jede Portion in 1 Scheibe Schinkenspeck wickeln. Butter zerlassen, die Bohnenportionen darin etwa 3 Minuten von allen Seiten braten lassen.

Tipp:
Zu Rinderfilet oder Roastbeef mit Röstkartoffeln servieren.

Filetscheiben in Parmesan

■ Schnell

Pro Portion:
E: 43 g, F: 38 g, Kh: 8 g,
kJ: 2369, kcal: 565

600 g Schweinefilet
Salz, weißer Pfeffer
2 Eier
50 g frisch geriebener Parmesan
40 g Weizenmehl
100 g Butter

Zubereitungszeit: 25 Min.

1. Schweinefilet enthäuten, abspülen, trockentupfen, in 2 cm dicke Scheiben schneiden, etwas flach klopfen und mit Salz und Pfeffer bestreuen. Eier mit Parmesankäse verschlagen.
2. Die Fleischscheiben zuerst in Weizenmehl, dann in dem Eier-Parmesan-Gemisch wenden. Butter in einer Pfanne zerlassen, die Filetscheiben darin von beiden Seiten in 6–8 Minuten goldgelb braten.

Tipp:
Auf grünen Bandnudeln mit Shrimps garniert servieren.

Filetspieße

Filetsteaks mit Austernpilzen

3. Den Grillrost mit Alufolie auslegen, die Filetspieße darauf geben, unter den Grill schieben und unter Wenden in 12–15 Minuten gar grillen.

Filetsteaks mit Austernpilzen

■ Für Gäste

Pro Portion:
E: 41 g, F: 26 g, Kh: 7 g,
kJ: 2074, kcal: 495

3 EL Speiseöl
4 Filetsteaks (je 175 g)
Salz
frisch gemahlener, schwarzer Pfeffer
6 EL Weinbrand
2 Schalotten, 1 Knoblauchzehe
1 EL Butter
250 g Austernpilze
1 Becher (150 g) Crème fraîche
1 TL zerdrückte, grüne Pfefferkörner
Pilz-Sojasauce

Zubereitungszeit: 25 Min.

1. Öl in einer Pfanne erhitzen, Filetsteaks darin von beiden Seiten braten, jede Seite etwa 4–5 Minuten, mit Salz und Pfeffer bestreuen, mit Weinbrand flambieren. Die Filetsteaks auf einer vorgewärmten Platte mit Alufolie abgedeckt warm stellen.
2. Den Bratensatz in ein Töpfchen geben und warm stellen. Schalotten und Knoblauchzehe abziehen und fein würfeln. Butter in der Pfanne erhitzen, Schalotten- und Knoblauchwürfel darin andünsten.
3. Austernpilze putzen, mit Küchenpapier abreiben, evtl. abspülen, in Streifen schneiden, in die Pfanne geben und 4–5 Minuten dünsten lassen, mit Salz und Pfeffer bestreuen.
4. Den Bratensatz, Crème fraîche und Pfefferkörner hinzufügen, erhitzen, mit Pilz-Sojasauce abschmecken. Die Austernpilze mit den Filetsteaks auf vorgewärmten Tellern anrichten und sofort servieren.

Filetsteaks, gegrillt

■ Schnell

Pro Portion:
E: 32 g, F: 11 g, Kh: 0,1 g,
kJ: 956, kcal: 229

4 Rinderfiletsteaks (je 150 g)
2 EL Speiseöl
Salz
frisch gemahlener Pfeffer

Zubereitungszeit: 10 Min.

1. Rinderfiletsteaks leicht flach klopfen, etwas zusammendrücken, mit etwas Speiseöl bestreichen, auf den heißen Grillrost legen und unter den vorgeheizten Grill schieben.
2. Zunächst 3 Minuten von der einen, dann 3 Minuten von der anderen Seite grillen.
3. Steaks mit etwas Salz und Pfeffer bestreuen.

Beilage:
Kräuterbutter, Folienkartoffeln, Kressesalat.

Tipp:
Wichtig ist, dass das Filetsteak erst nach dem Grillen gesalzen wird. Dadurch schließen sich die Poren schnell und es bleibt saftig.

Variante:
Filetsteaks, gegrillt schmecken auch gut mit gebratenen Zwiebeln: 4 mittelgroße Zwiebeln abziehen, in Scheiben schneiden und in 2 Esslöffeln Speiseöl goldbraun anbraten. Die Zwiebeln zu den Steaks reichen.

Fisch, ausgebacken

Fisch, ausgebacken

■ Für Kinder

Pro Portion:
E: 32 g, F: 76 g, Kh: 49 g,
kJ: 4472, kcal: 1067

600 g Fischfilet
(Schellfisch, Kabeljau, Seelachs)
Zitronensaft
Salz
frisch gemahlener Pfeffer

Für den Teig:
100 g Weizenmehl
1 Ei
Salz
125 ml ($^1/_8$ l) Milch
1 EL Speiseöl oder zerlassene Butter
1 kg Ausbackfett (Speiseöl, Schweineschmalz, Kokosfett oder Pflanzenfett)

Zubereitungszeit: 20 Min.

1. Fischfilet abspülen, trockentupfen, mit Zitronensaft beträufeln, mit Salz, Pfeffer bestreuen und in Portionsstücke schneiden.
2. Für den Teig Mehl in eine Schüssel sieben, in die Mitte eine Vertiefung eindrücken. Ei mit Salz und Milch verschlagen, etwas davon in die Vertiefung geben, von der Mitte aus Eiermilch und Mehl verrühren, nach und nach die restliche Eiermilch, Speiseöl oder Butter hinzugeben und darauf achten, dass keine Klumpen entstehen.
3. Die Filetstücke mit einer Gabel in den Teig tauchen, etwa 10 Minuten schwimmend in siedendem Ausbackfett braun und knusprig backen und auf Küchenpapier abtropfen lassen.

Tipp:
Die richtige Frittiertemperatur ist sehr wichtig: Ist das Fett zu heiß, verbrennt das Frittiergut von außen und ist innen noch roh. Ist es nicht heiß genug, saugt sich das Gargut mit Fett voll.

Fischauflauf

■ Gut vorzubereiten

Pro Portion:
E: 46 g, F: 23 g, Kh: 62 g,
kJ: 2816, kcal: 671

2 Kochbeutel (250 g) Spitzen-Langkornreis
500 g Möhren
2 Fenchelknollen (etwa 500 g)
100 ml Salzwasser
750 g Kabeljaufilet
2 EL Zitronensaft, Salz
frisch gemahlener Pfeffer, Butter
125 ml ($^1/_8$ l) trockener Weißwein
125 ml ($^1/_8$ l) Schlagsahne
75 g geriebener Emmentaler
30 g Butter

Zubereitungszeit: 1 Std.

1. Reis nach Packungsanleitung in Salzwasser knapp gar kochen.
2. Möhren putzen, waschen, fein schälen. Von den Fenchelknollen das Grün abschneiden, beiseite legen, die Knollen putzen, waschen.
3. Das Gemüse in feine Stifte schneiden. Mit dem Wasser in einen Topf geben, abgedeckt 5 Minuten dünsten.
4. Kabeljau unter fließendem kalten Wasser abspülen, trockentupfen, in Stücke schneiden, mit dem Zitronensaft beträufeln, mit Salz und Pfeffer bestreuen.

Fischauflauf

Fischfilet mit Sesam

■ Schnell

Pro Portion:
E: 34 g, F: 33 g, Kh: 8 g,
kJ: 2088, kcal: 499

4 Fischfilets (600 g), z. B. Rotbarsch oder Dorsch
2 EL Zitronensaft
Salz, Pfeffer
30 g Weizenmehl
2 EL kaltes Wasser
1 Ei
125 g Sesamsamen
60 g Margarine oder Butter

Zubereitungszeit: 20 Min.

1. Fischfilets unter fließendem kalten Wasser abspülen, trockentupfen, mit Zitronensaft beträufeln, mit Salz und Pfeffer bestreuen. Die Filets erst in Mehl wenden, dann in mit Wasser verschlagenem Ei und zum Schluss in Sesam. Den Sesam gut andrücken.
2. Margarine oder Butter erhitzen, die Fischfilets langsam von beiden Seiten etwa 10 Minuten goldgelb braten.

---

5. Eine Auflaufform buttern. Schichtweise Reis, Gemüse und Fischstücke hineingeben. Mit einer Schicht Reis abschließen.
6. Wein und Sahne verquirlen, mit Salz und Pfeffer würzen und über den Auflauf gießen, so dass der Reis bedeckt ist. Mit Käse und Butter bestreuen. Die Form auf dem Rost in den Backofen schieben.
   Ober-/Unterhitze: etwa 200 °C (vorgeheizt)
   Heißluft: etwa 180 °C (vorgeheizt)
   Gas: Stufe 3–4 (vorgeheizt)
   Backzeit: 25–30 Minuten.

Tipp:
Wenn Kinder mitessen, kann Weißwein auch durch Gemüsebrühe ersetzt werden.

gerebelter Thymian
250 ml (¼ l) Weißwein, 2 l Wasser

Zubereitungszeit: 50 Min.

1. Butter oder Margarine zerlassen.
2. Fischhaut, -gräten und -köpfe abspülen und abtropfen lassen.
3. Suppengrün putzen, waschen und klein schneiden. Alle Zutaten mit Lorbeerblatt, Pfefferkörnern und Thymian in dem Fett andünsten, Wein und Wasser hinzugießen.
4. Zum Kochen bringen, zwischendurch abschäumen, etwa 30 Minuten ziehen lassen, durch ein Sieb gießen.

Tipp:
Einmal zubereitet, lässt sich der Fond zur späteren Verwendung portionsweise am besten tiefgekühlt aufbewahren.

Fisch-Grundfond, heller

■ Gut vorzubereiten

Insgesamt:
E: 8 g, F: 26 g, Kh: 22 g,
kJ: 2191, kcal: 521

30 g Butter oder Margarine
1 kg Fischhaut, -gräten und Fischköpfe
1 Bund Suppengrün, 1 Lorbeerblatt
1 TL schw. Pfefferkörner

Fischfilet mit Sesam

Fischfilet, gebraten

■ Für Kinder

Pro Portion:
E: 43 g, F: 29 g, Kh: 27 g,
kJ: 2444, kcal: 584

750 g Fischfilet (z. B. Kabeljau, Seelachs oder Rotbarsch)
Zitronensaft
Salz
frisch gemahlener Pfeffer
40 g Weizenmehl
2 EL Wasser
1 Ei
50 g Semmelbrösel
60 g Butterschmalz

Zubereitungszeit: 20 Min.

1. Fischfilet unter fließendem kalten Wasser abspülen, trockentupfen. Mit Zitronensaft beträufeln und mit Salz, Pfeffer bestreuen.
2. Die Filets zuerst in Weizenmehl, dann in mit Wasser verschlagenem Ei und zuletzt in Semmelbröseln wenden, dabei andrücken. Butterschmalz erhitzen, die Fischstücke von beiden Seiten darin etwa 10 Minuten goldbraun braten.

Beilage:
Kartoffelsalat.

MENUE
Hauptgericht:
Fischrollen auf Porreegemüse
(Seite 125)
Beilage:
Risotto (Seite 390)
Dessert:
Rotweincreme (Seite 397)

Fischfond

■ Gut vorzubereiten

Insgesamt:
E: 19 g, F: 1 g, Kh: 0 g,
kJ: 359, kcal: 85

1 kg zerkleinerte Gräten und Fischabschnitte von Edelfischen
1 Zwiebel
2 Schalotten
30 g Butter
1 kleine Stange Porree (Lauch)
$^1/_2$ Stange Staudensellerie
50 g Champignons
1 Lorbeerblatt
1 Thymianzweig
250 ml ($^1/_4$ l) trockener Weißwein

Zubereitungszeit: 70 Min.

1. Die zerkleinerten Gräten und Fischabschnitte 1 Stunde wässern.
2. Zwiebel und Schalotten abziehen und in Scheiben schneiden. Mit etwas Butter in einem Kochtopf andünsten.
3. Porree, Staudensellerie und Champignons putzen, abspülen und etwas klein schneiden, mit den Fischabschnitten zu den Zwiebeln geben und kurz andünsten. Das Lorbeerblatt und den Thymianzweig darauf legen.
4. Mit Wasser bedecken und den Weißwein zugießen, etwa 25 Minuten sanft köcheln und zwischendurch abschäumen.
5. Durch ein Sieb gießen und auf die Hälfte einkochen, entfetten. Bis zur Weiterverarbeitung kühl stellen.

Tipp:
Fischfond kann auch in Portionen eingefroren werden.

Fischfrikassee

■ Gut vorzubereiten

Pro Portion:
E: 10 g, F: 11 g, Kh: 17 g,
kJ: 979, kcal: 235

750 g Fischfilet
2 EL Zitronensaft
Salz, Pfeffer

Für die Sauce:
30 g Butter
35 g Weizenmehl
500 ml ($^1/_2$ l) Gemüsebrühe oder Fischfond
1 EL Kapern
Zitronensaft
Paprika edelsüß
2 Eigelb
3 EL Weißwein

Fischfrikassee

Zitronenviertel
Petersilie
Tomatenachtel
gehackte Petersilie

Zubereitungszeit: 25 Min.

1. Fischfilet unter fließendem kalten Wasser abspülen, trockentupfen, mit Zitronensaft beträufeln, mit Salz und Pfeffer bestreuen und in nicht zu kleine Stücke schneiden.
2. Für die Sauce Butter zerlassen, Mehl unter Rühren so lange darin erhitzen, bis es hellgelb ist, Brühe oder Fischfond hinzugießen, mit einem Schneebesen durchschlagen, darauf achten, dass keine Klumpen entstehen.
3. Die Sauce zum Kochen bringen, den Fisch hineingeben, Kapern hinzufügen, mit Salz, Zitronensaft, Paprika würzen, den Fisch 6–8 Minuten gar ziehen lassen. Eigelb mit Weißwein verschlagen, die Sauce damit abziehen, mit Zitronensaft und Salz abschmecken, nicht mehr kochen.
4. Das Frikassee nach Belieben im Kräuter-Reis-Ring anrichten, mit Zitronenvierteln, Petersilie, Tomatenachteln garnieren und mit gehackter Petersilie bestreuen.

Fischrollen auf Porreegemüse

■ Schnellkochtopf

Pro Portion:
E: 45 g, F: 67 g, Kh: 9 g,
kJ: 3576, kcal: 854

4 Rotbarschfilets (etwa 750 g)
Zitronensaft
8 Scheiben durchwachsener Speck
Senf
frisch gemahlener Pfeffer
etwa 1 kg Porree (Lauch)
2 EL Butter
125 ml ($^1/_8$ l) Gemüsebrühe
1 EL Weizenmehl
125 ml ($^1/_8$ l) Schlagsahne
Salz

Zubereitungszeit: 30 Min.

1. Rotbarschfilets unter fließendem kalten Wasser abspülen, trockentupfen, mit Zitronensaft beträufeln. Je 1 Fischfilet zwischen 2 Speckscheiben legen. Die oberen Speckscheiben mit Senf bestreichen, mit Pfeffer bestreuen und aufrollen.
2. Porree putzen, längs halbieren, waschen, in etwa 2 cm große Scheiben schneiden. Butter im offenen Schnellkochtopf zerlassen, den Porree darin andünsten, Gemüsebrühe hinzugießen, mit Pfeffer würzen, die Fischrollen darauf geben, den Schnellkochtopf schließen, erst dann den Kochregler auf Stufe I schieben.
3. Wenn reichlich Dampf entwichen ist (nach etwa 1 Minute) nach Erscheinen des 1. Ringes das Gericht etwa 8 Minuten garen lassen, den Topf von der Kochstelle nehmen, den Kochregler langsam stufenweise zurückziehen und den Topf öffnen.
4. Die Fischrollen herausnehmen. Weizenmehl mit Schlagsahne anrühren, das Porreegemüse damit binden, mit Salz und Pfeffer abschmecken, mit den Fischrollen auf einer vorgewärmten Platte anrichten.

Fischrollen auf Porreegemüse

Fischsalat „Clarissa"
6 Portionen

■ Raffiniert

Pro Portion:
E: 16 g, F: 13 g, Kh: 15 g,
kJ: 1319, kcal: 314

1 kg Fischfilet, z. B. Seelachs
2 EL Zitronensaft
2–3 Zwiebeln
1 1/2 l Salzwasser
500 ml (1/2 l) Weißwein
4 Lorbeerblätter
5–6 Pfefferkörner
einige Wacholderbeeren
1 kleiner Kopf Eisbergsalat
1 rote Paprikaschote (200 g)
3 enthäutete Tomaten
2 rote Zwiebeln

Für die Salatsauce:
6 EL Speiseöl, 2 EL Essig
4 EL Weißwein
1/2 zerdrückte Knoblauchzehe
Pfeffer, Salz
Zucker
1 Bund gehackte Kräuter

Zubereitungszeit: 60 Min.

1. Fischfilet unter fließendem kalten Wasser abspülen und nach Belieben mit Zitronensaft beträufeln.
2. Zwiebeln abziehen und vierteln. Salzwasser und Wein zum Kochen bringen, den Fisch mit Zwiebeln, Lorbeerblättern, Pfeffer, Wacholder hineingeben, zum Kochen bringen und etwa 20 Minuten gar ziehen lassen.
3. Den Fisch aus der Fischbrühe nehmen, abkühlen lassen, enthäuten, sorgfältig entgräten und in mundgerechte Stücke teilen.

Fischsalat „Clarissa"

4. Eisbergsalat putzen, zerpflücken, waschen und trockentupfen.
5. Paprikaschote halbieren, entstielen, entkernen, die weißen Scheidewände entfernen, die Schote waschen und in Streifen schneiden. Tomaten in Achtel schneiden. Zwiebeln abziehen und in sehr dünne Ringe schneiden.
6. Für die Salatsauce Öl mit Essig, Wein, Knoblauch und Pfeffer verschlagen, mit Salz und Zucker abschmecken. Sauce mit den Salatzutaten und Kräutern vermengen.

Fischsoljanka

■ Gut vorzubereiten – für Gäste

Pro Portion:
E: 25 g, F: 4 g, Kh: 2 g,
kJ: 684, kcal: 163

1 Bund Frühlingszwiebeln
100 g Champignonscheiben
etwas Olivenöl
1,2 l Fischfond oder Gemüsebrühe
400 g küchenfertiger Stör
100 g feine Streifen von Salzgurken
2 EL Kapern
2 EL entkernte, schwarze Oliven
1 Bund Dill, gehackt
Salz
Pfeffer
20 g Krebspaste
4 Scheiben von 1 Zitrone (unbehandelt)

Zubereitungszeit: 35 Min.

1. Frühlingszwiebeln putzen, waschen, in Ringe schneiden, mit Champignonscheiben in Olivenöl andünsten.
2. Mit Fischfond ablöschen bzw. auffüllen und aufkochen lassen.
3. Zwischenzeitlich den Stör in nicht zu kleine Würfel schneiden und in den Fischfond geben. Bei nicht zu starker Hitze den Stör 10–15 Minuten garen lassen.
4. Gurkenstreifen, Kapern, Oliven und gehackten Dill dazugeben, mit Salz, Pfeffer und Krebspaste würzen.
5. Die Suppe noch einige Minuten ziehen lassen, anrichten und mit Zitronenscheiben bedecken.

Fischsoljanka

Fischspieße, pikant

■ Für Gäste

Pro Portion:
E: 26 g, F: 25 g, Kh: 6 g,
kJ: 1559, kcal: 372

Für die Marinade:
3 EL Speiseöl
Saft von 1 Zitrone
1 TL Senf
Tabasco oder Worcestersauce
Salz
Pfeffer
Paprika edelsüß
1–2 TL fein gehackter Dill
300 g küchenfertiger, grüner Aal
200 g Kabeljaufilet
200 g große Garnelen
12 Cocktailtomaten
1/4 Salatgurke (etwa 200 g)
4 EL Speiseöl
frisch gemahlener Pfeffer
Zitronenachtel

Zubereitungszeit: 50 Min.

1. Für die Marinade Speiseöl mit dem Zitronensaft, Senf, Tabasco oder Worcestersauce, Salz, Pfeffer, Paprika verrühren und Dill unterrühren.
2. Grünen Aal enthäuten und in etwa 3 cm große Stücke schneiden. Kabeljaufilet unter fließendem kalten Wasser abspülen, trockentupfen, in gleichmäßige große Stücke schneiden.
3. Garnelen aus der Schale lösen. Aalstücke, Kabeljauwürfel und Garnelen in die Marinade geben, etwa 30 Minuten durchziehen lassen, dabei ab und zu wenden, herausnehmen und abtropfen lassen.
4. Tomaten waschen und abtrocknen, die Stängelansätze herausschneiden.

Fischsuppe

Salatgurke waschen, abtrocknen und in etwa 1/2 cm dicke Scheiben schneiden.
5. Die 5 Zutaten abwechselnd auf 8 Spieße stecken. Öl erhitzen, die Spieße von allen Seiten darin 6–8 Minuten braten lassen, mit Salz und Pfeffer würzen und mit Zitronenachteln servieren.

Fischsuppe

■ Römertopf

Pro Portion:
E: 9 g, F: 11 g, Kh: 11 g,
kJ: 791, kcal: 189

1 Bund Frühlingszwiebeln
1 Kohlrabi (250 g)
750 ml (3/4 l) Gemüsebrühe oder Fischfond
50 g durchwachsener Speck
250 g Tomaten
500 g verschiedene Sorten Fischfilet, z. B. Seelachs, Rotbarsch, Kabeljau
200 g Miesmuscheln
einige Safranfäden
1/4 TL Zucker
Salz
frisch gemahlener Pfeffer
2 Zweige glatte Petersilie

Zubereitungszeit: 1 Std.

1. Frühlingszwiebeln putzen, nur das helle Grün und das Weiße verwenden, waschen. Frühlingszwiebeln in feine Streifen schneiden. Kohlrabi schälen, halbieren, in feine Würfel schneiden.
2. Die Zutaten in den gewässerten Römertopf schichten, mit Gemüsebrühe übergießen.
3. Speck in Würfel schneiden, dazugeben, den Römertopf mit dem Deckel verschließen, in den kalten Backofen stellen.
Ober-/Unterhitze: etwa 200 °C
Heißluft: etwa 180 °C
Gas: Stufe 3–4
Backzeit: etwa 35 Minuten.
4. Tomaten kurze Zeit in kochendes Wasser legen (nicht kochen lassen), in kaltem Wasser abschrecken, enthäuten, in Würfel schneiden.
5. Fischfilet unter fließendem kalten Wasser abspülen, trockentupfen, in etwa 4 x 4 cm große Würfel schneiden.
6. Muscheln kalt abspülen, sauber bürsten, offene Muscheln wegwerfen.
7. Etwa 20 Minuten vor Beendigung der Garzeit Fisch mit den Tomatenwürfeln, einigen zerdrückten Safranfäden, Zucker und Muscheln zu den Zwiebeln geben, mit Salz und Pfeffer würzen, die Suppe garen lassen.
8. Mit gehackter Petersilie bestreuen und sofort servieren.

Fischsuppe, klare

■ Klassisch

Pro Portion:
E: 5 g, F: 1 g, Kh: 8 g,
kJ: 285, kcal: 68

3 Zwiebeln
1 Knoblauchzehe
2 Tomaten
1 kg Fischköpfe und -gräten
(beim Händler vorbestellen)
$^1/_2$ Bund Petersilie
1 Zweig Thymian
1 Zitrone (unbehandelt)
3 Pfefferkörner, Salz
$1^1/_2$ l Wasser
300 g Fischfilet
1 Bund Dill

Zubereitungszeit: $1^1/_2$ Std.

1. Zwiebeln und Knoblauch abziehen, Zwiebeln würfeln.
2. Tomaten kurze Zeit in kochendes Wasser legen (nicht kochen lassen), in kaltem Wasser abschrecken, enthäuten, Stängelansätze herausschneiden und Tomaten achteln.
3. Gemüse, Fischköpfe und -gräten, abgespülte, trockengetupfte Petersilie und Thymian, die Hälfte der Zitrone, Pfefferkörner und Salz in einen großen Topf geben.
4. Wasser zugießen und etwa 1 Stunde köcheln lassen, danach durch ein Mulltuch gießen. Brühe wieder erhitzen, mit Salz abschmecken.
5. Fischfilet unter fließendem kalten Wasser abspülen, in große Würfel schneiden, 3–5 Minuten in der heißen Brühe gar ziehen lassen.
6. Übrige Zitronenhälfte in dünne Scheiben schneiden. Dill abspülen, trockentupfen und fein hacken. Beides in die Suppe geben und heiß servieren.

Fischsuppe, klare

Beilage:
Geröstetes Baguette mit Knoblauchbutter.

Tipp:
Falls die Brühe trüb sein sollte, mit einem Eiweiß klären: Eiweiß in die Suppe geben, aufkochen lassen und den aus geronnenem Eiweiß und Trübteilchen gebildeten grauen Schaum mit einem Schaumlöffel abheben.

Fish and Chips

■ Klassisch – preiswert

Pro Portion:
E: 55 g, F: 51 g, Kh: 79 g,
kJ: 4447, kcal: 1062

Für die Chips:
500 g fest kochende Kartoffeln
250 ml ($^1/_4$ l) Speiseöl, Salz
Paprika edelsüß

Fish and Chips

Für den Fisch:
250 g Weizenmehl
2 Eier
125 ml ($^1/_8$ l) Milch
125 ml ($^1/_8$ l) Bier
800 g festes Fischfleisch, z. B. Rotbarsch oder Dorsch
1 kg Ausbackfett

Zubereitungszeit: 35 Min.

T   U   V   W   X   Y   Z   A   B   C   D   E   **F**

1. Für die Chips Kartoffeln schälen, waschen, in dünne Stäbchen schneiden, trockentupfen.
2. Das Fett auf 170 °C erhitzen, Kartoffelstäbchen in kleinen Portionen kurz darin blanchieren, auf einen Rost ausbreiten, abkühlen lassen, anschließend nochmals in das heiße Fett geben, bis sie hellbraun sind. Auf einen Rost ausgebreitet abkühlen lassen, mit Salz und Paprika bestreut servieren.
3. Mehl in eine Schüssel sieben, Eier trennen, in die Mitte des Mehls Eigelb und Salz hineingeben. Nach und nach Milch und Bier zugießen, der Teig muss glatt sein, 15 Minuten stehen lassen.
4. Eiweiß steif schlagen, vorsichtig unterheben. Fisch abspülen, trockentupfen, in 3 Portionen schneiden, mit Hilfe

einer Gabel durch den Teig ziehen, etwas abstreifen.
5. Ausbackfett erhitzen (am besten in der Fritteuse), die Fischstücke darin knusprig backen, abtropfen lassen.

Tipp:

Fish and Chips werden in England mit einem säurearmen Essig abgeschmeckt, der in Deutschland nicht zu bekommen ist. Statt dessen kann aber Remouladensauce dazu gereicht werden.

Flädlesuppe

■ Preiswert

Pro Portion:
E: 21 g, F: 8 g, Kh: 13 g,
kJ: 897, kcal: 214

250 g zerkleinerte Rinderknochen
250 g Rindfleisch (Beinscheibe)
$1^1/_2$ l kaltes Wasser
1 Bund Suppengrün
Fleischextrakt oder Suppenwürze

Für die Flädle:
125 g Weizenmehl
Salz, 2 Eier
250 ml ($^1/_4$ l) kalte Milch
fein geschnittener Schnittlauch

Zubereitungszeit: $2^1/_2$ Std.

1. Rinderknochen und Rindfleisch unter fließendem kalten Wasser abspülen, in das Wasser geben, zum Kochen bringen, abschäumen.
2. Suppengrün putzen, waschen, klein schneiden, hinzufügen, das Fleisch etwa 2 Stunden gar ziehen lassen, die Brühe durch ein Sieb gießen, abschmecken.

3. Für die Flädle Mehl in eine Schüssel sieben, in die Mitte eine Vertiefung eindrücken, Salz und Eier hineingeben, von der Mitte aus Eier und Mehl verrühren, nach und nach die Milch hinzufügen, darauf achten, dass keine Klümpchen entstehen.
4. Aus dem Teig möglichst dünne Eierkuchen backen, übereinander legen, aufrollen, in sehr schmale Streifen schneiden, erst kurz vor dem Servieren in die heiße Fleischbrühe geben, kurz erhitzen.
5. Die Suppe mit Schnittlauch bestreut servieren.

Flammeri

■ Preiswert

Pro Portion:
E: 6 g, F: 6 g, Kh: 25 g,
kJ: 756, kcal: 180

500 ml ($^1/_2$ l) Milch, 1 Eigelb
40 g Speisestärke
40 g Zucker, 1 Prise Salz
1 Vanilleschote, 1 Eiweiß

Zubereitungszeit: 75 Min.

1. Von der Milch 6 Esslöffel abnehmen, mit Eigelb und Speisestärke verrühren.
2. Restliche Milch mit Zucker, Salz und ausgekratztem Vanillemark und -schote aufkochen.
3. Die angerührte Speisestärke unter Rühren hinzufügen, einmal kurz aufkochen lassen und die Vanilleschote entfernen.
4. Eiweiß zu steifem Schnee schlagen, unter die kochend heiße Masse ziehen.
5. Den Flammeri in mit kaltem Wasser ausgespülte Förmchen füllen, erkalten lassen, dann stürzen.

Flädlesuppe

129

Flammkuchen

■ Für Gäste

Pro Portion:
E: 21 g, F: 71 g, Kh: 56 g,
kJ: 4132, kcal: 987

Für den Teig:
130 ml Wasser
90 g Schweineschmalz
260 g Weizenmehl
1 TL Salz
Weizenmehl zum Ausrollen

Für den Belag:
250 g Zwiebeln
50 g Butter
150 g roher Schinken
250 g Crème fraîche
2 Eier
Salz, Pfeffer, geriebene Muskatnuss

Zubereitungszeit: 2 Std.

1. Wasser mit Schmalz leicht erwärmen, bis das Schmalz flüssig geworden ist. Abkühlen lassen.
2. Mehl und Salz zu der Wasser-Schmalz-Mischung geben, zu einem geschmeidigen Teig kneten, 1 Stunde kühl stellen.
3. Zwiebeln abziehen, in dünne Scheiben schneiden. In der Butter glasig dünsten, Schinken in Streifen schneiden, Crème fraîche mit Eiern, Salz, Pfeffer und Muskat verrühren.
4. Teig halbieren, dünn zu einem Rechteck in Größe des Backbleches ausrollen. Teig auf das gefettete Backblech legen.
5. Die Hälfte der Crème fraîche auf dem Teig verteilen, jeweils die Hälfte von Zwiebeln und Schinken darauf streuen, das zweite Backblech genauso vorbereiten.

Flammkuchen

MENUE
Vorspeise:
Eisbergsalat mit Ananas (Seite 102)
Hauptgericht:
Flammkuchen (Seite 130)
Dessert:
Zitronencreme (Seite 508)

Ober-/Unterhitze: etwa 200 °C (vorgeheizt)
Heißluft: etwa 180 °C (vorgeheizt)
Gas: Stufe 3–4 (vorgeheizt)
Backzeit: 15–20 Minuten.

Fleisch-Gemüse-Spieße

■ Schnell-raffiniert

Pro Portion:
E: 28 g, F: 38 g, Kh: 11 g,
kJ: 2200, kcal: 525

2 frische Maiskolben
3 kleine, rote Paprikaschoten
1 kleine Gemüsezwiebel
500 g Roastbeef
frisches Oregano
frischer Thymian
6 EL Speiseöl, 1 TL Salz
bunter Steakpfeffer

Zubereitungszeit: 30 Min.

1. Maiskolben putzen, die Enden und Fäden entfernen, Kolben waschen und in Salzwasser etwa 10 Minuten garen, abtropfen lassen, in 3 cm große Stücke schneiden.
2. Paprikaschoten vierteln, Kerne und die weißen Scheidewände entfernen, waschen. Gemüsezwiebel abziehen, achteln.
3. Roastbeef abspülen, trockentupfen, in 12 gleich große Stücke schneiden, Oregano und Thymian abspülen, trockentupfen. Öl mit Salz und Pfeffer verrühren.

T U V W X Y Z A B C D E **F**

4. Maiskolbenstücke, Paprika, Zwiebel und Roastbeef abwechselnd auf 4 Holzspieße stecken.
5. Mit der Ölmarinade bestreichen, auf ein Backblech legen und in den Backofen schieben.
   Ober-/Unterhitze: etwa 200 °C (vorgeheizt)
   Heißluft: etwa 180 °C (vorgeheizt)
   Gas: Stufe 3–4 (vorgeheizt)
   Bratzeit: etwa 15 Minuten.
6. Die Spieße zwischendurch öfters wenden und mit der Marinade bestreichen.
7. Mit den Kräutern bestreuen.

Beilage: Gemischter, bunter Reis.

Tipp: Spieße etwa 12 Minuten auf Holzkohle grillen. Dazu passen gebackene Kartoffeln mit Kräuter-Crème fraîche und Ketchup.

Fleisch-Gemüse-Spieße

Fleischbrühe, klassisch

6–8 Portionen

■ Gut vorzubereiten

Pro Portion:
E: 33 g, F: 23 g, Kh: 3 g,
kJ: 1579, kcal: 377

Fleischklößchen

3 Möhren, 1 Tomate
2 Porreestangen (Lauch)
2 Staudensellerie oder
$^1/_4$ Sellerieknolle
1 Markknochen
2 Gewürznelken
1 abgezogene Zwiebel
1 Lorbeerblatt, 6 Pfefferkörner
1 abgezogene Knoblauchzehe
2 $^1/_2$ l Wasser
1 kg Suppenfleisch (Rind)
1 kg Hühnerklein
geriebene Muskatnuss
Salz
3–4 EL gehackte Petersilie

Zubereitungszeit: 3 Std.

1. Gemüse putzen, waschen, grob zerkleinern. Markknochen, die mit Gewürznelken gespickte Zwiebel, Lorbeerblatt, Pfefferkörner, Knoblauchzehe mit dem Gemüse ins kalte Wasser geben, zum Kochen bringen.
2. Suppenfleisch und Hühnerklein waschen, hinzufügen. Kurz aufkochen lassen, abschäumen. Bei kleiner Hitze etwa 2$^1/_2$ Stunden ziehen lassen.
3. Das gare Fleisch herausnehmen, Fett abschöpfen. Suppe durch ein feines Sieb gießen. Mit Muskat und Salz abschmecken. Mit Petersilie bestreuen.

Einlage:
Reis oder Nudeln.

Fleischklößchen

■ Gut vorzubereiten

Pro Portion:
E: 7 g, F: 17 g, Kh: 7 g,
kJ: 943, kcal: 225

40 g Butter
100 g Hackfleisch, 2 Eigelb
Salz, frisch gemahlener Pfeffer
40 g Semmelbrösel

Zubereitungszeit: 20 Min.

1. Butter geschmeidig rühren. Restliche Zutaten hinzufügen, vermengen.
2. Aus der Masse mit nassen Händen Klößchen formen, in kochendes Salzwasser oder kochende Suppe geben, etwa 5 Minuten gar ziehen lassen (Flüssigkeit muss sich leicht bewegen).

Fleischsalat

Fleischsalat

■ Gut vorzubereiten

Pro Portion:
E: 25 g, F: 27 g, Kh: 1 g,
kJ: 1549, kcal: 370

500 g gekochtes Fleisch, z. B. Rind- oder Schweinefleisch als Aufschnitt
1 Zwiebel
einige Basilikumblättchen
4 Cornichons, 1–2 Knoblauchzehen

Für die Salatsauce:
2 EL Weißweinessig
5 EL Speiseöl
1 TL mittelscharfer Senf
1 EL gehackte Petersilie
Salz, frisch gemahlener Pfeffer
Kapern

Zubereitungszeit: 1,2 Std.

1. Fleisch in dünne Streifen schneiden. Zwiebel abziehen und halbieren. Basilikumblättchen abspülen und trockentupfen.
2. Zwiebel und Basilikum in Streifen schneiden, Cornichons in Scheiben schneiden. Knoblauchzehen abziehen und fein würfeln.
3. Für die Salatsauce den Essig mit Öl und Senf verrühren. Die Petersilie unterrühren, mit Salz, Pfeffer abschmecken.
4. Mit den Salatzutaten vermengen, etwa 1 Stunde durchziehen lassen, nach Belieben mit Kapern bestreuen.

Beilage:
Kerniges, helles Brot.

Fleischspieße, gegrillt

■ Gut vorzubereiten

Pro Portion:
E: 44 g, F: 37 g, Kh: 28 g,
kJ: 2705, kcal: 647

200 g Kalbsleber
200 g Putenbrustfilet
200 g Schweinefilet
200 g Lammfilet
1 Bund Salbei

Für die Marinade:
1 EL Essig
3 EL flüssiger Honig
1 gewürfelte Zwiebel
2 zerdrückte Knoblauchzehen
2 TL Paprika edelsüß
1 TL gerebelter Oregano
6 Tropfen Tabasco
125 ml ($1/8$ l) Pflanzenöl
Salz, Pfeffer

Zubereitungszeit: 1,2 Std.

1. Fleisch kalt abspülen, trockentupfen und in mundgerechte Stücke schneiden. Salbei abspülen, die Blättchen von den Stängeln zupfen.
2. Auf 2 Spieße abwechselnd Leber- und Putenbrustscheiben mit der Hälfte der Salbeiblättchen ziehen und auf 2 Spieße die Schweine- und Lammfiletstückchen mit den restlichen Salbeiblättchen.
3. Für die Marinade alle Zutaten in einer Schüssel verrühren.
4. Fleischspieße 1 Stunde in die Marinade legen, herausnehmen. Auf dem heißen Grill 8–10 Minuten grillen, immer wieder mit der Marinade bestreichen.

Fleischspieße, gegrillt

Fleischwurstsalat

■ Für Gäste

Pro Portion:
E: 17 g, F: 38 g, Kh: 7 g,
kJ: 1925, kcal: 459

400 g Fleischwurst
1 große Zwiebel
1/2 Stange Porree (Lauch, 100 g)
2 große, säuerliche Äpfel

Für die Salatsauce:
4 EL Speiseöl, 2–3 EL Essig
Salz, Pfeffer
1 TL geriebener Meerrettich
(aus dem Glas)
2 EL fein geschnittener Schnittlauch
gewaschene Salatblätter
Tomatenachtel, Petersilie

Zubereitungszeit: 25 Min.

132

1. Fleischwurst enthäuten, in Streifen schneiden. Zwiebel abziehen, halbieren, in Scheiben schneiden. Porree putzen, waschen, in feine Ringe schneiden. Äpfel waschen, nach Belieben schälen, vierteln, entkernen, in kleine Stücke schneiden.
2. Für die Salatsauce Öl mit Essig, Salz, Pfeffer verschlagen, mit Meerrettich abschmecken.

1 küchenfertige Flugente (etwa 1,2 kg)
2 mittelgroße Zwiebeln
Thymianzweige

Zubereitungszeit: 2 Std.

1. Kartoffeln waschen, in so viel Salzwasser geben, dass die Kartoffeln bedeckt sind und zum Kochen bringen.

mit einem Teil der Kräuterkartoffeln füllen.
4. Die Ente mit dem Rücken nach unten in einen mit Wasser ausgespülten Bratentopf legen. Auf dem Rost in den Backofen schieben.
Ober-/Unterhitze: etwa 200 °C (vorgeheizt)
Heißluft: etwa 180 °C (nicht vorgeheizt)
Gas: Stufe 3–4 (nicht vorgeheizt)
Bratzeit: etwa 1 1/2 Stunden.
5. Zwiebeln abziehen, vierteln und zu der Ente geben. Während des Bratens ab und zu unterhalb der Flügel und Keulen in die Ente stechen, damit das Fett ausbraten kann. Nach etwa 30 Minuten Bratzeit das angesammelte Fett abschöpfen. Sobald der Bratensatz bräunt, etwas heißes Wasser hinzugießen. Die Ente ab und zu mit dem Bratensatz begießen. Verdampfte Flüssigkeit ersetzen.

Fleischwurstsalat

3. Die Sauce mit den Salatzutaten vermengen, Schnittlauch unterrühren. Den Salat gut durchziehen lassen, evtl. abschmecken.
4. Den Fleischsalat auf Salatblättern anrichten, mit Tomatenachteln und Petersilie garnieren.

In etwa 20 Minuten gar kochen lassen, abgießen und sofort pellen.
2. Mit Thymianblättchen, Rosmarinnadeln und Salz bestreuen. Mit Olivenöl beträufeln.
3. Flugente waschen, abtrocknen, innen und außen mit Salz einreiben,

6. Etwa 15 Minuten vor Beendigung der Bratzeit die restlichen Kartoffeln zu der Ente geben, kurz mitbraten lassen.
7. Die gare Ente mit den Kartoffeln auf einer vorgewärmten Platte anrichten, mit Thymianzweigen garnieren. Den Bratensatz getrennt dazureichen.

Flugente mit Thymian

■ Für Gäste

Pro Portion:
E: 33 g, F: 66 g, Kh: 39 g,
kJ: 3931, kcal: 939

1 kg gleich große Kartoffeln
3 EL Thymianblättchen
1 TL gehackte Rosmarinnadeln
Salz
2 EL Olivenöl

Flugente mit Thymian

133

Flunder, gebraten

■ Schnell – preiswert

Pro Portion:
E: 32 g, F: 21 g, Kh: 9 g,
kJ: 1584, kcal: 379

4 küchenfertige Flundern
Salz
frisch gemahlener Pfeffer
2 TL Worcestersauce
2–3 EL Zitronensaft
40 g Weizenmehl
4 EL Speiseöl
40 g Butter

Zubereitungszeit: 25 Min.

1. Flundern unter fließendem kalten Wasser abspülen, trockentupfen. Mit Salz, Pfeffer, Worcestersauce und Zitronensaft würzen, dann in Mehl wenden.
2. Öl und Butter in einer beschichteten Pfanne erhitzen, die Flundern darin 15 Minuten braten.

Tipp:
Flundern sind Plattfische, ähnlich der Scholle. Zu den Flundern passen Petersilienkartoffeln.

Flusskrebse in Dillsauce

■ Für Gäste – etwas teurer

Pro Portion:
E: 19 g, F: 29 g, Kh: 8 g,
kJ: 1693, kcal: 404

24 Flusskrebse
1 Bund Suppengrün
10 g Kümmel, Salz
½ kleine Salatgurke
2 Schalotten
1 Bund Dill
100 g Butter
100 ml trockener Weißwein
100 ml Wermut (Noilly Prat)
100 ml Schlagsahne
frisch gemahlener Pfeffer

Zubereitungszeit: 1 Std.

1. Krebse gründlich unter fließendem kalten Wasser abbürsten.
2. Suppengrün putzen, waschen und grob zerkleinern. Die Krebse mit Suppengrün und Kümmel in kochendes Salzwasser geben, etwa 5 Minuten kochen, herausnehmen und abtropfen lassen.
3. Salatgurke waschen, kleine Kugeln ausstechen und in Salzwasser etwa 2 Minuten kochen.
4. Schalotten abziehen und fein würfeln. Dill abspülen, trockentupfen und fein hacken.
5. 50 g Butter zerlassen, Schalotten darin andünsten, mit Wein und Wermut ablöschen. Sahne und 4 Esslöffel von der Krebsbrühe angießen und einkochen lassen.

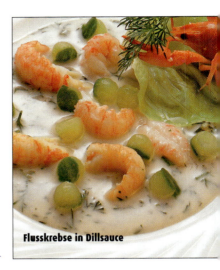

Flusskrebse in Dillsauce

Flunder, gebraten

6. Zuletzt Dill unterrühren, mit Salz und Pfeffer abschmecken und die restliche Butter in Flöckchen unterschlagen.
7. Krebsschwänze aus den Schalen lösen und mit den Gurkenkugeln in die Sauce geben.

Tipp:
Kleine Kartoffeln oder Reis dazureichen.

Foie gras mit Briochetoast und Gelee

■ Etwas teurer – für Gäste

Pro Portion:
E: 9 g, F: 8 g, Kh: 21 g,
kJ: 910, kcal: 217

1 Blatt weiße Gelatine
70 ml Fleischglace
50 ml Portwein
Salz
200 g Foie gras (Gänseleberterrine)
4 Scheiben Brioche

Zubereitungszeit: 1 Std.

1. Gelatine einweichen, ausdrücken, mit einem Teil der Fleischglace in einem Topf erwärmen und unter Rühren auflösen.
2. Restliche Fleischglace und Portwein dazugeben, mit etwas Salz würzen. In einem kleinen Gefäß im Kühlschrank erstarren lassen.
3. Foie gras in Scheiben schneiden, mit gewürfeltem Portweingelee anrichten. Dazu getoastete Briochescheiben reichen.

Tipp:
Statt Fleischglace kann auch nur Portwein genommen werden und 2 Blatt Gelatine.

Foie gras mit Briochetoast und Gelee

Folienkartoffeln

■ Preiswert

Pro Portion:
E: 6 g, F: 9 g, Kh: 39 g,
kJ: 1108, kcal: 264

8 mehlig kochende Kartoffeln (1 kg)
Meersalz
frisch gemahlener Pfeffer
Kümmel
125 g Kräuter-Crème fraîche

Folienkartoffeln

Zubereitungszeit: 1 Std.

1. Kartoffeln waschen, an der Oberseite etwa $1/2$ cm tief einkerben.
2. Die Gewürze in den Einschnitt streuen, einzeln in Alufolie verpacken. Im Backofen backen.
Ober-/Unterhitze: etwa 200 °C (vorgeheizt)
Heißluft: etwa 180 °C (nicht vorgeheizt)
Gas: Stufe 3–4 (nicht vorgeheizt)
Backzeit: 45–60 Minuten, je nach Größe der Kartoffeln.
3. Vor dem Servieren die Alufolie öffnen, 1 Teelöffel Crème fraîche darauf geben.

MENUE

Hauptgericht:
Fleischspieße, gegrillt (Seite 132)

Beilage:
Folienkartoffeln (Seite 135)

Dessert:
Orangen-Weinschaum-Speise (Seite 334)

Fond, brauner

■ Klassisch

Insgesamt:
E: 28 g, F: 4 g, Kh: 10 g,
kj: 667, kcal: 158

500 g Knochen, z. B. von Rind
oder Wild
500 g Beinscheibe von Rind oder
Kalb, alles klein gehackt
5 EL Speiseöl
2 mittelgroße Möhren
100 g Knollensellerie
1 Zwiebel
2 EL Tomatenmark
etwa 3 l Wasser
1 kleine Stange Porree (Lauch)
1 Stück Knollensellerie
1 kleines Bund Petersilie
1 Zweig Thymian
1 Lorbeerblatt
2 Schalotten
1 Knoblauchzehe
6 zerdrückte Wacholderbeeren
6 weiße Pfefferkörner

Zubereitungszeit: 5 Std.

1. Knochen, Beinscheibe unter fließendem kalten Wasser abspülen. Speiseöl in einem Topf erhitzen, Fleisch und Knochen zugeben, bei starker Hitze und ständigem Wenden kräftig anbraten.
2. Möhren, Knollensellerie, Zwiebel putzen, waschen, in Würfel schneiden, mit Tomatenmark in den Topf geben, unterrühren und 20 Minuten unter gelegentlichem Wenden bräunen.
3. Wasser angießen, so dass alle Zutaten bedeckt sind, bei geringer Hitze aufkochen, damit sich die Geschmacksstoffe gut lösen, zwischendurch den Schaum abschöpfen.
4. Porree, Knollensellerie putzen, waschen, Petersilie abspülen, mit Thymian, Lorbeerblatt zusammenbinden.
5. Schalotten abziehen, in Scheiben schneiden, Knoblauchzehe abziehen. Alle Zutaten mit Wacholderbeeren, Pfefferkörnern in den Topf geben und 4–5 Stunden bei leicht geöffnetem Topf bei geringer Hitze kochen lassen.
6. Die Brühe durch ein Tuch in einen zweiten Topf ablaufen lassen, abkühlen lassen. Von der erkalteten Brühe das Fett abheben, die Brühe so weiterverwenden oder so lange einkochen lassen, bis sie geliert.

Tipp:
Fond am besten in kleinen Portionen einfrieren.

Fond, heller

■ Klassisch

Insgesamt:
E: 116 g, F: 71 g, Kh: 32 g,
kJ: 5436, kcal: 1296

500 g Kalbshinterhaxe oder
Beinscheibe
500 g Geflügelklein
300 g Staudensellerie
200 g Porree (Lauch)
200 g Champignons
2 Möhren
2 mittelgroße Zwiebeln
3 l Wasser

Zubereitungszeit: 4 Std.

1. Fleisch unter fließendem kalten Wasser abspülen. Gemüse putzen, waschen, in Stücke schneiden.
2. Zwiebeln abziehen, grob würfeln, alle Zutaten in einen Topf füllen. Wasser angießen, so dass die Zutaten bedeckt sind, bei geringer Hitze aufkochen, damit sich die Geschmacksstoffe gut lösen können.
3. Zwischendurch den grauen Schaum abschöpfen, der sich durch Eiweiß und Trübstoffe bildet. 3–4 Stunden bei leicht geöffnetem Topf bei geringer Hitze kochen lassen.
4. Brühe durch ein Tuch in einen zweiten Topf ablaufen lassen, abkühlen lassen, Fett abheben, Brühe so weiterverwenden oder einkochen lassen, bis sie geliert.

Fond, brauner

Fondue bourguignonne

Tipp:
Der Fond kann esslöffelweise abgenommen werden. Er hält sich im Kühlschrank einige Tage, im Gefriergerät etwa 3 Monate.

Fondue bourguignonne

■ Schnell

Pro Portion:
E: 42 g, F: 95 g, Kh: 0,1 g,
kJ: 4415, kcal: 1055

800 g Rinderfilet oder Roastbeef
1 l Speiseöl oder 1 kg Kokosfett
Salz
frisch gemahlener Pfeffer

Zubereitungszeit: 25 Min.

1. Rinderfilet oder Roastbeef unter fließendem kalten Wasser abspülen, trockentupfen, enthäuten, in etwa 3 cm große Stücke schneiden und in Schälchen anrichten.
2. Speiseöl oder Kokosfett in einem Fonduetopf erhitzen und auf dem Rechaud köcheln lassen.
3. Fleisch auf Fonduegabeln spießen, in dem Fett garen lassen, mit Salz und Pfeffer bestreuen.

Beilage:
Weißbrot, Senffrüchte, Mixed Pickles, grüner Salat.

Fondue chinoise
6 Portionen

■ Für Gäste – raffiniert

Pro Portion:
E: 47 g, F: 16 g, Kh: 10 g,
kJ: 1904, kcal: 455

2 l Gemüsebrühe
Salz
Pfeffer
5 g frischer, gehackter Ingwer
$^1/_2$ Zitronengrasstängel
(in Asialäden erhältlich)
1,2 kg Rinderfilet
800 g Gemüse, z. B. Chinakohl, Fenchel, Möhren, Staudensellerie, Sojasprossen
200 g Bambussprossen
1 Pck. (300 g) TK-Erbsen
120 g Glasnudeln

Zubereitungszeit: 30 Min.

1. Gemüsebrühe in einen Fonduetopf geben, auf dem Herd aufkochen lassen, mit Salz und Pfeffer kräftig abschmecken. Ingwer unterrühren, den Topf auf ein Rechaud stellen, die Brühe nur schwach köcheln lassen.
2. Zitronengrasstängel klein schneiden, in die Brühe geben. Rinderfilet unter fließendem kalten Wasser abspülen, trockentupfen, in dünne Scheibchen schneiden (evtl. kurz anfrieren lassen, dann lässt es sich leichter schneiden).
3. Gemüse putzen, waschen, in Streifen oder kleine Stücke schneiden, Sojasprossen abtropfen lassen, das Gemüse in Salzwasser 2–3 Minuten vorgaren, abtropfen lassen.
4. Bambussprossen abtropfen lassen, in Streifen schneiden. Erbsen auftauen lassen.
5. Glasnudeln mit kochendem Wasser übergießen.
6. Alle Zutaten nach Belieben kombiniert in Messingkörbchen füllen, etwa 2 Minuten in die siedende Brühe hängen, herausnehmen, etwas abtropfen lassen, die Körbchen auf Teller stürzen.

Beilage:
Ingwersauce, Sesamsauce, Teufelssauce.

137

Forelle blau mit Schnittlauchjoghurt

Forelle blau mit Schnittlauchjoghurt

■ Schnell

Pro Portion:
E: 43 g, F: 9 g, Kh: 7 g,
kJ: 1304, kcal: 312

1 Bund Suppengrün
(Petersilienwurzel, Möhre,
Lauch, Sellerie)
1 abgezogene Zwiebel mit
2 Nelken gespickt
Salz, 1 EL gestoßene Pfefferkörner
3 EL Essig
4 küchenfertige Forellen (je 200 g)

Für den Schnittlauchjoghurt:
300 g Joghurt
1 Bund Schnittlauch, in Röllchen
geschnitten
Pfeffer, Worcestersauce
Zitronenscheiben, Petersilie

Zubereitungszeit: 30 Min.

1. In einem großen Topf, nach Möglichkeit ein Fischtopf, reichlich Wasser erhitzen.
2. Suppengrün putzen, waschen, in Würfel schneiden, mit der gespickten Zwiebel und den Gewürzen mit dem Essig zum Wasser geben.
3. Forellen nur von innen unter fließendem kaltem Wasser abspülen, in den siedenden Sud legen, 10–15 Minuten garen lassen.
4. Für den Schnittlauchjoghurt alle Zutaten verrühren, pikant würzen.
5. Gegarte Forellen mit einer Schaumkelle vorsichtig aus dem Sud nehmen und anrichten. Mit Zitronenscheiben und Petersilie garnieren.

Forellen mit Mandeln

■ Für Gäste

Pro Portion:
E: 15 g, F: 40 g, Kh: 24 g,
kJ: 2338, kcal: 559

4 küchenfertige Forellen
Salz
frisch gemahlener Pfeffer
Saft von 1 Zitrone
1 EL Olivenöl
4 dünne Scheiben luftgetrockneter
Schinken
120 g Weizenmehl
Olivenöl zum Braten
100 g Schinkenspeck
2 abgezogene, fein gehackte
Knoblauchzehen
1 Bund Petersilie
4 EL Mandelsplitter
1 Schuss Sherry

Zubereitungszeit: 50 Min.

1. Die küchenfertigen Forellen unter fließendem kalten Wasser abspülen, trockentupfen, mit Salz und Pfeffer würzen und mit dem Zitronensaft beträufeln. Im Kühlschrank mindestens 10 Minuten marinieren.
2. In der Zwischenzeit Olivenöl in einer Pfanne erhitzen und die Schinkenscheiben darin glasig schwitzen.
3. Schinken in die Forellen füllen und sie anschließend im Mehl wenden. Öl in einer Pfanne erhitzen und die Forellen darin rundherum goldgelb anbraten, herausnehmen und in eine gefettete Auflaufform legen.
4. Den in kleine Würfel geschnittenen Schinkenspeck im verbliebenen Bratfett auslassen. Die Knoblauchzehen dazugeben und kurz mitdünsten.

Forellen mit Mandeln

MENUE
Hauptgericht:
Forellen Müllerin (Seite 139)
Beilage:
Glasierte Möhren (Seite 164)
Dessert:
Birnenkompott (Seite 42)

5. Die verlesene, gewaschene und fein gehackte Petersilie mit den Mandelsplittern zum Speck geben und kurz mitdünsten.
6. Den Speck mit einem Schuss Sherry ablöschen und das Ganze gleichmäßig über die Forellen verteilen. Die Auflaufform in den Backofen schieben.
Ober-/Unterhitze: etwa 200 °C (vorgeheizt)
Heißluft: etwa 180 °C (vorgeheizt)
Gas: Stufe 3–4 (vorgeheizt)
Backzeit: etwa 10 Minuten.

Forellen Müllerin

■ Klassisch

Pro Portion:
E: 23 g, F: 24 g, Kh: 9 g,
kJ: 1527, kcal: 365

4 küchenfertige Forellen (je 200 g)
Zitronensaft
Salz
40 g Weizenmehl
4 EL Speiseöl
50 g Butter
2 EL Zitronensaft
evtl. 1 EL Worcestersauce
gehackte Petersilie
Zitronenscheiben

Zubereitungszeit: 20 Min.

1. Forellen unter fließendem kalten Wasser abspülen, trockentupfen, innen und außen mit Zitronensaft beträufeln, trockentupfen, mit Salz würzen, in Mehl wenden.
2. Öl erhitzen, die Fische von beiden Seiten darin etwa 8 Minuten braten, das Öl abgießen.
3. Butter zu den Fischen geben, zerlassen, die Fische in dem Butterschaum wenden, auf einer vorgewärmten Platte anrichten, warm stellen. Die Butter mit Zitronensaft und nach Belieben mit Worcestersauce verrühren, über den Forellen verteilen.
4. Mit Petersilie und Zitronenscheiben garniert servieren.

Beilage:
Butterkartoffeln, Blattsalate.

Forellen Müllerin

Forellenröllchen mit Schmorgemüse

■ Für Gäste

Pro Portion:
E: 26 g, F: 62 g, Kh: 8 g,
kJ: 3221, kcal: 769

8 Forellenfilets (je 90 g)
Zitronensaft, Salz, Pfeffer
2 Tomaten (200 g)
200 g Gurke, 1 Schalotte
1 Thymianzweig
$^1/_2$ Bund Schnittlauch
100 ml trockener Weißwein
100 ml trockener Wermut
125 ml ($^1/_8$ l) Schlagsahne
50 g kalte Butter

Zubereitungszeit: 40 Min.

1. Forellenfilets abspülen, trockentupfen, mit Zitronensaft beträufeln, mit Salz und Pfeffer würzen, zusammenrollen und mit Holzspießchen feststecken.
2. Tomaten enthäuten, vierteln, entkernen. Gurke schälen, halbieren, entkernen und in Stücke schneiden.
3. Schalotte abziehen und fein würfeln. Thymian abspülen, die Blättchen hacken. Schnittlauch abspülen und fein schneiden.
4. Eine Kasserolle fetten, Schalotte, Fischröllchen und Kräuter hineingeben. Weißwein und Wermut hinzugießen, zum Kochen bringen. Die Filets etwa 6 Minuten ziehen lassen, herausnehmen, warm stellen.
5. Sahne, Tomaten und Gurken in den Fond geben und etwas einkochen lassen. Mit Salz, Pfeffer abschmecken, die Butter in Flöckchen unterschlagen. Die Fischröllchen mit der Gemüse-Sahnesauce anrichten.

Försterinsalat

6 Portionen

■ Für Gäste

Pro Portion:
E: 29 g, F: 50 g, Kh: 7 g,
kJ: 2767, kcal: 660

1 kg Hasenkeulen
80 g Butterschmalz
250 ml (¼ l) Weißwein
250 ml (¼ l) Wasser
100 g Pfifferlinge
100 g Champignons
2 EL Pflanzenöl
5 Tomaten, 1 kleine Zwiebel

Für die Salatsauce:
4 EL Speiseöl
2–3 EL Essig, 3 EL Weißwein
Salz, Pfeffer
gemahlener Koriander

MENUE

Vorspeise:
Französische Zwiebelsuppe (Seite 141)

Hauptgericht:
Boeuf Bourgignon (Seite 50)

Dessert:
Clafoutis (Seite 82)

---

gerebelter Salbei
1 EL gehackte Petersilie
gewaschene Salatblätter

Zubereitungszeit: 90 Min.

1. Hasenkeulen enthäuten, unter fließendem kalten Wasser abspülen, trockentupfen, in erhitztem Butterschmalz scharf anbraten.
2. Mit Wein und Wasser ablöschen, in etwa 40–50 Minuten fertig garen, etwas abkühlen lassen, von den Knochen lösen. Fleisch in Stücke schneiden.
3. Pilze putzen, mit Küchenpapier abreiben, evtl. abspülen. Pfifferlinge evtl. halbieren, Champignons in Scheiben schneiden.
4. Öl erhitzen, Pilze darin kurz andünsten.
5. Tomaten waschen, die Stängelansätze herausschneiden, die Tomaten achteln. Zwiebel abziehen, würfeln.
6. Für die Salatsauce Öl mit Essig und Weißwein verrühren, mit Salz, Pfeffer, Koriander und Salbei würzen. Petersilie unterrühren.
7. Die Salatsauce mit den Salatzutaten vermengen, den Salat gut durchziehen lassen, evtl. nochmals mit Salz und Pfeffer abschmecken, auf den Salatblättern dekorativ anrichten.

Beilage:
Bauernbrot, Butter.

Försterpfanne

2 Portionen

■ Schnell

Pro Portion:
E: 19 g, F: 37 g, Kh: 24 g,
kJ: 2237, kcal: 534

400 g gekochte Kartoffeln
50 g fetter Speck
1 Zwiebel
100 g Champignonscheiben
4 Eier, 125 ml (⅛ l) Milch
Salz
1 EL fein geschnittener Schnittlauch
etwas Butter

Zubereitungszeit: 15 Min.

1. Kartoffeln und Speck in Würfel schneiden. Speck auslassen.

Försterinsalat

2. Zwiebel abziehen, in Scheiben schneiden und in dem Fett glasig dünsten lassen.
3. Kartoffeln und Champignonscheiben hinzufügen, braun braten.
4. Eier mit der Milch verschlagen und mit Salz abschmecken. Schnittlauch hinzufügen. Eiermilch über die Kartoffeln geben, stocken lassen, evtl. etwas Butter in die Pfanne geben (die Eiermasse darf nicht trocken werden).
5. Wenn die untere Seite leicht gebräunt ist, das Gericht auf einen vorgewärmten Teller gleiten lassen.

Französische Zwiebelsuppe

Frankfurter Grüne Sauce

■ Klassisch

Pro Portion:
E: 6 g, F: 15 g, Kh: 12 g,
kJ: 935, kcal: 223

1 dickes Bund gemischte Kräuter, z. B. Petersilie, Schnittlauch, Kerbel, Kresse, Pimpinelle, Borretsch, Zitronenmelisse

Frankfurter Grüne Sauce

1 kleine Zwiebel
1 Gewürzgurke
1 Becher (150 g) saure Sahne
100 g Joghurt (3,5% Fett)
2 EL Mayonnaise
1 EL Zitronensaft
1 TL scharfer Senf
Salz
frisch gemahlener Pfeffer

Zubereitungszeit: 20 Min.

1. Kräuter abspülen, trockentupfen, die Blättchen von den Stielen zupfen und fein hacken.
2. Zwiebel abziehen und mit der Gewürzgurke fein würfeln.
3. Sahne mit Joghurt und Mayonnaise verrühren.
4. Kräuter, Zwiebel und Gurke unterrühren, mit Zitronensaft, Senf, Salz und Pfeffer würzen. Die Sauce bis zum Servieren kalt stellen.

Tipp:
Frankfurter Grüne Sauce zu neuen Kartoffeln mit hart gekochten Eiern oder zu gekochtem Rindfleisch reichen. In die „echte" Frankfurter Sauce gehören sieben Kräuter. Je nach Jahreszeit kann nach Belieben die Zusammenstellung variiert werden.

Französische Zwiebelsuppe

■ Raffiniert – preiswert

Pro Portion:
E: 13 g, F: 25 g, Kh: 16 g,
kJ: 1571, kcal: 375

500 g Zwiebeln, 50 g Butter
750 ml (³/₄ l) Fleischbrühe
Salz, Pfeffer
125 ml (¹/₈ l) Weißwein
30 g Butter
2 Scheiben Weißbrot, in Würfel geschnitten
50 g geriebener Parmesan

Zubereitungszeit: 35 Min.

1. Zwiebeln abziehen, in Scheiben schneiden, Butter zerlassen und die Zwiebelscheiben darin andünsten.
2. Fleischbrühe hinzugießen und die Zwiebeln etwa 20 Minuten garen. Die Suppe mit Salz und Pfeffer abschmecken, Wein hinzufügen und aufkochen.
3. Die Suppe in feuerfeste Tassen füllen, in Butter gebräunte Weißbrotwürfel darauf geben, mit Parmesan bestreut unter dem vorgeheizten Grill überbacken.

Französischer Selleriesalat

Französischer Selleriesalat

■ Schnell – gut vorzubereiten

Pro Portion:
E: 5 g, F: 20 g, Kh: 8 g,
kJ: 877, kcal: 210

600 g Staudensellerie
2 EL Rotweinessig
6 EL Walnussöl
1 EL mittelscharfer Senf
Salz, etwas Zucker
Pfeffer, 1 Knoblauchzehe
geröstete Weißbrotwürfel

Zubereitungszeit: 15 Min.

1. Sellerie putzen, waschen, die harten Außenfäden abziehen und quer in dünne Scheiben schneiden.

French Dressing

2. Aus Essig, Öl, Senf, Salz, Zucker, Pfeffer und der abgezogenen, durchgepressten Knoblauchzehe ein pikantes Dressing rühren.
3. Selleriescheiben in dem Dressing marinieren. Geröstete Brotwürfel über den Salat streuen.

French Dressing

■ Gut vorzubereiten

Pro Portion:
E: 0,3 g, F: 12 g, Kh: 1 g,
kJ: 508, kcal: 121

4 EL Speiseöl, 2 EL Essig
2 EL Rotwein, 1 EL Senf, Salz
frisch gemahlener, schwarzer Pfeffer
1 Prise Zucker
2 EL gehackte Kräuter, z. B. Petersilie, Schnittlauch, Kerbel, Estragon

Zubereitungszeit: 15 Min.

1. Speiseöl mit Essig, Rotwein und Senf verrühren.
2. Mit Salz, Pfeffer und Zucker abschmecken.
3. Kräuter unterrühren.

Tipp: French Dressing eignet sich für Blatt-, Kohl- und Fischsalate.

Frikadellen

■ Schnell

Pro Portion:
E: 32 g, F: 48 g, Kh: 8 g,
kJ: 2648, kcal: 632

1 altbackenes Brötchen (Semmel)
2 mittelgroße Zwiebeln
600 g Hackfleisch (halb Rind-, halb Schweinefleisch)
1 Ei, Salz, Pfeffer
Paprika edelsüß
50 g Pflanzenfett

Zubereitungszeit: 25 Min.

1. Brötchen in kaltem Wasser einweichen. Zwiebeln abziehen und fein würfeln.
2. Brötchen gut ausdrücken, mit den Zwiebeln und dem Hackfleisch vermengen. Mit Ei, Salz, Pfeffer und Paprika abschmecken.
3. Aus der Masse mit nassen Händen Frikadellen formen. Das Pflanzenfett erhitzen, die Frikadellen von beiden Seiten etwa 10 Minuten darin braten.

Beilage:
Kartoffelbrei, Möhrengemüse.

Frischlingskeule mit Portweinsauce

■ Dauert länger – für Gäste

Pro Portion:
E: 25 g, F: 46 g, Kh: 135 g,
kJ: 5101, kcal: 1218

1 Frischlingskeule (etwa 1 kg)
Salz, frisch gemahlener Pfeffer
50 g Butterschmalz

Frikadellen

Frischlingskeule mit Portweinsauce

125 ml (¹/₈ l) Wildfond
100 g durchwachsener Speck
40 g Rosinen
3 EL Weinbrand
2 Dosen Mandarinen (350 g) oder
4 frische Mandarinen
250 ml (¹/₄ l) Portwein
evtl. 1 EL Weizenmehl
2 EL Wasser

Für die Spätzle:
200 g Weizenmehl
2 Eier
5 EL Wasser
¹/₂ TL Salz
frisch gemahlener Pfeffer
geriebene Muskatnuss
40 g Butter

Zubereitungszeit: 2¹/₂ Std.

1. Frischlingskeule unter fließendem kalten Wasser abspülen, trockentupfen, enthäuten, mit Salz und Pfeffer würzen, in Butterschmalz scharf anbraten und mit Wildfond ablöschen.
2. Speck in Würfel schneiden und hinzugeben, etwa 1 Stunde garen lassen, evtl. noch etwas Wasser hinzufügen. In der Zwischenzeit die Rosinen in Weinbrand einweichen.
3. Mandarinen zum Abtropfen auf ein Sieb geben, frische Mandarinen filetieren. Portwein, Mandarinenfilet und Rosinen mit Weinbrand zum Braten geben, etwa 10 Minuten weitergaren.
4. Die Sauce nochmals mit Salz und Pfeffer abschmecken, evtl. mit etwas angerührtem Mehl binden.
5. Für die Spätzle Mehl in eine Schüssel sieben und in die Mitte eine Vertiefung drücken. Eier, Wasser, Salz, Pfeffer und Muskat verschlagen und mit Handrührgerät mit Rührbesen von der Mitte aus mit dem Mehl verrühren. Darauf achten, dass keine Klümpchen entstehen. So lange rühren, bis der Teig Blasen wirft.
6. Spätzleteig auf ein Holzbrett streichen, mit einem Messer kleine Stücke in kochendes Salzwasser schaben. Die Spätzle sind gar, wenn sie an der Oberfläche des Wassers schwimmen. Die garen Spätzle auf ein Sieb geben, mit kaltem Wasser übergießen. Butter erhitzen, die Spätzle darin schwenken.

MENUE

Vorspeise:
Gemüsebrühe mit Zwiebelflädle
(Seite 156)

Hauptgericht:
Frischlingskeule mit Portweinsauce
(Seite 143)

Dessert:
Pfirsiche in Portwein (Seite 349)

Fruchtgrütze

■ Für Kinder

Pro Portion:
E: 2 g, F: 0,5 g, Kh: 20 g,
kJ: 423, kcal: 101

300 g Pfirsiche, 250 g Himbeeren
15 g Speisestärke
400 ml schwarzer Johannisbeersaft,
naturrein, $^1/_2$ Zimtstange
1 Gewürznelke, evtl. etwas Zucker

Zubereitungszeit: 30 Min.

1. Pfirsche waschen, halbieren, entsteinen, in kleine Stücke schneiden.
2. Frische Himbeeren verlesen (nicht waschen), putzen.
3. Speisestärke mit 2–3 Esslöffeln von dem Johannisbeersaft glatt rühren. Den übrigen Saft mit den Gewürzen zum Kochen bringen, mit der angerührten Stärke binden.
4. Die Früchte unter den angedickten Saft rühren (Zimtstange und Nelke entfernen). Evtl. mit Zucker abschmecken. Die Fruchtgrütze kalt stellen.

Beilage:
Schlagsahne oder Vanilleeis.

Tipp:
Je nach Geschmack und Jahreszeit können die Obstsorten nach Belieben variiert werden.

Frühlingsquark

■ Gut vorzubereiten

Pro Portion:
E: 18 g, F: 1 g, Kh: 8 g,
kJ: 510, kcal: 122

500 g Magerquark
150 g Möhre, vorbereitet gewogen
25 g Kresse
4 EL gemischte, gehackte Kräuter, z.B. Dill, Estragon oder Petersilie
Paprika edelsüß
frisch gemahlener Pfeffer
gemahlener Kümmel, Salz

Zubereitungszeit: 20 Min.

1. Quark gut verrühren. Möhre putzen, schälen, waschen, raspeln.
2. Die Kresse vom Kressebeet abschneiden, abspülen, trockentupfen, klein schneiden.
3. Möhrenraspel, Kresse und Kräuter unter den Quark rühren. Mit Paprika, Pfeffer, Kümmel und Salz abschmecken.

Frühlingssalat

■ Gut vorzubereiten

Pro Portion:
E: 21 g, F: 35 g, Kh: 34 g,
kJ: 2374, kcal: 567

500 g junge Möhren
1 Bund Radieschen
250 g Champignons
600 g Pellkartoffeln
1 Bund Schnittlauch
1 Kästchen Kresse
300 g Kümmelkäse

144

Für die Salatsauce:
6 EL Olivenöl
3-4 EL Estragonessig
1 TL mittelscharfer Senf
Salz
frisch gemahlener, weißer Pfeffer
Salatblätter, Radieschen
Kresseblättchen

Zubereitungszeit: 1 Std.

1. Möhren putzen, schälen, waschen, in kochendes Salzwasser geben, zum Kochen bringen, 5-8 Minuten kochen, abtropfen und abkühlen lassen. Radieschen und Champignons putzen und waschen. Pellkartoffeln pellen.
2. Die vier Zutaten in dünne Scheiben schneiden.
3. Schnittlauch abspülen, trockentupfen und fein schneiden. Kresse abspülen, trockentupfen und die Blättchen abschneiden. Kümmelkäse in feine Streifen schneiden.
4. Für die Salatsauce Öl mit Essig und Senf verrühren, mit Salz und Pfeffer würzen und mit den Salatzutaten vermengen. Den Salat etwas durchziehen lassen, auf Salatblättern anrichten, mit Radieschen und Kresseblättchen garnieren.

Beilage:
Knoblauchbaguette.

MENUE

Hauptgericht:
Hähnchenkeulen, gegrillt (Seite 194)

Beilage:
Frühlingssalat (Seite 144)

Dessert:
Zitrusfrüchte-Auflauf (Seite 510)

Frühlingszwiebeln

Frühlingszwiebeln

■ **Raffiniert**

Pro Portion:
E: 4 g, F: 30 g, Kh: 14 g,
kJ: 1547, kcal: 369

4 Bund Frühlingszwiebeln
(etwa 600 g)
40 g Butter
125 ml ($1/8$ l) Weißwein
Salz
frisch gemahlener Pfeffer
geriebene Muskatnuss
250 ml ($1/4$ l) Schlagsahne
1-2 EL Weizenmehl
2 EL kleine Kapern
1 Eigelb

Zubereitungszeit: 45 Min.

1. Von den Frühlingszwiebeln Wurzeln und welke Blattenden abschneiden, die Zwiebeln waschen und abtropfen lassen.
2. Butter zerlassen, die ungeteilten Zwiebelstangen darin anbraten. Mit Wein angießen und mit Salz, Pfeffer und Muskat würzen.
3. Bei geschlossenem Topf 10-15 Minuten gar dünsten. Zwiebeln herausheben und warm halten. Fond mit Sahne loskochen.
4. Mehl mit 2-4 Esslöffeln Wasser anrühren, in die kochende Sauce rühren, bis sie sämig wird. Etwa 5 Minuten leicht köcheln lassen.
5. Kapern zugeben, 2 Minuten ziehen lassen, abschmecken.
6. Eigelb mit einigen Löffeln Sauce anrühren, Sauce vom Herd ziehen, Ei unterrühren und Zwiebeln in der Sauce servieren.

Gambas in Knoblauchöl

■ Für Gäste – schnell

Pro Portion:
E: 30 g, F: 20 g, Kh: 4 g,
kJ: 1431, kcal: 341

8 rohe Garnelen (je 80 g)
4 Knoblauchzehen
1 frische, rote Chilischote
6 EL Olivenöl
Petersilienblätter

Zubereitungszeit: 20 Min.

1. Schale am Rücken der Garnelen längs aufschneiden, den Darm herauslösen. Garnelen unter fließendem kalten Wasser abspülen und trockentupfen.
2. Knoblauchzehen abziehen und würfeln. Chilischote entstielen, längs halbieren, entkernen, waschen, abtrocknen und klein schneiden.
3. Öl in zwei feuerfesten Portionspfannen erhitzen, Knoblauch und Chilischote hineingeben, erhitzen, die Garnelen hinzufügen, zum Kochen bringen, etwa 5 Minuten unter Wenden aufkochen, bis sich der austretende Saft mit dem Öl verbindet.
4. Petersilienblätter abspülen, trockentupfen, grob hacken und kurz vor dem Servieren darüber streuen.

Tipp:
Als Vorspeise reicht dieses Gericht für vier Personen, sonst nur für zwei.

Gans, gebraten
8 Portionen

■ Für Gäste

Pro Portion:
E: 41 g, F: 79 g, Kh: 1 g,
kJ: 3961, kcal: 947

1 küchenfertige Gans (3$^1/_4$ kg)
Salz, Pfeffer
1 gestr. EL Speisestärke

Zubereitungszeit: 3$^1/_2$ Std.

1. Gans unter fließendem kalten Wasser abspülen, trockentupfen, innen und außen mit Salz und Pfeffer einreiben und mit dem Rücken nach unten in einen Bräter legen. Auf der unteren Schiene in den Backofen schieben.
Ober-/Unterhitze: etwa 200 °C (vorgeheizt)
Heißluft: etwa 180 °C (nicht vorgeheizt)
Gas: Stufe 3–4 (nicht vorgeheizt)
Bratzeit: etwa 3 Stunden.
2. Während des Bratens ab und zu unterhalb der Flügel und Keulen einstechen, damit das Fett ausbraten kann. Nach 45 Minuten Bratzeit das angesammelte Fett abschöpfen.
3. Sobald der Bratensatz bräunt, etwas heißes Wasser hinzugießen. Gans ab und zu mit dem Bratensatz begießen. Verdampfte Flüssigkeit nach und nach durch heißes Wasser ersetzen.
10 Minuten vor Beendigung der Bratzeit Gans mit kaltem Salzwasser bestreichen, die Hitze auf stark stellen, damit die Haut schön kross wird.
4. Gans in Portionsstücke schneiden, auf einer vorgewärmten Platte anrichten und warm stellen. Den Bratensatz mit etwas Wasser loskochen, durch ein Sieb gießen, entfetten, mit Wasser auf 500 ml ($^1/_2$ l) auffüllen.
5. Speisestärke mit 2 Esslöffeln Wasser anrühren und die kochende Flüssigkeit damit binden. Sauce mit Salz und Pfeffer abschmecken.

Variante:
Die Gans mit einer der nachstehenden Füllungen füllen, die Öffnung zunähen und braten:

Apfelfüllung:
1 kg, gewaschene, nicht geschälte, aber entkernte Äpfel oder 500 g geschälte, entkernte, in Scheiben geschnittene

Gambas in Knoblauchöl

Gans, gebraten

Äpfel und 500 g eingeweichte, entsteinte Backpflaumen, etwas Zucker und Semmelbrösel.

Kastanienfüllung:
250 g Kastanien, von Schale und Haut befreit, halbweich gedünstet, 750 g geschälte, entkernte, in Scheiben geschnittene Äpfel.

Semmelfüllung:
100 g Speck zusammen mit 2 Zwiebeln, gewürfelt, glasig gedünstet, 3 Brötchen in Würfel geschnitten, in dem Speck angeröstet, mit 125 ml ($1/8$ l) heißer Milch übergossen, mit Salz, Pfeffer, Majoran, Thymian, Muskat abgeschmeckt, 150 g entsteinte, abgetropfte Sauerkirschen, 1 Ei unterrühren, etwa 5 Minuten quellen lassen, evtl. Semmelbrösel unterrühren.

Gänsebrust mit Orangensauce

■ Raffiniert

Pro Portion:
E: 21 g, F: 49 g, Kh: 10 g,
kJ: 2647, kcal: 633

1 kg Gänsebrust (mit Knochen)
Salz
frisch gemahlener Pfeffer
2 Möhren
1 Stück Knollensellerie
500 ml ($1/2$ l) heißes Wasser
Saft von 2 Orangen
etwas Weizenmehl
2 EL kaltes Wasser

Zubereitungszeit: 2 Std.

1. Gänsebrust abspülen, trockentupfen, mit Salz und Pfeffer einreiben, mit dem Knochen nach unten in einen Brattopf legen, auf dem Rost in den Backofen schieben.
   Ober-/Unterhitze: etwa 200 °C (vorgeheizt)
   Heißluft: etwa 180 °C (nicht vorgeheizt)
   Gas: Stufe 3–4 (nicht vorgeheizt)
   Schmorzeit: etwa $1^1/_2$ Stunden.
2. Nach etwa 30 Minuten Bratzeit das sich angesammelte Fett abgießen. Möhren putzen, schälen. Sellerie putzen, schälen, beide Zutaten waschen, in den Brattopf geben, kurz mitbraten lassen.
3. Etwas Wasser hinzugießen, das Fleisch schmoren lassen, von Zeit zu Zeit wenden, verdampfte Flüssigkeit nach und nach ersetzen.
4. Kurz vor Beendigung der Schmorzeit das Fleisch mit Orangensaft übergießen, das gare Fleisch vom Knochen lösen, in Scheiben schneiden, auf einer vorgewärmten Platte anrichten, warm stellen.
5. Den Bratensatz durch ein Sieb gießen, nach Belieben Mehl mit Wasser anrühren, den Bratensatz damit binden. Die Sauce mit Salz und Pfeffer abschmecken.

Gänsebrust mit Orangensauce

Gänsekeulen in Paprika

■ Raffiniert

Pro Portion:
E: 87 g, F: 33 g, Kh: 8 g,
kJ: 3082, kcal: 737

4 Gänsekeulen
Salz, Paprika edelsüß
1 EL Schweineschmalz, 3 Zwiebeln
250 ml (¼ l) heißes Wasser
500 g Paprikaschoten
500 g Tomaten
frisch gemahlener Pfeffer
gehackte Petersilie

Zubereitungszeit: 80 Min.

1. Gänsekeulen unter fließendem kalten Wasser abspülen, trockentupfen, mit Salz und Paprika einreiben.
2. Schweineschmalz zerlassen, das Fleisch von allen Seiten gut darin anbraten, die Hälfte des Fettes abgießen. Zwiebeln abziehen, vierteln, dazugeben und mitdünsten.
3. Die Hälfte des Wassers hinzugießen, das Fleisch schmoren lassen, ab und zu wenden und mit dem Bratensatz begießen. Die verdampfte Flüssigkeit nach und nach durch das restliche Wasser ersetzen.
4. Paprikaschoten halbieren, entstielen, entkernen, die weißen Scheidewände entfernen, die Schoten waschen, in Streifen schneiden. Tomaten kurze Zeit in kochendes Wasser legen, in kaltem Wasser abschrecken, enthäuten und in Streifen schneiden.
5. Nach etwa 30 Minuten Schmorzeit das Gemüse hinzufügen, mit Salz und Pfeffer würzen und noch etwa 30 Minuten mitschmoren.
6. Das Fleisch warm stellen. Gemüse mit Salz, Pfeffer und Paprika abschmecken, in eine Schüssel geben, die Keulen darauf legen und mit Petersilie bestreuen.

Beilage:
Kartoffelklöße oder Salzkartoffeln.

Gänsekeulen in Paprika

Gänseschmalz

■ Klassisch

Insgesamt:
E: 25 g, F: 665 g, Kh: 14 g,
kJ: 27149, kcal: 6485

800 g Gänseflomen
2 Zwiebeln
2 EL Speiseöl
1 Apfel, Salz
evtl. etwas Majoran

Zubereitungszeit: 50 Min.

1. Gänseflomen (Fett) waschen, trocknen, in kleine Würfel schneiden. Zwiebel abziehen, würfeln.
2. Gänseflomenwürfel in einem Topf kross ausbraten.
3. Zwiebelwürfel in erhitztem Öl andünsten und zu dem Schmalz geben.
4. Apfel schälen, Kerngehäuse entfernen, in sehr kleine Würfel schneiden und unter das etwas abgekühlte Schmalz geben.
5. Schmalz mit Salz, nach Belieben mit Majoran würzen und in kleine Steintöpfe füllen.

Garnelen im Knuspermantel

■ Raffiniert

Pro Portion:
E: 41 g, F: 74 g, Kh: 30 g,
kJ: 4145, kcal: 990

800 g Garnelen (ohne Schale)
1 Pck (300 g) TK-Frühlingsrollenteig (aus dem Asialaden)
1 EL Semmelbrösel, Salz
frisch gemahlener, weißer Pfeffer
1 l Pflanzenöl oder 1 kg Pflanzenfett

Zubereitungszeit: 35 Min.

Garnelenauflauf, bunter

1. Garnelen unter fließendem kalten Wasser abspülen, vom Darm befreien, trockentupfen.
2. Frühlingsrollenteig auftauen lassen, auf einem Küchenbrett ausbreiten, jede Teigplatte mit Semmelbröseln bestreuen, je 1–2 Garnelen darauf legen, mit Salz und Pfeffer würzen, die Teigplatten aufrollen, mit Holzspießchen zusammenstecken.
3. Fett in einem Fonduetopf erhitzen, den Topf auf ein Rechaud stellen, die Teigröllchen ausbacken, bis sie goldgelb sind.

Garnelenauflauf, bunter

■ Etwas teurer

Pro Portion:
E: 27 g, F: 44 g, Kh: 10 g,
kJ: 2398, kcal: 573

200 g weißer Spargel
200 g grüner Spargel
400 g geschälte Garnelen
5 schwarze Oliven (entsteint)
5 grüne Oliven (entsteint)
250 g Cocktailtomaten (etwa 10 Stück)
200 ml Schlagsahne
1 Becher (150 g) Crème fraîche
2 Eier, Salz, 1 Bund gehackter Dill
2 TL grüne Pfefferkörner (in Lake)
1 TL rosa Pfefferkörner (zerstoßen)
50 g Butter

Zubereitungszeit: 1 Std.

1. Spargel schälen und in mundgerechte Stücke schneiden.
2. Zuerst den weißen Spargel in kochendes Salzwasser geben, nach 5 Minuten Kochzeit den grünen Spargel hinzufügen, nach weiteren 4 Minuten den Spargel auf ein Sieb geben und abtropfen lassen.
3. Die abgetropften Spargelstücke vorsichtig mit Garnelen, Oliven und gewaschenen, evtl. halbierten Cocktailtomaten vermischen. Die Zutaten in eine gefettete Auflaufform füllen.
4. Schlagsahne mit Crème fraîche und Eiern verrühren, mit Salz, Dill und Pfefferkörnern würzen, über den Auflauf gießen, Butter in Flöckchen darauf setzen und die Form auf dem Rost in den Backofen schieben.
Ober/Unterhitze: etwa 180 °C (vorgeheizt)
Heißluft: etwa 160 °C (vorgeheizt)
Gas: Stufe 2–3 (vorgeheizt)
Backzeit: etwa 30 Minuten.

MENUE

Vorspeise:
Hähnchenbrust-Häppchen (Seite 193)

Hauptgericht:
Garnelenauflauf, bunter (Seite 149)

Dessert:
Vanillecreme, abgebrannt mit Zitrusfrüchten (Seite 484)

Garnelenpfanne

■ Raffiniert – für Gäste

Pro Portion:
E: 47 g, F: 34 g, Kh: 13 g,
kJ: 2545, kcal: 607

6 EL Olivenöl
2 mittelgroße Zwiebeln
6 Tomaten, 2 Knoblauchzehen
Salz
250 ml (¼ l) Weißwein
125 ml (⅛ l) kräftige Hühnerbrühe
3 EL gehackter Dill
1 EL gehackte Petersilie
einige Safranfäden
300 g Feta-Käse
600 g Garnelen ohne Schale

Zubereitungszeit: 35 Min.

1. Öl in einer schweren Kasserolle erhitzen, die abgezogenen, gehackten Zwiebeln darin leicht andünsten.
2. Tomaten in kochendes Wasser geben, in kaltem Wasser abschrecken, enthäuten, klein schneiden und zu den Zwiebeln geben.
3. Knoblauchzehen abziehen, hacken, mit Salz verreiben und in die Tomatenmasse geben. Weißwein und Brühe hinzugießen, alles gut verrühren, aufkochen lassen. Kräuter und Safranfäden zugeben.
4. Feta-Käse in kleine Würfel schneiden, hineinrühren. Garnelen in die Sauce geben und 5 Minuten ziehen lassen.

Tipp:
Statt frische Kräuter tiefgekühlte Kräuter verwenden.

Garnelenpfanne

Gazpacho

■ Klassisch

Pro Portion:
E: 3 g, F: 10 g, Kh: 11 g,
kJ: 615, kcal: 147

2 Scheiben Weißbrot
1 rote und 1 grüne Paprikaschote
½ Salatgurke
3 Tomaten
2 abgezogene, zerdrückte Knoblauchzehen
Salz, frisch gemahlener Pfeffer
3 EL Speiseöl
2–3 EL Essig

Zubereitungszeit: 25 Min.

1. Weißbrot in kaltem Wasser einweichen.
2. Paprikaschoten halbieren, entstielen und entkernen. Die weißen Scheidewände entfernen und die Schoten waschen.
3. Gurke schälen. Tomaten kurze Zeit in kochendes Wasser legen (nicht kochen lassen), in kaltem Wasser abschrecken und enthäuten.
4. Gemüse in Stücke schneiden und mit dem gut ausgedrückten Weißbrot und Knoblauchzehen im Mixer pürieren.
5. Mit Salz und Pfeffer würzen. Nach und nach das Öl hinzufügen und gut verrühren. Die Suppe mit Essig abschmecken. Kalt servieren.

Gebeizte Forelle mit Dillsauce

■ Für Gäste

Pro Portion:
E: 30 g, F: 18 g, Kh: 21 g,
kJ: 1629, kcal: 389

1 küchenfertige Lachsforelle (etwa 1 kg)
2–3 Bund grob gehackter Dill
2 EL grobes Salz
1 EL Zucker
1–2 EL frisch gemahlener, weißer Pfeffer
1 EL Weinbrand

Für die Dillsauce:
4 EL scharfer Senf
1 TL Senfpulver
3 EL Zucker
2 EL Weinessig
5 EL Speiseöl
3 EL gehackter Dill

Zubereitungszeit: 25 Min., ohne Marinierzeit

1. Lachsforelle unter fließendem kalten Wasser abspülen, trockentupfen und in zwei Längshälften teilen. Das Rückgrat entfernen, die Forelle entgräten.
2. Eine Hälfte der Forelle mit der Haut nach unten in eine Schale legen und den Dill darauf verteilen. Salz mit Zucker und Pfeffer vermischen, über den Fisch streuen und nach Belieben mit Weinbrand beträufeln.
3. Die andere Fischhälfte mit der Haut nach oben darauf legen, mit Klarsichtfolie bedecken, darauf ein Brett (größer als der Fisch) legen und mit z. B. 2–3 geschlossenen, gefüllten Konservendosen gleichmäßig beschweren.
4. Forelle an einem kühlen Ort (Kühlschrank) 2–3 Tage stehen lassen, ab und zu mit der sich sammelnden Beize begießen, zwischendurch wenden.
5. Forelle aus der Beize nehmen, in sehr dünne Scheiben geschnitten auf einer Platte anrichten.
6. Für die Dillsauce Senf mit Senfpulver, Zucker und Essig verrühren. Nach und nach Öl unterschlagen, Dill unterrühren und zu dem Fisch reichen.

Gebeizter Lachs mit süß-saurer Senfsauce

■ Gut vorzubereiten

Pro Portion:
E: 38 g, F: 15 g, Kh: 20 g,
kJ: 1646, kcal: 393

1 kg küchenfertiger Lachs im Stück (Mittel- oder Schwanzstück)
3 Bund Dill, 1 EL Zucker
2 EL grobes Salz
2 EL zerdrückte weiße Pfefferkörner
1 EL zerdrückte Wacholderbeeren

Für die Senfsauce:
5 EL Salatmayonnaise
4 EL Schlagsahne
1 EL scharfer Senf
1 Bund fein gehackter Dill
4 EL Weinessig
2 EL Zucker

Zubereitungszeit: 30 Min., ohne Marinierzeit

Gazpacho

150

Gebeizte Forelle mit Dillsauce

Geflügel-Grundfond, brauner

■ Klassisch

Insgesamt:
E: 27 g, F: 3 g, Kh: 5 g,
kJ: 621, kcal: 147

30 g Pflanzenfett
1 kg Geflügelklein (Flügel, Mägen, Rücken)
2 Zwiebeln
1 Bund Suppengrün
30 g Tomatenmark
2 l Wasser

Zubereitungszeit: 3 Std.

1. Pflanzenfett zerlassen.
2. Geflügelklein waschen, abtrocknen und in dem Fett anbraten.
3. Zwiebeln abziehen, fein würfeln, Suppengrün putzen, waschen, klein schneiden. Die beiden Zutaten hinzufügen, mitbräunen lassen.
4. Tomatenmark hinzufügen, miterhitzen, Wasser hinzugießen, zum Kochen bringen, in etwa $2^{1}/_{2}$ Stunden bis auf 1 Liter Flüssigkeit einkochen lassen und durch ein Sieb gießen.

Tipp:
Einmal zubereitet, lässt sich der Fond zur späteren Verwendung portionsweise in kleinen Gefäßen oder in Eiswürfelbehältern, im Gefrierbeutel verpackt, einfrieren. Zur Weiterverarbeitung wird der Fond gewürzt und mit Wermut, Weißwein, Sherry, Crème fraîche oder Sahne verfeinert. Diese Sauce ist eine hervorragende Beilage zu kurz gebratenem Geflügel, Putenschnitzel und zu Entenbrust.

---

1. Lachs unter fließendem kalten Wasser abspülen, trockentupfen und längs halbieren. Mittelgräte und Seitengräten entfernen, die kleineren Gräten im Fischfleisch mit einer Pinzette herausziehen.
2. Dill unter fließendem kalten Wasser abspülen, vorsichtig trockentupfen und grob hacken (Stiele mitverwenden). Zucker mit Salz, Pfefferkörnern und Wacholderbeeren vermengen. Die Fischstücke damit einreiben.
3. Ein Fischstück mit der Hautseite nach unten in eine Porzellanschüssel legen und mit dem Dill bestreuen. Das andere Stück mit der Innenseite darauf legen, mit Alufolie bedecken, einen Teller oder ein Holzbrett darauf legen, mit einem Stein oder einer geschlossenen, gefüllten Konservendose beschweren.
4. Den Fisch an einem kühlen Ort (Kühlschrank) 2–3 Tage stehen lassen, ab und zu mit der sich sammelnden Beize begießen und wenden.
5. Den Fisch aus der Beize nehmen, trockentupfen, mit einem sehr scharfen Messer (Lachsmesser) in sehr dünne Scheiben schneiden und auf einer Platte anrichten.
6. Für die Senfsauce die Mayonnaise mit Sahne, Senf und Dill verrühren.
7. Essig mit Zucker zum Kochen bringen, etwas einkochen lassen und unter die Senfmayonnaise rühren. Die Sauce zu dem Lachs reichen.

Beilage:
Toast, Butter, Salat, grüne Böhnchen.

Tipp:
Als Vorspeise reicht dieses Rezept für 8–10 Personen.

151

Geflügel-Grundfond, heller

■ Gut vorzubereiten

Insgesamt:
E: 104 g, F: 21 g, Kh: 18 g,
kJ: 3668, kcal: 876

1 kg Geflügelklein (Flügel, Hals, Herz, Magen)
1 Bund Suppengrün
1 Zwiebel
1 Nelke
1 Lorbeerblatt
2 l kaltes Wasser

Zubereitungszeit: $2^{3}/_{4}$ Std.

1. Geflügelklein unter fließendem kalten Wasser abspülen, trockentupfen.
2. Suppengrün putzen, waschen, klein schneiden. Zwiebel mit Nelke und Lorbeerblatt spicken, alle Zutaten mit Wasser langsam zum Kochen bringen, während des Kochens immer wieder abschäumen, in etwa $2^{1}/_{2}$ Stunden bis auf 1 Liter Flüssigkeit einkochen lassen, durch ein Sieb gießen, entfetten.

Tipp:
Einmal zubereitet, lässt sich der Fond zur späteren Verwendung portionsweise am besten tiefgekühlt aufbewahren.

Geflügelcocktail

■ Für Gäste – schnell

Pro Portion:
E: 18 g, F: 38 g, Kh: 2 g,
kJ: 1836, kcal: 438

300 g gekochtes, enthäutetes Hühnerfleisch
200 g gekochter Spargel
Salz
1 Prise Zucker
Zitronensaft

Für die Mayonnaise:
1 Eigelb
1–2 TL Senf, Salz
1–2 EL Zitronensaft
125 ml ($^{1}/_{8}$ l) Speiseöl
2 EL gedünstete Pfirsichstückchen
gewaschene Salatblätter

Zubereitungszeit: 20 Min.

1. Hühnerfleisch in feine Streifen schneiden. Spargel in etwa 2 cm lange Stücke schneiden. Die Zutaten vermengen (etwas zum Garnieren zurücklassen), mit Salz, Zucker und Zitronensaft würzen.
2. Für die Mayonnaise Eigelb mit Senf, Salz, Zitronensaft zu einer dicklichen Masse schlagen. Öl nach und nach unterschlagen. Pfirsichstückchen unterrühren.
3. Vier Cocktailgläser mit den Salatblättern auslegen, Cocktailzutaten darauf anrichten und die Mayonnaise darüber geben.
4. Den Cocktail mit den zurückgelassen Zutaten garnieren.

Beilage:
Toast.

Tipp:
Dieser Geflügelsalat ist eine optimale Verwertung des Hühnerfleisches, wenn vorher eine Hühnerbrühe zubereitet wurde.

Geflügelcremesauce

■ Schnell

Pro Portion:
E: 4 g, F: 13 g, Kh: 6 g,
kJ: 695, kcal: 166

20 g Butter oder Margarine
25 g Weizenmehl

Geflügel-Grundfond, heller

152

Geflügelcocktail

375 ml (³/₈ l) Geflügelbrühe oder heller Grundfond
100 g Champignons
1 Eigelb
2–3 EL Schlagsahne
Salz
weißer Pfeffer
Zitronensaft
geriebene Muskatnuss
20 g Butter

Zubereitungszeit: 30 Min.

1. Butter oder Margarine zerlassen. Mehl unter Rühren so lange darin erhitzen, bis es hellgelb ist.
2. Brühe oder Fond hinzugießen, mit einem Schneebesen durchschlagen. Darauf achten, dass keine Klümpchen entstehen. Die Sauce zum Kochen bringen.
3. Champignons putzen, mit Küchenpapier abreiben, evtl. waschen, würfeln, hinzufügen, zum Kochen bringen, etwa 15 Minuten kochen lassen und durch ein Sieb passieren.
4. Eigelb mit Sahne verschlagen und die Sauce damit abziehen (nicht mehr kochen lassen). Mit Salz, Pfeffer, Zitronensaft und Muskatnuss würzen. Nach Belieben die Butter unterrühren.

Tipp:
Zu gekochtem oder gebratenem Geflügelfleisch reichen.

Geflügelleber, gebraten

■ Schnell

Pro Portion:
E: 29 g, F: 33 g, Kh: 8 g,
kJ: 1991, kcal: 475

1 rote Paprika
1 gelbe Paprika
2 Bund Frühlingszwiebeln
2 Knoblauchzehen
60 g Butterschmalz
500 g Geflügelleber
50 ml Wermut (Noilly Prat)
1 Becher (150 g) Crème fraîche
Salz
frisch gemahlener Pfeffer
1 Zweig Salbei

Zubereitungszeit: 25 Min.

1. Paprika waschen, halbieren, entkernen, die weißen Scheidewände entfernen, in Würfel schneiden. Frühlingszwiebeln putzen, waschen, in 2 cm große Stücke zerteilen. Knoblauch abziehen und zerdrücken.
2. Butterschmalz in einer Pfanne erhitzen, die von Sehnen befreite, grob zerkleinerte Geflügelleber darin anbraten, herausnehmen, warm stellen.
3. Paprika im restlichen Bratenfett kurz andünsten, Frühlingszwiebeln und Knoblauch hinzufügen, ebenfalls kurz andünsten. Mit Wermut ablöschen, Crème fraîche hinzufügen, aufkochen lassen.
4. Leber unterheben, mit Salz, Pfeffer und fein geschnittenem Salbei würzen.

Geflügelleber, gebraten

153

Geflügelleberpfanne

■ **Preiswert**

Pro Portion:
E: 19 g, F: 44 g, Kh: 44 g,
kJ: 2797, kcal: 667

750 g kleine Kartoffeln
30 g Butter
4 EL Speiseöl, Salz
250 g kleine Zwiebeln
500 g Möhren
2 Lorbeerblätter
250 g Porree (Lauch)
frisch gemahlener Pfeffer
1 TL gerebelter Thymian
500 g Geflügelleber
30 g Butter oder Margarine
1 Bund glatte Petersilie

Zubereitungszeit: 1 Std.

1. Kartoffeln schälen, waschen. Butter mit Öl erhitzen. Kartoffeln darin etwa 10 Minuten rundherum braten lassen, salzen.
2. Zwiebeln abziehen. Möhren putzen, schälen, waschen und in dicke Scheiben schneiden. Zwiebeln, Möhrenscheiben und Lorbeerblätter hinzufügen und etwa 10 Minuten mitbraten lassen.
3. Porree putzen, waschen, in Scheiben schneiden, hinzufügen und weitere 10 Minuten garen lassen, mit Pfeffer und Thymian würzen.
4. Leber abspülen, trockentupfen, evtl. Sehnen und Röhren entfernen. Butter erhitzen, Leber darin etwa 5 Minuten braten und unter das Gemüse heben.
5. Petersilie abspülen, trockentupfen, die Blätter von den Stängeln zupfen, fein hacken und über die Geflügelleberpfanne streuen.

Geflügelpizza

■ **Für Gäste**

Pro Portion:
E: 45 g, F: 35 g, Kh: 67 g,
kJ: 3316, kcal: 792

Für den Teig:
300 g Weizenmehl
1 Pck. Trockenhefe
2 EL Speiseöl
1 gestr. TL Salz
gut 125 ml ($^1/_8$ l) lauwarmes Wasser

Für den Belag:
4 Stangen Staudensellerie
(etwa 200 g)
1 Stange Porree (Lauch, etwa 200 g)
1 rote Paprikaschote (etwa 200 g)
1 Zwiebel, 1 Knoblauchzehe
3 EL Speiseöl
frisch gemahlener Pfeffer
Kräuter der Provence
400 g Hähnchenbrustfilet
3 EL Speiseöl, 2 EL Sojasauce
3 EL Tomatenmark
4 Tomaten
100–150 g mittelalter Gouda
Olivenöl

Zubereitungszeit: 1 Std.

1. Für den Teig Mehl in eine Schüssel sieben. Hefe sorgfältig unterrühren, Öl, Salz und Wasser hinzufügen. Alles mit einem Handrührgerät mit Knethaken zunächst auf der niedrigsten, dann auf der höchsten Stufe in etwa 5 Minuten zu einem Teig verarbeiten. Sollte er kleben, noch etwas Mehl hinzufügen (aber nicht zuviel, Teig muss weich bleiben).
2. Den Teig an einem warmen Ort so lange gehen lassen, bis er sich sichtbar vergrößert hat und ihn nochmals durchkneten. Den Teig zu einem Quadrat von 30 x 30 cm ausrollen und auf ein mit Butter oder Margarine gefettetes Backblech legen.
3. Für den Belag Sellerie und Porree putzen, waschen, von dem Sellerie die harten Außenfäden abziehen und in Scheiben schneiden.
4. Paprika halbieren, entstielen, entkernen, die weißen Scheidewände entfernen, waschen und in dünne

Geflügelleberpfanne

154

Streifen schneiden. Zwiebel und Knoblauch abziehen und fein würfeln.
5. Öl erhitzen, das Gemüse, Zwiebel und Knoblauch etwa 5 Minuten darin dünsten, mit Salz, Pfeffer und Kräutern der Provence würzen und abkühlen lassen.
6. Hähnchenbrustfilet unter fließendem kalten Wasser abspülen, abtrocknen, in dünne Streifen schneiden und mit Salz und Pfeffer bestreuen. Öl erhitzen und die Fleischstreifen unter häufigem Wenden darin etwa 3 Minuten braten lassen. Sojasauce darüber geben, gut verrühren und abkühlen lassen.
7. Den Teig mit Tomatenmark bestreichen und das Gemüse darauf geben. Tomaten waschen, Stängelansätze entfernen, in Scheiben schneiden und darauf verteilen. Die Fleischstreifen darüber geben.
8. Gouda raspeln, über den Belag streuen, mit Kräutern der Provence bestreuen und mit Olivenöl beträufeln. Nochmals kurz gehen lassen.

Ober-/Unterhitze: etwa 200 °C (vorgeheizt)
Heißluft: etwa 180 °C (vorgeheizt)
Gas: Stufe 3–4 (vorgeheizt)
Backzeit: etwa 25 Minuten.

Geflügelpizza

Geflügelsalat

Geflügelsalat

■ Für Gäste

Pro Portion:
E: 28 g, F: 9 g, Kh: 12 g,
kJ: 1017, kcal: 243

375 g gebratenes Geflügelfleisch, z. B. Hähnchenbrustfilet
1 Glas Champignonscheiben (Abtropfgewicht 215 g)
1 Dose Mandarinen (Abtropfgewicht 175 g)
1 Glas Spargelstücke (Abtropfgewicht 200 g)

Für die Sauce:
3 EL Salatmayonnaise
75 g Naturjoghurt (3,5 % Fett)
2 EL Mandarinensaft (aus der Dose)
Salz, frisch gemahlener Pfeffer
1 Prise Zucker
20 g gehackte Walnusskerne

Zubereitungszeit: etwa 20 Min., ohne Durchziehzeit

1. Geflügelfleisch in Streifen schneiden. Champignonscheiben, Mandarinen und Spargelstücke getrennt in Sieben abtropfen lassen, dabei den Mandarinensaft auffangen und 2 Esslöffel für die Sauce abmessen. Spargelstücke in 3 cm lange Stücke schneiden.
2. Für die Sauce Mayonnaise mit Joghurt und Mandarinensaft verrühren und mit Salz, Pfeffer und Zucker würzen. Die Sauce mit den Salatzutaten in einer Schüssel vermengen und mindestens 30 Minuten durchziehen lassen.
3. Den Salat vor dem Servieren mit Walnusskernen bestreuen.

Tipp:
Der Geflügelsalat eignet sich als Vorspeise (auf Blattsalat angerichtet), als Teil eines kalten Büffets, als Partysalat oder mit Brot serviert als kleine Mahlzeit. Für das gebratene Geflügelfleisch können Sie auch Fleisch von einem fertigen Grillhähnchen (Imbiss) verwenden. Das Hähnchen enthäuten und die Knochen auslösen.

155

Gemüsebrühe mit Zwiebelflädle

■ Vegetarisch

Pro Portion:
E: 9 g, F: 17 g, Kh: 24 g,
kJ: 1233, kcal: 294

Für die Gemüsebrühe:
1 große Zwiebel
150 g Möhren
2 Stangen Porree (Lauch)
150 g Knollensellerie
1 l Wasser, 1 TL Meersalz
$^1/_2$ TL gemahlener Pfeffer
1 Lorbeerblatt

Für die Zwiebelflädle:
100 g Weizenvollkornmehl
1 Ei, 1 Eigelb
125 ml ($^1/_8$ l) Milch
geriebene Muskatnuss
Salz, Pfeffer
2 Frühlingszwiebeln
4 EL Sonnenblumenöl
1 Bund Schnittlauch

Gemüsebrühe mit Zwiebelflädle

Zubereitungszeit: 80 Min.

1. Für die Gemüsebrühe Zwiebel abziehen und grob hacken. Möhren putzen, schälen, waschen und in Scheiben schneiden. Porree putzen, waschen und in grobe Ringe schneiden. Sellerie schälen, in Stücke schneiden, mit dem übrigen Gemüse in einen Topf geben und mit Wasser aufgießen.
2. Salz, Pfeffer und Lorbeerblatt zugeben und alles knapp 1 Stunde köcheln lassen, durch ein Sieb gießen, die Brühe abschmecken.
3. Für die Zwiebelflädle Mehl mit Ei, Eigelb, Milch, Muskat, Salz und Pfeffer verrühren, 30 Minuten quellen lassen.
4. Frühlingszwiebeln putzen, waschen, in feine Ringe schneiden und unter den Teig rühren. In dem Öl vier dünne Pfannkuchen ausbacken, zusammenrollen, in dünne Streifen schneiden, auf 4 Suppenteller verteilen und mit der heißen Brühe übergießen.
5. Schnittlauch abspülen, trockentupfen, in feine Ringe schneiden und darüber streuen.

Gemüsefond oder -brühe

■ Gut vorzubereiten

Pro Portion:
E: 16 g, F: 20 g, Kh: 36 g,
kJ: 1648, kcal: 397

2 mittelgroße Zwiebeln
2 Möhren
1 Stange Porree (Lauch)
1 Stück Knollensellerie (150 g)
200 g Blumenkohlröschen
200 g Broccoliröschen
2 EL Butter oder Margarine
1 Lorbeerblatt
2–3 Nelken
3–4 Pfefferkörner
3–4 Wacholderbeeren
3–4 Pimentkörner
1 EL Kräuter der Provence
Salz, frisch gemahlener Pfeffer
geriebene Muskatnuss
2 l heißes Wasser

Zubereitungszeit: 1$^1/_2$ Std.

1. Zwiebeln abziehen und grob würfeln. Möhren putzen, schälen, waschen und in Würfel schneiden. Porree putzen, längs halbieren, gründlich waschen und in dünne Ringe schneiden.
2. Sellerie schälen, waschen und in Würfel schneiden. Blumenkohl- und Broccoliröschen unter fließendem kalten Wasser abspülen und gut abtropfen lassen.

MENUE

Hauptgericht:
Gemüse, gefüllt (Seite 157)

Beilage:
Mandelkroketten (Seite 294)

Dessert:
Erdbeerkaltschale (Seite 111)

---

3. Butter oder Margarine zerlassen und das Gemüse darin unter Rühren andünsten. Lorbeerblatt, Nelken, Pfefferkörner, Wacholderbeeren, Pimentkörner und Kräuter der Provence hinzufügen. Mit Salz, Pfeffer und Muskat würzen. Das Wasser hinzugießen.
4. Die Zutaten im geschlossenen Topf zum Kochen bringen und bei schwacher Hitze etwa 1 Stunde köcheln lassen.
5. Die fertige Brühe durch ein feines Sieb gießen.

Tipp:
Den Fond weiterverwenden oder portionsweise einfrieren. Bei Weiterverwendung als Brühe kann auch das gegarte Gemüse wieder hinzugefügt werden.

Gemüse, gefüllt

■ **Gut vorzubereiten**

Pro Portion:
E: 28 g, F: 55 g, Kh: 31 g,
kJ: 3193, kcal: 743

4 kleine Paprikaschoten
4 kleine Auberginen

Für die Füllung:
100 g Langkornreis
3 Knoblauchzehen
je 1 Bund Petersilie und
Zitronenmelisse
1 EL Speiseöl
250 g mageres Lammhackfleisch
250 g Thüringer Mett
Salz
frisch gemahlener Pfeffer
Saft von $1/2$ Zitrone

Für den Sud:
6 EL Olivenöl
2 EL Tomatenmark
125 ml ($1/8$ l) Gemüsebrühe

Zubereitungszeit: 80 Min.

Gemüse, gefüllt

1. Von den Paprikaschoten am Stielende einen flachen Deckel abschneiden, die Schoten entkernen, die weißen Scheidewände entfernen, die Schoten waschen und abtropfen lassen.
2. Auberginen waschen, längs einen flachen Deckel abschneiden, das Innere soweit wie möglich mit Hilfe eines Messers und Löffels aushöhlen. Das Auberginenfleisch für die Füllung aufbewahren.
3. Für die Füllung Reis in Salzwasser zum Kochen bringen, etwa 5 Minuten kochen, abgießen und abtropfen lassen. Knoblauch abziehen und zerdrücken. Petersilie und Zitronenmelisse abspülen und fein hacken.
4. Öl in einer Pfanne erhitzen, das klein gehackte Auberginenfleisch und den Knoblauch darin andünsten.
5. Reis, Kräuter, Lammhack und Thüringer Mett hinzufügen. Hackfleisch mit einer Gabel zerdrücken, mit den restlichen Zutaten vermengen, mit Salz, Pfeffer und Zitronensaft würzen.
6. Paprikaschoten und Auberginen nebeneinander in eine gefettete, feuerfeste Form setzen, die Füllung hineingeben.
7. Für den Sud Öl mit Tomatenmark und Brühe verrühren und neben das Gemüse in die Form gießen. Das Gemüse mit gefettetem Pergamentpapier bedecken und die Form auf dem Rost in den Backofen schieben.
Ober-/Unterhitze: etwa 200 °C (vorgeheizt)
Heißluft: etwa 180 °C (nicht vorgeheizt)
Gas: Stufe 3–4 (nicht vorgeheizt)
Backzeit: etwa 45 Minuten.
8. Nach etwa 30 Minuten Garzeit das Pergamentpapier entfernen.

Beilage:
Fladenbrot oder Reis dazu servieren.

Gemüselasagne

■ Vegetarisch – raffiniert

Pro Portion:
E: 32 g, F: 76 g, Kh: 56 g,
kJ: 4500, kcal: 1075

2 Zwiebeln, 300 g Porree (Lauch)
250 g Möhren
200 g Knollensellerie
60 g Butter
1 kleine Dose Mais (175 g)
Salz
frisch gemahlener Pfeffer
Paprika edelsüß
2 Becher (300 g) saure Sahne
250 ml (1/4 l) Schlagsahne
3 Eier
1 Bund glatte Petersilie
200 g Gouda
200 g Lasagneblätter

Zubereitungszeit: 70 Min.

1. Zwiebeln abziehen und hacken. Porree, Möhren und Sellerie waschen, putzen oder schälen. Porree in 1 cm breite Streifen, Möhren und Sellerie in Würfel schneiden.
2. Butter in einer großen Pfanne erhitzen. Zwiebeln darin glasig dünsten. Porree, Möhren und Sellerie zufügen und etwa 5 Minuten mitdünsten.
3. Mais abtropfen lassen und dazugeben. Kräftig mit Salz, Pfeffer und Paprika würzen.
4. Saure Sahne, Sahne und Eier verquirlen. Mit 1 gestrichenen Teelöffel Salz und Pfeffer abschmecken.
5. Petersilie abspülen, trockentupfen, die Blättchen von den Stängeln abzupfen, die Petersilie fein hacken und untermischen. Den Käse fein reiben.
6. Lasagne in eine gebutterte, wenn möglich rechteckige Auflaufform einschichten: Lasagneblätter, Gemüse, Käse, Eiersahne, Nudelblätter, Gemüse und so fort. Die oberste Schicht sollte Käse sein. Die Form in den Backofen schieben.

Ober-/Unterhitze: etwa 180 °C (vorgeheizt)
Heißluft: etwa 160 °C (nicht vorgeheizt)
Gas: Stufe 2–3 (nicht vorgeheizt)
Backzeit: etwa 45 Minuten.

7. Die Gemüselasagne 15 Minuten im Backofen ruhen lassen.

Gemüse-Piccata mit Tomatensauce

■ Vegetarisch

Pro Portion:
E: 19 g, F: 33 g, Kh: 23 g,
kJ: 2046, kcal: 489

1 großer Knollensellerie (300 g)
1 große Rote Bete (250 g)
1 großer Kohlrabi (250 g)
3 Eier
100 g geriebener Parmesan
Salz
frisch gemahlener Pfeffer
60 g Weizenmehl
4 EL Speiseöl

Für die Tomatensauce:
3 Fleischtomaten
1 kleine Zwiebel
1 Knoblauchzehe
3 EL Olivenöl
1 TL grüne Pfefferkörner
gerebelter Thymian

Zubereitungszeit: 50 Min.

1. Sellerie, Rote Bete und Kohlrabi waschen, schälen, in 1/2 cm dicke Scheiben schneiden, in kochendem Salzwasser etwa 1 Minute blanchieren und zum Abtropfen auf ein Sieb geben.
2. Eier mit Parmesan verquirlen. Gemüsescheiben würzen, in Mehl wenden und durch das Käse-Eier-Gemisch ziehen.
3. Öl in einer Pfanne erhitzen und die Scheiben darin langsam etwa 10 Minuten braten.
4. Für die Tomatensauce Tomaten kurze Zeit in kochendes Wasser legen (nicht kochen lassen), in kaltem Wasser abschrecken, enthäuten, entkernen und die Tomaten in kleine Würfel schneiden.

Gemüselasagne

5. Zwiebel und Knoblauch abziehen und fein würfeln.
6. Olivenöl erhitzen, die Zwiebel- und Knoblauchwürfel darin andünsten, Tomaten unterheben, mit Salz, Pfeffer und Thymian würzen und zu der gebratenen Gemüse-Piccata reichen.

Gemüsequiche

■ Vegetarisch – dauert länger

Pro Portion:
E: 29 g, F: 51 g, Kh: 47 g,
kJ: 3359, kcal: 803

Für den Teig:
200 g Weizenmehl
1 gestr. TL Salz
1 Ei
100 g weiche Butter

Für den Belag:
2 Zucchini (etwa 250 g)
100 g TK-Erbsen
300 g TK-Broccoli
4 Tomaten
Pfeffer
Salz
200 g Gouda

1 Becher (150 g) Crème fraîche
2 Eier
1 TL scharfer Senf
1 EL gehackte Kräuter
geriebene Muskatnuss

Zubereitungszeit: 2 Std.

1. Für den Teig Mehl in eine Rührschüssel sieben, Salz, Ei und Butter hinzufügen. Die Zutaten mit einem Handrührgerät mit Knethaken zunächst kurz auf niedrigster, dann auf höchster Stufe gut durcharbeiten, anschließend auf der Arbeitsfläche zu einem glatten Teig verkneten. Den Teig zugedeckt 1 Stunde kalt stellen.

MENUE

Vorspeise:
Blattsalat mit Walnüssen (Seite 44)

Hauptgericht:
Gemüsequiche (Seite 159)

Dessert:
Mandelpudding (Seite 296)

2. Für den Belag Zucchini putzen, waschen, in Scheiben schneiden, in kochendes Salzwasser geben, einmal aufkochen lassen, herausnehmen. Erbsen und Broccoli nacheinander jeweils 3 Minuten in dem Zucchiniwasser kochen lassen, das Gemüse auf ein Sieb geben, mit kaltem Wasser übergießen, gut abtropfen und erkalten lassen.
3. Tomaten kurze Zeit in das kochende Wasser geben (nicht kochen lassen), in kaltem Wasser abschrecken, enthäuten, die Stängelansätze herausschneiden, in dünne Scheiben schneiden.
4. Den Teig ausrollen, eine Spring- oder Pieform mit gefettetem Boden (Ø etwa 26 cm) damit auslegen, den Rand 2–3 cm hochziehen, den Teigboden mehrmals mit einer Gabel einstechen.
5. Das Gemüse auf dem Boden verteilen. In die Mitte die Erbsen geben, dann Zucchinischeiben als Kreis, dann Broccoli und als äußersten Kreis Tomatenscheiben auf den Boden legen. Das Gemüse mit Pfeffer und Salz bestreuen.
6. Käse in Würfel schneiden, über das Gemüse geben. Crème fraîche mit Eiern, Senf und Kräutern verrühren, mit Salz und Muskatnuss abschmecken, über das Gemüse gießen. Die Form auf dem Rost in den Backofen, unterste Schiene schieben.
Ober-/Unterhitze: etwa 180 °C (vorgeheizt)
Heißluft: etwa 160 °C (nicht vorgeheizt)
Gas: Stufe 2–3 (nicht vorgeheizt)
Backzeit: etwa 40 Minuten.

Tipp:
Die Gemüsesorten können je nach Geschmack variieren, z. B. eignen sich Champignons, Porree oder Paprika auch sehr gut.

Gemüsequiche

Gemüsesalat

■ Gut vorzubereiten

Pro Portion:
E: 6 g, F: 5 g, Kh: 17 g,
kJ: 594, kcal: 141

280 g Mexikanisches Gemüse
(aus der Dose)
175 g gekochter Spargel
125 g gedünstete Möhren
1 kleine Dose Champignonköpfe
120 g gedünstete grüne Bohnen

Für die Salatsauce:
3 EL Salatmayonnaise
3 EL Milch
2 EL Joghurt
Salz, Pfeffer, 1 Prise Zucker
2 EL gehackte Kräuter, z. B. Petersilie, Schnittlauch

Zubereitungszeit: 15 Min.,
ohne Durchziehzeit

1. Mexikanisches Gemüse gut abtropfen lassen. Spargel in etwa 3 cm lange Stücke schneiden. Beide Zutaten mit Möhren, Champignons und Bohnen vermischen.
2. Für die Salatsauce Mayonnaise mit Milch und Joghurt verrühren, mit Salz, Pfeffer und Zucker würzen.
3. Kräuter unterrühren, mit den Salatzutaten vermengen. Den Salat gut durchziehen lassen, evtl. nochmals abschmecken.

Tipp:
Sie können auch eine tiefgefrorene Gemüsemischung verwenden, die Sie knapp garen und abkühlen lassen.

Gemüsesauce

■ Gut vorzubereiten

Pro Portion:
E: 2 g, F: 21 g, Kh: 5 g,
kJ: 961, kcal: 230

500 g enthäutete Tomaten
1 Stange Staudensellerie
1 Möhre
1 kleine, abgezogene Zwiebel
1 Knoblauchzehe
7 EL Olivenöl
Salz, frisch gemahlener Pfeffer
1 EL gehacktes Basilikum

Zubereitungszeit: 35 Min.

1. Tomaten entkernen, die Stängelansätze herausschneiden, das Fruchtfleisch würfeln.
2. Sellerie putzen, waschen, klein schneiden.
3. Möhre putzen, schälen, waschen, klein schneiden. Zwiebel fein würfeln.
4. Öl erhitzen, Knoblauch abziehen, in Scheiben schneiden, im Öl goldgelb braten und herausnehmen.
5. Das Gemüse in dem Öl andünsten, Tomatenwürfel zugeben und alles bei schwacher Hitze etwa 15 Minuten kochen. Mit Salz und Pfeffer würzen.
6. Die Sauce durch ein Sieb passieren oder im Mixer pürieren. Basilikum unter die Sauce rühren.

Gemüsesuppe mit Pesto

■ Raffiniert – vegetarisch

Pro Portion:
E: 25 g, F: 38 g, Kh: 70 g,
kJ: 2994, kcal: 713

250 g getrocknete, weiße Bohnen
2 Fleischtomaten
3 kleine, feste Zucchini (400 g)
2 Stangen Staudensellerie (100 g)
3 Zwiebeln, 250 g grüne Bohnen
1 l Gemüsebrühe
1 Kochbeutel (125 g) Langkornreis

Für das Pesto:
4 große Knoblauchzehen
3 Bund Basilikum, Salz, Pfeffer
4 EL geriebener Parmesan
125 ml ($1/8$ l) Olivenöl

Zubereitungszeit: 75 Min.,
ohne Einweichzeit

Gemüsesalat

Gemüsesuppe mit Pesto

Gemüsesuppe, klare

■ Vegetarisch – für Kinder

Pro Portion:
E: 2 g, F: 10 g, Kh: 5 g,
kJ: 495, kcal: 118

50 g Möhren
50 g Knollensellerie
50 g Porree (Lauch)
1 Knoblauchzehe
3 EL Speiseöl
1 l Gemüsefond oder -brühe
Salz, frisch gemahlener Pfeffer
geriebene Muskatnuss
50 g kleine Broccoliröschen
50 g kleine Blumenkohlröschen
1 EL gehackte Petersilie

Zubereitungszeit: 40 Min.

1. Gemüse waschen und putzen. Möhren und Sellerie in feine Würfel, Porree in feine Ringe schneiden. Knoblauch abziehen und zerdrücken.
2. Öl erhitzen, Möhren, Sellerie und Porree darin andünsten, mit dem Fond ablöschen und etwa 10 Minuten leicht kochen lassen. Mit Salz, Pfeffer, Muskat und Knoblauch würzen.
3. Broccoli- und Blumenkohlröschen in die leicht kochende Suppe geben, weitere 10 Minuten garen, abschmecken. Mit Petersilie bestreuen.

MENUE

Hauptgericht:
Putenschnitzel, gefüllt (Seite 367)
Beilage:
Gemüsesalat (Seite 160)
Dessert:
Apfelmus (Seite 12)

---

1. Bohnen über Nacht in reichlich Wasser einweichen.
2. Tomaten kurze Zeit in kochendes Wasser legen (nicht kochen lassen), in kaltem Wasser abschrecken, enthäuten, halbieren, die Stängelansätze herausschneiden, Tomaten vierteln.
3. Zucchini waschen, die Enden abschneiden. Staudensellerie putzen, waschen, die harten Außenfäden abziehen. Beide Zutaten in Scheiben schneiden. Zwiebeln abziehen, vierteln. Grüne Bohnen evtl. abfädeln, waschen, in Stücke brechen.
4. Brühe zum Kochen bringen, weiße Bohnen hineingeben, bei mittlerer Hitze etwa 40 Minuten köcheln lassen. Zucchinischeiben, Sellerie, Zwiebeln und grüne Bohnen hinzufügen und etwa 15 Minuten garen.
5. Tomatenviertel 5 Minuten vor Garzeitende zugeben. Reis nach Packungsanleitung garen.
6. Für das Pesto Knoblauch abziehen. Basilikum abspülen, trockentupfen, die Blätter von den Stängeln zupfen. Zusammen mit Knoblauch, Salz und Pfeffer in einen Mixer geben, zu einer Paste verrühren. Parmesan darunter arbeiten, Öl nach und nach hinzufügen und abschmecken.
7. Kurz vor dem Servieren den abgetropften Reis in die Suppe geben. Beim Essen je nach Geschmack 1 oder 2 Teelöffel Pesto in die Suppe rühren.

Tipp:
Dazu Baguette servieren.

Gemüsesuppe, klare

Geschnetzeltes in Sahnesauce

■ Für Gäste

Pro Portion:
E: 32 g, F: 51 g, Kh: 10 g,
kJ: 2770, kcal: 661

500 g Schweinefilet
2 EL Weizenmehl
3 Zwiebeln
80 g Butter
350 g Champignons
125 ml ($^1/_8$ l) Weißwein
250 ml ($^1/_4$ l) Schlagsahne
Salz, frisch gemahlener Pfeffer

Zubereitungszeit: 25 Min.

1. Fleisch unter fließendem kalten Wasser abspülen, trockentupfen, in hauchdünne Scheibchen schneiden und mit Mehl bestäuben.
2. Zwiebeln abziehen und würfeln. Ein Drittel der Butter erhitzen, ein Drittel der Zwiebelwürfel und die Hälfte des Fleisches etwa 2 Minuten unter häufigem Umrühren darin braten lassen und aus der Pfanne nehmen.
3. Das zweite Drittel Butter erhitzen, das restliche Fleisch und ein weiteres Drittel Zwiebelwürfel hineingeben, auf die gleiche Weise zubereiten und das Fleisch warm stellen.
4. Die restliche Butter zerlassen und die restlichen Zwiebelwürfel darin andünsten.
5. Champignons putzen, mit Küchenpapier abreiben, evtl. abspülen, in Scheiben schneiden, zu den Zwiebelwürfeln geben und etwa 5 Minuten durchdünsten lassen. Fleisch, Weißwein und Sahne hinzufügen, mit Salz und Pfeffer würzen.
6. Das Geschnetzelte etwa 6 Minuten erhitzen und sofort servieren.

Geschnetzeltes mit Steinpilzen in Rieslingsauce

■ Schnell – für Gäste

Pro Portion:
E: 23 g, F: 19 g, Kh: 7 g,
kJ: 1494, kcal: 357

200 g junge, feste Steinpilze
2 Schalotten
3 EL Olivenöl, 1 TL Butter
400 g Kalbsfilet, 1 EL Weinbrand
250 ml ($^1/_4$ l) Weißwein (Riesling)
Salz, frisch gemahlener Pfeffer
$^1/_2$ Becher (75 g) Crème fraîche
1 TL gehackte Estragonblättchen

Zubereitungszeit: 25 Min.

1. Steinpilze putzen, mit Küchenpapier abreiben und in Scheiben schneiden. Schalotten abziehen und fein würfeln.
2. Öl mit Butter erhitzen und Zwiebelwürfel darin glasig dünsten lassen.
3. Kalbsfilet evtl. abspülen und trockentupfen. Das Filet in dünne Streifen schneiden, zu den Zwiebeln geben und unter Rühren anbraten. Weinbrand zugeben.
4. Steinpilzscheiben hinzufügen und durchdünsten lassen. Weißwein hinzugießen. Filetstreifen und Pilze in 5–8 Minuten gar schmoren lassen, mit Salz und Pfeffer würzen.
5. Crème fraîche unterrühren und erhitzen. Das Geschnetzelte mit den Estragonblättchen bestreuen.

Beilage:
Wilder Reis, Friséesalat.

Tipp:
Wenn Sie keine Steinpilze bekommen, können Sie sie durch Austernpilze oder Shiitakepilze ersetzen.

Gestockte Nudelnester

■ Raffiniert

Pro Portion:
E: 43 g, F: 53 g, Kh: 71 g,
kJ: 4156, kcal: 993

400 g grüne Bandnudeln
200 g Fleischwurst
2 Fleischtomaten (400 g)
4 EL Speiseöl
Salz, Pfeffer, 8 Eier
60 g geriebener Parmesan
40 g Butterflöckchen
Schnittlauchröllchen

Zubereitungszeit: 40 Min.

1. Nudeln in Salzwasser bissfest kochen, auf ein Sieb geben, abtropfen lassen.
2. Von der Fleischwurst die Haut abziehen, Wurst in Würfel schneiden. Tomaten waschen, enthäuten, entkernen und in Würfel schneiden.

Geschnetzeltes mit Steinpilzen in Rieslingsauce

Gestockte Nudelnester

3. Die abgetropften Nudeln mit dem Öl vermischen, Fleischwurst- und Tomatenwürfel unterheben, mit Salz und Pfeffer würzen.
4. Ein Backblech mit Alufolie belegen und die Nudeln zu 8 Nestern formen. In jedes Nest 1 aufgeschlagenes Ei geben.
5. Über die Nudelnester Parmesan und Butter geben, in den Backofen schieben.
Ober-/Unterhitze: etwa 180 °C (vorgeheizt)
Heißluft: etwa 160 °C (vorgeheizt)
Gas: Stufe 2–3 (vorgeheizt)
Backzeit: etwa 15 Minuten.
6. Mit Schnittlauch bestreuen.

Gestürzter Grießpudding mit Himbeersauce

Für Kinder

Pro Portion:
E: 11 g, F: 7 g, Kh: 60 g,
kJ: 1492, kcal: 356

1 Pck. Saucenpulver
1 Vanilleschote
30 g Grieß, 50 g Zucker
2 Eigelb
500 ml (½ l) Milch, 2 Eiweiß

Für die Himbeersauce:
600 g TK-Himbeeren
75 g Puderzucker
Waffeln
Johannisbeeren

Zubereitungszeit: 3 Std., mit Festwerden

1. Saucenpulver, aufgeschlitzte Vanilleschote mit Mark, Grieß, Zucker, Eigelb mit etwas Milch anrühren.
2. Restliche Milch zum Kochen bringen, die angerührte Masse hineingeben, zum Kochen bringen und unter Rühren 2 Minuten kochen lassen, Vanilleschote entfernen.
3. Eiweiß steif schlagen, unter den heißen Pudding heben, in eine mit kaltem Wasser ausgespülte Sturzform füllen und fest werden lassen.
4. Für die Himbeersauce Himbeeren mit Puderzucker bestreuen, auftauen lassen und durch ein Sieb streichen.
5. Grießpudding auf einen großen, flachen Teller stürzen, mit Waffeln und Johannisbeeren verzieren und mit der Himbeersauce servieren.

Tipp:
Statt Himbeeren können auch Erdbeeren verwendet werden.

Gestürzter Grießpudding mit Himbeersauce

163

Glasierte Möhren

■ Raffiniert

Pro Portion:
E: 3 g, F: 13 g, Kh: 18 g,
kJ: 808, kcal: 194

750 g Möhren (möglichst runde Sorte)
50 g Butter
Salz, Pfeffer
3 Orangen (1 unbehandelt)
1 TL Honig
1 EL Orangenlikör

Zubereitungszeit: 50 Min.

1. Möhren waschen, Wurzelenden abschneiden, Möhren schälen. 30 g Butter zerlassen, Möhren andünsten und würzen.
2. Ein Teelöffel Orangenschale von der unbehandelten Frucht abreiben, Orange auspressen, beides zu den Möhren geben. Bei kleiner Hitze 25–30 Minuten dünsten, bis die Möhren gar sind. Dann bei geöffnetem Deckel Flüssigkeit verkochen lassen.
3. Restliche Butter und Honig zufügen, unter ständigem Rühren glasieren, d.h. schmoren, bis die Möhren von einer glänzenden Schicht überzogen sind. Aus der Pfanne nehmen, warm halten.
4. Die zwei restlichen Orangen bis aufs Fruchtfleisch abschälen, in dünne Scheiben schneiden, in der Pfanne mit dem Likör erhitzen, mit den Möhren anrichten.

Glasierte Möhren

Glasiertes Gemüse

Glasierte Perlzwiebeln

■ Raffiniert

Pro Portion:
E: 1 g, F: 12 g, Kh: 15 g,
kJ: 764, kcal: 183

500 g Perlzwiebeln
60 g Butter
20 g Zucker
4 EL Wasser, Salz

Zubereitungszeit: 50 Min.

1. Perlzwiebeln abziehen.
2. Butter zerlassen, Zucker hinzufügen und unter Rühren darin karamellisieren lassen. Wasser unterrühren und so lange rühren, bis sich das Wasser mit der Karamellmasse verbunden hat.
3. Perlzwiebeln hinzufügen, mit Salz würzen, zugedeckt 10–15 Minuten dünsten lassen, ab und zu durchschütteln.

Glasiertes Gemüse

■ Schnell

Pro Portion:
E: 2 g, F: 16 g, Kh: 17 g,
kJ: 949, kcal: 227

300 g Möhren
300 g Zucchini
300 g Perlzwiebeln
75 g Butter
Salz, Pfeffer
25 g Zucker
1 Zweig Estragon

Zubereitungszeit: 20 Min.

1. Möhren schälen, putzen und waschen, in Streifen schneiden. Zucchini waschen, putzen, vierteln und in 3 cm lange Stücke schneiden. Perlzwiebeln abziehen.
2. Das Gemüse in kochendem Salzwasser nacheinander blanchieren (Möhren und Perlzwiebeln 5 Minuten, Zucchini etwa 1 Minute).
3. Das Gemüse auf ein Sieb geben und abtropfen lassen. Butter erhitzen, das Gemüse zugeben, mit Salz und Pfeffer würzen, mit Zucker bestreuen und unter Schwenken hellgelb karamellisieren lassen.
4. Estragon abspülen, trockentupfen, die Blättchen abzupfen und mit dem glasierten Gemüse servieren.

U V W X Y Z A B C D E F **G**

Glasiertes Kasseler

Glasiertes Kasseler

■ Schnell

Pro Portion:
E: 32 g, F: 36 g, Kh: 12 g,
kJ: 2299, kcal: 549

700 g Kasseler (Kotelettstück ohne Knochen)
2–3 EL Aprikosenkonfitüre
3 EL Olivenöl
1 EL Honig
2 EL Weinbrand
1 Msp. gemahlener Ingwer
1 Msp. gemahlener Koriander

Zubereitungszeit: 50 Min.

1. Kasselerkotelett unter fließendem kalten Wasser abspülen und trockentupfen.
2. Aprikosenkonfitüre mit Öl, Honig, Weinbrand, Ingwer und Koriander verrühren. Fleisch mit ²/₃ der Paste bestreichen und in einen Bräter legen. Etwas Wasser hinzufügen, auf dem Rost in den Backofen schieben.

Ober-/Unterhitze: etwa 200 °C (vorgeheizt)
Heißluft: etwa 180 °C (vorgeheizt)
Gas: Stufe 3–4 (vorgeheizt)
Bratzeit: 30–40 Minuten.

3. Das Fleisch mit der restlichen Paste bestreichen, in Alufolie wickeln und etwa 10 Minuten ruhen lassen.
4. Das Fleisch in Scheiben schneiden und mit dem Bratenfond übergießen.

Beilage:
Ananaskraut, Kartoffelbrei.

Tipp:
Kasseler kalt aufschneiden, süß-saures Chutney dazu reichen.

Gnocchi in Salbeibutter
2 Portionen

■ Für Gäste

Pro Portion:
E: 9 g, F: 16 g, Kh: 38 g,
kJ: 1442, kcal: 344

500 g Kartoffeln
100 g Weizenmehl
2 Eier
60 g Butter
2 EL enthäutete, entkernte Tomaten
1 EL in Streifen geschnittene Salbeiblätter

Zubereitungszeit: 70 Min.

1. Kartoffeln waschen, schälen, in etwa 20 Minuten gar kochen und abgießen, heiß abdämpfen. Durch eine Kartoffelpresse in eine Schüssel drücken, mit Mehl und Eiern zu einem Teig verarbeiten.
2. Den Teig auf einer mit Mehl bestreuten Arbeitsfläche zu länglichen Rollen formen und in etwa 2 cm lange Stücke schneiden. Mit den Zinken einer Gabel ein Muster eindrücken.
3. In kochendem Salzwasser etwa 6 Minuten ziehen lassen, bis sie an der Oberfläche schwimmen und mit einem Schaumlöffel herausnehmen.
4. Butter zerlassen, Tomaten und Salbeiblätter darin andünsten, Gnocchi hinzufügen und kurz durchschwenken.

Tipp:
Sie können die Gnocchi auch in einer fruchtigen Tomatensauce servieren.

Gnocchi in Salbeibutter

165

Goldbarschpfanne mit Shrimps

2 Portionen

■ Raffiniert – schnell

Pro Portion:
E: 29 g, F: 14 g, Kh: 4 g,
kJ: 1276, kcal: 304

300 g Goldbarschfilet
100 g Champignons
2 Knoblauchzehen
1 EL Speiseöl
150 g Shrimps
2 cl Weinbrand
Salz, Pfeffer
2 EL Schlagsahne
Petersilie

Zubereitungszeit: 20 Min.

Goldbarschpfanne mit Shrimps

1. Goldbarschfilet unter fließendem kalten Wasser abspülen, trockentupfen, evtl. vorhandene Gräten entfernen. Fischfilet in etwa 3 cm große Würfel schneiden.
2. Champignons putzen, mit Küchenpapier abreiben, in feine Scheiben schneiden. Knoblauch abziehen, grob würfeln.
3. Öl erhitzen, Champignons mit Knoblauch darin anbraten. Die Goldbarschwürfel dazugeben, kurz mit anbraten, Shrimps hinzufügen, alles in der geschlossenen Pfanne etwa 5 Minuten garen.
4. Mit Weinbrand, Salz und Pfeffer abschmecken. Mit Sahne verfeinern.
5. Petersilie unter fließendem kalten Wasser abspülen, trockentupfen, fein hacken, über den Fisch streuen, sofort servieren.

Beilage:
Reis, Nudeln, Röstkartoffeln, Blattsalat.

Gorgonzolasauce

■ Raffiniert

Pro Portion:
E: 8 g, F: 42 g, Kh: 10 g,
kJ: 2071, kcal: 495

400 g Tomaten
2 Schalotten, 4–5 EL Olivenöl
125 ml ($^1/_8$ l) Wermut
250 ml ($^1/_4$ l) Schlagsahne
Salz
frisch gemahlener Pfeffer
100 g Gorgonzola
Basilikumblättchen

Zubereitungszeit: 25 Min.

1. Tomaten kurze Zeit in kochendes Wasser legen (nicht kochen lassen), in kaltem Wasser abschrecken, enthäuten, Stängelansätze herausschneiden, Tomaten entkernen, das Fruchtfleisch klein schneiden.
2. Schalotten abziehen, fein würfeln und in dem erhitzten Öl glasig dünsten lassen.
3. Tomaten zugeben, kurz durchdünsten lassen.
4. Mit Wermut ablöschen, Sahne zugießen, zum Kochen bringen und mit Salz und Pfeffer würzen.
5. Die Sauce durch ein Sieb streichen und nochmals erhitzen. Gorgonzola dazugeben und unter Rühren in der Sauce schmelzen lassen.
6. Basilikumblättchen abspülen, trockentupfen und die Sauce damit garnieren.

Tipp: Zu Nudeln oder Steaks reichen.

Graupensuppe

■ **Gut vorzubereiten**

Pro Portion:
E: 39 g, F: 18 g, Kh: 61 g,
kJ: 2486, kcal: 594

500 g Rindfleisch
30 g Pflanzenfett
Salz, Pfeffer
1 l Gemüsebrühe
150 g Graupen, 1 1/2 l Salzwasser
375 g Kartoffeln, 1 Kohlrabi
1 Stange Porree (Lauch)
1 Stück Knollensellerie
1 Stängel Liebstöckel
1 EL Suppenwürze
125 ml (1/8 l) Schlagsahne
2 EL gehackte Petersilie

Zubereitungszeit: 90 Min.

1. Rindfleisch unter fließendem kalten Wasser abspülen, trockentupfen, in Würfel schneiden, in dem zerlassenen Pflanzenfett anbraten, mit Salz und Pfeffer bestreuen. Brühe hinzufügen, etwa 30 Minuten garen.
2. Graupen mit kochendem Salzwasser übergießen, abtropfen lassen, zu dem Fleisch geben und etwa 20 Minuten garen.
3. Kartoffeln schälen, waschen, in Würfel schneiden. Kohlrabi schälen, halbieren, in Stifte schneiden. Porree putzen, halbieren, waschen, in Streifen schneiden. Sellerie schälen, waschen, in Stifte schneiden.
4. Liebstöckel abspülen, mit Kartoffeln und Gemüse in die Suppe geben, zum Kochen bringen. Mit Salz und Pfeffer würzen und noch etwa 20 Minuten garen.
5. Nach Belieben kurz vor dem Servieren Sahne unterrühren und abschmecken. Die Petersilie darüber geben.

Graved Lachs
8–10 Portionen

■ **Gut vorzubereiten – für Gäste**

Pro Portion:
E: 23 g, F: 22 g, Kh: 6 g,
kJ: 1414, kcal: 338

1 kg Lachs, aus der Mitte geschnitten
5 Korianderkörner
30 g Zucker
1 1/2 TL frisch gemahlener Pfeffer
40 g Salz, 3 Bund Dill

Für die Senfsauce:
1 1/2 EL scharfer Senf
1 EL Zucker
2 EL Weinessig
5 EL Distelöl
1 EL fein gehackter Dill

Zum Anrichten:
Herzblätter vom Kopfsalat
1/2 TL rote Pfefferkörner

Zubereitungszeit: 35 Min., ohne Marinierzeit

1. Lachs der Länge nach halbieren und die Gräten mit einer Pinzette herauslösen. Koriander zerstoßen und mit Zucker, Pfeffer und Salz mischen. Die Innenseite der Fischstücke damit einreiben.
2. Dill waschen, trockentupfen, klein schneiden und darauf legen. Die Hälften zusammenklappen und in Frischhaltefolie fest einwickeln.
3. Mit einem Brett und Gewichten (Konservendosen) gleichmäßig beschweren und 2 Tage kühl stellen. Den Lachs mehrmals umdrehen.
4. Lachs schräg in sehr dünne Scheiben schneiden, die Haut dabei zurücklassen.
5. Für die Sauce die angegebenen Zutaten verrühren. Den Lachs mit etwas Sauce auf Portionstellern mit Salatblättern anrichten und roten Pfeffer darüber streuen. Die restliche Sauce dazu reichen.

Beilage:
Baguette.

Graved Lachs

Grieben- und Apfelschmalz

■ **Gut vorzubereiten**

Insgesamt:
E: 25 g, F: 601 g, Kh: 30 g,
kJ: 24926, kcal: 5953

Für das Griebenschmalz:
750 g fetter Speck (möglichst eine flache Speckseite verwenden, da sie besser durchgeräuchert ist)
3 Zwiebeln

Für das Apfelschmalz:
250–275 g säuerliche Äpfel
1–2 TL gerebelter Majoran

Zubereitungszeit: 35 Min.

1. Für das Griebenschmalz Speck in kleine Würfel schneiden, in einer großen Bratpfanne oder im Bratentopf auslassen.
2. Zwiebeln abziehen, in feine Würfel schneiden, zu dem Speck geben und braten lassen, bis die Grieben kross sind. Das Schmalz in kleine Steinguttöpfe füllen, bei Zimmertemperatur erkalten lassen (nicht in den Kühlschrank stellen, da das Schmalz dann leicht krümelig wird).
3. Für das Apfelschmalz Äpfel schälen, vierteln, entkernen, in kleine Würfel schneiden.
4. Bevor das Schmalz (Zubereitung wie Griebenschmalz) in Töpfchen gefüllt wird, Apfelstücke und Majoran unterrühren.

Griechische Kartoffeln

Griechische Kartoffeln

■ **Schnell**

Pro Portion:
E: 4 g, F: 9 g, Kh: 30 g,
kJ: 938, kcal: 224

800 g kleine Kartoffeln
3 EL Olivenöl, Salz, Pfeffer
je 1 EL fein gehackte Oreganoblättchen und Basilikumblättchen

Zubereitungszeit: 40 Min.

1. Kartoffeln waschen, in wenig Salzwasser zum Kochen bringen. In etwa 20 Minuten gar kochen lassen, abgießen, abdämpfen und heiß pellen.
2. Öl erhitzen, Kartoffeln darin etwa 10 Minuten braun braten lassen, mit Salz und Pfeffer würzen.
3. Oregano und Basilikum unterrühren und etwa 5 Minuten mitbraten lassen.

Grieben- und Apfelschmalz

Griechische Lammkeule

Griechische Käsecreme

■ Schnell

Pro Portion:
E: 4 g, F: 24 g, Kh: 1 g,
kJ: 1027, kcal: 245

75 g Schafskäse, 1 kleine Zwiebel
100 g weiche Butter
1 abgezogene Knoblauchzehe
Salz, Pfeffer

Zubereitungszeit: 10 Min.

1. Schafskäse mit einer Gabel zerdrücken.
2. Zwiebel abziehen, grob zerkleinern, mit Butter, Knoblauch und Käse mit einem Pürierstab pürieren, mit Salz und Pfeffer würzen und kalt stellen.

Beilage: Fladenbrot.

Griechische Lammkeule

■ Klassisch

Pro Portion:
E: 59 g, F: 53 g, Kh: 6 g,
kJ: 3415, kcal: 816

1,2 kg Lammkeule mit Knochen
frisch gemahlener Pfeffer
4 EL Olivenöl
2–3 Knoblauchzehen
1 TL Salz
$1/2$ TL geriebene Zitronenschale (unbehandelt)
je 1 TL gehackter Oregano
gehacktes Basilikum
gehackte Pfefferminze
1 mittelgroße Zwiebel
3 enthäutete Fleischtomaten (etwa 500 g)
125 ml ($1/8$ l) Fleischbrühe
125 ml ($1/8$ l) Rotwein
2 EL Tomatenmark

Zubereitungszeit: 2 Std.

1. Lammkeule unter fließendem kalten Wasser abspülen, trockentupfen und mit Pfeffer würzen.
2. Öl erhitzen, die Lammkeule von allen Seiten gut darin anbraten.
3. Knoblauch abziehen, grob hacken, mit Salz zu einer Paste zerreiben, mit Zitronenschale, Oregano, Basilikum und Pfefferminze verrühren. Lammkeule mit der Paste einstreichen.
4. Zwiebel abziehen, vierteln. Tomaten halbieren, Stängelansätze entfernen, in Stücke schneiden, zu der Lammkeule geben und kurz mit andünsten.
5. Brühe und Wein hinzugießen, den Topf auf dem Rost in den Backofen schieben.
   Ober-/Unterhitze: etwa 180 °C (vorgeheizt)
   Heißluft: etwa 160 °C (nicht vorgeheizt)
   Gas: Stufe 2–3 (nicht vorgeheizt)
   Backzeit: etwa $1^1/2$ Stunden.
6. Fleisch herausnehmen, 10 Minuten ruhen lassen (damit sich der Fleischsaft setzt), von den Knochen lösen, in Scheiben schneiden, warm stellen.
7. Tomatenmark unter die Sauce rühren, nach Belieben durch ein Sieb streichen, mit den Gewürzen abschmecken und zu dem Fleisch servieren.

Tipp: Grüne Bohnen dazu servieren.

MENUE

Hauptgericht:
Lammrücken mit Rosmarin (Seite 276)

Beilage:
Griechische Kartoffeln (Seite 168)

Dessert:
Rotweinkirschen (Seite 397)

Griechischer Salat mit Schafskäse

■ Schnell – klassisch

Pro Portion:
E: 10 g, F: 21 g, Kh: 4 g,
kJ: 1074, kcal: 256

2 große Fleischtomaten (300 g)
1/2 Salatgurke (200 g)
200 g Schafskäse
50 g schwarze Oliven

Für die Salatsauce:
3 EL Olivenöl
2 EL Essig
Knoblauchpfeffer
Salz
1 Prise Zucker
frisch gemahlener, schwarzer Pfeffer
gehackte Basilikumblättchen
gehackte Majoranblättchen

Zubereitungszeit: 25 Min.

1. Tomaten waschen, die Stängelansätze herausschneiden und Tomaten in Scheiben schneiden.
2. Gurke waschen, abtrocknen, halbieren und in etwas dickere Scheiben oder Stücke schneiden.
3. Schafskäse in Stücke oder in Würfel schneiden.
4. Die Zutaten mit Oliven vorsichtig in einer Salatschüssel mischen.
5. Für die Salatsauce Öl mit Essig verrühren, mit Knoblauchpfeffer, Salz, Zucker und Pfeffer abschmecken. Basilikum- und Majoranblättchen unterrühren. Sauce über den Salat geben.

Tipp:
Statt der Gurken können Sie auch geputzte Zucchini in den Salat geben.

Grießauflauf mit Obst

Grießauflauf mit Obst

■ Für Kinder

Pro Portion:
E: 14 g, F: 26 g, Kh: 83 g,
kJ: 2696, kcal: 643

500 g Mirabellen oder 500 g Ananasscheiben (aus der Dose)
500 ml (1/2 l) Milch, Salz
125 g Weizengrieß
1 Pck. Pudding-Pulver Vanille-Geschmack
3 EL kalte Milch
75 g Butter, 60 g Zucker
1 Pck. Vanillin-Zucker
3 Eier
1 gestr. TL Backpulver

Zubereitungszeit: 75 Min.

1. Mirabellen oder Ananasscheiben abtropfen lassen und den Saft auffangen (die Ananas in Stücke schneiden). Milch mit Salz zum Kochen bringen.
2. Grieß in die von der Kochstelle genommene Milch rühren und zum Quellen stehen lassen. Pudding-Pulver mit der kalten Milch anrühren.
3. Butter schaumig rühren, nach und nach Zucker, Vanillin-Zucker, Eier, Backpulver und den noch warmen Grießbrei mit dem Pudding-Pulver unterrühren.
4. Obst unterheben. Alles in eine gefettete Auflaufform füllen, mit dem Deckel verschließen und in den Backofen stellen.
Ober-/Unterhitze: etwa 200 °C (vorgeheizt)
Heißluft: etwa 180 °C (nicht vorgeheizt)
Gas: Stufe 3–4 (nicht vorgeheizt)
Backzeit: etwa 35 Minuten.

Griechischer Salat mit Schafskäse

Grießbrei

■ Preiswert

Pro Portion:
E: 11 g, F: 11 g, Kh: 35 g,
kJ: 1252, kcal: 298

1 l Milch
1 EL Butter
1 Prise Salz
Zitronenschale (unbehandelt)
125 g Weizengrieß
Zucker

Zubereitungszeit: 25 Min.

1. Milch mit Butter, Salz und Zitronenschale zum Kochen bringen.
2. Grieß hineinstreuen und unter häufigem Umrühren 10–15 Minuten ausquellen lassen. Nach Belieben mit Zucker abschmecken.

Beilage:
Saft oder Kompott.

Grießflammeri mit marinierten Beeren

6 Portionen

■ Für Gäste

Pro Portion:
E: 5 g, F: 16 g, Kh: 47 g,
kJ: 1550, kcal: 370

250 ml ($1/4$ l) Milch
75 g Zucker
Mark von 1 Vanilleschote
45 g Weizengrieß
1 Eigelb
40 ml Cointreau

Grießflammeri mit marinierten Beeren

2 Blatt Gelatine in kaltem Wasser eingeweicht
abgeriebene Schale von $1/2$ Orange (unbehandelt)
250 ml ($1/4$ l) geschlagene Sahne

Für die Beeren:
100 g Zucker
125 ml ($1/8$ l) schwarzer Johannisbeersaft
125 ml ($1/8$ l) Orangensaft
1 EL Zitronensaft
abgeriebene Schale von 1 Orange (unbehandelt)
250 g gemischte Beeren, z. B. Himbeeren, Brombeeren, Heidelbeeren, Johannisbeeren, Erdbeeren

Zubereitungszeit: 45 Min.

1. Milch mit Zucker und Vanillemark aufkochen lassen. Grieß hinzugeben, gut verrühren und am Herdrand bei milder Hitze etwa 10 Minuten quellen lassen.
2. Eigelb einrühren, danach die Grießmasse etwas abkühlen lassen. Cointreau etwas erwärmen, darin die Gelatine auflösen, die Orangenschale zugeben und alles unter die lauwarme Grießmasse geben, gut vermischen.
3. Wenn die Masse zu stocken beginnt, die geschlagene Sahne unterheben. Die Masse in Förmchen (Ø 8 cm, Höhe 4 cm) füllen und für 3–4 Stunden kalt stellen.
4. Für die Beeren Zucker in einer Pfanne schmelzen lassen. Mit Johannisbeersaft, Orangensaft und Zitronensaft auffüllen. Abgeriebene Orangenschale zugeben und alles sehr gut einkochen lassen.
5. Abgespülte, trockengetupfte, entstielte Beeren dazugeben. Nochmals aufkochen lassen, zur Seite stellen, abkühlen lassen.
6. Jedes Förmchen auf einen Teller stürzen. Mit den lauwarmen Beeren servieren.

Grießklößchen

■ Schnell

Pro Portion:
E: 4 g, F: 5 g, Kh: 11 g,
kJ: 465, kcal: 111

125 ml (1/8 l) Milch
10 g Butter
Salz
geriebene Muskatnuss
50 g Grieß
1 Ei

Zubereitungszeit: 15 Min.

1. Milch mit Butter, Salz und Muskat zum Kochen bringen, von der Kochstelle nehmen.
2. Grieß unter Rühren hineinstreuen, zu einem glatten Kloß rühren und noch etwa 1 Minute erhitzen.
3. Den heißen Kloß in eine Schüssel geben und das Ei unterrühren. Aus der Masse mit zwei Teelöffeln Klößchen formen, in kochendes Salzwasser oder kochende Suppe geben, etwa 5 Minuten gar ziehen lassen (Flüssigkeit muss sich leicht bewegen).

Grießklößchen römische Art

■ Gut vorzubereiten

Pro Portion:
E: 28 g, F: 34 g, Kh: 45 g,
kJ: 2618, kcal: 624

750 ml (3/4 l) Milch
150 g Weizengrieß
Salz
frisch gemahlener Pfeffer
geriebene Muskatnuss
2 Eigelb
175 g geriebener Parmesan
40 g Semmelbrösel
50 g Butter

Zubereitungszeit: 30 Min.

1. Milch zum Kochen bringen, von der Kochstelle nehmen. Grieß unter Rühren hinzufügen.
2. Mit Salz, Pfeffer, Muskat würzen. Wieder erhitzen, unter ständigem Rühren solange kochen lassen, bis die Masse dick wird. Abkühlen lassen.
3. Eigelb und etwa 2/3 des Parmesan untermischen.
4. Auf ein gefettetes Backblech Grießmasse 1/2 cm dick mit dem Messer auftragen. Etwa 1/2 Stunde kühl stellen.
5. Plätzchen von etwa 3 cm Durchmesser ausstechen.
6. Eine feuerfeste Form ausfetten, Grießklößchen hineinlegen. Mit dem restlichen Parmesan und Semmelbröseln bestreuen. Mit zerlassener Butter übergießen.
7. Bei starker Hitze im Backofen so lange überbacken, bis eine goldbraune Kruste entstanden ist.

Grießklößchen römische Art

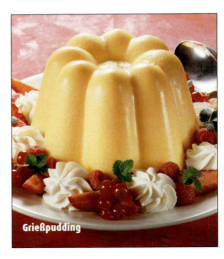
Grießpudding

Ober-/Unterhitze: etwa 220 °C (vorgeheizt)
Heißluft: etwa 200 °C (vorgeheizt)
Gas: Stufe 4–5 (vorgeheizt)
Backzeit: etwa 10 Minuten.

Grießpudding

■ Schnell

Pro Portion:
E: 9 g, F: 8 g, Kh: 27 g,
kJ: 934, kcal: 222

500 ml (1/2 l) Milch
1 Pck. Saucen-Pulver Vanille-Geschmack
30 g Weizengrieß
50 g Zucker, 2 Eigelb
6 EL kalte Milch, 2 Eiweiß

Zubereitungszeit: 20 Min.

1. Milch zum Kochen bringen. Saucen-Pulver mit Grieß, Zucker und Eigelb mischen, mit kalter Milch anrühren, unter Rühren in die von der Kochstelle genommene Milch geben und in etwa 10 Minuten ausquellen lassen.

2. Eiweiß steif schlagen, unter die kochend heiße Speise heben, in eine Puddingform füllen und kalt stellen. Stürzen.

Beilage:
Frisches Obst der Saison und Schlagsahne.

Grießsuppe

■ Preiswert

Pro Portion:
E: 8 g, F: 6 g, Kh: 9 g,
kJ: 568, kcal: 136

1 l Fleisch-, Knochen- oder Gemüsebrühe, 40 g Weizengrieß
Salz, Suppenwürze
1 EL gehackte Petersilie oder fein geschnittener Schnittlauch

Zubereitungszeit: 20 Min.

1. Brühe zum Kochen bringen. Grieß unter Rühren hineinstreuen und etwa 10 Minuten ausquellen lassen.
2. Die Suppe mit Salz und Suppenwürze abschmecken, mit Petersilie oder Schnittlauch bestreuen.

MENUE

Hauptgericht:
Italienisches Roastbeef (Seite 225)

Beilage:
Grießklößchen römische Art (Seite 172)

Dessert:
Panna cotta (Seite 338)

Grilltomaten

Grilltomaten

■ Schnell

Pro Portion:
E: 2 g, F: 6 g, Kh: 5 g,
kJ: 361, kcal: 87

4 große Tomaten (je 150 g)
Salz, schwarzer Pfeffer
1 Knoblauchzehe
2 EL Olivenöl
2 Zweige Thymian
10 Basilikumblättchen

Zubereitungszeit: 25 Min.

1. Tomaten waschen, abtrocknen, an der runden Seite kreuzförmig einritzen, mit Salz und Pfeffer bestreuen.
2. Knoblauch abziehen, durch die Knoblauchpresse drücken und mit Öl verrühren.
3. Kräuter abspülen und trockentupfen. Thymianblättchen abzupfen, mit Basilikumblättchen fein hacken und mit Öl verrühren.
4. Den Grillrost mit Alufolie bespannen, die Tomaten mit Öl bestreichen, auf den heißen Grillrost setzen, nach 5 Minuten Grillzeit erneut bestreichen und nochmals 5 Minuten weitergrillen.

Grundsauce, helle

■ Schnell

Pro Portion:
E: 13 g, F: 30 g, Kh: 17 g,
kJ: 1726, kcal: 414

25 g Butter oder Margarine
20 g Weizenmehl
375 ml ($^3/_8$ l) Gemüse-, Fisch- oder Fleischbrühe

Zubereitungszeit: 10 Min.

1. Butter oder Margarine zerlassen, Mehl unter Rühren so lange darin erhitzen, bis es hellgelb ist.
2. Brühe hinzugießen, mit einem Schneebesen durchschlagen, darauf achten, dass keine Klümpchen entstehen.
3. Die Sauce zum Kochen bringen, etwa 5 Minuten kochen lassen und nach Belieben abschmecken.

Tipp:
2 Esslöffel gehackte Kräuter oder 2 gehäufte Esslöffel geriebenen Meerrettich (aus dem Glas) oder 125 g geriebenen Käse unter die Sauce rühren.

173

Grüne Bohnen mit Tomaten und Basilikum

Grüne Bohnen
Schnitt- oder Brechbohnen

■ Klassisch

Pro Portion:
E: 4 g, F: 9 g, Kh: 8 g,
kJ: 552, kcal: 131

750 g grüne Bohnen
1 mittelgroße Zwiebel
40 g Butter oder Margarine
125 ml ($^1/_8$ l) Wasser
Salz
Pfeffer
1 EL gehackte Petersilie

Zubereitungszeit: 40 Min.

1. Für Schnittbohnen eine flache, breite Sorte, am besten Stangenbohnen nehmen. Für Brechbohnen die runden, fleischigen, sogenannten Speckbohnen nehmen. Von den Bohnen die Enden abschneiden, Bohnen abfädeln, waschen, schneiden oder brechen.

2. Zwiebel abziehen und würfeln. Butter oder Margarine zerlassen, Zwiebelwürfel darin hellgelb dünsten, Bohnen dazugeben und andünsten.

3. Wasser, Salz und Pfeffer hinzufügen, etwa 25 Minuten (je nach Bohnensorte) gar dünsten lassen. Bohnen mit Salz und Pfeffer abschmecken und mit Petersilie bestreuen.

Variante:
250 g in Stücke geschnittene Tomaten 10 Minuten mitdünsten. Oder 40 g durchwachsenen Speck würfeln, auslassen, 20 g Butter hinzufügen, zerlassen, 1 Esslöffel Zwiebelwürfel darin andünsten. Bohnen darin schwenken.

MENUE
Vorspeise:
Blattsalat, bunter (Seite 42)
Hauptgericht:
Grüne Heringe, gebraten (Seite 175)
Dessert:
Quark-Flammeri (Seite 368)

Grüne Bohnen mit Tomaten und Basilikum
6 Portionen

■ Raffiniert

Pro Portion:
E: 13 g, F: 13 g, Kh: 32 g,
kJ: 1230, kcal: 292

250 g getrocknete, weiße Bohnen
750 g grüne Bohnen
1 Gemüsezwiebel (etwa 250 g)
3 EL Olivenöl, 40 g Butter
etwa 480 g Tomaten (aus der Dose)
1 Knoblauchzehe
Salz, Pfeffer
1 Bund Basilikum

Zubereitungszeit: $1^1/_2$ Std., ohne Einweichzeit

1. Weiße Bohnen über Nacht einweichen, weiße Bohnen waschen, in Salzwasser geben, zum Kochen bringen und in etwa 60 Minuten gar kochen lassen.
2. Von den grünen Bohnen die Enden abschneiden, evtl. abfädeln, waschen, evtl. einmal durchschneiden oder brechen. Bohnen in Salzwasser geben, zum Kochen bringen, in etwa 15 Minuten gar kochen lassen.
3. Zwiebel abziehen und würfeln. Öl in einem großen Topf erhitzen, Butter hinzufügen, zerlassen und Zwiebelwürfel darin glasig dünsten.
4. Tomaten mit dem Saft zu den Zwiebelwürfeln geben, gut miteinander vermischen, dabei die Tomaten etwas zerkleinern. Die abgetropften Bohnen dazugeben.
5. Die abgezogene Knoblauchzehe zerdrücken, zu den Bohnen geben, das Gemüse salzen und pfeffern. Den Topf mit dem Deckel verschließen, das

Gemüse zum Kochen bringen und bei schwacher Hitze in etwa 10 Minuten garen lassen.
6. Basilikum unter fließendem kalten Wasser abspülen, trockentupfen, die Blättchen von den Stängeln zupfen, fein hacken und kurz vor Beendigung der Garzeit zu den Bohnen geben. Nach Belieben die Sauce etwas einkochen lassen.

Beilage:
Rostbratwürste, Baguette.

Grüne Heringe, gebraten

Grüne Heringe, gebraten

■ Schnell

Pro Portion:
E: 45 g, F: 52 g, Kh: 1 g,
kJ: 2950, kcal: 704

1 kg küchenfertige, grüne Heringe
2 EL Weizenmehl
Salz
Pfeffer
5 EL Speiseöl

Zubereitungszeit: 10 Min.

1. Heringe unter fließendem kalten Wasser abspülen und trockentupfen.
2. Mehl mit Salz und Pfeffer mischen, Heringe darin wenden. Öl erhitzen und die Heringe von beiden Seiten darin 6-8 Minuten braten.

Beilage:
Bratkartoffeln oder Kartoffelsalat oder Pellkartoffeln.

Tipp:
Grüne Heringe heißen grün, weil sie frisch gefangen und unbehandelt sind.

Grüne Sauce

■ Für Gäste

Pro Portion:
E: 1 g, F: 1 g, Kh: 2 g,
kJ: 352, kcal: 84

1 Zwiebel
2-3 EL Speiseöl
1-2 EL Kräuteressig
Salz
frisch gemahlener Pfeffer
Zucker
1 Bund gemischte Kräuter, z. B. Petersilie, Kerbel, Estragon Borretsch, Zitronenmelisse

Zubereitungszeit: 30 Min.

1. Zwiebel abziehen, würfeln, mit Öl, Essig verrühren, mit Salz, Pfeffer und Zucker würzen.
2. Kräuter abspülen, trockentupfen, fein hacken und mit der Sauce verrühren.

Tipp:
Grüne Sauce eignet sich für Blatt- und Endiviensalat.

Grüne Sauce

Grüne Tomaten, gebraten

■ Schnell

Pro Portion:
E: 8 g, F: 38 g, Kh: 14 g,
kJ: 1896, kcal: 453

150 g Frühstücksspeck
8 grüne Tomaten
Salz, frisch gemahlener Pfeffer
1 Ei, 3 EL Weizenmehl
4 EL Olivenöl
1 Bund Frühlingszwiebeln

Zubereitungszeit: 30 Min.

1. Das Gitter vom Grill mit Haushaltspapier belegen, hierauf den Frühstücksspeck legen. Im vorgeheizten Grill in etwa 2–3 Minuten knusprig braun grillen und herausnehmen.
2. Tomaten waschen, abtropfen lassen, in 2 cm dicke Scheiben schneiden und mit Salz und Pfeffer würzen. Zuerst in dem verrührten Ei, dann im Mehl wenden.
3. Öl in einer großen Pfanne erhitzen, Tomatenscheiben bei mittlerer Hitze von beiden Seiten goldbraun braten und auf Tellern anrichten.
4. Frühlingszwiebeln putzen, waschen, in kleine Stücke schneiden, kurz im heißen Bratfett anschwenken und über die Tomaten geben. Mit knusprigen Frühstücksspeckscheiben garniert servieren.

Beilage:
Kräftiges Steinofenbrot.

Grüner Nudel-Fleisch-Topf

■ Gut vorzubereiten

Pro Portion:
E: 51 g, F: 81 g, Kh: 42 g,
kJ: 4771, kcal: 1139

200 g grüne Bandnudeln
500 g Champignons
3 kleine Zwiebeln (150 g)
50 g Butter
Salz
frisch gemahlener Pfeffer
250 ml (1/4 l) Schlagsahne
500 g Schnitzelfleisch
4 EL Speiseöl
250 ml (1/4 l) Gemüsebrühe
1 Becher (200 g) Schmand
3 EL frische gehackte Petersilie
40 g Butterflöckchen
150 g geriebener Käse

Zubereitungszeit: 50 Min.

1. Nudeln in Salzwasser nach Packungsanleitung bissfest kochen, abgießen.
2. Champignons putzen, mit Küchenpapier abreiben, Champignons in Scheiben schneiden. Zwiebeln abziehen, fein würfeln. Butter in einem Topf zerlassen.
3. Zwiebeln glasig dünsten, Champignonscheiben hinzugeben, etwa 5 Minuten dünsten, mit Salz und Pfeffer würzen. Sahne hinzugeben und einmal aufkochen.
4. Fleisch unter fließendem kalten Wasser abspülen, trockentupfen und in Streifen schneiden.
5. Öl erhitzen, das Fleisch portionsweise darin anbraten, salzen, pfeffern und jeweils mit etwas Brühe ablöschen. Fleisch zu der Champignonmischung geben.
6. Schmand und Nudeln vorsichtig unterrühren und abschmecken. Petersilie unterrühren. Alles in eine Auflaufform geben, mit Butterflöckchen und Käse bestreuen und im Backofen überbacken.
Ober-/Unterhitze: etwa 180 °C (vorgeheizt)
Heißluft: etwa 160 °C (vorgeheizt)
Gas: Stufe 2–3 (vorgeheizt)
Backzeit: etwa 20 Minuten.

Grüne Tomaten, gebraten

Grüner Salat

2 Portionen

■ **Schnell**

Pro Portion:
E: 1 g, F: 12 g, Kh: 3 g,
kJ: 552, kcal: 131

200 g grüner Salat, z. B. Eisbergsalat, Kopfsalat, Lollo bianco

Für die Marinade:
2 EL Speiseöl
1 EL Wein- oder Obstessig oder Zitronensaft
2–3 EL Mineralwasser
1 TL Senf, mittelscharf
1 kleine Zwiebel
2 EL gemischte, gehackte Kräuter, z. B. Petersilie, Schnittlauch, Kresse
frisch gemahlener Pfeffer
Salz
1 Prise Zucker

Zubereitungszeit: 15 Min.

1. Salat putzen, sorgfältig waschen, abtropfen lassen. Große Blätter etwas zerpflücken.
2. Für die Marinade Öl, Essig oder Zitronensaft, Mineralwasser und Senf verrühren.
3. Zwiebel abziehen, in sehr feine Würfel schneiden. Kräuter und Zwiebelwürfel unter die Marinade rühren.
4. Mit Pfeffer, Salz und Zucker würzen. Kurz vor dem Verzehr den Salat mit der Marinade vermengen.

Grüner Spargel mit Kresse-Hollandaise

■ **Schnell**

Pro Portion:
E: 3 g, F: 46 g, Kh: 1 g,
kJ: 1937, kcal: 463

Für die Kresse-Hollandaise:
200 g Butter, 4 Eigelb
6 EL Weißwein

Grüner Spargel mit Kresse-Hollandaise

Salz, Pfeffer, Zucker
Zitronensaft
1/2 Kästchen Kresse
500 g gekochter, grüner Spargel

Zubereitungszeit: 15 Min.

1. Für die Sauce die Butter zerlassen und etwas abkühlen lassen.
2. Eigelb mit Wein im Wasserbad so lange schlagen, bis die Masse dicklich ist und aus dem Wasserbad nehmen. Butter nach und nach unterschlagen.
3. Die Sauce mit Salz, Pfeffer, Zucker und Zitronensaft abschmecken, bis zum Verzehr im Wasserbad warm halten, damit sie nicht gerinnt.
4. Von der Kresse die Blättchen abschneiden, vorsichtig waschen, trockentupfen und unter die Sauce rühren. Mit Spargel servieren.

MENUE

Vorspeise:
Paprikaschoten, mariniert (Seite 341)

Hauptgericht:
Grüner Nudel-Fleisch-Topf (Seite 176)

Dessert:
Vanillepudding (Seite 485)

Grüner Nudel-Fleisch-Topf

Grüner-Spargel-Salat mit gebratener Entenbrust

■ Für Gäste

Pro Portion:
E: 50 g, F: 80 g, Kh: 13 g,
kJ: 4395, kcal: 1049

1 kg grüner Spargel
375 ml (³/₈ l) Wasser
Salz, 1 Prise Zucker
1 EL Butter
4 kleine Entenbrustfilets (je 250 g)
frisch gemahlener Pfeffer
1 EL Olivenöl
2 Grapefruits

Für die Marinade:
3 EL Weinessig, 4 EL Sherry
125 ml (¹/₈ l) Olivenöl
75 g Kerbel

Zubereitungszeit: 50 Min.

1. Spargel nur am unteren weißen Ende schälen. Die unteren Enden gerade und alle Stangen möglichst gleich lang schneiden (holzige Stellen vollkommen wegschneiden). Spargel waschen, in Portionen bündeln.
2. Wasser mit 1 Teelöffel Salz, Zucker und Butter zum Kochen bringen, den Spargel hineingeben, zum Kochen bringen. Spargel in 8–10 Minuten gar kochen lassen.
3. Den garen Spargel mit einem Schaumlöffel vorsichtig aus dem Kochwasser herausnehmen, auf eine vorgewärmte Platte legen, die Fäden entfernen.
4. Entenbrustfilets unter fließendem kalten Wasser abspülen, trockentupfen, mit Salz und Pfeffer würzen. Bei starker Hitze ohne Fettzugabe auf der Hautseite etwa 2 Minuten anbraten.
5. Bei mittlerer Hitze insgesamt 8 Minuten auf beiden Seiten weiterbraten. Filets aus der Pfanne nehmen, in Alufolie einwickeln und mindestens 10 Minuten ruhen lassen.
6. Grapefruits filetieren, dann in Stücke schneiden.
7. Für die Marinade Essig und Sherry verrühren, langsam das Öl darunter schlagen, mit Salz und Pfeffer würzen.
8. Kerbel abspülen, trockentupfen, einige Blätter zum Garnieren beiseite legen. Die restlichen Kräuter hacken, in die Marinade geben.
9. Den warmen Spargel und die Grapefruitstücke mit Marinade mischen und anrichten.
10. Entenbrustfilets aufschneiden und mit dem Salat servieren.

Grünkernbratlinge

Grüner-Spargel-Salat mit gebratener Entenbrust

Grünkernbratlinge

■ Vegetarisch

Pro Portion:
E: 8 g, F: 23 g, Kh: 32 g,
kJ: 1607, kcal: 384

130 g Grünkern

1 Zwiebel
1 Lorbeerblatt
500 ml (½ l) Wasser
1 kleine Dose (50 g) vegetarische
Pastete
1 Ei
50 g Vollkornsemmelbrösel
Meersalz
körnige Hefewürze
gerebelter Majoran
gerebeltes Liebstöckel
6 EL Kokosfett

Zubereitungszeit: 45 Min.

1. Grünkern schroten. Zwiebel abziehen und fein würfeln. Grünkernschrot, Zwiebelwürfel und Lorbeerblatt in Wasser einmal unter Rühren aufkochen und ausquellen lassen.
2. Lorbeerblatt entfernen. Unter die noch warme Masse die Pastete rühren. Die Masse abkühlen lassen.
3. Unter die abgekühlte Masse Ei und Semmelbrösel rühren, mit Salz, Hefewürze, Majoran und Liebstöckel würzen. Mit feuchten Händen Frikadellen formen, in heißem Kokosfett braten.

Beilage:
Gurkenscheiben und Tomatenstücke.

Grünkernklöße

■ Vegetarisch

Pro Portion:
E: 19 g, F: 20 g, Kh: 58 g,
kJ: 2169, kcal: 517

4 Weizenvollkornbrötchen
500 ml (½ l) Milch
150 g Grünkernschrot
50 g Butter

Grünkernklöße

1 Zwiebel, 2 Eier
1 EL gehackte, gemischte Kräuter
oder gehackte Petersilie
Meersalz
frisch gemahlener Pfeffer
geriebene Muskatnuss
Weizenvollkornmehl

Zubereitungszeit: 40 Min.

1. Brötchen in dünne Scheiben schneiden und mit der Hälfte der Milch übergießen, die Brötchen müssen mit Milch bedeckt sein.
2. Den Rest der Milch zum Kochen bringen, Grünkernschrot unter Rühren einstreuen, zum Kochen bringen und ausquellen lassen.
3. Butter zerlassen. Zwiebel abziehen, würfeln und darin andünsten. Brötchenscheiben und Grünkernschrot hinzufügen, evtl. mit dem Schnellmixstab des Handrührgerätes zerkleinern, zu einem glatten Kloß verrühren und unter Rühren erhitzen.
4. Den heißen Kloß in eine Schüssel geben, etwas abkühlen lassen. Nach und nach Eier, Kräuter oder Petersilie unterrühren. Kräftig mit Meersalz, Pfeffer und Muskat würzen.
5. Aus dem Teig 10–12 Klöße formen, in Mehl wenden, in kochendes Salzwasser geben, zum Kochen bringen und etwa 15 Minuten gar ziehen lassen (Wasser muss sich leicht bewegen).

Beilage:
Kräutersauce, Apfel-Möhren-Rohkost.

Grünkernspätzle

2 Portionen

■ Schnell

Pro Portion:
E: 20 g, F: 12 g, Kh: 50 g,
kJ: 1725, kcal: 412

3 Eier, Salz
50 g Weizenmehl (Type 1050)
50 g Weizenvollkornmehl
50 g Grünkernmehl
Wasser

Zubereitungszeit: 30 Min.

1. Eier mit Salz verrühren. Die drei Mehlsorten nach und nach unter Rühren dazusieben. Den Teig so lange schlagen, bis er Blasen wirft. Evtl. etwas Wasser unterrühren, bis ein geschmeidiger Teig entsteht.
2. Portionsweise durch die Spätzlepresse in kochendes Salzwasser drücken.
3. Wenn die Spätzle an der Oberfläche schwimmen, herausnehmen und bis zum Verzehr warm stellen.

Grünkohl mit Kasseler

■ Klassisch

Pro Portion:
E: 50 g, F: 59 g, Kh: 7 g,
kJ: 3359, kcal: 801

1 1/2 kg Grünkohl
2 Zwiebeln
30 g Schweineschmalz
20 g Haferflocken
375 ml (3/8 l) Wasser
Salz

Grünkohl, gedünstet

2 frische Mettwürste (300 g)
4 Kasseler Koteletts (500 g)
frisch gemahlener Pfeffer
2 TL Senf

Zubereitungszeit: 80 Min.

1. Von dem Grünkohl welke und fleckige Blätter und Rippen entfernen. Grünkohl gründlich waschen, in kochendes Salzwasser geben, zum Kochen bringen, 1–2 Minuten kochen, abtropfen lassen und grob hacken.
2. Zwiebeln abziehen und würfeln. Schmalz in einem Topf erhitzen, Zwiebelwürfel darin andünsten.
3. Grünkohl dazugeben, Haferflocken unterrühren und alles erhitzen, Wasser hinzufügen. Mit Salz würzen und etwa 1 Stunde garen lassen.
4. 20 Minuten vor Beendigung der Garzeit Mettwürste und Kasseler Koteletts darauf geben und mitgaren lassen.
5. Fleisch herausnehmen, Mettwürste in Scheiben schneiden. Grünkohl mit Salz, Pfeffer und Senf abschmecken.

Grünkohl, gedünstet

■ Gut vorzubereiten

Pro Portion:
E: 20 g, F: 28 g, Kh: 10 g,
kJ: 1612, kcal: 384

1 1/2 kg Grünkohl
125 g fetter Speck
2 Zwiebeln
2 TL mittelscharfer Senf
Salz
frisch gemahlener Pfeffer
375 ml (3/8 l) Fleischbrühe

Grünkohl mit Kasseler

Zubereitungszeit: 1 1/2 Std.

1. Von dem Grünkohl welke und fleckige Blätter und Rippen entfernen. Grünkohl gründlich waschen, in kochendes Salzwasser geben, zum Kochen bringen, 1–2 Minuten kochen, abtropfen lassen und grob hacken.
2. Speck in Würfel schneiden und auslassen. Zwiebeln abziehen, würfeln und in dem Speckfett andünsten.
3. Grünkohl hinzufügen und unter Rühren darin andünsten, mit Senf, Salz und Pfeffer würzen. Brühe hinzugießen, den Kohl etwa 1 Stunde dünsten lassen, evtl. noch etwas Fleischbrühe hinzugießen.
4. Grünkohl mit Salz und Pfeffer abschmecken.

Tipp:
Zu Rauchenden, gebratenem Leberkäse oder Bratwurst oder Kasseler und Röstkartoffeln reichen.

Gulasch

Guacamole
Mexikanische Avocadocreme

■ **Raffiniert**

Pro Portion:
E: 3 g, F: 12 g, Kh: 4 g,
kJ: 616, kcal: 147

1 Bund glatte Petersilie
1 Schalotte
1 weiche Avocado (250 g)
1 hart gekochtes Ei
1 EL Crème double
Saft von 1 Zitrone
Salz
Cayennepfeffer

Zubereitungszeit: 20 Min.

1. Petersilie unter fließendem kalten Wasser abspülen, trockentupfen und grob zerhacken. Schalotte abziehen und mit Petersilie im Mixer zerkleinern.
2. Avocado halbieren, Kern entfernen und schälen. Ei pellen und halbieren.
3. Avocado, Ei, Crème double und Zitronensaft in den Mixer zu der Petersilie-Schalotten-Masse geben und zu einer glatten Paste pürieren. Mit Salz und Cayennepfeffer kräftig abschmecken.

Tipp:
Als Dip zur Rohkostplatte reichen.

Gulasch

■ **Gut vorzubereiten**

Pro Portion:
E: 29 g, F: 21 g, Kh: 8 g,
kJ: 1504, kcal: 359

500 g schieres Rindfleisch (ohne Knochen)
30 g Pflanzenfett
500 g Zwiebeln
Salz
frisch gemahlener Pfeffer
Paprika edelsüß
Gulaschgewürz
2 schwach gehäufte EL Tomatenmark
250 ml (1/4 l) heißes Wasser
180 g gedünstete Champignons
1–2 Spritzer Tabasco

Zubereitungszeit: 1 3/4 Std.

1. Fleisch unter fließendem kalten Wasser abspülen, trockentupfen, in Würfel schneiden. Pflanzenfett erhitzen, Fleisch in 2 Portionen von allen Seiten gut darin anbraten.
2. Zwiebeln abziehen, halbieren, in Scheiben schneiden, mitbräunen lassen. Fleisch mit Salz, Pfeffer, Paprika und Gulaschgewürz würzen und Tomatenmark hinzufügen.
3. Das heiße Wasser hinzugießen und Fleisch in etwa 1 1/2 Stunden gar schmoren lassen.
4. Champignons hinzufügen, mitgaren. Gulasch mit Salz, Pfeffer, Paprika und Tabasco abschmecken.

Gulaschsuppe

■ Gut vorzubereiten

Pro Portion:
E: 18 g, F: 17 g, Kh: 8 g,
kJ: 1160, kcal: 277

200 g Zwiebeln
1 Knoblauchzehe
2 große Paprikaschoten (rot und grün, 400 g)
3 mittelgroße Tomaten
300 g Rindfleisch
40 g Pflanzenfett
3 schwach geh. EL Tomatenmark
Salz, Pfeffer
Paprika edelsüß
Paprika extrascharf
$1/2$ TL Kümmelsamen
gerebelter Majoran
1 l Wasser, Tabasco

Zubereitungszeit: 70 Min.

1. Zwiebeln abziehen und in Scheiben schneiden. Knoblauch abziehen und fein würfeln. Paprika vierteln, entstielen, entkernen, die weißen Scheidewände entfernen, Schoten waschen und in feine Streifen schneiden.
2. Tomaten kurze Zeit in kochendes Wasser legen (nicht kochen lassen), enthäuten, die Stängelansätze herausschneiden und die Tomaten vierteln.
3. Rindfleisch unter fließendem kalten Wasser abspülen, trockentupfen und in kleine Würfel schneiden. Pflanzenfett erhitzen und Fleisch von allen Seiten gut darin anbraten.
4. Gemüse hinzufügen und kurz mitbraten lassen. Tomatenmark, Salz, Pfeffer, Paprika, Kümmel, Majoran und Wasser hinzufügen und etwa 45 Minuten kochen lassen. Suppe abschmecken.

Gulaschsuppe, ungarisch

■ Raffiniert

Pro Portion:
E: 25 g, F: 17 g, Kh: 20 g,
kJ: 1459, kcal: 350

2 große Zwiebeln
1 Knoblauchzehe
je 1 grüne und rote Paprikaschote
500 g Knollensellerie
100 g Möhren, 150 g Tomaten
250 g mageres Rindfleisch (ohne Knochen)
2 EL Speiseöl
1 l Fleischbrühe
1 TL Kümmelsamen
Salz, frisch gemahlener Pfeffer
100 g Kartoffeln

Zubereitungszeit: $1^{1}/_{2}$ Std.

1. Zwiebeln und Knoblauch abziehen, fein würfeln. Paprika halbieren, entstielen, entkernen, die weißen Scheidewände entfernen, die Schoten waschen, in Streifen schneiden.
2. Sellerie schälen, waschen, in feine Streifen schneiden. Möhren schälen, waschen, klein schneiden.
3. Tomaten kurze Zeit in kochendes Wasser legen (nicht kochen lassen), in kaltem Wasser abschrecken, die Stängelansätze herausschneiden, die Tomaten enthäuten, entkernen, in kleine Würfel schneiden.
4. Rindfleisch abspülen, trockentupfen, in $1/2$ cm große Würfel schneiden. Öl erhitzen, die Fleischwürfel darin anbraten, Zwiebeln, Knoblauch und das Gemüse dazugeben, kurze Zeit miterhitzen.
5. Brühe hinzugießen, zum Kochen bringen, mit Kümmel, Salz und Pfeffer abschmecken, das Fleisch etwa 45 Minuten schmoren lassen.
6. Kartoffeln schälen, in etwas 1 cm große Würfel schneiden, etwa 20 Minuten vor Beendigung der Garzeit die Kartoffeln hinzufügen, die Gulaschsuppe evtl. nochmals abschmecken, heiß servieren.

Gulaschsuppe, ungarisch

Gurke, gefüllt

■ Römertopf

Pro Portion:
E: 15 g, F: 17 g, Kh: 9 g,
kJ: 1125, kcal: 268

1 große oder 2 kleine Salatgurken
Salz, frisch gemahlener Pfeffer

Für die Füllung:
1 eingeweichtes Brötchen
1 Zwiebel
250 g Hackfleisch (halb Rind-, halb Schweinefleisch)
1 EL Tomatenketchup
1 Ei, Paprika edelsüß

Zubereitungszeit: 1 Std.

1. Gurke waschen, quer halbieren, beide Hälften der Länge nach durchschneiden, die 4 Gurkenstücke so aushöhlen, dass an den Enden ein Rand von etwa $1/2$ cm stehenbleibt, Gurkenstücke innen mit Salz und Pfeffer einreiben.
2. Für die Füllung Brötchen ausdrücken, Zwiebel abziehen, würfeln, mit dem Brötchen, Hackfleisch, Ketchup und Ei vermengen. Mit Salz, Pfeffer und Paprika abschmecken, die Gurkenstücke mit der Fleischmasse füllen, nebeneinander (wenn nötig, auch übereinander) in den gewässerten Römertopf legen, den Römertopf mit dem Deckel verschließen, in den kalten Backofen stellen.

Ober-/Unterhitze: etwa 200 °C
Heißluft: etwa 180 °C
Gas: Stufe 3–4
Backzeit: etwa 45 Minuten.

Beilage:
Reis oder Fladenbrot.

Tipp:
Besonders gut schmeckt eine frische Joghurtsauce mit Dillspitzen dazu.

Gurken in Dillsahne

MENUE

Hauptgericht:
Hackbraten, griechische Art (Seite 186)

Beilage:
Gurken in Dillsahne (Seite 183)

Dessert:
Joghurtkaltschale mit Heidelbeeren (Seite 232)

Gurke, gefüllt

Gurken in Dillsahne

■ Schnell

Pro Portion:
E: 2 g, F: 12 g, Kh: 6 g,
kJ: 615, kcal: 146

2 Gemüsegurken (etwa 800 g)
1 Bund Frühlingszwiebeln
1 EL Butter oder Margarine
1 rote Paprikaschote
1 EL Zitronensaft
1 TL Zucker
$1/2$ TL abgeriebene Zitronenschale (unbehandelt)
Salz
frisch gemahlener, weißer Pfeffer
125 ml ($1/8$ l) Schlagsahne
Zitronensaft oder Weißwein
2 EL gehackter Dill

Zubereitungszeit: 25 Min.

1. Gurken schälen, längs halbieren, Kerne mit einem Löffel auskratzen und Fruchtfleisch in etwa 1 cm breite Streifen schneiden.
2. Frühlingszwiebeln putzen, waschen und in Ringe schneiden. Butter oder Margarine zerlassen, Zwiebelringe darin glasig dünsten lassen und Gurkenstreifen hinzufügen.
3. Paprika halbieren, entstielen, entkernen, die weißen Scheidewände entfernen, die Schote waschen, in Würfel schneiden und zu den Gurkenstreifen geben. Das Gemüse etwa 8 Minuten dünsten lassen.
4. Zitronensaft, Zucker und Zitronenschale zu dem Gemüse geben, mit Salz und Pfeffer würzen.
5. Sahne unterrühren, erhitzen, mit Zitronensaft oder Weißwein abschmecken und mit Dill bestreuen.

183

Gurken, geschmort

■ Schnell – preiswert

Pro Portion:
E: 7 g, F: 22 g, Kh: 8 g,
kJ: 1119, kcal: 266

200 g Zwiebeln
1 kg Gurken
2 EL Speiseöl
2 EL Hefeflocken
150 g saure Sahne
50 g Gouda
2 EL frischer Dill
Meersalz
Korianderpulver
Paprika
frisch gemahlener Pfeffer

Zubereitungszeit: 30 Min.

1. Zwiebeln abziehen, fein würfeln. Gurken schälen, halbieren, entkernen, in Streifen schneiden.
2. Öl in einer Pfanne erhitzen, beide Zutaten darin andünsten.
3. Hefeflocken hinzugeben, etwa 10 Minuten zugedeckt garen.
4. Saure Sahne, Käse und Gewürze hinzufügen, abschmecken.

Gurken, geschmort

Gurken-Sprossen-Salat

■ Vegetarisch

Pro Portion:
E: 2 g, F: 15 g, Kh: 5 g,
kJ: 739, kcal: 176

1 Salatgurke (800 g)
1 1/2 TL Salz
250 g Sojabohnensprossen
1 Knoblauchzehe
1 haselnussgroßes Stück Ingwerwurzel
1/2 TL Zitronenpfeffer
5 EL Sesamöl
3 EL Reisessig

Zubereitungszeit: 1 Std.

1. Gurke schälen, in Streifen schneiden, mit Salz bestreuen und 30 Minuten stehen lassen.
2. Sojabohnensprossen verlesen, auf ein Sieb geben, mit kaltem Wasser abbrausen und gut abtropfen lassen.
3. Knoblauch abziehen, Ingwer schälen, beide Zutaten fein hacken, mit Zitronenpfeffer, Öl und Essig verrühren.
4. Gurken ausdrücken, mit Sprossen und Salatsauce vermengen.

Gurkencremesuppe mit Lachseinlage

■ Raffiniert

Pro Portion:
E: 10 g, F: 19 g, Kh: 6 g,
kJ: 1168, kcal: 278

2 Schalotten
40 g Butter
600 g Salatgurke
750 ml (3/4 l) Geflügelbrühe
125 ml (1/8 l) Schlagsahne
Salz, frisch gemahlener, weißer Pfeffer
4 EL trockener Weißwein
100 g Lachsfilet, 2 EL Dillspitzen

Zubereitungszeit: 20 Min.

MENUE

Vorspeise:
Gurkencremesuppe mit Lachseinlage (Seite 184)

Hauptgericht:
Spaghetti mit Meeresfrüchten (Seite 441)

Dessert:
Karamellpudding (Seite 245)

1. Schalotten abziehen, fein hacken und in zerlassener Butter andünsten.
2. Gurke schälen, längs halbieren und die Kerne mit einem Löffel herausschaben.
3. Gurkenfleisch klein schneiden und zu den Schalotten geben.
4. Mit 500 ml (1/2 l) Brühe auffüllen. Etwa 4 Minuten köcheln und mit dem Pürierstab fein pürieren.
5. Die restliche Brühe und Sahne zugeben. Aufkochen und mit Salz und Pfeffer würzen.
6. Suppe mit Wein abrunden und abschmecken.
7. Lachsfilet in ganz dünne kleine Scheibchen schneiden und in vorgewärmte Suppentassen geben.
8. Dillspitzen klein schneiden und in die heiße Gurkencremesuppe rühren.
9. Die Suppe in Suppentassen füllen und die Lachsscheibchen einmal darin wenden. Sofort servieren.

Gurkencremesuppe mit Lachseinlage

Gurken-Sprossen-Salat

Gyros mit Tsatsiki

■ **Für Gäste**

Pro Portion:
E: 32 g, F: 32 g, Kh: 10 g,
kJ: 1976, kcal: 471

500 g Schweinefleisch (Schnitzelfleisch)
400 g Zwiebeln, 8 EL Speiseöl
Salz, Pfeffer
1 EL Paprika edelsüß
etwas Oregano

Für das Tsatsiki:
250 g Joghurt
2–3 Knoblauchzehen
1 Stück (200 g) Salatgurke
1 EL Olivenöl

Zubereitungszeit: 30 Min., ohne Marinierzeit

1. Fleisch kurz unter fließendem kalten Wasser abspülen, trockentupfen, in Streifen schneiden. Zwiebeln abziehen, halbieren, in Streifen schneiden.
2. Öl mit den Gewürzen verrühren, Fleisch-, und Zwiebelstreifen darin 12–24 Stunden marinieren.
3. Fleisch und Zwiebeln aus der Marinade nehmen, abtropfen lassen, unter Rühren portionsweise in einer Pfanne braten.
4. Für das Tsatsiki Joghurt abtropfen lassen, Knoblauchzehen abziehen, mit etwas Salz fein zerdrücken.
5. Gurke schälen, halbieren, entkernen und in kleine Würfel schneiden. Alles mit dem Joghurt und Olivenöl vermischen. Tsatsiki zu dem Fleisch reichen.

Hackbraten, griechische Art

6 Portionen

■ Raffiniert

Pro Portion:
E: 50 g, F: 63 g, Kh: 17 g,
kJ: 3728, kcal: 890

2 Brötchen (Semmeln)
125 g durchwachsener Speck
1 EL Speiseöl, 2 Zwiebeln
2 Knoblauchzehen
1 kg Rindergehacktes
3 Eier, 2 EL gehackte Petersilie
2 EL fein geschnittener Schnittlauch
1 EL Tomatenmark, Salz
frisch gemahlener Pfeffer
Rosenpaprika
200 g Schafskäse
6 EL Schlagsahne
gerebelter Thymian
gerebeltes Basilikum
3 EL Olivenöl, 3 Lorbeerblätter
1–2 EL Pinienkerne

Für den Tomatenketchup:
2 Zwiebeln, 2 Knoblauchzehen
500 g Tomaten (aus der Dose)
3 EL Rotweinessig
2 TL Dijon-Senf, 1 EL Zucker
1 TL Zimtpulver
Chilipulver

Zubereitungszeit: 80 Min.

1. Brötchen in kaltem Wasser einweichen und gut ausdrücken. Speck in Würfel schneiden. Öl erhitzen und Speckwürfel darin ausbraten.
2. Zwiebeln abziehen und würfeln. Knoblauch abziehen und zerdrücken. Beide Zutaten zu dem Speck geben, glasig dünsten.

Hackbraten, griechische Art

3. Mit Brötchen, Rindergehacktem, Eiern, Petersilie, Schnittlauch und Tomatenmark vermengen, mit Salz, Pfeffer und Rosenpaprika würzen. Die Masse gut durcharbeiten, abschmecken.
4. Schafskäse zerdrücken, mit Sahne, Thymian und Basilikum verrühren. Eine Pieform (Ø etwa 28 cm) oder eine flache Auflaufform mit Öl ausstreichen, die Hälfte des Fleischteiges hineingeben und glatt streichen.
5. Die Schafskäsemasse darauf geben, am Rand 1–2 cm frei lassen, mit der restlichen Fleischmasse bedecken, glatt streichen und mit Öl beträufeln.
6. Die Form auf dem Rost in den Backofen schieben. Nach etwa 40 Minuten Backzeit den Hackbraten mit Lorbeerblättern belegen und mit Pinienkernen bestreuen.
Ober-/Unterhitze: etwa 200 °C (vorgeheizt)
Heißluft: etwa 180 °C (nicht vorgeheizt)
Gas: Stufe 3–4 (nicht vorgeheizt)
Backzeit: 50 Minuten.
7. In der Zwischenzeit für den Tomatenketchup Zwiebeln und Knoblauch abziehen und in feine Würfel schneiden. Mit Tomaten und Essig zum Kochen bringen und etwa 15 Minuten dünsten lassen.
8. Die Masse durch ein Sieb streichen, Senf, Zucker und Zimt hinzufügen. Ketchup in 20–30 Minuten dicklich einkochen lassen, mit Salz, Pfeffer und Chilipulver würzen und mit dem Hackbraten warm oder kalt servieren.

Beilage: Griechisches Fladenbrot oder Reis und Salat.

Hackbraten mit grünem Pfeffer und Möhren

■ Gut vorzubereiten

Pro Portion:
E: 42 g, F: 83 g, Kh: 21 g,
kJ: 4440, kcal: 1060

350 g Möhren, 2 EL Butter
1 altbackenes Brötchen (Semmel)
1 mittelgroße Zwiebel
250 g durchwachsener Speck
600 g Hackfleisch (halb Rind-, halb Schweinefleisch)
2 Eier
1 TL gerebelter Majoran
1 TL gerebelter Thymian
Salz, weißer, geschroteter Pfeffer
2 EL grüner Pfeffer (aus dem Glas)

Für die Füllung:
1 Bund Petersilie
1 EL grüner Pfeffer

Für die Sauce:
125 ml (1/8 l) Fleischbrühe
15 g Weizenmehl, 2 EL Wasser
1 EL grüner Pfeffer (aus dem Glas)

Zubereitungszeit: 1 1/2 Std.

1. Möhren putzen, schälen, waschen, in Würfel schneiden, in zerlassener Butter andünsten, evtl. etwas Wasser hinzufügen und etwa 8–10 Minuten garen.

Hackbraten mit grünem Pfeffer und Möhren

2. Brötchen in kaltem Wasser einweichen und gut ausdrücken. Zwiebel abziehen und fein würfeln. Speck in Würfel schneiden.
3. Das Hackfleisch mit Brötchen, Zwiebel-, Speckwürfeln und Eiern vermengen, mit Majoran, Thymian, Salz und Pfeffer würzen.
4. Den grünen Pfeffer abtropfen lassen, unter die Hackfleischmasse geben, nochmals abschmecken.
5. Petersilie waschen und fein hacken. Die Hälfte der Hackfleischmasse in eine gefettete Kastenform (25 x 11 cm) geben und glatt streichen.
6. Zuerst die vorbereiteten Möhren, dann Petersilie darüber verteilen. Den restlichen Fleischteig darüber geben und glatt streichen. Nach Belieben auf der Teigoberfläche mit einem Messer der Länge nach eine Vertiefung eindrücken und grünen Pfeffer in die Vertiefung geben. Die Form in den Backofen schieben.

Ober-/Unterhitze: etwa 200 °C (vorgeheizt)
Heißluft: etwa 180 °C (nicht vorgeheizt)
Gas: Stufe 3–4 (nicht vorgeheizt)
Backzeit: etwa 50 Minuten.

7. Den Hackbraten kurze Zeit ruhen lassen, ihn dann aus der Form nehmen, in Scheiben schneiden, auf einer vorgewärmten Platte anrichten und warm stellen.
8. Für die Sauce den Fleischsaft durch ein Sieb gießen, mit Brühe auffüllen und auf der Kochstelle zum Kochen bringen.
9. Mehl mit kaltem Wasser anrühren und den Bratensatz damit binden, grünen Pfeffer unterrühren, Sauce abschmecken.

Beilage: Salzkartoffeln.

Hackfleisch-Kartoffel-Scheiben

■ **Dauert länger**

Pro Portion:
E: 25 g, F: 48 g, Kh: 52 g,
kJ: 3250, kcal: 776

750 g Kartoffeln, 2 Eigelb
30 g Weizenmehl, 30 g Semmelbrösel
1 gut geh. TL Speisestärke
Salz, geriebene Muskatnuss

Für die Füllung:
1 Brötchen
50 g durchwachsener Speck
1 Zwiebel
250 g Hackfleisch (halb Rind-, halb Schweinefleisch)
1 EL fein gehackte Petersilie
1 Ei, 150 ml Schlagsahne
Pfeffer, Paprika edelsüß
20 g Weizenmehl
40 g Pflanzenfett

Zubereitungszeit: 1½ Std.

1. Kartoffeln schälen, waschen, in Salzwasser zum Kochen bringen, in etwa 20 Minuten gar kochen lassen, abgießen, abdämpfen, sofort durch die Kartoffelpresse geben und erkalten lassen. Mit Eigelb, Mehl, Semmelbröseln und Speisestärke verrühren, mit Salz und Muskat würzen.
2. Für die Füllung Brötchen in kaltem Wasser einweichen und gut ausdrücken. Speck würfeln und auslassen. Zwiebel abziehen, fein würfeln, mit Hackfleisch zu dem Speckfett geben und unter ständigem Rühren kurz anbraten, Petersilie dazugeben.
3. Hackfleischmasse, Brötchen, Ei und Sahne miteinander vermengen, mit Salz, Pfeffer, Muskat und Paprika abschmecken.
4. Den Kartoffelteig gut durchkneten und auf einem mit Mehl bestreuten Tuch etwa 1 cm dick zu einem Quadrat ausrollen.
5. Die Füllung gleichmäßig darauf verteilen. Den Teig mit Hilfe des Tuches fest aufrollen und in Scheiben schneiden.
6. Fett in einer Pfanne erhitzen und Hackfleisch-Kartoffel-Scheiben darin von beiden Seiten goldbraun braten.

Hackfleisch-Kartoffel-Scheiben

Hackfleischeintopf, bunter

■ **Gut vorzubereiten**

Pro Portion:
E: 34 g, F: 31 g, Kh: 31 g,
kJ: 2387, kcal: 569

500 g Fleischknochen
1½ l Salzwasser
375 g Kartoffeln
2 Pck. (je 450 g) tiefgekühltes
Suppengemüse
Salz, Pfeffer
gehackte Bohnenkrautblättchen
gehackte Thymianblättchen
gehackte Majoranblättchen

Für die Hackfleischbällchen:
1 Brötchen (Semmel)
1 mittelgroße Zwiebel
500 g Hackfleisch (halb Rind, halb
Schwein), 1 TL Senf
1 EL gehackte Petersilie

Zubereitungszeit: 2 Std.

1. Fleischknochen abspülen, in Salzwasser zum Kochen bringen und etwa 1½ Stunden kochen lassen.
2. Kartoffeln schälen, waschen und in kleine Würfel schneiden.
3. Die Knochen aus der Brühe nehmen, die Brühe durch ein Sieb gießen.
4. Kartoffelwürfel, Suppengemüse in die Brühe geben, mit Salz und Pfeffer und nach Belieben mit Bohnenkraut, Thymian, Majoranblättchen würzen, zum Kochen bringen und etwa 10 Minuten garen.
5. Für die Hackfleischbällchen Brötchen in kaltem Wasser einweichen.
6. Zwiebel abziehen, fein würfeln.
7. Hackfleisch mit dem gut ausgedrückten Brötchen, den Zwiebelwürfeln und Senf vermengen, mit Salz und Pfeffer abschmecken.
8. Aus der Masse mit nassen Händen kleine Bällchen formen, in den Eintopf geben und 10–15 Minuten gar ziehen lassen.
9. Den Eintopf mit Petersilie bestreuen.

Variante:
Einige Broccoliröschen mitkochen lassen.

Hackfleischeintopf, bunter

Hackfleischspieße mit Joghurtsauce

■ **Schnell**

Pro Portion:
E: 35 g, F: 42 g, Kh: 8 g,
kJ: 2531, kcal: 606

300 g mageres Hackfleisch
(Lamm oder Rind)
300 g Schweinemett
1 Zwiebel
2 Knoblauchzehen
1 Bund glatte Petersilie
1 TL Senf
Salz, Pfeffer

Für die Joghurtsauce:
2 Knoblauchzehen
500 g Joghurt
2 EL fein gehackter Dill

Zubereitungszeit: 25 Min.

1. Hackfleisch mit Schweinemett verkneten.
2. Zwiebel abziehen und fein würfeln. Knoblauch abziehen und zerdrücken. Petersilie abspülen, trockentupfen und fein hacken. Die drei Zutaten mit dem Hackfleisch, Senf, Salz und Pfeffer verkneten, abschmecken.
3. Aus der Hackfleischmasse mit nassen Händen 2–3 cm dicke Röllchen formen und Grillspieße durch die Röllchen stecken.
4. Hackfleischspieße auf den Holzkohlengrill oder auf Alufolie unter den Elektrogrill legen und in etwa 10 Minuten von allen Seiten knusprig braun grillen.
5. Für die Joghurtsauce Knoblauch abziehen, zerdrücken, mit Joghurt, Salz, Pfeffer und Dill verrühren und zu den Spießen servieren.

Beilage:
Fladenbrot und Salat.

Hackfleischtaschen

etwa 10 Stück

■ Schnell

Pro Portion:
E: 12 g, F: 24 g, Kh: 24 g,
kJ: 1614, kcal: 386

300 g Weizenmehl (Type 550)
1 Pck. Backpulver
150 g Speisequark
100 ml Milch, 100 ml Speiseöl
Salz
1 kleine Zwiebel
1 kleine gelbe oder grüne Paprika
20 g Butter
250 g Hackfleisch (halb Rind-, halb Schweinefleisch)
2 Tomaten
3 EL gehackte Kräuter, z. B. Petersilie, Liebstöckel, Thymian
frisch gemahlener Pfeffer
150 g saure Sahne
1 Ei, 2 EL Milch

Zubereitungszeit: 50 Min.

Hackfleischtaschen

1. Für den Teig Mehl mit Backpulver mischen und in eine Rührschüssel sieben.
2. Quark, Milch, Öl und Salz hinzufügen, mit Handrührgerät mit Knethaken auf höchster Stufe in etwa 1 Minute verarbeiten. Auf der bemehlten Arbeitsfläche zu einer Rolle formen.
3. Zwiebel abziehen und in feine Würfel schneiden. Paprika halbieren, entstielen, entkernen, die weißen Scheidewände entfernen, Schote waschen und in kleine Würfel schneiden.
4. Butter zerlassen, Zwiebel- und Paprikawürfel darin andünsten, Hackfleisch hinzufügen und anbraten.
5. Tomaten enthäuten, Stängelansätze herausschneiden, Tomaten in Würfel schneiden und zu dem Fleisch geben. Kräuter, Salz und Pfeffer hinzugeben.
6. Die Masse auskühlen lassen und saure Sahne unterheben.
7. Den Teig ausrollen und rund ausstechen (Ø 12–15 cm). Jeweils auf eine Teighälfte etwa 1 Esslöffel von der Hackfleischmasse geben. Die Teigränder mit verschlagenem Eiweiß bestreichen und zusammenklappen.
8. Eigelb mit Milch verschlagen und die Oberfläche damit bestreichen.

Ober-/Unterhitze: etwa 200 °C (vorgeheizt)
Heißluft: etwa 180 °C (vorgeheizt)
Gas: Stufe 3–4 (vorgeheizt)
Backzeit: etwa 25 Minuten.

MENUE

Hauptgericht:
Hackfleischspieße mit Joghurtsauce
(Seite 188)

Beilage:
Pellkartoffeln (Seite 342)

Dessert:
Mascarponebecher (Seite 301)

Hackfleischspieße mit Joghurtsauce

Hacksteak à la Mayer

Hacksteak à la Mayer

■ Preiswert

Pro Portion:
E: 47 g, F: 56 g, Kh: 42 g,
kJ: 3834 , kcal: 915

7 Zwiebeln
600 g Rindergehacktes
5 Eier
Salz
Paprika edelsüß
gerebelter Thymian
1 kg Kartoffeln
60 g Gänseschmalz
frisch gemahlener Pfeffer
50 g Butter

Zubereitungszeit: 40 Min.

1. Zwiebeln abziehen, 3 Stück in feine Würfel schneiden. Hackfleisch in eine Schüssel geben, 2 gehackte Zwiebeln, 1 Ei, Salz, Paprika und Thymian dazugeben. Alles gut vermischen.
2. Kartoffeln schälen, waschen, trockentupfen und in dünne Scheiben schneiden. Im heißen Gänseschmalz knusprig braun braten. Mit Salz und Pfeffer würzen. Gegen Ende der Garzeit eine gehackte Zwiebel dazu geben.
3. Inzwischen aus der Hackmasse 4 Hacksteaks formen, Butter erhitzen, die Hacksteaks darin etwa 10 Minuten braten, warm stellen.
4. Die restlichen 4 Zwiebeln in feine Scheiben schneiden, in dem Bratfett garen.
5. Vier Spiegeleier in einer extra Pfanne braten. Hacksteaks mit Zwiebeln, Spiegelei und Bratkartoffeln servieren.

Haferflockensuppe

■ Schnell

Pro Portion:
E: 10 g, F: 9 g, Kh: 33 g,
kJ: 1114, kcal: 265

40 g Haferflocken
1 l kochende Milch
50 g Zucker
1 Pck. Vanillin-Zucker
1 Prise Salz
abgeriebene Schale von 1 Zitrone (unbehandelt)
Zitronensaft

Zubereitungszeit: 20 Min.

1. Haferflocken in die Milch streuen, umrühren, zum Kochen bringen und etwa 10 Minuten ausquellen lassen.
2. Zucker und Vanillin-Zucker hinzufügen. Suppe mit Salz, Zitronenschale und Zitronensaft abschmecken.

Tipp:
20 g Butter unter die Suppe rühren.

Hähnchen, gefüllt

■ Für Gäste

Pro Portion:
E: 50 g, F: 37 g, Kh: 13 g,
kJ: 2529, kcal: 604

1 küchenfertiges Hähnchen
(etwa 1 kg)
Salz
frisch gemahlener Pfeffer
Paprika edelsüß

Für die Füllung:
100 g Champignons
100 g gekochter Schinken
150 g gekochter Reis
125 g feine Bratwurstmasse
2 EL gehackte Petersilie
2 EL Speiseöl
400 g Tomaten
1–2 EL Schlagsahne

Zubereitungszeit: 85 Min.

1. Hähnchen unter fließendem kalten Wasser abspülen, trockentupfen, innen und außen mit Salz, Pfeffer und Paprika würzen.
2. Für die Füllung Champignons putzen, mit Küchenpapier abreiben, evtl. abspülen, in Scheiben schneiden. Schinken in Würfel schneiden. Mit Reis, Bratwurstmasse und Petersilie mischen, mit Salz würzen.
3. Die Masse in das Hähnchen füllen und mit Holzstäbchen verschließen. Öl mit Salz und Paprika verrühren, das Hähnchen damit bestreichen, in einen Bratbeutel geben.
4. Tomaten waschen, Stängelansätze herausschneiden, Tomaten achteln, mit Salz und Pfeffer bestreuen, in den Bratbeutel geben, verschließen, Löcher hineinstechen, den Beutel auf dem Rost in den Backofen schieben.

Ober-/Unterhitze: etwa 180 °C (vorgeheizt)
Heißluft: 160 °C (nicht vorgeheizt)
Gas: Stufe 2–3 (nicht vorgeheizt)
Bratzeit: etwa 60 Minuten.

5. Hähnchen aus dem Beutel nehmen, in Portionsstücke teilen, mit der Füllung anrichten.
6. Die Bratflüssigkeit mit den Tomaten durch ein Sieb passieren, Sahne dazugeben, mit Salz und Pfeffer abschmecken, Sauce zum Hähnchen reichen.

Hähnchen mit Honig, gebraten

■ **Schnell**

Pro Portion:
E: 59 g, F: 38 g, Kh: 11 g,
kJ: 2635, kcal: 629

1 Hähnchen (1,2 kg)

Für die Marinade:
3 EL flüssiger Honig
5 EL Orangensaft
1 EL scharfer Senf
1 TL Sojasauce
1/2 TL weißer Pfeffer
3 EL Speiseöl
Thymianzweige

Zubereitungszeit: 2 1/2 Std.

1. Hähnchen abspülen, trockentupfen und in 8 Portionsstücke teilen.
2. Für die Marinade Honig mit Saft, Senf, Sojasauce und Pfeffer gut verrühren.
3. Hähnchenteile mit der Marinade bestreichen und etwa 2 Stunden durchziehen lassen.
4. Öl in einem Bratentopf erhitzen, die Hähnchenteile von allen Seiten gut darin anbraten, evtl. etwas Marinade hinzugießen, in 30–45 Minuten langsam garen und von Zeit zu Zeit wenden, evtl. etwas Wasser hinzufügen.
5. Das gare Hähnchen mit Thymianzweigen garnieren.

Hähnchen mit Honig, gebraten

Hähnchen, gefüllt

MENUE

Hauptgericht:
Hähnchen mit Honig, gebraten
(Seite 191)

Beilage:
Risi-Pisi (Seite 390)

Dessert:
Quarkspeise mit Himbeeren
(Seite 370)

Hähnchen-Avocado-Salat

2 Portionen

■ Schnell

Pro Portion:
E: 36 g, F: 49 g, Kh: 7 g,
kJ: 2646, kcal: 632

½ Kopf Endiviensalat
1 geräuchertes Hähnchenbrustfilet (250 g)
1 reife Avocado
Saft von ½ Zitrone

Für die Salatsauce:
4 EL Olivenöl
1 EL Weinessig
¼ TL Dijon-Senf
Zucker
Salz
½ Kästchen Kresse

Zubereitungszeit: 20 Min.

1. Von dem Salat die Wurzeln und äußeren Blätter entfernen. Salat in mundgerechte Stücke zupfen, waschen und abtropfen lassen.
2. Hähnchenbrustfilet von der Haut befreien und in Streifen schneiden.
3. Avocado halbieren, entsteinen, schälen, in Würfel schneiden und mit Zitronensaft beträufeln.
4. Für die Salatsauce Öl mit Essig, Senf, Zucker und Salz verrühren, mit den Salatzutaten vermengen und mit Kresse bestreuen.

Tipp:
Sie können auch eine filetierte Orange unter den Salat mischen.

Hähnchenauflauf

■ Raffiniert

Pro Portion:
E: 32 g, F: 51 g, Kh: 54 g,
kJ: 3419, kcal: 817

400 g Hähnchenfleisch
3 EL Speiseöl
200 g Zuckerschoten
1 mittelgroße Zwiebel
200 g Zucchini
Salz, Pfeffer
etwas geriebene Muskatnuss
1 abgezogene, zerdrückte Knoblauchzehe
125 g Frischkäse
200 ml Schlagsahne, 2 Eier
1 EL gehackter Kerbel
1 EL gehackte Petersilie
1 EL Schnittlauchröllchen
40 g geriebener Greyerzer
30 g Butterflöckchen

Zubereitungszeit: 65 Min.

1. Hähnchenfleisch unter fließendem kalten Wasser abspülen, trockentupfen und in grobe Würfel schneiden. Öl in einer Pfanne erhitzen, das Hähnchenfleisch rundherum kräftig anbraten.
2. Von den Zuckerschoten die Enden abschneiden, Zuckerschoten in kochendem Wasser etwa 2 Minuten blanchieren und auf einem Sieb abtropfen lassen.
3. Zwiebel abziehen, würfeln und in der für das Fleisch benutzten Pfanne andünsten. Zucchini waschen, abtrocknen, die Enden abschneiden, Zucchini in Scheiben schneiden, hinzufügen und andünsten. Mit Salz, Pfeffer, Muskat und Knoblauch würzen.
4. Frischkäse mit Sahne, Eiern, Kerbel, Petersilie und Schnittlauch verrühren. Eine flache Auflaufform einfetten, mit Fleisch, Gemüse- und Zwiebelwürfeln füllen, mit der Eiersahne übergießen, Greyerzer und Butterflöckchen darüber streuen und auf dem Rost in den Backofen schieben.
Ober-/Unterhitze: etwa 180 °C (vorgeheizt)
Heißluft: etwa 160 °C (vorgeheizt)
Gas: Stufe 2–3 (vorgeheizt)
Backzeit: etwa 30 Minuten.

Tipp:
Dazu einen trockenen Weißwein servieren.

Hähnchenbrust in Orangensauce

■ Raffiniert

Pro Portion:
E: 35 g, F: 35 g, Kh: 14 g,
kJ: 2202, kcal: 527

500 g Hähnchenbrustfilet (ohne Haut und Knochen)
2 EL Weizenmehl, 4 EL Speiseöl
4 Schalotten, 1 TL Curry
125 ml (¹/₈ l) frisch gepresster Orangensaft
125 ml (¹/₈ l) Hühnerbrühe
100 g kalte Butter
1 Orange zum Garnieren
frische Minzeblättchen

Zubereitungszeit: 30 Min.

1. Fleisch abspülen, trockentupfen, würfeln und hauchdünn mit Mehl bestäuben.
2. Öl in einer Pfanne erhitzen und das Fleisch darin von allen Seiten einige Minuten anbraten.
3. Schalotten abziehen und fein hacken, dazugeben und mitdünsten, bis sie glasig sind.
4. Curry darüber stäuben, mit Orangensaft und Brühe ablöschen. Zugedeckt etwa 10 Minuten schmoren lassen.
5. Fleisch herausnehmen und warm stellen. Sud sämig einkochen. Vom Herd nehmen und die kalte Butter in kleinen Stückchen mit einem Schneebesen darunter schlagen.
6. Fleisch auf Tellern anrichten, mit der Sauce überziehen. Orange schälen und filetieren, Minzeblättchen darüber streuen.

Hähnchenbrust-Häppchen

Hähnchenbrust in Orangensauce

Hähnchenbrust-Häppchen
10 Stück

■ Schnell

Pro Portion:
E: 24 g, F: 12 g, Kh: 31 g,
kJ: 1442, kcal: 345

5 Scheiben Weizenbrot
300 g Hähnchenbrustfilet
2 EL Speiseöl
4 EL Mayonnaise
1 TL Currypulver
Salz
frisch gemahlener Pfeffer
Zitronensaft
2 Zweige glatte Petersilie

Zubereitungszeit: 20 Min.

1. Brotscheiben halbieren und toasten.
2. Hähnchenbrustfilet unter fließendem kalten Wasser abspülen, trockentupfen.
3. Öl erhitzen, Hähnchenbrustfilet von beiden Seiten darin etwa 10 Minuten goldbraun braten, auf Küchenpapier abtropfen lassen, in Scheiben schneiden.
4. Mayonnaise mit Curry, Salz, Pfeffer und Zitronensaft verrühren. Mayonnaise auf die Brotscheiben streichen, mit je 2 Scheiben Filet belegen.
5. Petersilie abspülen, trockentupfen und Blätter von den Stängeln zupfen. Blätter dekorativ auf die Häppchen legen.

Hähnchenkeulen, gegrillt

Hähnchenkeulen, gegrillt

■ Preiswert

Pro Portion:
E: 50 g, F: 25 g, Kh: 4 g,
kJ: 1990, kcal: 476

4 Hähnchenkeulen (je 250 g)
6 EL Speiseöl
Salz, Pfeffer
etwas Currypulver
2–3 TL Honig
1 TL Kümmelsamen
etwas Zitronensaft

Zubereitungszeit: 25 Min.

1. Hähnchenkeulen unter fließendem kalten Wasser abspülen, trockentupfen.
2. Öl mit Salz, Pfeffer und Curry verrühren. Hähnchenkeulen damit bestreichen, auf ein Stück Folie legen und unter den vorgeheizten Grill schieben. Darauf achten, dass die Hähnchenkeulen nicht zu hoch liegen.
3. Die Hähnchenkeulen etwa 20 Minuten grillen, zwischendurch wenden und mit dem Öl bestreichen.
4. Die letzten 5 Minuten Honig und Kümmel auf den Hähnchenkeulen verteilen und fertig garen.
5. Mit Zitronensaft beträufeln und servieren.

Hähnchenkroketten
4–6 Portionen

■ Dauert länger – für Kinder

Pro Portion:
E: 27 g, F: 26 g, Kh: 37 g,
kJ: 2185, kcal: 521

250 g gekochtes oder gebratenes Hähnchenfleisch
2 EL Olivenöl
40 g Butter
50 g Weizenmehl
500 ml ($1/2$ l) Milch
Salz
frisch gemahlener Pfeffer
1 Prise geriebene Muskatnuss
2 EL Wasser
2 Eier
170 g Semmelbrösel
1 l Speiseöl zum Frittieren

Hähnchenkroketten

Zubereitungszeit: $2^{1}/_{2}$ Std.

1. Das Hähnchenfleisch in feine Würfel schneiden.
2. Olivenöl mit der Butter in einem Topf erhitzen und das Mehl mit einem Schneebesen einrühren.
3. Mit der kalten Milch auffüllen, unter ständigem Rühren zu einer dicken Masse einkochen lassen, Hähnchenfleisch dazugeben. Die Masse mit Salz, Pfeffer und Muskat würzen.
4. Den Topf vom Herd nehmen und 2 Stunden im Kühlschrank ruhen lassen.
5. Anschließend mit bemehlten Händen aus der Masse Kroketten formen. Kroketten zuerst im mit Wasser verquirlten Ei wenden und anschließend mit Semmelbröseln panieren.
6. Öl in einem Frittiertopf erhitzen und die Kroketten darin goldgelb frittieren

Hähnchenpastete

■ Gut vorzubereiten

Pro Portion:
E: 58 g, F: 38 g, Kh: 6 g,
kJ: 2679, kcal: 640

2 gebratene Hähnchenbrustfilets (400 g)
400 g Rinderhackfleisch
2 cl Sherry (Fino)
2 Eier
2–3 EL Semmelbrösel
Salz, Pfeffer
20 g Schweineschmalz
150 g luftgetrockneter Schinken in Scheiben
Kräuterzweige

Zubereitungszeit: 75 Min.

1. Hähnchenbrustfilets in sehr feine Würfel schneiden.
2. Hähnchenfleischwürfel mit Hackfleisch, Sherry und Eiern in eine Schüssel geben und zu einer Masse verarbeiten. Je nach Bedarf mit Semmelbröseln binden. Die Masse mit Salz und Pfeffer kräftig würzen.

Hähnchenrollen mit Schafskäse-Gemüsefüllung

Hähnchenrollen mit Schafskäse-Gemüsefüllung

■ Raffiniert

Pro Portion:
E: 67 g, F: 32 g, Kh: 11 g,
kJ: 2617, kcal: 626

4 Hähnchenbrustfilets (je 200 g)
Salz, Pfeffer

Für die Füllung:
2 Knoblauchzehen
2 EL mittelscharfer Senf
2 EL Tomatenmark
1 Zwiebel
1 Stange Porree (Lauch)
1 rote Paprikaschote
2 EL Olivenöl
150 g Schafskäse, 2 Eier
Semmelbrösel
3 EL Olivenöl
1 Zwiebel, 5 Tomaten
Saft von 1 Zitrone
1 TL abgeriebene Zitronenschale (unbehandelt), 200 g Joghurt
1 Bund Zitronenmelisse

Zubereitungszeit: 45 Min.

1. Hähnchenbrustfilets der Länge nach halbieren, so dass 8 dünne Schnitzelchen entstehen und etwas flach drücken. Die Hähnchenschnitzel unter fließendem kalten Wasser abspülen und trockentupfen. Das Fleisch mit Salz und Pfeffer kräftig würzen.
2. Für die Füllung Knoblauchzehen abziehen und mit Salz zerreiben. Die Knoblauchpaste mit Senf und Tomatenmark vermengen und die Hähnchenschnitzel damit einstreichen.
3. Zwiebel abziehen. Porree putzen und waschen. Paprikaschote halbieren, entstielen, entkernen, die weißen Scheidewände entfernen und die Schote waschen.
4. Das Gemüse in feine Würfel oder Streifen schneiden, in erhitztes Olivenöl geben, glasig dünsten und vom Herd nehmen.
5. Schafskäse zerbröckeln und mit den Eiern unter das Gemüse mischen.
6. Die Füllung mit Salz und Pfeffer kräftig würzen, nach Bedarf mit Semmelbröseln binden. Die Füllung gleichmäßig auf den Hähnchenschnitzeln verteilen, die Schnitzel zusammenrollen und mit Zahnstochern feststecken.
7. Olivenöl in einem Topf erhitzen, die Hähnchenrollen darin rundherum anbraten.
8. Zwiebel abziehen, in feine Würfel schneiden und dazugeben. Tomaten kurze Zeit in kochendes Wasser legen (nicht kochen lassen), in kaltem Wasser abschrecken, enthäuten, die Stängelansätze herausschneiden, entkernen, in kleine Würfel schneiden und mit dem Zitronensaft und der Zitronenschale zu den Hähnchenrollen geben. Zugedeckt bei mäßiger Hitze etwa 20 Minuten schmoren lassen, evtl. etwas Wasser hinzufügen.
9. Nach Beendigung der Garzeit die Hähnchenrollen herausnehmen und warm stellen.
10. Die Sauce mit dem Joghurt verrühren, mit Salz und Pfeffer kräftig abschmecken.
11. Zitronenmelisse abspülen, trockentupfen, die Blättchen klein schneiden, unter die Sauce rühren und nochmals erhitzen (nicht kochen lassen), über den Hähnchenrollen verteilen und mit Kräuterzweigen garnieren.

---

3. Eine Pastetenform mit Schweineschmalz ausfetten. Die Hackfleischmasse und die Schinkenscheiben schichtweise in die Form füllen.
4. Die Pastetenform verschließen, in ein Wasserbad stellen und im Backofen garen.
   Ober-/Unterhitze: etwa 180 °C (vorgeheizt)
   Heißluft: etwa 160 °C (nicht vorgeheizt)
   Gas: Stufe 2–3 (nicht vorgeheizt)
   Garzeit: etwa 1 Stunde.
5. Die Form herausnehmen, die Pastete abkühlen lassen, beschweren und 2–3 Stunden pressen.
6. Zum Servieren die Pastete in Scheiben schneiden und mit Kräuterzweigen garnieren.

MENUE

Vorspeise:
Kohlrabicremesuppe mit Lachsklößchen
(Seite 259)

Hauptgericht:
Hähnchenrollen mit Schafskäse-Gemüsefüllung
(Seite 195)

Dessert:
Grießauflauf mit Obst (Seite 170)

Hähnchensalat „California"

■ Für Gäste

Pro Portion:
E: 35 g, F: 14 g, Kh: 28 g,
kJ: 1616, kcal: 386

2 Hähnchenbrustfilets (etwa 450 g)
Salz, frisch gemahlener Pfeffer
2 EL Pflanzenöl
150 g Joghurt, 2 EL Crème fraîche
2 EL Essig, 1 TL Senf
250 g Staudensellerie
1 kleines Bund Petersilie
1 Bund (200 g) Frühlingszwiebeln
1 großer säuerlicher Apfel (200 g)
8 kalifornische Trockenpflaumen (entsteint)
25 g gehackte Erdnusskerne

Zubereitungszeit: 50 Min.

1. Hähnchenbrüste unter fließendem kalten Wasser abspülen, trockentupfen und mit Salz und Pfeffer einreiben.
2. In Öl bei mittlerer Hitze etwa 10 Minuten braten, dabei einmal wenden. Abkühlen lassen.
3. Für das Dressing Joghurt, Crème fraîche, Essig, Senf, Salz und etwas Pfeffer verrühren.
4. Sellerie putzen, abspülen. Blätter abschneiden und einige zum Garnieren zurückbehalten.
5. Restliche Blätter zusammen mit der abgespülten und trockengetupften Petersilie fein hacken.
6. Frühlingszwiebeln putzen und abspülen.
7. Apfel gründlich abspülen, vierteln, entkernen.
8. Apfel und Frühlingszwiebeln zusammen mit Sellerie, Trockenpflaumen und lauwarmem Hähnchenfleisch in kleine Stücke schneiden.
9. Zusammen mit gehackten Sellerieblättern, Petersilie und Dressing vorsichtig mischen. Auf Tellern anrichten, mit Nüssen bestreuen und mit Sellerieblättchen garnieren.

Hähnchensalat „California"

Hähnchensalat mit Gemüse

■ Dauert länger

Pro Portion:
E: 56 g, F: 26 g, Kh: 20 g,
kJ: 2289, kcal: 546

1 Hähnchen (etwa 1 kg)
1 abgezogene Zwiebel
1 Lorbeerblatt
4 Wacholderbeeren
2 Orangen (300 g)
50 g TK-Erbsen, 1 Zwiebel
185 g Spargel (aus der Dose)
5 EL Spargelwasser
1 EL Essig, 1 TL Currypulver
2 Becher (je 150 g) Joghurt
Salz, Pfeffer
Worcestersauce
Schnittlauchröllchen

Zubereitungszeit: 2$^1/_2$ Std.

Hähnchensalat mit Gemüse

1. Hähnchen abspülen. Salzwasser zum Kochen bringen und Zwiebel, Lorbeerblatt und Wacholderbeeren dazugeben. Hähnchen in das Wasser geben und etwa 1 Stunde gar ziehen lassen.
2. Hähnchen herausnehmen, erkalten lassen, enthäuten, das Fleisch von den Knochen lösen und in Würfel schneiden.
3. Orangen filetieren und in Stücke schneiden. Erbsen auftauen lassen.
4. Zwiebel abziehen und würfeln. Spargel auf ein Sieb geben, abtropfen lassen, das Wasser dabei auffangen und den Spargel in Stücke schneiden.
5. Für die Salatsauce Spargelwasser mit Essig, Curry und Joghurt verrühren, mit Salz, Pfeffer und Worcestersauce würzen und mit den Salatzutaten vermengen, etwa 1 Stunde ziehen lassen und mit Schnittlauch bestreuen.

Hamburger, marinierte
(8 Stück)

Pro Stück:
E: 26 g, F: 15 g, Kh: 37 g,
kJ: 1633, kcal: 390

1 Brötchen (Semmel) vom Vortag
750 g Rinderhackfleisch, 1 Ei (Größe M)
Salz, frisch gemahlener Pfeffer

Für die Marinade:
4 EL Sojasauce, 3 EL Wasser
2 EL brauner Zucker, 1 TL Worcestersauce
1 TL fein geriebene Ingwerwurzel oder
¼ TL gemahlener Ingwer

Zum Garnieren:
4 Tomaten, 1 grüne Paprikaschote

8 Hamburger-Brötchen

Zubereitungszeit: 30 Min., ohne Marinierzeit

1. Brötchen in kaltem Wasser einweichen, anschließend gut ausdrücken. Hackfleisch in eine Schüssel geben. Ei und eingeweichtes Brötchen hinzugeben und untermengen, mit Salz und Pfeffer würzen. Aus der Masse mit angefeuchteten Händen 8 flache Hamburger formen und diese in eine flache Schale legen.
2. Für die Marinade Sojasauce, Wasser, Zucker, Worcestersauce und Ingwer verrühren. Die Marinade über die Hamburger geben und zugedeckt 1–2 Stunden im Kühlschrank marinieren.
3. Das Fleisch aus der Marinade nehmen, auf den vorgeheizten Grill legen und von jeder Seite etwa 4–5 Minuten grillen. Während des Grillens die Hamburger mit der Marinade bestreichen.
4. Zum Garnieren Tomaten waschen, abtrocknen, die Stängelansätze herausschneiden. Tomaten in Scheiben schneiden. Paprika halbieren, entstielen, entkernen. Die weißen Scheidewände entfernen, Schote waschen und in Streifen schneiden.
5. Brötchen aufschneiden und mit der Aufschnittseite kurz auf dem Grillrost toasten. Die unteren Brötchenhälften zuerst mit Paprikastreifen, dann mit je einem Hamburger und Tomatenscheiben belegen, mit den oberen Brötchenhälften bedecken.

Hamburger, marinierte

Tipp: Marinierte Hamburger ist ein ideales Picknickrezept. Die vorbereiteten Hamburger können in einem verschlossenen Gefäß transportiert und sofort gegrillt werden.

Hamburger Pfannfisch

■ **Raffiniert**

Pro Portion:
E: 26 g, F: 50 g, Kh: 26 g,
kJ: 2867, kcal: 685

500 g gleich große Kartoffeln
150 g geklärte Butter
500 g Steinbuttfilet, 4 Schalotten
2 TL mittelscharfer Senf
250 g junger Wirsing
Salz, Pfeffer

Für die Senfbutter:
2 EL mittelscharfer Senf
80 g lauwarme, flüssige Butter

Zubereitungszeit: 50 Min.

1. Kartoffeln waschen, schälen, in ½ cm dicke Scheiben schneiden und in 50 g Butter ausbacken.
2. Steinbuttfilet unter fließendem kalten Wasser abspülen, trockentupfen, in Scheiben schneiden.
3. Schalotten abziehen, in Ringe schneiden. Schalottenringe in 50 g Butter glasig dünsten, abkühlen lassen und mit dem Senf verrühren.
4. Wirsing putzen, waschen, in feine Streifen schneiden und in Salzwasser blanchieren.
5. Kartoffelscheiben in eine gefettete Springform kreisförmig einschichten, mit Salz und Pfeffer würzen. Etwas Wirsing darauf verteilen und die Fischscheiben darauf schichten. Würzen und mit der Schalotten-Senf-Masse bestreichen.
6. Vorgang nochmals wiederholen, oben mit Kartoffelscheiben abschließen. Nochmals würzen und mit der restlichen Butter beträufeln. Im Backofen backen.
Ober-/Unterhitze: etwa 200 °C (vorgeheizt)
Heißluft: etwa 180 °C (vorgeheizt)
Gas: Stufe 3–4 (vorgeheizt)
Backzeit: etwa 15 Minuten.
7. Etwas abkühlen lassen.
8. Für die Senfbutter Senf mit der lauwarmen Butter tropfenweise verrühren. Springformrand entfernen, Pfannfisch auf einer Platte anrichten und wie eine Torte in Stücke schneiden. Senfbutter dazureichen.

Tipp:
Dieses Gericht kann auch portionsweise in kleineren Formen zubereitet werden.

Hamburger Pfannfisch

Handkäs mit Musik

■ Klassisch

Pro Portion:
E: 29 g, F: 48 g, Kh: 5 g,
kJ: 2504, kcal: 598

400 g (2 Rollen) Mainzer Käse

Für die Marinade:
6 EL Speiseöl
8 EL Essig
Salz, Pfeffer
Kümmelsamen
3 Zwiebeln

Zubereitungszeit: 15 Min.,
ohne Durchziehzeit

1. Mainzer Käse in 8 Scheiben schneiden, in eine Keramik- oder Steingutschüssel geben.
2. Für die Marinade Öl mit Essig, Salz, Pfeffer und Kümmel verschlagen.
3. Zwiebeln abziehen, in Würfel schneiden und unterrühren. Die Marinade über den Käse geben, den Handkäs etwa 1/2 Tag durchziehen lassen.

Tipp:
Zum Handkäs mit Musik Apfelwein reichen.

Hanseatischer Fischsalat

■ Raffiniert

Pro Portion:
E: 26 g, F: 18 g, Kh: 6 g,
kJ: 1319, kcal: 315

1/2 Blumenkohl
200 g Champignons
1/2 Stange Porree (Lauch)
300 g Räucherfisch (Makrele oder Zander)
3 EL Mayonnaise
1 Becher (150 g) Joghurt
1 EL Zitronensaft
1 TL Sardellenpaste, 1 TL Senf
Salz, frisch gemahlener Pfeffer
1 TL Zucker
2 EL fein gehackte Petersilie

Zubereitungszeit: 50 Min.

1. Blumenkohl putzen, in Röschen zerteilen und waschen. Champignons putzen, mit Küchenpapier abreiben, evtl. abspülen und in Scheiben schneiden. Porree putzen, in Ringe schneiden und waschen.
2. Blumenkohlröschen in kochendem Salzwasser etwa 8 Minuten blanchieren, abtropfen und erkalten lassen.
3. Den Räucherfisch evtl. entgräten und in 2 cm große Würfel schneiden.
4. Für die Salatsauce die Mayonnaise mit dem Joghurt verrühren, mit Zitronensaft, Sardellenpaste, Senf, Salz, Pfeffer, Zucker würzen.
5. Petersilie unterrühren und mit den Salatzutaten vermengen, etwas durchziehen lassen, dann den Räucherfisch unterheben.

Hanseatischer Fischsalat

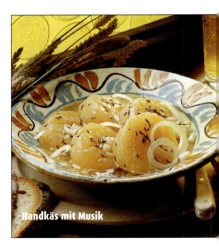
Handkäs mit Musik

Tipp:
Unter die Salatsauce nach Belieben 2 hart gekochte, fein gehackte Eier rühren.

Harzer Brote mit Gurkensalat

■ Schnell – für Gäste

Pro Portion:
E: 19 g, F: 15 g, Kh: 20 g,
kJ: 1321, kcal: 315

4 Scheiben Vollkornbrot
Butter
200 g Harzer Käse

Für den Gurkensalat:
1 Salatgurke (etwa 800 g)
4 EL Speiseöl
3 EL Zitronensaft
Salz, frisch gemahlener Pfeffer
1 Bund gehackter Dill
4 Salatblätter
4 Radieschen

Zubereitungszeit: 25 Min.

1. Vollkornbrot mit Butter bestreichen. Harzer Käse in 12 Scheiben schneiden

198

und auf jeder Brotscheibe jeweils 3 Scheiben anrichten.
2. Für den Gurkensalat die Salatgurke waschen, abtrocknen und in dünne Scheiben schneiden.
3. Öl mit Zitronensaft, Salz und Pfeffer verrühren, Dill unterrühren und mit den Gurkenscheiben vermengen.
4. Die Salatblätter abspülen, trockentupfen, eine Schüssel damit auslegen. Den Gurkensalat auf den Salatblättern verteilen.
5. Radieschen waschen, putzen und mehrmals kreuzweise einschneiden. Jede Brotscheibe mit 1 Radieschen garnieren.

Hasenkeulen

■ Klassisch

Pro Portion:
E: 51 g, F: 18 g, Kh: 5 g,
kJ: 1746, kcal: 416

4 Hasenkeulen (1 kg)
Salz, Pfeffer
10 zerdrückte Wacholderbeeren
50 g Butter
3 mittelgroße Zwiebeln
1 Lorbeerblatt, 6 Pimentkörner
500 ml (1/2 l) heißes Wasser
etwas Weizenmehl
kaltes Wasser

Zubereitungszeit: 1 1/2 Std.

1. Hasenkeulen unter fließendem kalten Wasser abspülen, trockentupfen, enthäuten. Mit Salz, Pfeffer, Wacholderbeeren einreiben.
2. Butter in einem Bräter erhitzen und die Keulen von allen Seiten gut anbraten.
3. Zwiebeln abziehen, klein schneiden, mit Lorbeerblatt und Pimentkörnern hinzufügen, kurz miterhitzen und etwas von dem heißen Wasser hinzugießen.
4. Keulen in den Backofen schieben und schmoren lassen.
Ober-/Unterhitze: etwa 220 °C (vorgeheizt)
Heißluft: etwa 200 °C (nicht vorgeheizt)
Gas: Stufe 4–5 (nicht vorgeheizt)
Schmorzeit: etwa 1 Stunde.
5. Von Zeit zu Zeit die Keulen wenden. Die verdampfte Flüssigkeit nach und nach durch heißes Wasser ersetzen. Die garen Keulen auf einer vorgewärmten Platte anrichten und warm stellen.
6. Bratensatz durch ein Sieb gießen. Nach Belieben etwas Mehl mit kaltem Wasser anrühren und den Bratensatz damit binden.
7. Sauce mit Salz und Pfeffer abschmecken und über die Hasenkeulen verteilen.

Hasenkeulen

MENUE

Hauptgericht:
Hasenkeulen (Seite 199)

Beilage:
Rotkohl (Seite 397)

Dessert:
Heidelbeerkompott (Seite 204)

199

Hasenrücken mit Austernpilzen

■ Für Gäste

Pro Portion:
E: 51 g, F: 69 g, Kh: 9 g,
kJ: 3894, kcal: 929

2 Hasenrücken (1,2 kg)
Salz, Pfeffer
6 EL Speiseöl
150 g fetter Speck
400 g Austernpilze
2 Schalotten
50 g Kräuterbutter
1 Becher (150 g) Crème fraîche
1 Bund Petersilie
1 Bund Schnittlauch

Zubereitungszeit: 50 Min.

1. Hasenrücken unter fließendem kalten Wasser abspülen und trockentupfen, mit Salz und Pfeffer würzen und in erhitztem Öl anbraten.
2. Speck in Scheiben schneiden, das Fleisch damit belegen.
3. Hasenrücken in einen Bräter legen, in den Backofen schieben und braten.
   Ober-/Unterhitze: etwa 220 °C (vorgeheizt)
   Heißluft: etwa 200 °C (vorgeheizt)
   Gas: Stufe 4–5 (vorgeheizt)
   Bratzeit: etwa 25 Minuten.
4. Pilze putzen, mit Küchenpapier abreiben, evtl. abspülen und würfeln. Schalotten abziehen und fein hacken.
5. Kräuterbutter zerlassen, Pilze und Schalotten darin dünsten. Crème fraîche unterrühren.
6. Kräuter abspülen, trockentupfen, fein hacken oder schneiden und unterrühren. Sauce mit Salz und Pfeffer würzen.
7. Hasenrücken herausnehmen, 10 Minuten ruhen lassen. Fleisch von den Knochen lösen, auf den Pilzen anrichten.

Hasenrücken mit Sauerkirschen

2 Portionen

■ Römertopf

Pro Portion:
E: 44 g, F: 54 g, Kh: 47 g,
kJ: 3902, kcal: 931

390 g Sauerkirschen (aus dem Glas)
1 Hasenrücken (etwa 600 g)
Salz, frisch gemahlener Pfeffer
40 g Butter
etwas Kirschsaft
125 ml (¹/₈ l) Rotwein
1 EL Weizenmehl
2 EL Sauerkirschsaft
gerebelter Thymian

Zubereitungszeit: 1 Std.

1. Sauerkirschen abtropfen lassen, den Kirschsaft auffangen. Sauerkirschen in den gewässerten Römertopf geben (einige zum Garnieren zurücklassen).
2. Den Hasenrücken unter fließendem kalten Wasser abspülen, trockentupfen, enthäuten, mit Salz und Pfeffer bestreuen und kurz in zerlassener Butter rundherum anbraten.
3. Den Hasenrücken auf die Sauerkirschen legen, den Bratenfond mit etwas Kirschsaft ablöschen, zu den Kirschen geben. Den Römertopf mit dem Deckel verschließen und in den kalten Backofen stellen.
   Ober-/Unterhitze: etwa 200 °C
   Heißluft: etwa 180 °C
   Gas: Stufe 3–4
   Garzeit: etwa 40 Minuten.
4. Den garen Hasenrücken herausnehmen, von den Knochen lösen, Hasenfilets warm stellen. Mit den zurückgelassenen Sauerkirschen garnieren. Die Sauerkirschen mit Rotwein auffüllen und zum Kochen bringen.
5. Mehl mit Kirschsaft anrühren, die Sauerkirschen damit binden und abschmecken. Mit Salz, Pfeffer und Thymian würzen, mit dem Hasenfilet servieren.

Beilage: Knödel.

Hawaiitoast

■ Schnell - für Kinder

Pro Portion:
E: 16 g, F: 18 g, Kh: 17 g,
kJ: 1278, kcal: 305

4 Scheiben Toastbrot, 20 g Butter
4 Scheiben gekochter Schinken
4 Scheiben Ananas (aus der Dose)
4 Scheiben Edamer oder Gouda

Zubereitungszeit: 20 Min.

1. Toastbrot toasten, mit Butter bestreichen.
2. Die Brotscheiben mit je einer Scheibe Schinken, Ananas und Käse belegen. Auf ein Backblech legen, in den Backofen schieben.
Ober-/Unterhitze: etwa 200 °C (vorgeheizt)
Heißluft: etwa 180 °C (vorgeheizt)
Gas: Stufe 3 - 4 (vorgeheizt)
Backzeit: 6 - 8 Minuten.

Hecht auf flämische Art

6 Portionen

■ Etwas teurer

Pro Portion:
E: 31 g, F: 30 g, Kh: 9 g,
kJ: 1923, kcal: 458

1 küchenfertiger Hecht (etwa 1,5 kg)
3 EL Zitronensaft
Salz, 250 g Zwiebeln, 130 g Butter
Pfeffer
1/2 Tube Anchovispaste (15 - 20 g)
1 Zitrone (unbehandelt)
2 EL Semmelbrösel

Hecht auf flämische Art

Für die Sauce:
200 g saure Sahne
2 Eigelb
1 EL gehackte Petersilie
1 EL Schnittlauchröllchen
1/2 EL fein gehackter Dill
6 kleine Tomaten

Zubereitungszeit: 65 Min.

1. Hecht unter fließendem kalten Wasser abspülen, trockentupfen, mit Zitronensaft beträufeln und mit Salz bestreuen.
2. Zwiebeln abziehen und in Ringe schneiden. 50 g Butter zerlassen, die Zwiebeln so lange darin erhitzen, bis sie goldgelb sind, mit Salz und Pfeffer würzen.
3. Ein großes Stück Alufolie in die Fettpfanne legen, die Zwiebeln darauf verteilen und den Hecht darauf legen.
4. 60 g weiche Butter mit der Anchovispaste verrühren und den Fisch damit bestreichen. Zitrone waschen, abtrocknen, in dünne Scheiben schneiden, auf dem Fisch verteilen, Semmelbrösel darüber streuen und die Folie verschließen.
5. Die Fettpfanne in den Backofen stellen.

Ober-/Unterhitze: etwa 180 °C (vorgeheizt)
Heißluft: etwa 160 °C (vorgeheizt)
Gas: Stufe 2 - 3 (vorgeheizt)
Garzeit: 30 - 40 Minuten.

6. Für die Sauce die saure Sahne mit Eigelb, Petersilie, Schnittlauch und Dill verrühren. Mit Salz und Pfeffer abschmecken.
7. Fisch in Folie auf eine große Porzellanplatte legen, die Folie öffnen, die Sauce über den Fisch gießen, die Platte in den Backofen stellen und kurz überbacken.
8. Tomaten waschen, kreuzweise einschneiden, salzen, pfeffern, 20 g Butter darüber geben und grillen, mit dem Hecht servieren.

MENUE

Vorspeise:
Försterinsalat (Seite 140)

Hauptgericht:
Hasenrücken mit Austernpilzen (Seite 200)

Dessert:
Nusspudding mit Aprikosensauce (Seite 326)

Hechtfilet, gebraten

■ **Schnell**

Pro Portion:
E: 28 g, F: 14 g, Kh: 0,3 g,
kJ: 1113, kcal: 266

4 Hechtfilets (je 150 g)
Zitronensaft, Salz
50 g fetter Speck
1 EL Speiseöl
Petersilie

Zubereitungszeit: 20 Min.

1. Hechtfilets unter fließendem kalten Wasser abspülen, trockentupfen, mit Zitronensaft beträufeln, trockentupfen und mit Salz bestreuen.
2. Speck in Würfel schneiden und in Speiseöl auslassen, Speckwürfel entfernen.
3. Die Filets von beiden Seiten etwa 6 Minuten braten, auf einer vorgewärmten Platte anrichten und mit Petersilie garnieren.

Hechtfilet, gebraten

Hechtklößchen auf Sauerampfersauce

■ **Raffiniert**

Pro Portion:
E: 13 g, F: 31 g, Kh: 31 g,
kJ: 1935, kcal: 462

Für die Sauerampfersauce:
250 ml ($1/4$ l) Fischfond oder -brühe
125 ml ($1/8$ l) Schlagsahne
1 Becher (150 g) Crème fraîche
200 g Sauerampfer
Salz, weißer Pfeffer

Für die Hechtklößchen:
200 g Hechtfleisch
125 ml ($1/8$ l) Schlagsahne
1 Eiweiß
500 ml ($1/2$ l) Salzwasser
125 g Langkornreis

Zubereitungszeit: 45 Min.

1. Fischfond um die Hälfte im geöffneten Kochtopf einkochen, Sahne hinzufügen und noch etwas einkochen lassen. Crème fraîche unterrühren.
2. Stiele des Sauerampfers entfernen, die Blätter abspülen, in die Sauce geben und aufkochen lassen. Mit dem Pürierstab fein pürieren und mit Salz und Pfeffer würzen, erhitzen (nicht mehr kochen lassen).
3. Hechtfleisch im Zerkleinerer des Handrührgerätes mit Sahne und Eiweiß fein pürieren. Mit Salz und Pfeffer würzen und durch ein feines Sieb streichen.
4. Die Hechtfarce im Kühlschrank mit Frischhaltefolie abgedeckt etwa 25 Minuten ruhen lassen.
5. Salzwasser zum Kochen bringen. Den Reis hineinschütten und etwa 20 Minuten quellen lassen.
6. Mit einem in Wasser getauchten Esslöffel kleine Klößchen von der Hechtfarce abstechen und in leicht gesalzenem, siedendem Wasser in etwa 3 Minuten gar ziehen lassen.
7. Mit Sauerampfersauce einen Spiegel auf vorgewärmte Teller gießen und die Hechtklößchen im Kreis darauf anrichten.
8. In die Mitte des Tellers etwas Reis geben und servieren.

Hinweis:
Alle Zutaten für die Hechtklößchen müssen vor der Verarbeitung gut durchgekühlt werden.

Hechtklößchen auf Sauerampfersauce

Hefeklöße

■ Für Kinder

Pro Portion:
E: 12 g, F: 14 g, Kh: 72 g,
kJ: 2009, kcal: 480

300 g Weizenmehl
1 Pck. Trockenhefe
50 g Zucker, 1 Pck. Vanillin-Zucker
1 gestr. TL Salz
50 g zerlassene, lauwarme Butter
1 Ei, 125 ml (1/8 l) lauwarme Milch

Zubereitungszeit: 1 Std.

1. Mehl in eine Schüssel sieben und mit Hefe sorgfältig vermischen.
2. Zucker, Vanillin-Zucker, Salz, Butter, Ei und Milch hinzugeben, mit Handrührgerät mit Knethaken zuerst auf niedrigster, dann auf höchster Stufe in etwa 5 Minuten zu einem Teig verarbeiten.
3. Den Teig an einem warmen Ort so lange gehen lassen, bis er sich sichtbar vergrößert hat und ihn dann gut durchkneten.
4. Den Teig zu einer Rolle formen, diese in 8 gleichmäßige Stücke schneiden, mit bemehlten Händen Klöße formen und auf ein bemehltes Backbrett legen.
5. Die Klöße an einem warmen Ort so lange gehen lassen, bis sie sich sichtbar vergrößert haben.

MENUE
Vorspeise:
Geflügelcocktail (Seite 152)
Hauptgericht:
Hechtfilet, gebraten (Seite 202)
Beilage:
Spinatgemüse mit Pinienkernen
(Seite 453)

6. Ein Tuch recht straff über einen möglichst breiten Topf mit kochendem Wasser spannen, es an den Topfgriffen festbinden, mit Mehl bestreuen, die Klöße darauf legen, eine Schüssel darüber decken und in 15–20 Minuten gar werden lassen (Garprobe mit einem Holzstäbchen).

Beilage:
Zerlassene, gebräunte Butter, gebräunte, abgezogene, gehobelte Mandeln, Zucker und Zimt, Kompott.

Hefe-Quark-Klöße mit Kirschen

■ Schnell

Insgesamt:
E: 24 g, F: 45 g, Kh: 121 g,
kJ: 4346, kcal: 1038

Für den Teig:
375 g Weizenmehl
1 Pck. Trockenhefe
100 g Zucker, Salz
100 g zerlassene, abgekühlte Butter
2 Eier, 250 g Magerquark
abgeriebene Schale von 1/2 Zitrone (unbehandelt)
Weizenmehl

Für die Kirschen:
etwa 400 g Sauerkirschen
(aus dem Glas), 1 Stück Zimtstange
etwas Zitronenschale (unbehandelt)
3 TL Speisestärke, 2 EL kaltes Wasser
Zucker, 100 g Butter

Zubereitungszeit: 80 Min.

1. Für den Teig Mehl in eine Schüssel sieben und mit Hefe sorgfältig vermischen. Zucker, Salz, Butter, Eier, Quark und Zitronenschale hinzufügen, alles mit Handrührgerät mit Knethaken zuerst auf niedrigster, dann auf höchster Stufe in etwa 5 Minuten zu einem Teig verarbeiten. Sollte er kleben, noch etwas Mehl hinzufügen, unterkneten.
2. Den Teig an einem warmen Ort so lange gehen lassen, bis er sich sichtbar vergrößert hat, ihn dann auf einer bemehlten Arbeitsfläche gut durchkneten. Einen breiten, flachen Topf knapp zur Hälfte mit Wasser füllen, ein Küchentuch über den Topf spannen, es an den Topfgriffen festbinden und mit Mehl bestäuben.
3. Wasser zum Kochen bringen, den Teig in 10 Teile schneiden, mit bemehlten Händen zu Klößen formen, auf ein bemehltes Backbrett legen und an einem warmen Ort gehen lassen, bis sie sich sichtbar vergrößert haben.
4. Die Klöße auf das Tuch legen, eine Schüssel darüber decken und die Klöße etwa 20 Minuten gar ziehen lassen.
5. Für die Kirschen die Sauerkirschen mit dem Saft, Zimt und Zitronenschale zum Kochen bringen.
6. Speisestärke mit Wasser anrühren, die Kirschen damit binden, mit Zucker abschmecken und die Gewürze entfernen.
7. Butter bräunen lassen und mit den heißen Kirschen zu den Klößen reichen.

Hefe-Quark-Klöße mit Kirschen

Heidelbeerkompott

■ Schnell

Pro Portion:
E: 1 g, F: 1 g, Kh: 44 g,
kJ: 813, kcal: 194

500 g Heidelbeeren
75 g Zucker
Zitronenschale (unbehandelt)
Zucker

Zubereitungszeit: 20 Min.

1. Heidelbeeren verlesen, waschen und mit Zucker bestreuen.
2. Sobald die Früchte Saft gezogen haben, sie mit Zitronenschale weich dünsten.
3. Das Kompott erkalten lassen und evtl. mit Zucker abschmecken.

Heidelbeerpfannkuchen

■ Schnell

Pro Portion:
E: 16 g, F: 26 g, Kh: 106 g,
kJ: 3179, kcal: 759

250 g Weizenmehl
4 Eier, 500 ml (½ l) Milch
4 EL Zucker
400 g Heidelbeeren
80 g Butter
Puderzucker

Zubereitungszeit: 30 Min.

1. Mehl in eine Schüssel sieben und in die Mitte eine Vertiefung eindrücken. Eier mit Milch und Zucker verschlagen und etwas davon in die Vertiefung geben.
2. Von der Mitte aus Eiermilch und Mehl verrühren. Nach und nach die übrige Eiermilch dazugeben, darauf achten, dass keine Klümpchen entstehen.
3. Heidelbeeren verlesen, waschen, gut abtropfen lassen.
4. Etwas Butter in einer Pfanne zerlassen, eine dünne Teiglage hineingeben und von beiden Seiten goldgelb backen. Bevor der Pfannkuchen gewendet wird, etwas Butter in die Pfanne geben.
5. Die fertigen Pfannkuchen mit den Heidelbeeren füllen, aufrollen, mit Puderzucker bestäubt servieren.

Heilbutt Gärtnerin

■ Römertopf

Pro Portion:
E: 165 g, F: 39 g, Kh: 9 g,
kJ: 4733, kcal: 1129

4 Heilbuttscheiben (je 200 g)
1 EL Zitronensaft, Salz
250 g Erbsen und Möhren (aus der Dose)
250 g Stangenspargel (aus der Dose)
30 g zerlassene Butter

Für die Champignonsauce:
1 kleine Zwiebel
200 g Champignons
20 g Butter oder Margarine
2 EL Weizenmehl
5 EL Schlagsahne
frisch gemahlener Pfeffer

Zubereitungszeit: 45 Min.

1. Heilbuttscheiben unter fließendem kalten Wasser abspülen, trockentupfen, mit Zitronensaft beträufeln und mit Salz bestreuen. Die Heilbuttscheiben in den gewässerten Römertopf legen.
2. Erbsen, Möhren und Stangenspargel abtropfen lassen. Gut 125 ml (⅛ l) Flüssigkeit auffangen. Erbsen und Möhren um den Fisch legen, den Spargel darüber verteilen, mit Salz bestreuen und mit zerlassener Butter übergießen.
3. Den Römertopf mit dem Deckel verschließen und in den kalten Backofen stellen.
Ober-/Unterhitze: etwa 200 °C
Heißluft: etwa 180 °C
Gas: Stufe 3–4
Backzeit: etwa 50 Minuten.
4. Für die Champignonsauce die Zwiebel abziehen und würfeln. Die Champignons putzen, mit Küchenpapier ab-

reiben, evtl. abspülen, in Scheiben schneiden.

5. Butter zerlassen, Champignons dazugeben, durchdünsten, mit Mehl bestäuben, Gemüseflüssigkeit hinzugießen und mit einem Schneebesen durchschlagen.
6. Die Sauce zum Kochen bringen, etwa 10 Minuten kochen lassen, Sahne hinzugießen, abschmecken.
7. Fisch und Gemüse auf einer vorgewärmten Platte anrichten, die Sauce getrennt dazureichen.

Heilbuttscheiben mit Sauce tatare

■ Schnell

Pro Portion:
E: 46 g, F: 26 g, Kh: 3 g,
kJ: 1906, kcal: 455

1 Zwiebel, 1 TL Kapern
3 EL Mayonnaise
1 EL gehackter Kerbel
1 EL gehackter Dill
1 EL gehackte Pimpinelle
Salz
4 Heilbuttscheiben (je 200 g)
frisch gemahlener Pfeffer
50 g frisch geriebener Parmesan
2 TL Paprika edelsüß
4 EL Distelöl

Zubereitungszeit: 30 Min.

1. Für die Sauce tatare die Zwiebel abziehen, fein würfeln und die Kapern sehr fein hacken.
2. Mayonnaise mit Kerbel, Dill, Pimpinelle unterrühren und mit Salz würzen.
3. Heilbutt unter fließendem kalten Wasser abspülen, trockentupfen, mit Salz und Pfeffer bestreuen.
4. Parmesan mit Paprika mischen, die Heilbuttscheiben darin wenden, auf den heißen Grillrost legen, mit 2 Esslöffeln Distelöl bestreichen. Jede Seite etwa 6 Minuten grillen. Nach dem Wenden mit dem restlichen Öl bestreichen.
5. Die garen Heilbuttscheiben mit der Sauce tatare anrichten.

Beilage:
Baguette und Eisbergsalat.

MENUE

Vorspeise:
Spargelcremesuppe (Seite 446)

Hauptgericht:
Heilbuttscheiben mit Sauce tatare (Seite 205)

Beilage:
Artischocken-Tomaten-Salat (Seite 17)

Heilbuttscheiben mit Sauce tatare

Heringe in Gelee

Heringe in Gelee

■ **Dauert länger**

Pro Portion:
E: 30 g, F: 16 g, Kh: 2 g,
kJ: 1255, kcal: 300

500 ml ($^1/_2$ l) Wasser
Salz
3 Pimentkörner
1 Lorbeerblatt
1 Pck. (75 g) TK-Suppengrün
1 mittelgroße, abgezogene Zwiebel
500 g grüne Heringe
125 ml ($^1/_8$ l) Essig
1 Eierschale
1 Eiweiß
3 EL kaltes Wasser
1 Pck. Gelatine gemahlen, weiß
5 EL kaltes Wasser
Speiseöl
1 mittelgroße Tomate
1 hart gekochtes Ei
1 Gewürzgurke

Zubereitungszeit: 3 Std.

1. Wasser mit 1 Teelöffel Salz, Pimentkörnern, Lorbeerblatt, Suppengrün und Zwiebel zum Kochen bringen und etwa 5 Minuten kochen lassen.
2. Heringe (Köpfe abschneiden), unter fließendem kalten Wasser abspülen, in die Brühe geben, zum Kochen bringen und 10–15 Minuten gar ziehen lassen.
3. Heringe aus der Brühe nehmen, enthäuten, entgräten und kalt stellen. Die Brühe durch ein Sieb gießen, 375 ml ($^3/_8$ l) davon abmessen (evtl. mit Wasser ergänzen), Essig hinzugießen und mit Salz abschmecken.
4. Sollte die Brühe stark trüb sein, sie folgendermaßen klären: Die erkaltete Brühe entfetten, Eierschale zerdrücken, mit Eiweiß, kaltem Wasser verschlagen, zur Brühe geben, unter ständigem Schlagen bis kurz vor dem Kochen erhitzen, dabei gerinnt das Eiweiß und bindet die in der Brühe enthaltenen trüben Bestandteile. Die Brühe kalt stellen, so lange ruhig stehen lassen, bis sie klar ist, abschäumen und durch ein Tuch gießen.
5. Gelatine mit kaltem Wasser anrühren, 10 Minuten zum Quellen stehen lassen, die Gelatine in die heiße Brühe geben und rühren, bis sie gelöst ist.
6. Eine Form mit Öl ausstreichen, etwas von der Brühe hineingeben und im Kühlschrank erstarren lassen.
7. Tomate waschen und den Stängelansatz herausschneiden. Ei pellen und mit der Gewürzgurke in Scheiben schneiden. Die erstarrte Schicht damit garnieren, einige Esslöffel Brühe darüber gießen und wieder im Kühlschrank erstarren lassen.
8. Die erkalteten Heringe in Würfel schneiden, auf die erstarrte Brühe geben, den Rest der schon etwas dicklichen Brühe darüber gießen und im Kühlschrank erstarren lassen. Vor dem Servieren die Form kurz in heißes Wasser halten, die Sülze mit einem Messer vorsichtig vom Rand der Form lösen und auf eine Platte stürzen.

Heringe in saurer Sahne

■ **Gut vorzubereiten**

Pro Portion:
E: 25 g, F: 25 g, Kh: 3 g,
kJ: 1517, kcal: 362

6 eingelegte Heringsfilets (500 g)
1 Zwiebel
250 g saure Sahne
Salz
frisch gemahlener Pfeffer
Zitronensaft oder Essig

**Zubereitungszeit: 20 Min.,
ohne Durchziehzeit**

1. Heringe kurz waschen, trockentupfen, in kleine Streifen schneiden.
2. Zwiebel abziehen, fein reiben und mit saurer Sahne, Salz und Pfeffer verschlagen.
3. Mit Zitronensaft oder Essig pikant abschmecken, über die Heringsstreifen verteilen und einige Stunden darin ziehen lassen.

Tipp:
Fein geschnittene oder geraspelte Äpfel dazugeben.

MENUE

Vorspeise:
Heringshappen, mariniert (Seite 207)

Hauptgericht:
Goldbarschpfanne mit Shrimps
(Seite 166)

Dessert:
Ricottatörtchen mit Himbeersauce
(Seite 383)

Heringshappen, mariniert

🟧 **Gut vorzubereiten**

Pro Portion:
E: 35 g, F: 28 g, Kh: 18 g,
kJ: 2130, kcal: 508

750 g Heringsfilets
2 rote Zwiebeln, 1 Möhre
250 ml ($^1/_4$ l) Rotweinessig
200 ml Wasser
4 EL Zucker
1 Lorbeerblatt
2 TL Pimentkörner
2 TL Senfkörner
frischer Dill

Zubereitungszeit: 20 Min., ohne Durchziehzeit

1. Heringsfilets unter fließendem kalten Wasser abspülen, trockentupfen und in etwa 3 cm breite Stücke schneiden.
2. Zwiebeln abziehen und in Scheiben schneiden. Möhre putzen, schälen, waschen und in Scheiben schneiden. Heringsstücke, Zwiebeln und Möhre in ein Glas schichten.
3. Rotweinessig mit Wasser und Zucker aufkochen, bis der Zucker ganz gelöst ist. Lorbeerblatt, Pimentkörner und Senfkörner hinzufügen und ganz abkühlen lassen.
4. Dillspitzen in die Marinade geben, in das Glas gießen, bis die Zutaten völlig bedeckt sind. Die Heringshappen 2-3 Tage im Kühlschrank durchziehen lassen und mit Dill garniert servieren.

Tipp:
Vollkornbrot und Butter dazureichen.

Heringssalat

🟧 **Gut vorzubereiten – klassisch**

Pro Portion:
E: 13 g, F: 21 g, Kh: 21 g,
kJ: 1460, kcal: 349

250 g Kartoffeln
250 g Rote Bete
250 g Äpfel
250 g Gewürzgurken
250 g Matjesfilets
1 Zwiebel
$^1/_4$ TL Salz, 1 TL Senf
$^1/_2$ TL Zucker, 2 EL Apfelessig
125 ml ($^1/_8$ l) Schlagsahne
1 hart gekochtes Ei
1 Stängel Petersilie

Zubereitungszeit: 1$^1/_2$ Std., ohne Durchziehzeit

1. Kartoffeln waschen, in Wasser zum Kochen bringen, in 20-25 Minuten gar kochen lassen, abgießen, abdämpfen, pellen, erkalten lassen.
2. Rote Bete mit Schale etwa 1 Stunde kochen, pellen. Äpfel schälen, vierteln, enkernen.
3. Kartoffeln, Rote Bete, Äpfel, Gurken und Matjesfilets würfeln.
4. Zwiebel abziehen, fein schneiden, mit Salz, Senf, Zucker und Essig verrühren. Sahne unterrühren, vorsichtig mit den Zutaten vermengen. Am besten über Nacht durchziehen lassen.
5. Ei pellen und in Scheiben schneiden. Petersilie abspülen, trockentupfen. Heringssalat mit Ei und der Petersilie garnieren.

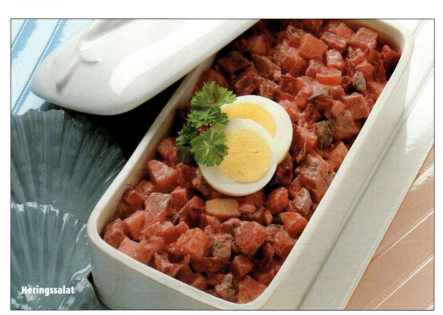

Heringssalat, pikanter

■ Gut vorzubereiten

Pro Portion:
E: 26 g, F: 26 g, Kh: 7 g,
kJ: 1661, kcal: 396

2 Salzheringe
250 g Rote Bete (aus dem Glas)
1 Apfel
1 Zwiebel
2 kleine Gewürzgurken
100 g Schweinebraten-Aufschnitt
2 geh. EL Mayonnaise
4 EL Schlagsahne
Salz, Pfeffer
Petersilienzweige
Apfelspalten

Zubereitungszeit: 30 Min.,
ohne Wässer- und Durchziehzeit

1. Salzheringe etwa 24 Stunden wässern, das Wasser ab und zu erneuern.
2. Fische unter fließendem kalten Wasser abspülen, enthäuten, entgräten und in kleine Stücke schneiden.
3. Rote Bete abtropfen lassen. Apfel schälen, vierteln, entkernen. Zwiebel abziehen.
4. Zutaten in kleine Würfel schneiden, mit Mayonnaise und Sahne vermengen. Salat über Nacht durchziehen lassen, mit Salz und Pfeffer abschmecken. Mit Petersilie und Apfelspalten garnieren.

Herzmuscheln, gedünstet

■ Schnell

Pro Portion:
E: 20 g, F: 17 g, Kh: 7 g,
kJ: 1293, kcal: 307

MENUE

Vorspeise:
Pilzklößchensuppe (Seite 352)

Hauptgericht:
Hirschsteaks mit Portweinsauce
(Seite 214)

Dessert:
Himbeercreme, geeist (Seite 209)

1½ kg Herzmuscheln
3 Knoblauchzehen
5 EL Olivenöl
200 ml trockener Weißwein
200 ml Fischfond oder -brühe
Salz
frisch gemahlener Pfeffer
3 EL gewaschene, fein gehackte Petersilie
1 EL Tomatenmark

Zubereitungszeit: 25 Min.

1. Herzmuscheln unter fließendem kalten Wasser waschen und sauber bürsten, aufgebrochene oder zerbrochene Muscheln aussortieren.
2. Knoblauchzehen abziehen und durchdrücken.
3. Öl in einem großen Topf erhitzen, die Herzmuscheln darin kurz andünsten, mit Wein und Fischfond ablöschen, erhitzen, mit Knoblauchmus, Salz, Pfeffer, Petersilie und Tomatenmark würzen, 6–7 Minuten darin erhitzen (nicht kochen lassen), bis sie sich öffnen.
4. Muscheln, die sich nach dem Garen nicht geöffnet haben, sind ungenießbar. Die Muscheln in einer vorgewärmten Schüssel anrichten, die Brühe abschmecken, zu den Muscheln servieren.

Beilage: Stangenweißbrot.

Heringssalat, pikanter

Tipp:
Zwei gewaschene, enthäutete und entkernte Tomaten in Stücke schneiden und in die Brühe geben.

Herzoginkartoffeln
Pommes duchesse

■ Für Gäste

Pro Portion:
E: 7 g, F: 7 g, Kh: 29 g,
kJ: 891, kcal: 212

750 g Kartoffeln
1 Ei, 20 g Butter
Salz, geriebene Muskatnuss
1 Eigelb
2 TL Milch

Zubereitungszeit: 50 Min.

1. Kartoffeln dünn schälen, waschen, in Salzwasser zum Kochen bringen, etwa 25 Minuten gar kochen lassen, abgießen, abdämpfen, sofort durch eine Kartoffelpresse geben, erkalten lassen.
2. Mit Ei und Butter verrühren, mit Salz und Muskat würzen. Die Masse in einen Spritzbeutel mit großer Sterntülle füllen und in Form von Tuffs auf ein gefettetes Backblech spritzen.
3. Eigelb mit Milch verschlagen, die Tuffs damit bestreichen und das Blech in den Backofen schieben.
   Ober-/Unterhitze: etwa 200 °C (vorgeheizt)
   Heißluft: etwa 180 °C (vorgeheizt)
   Gas: Stufe 3–4 (vorgeheizt)
   Backzeit: 10–12 Minuten.

Herzoginkartoffeln

Himbeercreme, geeist

■ Gut vorzubereiten

Pro Portion:
E: 4 g, F: 21 g, Kh: 19 g,
kJ: 1284, kcal: 307

1 Pck. (300 g) TK-Himbeeren
1 Eigelb, 30 g Zucker
250 ml ($1/4$ l) Schlagsahne
1 Pck. Sahnesteif
2–4 EL Himbeergeist

Zubereitungszeit: 1 Std.

1. Himbeeren bei Zimmertemperatur auftauen lassen, mit einer Gabel zerdrücken.
2. Eigelb mit Zucker schaumig schlagen und die Himbeeren hinzufügen.
3. Sahne $1/2$ Minute schlagen, Sahnesteif einstreuen, Sahne steif schlagen, unter die Himbeercreme heben.
4. Creme in eine Eisschale füllen, etwa 45 Minuten im Gefrierfach des Kühlschrankes anfrieren lassen.
5. In Cocktail-Gläsern anrichten, den Himbeergeist über die Portionen verteilen.

Himbeerparfait

Himbeerparfait

■ Für Gäste

Pro Portion:
E: 9 g, F: 46 g, Kh: 43 g,
kJ: 2695, kcal: 644

500 g Himbeeren
2 Eigelb, 125 g Zucker
2 EL Zitronensaft, 2 Eiweiß
500 ml ($1/2$ l) Schlagsahne
abgezogene, gehackte Mandeln

Zubereitungszeit: 25 Min., ohne Gefrierzeit

1. Himbeeren verlesen, pürieren und durch ein Sieb streichen.
2. Eigelb mit dem Zucker schaumig schlagen und Zitronensaft unterrühren.
3. Eiweiß und Sahne getrennt steif schlagen, unter die Eigelbcreme ziehen. Vorsichtig mit dem Himbeerpüree vermengen, in eine Schüssel geben und im Gefrierfach des Kühlschranks 3–4 Stunden gefrieren lassen.
4. Kurz vor dem Servieren das Parfait mit einem Messer am Rand der Form lösen, auf eine Platte stürzen und mit Mandeln bestreuen.

Himbeer-Schichtspeise

■ Schnell

Pro Portion:
E: 6 g, F: 29 g, Kh: 37 g,
kJ: 2018, kcal: 483

500 g Himbeeren
5 EL Himbeergeist
120 g Baiser
375 ml ($^3/_8$ l) Schlagsahne
1 Pck. Vanillin-Zucker

Zubereitungszeit: 15 Min.

1. Himbeeren mit Himbeergeist beträufeln. Baiser grob zerbröckeln.
2. Sahne mit Vanillin-Zucker steif schlagen.
3. Die Zutaten in eine Glasschüssel schichten, die letzte Schicht sollte aus Himbeeren bestehen und die Speise sofort servieren.

Himbeer-Schichtspeise

Himmel und Erde

■ Preiswert

Pro Portion:
E: 7 g, F: 23 g, Kh: 45 g,
kJ: 1780, kcal: 424

750 g mehlig kochende Kartoffeln
Salz, 500 g mürbe Äpfel
1 EL Zucker
30 g Butter
frisch gemahlener Pfeffer
100 g durchwachsener Speck
2 Zwiebeln

Himmel und Erde

Zubereitungszeit: 40 Min.

1. Kartoffeln waschen, schälen, in Stücke schneiden, in Salzwasser zum Kochen bringen, in etwa 15 Minuten gar kochen lassen.
2. Inzwischen die Äpfel schälen, entkernen, in Stücke schneiden und mit dem Zucker im geschlossenen Topf bei mittlerer Hitze weich dünsten.
3. Kartoffeln abgießen, das Wasser auffangen. Kartoffeln durch die Kartoffelpresse geben oder pürieren und mit den Äpfeln und der Butter vermengen. Sollte das Mus zu fest sein, noch etwas Kartoffelwasser unterrühren.
4. Mus mit Salz und Pfeffer würzen, den Speck würfeln. Zwiebeln abziehen und in Ringe schneiden. Speck auslassen, Zwiebeln darin dünsten und beides über das Kartoffelmus geben.

Tipp:
Zu gebratener Leber, Blutwurst oder Brühwurst reichen.

Hirschgulasch

■ Dauert länger

Pro Portion:
E: 59 g, F: 32 g, Kh: 47 g,
kJ: 3282, kcal: 783

800 g Hirschfleisch (aus der Keule, ohne Knochen)
1 l Buttermilch
2 EL Weinbrand
4 EL Olivenöl
4 mittelgroße Zwiebeln
750 ml ($^3/_4$ l) Fleisch- oder Wildbrühe
2 Nelken
$^1/_2$ TL schwarze Pfefferkörner
1 TL gerebelter Thymian
1 TL Salz
4 EL Rosinen
8 Backpflaumen ohne Stein
200 g Schalotten
100 ml Wasser
1 TL Zucker
20 g Butter
Salz, Pfeffer

Zubereitungszeit: 2 Std.,
ohne Marinierzeit

1. Hirschfleisch enthäuten, unter fließendem kalten Wasser abspülen, trockentupfen, in mundgerechte Würfel schneiden, in einen Steinguttopf geben, mit Buttermilch angießen und

mindestens 24 Stunden marinieren, dabei öfter wenden.

2. Anschließend das Fleisch herausnehmen, gut abtropfen lassen und in einem Topf ohne Fett garen. Bei starker Hitze so lange kochen lassen, bis die überschüssige Buttermilch aus dem Fleisch verdampft ist. Den Weinbrand dazugeben und das Fleisch flambieren.
3. Olivenöl und die abgezogenen und fein gewürfelten Zwiebeln zum Fleisch geben und kurz Farbe nehmen lassen. Mit der Brühe auffüllen, die Gewürze dazugeben und bei mäßiger Hitze etwa 1 Stunde schmoren lassen.
4. Danach die Rosinen und die Backpflaumen zum Fleisch geben und weitere 10 Minuten bei mäßiger Hitze fertig garen.
5. In der Zwischenzeit die geschälten Schalotten in einen Topf geben und mit etwas Wasser angießen. Zucker und Butter dazugeben und Schalotten bei mäßiger Hitze etwa 10–15 Minuten dünsten. Mit Salz und Pfeffer abschmecken und warm stellen.
6. Nach Ende der Garzeit Fleisch und Backpflaumen herausnehmen und die Sauce durch ein Sieb streichen oder mit dem Pürierstab pürieren. Sauce nochmals erhitzen und mit Salz und Pfeffer abschmecken, Fleisch und Backpflaumen wieder hineingeben.
7. Gulasch anrichten, mit Sauce überziehen, Schalotten dazugeben und servieren.

Hirschkeule, gespickt

■ Für Gäste

Pro Portion:
E: 8 g, F: 72 g, Kh: 26 g,
kJ: 3742, kcal: 894

2 kg Hirschkeule
150 g fetter Speck
Pfeffer, Salz
gerebelter Salbei
100 g fette Speckscheiben
1 Bund Suppengrün
heißes Wasser, Preiselbeeren
(aus dem Glas)
Eichblattsalat

Hirschkeule, gespickt

Zubereitungszeit: 2 Std.

1. Hirschkeule unter fließendem kalten Wasser abspülen und enthäuten. Speck in Streifen schneiden, eine Zeit lang kalt stellen, anschließend in Pfeffer wenden und die Hirschkeule damit spicken.
2. Das Fleisch mit Pfeffer, Salz und Salbei einreiben. Speckscheiben in eine mit Wasser ausgespülte Rostbratpfanne legen und die Hirschkeule darauf legen.
3. Suppengrün putzen, waschen und zu dem Fleisch geben. Die Rostbratpfanne in den Backofen schieben und sobald der Bratsatz bräunt, je nach Bedarf heißes Wasser hinzugießen, die Hirschkeule damit begießen.
Ober-/Unterhitze: etwa 200 °C (vorgeheizt)
Heißluft: etwa 180 °C (nicht vorgeheizt)
Gas: Stufe 3–4 (nicht vorgeheizt)
Backzeit: $1^1/_2$–2 Stunden.
4. Die gare Hirschkeule erkalten lassen, von den Knochen lösen, in Scheiben schneiden, auf einer Platte anrichten, mit Preiselbeeren, Eichblattsalat garnieren.

Hirschgulasch

Hirschpastete

8 Portionen

🟥 **Dauert länger**

Pro Portion:
E: 57 g, F: 78 g, Kh: 47 g,
kJ: 5360, kcal: 1258

Für die Füllung:
1 kg Hirschgulasch
3 EL Nussöl
30 g Butter
2 Zwiebeln
1 EL Butter
250 g durchwachsener Speck
4 Eier
4 EL Madeira
50 g gehackte Pistazienkerne
Salz, Pfeffer
gerebelter Thymian
500 g Schweinefilet
3 EL Speiseöl
125 g frische, fette Speckscheiben

Für den Teig:
500 g Weizenmehl
1 TL Salz
7–8 EL eiskaltes Wasser
1 Eigelb
125 g Butter, 125 g Schmalz
1 verschlagenes Eiweiß
1 Eigelb
1 EL Wasser

Zubereitungszeit: 3 Std., ohne Erkalten

1. Für die Füllung das Hirschgulasch abspülen und trockentupfen.
2. Nussöl mit der Butter erhitzen und das Fleisch in 2 Portionen kurz darin anbraten.
3. Zwiebeln abziehen und fein würfeln. Butter zerlassen und die Zwiebelwürfel darin glasig dünsten lassen. Speck in Stücke schneiden, mit dem Hirschgulasch und den Zwiebelwürfeln durch die feine Scheibe des Fleischwolfs drehen, mit Eiern, Madeira und Pistazienkernen vermengen, mit Salz, Pfeffer und Thymian würzen und die Masse gut durcharbeiten.
4. Das Schweinefilet unter fließendem kalten Wasser abspülen, trockentupfen, mit Salz und Pfeffer einreiben. Speiseöl erhitzen, Schweinefilet von allen Seiten darin anbraten und erkalten lassen.
5. Für den Teig Mehl auf die Arbeitsfläche sieben, in die Mitte eine Vertiefung eindrücken, Salz, Wasser und Eigelb hineingeben und mit einem Teil des Mehls zu einer dicken Masse verarbeiten.
6. Butter in Stücke schneiden, mit Schmalz auf die Masse geben und mit Mehl bedecken. Von der Mitte aus alle Zutaten schnell zu einem glatten Teig verkneten und den Teig 1 Stunde kalt legen.
7. Zwei Drittel des Teiges ausrollen, eine Kastenform (30 x 11 cm) damit auslegen und die Hälfte der Fleischmasse in die Form geben.
8. Schweinefilet mit den Speckscheiben umwickeln und auf die Fleischmasse legen. Die restliche Fleischmasse darauf geben, glatt streichen, den überstehenden Teig über die Füllung schlagen und die Teigränder mit verschlagenem Eiweiß bestreichen.
9. Aus dem restlichen Teig einen Deckel in Größe der Kastenform-Oberfläche ausrollen, auf die Füllung legen und fest andrücken. Aus den Teigresten Figuren (Motive) schneiden, mit Eiweiß bestreichen und die Pastetenoberfläche damit garnieren.
10. In der Mitte der Pasteten-Oberfläche ein Loch ausstechen, damit der Dampf entweichen kann. Eigelb mit Wasser verschlagen und die Pastete damit bestreichen. Die Form auf dem Rost in den Backofen schieben.

Ober-/Unterhitze: etwa 180 °C (vorgeheizt)

Hirschpastet

Hirschrücken

Heißluft: etwa 160 °C
(nicht vorgeheizt)
Gas: Stufe 2–3 (nicht vorgeheizt)
Backzeit: etwa 1 Stunde.

11. Die gare Pastete in der Form erkalten lassen, stürzen, in Scheiben schneiden.

Hirschrücken

■ Für Gäste – etwas teurer

Pro Portion:
E: 82 g, F: 53 g, Kh: 3 g,
kJ: 3674, kcal: 876

1 1/2 kg Hirschrücken
Salz, Pfeffer, gerebelter Thymian
40 g weiche Butter
100 g dünne Speckscheiben
heißes Wasser
125 ml (1/8 l) saure Sahne
Wasser oder Rotwein, Weizenmehl

Zubereitungszeit: 2 Std.

1. Hirschrücken unter fließendem kalten Wasser abspülen, trockentupfen, enthäuten, mit Salz, Pfeffer und Thymian einreiben und mit weicher Butter bestreichen.
2. Die Hälfte der Speckscheiben in die mit Wasser ausgespülte Rostbratpfanne legen, den Hirschrücken darauf geben, mit den restlichen Speckscheiben bedecken und in den Backofen schieben.
Ober-/Unterhitze: etwa 220 °C (vorgeheizt)
Heißluft: etwa 200 °C (nicht vorgeheizt)
Gas: Stufe 4–5 (nicht vorgeheizt)
Backzeit: 35–45 Minuten.
3. Sobald der Bratensatz bräunt, etwas heißes Wasser hinzugießen, Fleisch ab und zu mit Bratensatz begießen, verdampfte Flüssigkeit nach und nach ersetzen. 10 Minuten vor Beendigung der Bratzeit Fleisch mit Sahne übergießen.
4. Das gare Fleisch von den Knochen lösen, in Scheiben schneiden, wieder auf das Knochengerüst legen, auf einer vorgewärmten Platte anrichten und warm stellen.
5. Den Bratensatz mit Wasser oder Rotwein loskochen. Nach Belieben etwas Mehl mit kaltem Wasser anrühren und den Bratensatz damit binden. Die Sauce mit Salz und Pfeffer abschmecken.

Beilage: Birnenhälften mit Preiselbeergelee, Rotkohl.

MENUE

Vorspeise:
Krebscocktail (Seite 267)

Hauptgericht:
Hirschrücken (Seite 213)

Beilage:
Schupfnudeln (Seite 421)

Hirschsteaks mit Portweinsauce

Hirschsteaks mit Portweinsauce

■ Für Gäste

Pro Portion:
E: 42 g, F: 43 g, Kh: 21 g,
kJ: 3332, kcal: 796

Für die Portweinsauce:
75 g fetter Speck, 500 g Wildknochen
1 Bund Suppengrün, 1 Zwiebel
200 g Pfifferlinge (Dose)
Wasser
250 ml ($1/4$ l) Portwein
2 zerdrückte Wacholderbeeren
Salz, Pfeffer, gerebelter Thymian
1 TL Johannisbeergelee
1 Msp. Senf, Zimtpulver
1 Becher (150 g) Crème fraîche
4 Hirschsteaks (je 150 g)
70 g Butter, 1 gewürfelte Schalotte
2 kleine Äpfel, 6 EL Calvados

Zubereitungszeit: 100 Min.

1. Speck in Würfel schneiden und ausbraten, Würfel herausnehmen. Wildknochen abspülen, trockentupfen und in dem Speckfett von allen Seiten gut anbraten.
2. Suppengrün putzen, waschen und klein schneiden. Zwiebel abziehen und vierteln. Beide Zutaten zu den Knochen geben und kurze Zeit mitbraten lassen.
3. Pfifferlinge abtropfen lassen, die Pilzflüssigkeit auffangen, mit Wasser auf 250 ml ($1/4$ l) Flüssigkeit auffüllen, mit der Hälfte des Portweins und den Wacholderbeeren zu den Knochen geben, mit Salz, Pfeffer und Thymian würzen, zugedeckt etwa 1 Stunde kochen lassen und die Knochen entfernen.
4. Die Flüssigkeit mit Suppengrün und Zwiebel durch ein Sieb rühren, die Flüssigkeit auf 200 ml einkochen lassen und restlichen Portwein hinzugießen. Johannisbeergelee, Senf und Zimt hinzufügen, nochmals etwas einkochen lassen.
5. Crème fraîche unterrühren, erhitzen und die Sauce mit Salz und Pfeffer abschmecken.
6. Die Hirschsteaks unter fließendem kalten Wasser abspülen und trockentupfen. 30 g Butter in einer Pfanne erhitzen, die Hirschsteaks von beiden Seiten darin 8–10 Minuten braten, mit Salz, Pfeffer und Thymian würzen, herausnehmen und zugedeckt warm stellen.
7. 20 g Butter in das Bratfett geben, die Schalotte darin glasig dünsten lassen, die Pfifferlinge hineingeben, mit Salz und Pfeffer würzen, 2–3 Minuten dünsten lassen, herausnehmen und warm stellen.
8. Äpfel schälen, das Kerngehäuse mit einem Apfelausstecher herausstechen und die Äpfel in etwa 1 cm dicke Scheiben schneiden.
9. Restliche Butter in einer Pfanne erhitzen, die Apfelscheiben von beiden Seiten darin braten und herausnehmen.
10. Die Hirschsteaks wieder in die Pfanne geben, Pfifferlinge darauf und rundherum verteilen, darauf die Apfelscheiben geben, mit Calvados flambieren und sofort mit der Portweinsauce servieren.

Hirse

2 Portionen

■ Vegetarisch

Pro Portion:
E: 4 g, F: 11 g, Kh: 35 g,
kJ: 1125, kcal: 269

1 Zwiebel, 1 EL Pflanzenöl
100 g Hirse
250 ml ($1/4$ l) Wasser
1 Lorbeerblatt
geriebene Muskatnuss
$1/2$ TL Thymian, gerebelt
frisch gemahlener Pfeffer
1 EL Tomatenmark
1 EL saure Sahne
Salz

Zubereitungszeit: 30 Min.

1. Zwiebel abziehen, halbieren, in feine Würfel schneiden, in erhitztem Öl goldgelb rösten.
2. Hirse hinzufügen, anrösten.
3. Wasser dazugießen. Lorbeerblatt, Muskat, Thymian, Pfeffer und Tomatenmark unterrühren, zum Kochen bringen. Bei schwacher Hitze in etwa 20 Minuten ausquellen lassen.
4. Lorbeerblatt entfernen. Saure Sahne unterrühren. Evtl. mit wenig Salz abschmecken.

Hirseauflauf

■ Preiswert

Pro Portion:
E: 20 g, F: 23 g, Kh: 59 g,
kJ: 3226, kcal: 555

Hirseauflauf

150 g Hirse
750 ml (³/₄ l) Milch
30 g gehacktes Orangeat
3 Eiweiß
3 Eigelb
5 EL Zucker
1 Pck. Vanillin-Zucker
Salz
abgeriebene Schale von 1 Zitrone (unbehandelt)
1 TL Zitronensaft
150 g Magerquark
40 g abgezogene, gemahlene Mandeln
30 g Butterflöckchen

Zubereitungszeit: 75 Min.

1. Hirse waschen, mit Milch und Orangeat zum Kochen bringen, in 20–25 Minuten ausquellen lassen.
2. Eiweiß steif schlagen. Eigelb mit Zucker, Vanillin-Zucker, Salz, Zitronenschale, Zitronensaft und Quark verrühren, die Quarkmasse unter den Hirsebrei rühren, das steif geschlagene Eiweiß und Mandeln unterheben eine runde, feuerfeste Form einfetten, die Masse einfüllen.
3. Butterflöckchen darauf setzen, die Form ohne Deckel auf den Rost in den Backofen stellen.

Ober-/Unterhitze: etwa 180 °C (vorgeheizt)
Heißluft: etwa 160 °C (nicht vorgeheizt)
Gas: Stufe 2–3 (nicht vorgeheizt)
Backzeit: etwa 45 Minuten.

Beilage:
Rhabarberkompott.

Hirserisotto

■ **Preiswert**

Pro Portion:
E: 10 g, F: 21 g, Kh: 29 g,
kJ: 1486, kcal: 355

2 Zwiebeln (100 g)
2 EL Speiseöl
150 g Hirse, 400 ml Wasser
1 TL Thymian, gerebelt
1 TL Paprika, Koriander oder geriebene Mukatnuss
frisch gemahlener Pfeffer
250 g Porree (Lauch)
100 g gekochter, magerer Schinken
40 g gehackte Haselnusskerne
100 ml Crème fraîche
½ Bund gehackte Petersilie

Zubereitungszeit: 40 Min.

1. Zwiebeln abziehen, halbieren, fein würfeln.
2. 1 Esslöffel Speiseöl erhitzen, die Hälfte der Zwiebelwürfel darin glasig dünsten.
3. Hirse zugeben, kurz anrösten. Wasser dazugießen, mit Thymian, Paprika, Koriander oder Muskat und Pfeffer würzen. Zugedeckt bei geringer Hitze 20 Minuten ausquellen lassen.
4. Porree putzen, die Stangen längs halbieren, waschen und in etwa 1 cm breite Streifen schneiden. Schinken in kleine Würfel schneiden.
5. Restliches Öl erhitzen. Restliche Zwiebelwürfel und gehackte Nüsse darin anrösten. Den Lauch zugeben. Mit Muskat würzen. Zugedeckt bei geringer Hitze etwa 5 Minuten garen. Nur bei Bedarf etwas Wasser dazugeben.
6. Hirse, Schinkenwürfel, Crème fraîche und Petersilie unterrühren. Erwärmen.

Tipp:
Risotto mit 1–2 Esslöffeln Sojasauce abschmecken.

Hirserisotto

215

Hochzeitsreis

Hochzeitsreis

■ Raffiniert

Pro Portion:
E: 12 g, F: 16 g, Kh: 55 g,
kJ: 1798, kcal: 429

1 l Milch
75 g Zucker, 1 Prise Salz
125 g Milchreis
abgeriebene Zitronenschale von
½ Zitrone (unbehandelt)
Mark von 1 Vanilleschote
2 EL Wasser
2 Döschen Safran (0,4 g)
100 g eingeweichte Rosinen
50 g Pistazienkerne
2 mittelgroße Granatäpfel
einige Tropfen Rosenwasser
Melissenzweige

Zubereitungszeit: 1 Std.

1. Milch, Zucker, Salz in einen Topf geben, zum Kochen bringen. Milchreis mit Zitronenschale und Vanillemark zur Milch geben.
2. Das Ganze unter ständigem Rühren zum Kochen bringen und bei mäßiger Hitze den Reis etwa 20 Minuten ausquellen lassen.
3. Wasser und Safran miteinander verrühren und unter den Reis geben.
4. Bei mäßiger Hitze weitere 20 Minuten ausquellen lassen.
5. Anschließend Rosinen, Pistazienkerne, Granatäpfelkerne und Rosenwasser unter den Reis heben.
6. Reis vollständig erkalten lassen, anrichten, mit Melissenzweigen garnieren und servieren.

Hochzeitssuppe

■ Für Gäste – dauert länger

Pro Portion:
E: 12 g, F: 12 g, Kh: 18 g,
kJ: 1022, kcal: 244

500 g Rinderknochen
1 Beinscheibe (etwa 300 g)
4 Markknochen
1 Bund Suppengrün
1 Zwiebel
2 l Salzwasser
½ Lorbeerblatt
1 Bund Petersilie
Salz, frisch gemahlener Pfeffer

Für die Markklößchen:
30 g Knochenmark (aus den Markknochen)
20 g Butter
1 kleines Ei, 1 Eigelb
70 g Semmelbrösel
geriebene Muskatnuss

Für den Eierstich:
2 Eier
125 ml (⅛ l) kalte Milch

Zubereitungszeit: 3 Std.

1. Knochen und Fleisch unter fließendem kalten Wasser abspülen. Das Mark aus den Knochen lösen und für die Klößchen beiseite legen.
2. Suppengrün putzen, waschen, klein schneiden. Zwiebel abziehen, vierteln. Beide Zutaten mit Fleisch und Knochen in einen großen Topf geben und mit dem Salzwasser auffüllen.
3. Lorbeerblatt und Petersilienstängel hinzufügen. Petersilienblätter fein hacken und beiseite stellen.
4. Suppe zum Kochen bringen, bei kleiner Hitze etwa 2 Stunden köcheln lassen.
5. Beinscheibe nach 1½ Stunden herausnehmen, von Sehnen und Fett befreien, in Stücke schneiden und beiseite stellen. Brühe durch ein feines Sieb abgießen, mit Salz und Pfeffer abschmecken.
6. Für die Markklößchen das Knochenmark ganz fein würfeln, mit der Butter bei kleiner Hitze zerlassen und durch ein Sieb streichen, erkalten lassen.
7. Mark mit Ei und Eigelb schaumig rühren, Semmelbrösel und Muskat unterziehen, 20 Minuten stehen lassen.

Hochzeitssuppe

8. Aus der Masse mit nassen Händen kleine Klößchen formen, in kochendem Salzwasser etwa 3 Minuten ziehen lassen.
9. Für den Eierstich Eier mit Milch, Salz, Muskat verschlagen und in ein gefettetes Gefäß füllen, mit Alufolie verschließen. Gefäß in kochendes Wasser stellen.
10. Wasser zum Kochen bringen und den Topf mit einem Deckel verschließen, Wasser nicht mehr kochen lassen.
11. Nach etwa 30 Minuten Garzeit, wenn die Eiermasse fest ist, die Masse stürzen, in Würfel schneiden und in die Suppe geben. Beinscheibenwürfel und Klößchen dazugeben, mit Petersilie bestreuen.

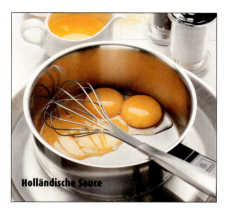
Holländische Sauce

3. Sauce mit Zitronensaft, Salz und Pfeffer abschmecken.

Tipp:
Die klassische Variante enthält anstelle des Weißweins zu gleichen Teilen Wasser und Weinessig.

Holunderblüten-Pfannkuchen

Holländische Sauce
Abgeschlagene Sauce

■ **Schnell**

Pro Portion:
E: 2 g, F: 44 g, Kh: 1 g,
kJ: 1755, kcal: 419

200 g Butter
2 Eigelb
2 EL Weißwein
Zitronensaft
Salz, frisch gemahlener Pfeffer

Zubereitungszeit: 15 Min.

1. Butter zerlassen und etwas abkühlen lassen.
2. Eigelb mit dem Weißwein im Wasserbad so lange schlagen, bis die Masse dicklich ist (nur lauwarm halten, Masse gerinnt sonst). Die Schüssel aus dem Wasserbad nehmen und die abgekühlte Butter langsam darunter schlagen.

Holunderblüten-Pfannkuchen
8 Stück

■ **Preiswert**

Pro Stück:
E: 11 g, F: 8 g, Kh: 35 g,
kJ: 1127, kcal: 269

250 g Weizenmehl
100 g Haferflocken (Instant)
4 Eier, $^1/_2$ TL Salz
500 ml ($^1/_2$ l) Milch
8 Holunderdolden
Butter für die Pfanne
Zucker

Zubereitungszeit: 40 Min.

1. Das Mehl in eine Schüssel geben, die Haferflocken dazugeben, beides vermengen, in die Mitte eine Vertiefung eindrücken.
2. Die Eier mit Salz in die Vertiefung hineingeben, von der Mitte aus mit dem Mehl zu einem festen Kloß verrühren. Unter Rühren langsam die Milch hinzugießen. Dabei darauf achten, dass keine Klümpchen entstehen, etwa 15 Minuten stehen lassen.
3. Die Holunderdolden waschen, trockentupfen, die Stängel dicht an der Blüte abschneiden.
4. Die Butter in einer Pfanne erhitzen. Mit einem Schöpflöffel etwas Teig hineingießen und mit einer drehenden Bewegung auf dem Boden der Pfanne verteilen, die Blüten einer Holunderdolde darüber streuen, etwas eindrücken. Sobald die Ränder goldgelb sind, den Pfannkuchen mit einem Pfannenwender oder Holzspatel lösen, wenden und auf der anderen Seite fertig backen. Die restlichen Pfannkuchen auf dieselbe Weise backen.
5. Die Pfannkuchen mit Zucker bestreut servieren.

Hot Dogs

Hot Dogs
2 Portionen

■ Für Kinder

Pro Portion:
E: 26 g, F: 32 g, Kh: 45 g,
kJ: 2539, kcal: 607

1¹/₂ l Wasser
2 Wiener Würstchen
2 Essiggurken
1 kleine Zwiebel
2 Baguettebrötchen
2 EL Tomatenketchup
Senf oder Mayonnaise

Zubereitungszeit: 20 Min.

1. Wasser erhitzen, Würstchen hineingeben und etwa 10 Minuten ohne Deckel gar ziehen lassen (nicht kochen).
2. Essiggurken in kleine Würfel schneiden.
3. Zwiebel abziehen und in kleine Würfel schneiden.
4. Von den Brötchen an der langen Seite eine dünne Scheibe abschneiden, Brötchen aushöhlen, Gurken- und Zwiebelwürfel, Tomatenketchup, Senf oder Mayonnaise und zum Schluss die Wurst hineingeben.

Huhn, gekocht

■ Klassisch

Pro Portion:
E: 32 g, F: 33 g, Kh: 2 g,
kJ: 1950, kcal: 466

1 küchenfertiges Suppenhuhn
(etwa 1¹/₄ kg)
2¹/₂ l kochendes Salzwasser
1 Bund Suppengrün

Zubereitungszeit: 1,75 Std.

1. Suppenhuhn waschen, zusammen mit Herz, aufgeschnittenem, gesäubertem Magen und Hals in das Salzwasser geben, zum Kochen bringen und abschäumen.
2. Suppengrün putzen, waschen, klein schneiden und hinzufügen. Huhn in 1¹/₂ Stunden gar kochen lassen (Huhn muss während des Kochens mit Flüssigkeit bedeckt sein, verkochte Flüssigkeit durch heißes Wasser ersetzen).
3. Das gare Huhn aus der Brühe nehmen, Fleisch von den Knochen lösen, die Haut entfernen und das Fleisch in Stücke schneiden. Die Brühe durch ein Sieb gießen.

Veränderung:
Anstelle des Suppenhuhns 1 Poularde 40–45 Minuten kochen.

Hühnerbrühe

■ Schnellkochtopf

Pro Portion:
E: 27 g, F: 26 g, Kh: 6 g,
kJ: 1671, kcal: 400

1¹/₂ l Wasser
1 küchenfertiges Suppenhuhn
(etwa 1 kg)
1 Bund Suppengrün
Salz
geriebene Muskatnuss
gekochte Fadennudeln oder
gekochter Reis
gehackte Petersilie

Zubereitungszeit: 30 Min.

1. Wasser im offenen Schnellkochtopf zum Kochen bringen. Suppenhuhn unter fließendem kalten Wasser abspülen, trockentupfen, vierteln, mit Herz, gesäubertem Magen und Hals in das Wasser geben, zum Kochen bringen und abschäumen.
2. Suppengrün putzen, waschen, grob zerkleinern, hinzufügen und mit Salz würzen. Den Schnellkochtopf schließen und 20–25 Minuten kochen lassen.
3. Das gare Fleisch herausnehmen, von Knochen und Haut befreien und klein schneiden. Die Brühe durch ein Sieb gießen, das Fleisch hineingeben oder nach Belieben anderweitig verwenden.
4. Suppe mit geriebener Muskatnuss abschmecken. Nach Belieben Fadennudeln oder Reis in die Suppe geben. Vor dem Servieren mit Petersilie bestreuen.

Hühnerbrustroulade
2 Portionen

■ Raffiniert

Pro Portion:
E: 44 g, F: 43 g, Kh: 2 g,
kJ: 2617, kcal: 625

218

Hühnerbrustroulade

2 Hähnchenbrustfilets (je 150 g)
Salz, Pfeffer
2 Eier, 1 EL Olivenöl
1 Handvoll verlesene, abgespülte Salbeiblätter
125 g fein geschnittene Mortadella
30 g Butter
100 ml trockener Weißwein

Zubereitungszeit: 1 Std.

1. Hühnerbrust waschen, trockentupfen, aufschneiden und wie ein Buch aufklappen. Leicht auf eine gleichmäßige Dicke klopfen, salzen und pfeffern.
2. In einer beschichteten Pfanne aus den Eiern mit etwas Öl ein Omelett zubereiten.
3. Omelett auf die Hühnerbrust geben, darauf die Salbeiblätter verteilen und zuletzt die Mortadella darüber legen. Hühnerbrust aufrollen und mit Küchengarn zusammenbinden.
4. Bei mittlerer Hitze im restlichen Öl und der Butter anbraten, bis sie eine goldbraune Farbe annimmt (etwa 10 Minuten), dann bei kleiner Hitze bei geschlossenem Deckel in etwa 30 Minuten fertig garen, dabei nach und nach den Weißwein zugießen, in Scheiben schneiden und sofort servieren.

Hühnerfrikassee

■ Klassisch

Pro Portion:
E: 34 g, F: 42 g, Kh: 12 g,
kJ: 2542, kcal: 608

1 küchenfertige Poularde (1 kg)
1 $^1/_2$ l kochendes Salzwasser
1 Bund Suppengrün
1 mittelgroße Zwiebel
1 Lorbeerblatt
1 Gewürznelke

Für die Sauce:
25 g Butter
30 g Weizenmehl
500 ml ($^1/_2$ l) Hühnerbrühe
175 g gekochte Spargelstücke
150 g gedünstete Champignons
4 EL Weißwein
1 EL Zitronensaft
1 TL Zucker
2 Eigelb
4 EL Schlagsahne
Salz
Pfeffer
Worcestersauce
Zitronensaft

Zubereitungszeit: 1 $^1/_2$ Std.

1. Poularde unter fließendem kalten Wasser abspülen, in das Salzwasser geben, zum Kochen bringen und abschäumen.
2. Suppengrün putzen, waschen, grob zerkleinern. Zwiebel abziehen, mit Lorbeerblatt und Gewürznelke spicken, die Zutaten hinzufügen.
3. Poularde etwa 1 Stunde gar kochen lassen und aus der Brühe nehmen. Brühe durch ein Sieb gießen, 500 ml ($^1/_2$ l) davon abmessen. Fleisch von den Knochen lösen, Haut entfernen und das Fleisch in große Würfel schneiden.
4. Für die Sauce Butter zerlassen, Mehl unter Rühren so lange darin erhitzen, bis es hellgelb ist. Brühe hinzugießen, mit einem Schneebesen durchschlagen, darauf achten, dass keine Klümpchen entstehen.
5. Sauce zum Kochen bringen und etwa 5 Minuten kochen lassen. Spargelstücke und Champignons mit dem Fleisch in die Sauce geben und kurz aufkochen lassen. Weißwein, Zitronensaft und Zucker hinzufügen.
6. Eigelb mit Sahne verschlagen, das Frikassee damit abziehen (nicht mehr kochen lassen), mit Salz, Pfeffer, Worcestersauce und Zitronensaft abschmecken.

Hühnerfrikassee

219

Hühnersuppe, klare mit Eierstich und Markklößchen

■ Klassisch

Pro Portion:
E: 37 g, F: 35 g, Kh: 14 g,
kJ: 2314, kcal: 553

1 Suppenhuhn (etwa 1 kg)
1 1/2 l Salzwasser
1 Bund Suppengrün
1 mittelgroße Zwiebel
Salz
2 EL gehackte Petersilie

Für den Eierstich:
2 Eier
125 ml (1/8 l) kalte Milch
geriebene Muskatnuss

Für die Markklößchen:
40 g Rindermark
1 Ei
1 Eigelb
geriebene Muskatnuss
50 g Semmelbrösel
1 Msp. Backpulver

Zubereitungszeit: 2 1/2 Std.

1. Suppenhuhn abspülen, mit Herz, aufgeschnittenem, gesäubertem Magen und Hals in kochendes Salzwasser geben, fast zum Kochen bringen, abschäumen.
2. Suppengrün putzen, waschen, klein schneiden, Zwiebel abziehen, alles in die Brühe geben. Huhn etwa 1 1/2 Stunden gar ziehen lassen, Brühe durch ein Sieb gießen, mit Salz abschmecken.
3. Für den Eierstich Eier mit Milch, Salz, Muskat verschlagen, in ein gefettetes Gefäß füllen, mit Alufolie verschließen,

Hühnersuppe, klare mit Eierstich und Markklößchen

in kochendes Wasser stellen, Wasser wieder zum Kochen bringen, Topf mit einem Deckel verschließen (das Wasser nicht mehr kochen lassen) und in etwa 30 Minuten gar ziehen lassen. Wenn die Masse fest geworden ist, sie stürzen, in Würfel schneiden, in die Suppe geben.

4. Für die Markklößchen Rindermark zerlassen, durch ein Sieb gießen, kalt stellen. Das abgekühlte Fett geschmeidig rühren. Ei, Eigelb, Salz, Muskat, Semmelbrösel hinzufügen (es muss eine geschmeidige Masse entstehen). Backpulver unterrühren, Masse etwa 20 Minuten stehen lassen. Mit nassen Händen Klößchen daraus formen, in kochendes Salzwasser oder kochende Suppe geben, etwa 3 Minuten gar ziehen lassen (Flüssigkeit muss sich leicht bewegen). Markklößchen in die Suppe geben.
5. Suppe mit Petersilienblättchen garniert servieren.

Tipp:
Aus dem Fleisch ein Frikassee oder Geflügelsalat bereiten.

Hummer, klassisch

■ Klassisch

Pro Portion:
E: 15 g, F: 2 g, Kh: 9 g,
kJ: 507, kcal: 122

1 Hummer (800 g–1 kg)
3 l Wasser, 2 EL Salz
4 Schalotten
10 Pfefferkörner
1 EL Kümmelsamen, Dillblüten

Zubereitungszeit: 25 Min.

1. Hummer am Rücken festhalten und gründlich in kaltem Wasser bürsten, dabei die Gummiringe, die die Scheren zusammenhalten nicht entfernen.
2. Wasser mit Salz, abgezogenen Schalottenvierteln, Pfefferkörnern und Kümmel zum Kochen bringen. Damit der Hummer möglichst schnell getötet wird, ihn mit dem Kopf zuerst in das kochende Wasser drücken, zum Kochen bringen, in etwa 15 Minuten gar ziehen (nicht mehr kochen) lassen. (Er verfärbt sich nur rot).
3. Den Hummer mit einem Schaumlöffel herausnehmen, abtropfen lassen, Gummiring entfernen und der Länge nach halbieren. Dazu die Hummer auf den Bauch legen und ein großes Messer an dem Punkt des Rückens ansetzen, wo der Schwanz beginnt. Mit kräftigem Druck zuerst in Schwanz- dann in Kopfrichtung in 2 Hälften teilen.
4. Den schwarzen Darmstrang (er zieht sich wie ein Faden durch das Fleisch) entfernen.
5. Die Hummerscheren mit einem Messerrücken aufschlagen, Fleisch herausnehmen.

V W X Y Z A B C D E F G **H**

Hummer, klassisch

1. Hummer unter fließendem kalten Wasser bürsten. In kochendem Salzwasser 3–4 Minuten kochen lassen, abkühlen.
2. Scheren ausbrechen, Schwanz vorsichtig aus dem Panzer ziehen. Hummerfleisch halbieren und Magensack entfernen. Hummerfleisch in Scheiben schneiden.
3. Aus den Toastscheiben runde Scheiben ausstechen. Anchovispaste mit Butter cremig rühren und auf die Toastscheibchen streichen.
4. Hummerscheiben mit gewaschenen, klein geschnittenen Kopfsalatblättern dekorativ auf die Canapés legen. Mit Forellenkaviar garnieren.

Tipp:
Hummerfleisch kann auch in Dosen gekauft werden. Hummerfleisch abtropfen lassen und Chitinreste entfernen.

Tipp:
Dazu Sauce Hollandaise und Baguettescheiben servieren. Hummer sieht lebend graubraun bis grünschwarz und gekocht rot aus. Lebender Hummer ist sehr empfindlich und muss vor Kälte und Hitze geschützt werden. Beim Einkauf sind die Scheren zusammengebunden, damit sich die Tiere nicht gegenseitig verletzen. Der Schwanz des lebenden Hummers muss eingezogen und elastisch sein.

1 kleiner Hummer oder 100 g Hummerfleisch
10 Scheiben Toastbrot
50 g Anchovispaste
50 g Butter
4 Kopfsalatblätter
20 g Forellenkaviar

Zubereitungszeit: 40 Min.

Hummer-Canapés
20 Stück

■ Für Gäste

Pro Portion:
E: 3 g, F: 3 g, Kh: 6 g,
kJ: 286, kcal: 68

MENUE

Vorspeise:
Mango-Eisberg-Salat (Seite 297)

Hauptgericht:
Hummer, klassisch (Seite 220)

Dessert:
Schokoladenauflauf (Seite 419)

Hummer-Canapés

221

Indonesischer Fischtopf

2 Portionen

■ Raffiniert

Pro Portion:
E: 32 g, F: 29 g, Kh: 10 g,
kJ: 1934, kcal: 462

2 Kabeljaufilets (je 150 g)
Zitronensaft
Salz, frisch gemahlener Pfeffer
gemahlener Ingwer
250 g Sojabohnenkeime
1 EL Butter
1 Knoblauchzehe
125 ml (1/8 l) Schlagsahne
1 Bund Dill
20 g Mandelstifte

Zubereitungszeit: 40 Min.

1. Fisch unter kaltem Wasser abspülen, trockentupfen, mit Zitronensaft beträufeln, trockentupfen, mit Salz, Pfeffer und Ingwer würzen.
2. Sojabohnenkeime in ein Sieb geben, kalt abspülen, abtropfen lassen. Eine feuerfeste, flache Form einfetten. Die Sojabohnenkeime darin verteilen.
3. Das Fischfilet nebeneinander darauf legen. Knoblauchzehe abziehen, fein zerdrücken, mit der Sahne verrühren.
4. Dill abspülen, trockentupfen, fein hacken, dazugeben. Mit Pfeffer und Salz würzen. Die Sauce über die Zutaten gießen. Mit Mandelstiften bestreuen. Auf dem Rost im Backofen garen.
Ober-/Unterhitze: etwa 200 °C (vorgeheizt)
Heißluft: etwa 180 °C (vorgeheizt)
Gas: Stufe 3–4 (vorgeheizt)
Garzeit: etwa 25 Minuten.

Indonesischer Fischtopf

Ingwerhähnchen mit Gemüse

Ingwerhähnchen mit Gemüse

■ Raffiniert

Pro Portion:
E: 64 g, F: 55 g, Kh: 21 g
kJ: 3684, kcal: 880

2 kleine Hähnchen (je 800 g)
Salz, frisch gemahlener Pfeffer
60 g Butterschmalz
Currypulver
Ingwerpulver
1 Gemüsezwiebel
1 rote Paprikaschote (150 g)
1 grüne Paprikaschote (150 g)
225 g Bambussprossen
4 Scheiben Ananas
40 g in Sirup eingelegter Ingwer
2 EL Ingwersirup
100 ml Ananassaft
3 EL Weinessig
3 EL Sojasauce
125 ml (1/8 l) Gemüsebrühe
125 ml (1/8 l) Schlagsahne
2 EL gehackter Kerbel

Zubereitungszeit: 75 Min.

1. Hähnchen vierteln, kalt abspülen, trockentupfen, mit Salz und Pfeffer einreiben.

2. Butterschmalz in einem Bräter erhitzen, die Hähnchenteile darin rundherum anbraten, mit Curry und Ingwer bestreuen.
3. Zwiebel abziehen, halbieren und in Streifen schneiden. Paprikaschoten halbieren, entkernen, die weißen Scheidewände entfernen, waschen, in Streifen schneiden.
4. Bambussprossen und Ananas auf ein Sieb geben, Ananas in Würfel schneiden. Ingwer in kleine Würfel schneiden.
5. Die 5 Zutaten zu den Hähnchen geben. Ingwersirup, Ananassaft, Weinessig, Sojasauce und die Gemüsebrühe dazugeben. Bräter auf den Rost in den Backofen stellen.
Ober-/Unterhitze: etwa 200 °C (vorgeheizt)
Heißluft: etwa 180 °C (nicht vorgeheizt)
Gas: Stufe 3–4 (nicht vorgeheizt)
Bratzeit: etwa 45 Minuten.
6. Evtl. noch etwas Wasser hinzufügen.
7. Die garen Hähnchenteile herausnehmen und warm stellen. Die Sahne zu dem Gemüse geben, erhitzen, Kerbel unterrühren und mit den Gewürzen abschmecken.
8. Alles mit den Hähnchenteilen servieren.

Irish Stew

Gut vorzubereiten

Pro Portion:
E: 29 g, F: 30 g, Kh: 32 g,
kJ: 2265, kcal: 540

500 g Wirsing (vorbereitet gewogen)
600 g Kartoffeln
375 g Zwiebeln

500 g Lammfleisch
Salz
frisch gemahlener Pfeffer
250 ml (¼ l) Fleischbrühe

Zubereitungszeit: 1½ Std.

1. Wirsing putzen, vierteln und den Strunk herausschneiden. Wirsing waschen, in dünne Streifen schneiden. Kartoffeln schälen, waschen und in dünne Scheiben schneiden. Zwiebeln abziehen, halbieren und in Scheiben schneiden.
2. Lammfleisch unter fließendem kalten Wasser abspülen, in kleine Würfel schneiden, mit Salz und Pfeffer würzen.
3. Zunächst die Hälfte der Wirsingstreifen, Kartoffel- und Zwiebelscheiben in einen großen Topf schichten, dabei jede Schicht mit Salz und Pfeffer würzen, das Lammfleisch darauf geben.
4. Die restlichen Zutaten in umgekehrter Reihenfolge einschichten. Die Fleischbrühe hinzugießen und etwa 1 Stunde gar dünsten lassen.

MENUE
Vorspeise:
Fischsuppe, klare (Seite 128)
Hauptgericht:
Ingwerhähnchen mit Gemüse (Seite 222)
Dessert:
Johannisbeer-Granité (Seite 233)

Irish Stew

Italienischer Fischtopf
8 Portionen

■ Für Gäste

Pro Portion:
E: 50 g, F: 21 g, Kh: 18 g,
kJ: 2120, kcal: 506

1 kg Miesmuscheln
3 EL Olivenöl
2 kg küchenfertiger Fisch,
z. B. Schellfisch, Seehecht, Steinbutt,
Seezunge, Aal
Zitronensaft, 2 l Wasser
300 g vorbereiteter Tintenfisch
4 enthäutete Tomaten
1 Möhre
250 g Staudensellerie, 1 Zwiebel
3 EL Olivenöl
1 abgezogene, zerdrückte
Knoblauchzehe
1 rote klein gehackte Pfefferschote
gerebelter Thymian
250 ml ($1/4$ l) Weißwein
Salz, frisch gemahlener Pfeffer
12 geschälte Scampi
6 EL Olivenöl
8 Scheiben Weißbrot

Zubereitungszeit: 90 Min.

Italiensicher Fischtopf

1. Miesmuscheln in reichlich kaltem Wasser gründlich waschen, einzeln abbürsten, das Wasser ab und zu erneuern. Die „Bartbüschel" entfernen und so lange abspülen, bis das Wasser vollkommen klar bleibt. Muscheln, die sich beim Wässern und anschließendem Bürsten öffnen, sind ungenießbar, nur Muscheln, die geschlossen bleiben, sind verwendbar.
2. Öl erhitzen, Muscheln hineingeben, etwas Wasser hinzufügen und im geschlossenen Topf erhitzen, bis sich die Muscheln öffnen (nach etwa 5 Minuten – Muscheln, die sich nach dem Garen nicht öffnen, sind ungenießbar). Muschelfleisch aus den Schalen lösen, beiseite stellen, die Muschelflüssigkeit auffangen.
3. Fisch unter fließendem kalten Wasser abspülen, trockentupfen, entgräten, in 5 cm lange Stücke schneiden, mit Zitronensaft beträufeln. Die Köpfe, Schwänze und Flossen mit Wasser zum Kochen bringen und etwa 15 Minuten kochen lassen.
4. Die Brühe durch ein Sieb gießen und beiseite stellen.
5. Tintenfisch unter fließendem kalten Wasser abspülen, trockentupfen, in Ringe schneiden.
6. Tomaten vierteln. Möhre putzen, schälen, waschen und in Scheiben schneiden. Von dem Staudensellerie die Wurzelansätze abschneiden, bei den äußeren kräftigen Stängeln evtl. die gröbsten Fasern abziehen, braune Stellen entfernen und die Stängel fein hacken. Zwiebel abziehen, waschen und in Ringe schneiden.
7. Olivenöl erhitzen, die 4 Zutaten mit der Knoblauchzehe, der Pfefferschote und dem Thymian unter Rühren kurz darin andünsten. Weißwein hinzugießen, mit Salz und Pfeffer würzen, etwas einkochen lassen, mit der Fischbrühe und der Muschelflüssigkeit auffüllen und 10 Minuten schwach kochen lassen.
8. Zuerst die Tintenfischstücke, nach 10 Minuten die Fischstücke und Scampi in die Suppe geben, zum Kochen bringen, etwa 10 Minuten ziehen, das Muschelfleisch hinzufügen, mit Salz und Pfeffer würzen und kurz aufkochen lassen.
9. Olivenöl erhitzen, das Weißbrot darin von beiden Seiten anrösten, je 1 Scheibe in einen Suppenteller geben und mit der Suppe aufgießen.

Italienisches Gemüse

■ Schnell

Pro Portion:
E: 4 g, F: 17 g, Kh: 9 g,
kJ: 891, kcal: 213

1 große, grüne Paprikaschote
(etwa 300 g)
2 kleine Tomaten
1 große Zwiebel
1 EL zerlassene Butter
100 ml Gemüsebrühe
1 EL Tomatenmark
frisch gemahlener Pfeffer
Knoblauchpulver
Salz
5 EL Schlagsahne
gehackte, glatte Petersilie

Zubereitungszeit: 20 Min.

1. Paprikaschote entstielen, halbieren, entkernen, die weißen Scheidewände entfernen, die Schote waschen und in in große Würfel schneiden.
2. Tomaten kurze Zeit in kochendes Wasser legen, in kaltem Wasser

Italienischer Salat

Italienisches Roastbeef

abschrecken, enthäuten, halbieren, entkernen und in Achtel schneiden.
3. Zwiebel abziehen, in Würfel schneiden und in zerlassener Butter goldgelb dünsten. Paprikawürfel hinzufügen, kurz durchdünsten lassen. Gemüsebrühe hinzufügen und etwa 10 Minuten dünsten lassen.
4. Tomatenachtel dazugeben, weitere 2–3 Minuten dünsten lassen.
5. Mit Tomatenmark, Pfeffer, Knoblauchpulver und Salz abschmecken, mit Schlagsahne verfeinern und mit Petersilie bestreut servieren.

Italienisches Roastbeef

■ **Dauert länger**

Pro Portion:
9 g, F: 8 g, Kh: 3 g
kJ: 556, kcal: 133

MENUE
Vorspeise:
Carpaccio (Seite 70)
Hauptgericht:
Osso Bucco (Seite 335)
Beilage:
Italienisches Gemüse (Seite 224)

Für die Marinade:
5 EL Portwein
2 EL Zitronensaft
2 TL Kapern
2 EL Olivenöl
Salz, frisch gemahlener Pfeffer
8 Scheiben Roastbeef (etwa 150 g)

Zubereitungszeit: 2 Std.

1. Portwein mit Zitronensaft, Kapern und Olivenöl verrühren. Mit Salz und Pfeffer würzen.
2. Roastbeef in die Marinade geben, etwa 2 Stunden ziehen lassen.
3. In der Marinade servieren.

Italienischer Salat

2 Portionen

■ **Gut vorzubereiten**

Pro Portion:
E: 43 g, F: 87 g, Kh: 71 g,
kJ: 5280, kcal: 1260

125 g Pellkartoffeln
125 g Äpfel
125 g Fleischreste, z. B. gegartes Rindfleisch oder gekochter Schinken
125 g Essiggurke
2 gewässerte Sardellen
1 Zwiebel
100 g gekochte Möhren
1 EL gehackte Kräuter, z. B. Petersilie, Dill, Schnittlauch, Pimpinelle

Für die Mayonnaise:
1 Eigelb, 1 EL Essig
1 TL Senf, Salz, Zucker
125 ml ($1/8$ l) Speiseöl
2 schwach geh. EL Joghurt
Essig
Ei-, Gurken-, Tomatenscheiben

Zubereitungszeit: 35 Min.

1. Pellkartoffeln pellen. Äpfel schälen, vierteln und entkernen.
2. Die Fleischreste oder gekochten Schinken und Essiggurke in feine Streifen schneiden. Sardellen hacken. Zwiebel abziehen und würfeln, Möhren, Kartoffeln und Äpfel in Würfel schneiden.
3. Für die Mayonnaise Eigelb mit Essig, Senf, Salz und Zucker in einer Rührschüssel mit einem Schneebesen zu einer dicklichen Masse schlagen.
4. Darunter das Öl schlagen (bei dieser Zubereitung ist es nicht notwendig, das Öl tropfenweise zuzusetzen, es wird in Mengen von 1–2 Esslöffeln untergeschlagen, die an das Eigelb gegebenen Gewürze verhindern eine Gerinnung).
5. Joghurt unterrühren. Mayonnaise mit den Salatzutaten vermengen. Salat mit Salz und Essig abschmecken.
6. Nach Belieben mit Ei-, Gurken-, und Tomatenscheiben garnieren.

225

Jägerkohl

■ Gut vorzubereiten

Pro Portion:
E: 5 g, F: 20 g, Kh: 8 g,
kJ: 1030, kcal: 246

1 kg Weißkohl
100 g durchwachsener Speck
1 abgezogene Zwiebel
1 EL Speiseöl
250 ml (1/4 l) Gemüsebrühe
Salz, frisch gemahlener Pfeffer
Essig, Zucker

Zubereitungszeit: 50 Min.

1. Weißkohl putzen, vierteln, den Strunk herausschneiden, den Kohl waschen, in feine Streifen schneiden.
2. Speck und Zwiebel in Würfel schneiden.
3. Öl in einem Topf erhitzen, Speckwürfel darin anbraten, dann die Zwiebelwürfel hinzugeben und glasig dünsten.
4. Weißkohl dazugeben, kurz andünsten, Gemüsebrühe hinzugeben, mit Salz und Pfeffer würzen, etwa 25 Minuten schmoren lassen.
5. Mit Essig, Zucker und Salz abschmecken.

Jägerkohl

Tipp:
Jägerkohl als Beilage zu Schweinebraten und Salzkartoffeln servieren.

Jägerpfannkuchen
8 Stück

■ Raffiniert – für Gäste

Pro Portion:
E: 15 g, F: 16 g, Kh: 31 g,
kJ: 1457, kcal: 348

250 g Weizenmehl
4 Eier
375 ml (3/8 l) Milch
Salz, 125 ml (1/8 l) Mineralwasser
80 g geräucherter Speck
600 g gemischte Waldpilze
100 g alter Gouda
1 Bund Petersilie
1 Schalotte, 20 g Butter
1 geriebene Kartoffel
1 Zweig Rosmarin
1–2 Wacholderbeeren
frisch gemahlener Pfeffer
Butter, Speiseöl oder Schmalz zum Abbacken

Zubereitungszeit: 40 Min.

1. Mehl in eine Schüssel sieben, in die Mitte eine Vertiefung eindrücken. Eier mit etwas Milch und Salz verrühren und in die Vertiefung geben.
2. Von der Mitte aus mit dem Mehl verrühren. Die restliche Milch und Wasser unter Rühren langsam hinzugeben, bis ein dickflüssiger, glatter Teig entsteht, 15–30 Minuten stehen lassen.
3. Speck in kleine Würfel, geputzte Pilze blättrig schneiden. Gouda reiben. Petersilie abspülen, fein hacken. Die Schalotte abziehen, würfeln.
4. Butter erhitzen, die Schalotte darin andünsten, die Pilzscheiben und die geriebene Kartoffel dazu geben und mit Petersilie, Rosmarin und zerdrückten Wacholderbeeren etwa 10 Minuten dünsten lassen. Salzen und pfeffern.
5. Die Pfannkuchen von beiden Seiten backen, warm stellen.
6. Die Füllung auf die Pfannkuchen verteilen, zusammenklappen.

Jägersauce

■ Raffiniert

Pro Portion:
E: 3 g, F: 4 g, Kh: 2 g,
kJ: 281, kcal: 67

1 kleine Zwiebel
20 g Butter
250 g Champignons
2 EL Weißwein
375 ml (3/8 l) Wildbratensud
Salz, frisch gemahlener Pfeffer
gemahlener Rosmarin
1 EL gehackte Petersilie

Zubereitungszeit: 25 Min.

1. Zwiebel abziehen, fein würfeln, in Butter hellgelb dünsten.
2. Champignons putzen, mit Küchenpapier abreiben, evtl. abspülen, in feine Scheiben schneiden, hinzufügen, miterhitzen, mit Wein ablöschen, aufkochen lassen.
3. Mit Wildbratensud auffüllen, zum Kochen bringen und etwa 10 Minuten kochen lassen.
4. Die Sauce mit Salz, Pfeffer und Rosmarin würzen und mit Petersilie bestreut servieren.

Jägerpfannkuchen

2. Fett in einer Pfanne erhitzen, die Schnitzel darin von beiden Seiten etwa 10 Minuten braten, ab und zu wenden. Die Schnitzel aus der Pfanne nehmen, warm stellen.
3. Schalotte abziehen, würfeln, in dem Bratenfond glasig dünsten lassen.
4. Champignons putzen, mit Küchenpapier abreiben, evtl. abspülen, in Scheiben schneiden, zu den Schalottenwürfeln geben, andünsten lassen.
5. Crème fraîche unterrühren, mit Salz und Pfeffer abschmecken, die Sauce über die Schnitzel geben und sofort servieren.

Tipp:
Dazu Pommes frites, Kartoffelkroketten oder Salzkartoffeln reichen.

Jakobsmuscheln, gratiniert

■ Für Gäste – schnell

Pro Portion:
E: 14 g, F: 34 g, Kh: 19 g,
kJ: 1933, kcal: 462

20 Jakobsmuscheln
2 Fleischtomaten
1 Bund Petersilie
4 Zweige Majoran
Salz, frisch gemahlener Pfeffer
80 g Weißbrotkrumen
160 g Butter

Zubereitungszeit: 20 Min.

1. Jakobsmuscheln etwa 1 Minute in kochendem Salzwasser blanchieren, abtropfen lassen und auf vier feuerfeste Förmchen oder Jakobsmuschelschalen verteilen.

Jakobsmuscheln, gratiniert

Jägerschnitzel

■ Klassisch

Pro Portion:
E: 32 g, F: 37 g, Kh: 11 g,
kJ: 2230, kcal: 532

4 Schweineschnitzel (je 150 g)
Salz, frisch gemahlener Pfeffer
40 g Weizenmehl
50 g Margarine
1 Schalotte
150 g Champignons
1 Becher (150 g) Crème fraîche

Zubereitungszeit: 25 Min.

1. Schnitzel unter fließendem kalten Wasser abspülen, trockentupfen, mit Salz und Pfeffer bestreuen, in Mehl wenden.

2. Tomaten kurze Zeit in kochendes Wasser legen (nicht kochen lassen), in kaltem Wasser abschrecken, enthäuten, die Stängelansätze herausschneiden und entkernen. Fruchtfleisch würfeln.
3. Petersilie und Majoran abspülen, trockentupfen, die Blättchen von den Stängeln zupfen und fein hacken.
4. Muscheln mit Salz und Pfeffer würzen. Tomaten, Kräuter und Brotkrumen darüber geben. Butterflöckchen darauf verteilen und die Muscheln überbacken.
Ober-/Unterhitze: etwa 200 °C (vorgeheizt)
Heißluft: etwa 180 °C (vorgeheizt)
Gas: Stufe 3–4 (vorgeheizt)
Garzeit: etwa 5 Minuten.

Beilage:
Baguette und Butter.

227

| J | K L M N O P Q R S T U V |

MENUE

Vorspeise:
Jakobsmuscheln, überbacken
(Seite 228)

Hauptgericht:
Seeteufel auf grüner Sauce (Seite 433)

Dessert:
Zimtparfait (Seite 508)

Jakobsmuscheln auf griechische Art

■ Raffiniert-schnell

Pro Portion:
E: 6 g, F: 15 g, Kh: 7 g,
kJ: 842, kcal: 201

1 Aubergine (etwa 300 g)
3 Tomaten
1 Paprikaschote
5 EL Olivenöl
1 Knoblauchzehe
2 EL Tomatenketchup
Salz, frisch gemahlener Pfeffer
250 g Jakobsmuscheln (Kamm- oder Pilgermuscheln)
2 EL gehackter Dill

Zubereitungszeit: 25 Min.

1. Aubergine, Tomaten und Paprikaschote halbieren, Kerngehäuse entfernen, waschen, fein würfeln und im Öl anbraten.
2. Knoblauchzehe abziehen, fein hacken und mit Tomatenketchup unter die Gemüsemasse heben. Salzen, pfeffern.
3. Muschelfleisch zuschneiden, zum Gemüse geben und 2-3 Minuten unter ständigem Wenden garen.
4. Zum Schluss Dill überstreuen und auf Muschelschalen servieren.

Jakobsmuscheln, überbacken

■ Für Gäste

Pro Portion:
E: 8 g, F: 4 g, Kh: 7 g,
kJ: 422, kcal: 101

1 Pck. TK-Jakobsmuscheln
1 Fleischtomate, 100 g Champignons
1-2 kleine Schalotten
2-3 Knoblauchzehen
Salz, frisch gemahlener Pfeffer
1 EL Butter in Flöckchen
2 EL frisch geriebener Parmesan

Zubereitungszeit: 30 Min.

1. Jakobsmuscheln über Nacht im Kühlschrank auftauen lassen, in Scheiben schneiden und auf 4 Gratinförmchen oder Muschelschalen verteilen.
2. Fleischtomate kurze Zeit in kochendes Wasser legen (nicht kochen lassen), in kaltem Wasser abschrecken, enthäuten, halbieren, entkernen und die Stängelansätze herausschneiden.
3. Champignons putzen, mit Küchenpapier abreiben, evtl. abspülen und klein schneiden. Schalotten und Knoblauchzehen abziehen, fein würfeln, mit der Tomate und den Champignons im Mixer pürieren, mit Salz und Pfeffer abschmecken.
4. Das Püree auf die Muscheln verteilen, die Butter darauf setzen und Parmesan darüber streuen. Die Gratinformen (oder Muschelschalen) auf dem Rost in den Backofen schieben.
Ober-/Unterhitze: etwa 220 °C (vorgeheizt)
Heißluft: etwa 200 °C (vorgeheizt)
Gas: Stufe 4-5 (vorgeheizt)
Backzeit: etwa 10 Minuten.

Jakobsmuscheln auf griechische Art

Jakobsmuscheln, überbacken

Beilage:
Baguette.

Tipp:
Eine zerdrückte Knoblauchzehe unter die Butter kneten. Statt Jakobsmuscheln können auch Miesmuscheln aus der Dose verwendet werden. Dazu das Muschelfleisch auf ein Sieb geben und gut abtropfen lassen. Die Muscheln dann, wie im Rezept beschrieben, weiter verarbeiten.

Japanische Nudelsuppe mit Ei

■ Preiswert

Pro Portion:
E: 18 g, F: 12 g, Kh: 18 g,
kJ: 1135, kcal: 272

2 Frühlingszwiebeln
2 Möhren
150 g kleine Champignons
750 ml (³/₄ l) Fleischbrühe
1 l Salzwasser
80 g Bandnudeln
1 EL helle Sojasauce
1 Prise Zucker, 4 Eier

Zubereitungszeit: 35 Min.

1. Frühlingszwiebeln putzen, waschen und in Scheiben schneiden. Möhren putzen, schälen, waschen und in dünne Scheiben schneiden. Champignons putzen, mit Küchenpapier abreiben, evtl. abspülen und die Köpfe über Kreuz leicht einritzen.
2. Fleischbrühe zum Kochen bringen, das Gemüse hineingeben, zum Kochen bringen und in 8–10 Minuten gar kochen.
3. Salzwasser zum Kochen bringen, Bandnudeln nach Packungsanleitung kochen, gut abtropfen lassen und in die Gemüsesuppe geben.
4. Sojasauce unterrühren, mit Salz und Zucker abschmecken, in vier feuerfeste Suppentassen geben und die Eier vorsichtig hineingeben. Die Suppentassen in den Backofen setzen und die Eier leicht stocken lassen.

Ober-/Unterhitze: etwa 200 °C (vorgeheizt)
Heißluft: etwa 180 °C (vorgeheizt)
Gas: Stufe 3–4 (vorgeheizt)
Überbackzeit: 5–8 Minuten.

Japanischer Salat

■ Für Gäste

Pro Portion:
E: 16 g, F: 40 g, Kh: 29 g,
kJ: 2348, kcal: 560

100 g Langkornreis
250 ml (¹/₄ l) kochendes Salzwasser
2 Orangen
250 g gebratenes oder gekochtes Rindfleisch

Japanischer Salat

Für die Mayonnaise:
1 Eigelb
1 EL Essig, 1 TL Senf
Salz, Zucker
125 ml (¹/₈ l) Speiseöl
Saft von 1 Orange
1 schwach geh. EL Speisestärke
Zitronensaft, Currypulver

Zubereitungszeit: 25 Min.

1. Reis waschen, in kochendes Salzwasser geben, zum Kochen bringen und in etwa 20 Minuten ausquellen lassen. Den garen Reis auf ein Sieb geben, mit kaltem Wasser übergießen und gut abtropfen lassen.
2. Orangen schälen, filetieren und mit dem Rindfleisch in kleine Würfel schneiden.
3. Für die Mayonnaise Eigelb mit Essig, Senf, Salz und Zucker in einer Rührschüssel mit einem Schneebesen zu einer dicklichen Masse schlagen. Darunter das Öl schlagen.
4. Orangensaft mit Wasser auf 125 ml (¹/₈ l) auffüllen, die Speisestärke damit anrühren und unter ständigem Rühren zum Kochen bringen.
5. Den heißen Brei unter die Mayonnaise schlagen. Salatzutaten mit der Mayonnaise vermengen und mit Salz, Zucker, Zitronensaft und Currypulver abschmecken.

Joghurt-Aprikosen-Gelee

Joghurt-Aprikosen-Gelee

■ Für Kinder

Pro Portion:
E: 7 g, F: 3 g, Kh: 39 g,
kJ: 928, kcal: 222

1 Pck. Gelatine gemahlen, weiß
5 EL kaltes Wasser
300 g Joghurt
125 ml ($1/8$ l) Milch
75 g Zucker, 1 Pck. Vanillin-Zucker
abgeriebene Schale und Saft von
$1/2$ Zitrone (unbehandelt)
2 Blatt weiße Gelatine
3 EL Wasser
4 Aprikosen (etwa 250 g)
1 EL Zucker

Zubereitungszeit: $1^{1}/_{2}$ Std.

1. Gelatine mit dem Wasser anrühren, 10 Minuten zum Quellen stehen lassen und anschließend unter Rühren erwärmen, bis sie gelöst ist.
2. Joghurt mit Milch, Zucker, Vanillin-Zucker, Zitronenschale und -saft verschlagen. Zunächst 3 Esslöffel davon mit der Gelatinelösung verrühren, dann unter die übrige Speise rühren.
3. Die Flüssigkeit in eine Glasschale oder in Schälchen füllen, kalt stellen, damit sie fest wird.
4. Gelatine in kaltem Wasser einweichen. Aprikosen kurze Zeit in heißes Wasser legen (nicht kochen lassen), die Haut abziehen, entsteinen.
5. Das Fruchtfleisch pürieren, in einem Topf mit dem Zucker erhitzen, die ausgedrückte Gelatine darin auflösen, über das feste Joghurtgelee geben und fest werden lassen.

Joghurtcreme „Weiße Dame"

■ Für Kinder

Pro Portion:
E: 9 g, F: 29 g, Kh: 32 g,
kJ: 1816, kcal: 434

75 g Zucker
1 Eiweiß
75 g Marzipan-Rohmasse
300 g Joghurt
3 Blatt Gelatine weiß
250 ml ($1/4$ l) Schlagsahne

Zubereitungszeit: $1^{1}/_{2}$ Std.

1. Zucker und Eiweiß zusammen mit Marzipan verrühren, bis die Masse glatt ist. Joghurt unterrühren.
2. Gelatine einweichen, dann auflösen und unter die Masse rühren.
3. Wenn die Creme anfängt, dicklich zu werden, Sahne steif schlagen und unter die Creme heben.

MENUE

Vorspeise:
Joghurt-Gurkensuppe mit Krabben
(Seite 231)

Hauptgericht:
Bäckers Spinatauflauf (Seite 25)

Dessert:
Ananas-Charlotte (Seite 9)

Joghurteis

8 Portionen

■ Für Gäste

Pro Portion:
E: 6 g, F: 23 g, Kh: 22 g,
kJ: 1461, kcal: 350

Für das Eis:
75 g Rosinen, 50 ml Cognac
3 Eier, 2 EL Honig
Mark von 1 Vanilleschote
2 Becher (je 150 g) Joghurt
375 ml (³/₈ l) Schlagsahne

Für die Sauce:
25 g Butter, 3 EL Honig
125 ml (¹/₈ l) Weißwein
1 EL Zitronensaft
50 g Rosinen
40 g gehackte Walnusskerne

Zubereitungszeit: 2 Std., ohne Einweichzeit

1. Für das Eis Rosinen in Cognac einweichen und 3 Stunden ziehen lassen. Eier mit Honig und Vanillemark mit Handrührgerät mit Rührbesen schaumig schlagen. Joghurt unterrühren.
2. Sahne steif schlagen, unter die Joghurtmasse heben und 1 Stunde im Gefriergerät kühlen.
3. Rosinen untermischen, weitere 1¹/₂ Stunden kühlen, dabei alle ¹/₂ Stunde kräftig durchrühren. Die gefrorene Masse in einer runden Schüssel von etwa 1¹/₂ l Inhalt festdrücken und mindestens 2 Stunden gefrieren.
4. Das Eis bei Zimmertemperatur stehen lassen, während die Sauce zubereitet wird.
5. Für die Sauce Butter mit Honig so lange unter Rühren erhitzen, bis die Masse karamellfarben ist. Weißwein, Zitronensaft und Rosinen dazugeben und unter Rühren 3 Minuten kochen lassen.
6. Das Eis auf eine große Platte stürzen, mit Walnusskernen bestreuen. Sauce dazu servieren.

Joghurteis

Joghurt-Frucht-Sauce

■ Schnell

Pro Portion:
E: 3 g, F: 3 g, Kh: 22 g,
kJ: 600, kcal: 143

4 getrocknete Aprikosen
4 EL Weißwein
1 Becher (125 g) Sahnejoghurt
1 EL Zucker
1 Spritzer Tabascosauce
1 Prise Salz

Zubereitungszeit: 15 Min., ohne Quellzeit

1. Aprikosen in kleine Stücke schneiden, in Weißwein quellen lassen, weich dünsten, erkalten lassen.
2. Mit Sahnejoghurt, Zucker und Tabascosauce verrühren. Mit Salz abschmecken.

Joghurt-Gurkensuppe mit Krabben

■ Raffiniert – Schnell

Pro Portion:
E: 17 g, F: 10 g, Kh: 10 g,
kJ: 881, kcal: 210

1 Salatgurke (etwa 300 g)
3 Becher (je 150 g) Joghurt
150 g saure Sahne
125 ml (¹/₈ l) Milch
200 g frische, gepulte Krabben
1 EL gehackte Minze
1 TL gehackter Dill
1 TL gehackte Petersilie
1 Knoblauchzehe
Salz, frisch gemahlener Pfeffer

Zubereitungszeit: 20 Min.

1. Salatgurke schälen, längs halbieren, entkernen und in dünne Streifen schneiden.
2. Joghurt mit saurer Sahne und Milch verrühren. Gurkenstreifen und die Krabben hinzufügen.
3. Minze, Dill und Petersilie unterrühren. Die Suppe mit abgezogener, durchgepresster Knoblauchzehe, Salz und Pfeffer abschmecken.

231

Joghurtkaltschale mit Heidelbeeren

■ Raffiniert

Pro Portion:
E: 9 g, F: 9 g, Kh: 61 g,
kJ: 1581, kcal: 377

250 g Heidelbeeren
75 g Zucker
500 ml (½ l) Milch
1 Pck. Saucenpulver Vanille-Geschmack
60 g Zucker
500 g Joghurt

Zubereitungszeit: 50 Min.

1. Heidelbeeren verlesen, waschen, abtropfen lassen und einzuckern.
2. Milch erhitzen, Saucenpulver und Zucker mit etwas von der Milch glatt rühren und in die kochende, von der Kochstelle genommene Milch geben. Unter Rühren aufkochen, abkühlen lassen, zwischendurch durchrühren.
3. Joghurt unter die abgekühlte Vanillesauce rühren und kalt stellen.
4. Kurz vor dem Servieren die Heidelbeeren mit der Kaltschale vermischen.

Tipp:
Zwieback, Schwarzbrot oder Pumpernickel dazu reichen.

Johannisbeer-Granité

Joghurt-Knoblauch-Sauce

Joghurt-Knoblauch-Sauce

■ Schnell

Pro Portion:
E: 7 g, F: 24 g, Kh: 5 g,
kJ: 1262, kcal: 287

2 Knoblauchzehen
Salz
200 g Sahnejoghurt
100 g abgezogene, gemahlene Mandeln
2 EL Olivenöl, 2 EL Zitronensaft
1 EL fein gehackte Petersilie

Zubereitungszeit: 10 Min.

1. Knoblauch abziehen, fein hacken und mit Salz verreiben. Mit Joghurt, Mandeln, Öl und Zitronensaft gut verrühren.
2. Petersilie hinzufügen und die Knoblauchsauce mit Salz abschmecken. Gut gekühlt servieren.

Joghurt-Salat-Sauce

■ Schnell

Pro Portion:
E: 2 g, F: 4 g, Kh: 2 g,
kJ: 237, kcal: 57

1 Becher (150 g) Joghurt
1 EL Speiseöl
1 TL Essig
Salz, Zucker

Zubereitungszeit: 10 Min.

1. Joghurt mit Öl und Essig verrühren, mit Salz und Zucker abschmecken.

Variante:
1–2 Esslöffel fein geschnittenen Schnittlauch unterrühren.

Tipp: Zu Blattsalaten reichen.

MENUE
Vorspeise:
Gebeizte Forelle mit Dillsauce (Seite 150)
Hauptgericht:
Zitronenhuhn (Seite 509)
Dessert:
Joghurtkaltschale mit Heidelbeeren (Seite 232)

Johannisbeer-Granité

■ Für Gäste

Pro Portion:
E: 2 g, F: 0,2 g, Kh: 29 g,
kJ: 813, kcal: 195

500 g rote Johannisbeeren
100 ml Wasser
$^1/_2$ Vanilleschote
5 EL Honig
400 ml Tokajer (ungarischer Weißwein)

Zubereitungszeit: $1^1/_2$ Std.

1. Johannisbeeren verlesen, waschen, einige Rispen zum Dekorieren zurückbehalten, die übrigen Beeren von den Rispen abstreifen.
2. Beeren mit dem Wasser und dem Mark der Vanilleschote etwa 10 Minuten kochen lassen und dann durch ein Sieb geben.
3. Flüssigkeit mit Honig süßen, durch ein Mulltuch geben, um den Saft zu klären und in einer flachen Plastikbox einfrieren.
4. Wenn das Granité fest ist, mit einem Löffel in Flocken abkratzen oder in der Eismühle zerkleinern, in vier Gläser geben und mit kaltem Tokajer aufgießen.
5. Mit den zurückbehaltenen Johannisbeeren verzieren.

Johannisbeersülze

■ Schnell

Pro Portion:
E: 3 g, F: 0 g, Kh: 42 g,
kJ: 775, kcal: 185

250 g Johannisbeeren
1 Beutel aus 1 Pck. Götterspeise Himbeer-Geschmack
500 ml ($^1/_2$ l) Wasser
150 g Zucker

Zubereitungszeit: 20 Min., ohne Gelierzeit

1. Johannisbeeren waschen und die Beeren mit einer Gabel von den Stielen streifen.
2. Aus der Götterspeise, dem Wasser und dem Zucker nach Packungsanleitung (aber mit 150 g Zucker) eine Götterspeise zubereiten und kalt stellen. Sobald die Speise anfängt dicklich zu werden, die Beeren darunter geben.
3. Die Speise in Portionsgläser füllen und kalt stellen, damit sie fest wird.

Tipp:
Dazu Vanillesauce reichen.

Johannisbeersülze

Kabeljau pochiert mit Senfsauce

■ Schnell

Kabeljau pochiert mit Senfsauce

Pro Portion:
E: 27 g, F: 7 g, Kh: 2 g,
kJ: 840, kcal: 200

20 g Butter
2 EL Zwiebelwürfel
200 ml Fischfond oder -brühe
4 Kalbeljaufilet (je 150 g)
Salz
frisch gemahlener Pfeffer
100 ml trockener Weißwein
1 EL körniger Senf
2 EL Crème fraîche
2 EL Schnittlauchröllchen

Zubereitungszeit: 25 Min.

1. Butter in einer tiefen Pfanne erhitzen, Zwiebelwürfel darin andünsten und mit Fischfond ablöschen.
2. Kabeljaufilets unter fließendem kalten Wasser abspülen, salzen und pfeffern, in den Fischfond geben und etwa 10 Minuten garen, herausnehmen und warm stellen.
3. Den Fond mit Wein und Senf verkochen, mit Salz und Pfeffer würzen und mit Crème fraîche und Schnittlauchröllchen verfeinern.
4. Den Fisch portionsweise anrichten und mit der Sauce übergießen.

Beilage:
Salzkartoffeln.

Kabeljau, gedünstet im Backofen

■ Klassisch

Pro Portion:
E: 44 g, F: 14 g, Kh: 1 g,
kJ: 1724, kcal: 412

1 kg küchenfertiger Kabeljau (im Stück oder geteilt)
2 EL Zitronensaft, Salz
frisch gemahlener Pfeffer
50 g fette Speckscheiben

Zubereitungszeit: 50 Min.

1. Kabeljau unter fließendem kalten Wasser abspülen, trockentupfen, mit Zitronensaft beträufeln, wieder trockentupfen.
2. Innen und außen mit Salz und Pfeffer bestreuen. Den Fisch in eine gefettete, feuerfeste Form (Platte) legen und mit den Speckscheiben bedecken. Auf dem Rost in den Backofen schieben.
Ober-/Unterhitze: etwa 200 °C (vorgeheizt)
Heißluft: etwa 180 °C (nicht vorgeheizt)
Gas: Stufe 3–4 (nicht vorgeheizt)
Dünstzeit: etwa 40 Minuten.

Beilage:
Salzkartoffeln, grüner Salat, Senf- oder Currysauce.

Kabeljau, gedünstet im Backofen

Kaffeecreme

Kaffeecreme

■ **Gut vorzubereiten**

Pro Portion:
E: 8 g, F: 17 g, Kh: 33 g,
kJ: 1361, kcal: 325

1 Pck. gemahlene Gelatine, weiß
4 EL kaltes Wasser
500 ml (½ l) Milch
3–4 TL Kaffee-Extraktpulver
75 g Zucker
1 Pck. Vanillin-Zucker
40 g Zartbitterschokolade
125 ml (⅛ l) Schlagsahne

Zubereitungszeit: 75 Min.

1. Gelatine mit Wasser anrühren, 10 Minuten zum Quellen stehen lassen.
2. Milch zum Kochen bringen, von der Kochstelle nehmen, die gequollene Gelatine hineingeben, so lange rühren, bis sie gelöst ist.
3. Kaffee-Extraktpulver mit Zucker und Vanillin-Zucker unter die Milch rühren, evtl. kalt stellen.
4. Schokolade raspeln, Sahne steif schlagen, wenn die Speise anfängt dicklich zu werden, beide Zutaten unterheben. Die Creme in eine Glasschale oder in Portionsgläser füllen, kalt stellen, damit sie fest wird.

Kaiserschmarrn mit Apfelkompott

■ **Klassisch**

Pro Portion:
E: 10 g, F: 17 g, Kh: 67 g,
kJ: 2120, kcal: 506

80 g Weizenmehl
3 Eier
150 ml Milch
abgeriebene Schale von 1 Zitrone (unbehandelt)
Mark von 1 Vanilleschote
50 g Zucker
1 EL Rum
40 g Rosinen, 40 g Butter
Zucker zum Bestreuen

Für das Apfelkompott:
500 g Äpfel
125 ml (⅛ l) lieblicher Weißwein
125 ml (⅛ l) Apfelsaft
Saft und abgeriebene Schale von 1 Zitrone (unbehandelt)
½ Zimtstange
8 Nelken
1–2 EL Zucker

Kaiserschmarrn mit Apfelkompott

Zubereitungszeit: 35 Min.

1. Mehl in eine Schüssel sieben, in die Mitte eine Vertiefung eindrücken. Eier mit Milch verschlagen, etwas davon in die Vertiefung geben, von der Mitte aus Flüssigkeit und Mehl verrühren, nach und nach die übrige Flüssigkeit dazugeben.
2. Zitronenschale, Vanillemark, Zucker, Rum und Rosinen hinzugeben, alles gut glatt rühren.
3. Butter in einer Pfanne heiß werden lassen, die Masse hineingeben und auf der Unterseite hellgelb backen.
4. Danach den Schmarrn umdrehen und mit Hilfe von 2 Gabeln in Stücke zerreißen. Mit Zucker bestreuen.
5. Für das Apfelkompott Äpfel schälen, vierteln, das Kerngehäuse entfernen, die Apfelviertel in Spalten schneiden.

MENUE

Vorspeise:
Scampicocktail in Dillrahm
(Seite 410)

Hauptgericht:
Kabeljau pochiert mit Senfsauce
(Seite 234)

Beilage:
Kartoffelklöße, rohe
(Seite 250)

---

6. Wein, Apfel-, Zitronensaft, Zitronenschale, Zimt und Nelken in einen Topf geben und aufkochen lassen. Apfelspalten darin weich dünsten und auskühlen lassen.
7. Zucker hinzugeben, nochmals gut durchkühlen lassen. Kaiserschmarrn mit dem Apfelkompott sofort servieren.

235

Kalbfleisch, mariniert

■ Gut vorzubereiten

Pro Portion:
E: 54 g, F: 35 g, Kh: 6 g,
kJ: 2508, kcal: 599

1 kg Kalbfleisch (Nuss)
1 Bund Suppengemüse
1½ l Wasser
1 TL Pfefferkörner

Für die Marinade:
2 Knoblauchzehen
5 EL Weinessig
1 TL Dijon-Senf
Salz, Pfeffer
1 Prise Zucker
2 Frühlingszwiebeln
200 g Cornichons
1–2 TL Kapern
6 EL Olivenöl
Basilikumblättchen

Zubereitungszeit: 80 Min., ohne Durchziehzeit

1. Kalbfleisch kalt abspülen und trockentupfen.
2. Suppengemüse putzen, waschen, grob zerkleinern und mit Wasser zum Kochen bringen. Fleisch und Pfefferkörner hinzufügen, aufkochen, abschäumen und bei schwacher Hitze etwa 1 Stunde kochen lassen.
3. Das Fleisch herausnehmen und abkühlen lassen. Die Brühe durch ein Sieb gießen und nach Belieben als Suppe verwenden.
4. Für die Marinade Knoblauch abziehen, durchpressen und mit Essig, Senf, Salz, Pfeffer und Zucker verrühren. Frühlingszwiebeln abziehen, das Grün entfernen und das weiße Lauch klein schneiden. Cornichons abtropfen lassen und klein schneiden.
5. Frühlingszwiebeln, Cornichons und Kapern in die Marinade geben und Öl unterrühren. Basilikumblättchen fein schneiden und hinzufügen.
6. Kalbfleisch in dünne Scheiben schneiden, auf einer Platte anrichten, Marinade darüber geben und etwas durchziehen lassen.

Kalbfleisch, mariniert

Kalbfleischbrühe

■ Klassisch

Pro Portion:
E: 15 g, F: 4 g, Kh: 3 g,
kJ: 511, kcal: 122

250 g zerkleinerte Kalbsknochen
250 g Kalbfleisch (aus der Brust)
1 l Salzwasser
1 Stange Porree (Lauch, 150 g)
2 mittelgroße Möhren
Salz
2 EL gehackte Petersilie

Zubereitungszeit: 70 Min.

1. Kalbsknochen und Kalbfleisch unter fließendem kalten Wasser abspülen, in kaltes Salzwasser geben, zum Kochen bringen, abschäumen und ziehen lassen.
2. Porree putzen, Möhren putzen und schälen. Beide Zutaten klein schneiden, waschen und nach etwa 30 Minuten Garzeit zu dem Fleisch geben. Weitere 30 Minuten schwach kochen lassen. Die Brühe durch ein Sieb gießen und mit Salz abschmecken. Das Fleisch in Würfel schneiden, in die Brühe geben und mit Petersilie bestreuen.

Tipp:
Als Einlage eignen sich Spargelstücke, Eierstich, Grieß- oder Markklößchen.

Kalbs-Grundfond

■ Gut vorzubereiten

Insgesamt:
E: 7 g, F: 7 g, Kh: 5 g,
kJ: 513, kcal: 122

30 g Pflanzenfett
1 kg Fleisch- oder Suppenknochen vom Kalb
2 Zwiebeln
1 Bund Suppengrün (250 g)
30 g Tomatenmark
2 l Wasser

Zubereitungszeit: 2 1/2 Std.

1. Fett zerlassen. Fleisch- oder Suppenknochen unter fließendem kalten Wasser abspülen, trockentupfen, in dem Fett anbraten.
2. Zwiebeln abziehen, fein würfeln, Suppengrün putzen, waschen, klein schneiden, die beiden Zutaten hinzufügen, mitbräunen lassen.
3. Tomatenmark hinzufügen, miterhitzen, Wasser hinzugießen, zum Kochen bringen, etwa 2 Stunden ziehen lassen, durch ein Sieb gießen.

Tipp:
Einmal zubereitet, lässt sich der Fond zur späteren Verwendung portionsweise am besten tiefgekühlt aufbewahren.

Kalbsbrust, gefüllt

6 Portionen

■ Dauert länger

Pro Portion:
E: 63 g, F: 48 g, Kh: 14 g,
kJ: 3320, kcal: 793

1 Kalbsbrust (1–1 1/2 kg) mit eingeschnittener Tasche
5 Scheiben Toastbrot
125 ml (1/8 l) Milch
2 Zwiebeln, 20 g Butter
500 g Bratwurstbrät
2 EL gehackte Petersilie

Kalbsbrust, gefüllt

2 Eier, Salz
frisch gemahlener Pfeffer
geriebene Muskatnuss
50 g Knollensellerie
1 Möhre
50 g Butterschmalz
500 ml (1/2 l) heißes Wasser

Zubereitungszeit: 2 3/4 Std.

1. Kalbsbrust kalt abspülen und trockentupfen.
2. Für die Füllung das Toastbrot entrinden, würfeln und mit heißer Milch übergießen, ausdrücken.
3. Zwiebeln abziehen und würfeln. Butter zerlassen und die Hälfte der Zwiebelwürfel darin glasig dünsten.
4. Brot, gedünstete Zwiebelwürfel, Bratwurstbrät, Petersilie und Eier vermengen und mit Salz, Pfeffer und Muskat abschmecken.
5. Kalbsbrust innen und außen mit Salz und Pfeffer würzen. Die Masse in die Tasche füllen. Tasche mit Küchengarn zunähen.
6. Sellerie und Möhre putzen, schälen, waschen und in Würfel schneiden.
7. Butterschmalz in einem Bräter erhitzen und die Kalbsbrust darin von allen Seiten anbraten.
8. Restliche Zwiebelwürfel, Sellerie und Möhre dazugeben, in den Backofen schieben und nach einigen Minuten mit etwas heißem Wasser ablöschen.
Ober-/Unterhitze: etwa 200 °C (vorgeheizt)
Heißluft: etwa 180 °C (nicht vorgeheizt)
Gas: Stufe 3–4 (nicht vorgeheizt)
Bratzeit: etwa 2 Stunden.
9. Kalbsbrust während des Bratvorganges nach und nach mit Wasser begießen.
10. Kalbsbrust herausnehmen und warm stellen.
11. Sauce einkochen lassen, durch ein Sieb geben und nochmals mit Salz und Pfeffer abschmecken.
12. Fäden aus der Kalbsbrust entfernen, Fleisch in Scheiben schneiden und auf der Sauce anrichten.

Tipp:
Eine gemischte Gemüseplatte dazureichen.

MENUE

Vorspeise:
Möhren-Apfel-Salat (Seite 310)
Hauptgericht:
Kalbfleisch, mariniert (Seite 236)
Beilage:
Rosmarinkartoffeln mit Schmandsauce (Seite 394)

237

Kalbsfrikassee

■ Klassisch

Pro Portion:
E: 35 g, F: 23 g, Kh: 8 g,
kJ: 1720, kcal: 411

600 g Kalbfleisch (ohne Knochen)
250 ml (¼ l) Salzwasser
125 ml (⅛ l) Weißwein
1 Lorbeerblatt
2 Wacholderbeeren
1 Zwiebel
30 g Margarine
35 g Weizenmehl
125 ml (⅛ l) Schlagsahne
150 g geputzte Champignons
1 Eigelb
2 EL Schlagsahne
Salz
frisch gemahlener Pfeffer
1 Prise Zucker
1 EL gehackte Petersilie

Zubereitungszeit: 1¾ Std.

1. Kalbfleisch unter fließendem kalten Wasser abspülen, trockentupfen.
2. Salzwasser mit Wein, Lorbeerblatt und Wacholderbeeren zum Kochen bringen. Zwiebel abziehen und würfeln.
3. Zwiebelwürfel mit dem Fleisch in die Flüssigkeit geben, zum Kochen bringen, etwa 1 Stunde gar ziehen lassen und auf ein Sieb geben, Brühe auffangen. Fleisch in Würfel schneiden.
4. Margarine zerlassen und Mehl unter Rühren so lange darin erhitzen, bis es hellgelb ist. Kalbfleischbrühe und Sahne hinzugießen und mit einem Schneebesen durchschlagen. Darauf achten, dass keine Klümpchen entstehen. Sauce zum Kochen bringen. Champignons in Scheiben schneiden und hinzufügen. Die Sauce etwa 5 Minuten kochen lassen. Fleischwürfel hinzufügen und kurz aufkochen.
5. Eigelb mit Sahne verschlagen und das Frikassee damit abziehen (nicht mehr kochen lassen). Mit Salz, Pfeffer und Zucker abschmecken und mit Petersilie bestreuen.

Beilage:
Reis, Spargel.

Tipp:
Das Kalbsfrikassee als Vorspeise für 6–8 Personen reichen. Dafür das Frikassee in Muschel- oder Ragoût fin-Förmchen geben, mit geriebenem Käse bestreuen und unter dem Grill überbacken.

Kalbsfrikassee

Kalbshaxe, bayerisch

■ Dauert länger

Pro Portion:
E: 43 g, F: 36 g, Kh: 7 g,
kJ: 2314, kcal: 553

1 Kalbshaxe (etwa 1,2 kg)
Salz, Pfeffer, Kümmelpulver
5 EL Speiseöl
2 EL grobe Speckwürfel
200 g abgezogene Perlzwiebeln

Kalbshaxe, bayerisch

400 ml Kalbsfond oder -brühe
1 EL Tomatenmark
grober Pfeffer
geriebener Meerrettich
2 EL gehackte Petersilie

Zubereitungszeit: 2 Std.

1. Kalbshaxe unter fließendem kalten Wasser abspülen, trockentupfen, von den äußeren Sehnen befreien, mit Salz, Pfeffer und Kümmel würzen und in heißem Öl von allen Seiten scharf anbraten. Anschließend den Bratentopf auf dem Rost in den Backofen schieben.
Ober-/Unterhitze: etwa 200 °C (vorgeheizt)
Heißluft: etwa 180 °C (nicht vorgeheizt)
Gas: Stufe 3–4 (nicht vorgeheizt)
Garzeit: etwa 90 Minuten.
2. Nach 30 Minuten Speckwürfel und Perlzwiebeln dazugeben, etwa 15 Minuten mitbraten lassen.
3. Mit Kalbsfond ablöschen, Tomatenmark zugeben und weitere 45 Minuten schmoren lassen.
4. Zum Schluss mit Salz, Pfeffer und Meerrettich würzen und mit Petersilie bestreuen.

Beilage:
Gekochte Kartoffelklöße.

Y Z A B C D E F G H I J **K**

Kalbskoteletts Périgord

■ Etwas teurer

Pro Portion:
E: 41 g, F: 36 g, Kh: 18 g,
kJ: 2583, kcal: 617

4 Kalbskoteletts (je 180 g)
Salz, Pfeffer
1 Scheibe Schinkenspeck
12 Schalotten
1 Knoblauchzehe
2 Trüffel
2 EL gehackter Kerbel
3 EL Speiseöl, 75 ml Madeira
250 ml (¹/₄ l) Kalbsjus
50 g kalte Butter

Zubereitungszeit: 50 Min.

1. Koteletts unter fließendem kalten Wasser abspülen, trockentupfen, salzen und pfeffern.
2. Speck fein würfeln. Schalotten und Knoblauch abziehen und fein hacken. Trüffel würfeln. Speck, Schalotten, Knoblauch, Trüffel und Kerbel mischen.
3. Öl erhitzen, Koteletts darin von beiden Seiten anbraten. Speckmischung auf den Koteletts verteilen, in den Backofen schieben und garen lassen.
   Ober-/Unterhitze: etwa 180 °C (vorgeheizt)
   Heißluft: etwa 160 °C (vorgeheizt)
   Gas: Stufe 2–3 (vorgeheizt)
   Garzeit: etwa 10 Minuten.
4. Koteletts aus der Pfanne nehmen, warm stellen. Das Bratfett vorsichtig abgießen.
5. Bratensatz mit Madeira loskochen. Kalbsjus hinzufügen und einkochen. Butter unterschlagen, bis die Sauce sämig ist.

MENUE

Vorspeise:
Consommé mit Ei (Seite 84)

Hauptgericht:
Kalbsfrikassee (Seite 238)

Dessert:
Aprikosenauflauf (Seite 14)

Kalbsleber Berliner Art

■ Klassisch

Pro Portion:
E: 21 g, F: 17 g, Kh: 10 g,
kJ: 1231, kcal: 294

4 Scheiben Kalbsleber (je 125 g)
Weizenmehl
60 g Butter oder Margarine
Salz, 4 Zwiebeln

Zubereitungszeit: 20 Min.

1. Leber unter fließendem kalten Wasser abspülen, trockentupfen, von der feinen Haut befreien, evtl. Sehnen und Röhren entfernen, in Mehl wenden.
2. Butter erhitzen, die Leber darin von jeder Seite etwa 3 Minuten braten, mit Salz bestreuen, herausnehmen, warm stellen.
3. Zwiebeln abziehen, in Ringe schneiden, in die Pfanne geben, unter Wenden bräunen. Die Leber mit den Zwiebeln auf einer vorgewärmten Platte anrichten, den mit Wasser losgekochten Bratensatz über die Leberscheiben gießen.

Kalbskoteletts Périgord

Kalbsleber venezianisch

■ Schnell

Pro Portion:
E: 32 g, F: 22 g, Kh: 17 g,
kJ: 1754, kcal: 419

500 g Zwiebeln
60 ml Speiseöl
600 g Kalbsleber
20 g Weizenmehl, Salz, Pfeffer

Zubereitungszeit: 35 Min.

1. Zwiebeln abziehen, halbieren, in dünne Scheiben schneiden. Etwas Öl erhitzen, die Zwiebelscheiben unter Rühren etwa 15 Minuten goldbraun dünsten. Herausnehmen und warm stellen.
2. Von der Leber evtl. die weiße Haut und Sehnen entfernen, Leber in schmale Streifen schneiden, mit Mehl bestäuben.
3. Zwei Esslöffel Öl in die Pfanne geben und die Hälfte der Kalbsleberstreifen unter Rühren etwa 3 Minuten braten, mit Salz und Pfeffer bestreuen, herausnehmen. Die andere Hälfte genauso zubereiten.
4. Leberstreifen zusammen mit den Zwiebelscheiben zurück in die Pfanne geben und erhitzen. Nochmals abschmecken.

Kalbsmedaillons Ungarische Art

■ Gut vorzubereiten

Pro Portion:
E: 21 g, F: 38 g, Kh: 21 g,
kJ: 2231, kcal: 533

600 g Kalbsnuss
Salz
100 g Weizenmehl
50 ml Maiskeimöl
250 g Champignons
50 g Butter
1 Zwiebel, 2 Bund Petersilie
1 TL frisch gemahlener Pfeffer
1 Eigelb
120 g gekochter Schinken
120 g Höhlenkäse

Zubereitungszeit: 40 Min.

1. Fleisch in 4 Scheiben schneiden. Mit dem Fleischklopfer nicht zu dünn ausklopfen, salzen und in Mehl wenden. In heißem Öl von beiden Seiten etwa 10 Minuten braten, beiseite stellen.
2. Champignons putzen, mit Küchenpapier abreiben, evtl. abspülen und fein schneiden.
3. In einer Pfanne Butter erhitzen, darin die abgezogene, fein gewürfelte Zwiebel glasig braten.
4. Pilze dazugeben, salzen, die fein geschnittene Petersilie darüber streuen, pfeffern und bei starker Hitze unter häufigem Rühren die Pilze 10 Minuten garen.
5. Vom Herd ziehen und das Eigelb hineinrühren. Fleisch mit der Pilzmasse bestreichen, je eine Scheibe Schinken und Käse darauf legen.
6. Im Backofen backen, bis der Käse vollständig geschmolzen ist.
Ober-/Unterhitze: etwa 200 °C (vorgeheizt)
Heißluft: etwa 180 °C (vorgeheizt)
Gas: Stufe 3–4 (vorgeheizt)
Backzeit: etwa 15 Minuten.

Kalbsmedaillons Ungarische Art

240

Kalbsragout „Marengo"

Kalbsschnitzel

■ Raffiniert

Pro Portion:
E: 30 g, F: 28 g, Kh: 3 g,
kJ: 1741, kcal: 416

4 Scheiben Kalbfleisch (aus der Keule, etwa 600 g)
1 abgezogene Knoblauchzehe
8 EL Olivenöl
frisch gemahlener Pfeffer
1 EL gerebelter Rosmarin
1 EL gerebeltes Basilikum
Saft von 3 Zitronen

Zubereitungszeit: 25 Min., ohne Marinierzeit

1. Die Fleischscheiben kalt abspülen, trockentupfen, mit der aufgeschnittenen Knoblauchzehe von beiden Seiten kräftig einreiben.
2. Mit etwas Öl bestreichen, mit Pfeffer, Rosmarin und Basilikum bestreuen.
3. Fleischscheiben übereinander legen, mit Zitronensaft begießen und etwa 2 Stunden im Kühlschrank marinieren.
4. Das restliche Olivenöl in einer Pfanne erhitzen, das Fleisch von beiden Seiten je nach Dicke 5–7 Minuten darin hellbraun braten, herausnehmen und warm stellen.
5. Den zurückgebliebenen Zitronensaft mit dem Bratenfett verrühren, über die Fleischscheiben gießen.

Beilage:
Leipziger Allerlei.

Tipp:
Statt gerebelten Rosmarin frischen Rosmarin verwenden.

Kalbsragout „Marengo"

■ Klassisch

Pro Portion:
E: 43 g, F: 34 g, Kh: 8 g,
kJ: 2419, kcal: 578

800 g Kalbsgulasch (aus der Schulter)
6 EL Olivenöl
Salz
frisch gemahlener Pfeffer
2 EL Zwiebelwürfel
2 EL Knollenselleriewürfel
200 ml Weißwein
300 ml Kalbsfond oder -brühe
4 EL Tomatenwürfel
gerebelter Thymian
gerebelter Majoran
4 EL Perlzwiebeln
100 g kleine Champignons
1 TL frische, gehackte Kräuter
4 herzförmige, in Olivenöl gebratene Croûtons

Zubereitungszeit: 1 1/2 Std.

1. Gulasch portionsweise in heißem Öl kräftig anbraten, salzen und pfeffern.
2. Danach Zwiebel- und Selleriewürfel mitbraten lassen. Nach 5 Minuten mit Weißwein und Kalbsfond ablöschen, Tomatenwürfel dazugeben und etwa 50 Minuten schmoren lassen.
3. Mit Thymian, Majoran, Salz und Pfeffer würzen, Perlzwiebeln und geputzte Champignons dazugeben und weitere 20 Minuten schmoren lassen.
4. Ragout anrichten und mit Kräutern und Croûtons garnieren.

MENUE

Vorspeise:
Parmaschinken mit Melone (Seite 342)

Hauptgericht:
Kalbsleber venezianisch (Seite 240)

Beilage:
Mailänder Risotto (Seite 290)

241

Kalbsvögerl

■ Raffiniert

Pro Portion:
E: 55 g, F: 71 g, Kh: 3 g,
kJ: 3948, kcal: 944

8 Kalbsschnitzel (je 80 g)
100 g Champignons
320 g Kalbsbrät
Salz, Pfeffer
8 Speckstreifen
4 EL Speiseöl
250 ml ($1/4$ l) Kalbsfond oder -brühe
125 ml ($1/8$ l) trockener Weißwein
250 ml ($1/4$ l) Schlagsahne

Kalbsvögerl

Zubereitungszeit: 50 Min.

1. Kalbsschnitzel unter fließendem kalten Wasser abspülen, trockentupfen und leicht klopfen.
2. Champignons putzen, mit Küchenpapier abreiben, evtl. abspülen und fein hacken, mit dem Kalbsbrät vermengen und mit Salz und Pfeffer würzen.
3. Die Farce auf die Kalbsschnitzel streichen und zusammenrollen. Jeweils einen Speckstreifen mit Hilfe einer Spicknadel durch die Röllchen ziehen.
4. Öl erhitzen und die Röllchen darin von allen Seiten anbraten. Kalbsfond und Weißwein angießen und die Röllchen etwa 20 Minuten schmoren.
5. Kalbsröllchen herausnehmen und warm stellen. Sahne zugießen und einkochen lassen, evtl. mit Salz und Pfeffer nachwürzen. Die Sauce über die Röllchen geben.

Kaninchen nach Bauernart

■ Für Gäste

Pro Portion:
E: 81 g, F: 65 g, Kh: 12 g,
kJ: 4362, kcal: 1042

1 küchenfertiges Kaninchen (etwa $1 1/2$ kg)
Salz
frisch gemahlener Pfeffer
100 g Butter
1 Lorbeerblatt
gerebelter Thymian
2 abgezogene Knoblauchzehen
125 ml–250 ml ($1/8$–$1/4$ l) Fleischbrühe
2 mittelgroße Zwiebeln
3 Möhren
5 mittelgroße Tomaten
100 g durchwachsener Speck
1 geh. EL Weizenmehl
1 Prise Zucker
1–2 EL Tomatenmark
1 EL gehackte Petersilie

Zubereitungszeit: 80 Min.

Kaninchen nach Bauernart

1. Kaninchen kalt abspülen, trockentupfen, enthäuten, vom Fett befreien, in Portionsstücke schneiden, mit Salz und Pfeffer einreiben.
2. Etwa 75 g Butter erhitzen, das Fleisch von allen Seiten darin anbraten.
3. Lorbeerblatt, Thymian und Knoblauchzehen zu dem Fleisch geben, mit der Brühe auffüllen und alles etwa 1 Stunde schmoren lassen. Nach und nach die Flüssigkeit hinzugeben.
4. Zwiebeln abziehen und würfeln. Möhren putzen, schälen, waschen, in Scheiben schneiden.
5. Tomaten kurze Zeit in kochendes Wasser legen (nicht kochen lassen), in kaltem Wasser abschrecken, enthäuten, Stängelansätze herausschneiden, in Scheiben schneiden.
6. Speck in Würfel schneiden, auslassen, den Rest der Butter dazugeben und das Gemüse darin andünsten.
7. Mehl darüber stäuben, verrühren und alles 20 Minuten vor Beendigung der Garzeit zu dem Kaninchen geben, weiter schmoren lassen.
8. Gericht mit Salz, Pfeffer, Zucker und Tomatenmark abschmecken, mit Petersilie bestreuen.

Tipp:
Als Beilage Rosenkohl und Salzkartoffeln servieren.

Kaninchenbraten

■ Klassisch

Pro Portion:
E: 93 g, F: 69 g, Kh: 7 g,
kJ: 4659, kcal: 1112

1 küchenfertiges Kaninchen (1 3/4 kg)
Salz, Pfeffer
125 g durchwachsener Speck in Scheiben
1 Bund Suppengrün
30 g zerlassene Butter
125 ml (1/8 l) heißes Wasser
1 Becher (150 g) Crème fraîche

Zubereitungszeit: 75 Min.

1. Vom Kaninchen das Fett entfernen und Keulen, Läufe und Bauchlappen vom Rücken trennen. Den Kaninchenrücken enthäuten, alle Stücke unter fließendem kalten Wasser abspülen, trockentupfen und mit Salz und Pfeffer einreiben.

Kaninchenbraten

2. Speckscheiben in einen Brattopf legen. Suppengrün putzen, waschen, klein schneiden und hinzufügen.
3. Die Keulen, Läufe und Bauchlappen darauf legen, mit einem Teil der zerlassenen Butter bestreichen und den Brattopf auf dem Rost in den Backofen schieben.

Ober-/Unterhitze: etwa 220 °C (vorgeheizt)
Heißluft: etwa 200 °C (nicht vorgeheizt)
Gas: Stufe 3–4 (nicht vorgeheizt)
Garzeit: etwa 55 Minuten.

4. Nach etwa 30 Minuten Bratzeit heißes Wasser hinzugießen. Den Kaninchenrücken mit der restlichen Butter bestreichen, hinzufügen und mitbraten lassen.
5. Das gare Fleisch vor dem Schneiden 10 Minuten ruhen lassen, damit sich der Fleischsaft setzt. Das Fleisch in Scheiben schneiden, auf einer vorgewärmten Platte anrichten und warm stellen.
6. Den Bratensatz mit dem Suppengrün auf der Kochstelle erhitzen, Crème fraîche unterrühren und kurz aufkochen lassen. Die Sauce mit Salz abschmecken.

Beilage:
Salzkartoffeln.

Kaninchenkeulen mit Oliven

■ Raffiniert

Pro Portion:
E: 44 g, F: 73 g, Kh: 10 g,
kJ: 4107, kcal: 980

4 Kaninchenkeulen
200 ml Olivenöl, Salz
100 g Perlzwiebeln oder Schalotten
100 g grüne Oliven ohne Stein
100 g schwarze Oliven ohne Stein
2 Rosmarinzweige
4 Blätter Salbei, 2 EL grüner Pfeffer
2 abgezogene Knoblauchzehen
400 ml trockener Weißwein

Kaninchenkeulen mit Oliven

Zubereitungszeit: 70 Min.

1. Kaninchenkeulen unter fließendem kalten Wasser abspülen und trockentupfen. Die Hälfte des Öls in einem Bräter erhitzen und das Fleisch von allen Seiten darin anbraten. Die Keulen herausnehmen und mit Salz würzen.
2. Perlzwiebeln oder Schalotten abziehen. Zwiebeln, Oliven, Rosmarinzweige, Salbei, restliches Olivenöl, grünen Pfeffer und Knoblauchzehen in den Bräter geben und etwas andünsten.
3. Die Kaninchenkeulen darauf legen und mit Wein ablöschen. Den Bräter auf dem Rost in den Backofen schieben.

Ober-/Unterhitze: etwa 200 °C (vorgeheizt)
Heißluft: etwa 180 °C (nicht vorgeheizt)
Gas: Stufe 3–4 (nicht vorgeheizt)
Schmorzeit: etwa 45 Minuten.

MENUE

Hauptgericht:
Kaninchen nach Bauernart (Seite 242)

Beilage:
Kartoffelbrei (Seite 247)

Dessert:
Sauerkirsch-Kaltschale (Seite 407)

243

Kaninchensalat auf gelben Linsen

■ Für Gäste

Pro Portion:
E: 43 g, F: 32 g, Kh: 58 g,
kJ: 3094, kcal: 737

1 Kaninchenrücken
(etwa 150 g mageres Fleisch)
Salz, Pfeffer
30 g Butterschmalz
60 g durchwachsener Speck
1 Bund Petersilie
1 Bund Schnittlauch
1 TL gerebelter Thymian
2 Lorbeerblätter
1 EL Kurkumapulver
1 EL Currypulver
250 ml ($^1/_4$ l) Wildfond oder -brühe
125 g gelbe Linsen

Für die Marinade:
4 große Orangen (unbehandelt)
3 EL Himbeeressig
125 g saure Sahne
100 g Zucker
1 EL frische Kräuter

Zubereitungszeit: 70 Min.

1. Kaninchenrücken enthäuten, unter fließendem kalten Wasser abspülen und trockentupfen. Das Fleisch von den Knochen lösen, Fleisch in Würfel schneiden und mit Salz und Pfeffer würzen.
2. Butterschmalz erhitzen, die Kaninchenwürfel scharf darin anbraten, Speck in Würfel schneiden und hinzugeben.
3. Petersilie abspülen, trockentupfen, die Blätter von den Stängeln zupfen und fein hacken. Schnittlauch abspülen, trockentupfen, fein schneiden, mit Thymian, Lorbeer, Kurkuma- und Currypulver hinzugeben und mit Wildfond ablöschen, etwa 30 Minuten schmoren lassen.
4. Das Fleisch abgießen (Schmorflüssigkeit auffangen).
5. Linsen in etwa $^1/_2$ l Salzwasser gar kochen (nicht zerkochen), abgießen und mit Salz und Pfeffer abschmecken.
6. Orangen schälen und in Filets teilen, dabei den Saft auffangen.
7. Für die Marinade Orangensaft mit Himbeeressig, Sahne und Zucker verrühren, mit Salz, Pfeffer und frischen Kräutern abschmecken. Die Orangenfilets vorsichtig mit der Marinade vermischen, auf einer Platte anrichten. Das Fleisch mit den Linsen darauf anrichten.

Beilage:
Baguette oder Vollkornbrot.

Kaninchensalat auf gelben Linsen

Kapernsauce

■ Klassisch

Pro Portion:
E: 1 g, F: 4 g, Kh: 6 g,
kJ: 309, kcal: 74

1 mittelgroße Zwiebel
20 g Butter
2 EL Weizenmehl
375 ml ($^3/_8$ l) Kochflüssigkeit oder heller Grundfond
3 EL Kapern mit Flüssigkeit
Salz
frisch gemahlener Pfeffer
Zucker
Zitronensaft
1 EL fein gehackte Petersilie

Zubereitungszeit: 25 Min.

1. Zwiebel abziehen und fein würfeln. Butter zerlassen und Mehl mit den Zwiebelwürfeln unter Rühren so lange darin erhitzen, bis das Mehl hellgelb ist.
2. Kochflüssigkeit hinzugießen und mit einem Schneebesen durchschlagen. Darauf achten, dass keine Klümpchen entstehen. Die Sauce zum Kochen bringen und etwa 5 Minuten kochen lassen.
3. Kapern mit der Flüssigkeit unterrühren. Die Sauce mit Salz, Pfeffer, Zucker und Zitronensaft würzen, kurz erhitzen. Mit Petersilie bestreut servieren.

Tipp:
Zu Hackfleischklößchen oder gekochtem Rindfleisch reichen.

Karamellpudding

Karamellpudding
8 Portionen

■ **Klassisch**

Pro Portion:
E: 9 g, F: 21 g, Kh: 34 g,
kJ: 1556, kcal: 371

Für den Karamell:
80 g Zucker
1 EL Wasser
1 TL Butter

125 g Butter
50 g Zucker
125 g Weizenmehl
500 ml ($^1/_2$ l) Milch
6 Eigelb
6 Eiweiß
25 g Zucker

Zum Garnieren:
geschlagene Sahne
Karamell

Zubereitungszeit: 75 Min.

1. Für den Karamell Zucker, Wasser und Butter unter Rühren zerlassen und bräunen lassen, auf Alufolie ausgießen und fest werden lassen.
2. Butter zerlassen, Zucker darin auflösen und etwas bräunen lassen. Mehl hinzufügen, unter Rühren anschwitzen, mit Milch auffüllen und unter Rühren gut aufkochen lassen.
3. Eigelb darunter rühren und mit 50 g gestoßenem Karamell vermischen.
4. Geschlagenes Eiweiß darunter heben, in eine gefettete Puddingform füllen und im Wasserbad (Auflaufform $^3/_4$ mit Wasser gefüllt) auf dem Rost in den Backofen schieben.

Ober-/Unterhitze: etwa 200 °C (vorgeheizt)
Heißluft: etwa 180 °C (nicht vorgeheizt)
Gas: Stufe 3–4 (nicht vorgeheizt)
Stockzeit: etwa 50 Minuten.

5. Den erkalteten Pudding stürzen, mit Sahne und Karamell garnieren.

Karamellsauce

■ **Preiswert – raffiniert**

Pro Portion:
E: 0 g, F: 0 g, Kh: 22 g
kJ: 368, kcal: 88

6 EL Zucker
2 EL kaltes Wasser
125 ml ($^1/_8$ l) warmes Wasser

Zubereitungszeit: 10 Min.

1. Zucker und Wasser in einen Topf geben und bei starker Hitze karamellisieren lassen.
2. Vom Herd nehmen, das warme Wasser dazugeben und etwa 5 Minuten bei mittlerer Hitze köcheln lassen, bis die Sauce eingedickt ist.

MENUE

Vorspeise:
Kaninchensalat auf gelben Linsen
(Seite 244)

Hauptgericht:
Coq au vin (Seite 84)

Dessert:
Xeres-Creme (Seite 504)

Karpfen blau

■ Klassisch

Pro Portion:
E: 30 g, F: 18 g, Kh: 2 g,
kJ: 1313, kcal: 315

1 küchenfertiger Karpfen
(etwa 1 1/4 kg)
1 geschälte Kartoffel
500 ml (1/2 l) kochend heißes
Essigwasser
50 g zerlassene Butter

Zubereitungszeit: 65 Min.

1. Karpfen unter fließendem kalten Wasser abspülen, innen mit Salz einreiben, aber nicht von außen salzen, da sonst der Schleim, der die Blaufärbung hervorruft, verletzt wird.
2. Karpfen auf dem Rost auf eine geschälte, rohe Kartoffel setzen. Den Rost auf die Fettfangschale stellen. Mit dem kochenden Essigwasser übergießen.
3. Den Karpfen in eine gefettete, feuerfeste Form setzen. Mit dem Rost in den Backofen schieben und dünsten.
Ober-/Unterhitze: etwa 200 °C
(vorgeheizt)
Heißluft: etwa 180 °C
(nicht vorgeheizt)
Gas: Stufe 3–4 (nicht vorgeheizt)
Dünstzeit: 40–50 Minuten.
4. Der Karpfen ist gar, wenn sich die Rückenflosse leicht herausziehen lässt. Fünf Minuten vor Beendigung der Dünstzeit den Karpfen mit zerlassener Butter übergießen.
5. Den Karpfen sofort servieren.

Beilage:
Salzkartoffeln.

Karpfen polnisch

■ Klassisch

Pro Portion:
E: 59 g, F: 20 g, Kh: 36 g,
kJ: 2808 , kcal: 672

1 Karpfen (etwa 1,2 kg)
1 Gemüsezwiebel
100 g Pfefferkuchen
250 ml (1/4 l) Rotwein
500 ml (1/2 l) Bier
2 EL gehackte Petersilie
1 Lorbeerblatt
2 Nelken
gerebelter Thymian
Salz, Pfeffer
2 EL Zucker
Essig
2 EL Sultaninen
2 EL abgezogene, gehackte Mandeln

Zubereitungszeit: 40 Min.

1. Karpfen kalt abspülen, in Scheiben schneiden.
2. Zwiebel abziehen, in Ringe schneiden. Pfefferkuchen würfeln.
3. Wein, Bier, Zwiebel, Pfefferkuchen, Petersilie und Gewürze aufkochen, die Fischscheiben darin etwa 15 Minuten garen.

Karpfen polnisch

4. Fisch herausnehmen. Den Sud durch ein Sieb streichen.
5. Zucker in 1 Esslöffel Wasser karamellisieren lassen, in die Sauce geben, mit Essig abschmecken.
6. Sultaninen und Mandeln unterziehen.

Karthäuser Klöße

Karthäuser Klöße

■ Preiswert

Pro Portion:
E: 19 g, F: 31 g, Kh: 83 g,
kJ: 3000, kcal: 716

8 kleine Rosinenbrötchen (vom Vortag)
500 ml (1/2 l) Milch
3 Eier
40 g Zucker
1 TL Zimtpulver
abgeriebene Schale von 1 Zitrone
(unbehandelt)
100 g Butter

Zubereitungszeit: 30 Min.

1. Die Rinde der Rosinenbrötchen abreiben.
2. Milch mit Eiern verquirlen, mit Zucker, Zimt und Zitronenschale würzen.

3. Abgeriebene Brötchen mehrmals in der Eiermilch wenden und in zerlassener Butter langsam braten, mit den abgeriebenen Bröseln bestreuen und servieren.

Tipp:
Mit warmer Vanillesauce oder Pflaumenkompott und Sahne reichen.

Kartoffel-Gemüse-Puffer

■ Vegetarisch

Pro Portion:
E: 11 g, F: 19 g, Kh: 46 g,
kJ: 1731, kcal: 414

500 g rohe Kartoffeln, geschält
250 g Möhren, geputzt
250 g Zwiebeln, abgezogen
2 Eier
Salz
weißer Pfeffer
Hefewürze
100 g Weizen, sehr fein geschrotet
60 g Butterschmalz

Zubereitungszeit: 50 Min.

1. Kartoffeln, Möhren und Zwiebeln raspeln, vermengen und mit beiden Händen leicht ausdrücken.

MENUE

Vorspeise:
Französischer Selleriesalat (Seite 142)

Hauptgericht:
Karpfen blau (Seite 246)

Dessert:
Himbeer-Schichtspeise (Seite 210)

Kartoffel-Gemüse-Puffer

2. Mit Eiern, Salz, Pfeffer, Hefewürze und Weizenschrot verrühren.
3. Etwas Butterschmalz in einer Pfanne erhitzen. Mit einem Esslöffel kleine Küchlein in die Pfanne geben und flach drücken. Die Puffer bei mittlerer Hitze beidseitig knusprig braten und sofort servieren.

Kartoffelbrei

■ Klassisch

Pro Portion:
E: 7 g, F: 18 g, Kh: 41 g,
kJ: 1498, kcal: 357

1 kg mehlig kochende Kartoffeln
1 TL Salz
250 ml ($1/4$ l) Milch
70 g Butter
geriebene Muskatnuss

Zubereitungszeit: 30 Min.

1. Kartoffeln waschen, schälen, abspülen, in Stücke schneiden, in Salzwasser zum Kochen bringen, in etwa 15 Minuten gar kochen lassen, abgießen, sofort durch die Kartoffelpresse geben.
2. Milch zum Kochen bringen und nach und nach unter die Kartoffelmasse rühren. Je nach Beschaffenheit der Kartoffeln die Milchmenge variieren. Zuletzt Butter unterrühren und mit Salz und Muskat abschmecken.

Tipp:
Vor dem Servieren 4 Esslöffel geriebenen Käse unter den Kartoffelbrei rühren. Oder je 100 g Speck- und Zwiebelwürfel braten und unterrühren.

Kartoffelgratin

Kartoffelgratin

■ Klassisch

Pro Portion:
E: 8 g, F: 15 g, Kh: 33 g,
kJ: 1270, kcal: 302

1 Knoblauchzehe
1 EL Butter
800 g Kartoffeln
Salz
frisch gemahlener Pfeffer
geriebene Muskatnuss
125 ml ($^1/_8$ l) Milch
125 ml ($^1/_8$ l) Schlagsahne
2 EL geriebener Parmesan

Zubereitungszeit: 65 Min.

1. Knoblauchzehe abziehen, eine feuerfeste Form mit Butter ausstreichen, mit der Knoblauchzehe einreiben.
2. Kartoffeln schälen, waschen, trockentupfen und in dünne Scheiben schneiden. In die vorbereitete Form dachziegelartig schichten und lagenweise mit Salz, Pfeffer und Muskat würzen.
3. Milch und Sahne verrühren und über die Kartoffelscheiben gießen. Mit Parmesan bestreuen und die Form auf dem Rost in die mittlere Einschubleiste des Backofens schieben.

Ober-/Unterhitze: etwa 180 °C (vorgeheizt)
Heißluft: etwa 160 °C (nicht vorgeheizt)
Gas: Stufe 3–4 (nicht vorgeheizt)
Backzeit: etwa 45 Minuten.

Kartoffelgratin mit Blattspinat

■ Preiswert

Pro Portion:
E: 17 g, F: 36 g, Kh: 35 g,
kJ: 2325, kcal: 555

750 g gekochte Pellkartoffeln
100 g Butter
750 g Blattspinat
50 g durchwachsener Speck
1–2 Zwiebeln
Salz, Pfeffer
geriebene Muskatnuss
125 ml ($^1/_8$ l) Fleischbrühe
75 g geriebener Käse

Zubereitungszeit: 60 Min.

1. Kartoffeln heiß pellen, erkalten lassen und in etwa $^1/_2$ cm dicke Scheiben schneiden. 25 g Butter zerlassen, Kartoffelscheiben darin kurz durchschwenken.
2. Blattspinat sorgfältig verlesen, gründlich waschen und gut abtropfen lassen. Speck in kleine Würfel schneiden und auslassen. Zwiebeln abziehen, fein würfeln, zu dem Speck geben und andünsten lassen. 25 g Butter hinzufügen, Spinat hinzufügen und zusammenfallen lassen, mit Salz, Pfeffer und Muskat würzen.

Kartoffelgratin mit Blattspinat

Kartoffelklöße

Kartoffelklöße halb und halb

■ Preiswert

Pro Portion:
E: 10 g, F: 2 g, Kh: 58 g,
kJ: 1240, kcal: 295

750 g gekochte Kartoffeln (vom Vortag)
500 g geschälte, rohe Kartoffeln
1 Ei
65 g Weizenmehl
1 TL Salz

Zubereitungszeit: 75 Min., ohne Ruhezeit

1. Gekochte Kartoffeln durch die Kartoffelpresse geben.
2. Rohe Kartoffeln in eine Schüssel mit Wasser reiben, in einem Tuch fest auspressen und zu den gekochten Kartoffeln geben.
3. Ei, Mehl und Salz unterkneten. Aus dem Teig mit bemehlten Händen 18 Klöße formen, in Salzwasser geben, zum Kochen bringen und in 15–20 Minuten gar ziehen lassen (Wasser muss sich leicht bewegen). Die garen Klöße gut abtropfen lassen.

---

3. Abwechselnd Kartoffeln und Spinat in eine gefettete Gratinform schichten und Brühe darüber gießen. Restliche Butter zerlassen, Auflauf damit beträufeln, mit Käse bestreuen und backen.
Ober-/Unterhitze: etwa 200 °C (vorgeheizt)
Heißluft: etwa 180 °C (vorgeheizt)
Gas: Stufe 3–4 (vorgeheizt)
Backzeit: etwa 25 Minuten.

Kartoffelklöße

■ Klassisch

Pro Portion:
E: 9 g, F: 4 g, Kh: 51 g,
kJ: 1207, kcal: 288

750 g Kartoffeln
100 g Weizenmehl
1 Ei
Salz

geriebene Muskatnuss
1 Scheibe Weißbrot
1 EL Butter

Zubereitungszeit: 60 Min.

1. Kartoffeln waschen, in so viel Wasser zum Kochen bringen, dass die Kartoffeln bedeckt sind, in 20–25 Minuten gar kochen lassen, abgießen und abdämpfen. Kartoffeln heiß pellen und durch die Kartoffelpresse geben.
2. Kartoffelmasse mit Mehl, Ei, Salz und Muskat verkneten. Weißbrot in Würfel schneiden. Butter zerlassen und die Weißbrotwürfel darin goldgelb rösten.
3. Aus dem Teig mit bemehlten Händen Klöße formen, dabei in jeden Kloß einige Brotwürfel drücken. Die Klöße in reichlich kochendes Salzwasser geben, zum Kochen bringen und etwa 15 Minuten gar ziehen lassen.

Tipp:
Zu Sauerbraten, Gänsebraten, Schmorbraten oder Rouladen servieren.

MENUE

Hauptgericht:
Wildschweinrouladen (Seite 497)

Beilage:
Kartoffelgratin mit Blattspinat (Seite 248)

Dessert:
Joghurt-Aprikosen-Gelee (Seite 230)

249

Kartoffelklöße, rohe

■ **Klassisch**

Pro Portion:
E: 11 g, F: 3 g, Kh: 65 g,
kJ: 1405, kcal: 335

250 ml (¹/₄ l) Milch
Salz
125 g Hartweizengrieß
1 kg Kartoffeln
Weizenmehl
Salzwasser

Zubereitungszeit: 65 Min.

1. Milch mit ¹/₂ Teelöffel Salz zum Kochen bringen, Grieß hineinstreuen, zum Kochen bringen und einmal aufkochen lassen. Topf von der Kochstelle nehmen und den Grieß etwa 30 Minuten ausquellen lassen.
2. Kartoffeln schälen, waschen und reiben. Kartoffelmasse in ein Küchentuch geben, fest auspressen, den Grieß unterrühren und mit Salz abschmecken.
3. Aus dem Teig eine etwa 4 cm dicke Rolle formen, jeweils eine etwa 3 cm dicke Scheibe abschneiden, mit bemehlten Händen zu Klößen formen, in kochendes Salzwasser geben und in 15–20 Minuten gar ziehen lassen (Wasser muss sich leicht bewegen).

Tipp:
Rohe Kartoffelklöße zu Schmorbraten reichen. 4 Esslöffel gehackte Kräuter unter den Kartoffelteig rühren, die Klöße mit je 1 Würfel Mozzarella füllen, mit Tomatensauce übergießen und im Backofen überbacken.

Kartoffelpuffer Husumer Art

■ **Raffiniert**

Pro Portion:
E: 22 g, F: 20 g, Kh: 46 g,
kJ: 1954, kcal: 466

1 kg mehlig kochende Kartoffeln
150 g geschälte, gekochte Salzkartoffeln (vom Vortag)
2 Eier
100 g geriebener Emmentaler
150 g gepulte Nordseekrabben
1 Bund fein gehackter Dill
Salz
80 g Butterschmalz

Zubereitungszeit: 30 Min.

1. Kartoffeln waschen, schälen und mit den gekochten Salzkartoffeln auf einer feinen Reibe reiben. Mit den Eiern und dem Emmentaler vermengen.
2. Nordseekrabben mit dem Dill zu den Kartoffeln geben, gut miteinander vermengen und mit Salz abschmecken.
3. Butterschmalz in einer Stielpfanne zerlassen, jeweils etwas von dem Teig hineingeben, flach drücken, von beiden Seiten braun und knusprig backen.

Kartoffelpuffer Husumer Art

Kartoffelsalat mit Essig-Öl-Marinade

■ **Preiswert**

Pro Portion:
E: 4 g, F: 15 g, Kh: 30 g,
kJ: 1184, kcal: 282

750 g Salatkartoffeln
2 kleine Zwiebeln
125 ml (¹/₈ l) Salzwasser
1 Prise Zucker
frisch gemahlener Pfeffer
¹/₂ TL Streuwürze

Für die Sauce:
5 EL Speiseöl
3 EL Essig
2 TL Senf
1 EL gehackte Kräuter, z. B. Petersilie, Schnittlauch

Zubereitungszeit: 100 Min.

1. Kartoffeln waschen, mit Salzwasser zum Kochen bringen, in etwa 20 Minuten gar kochen lassen, abgießen, heiß pellen, lauwarm in feine Scheiben schneiden.
2. Zwiebeln abziehen, fein würfeln, mit Salzwasser, Zucker, Pfeffer und Streuwürze zum Kochen bringen, über die Kartoffeln gießen. Die Flüssigkeit nach einigen Minuten wieder abgießen.
3. Für die Salatsauce Öl mit Essig verrühren, mit Senf, Salz, Pfeffer abschmecken, Kräuter unterrühren und die Kartoffelscheiben mit der Sauce vermengen. Den Salat 1 Stunde durchziehen lassen, evtl. mit Salz und Pfeffer abschmecken.

Kartoffelsalat mit Pesto

■ **Vegetarisch**

Pro Portion:
E: 4 g, F: 32 g, Kh: 21 g,
kJ: 1723, kcal: 411

500 g gekochte Kartoffeln
1 Bund Basilikum
Salz
frisch gemahlener Pfeffer
2 abgezogene, zerdrückte Knoblauchzehen
1 EL geriebener Parmesan
1 EL gemahlene Walnüsse
4 EL Estragonessig
10 EL Olivenöl
1 TL Sherry medium

Zubereitungszeit: 30 Min., ohne Durchziehzeit

1. Kartoffeln pellen und in dünne Scheiben schneiden.
2. Basilikum waschen, fein hacken und mit den übrigen Zutaten zu einer Salatsauce verrühren.
3. Die Salatsauce (Pesto) über die Kartoffelscheiben gießen, vorsichtig mischen und im Kühlschrank etwa 2 Stunden ziehen lassen.

Kartoffelsalat, bunt

■ **Gut vorzubereiten**

Pro Portion:
E: 23 g, F: 40 g, Kh: 45 g,
kJ: 2804, kcal: 670

750 g Salatkartoffeln
3 hart gekochte Eier
2 mittelgroße Zwiebeln

Kartoffelsalat, bunt

300 g Fleischwurst
1 großer, säuerlicher, roter Apfel
3–4 Gewürzgurken

Für die Salatsauce:
4–5 EL Pflanzenöl
2 EL Kräuteressig
1 TL scharfer Senf
Salz
frisch gemahlener Pfeffer
1 Prise Zucker
2 EL gehackte Petersilie

Zubereitungszeit: 40 Min., ohne Durchziehzeit

1. Kartoffeln waschen, in so viel Wasser zum Kochen bringen, dass die Kartoffeln bedeckt sind, in etwa 20 Minuten gar kochen lassen und abgießen. Kartoffeln abdämpfen, heiß pellen und erkalten lassen.
2. Eier pellen, Zwiebeln abziehen und Fleischwurst enthäuten. Apfel waschen, vierteln und entkernen. Alle Zutaten in kleine Würfel schneiden.
3. Für die Salatsauce Öl mit Kräuteressig, Senf, Salz, Pfeffer und Zucker verrühren. Die Salatsauce mit den Salatzutaten vermengen.
4. Petersilie unterrühren und den Kartoffelsalat einige Stunden durchziehen lassen.

Kartoffelsalat mit Pesto

Kartoffelsalat, pikanter

■ Dauert länger

Pro Portion:
E: 25 g, F: 27 g, Kh: 46 g,
kJ: 2363, kcal: 564

750 g gegarte Pellkartoffeln
200 g gekochtes Rindfleisch
1 Stange Porree (Lauch)
150 g gedünstete Pfifferlinge
3–4 Tomaten

Für die Salatsauce:
1 große Zwiebel
6 EL Speiseöl
3–4 EL Kräuteressig
1 TL Senf
Salz
Pfeffer

Zubereitungszeit: 90 Min.

1. Pellkartoffeln noch heiß pellen und in Scheiben schneiden. Rindfleisch in Würfel schneiden. Porree putzen, das dunkle Grün bis auf etwa 10 cm entfernen, Porree längs halbieren, in schmale Streifen schneiden, waschen und gut abtropfen lassen.
2. Pfifferlinge evtl. halbieren. Tomaten kurze Zeit in kochendes Wasser legen (nicht kochen lassen), in kaltem Wasser abschrecken, enthäuten, Stängelansätze herausschneiden und Tomaten in Würfel schneiden.
3. Für die Salatsauce Zwiebel abziehen, würfeln, mit Öl, Essig und Senf verrühren, mit Salz und Pfeffer würzen, mit den Salatzutaten vermengen und den Salat etwa 1 Stunde durchziehen lassen.

Kartoffelsalat, pikanter

Kartoffelsuppe

■ Preiswert

Pro Portion:
E: 7 g, F: 10 g, Kh: 20 g,
kJ: 853, kcal: 204

2 mittelgroße Zwiebeln
1 Bund Suppengrün
2 EL Butter oder Margarine
250 g Kartoffeln
500 ml (½ l) Fleischbrühe
Salz, frisch gemahlener Pfeffer
gerebeltes Basilikum
1 Brötchen (Semmel)
2 EL Schnittlauchröllchen

Zubereitungszeit: 40 Min.

1. Zwiebeln abziehen, würfeln, Suppengrün putzen, waschen, klein schneiden, 1 Esslöffel Butter zerlassen, Zwiebelwürfel und Suppengrün darin andünsten.
2. Kartoffeln schälen, waschen, in Würfel schneiden, hinzugeben, mit Fleischbrühe auffüllen, zum Kochen bringen, etwa 25 Minuten gar kochen lassen.
3. Die Suppe durch ein Sieb streichen, erhitzen und mit Salz, Pfeffer, Basilikum abschmecken.
4. Brötchen in Würfel schneiden, die restliche Butter zerlassen, die Brötchenwürfel darin goldgelb rösten. Die Suppe mit Schnittlauch bestreuen, mit den Brötchenwürfeln anrichten.

Käseomelett

■ Raffiniert

Pro Portion:
E: 37 g, F: 55 g, Kh: 3 g,
kJ: 2894, kcal: 692

12 Eier
Salz
frisch gemahlener Pfeffer
geriebene Muskatnuss
120 g gewürfelter Roquefort
120 g geriebener Gouda
1 Frühlingszwiebel in Ringen
2 EL gefüllte, in Scheiben geschnittene Oliven
80 g Butter

Zubereitungszeit: 30 Min.

Käseomelett

1. Eier mit Salz, Pfeffer und Muskat würzen und verquirlen.
2. Vier Omeletts in einer beschichteten Pfanne bereiten, mit Roquefort füllen, mit Gouda bestreuen und kurz unterm Grill überbacken.
3. Zwiebelringe und Olivenscheiben in Butter andünsten und die Omeletts damit garnieren.

Käsepizza

Vegetarisch

Pro Portion:
E: 56 g, F: 85 g, Kh: 103 g,
kJ: 6168, kcal: 1474

Für den Teig:
375 g Weizenvollkornmehl
1 Pck. Trockenhefe
1 TL gemahlener Koriander
1 TL Meersalz
1 TL gemahlener Kümmel
1 Ei
180 ml lauwarme Milch
25 g zerlassene, abgekühlte Butter

Für den Belag:
200 g Zwiebeln
20 g Butter
300 g Fleischtomaten
1 Peperoni
200 g Appenzeller Käse

Für den Guss:
200 g saure Sahne
200 ml Schlagsahne
3 Eier
1 EL Weizenvollkornmehl
1 TL Meersalz
frisch gemahlener Pfeffer
geriebene Muskatnuss
1 EL ganze Kümmelsamen

Käsepizza

Zubereitungszeit: 90 Min.

1. Für den Teig Mehl in eine Rührschüssel geben, mit der Hefe sorgfältig mischen. Gewürze, Ei, Milch und Butter hinzufügen, mit einem Handrührgerät mit Knethaken oder einer Küchenmaschine auf niedrigster Stufe zu einem glatten Teig verarbeiten, zugedeckt an einem warmen Ort so lange gehen lassen, bis der Teig sich sichtbar vergrößert hat. Nochmals durchkneten, auf einem gefetteten Backblech ausrollen.
2. Für den Belag Zwiebeln abziehen, würfeln, in Butter glasig dünsten, abkühlen lassen. Tomaten waschen, die Stängelansätze herausschneiden, die Tomaten in Scheiben schneiden. Peperoni putzen, waschen, in Scheiben schneiden, Käse grob würfeln, die Zutaten auf dem Teig verteilen.
3. Für den Guss saure Sahne, Sahne mit Eiern verrühren, Mehl, Salz, Pfeffer und Muskat hinzufügen, gut verrühren, über den Belag gießen, mit Kümmel bestreuen und backen.

Ober-/Unterhitze: etwa 200 °C (vorgeheizt)
Heißluft: etwa 180 °C (nicht vorgeheizt)
Gas: Stufe 3–4 (nicht vorgeheizt)
Backzeit: etwa 45 Minuten.

MENUE

Vorspeise:
Kartoffelsuppe (Seite 252)

Hauptgericht:
Wirsingauflauf, Schweizer Art (Seite 500)

Dessert:
Trifle (Seite 480)

Käsespätzle

■ Preiswert

Pro Portion:
E: 26 g, F: 30 g, Kh: 49 g,
kJ: 2503, kcal: 599

Für die Spätzle:
250 g Weizenmehl
2 kleine Eier
1 TL Salz
4 EL saure Sahne
125 ml ($^1/_8$ l) Wasser
200 g geriebener Käse
2 Zwiebeln
40 g Butter

Zubereitungszeit: 70 Min.

1. Mehl in eine Rührschüssel sieben, die übrigen Zutaten dazugeben und so lange kräftig schlagen, bis der Teig glatt ist und Blasen wirft. Den Teig etwa 30 Minuten ausquellen lassen.
2. Den Teig anschließend durch eine Spätzlepresse oder -hobel portionsweise direkt in kochendes Salzwasser geben. Sobald die Spätzle gar sind, schwimmen sie an der Oberfläche, dann sofort mit einer Schaumkelle abschöpfen und gut abtropfen lassen.
3. Spätzle und Käse schichtweise in eine gefettete, feuerfeste Form geben. Die letzte Schicht sollte aus reichlich Käse bestehen. In den Backofen schieben.
   Ober-/Unterhitze: etwa 200 °C (vorgeheizt)
   Heißluft: etwa 180 °C (vorgeheizt)
   Gas: Stufe 3–4 (vorgeheizt)
   Backzeit: etwa 10 Minuten.
4. Zwiebeln abziehen, in dünne Ringe schneiden, in zerlassener Butter goldbraun anbraten, über die Käsespätzle geben.

Beilage:
Gemischter Salat.

Tipp:
Nach Belieben rohe Schinkenstreifen mit den Zwiebeln anbraten.

Käsespätzle

Kasseler

■ Klassisch

Pro Portion:
E: 33 g, F: 26 g, Kh: 9 g,
kJ: 1783, kcal: 425

1 kg Kasselerkotelett (am Stück, ohne Knochen)
5 Nelken
1 Zwiebel

Für die Sauce:
1–2 EL Weizenmehl
4 EL kaltes Wasser, Salz
frisch gemahlener Pfeffer

Zubereitungszeit: 55 Min.

1. Kasseler waschen, abtrocknen, die Fettschicht an verschiedenen Stellen einritzen. Nelken hineinstecken, das Fleisch in die mit kaltem Wasser ausgespülte Fettpfanne legen.
2. Zwiebel abziehen, vierteln, zu dem Fleisch geben.

254

Ober-/Unterhitze: etwa 200 °C (vorgeheizt)
Heißluft: etwa 180 °C (nicht vorgeheizt)
Gas: Stufe 3–4 (nicht vorgeheizt)
Garzeit: etwa 45 Minuten.

3. Sobald der Bratensatz bräunt, etwas Wasser hinzugießen, verdampfte Flüssigkeit nach und nach ersetzen.
4. Das gare Fleisch 10 Minuten ruhen lassen, in Scheiben schneiden, auf einer vorgewärmten Platte anrichten, warm stellen.
5. Für die Sauce den Bratensatz mit Wasser lösen, durch ein Sieb gießen, in einen Topf geben, evtl. mit Wasser auffüllen, zum Kochen bringen. Mehl mit Wasser anrühren, unter Rühren in die Flüssigkeit geben, zum Kochen bringen, etwa 3 Minuten kochen lassen, die Sauce mit Salz, Pfeffer abschmecken.

Tipp:
Das Kasseler 4–6 mal quer einschneiden. Ananasscheiben in die Einschnitte stecken, braten wie oben.

Kasseler auf Kraut

■ Klassisch

Pro Portion:
E: 51 g, F: 113 g, Kh: 10 g,
kJ: 5693, kcal: 1359

500 g Kasselernacken (ohne Knochen)
1 Zwiebel, 2 EL Schweineschmalz
500 g Sauerkraut
1 Apfel, 4 Wacholderbeeren
125 ml (⅛ l) Weißwein
125 ml (⅛ l) Fleischbrühe
500 g durchwachsener Speck
4 Mettwürstchen

Kasseler auf Kraut

Zubereitungszeit: 75 Min.

1. Kasseler kalt abspülen.
2. Zwiebel abziehen und würfeln. Schmalz erhitzen und Zwiebel darin glasig dünsten. Sauerkraut locker zupfen und etwa 5 Minuten mitdünsten.
3. Apfel schälen, vierteln, entkernen, Apfel in Würfel schneiden und hinzufügen. Wacholderbeeren hinzufügen.
4. Wein und Brühe hinzugießen, Kasseler und Speck auf das Sauerkraut legen und zugedeckt etwa 50 Minuten kochen lassen.
5. Würstchen dazugeben und etwa 15 Minuten darin erhitzen, Fleisch und Speck herausnehmen, in Scheiben schneiden.
6. Das Sauerkraut in eine Schüssel geben, Wacholderbeeren entfernen. Kasseler und Speck mit den Würstchen auf dem Sauerkraut anrichten.

Beilage: Kartoffelpüree und Senf.

MENUE

Vorspeise:
Lebernockensuppe (Seite 283)

Hauptgericht:
Kasseler auf Kraut (Seite 255)

Dessert:
Mirabellenkompott (Seite 309)

Kasseler Koteletts, gebraten

■ Schnell

Pro Portion:
E: 19 g, F: 15 g, Kh: 4 g,
kJ: 1018, kcal: 243

4 Kasseler Koteletts (je 150 g)
1 Zwiebel
3 EL Orangensaft

Zubereitungszeit: 15 Min.

1. Kasseler Koteletts in eine Grillpfanne legen, von beiden Seiten etwa 5 Minuten braten.
2. Zwiebel abziehen, reiben, mit Orangensaft verrühren, die Koteletts nach der Hälfte der Garzeit mit der Hälfte der Masse bestreichen, wenden, die Koteletts nach dem Wenden mit der restlichen Masse bestreichen.

Beilage:
Bratkartoffeln und grüne Bohnen.

Tipp:
Evtl. etwas Fett beim Braten hinzugeben. Normalerweise ist es aber bei Grillpfannen nicht nötig.

Kasseler Koteletts, gebraten

Kichererbsengemüse

Kichererbsengemüse

■ Preiswert

Pro Portion:
E: 7 g, F: 11 g, Kh: 22 g,
kJ: 933, kcal: 223

250 g Kichererbsen
2 Möhren (etwa 250 g)
200 g Knollensellerie
1 Stange Porree (Lauch)
40 g Butter
250 ml ($^1/_4$ l) Gemüsebrühe
Salz
frisch gemahlener Pfeffer
2 EL Schnittlauchröllchen

**Zubereitungszeit: 45 Min.,
ohne Einweichzeit**

1. Kichererbsen über Nacht in kaltem Wasser einweichen, abgießen.
2. Möhren putzen, schälen, waschen. Sellerie putzen, waschen. Porree putzen, längs halbieren, waschen. Möhren und Sellerie in Würfel schneiden, Porree in Streifen schneiden.
3. Butter zerlassen, Kichererbsen und Gemüse darin andünsten.
4. Brühe hinzugießen, mit Salz und Pfeffer würzen, etwa 25 Minuten dünsten lassen.

MENUE

Vorspeise:
Kräuterfrischkäse im Kressebett
(Seite 265)

Hauptgericht:
Wildgulasch mit Pilzen (Seite 496)

Dessert:
Kirsch-Quark-Auflauf (Seite 257)

---

5. Nach Belieben die Hälfte des Gemüses pürieren und mit dem Rest vermengen. Mit Schnittlauchröllchen bestreuen.

Kichererbsensalat

■ Schnell

Pro Portion:
E: 15 g, F: 30 g, Kh: 21 g,
kJ: 1856, kcal: 443

---

1 Dose Kichererbsen (Einwaage 480 g)
1 Dose Thunfisch in Öl
(Einwaage 200 g)
2 Frühlingszwiebeln
2 Fleischtomaten
1 Knoblauchzehe
$^1/_2$ TL Senf
$^1/_4$ TL Zucker
Salz, frisch gemahlener Pfeffer
3 EL Weinessig
3 EL Speiseöl
3 EL Schlagsahne
3 Stängel glatte Petersilie

Zubereitungszeit: 30 Min.

1. Kichererbsen auf ein Sieb geben. Thunfisch abtropfen lassen. Zwiebeln putzen, waschen und nur den unteren weißen und zartgrünen Teil in feine Ringe schneiden.
2. Tomaten kurze Zeit in kochendes Wasser legen (nicht kochen lassen), in kaltem Wasser abschrecken, enthäuten, Stängelansätze herausschneiden und Tomaten in Würfel schneiden.

Kichererbsensalat

3. Knoblauch abziehen und zerdrücken, mit Senf, Zucker, Salz, Pfeffer und Essig vermengen. Öl und Sahne unterschlagen.
4. Kichererbsen, Zwiebeln und Tomaten mischen, mit dem zerpflückten Thunfisch und der Sauce vermengen. Grob gehackte Petersilie darüber streuen.

Kirsch-Quark-Auflauf

Kirschkompott

■ Klassisch

Pro Portion:
E: 1 g, F: 0 g, Kh: 37 g,
kJ: 672, kcal: 160

500 g Sauerkirschen
125 ml (¹/₈ l) Wasser
100 g Zucker

Zubereitungszeit: 25 Min.

1. Kirschen waschen, gut abtropfen lassen, entstielen und entsteinen.
2. Wasser mit Zucker zum Kochen bringen, die Kirschen hineingeben, zum Kochen bringen, weich kochen (nicht durchrühren). Das Kompott erkalten lassen, evtl. mit Zucker abschmecken.

Tipp:
Bei der Zubereitung von Kompott ist es wichtig, dass das Obst nicht zerkocht. Bei vielen Früchten reicht schon ein Aufkochen und evtl. Durchziehen im geschlossenen Topf. Auf diese Weise können auch Süßkirschen oder jedes andere Obst zubereitet werden, die Zuckermenge variiert je nach Obstsorte.

Kirsch-Quark-Auflauf

■ Für Kinder

Pro Portion:
E: 25 g, F: 12 g, Kh: 47 g,
kJ: 1764, kcal: 421

2 EL Butter
3 Eigelb
1 Vanilleschote
50 g Grieß
500 g Magerquark
Schale und Saft von 1 Zitrone (unbehandelt)
80 g Zucker
500 g Sauerkirschen
3 Eiweiß
20 g abgezogene, gehobelte Mandeln (evtl. etwas hacken)

Zubereitungszeit: 1 Std.

1. Butter geschmeidig rühren, Eigelb nach und nach unterrühren. Vanilleschote aufschneiden, das Mark herauskratzen, zusammen mit Grieß, Quark, Zitronenschale und -saft und Zucker unter die Fett-Eigelb-Masse rühren.
2. Kirschen waschen, entstielen, entsteinen und unter die Quarkmasse rühren. Eiweiß steif schlagen und vorsichtig unterziehen. Die Masse in eine gefettete Auflaufform füllen, mit Mandeln bestreuen und auf dem Rost in den Backofen schieben.
Ober-/Unterhitze: etwa 180 °C (vorgeheizt)
Heißluft: etwa 160 °C (nicht vorgeheizt)
Gas: Stufe 2–3 (nicht vorgeheizt)
Backzeit: etwa 40 Minuten.

Tipp:
Anstatt der Kirschen kann dieser Auflauf auch mit anderen Früchten zubereitet werden.

Knoblauchbutter

Knoblauchbutter

■ Schnell

Pro Portion:
E: 1 g, F: 26 g, Kh: 2 g,
kJ: 1040, kcal: 248

5 Knoblauchzehen, 125 g Butter
4 EL gehackte, glatte Petersilie
einige gehackte Basilikumblättchen
Salz, frisch gemahlener Pfeffer

Zubereitungszeit: 10 Min.

1. Knoblauch abziehen und fein würfeln.
2. Butter zerlassen und Knoblauchwürfel darin andünsten. Petersilie und Basilikumblättchen hinzufügen, mit Salz und Pfeffer würzen und noch einige Minuten erhitzen.

257

Knoblauchdip

■ Schnell

Pro Portion:
E: 10 g, F: 12 g, Kh: 5 g,
kJ: 706, kcal: 169

4 Knoblauchzehen
Salz
frisch gemahlener Pfeffer
250 g Magerquark
1 Becher (150 g) Crème fraîche
2 EL Tomatenwürfel
2 EL Schnittlauchröllchen

Zubereitungszeit: 20 Min.

1. Knoblauch abziehen, mit Salz bestreuen und mit einem flachen Messer zerdrücken.
2. Mit den übrigen Zutaten zu einer Paste verrühren.

Tipp:
Gut gekühlt mit Kräckern, Chips und Gemüse servieren.

Knoblauchdip

Knoblauchtomaten

Knoblauchtomaten

■ Für Gäste

Pro Portion:
E: 13 g, F: 35 g, Kh: 6 g,
kJ: 1700, kcal: 407

100 g Frühstücksspeck (Bacon), in Scheiben
5 Fleischtomaten
6 Knoblauchzehen
1 Bund Basilikum
1 Bund Petersilie
4 Salbeiblättchen
200 g Schafskäse, 40 g Butter

Zubereitungszeit: 40 Min.

1. Speck in eine flache, gefettete Auflaufform legen. Tomaten waschen, Stängelansätze herausschneiden und Tomaten nebeneinander in die Form setzen.
2. Knoblauch abziehen und würfeln. Basilikum, Petersilie und Salbeiblättchen abspülen, trockentupfen, hacken zusammen mit dem Knoblauch auf den Tomaten verteilen, Schafskäse darüber bröseln, Butter in Flöckchen darauf verteilen und die Form auf den Rost in den Backofen schieben.
Ober-/Unterhitze: etwa 180 °C (vorgeheizt)
Heißluft: etwa 160 °C (vorgeheizt)
Gas: Stufe 2–3 (vorgeheizt)
Backzeit: etwa 25 Minuten.

Kochreis

■ Gut vorzubereiten

Pro Portion:
E: 5 g, F: 6 g, Kh: 51 g,
kJ: 1131, kcal: 270

1 mittelgroße Zwiebel
2 l Salzwasser
250 g Langkornreis (parboiled)
30 g zerlassene Butter

Zubereitungszeit: 25 Min.

1. Zwiebel abziehen, würfeln und in Salzwasser zum Kochen bringen. Reis hineingeben, umrühren, zum Kochen bringen, etwa 20 Minuten sprudelnd kochen lassen.
2. Den garen Reis auf ein Sieb geben, mit kaltem Wasser übergießen, gut abtropfen lassen und in Butter erhitzen.

Kohlrabi

■ Preiswert

Pro Portion:
E: 3 g, F: 7 g, Kh: 7 g,
kJ: 465, kcal: 111

1 kg Kohlrabi
2 EL Butter
100 ml Wasser
Salz
geriebene Muskatnuss
1 EL gehackte Petersilie

Zubereitungszeit: 35 Min.

1. Kohlrabi schälen, waschen und in Streifen schneiden.
2. Butter zerlassen, Kohlrabistreifen darin andünsten, Wasser, Salz und Muskatnuss hinzufügen, etwa 15 Minuten dünsten lassen.
3. Kohlrabi mit Salz und Muskatnuss abschmecken und mit Petersilie bestreut servieren.

Kohlrabi mit Estragon

■ Schnell

Pro Portion:
E: 3 g, F: 8 g, Kh: 7 g,
kJ: 488, kcal: 117

6 junge Kohlrabi (800 g)
Salz
40 g Butter
2 EL Schalottenwürfel
frisch gemahlener Pfeffer
1 EL Estragon, gehackt

Zubereitungszeit: 25 Min.

1. Kohlrabi schälen, waschen, in Stifte schneiden und in gesalzenem Wasser etwa 8 Minuten blanchieren, anschließend auf einem Sieb abtropfen lassen.
2. Butter in einer Pfanne erhitzen, Schalottenwürfel darin glasig dünsten, Kohlrabistifte dazugeben, durchschwenken, mit Salz, Pfeffer und Estragon würzen.

Kohlrabicremesuppe mit Lachsklößchen

■ Für Gäste

Pro Portion:
E: 18 g, F: 34 g, Kh: 10 g,
kJ: 2085, kcal: 499

Kohlrabi mit Estragon

750 g Kohlrabi, 2 EL Zwiebelwürfel
40 g Butter
750 ml ($^3/_4$ l) Gemüsefond oder -brühe
125 ml ($^1/_8$ l) Schlagsahne
Salz, Pfeffer
1 Becher (150 g) Crème fraîche

Kohlrabicremesuppe mit Lachsklößchen

Für die Klößchen:
200 g Lachsfilet
1 Ei, 2 EL Schlagsahne
Salz, Pfeffer
300 ml Fischfond
1 EL Kerbelspitzen

Zubereitungszeit: 1 Std.

1. Kohlrabi schälen, würfeln, mit den Zwiebelwürfeln in zerlassener Butter andünsten.
2. Mit Gemüsefond oder -brühe ablöschen und Kohlrabi in etwa 25 Minuten weich kochen.
3. Im Mixer pürieren, zurück in den Topf geben, mit Sahne aufkochen und würzen. Mit Crème fraîche verfeinern.
4. Für die Klößchen Lachsfilet mit Ei und Sahne pürieren, würzen, mit 2 Teelöffeln zu kleinen Klößchen formen und im heißen Fischfond etwa 5 Minuten garen.
5. Kohlrabicremesuppe in Tassen anrichten, je 2 Lachsklößchen hineingeben und mit Kerbelspitzen garnieren.

Kohlrouladen

■ **Klassisch**

Pro Portion:
E: 26 g, F: 41 g, Kh: 22 g,
kJ: 2490, kcal: 595

1 1/2 kg Weißkohl

Für die Füllung:
1 altbackenes Brötchen (Semmel)
1 mittelgroße Zwiebel
1 Ei
1 TL Senf
375 g Hackfleisch (halb Rind-, halb Schweinefleisch)
Salz
frisch gemahlener Pfeffer
50 g Butterschmalz
250 ml (1/4 l) Gemüsebrühe
20 g Weizenmehl
2 EL kaltes Wasser

Zubereitungszeit: 75 Min.

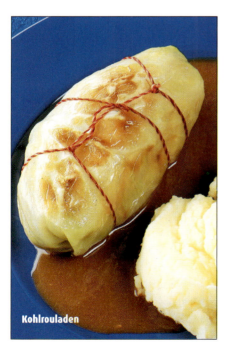
Kohlrouladen

1. Den Strunk aus dem Weißkohl herausschneiden, Kohl kurze Zeit in kochendes Salzwasser legen, bis sich die äußeren Blätter lösen. Diesen Vorgang wiederholen, bis etwa 12 große Blätter gelöst sind. Blätter abtropfen lassen und die dicken Rippen flach schneiden.
2. Für die Füllung Brötchen in kaltem Wasser einweichen und gut ausdrücken. Zwiebel abziehen, würfeln. Beide Zutaten mit Ei, Senf und Hackfleisch vermengen, mit Salz und Pfeffer abschmecken.
3. 2–3 große Kohlblätter übereinander legen, einen Teil der Füllung darauf geben, Blätter aufrollen, Rouladen mit einem Faden umwickeln oder mit Rouladennadeln zusammenhalten.
4. Butterschmalz erhitzen, die Rouladen von allen Seiten gut darin anbraten, Brühe hinzugießen, Rouladen etwa 50 Minuten schmoren lassen und ab und zu wenden.
5. Wenn die Rouladen gar sind, Fäden (Rouladennadeln) entfernen. Rouladen auf einer vorgewärmten Platte anrichten. Mehl mit Wasser anrühren, Sauce damit binden und mit Salz abschmecken.

Tipp:
Aus dem Herzstück des Kohls Gemüse zubereiten.

Kohlrouladen, vegetarisch

■ **Gut vorzubereiten**

Pro Portion:
E: 2 g, F: 18 g, Kh: 3 g,
kJ: 789, kcal: 189

Kohlrouladen, vegetarisch

1 Kopf Wirsing
6 EL Speiseöl
60 g Margarine
2 EL Möhrenwürfel
2 EL Zwiebelwürfel
Salz, Pfeffer
2 EL gehackter Liebstöckel
1 TL Kümmelpulver
200 ml Gemüsebrühe
2 EL rote Paprikawürfel
2 EL gelbe Paprikawürfel
20 g Butter

Zubereitungszeit: 1 1/2 Std.

1. Den Strunk vom Wirsing herausschneiden und den Kohlkopf in reichlich Wasser etwa 5 Minuten blanchieren, anschließend abtropfen lassen. Die äußeren 8 Blätter vom Wirsing abtrennen und zur Seite legen, das Herzstück in feine Streifen schneiden.
2. Von dem Fett 2 Esslöffel Öl und 20 g Margarine erhitzen, Wirsingstreifen, Möhren- und Zwiebelwürfel darin andünsten, mit Salz, Pfeffer, Liebstöckel und Kümmel würzen.
3. Die 8 Wirsingblätter ausbreiten, mit dem angedünsteten Gemüse füllen, Rouladen daraus formen, festbinden, in Öl in einem Bräter rundherum anbraten. Das restliche Fett zugeben, mit

260

Gemüsebrühe angießen und auf dem Rost in den Backofen schieben.

Ober-/Unterhitze: etwa 180 °C (vorgeheizt)
Heißluft: etwa 160 °C (nicht vorgeheizt)
Gas: Stufe 2–3 (nicht vorgeheizt)
Garzeit: etwa 40 Minuten.

4. Paprikawürfel kurz in Butter andünsten, die Kohlrouladen damit garnieren.

Kohlsalat

Raffiniert

Pro Portion:
E: 4 g, F: 19 g, Kh: 12 g,
kJ: 1023, kcal: 244

500 g Weißkohl
Salz, Pfeffer, 1 Prise Zucker
2 EL Apfelessig
1 EL Sonnenblumenöl
150 g saure Sahne
2 EL geriebener Meerrettich
2 Äpfel, 2 EL Kürbiskerne

Zubereitungszeit: 30 Min.

1. Kohl putzen, äußere Blätter und Strunk entfernen, einige schöne Blätter zurücklassen. Kohl so fein wie möglich hobeln, 1 Minute blanchieren, abtropfen lassen.
2. Salz, Pfeffer, Zucker und Essig verrühren. Öl, saure Sahne und Meerrettich darunter rühren.
3. Äpfel waschen, Kerngehäuse entfernen, Äpfel würfeln, sofort in die Sauce geben, damit sie sich nicht verfärben. Alles mit dem Weißkohl vermengen und auf Weißkohlblättern anrichten.
4. Kürbiskerne ohne Fett in der Pfanne rösten und über den Salat streuen.

Königsberger Klopse

Königsberger Klopse

Klassisch

Pro Portion:
E: 31 g, F: 41 g, Kh: 15 g,
kJ: 2495, kcal: 596

Für die Klopse:
1 altbackenes Brötchen (Semmel)
1 mittelgroße Zwiebel
500 g Hackfleisch (halb Rind-, halb Schweinefleisch)
1 Eiweiß
1 Ei
2 gestr. TL Senf
Salz
frisch gemahlener Pfeffer
750 ml ($3/4$ l) kochende Fleischbrühe

Für die Sauce:
30 g Butter oder Margarine
35 g Weizenmehl
1 Eigelb
2 EL kalte Milch
1 EL abgetropfte Kapern
Speisewürze
Zitronensaft

Zubereitungszeit: 40 Min.

1. Für die Klopse Brötchen in kaltem Wasser einweichen und gut ausdrücken. Zwiebel abziehen und fein würfeln. Hackfleisch mit Brötchen, Zwiebel, Eiweiß, Ei und Senf vermengen, mit Salz und Pfeffer abschmecken.
2. Aus der Masse mit nassen Händen Klopse formen, in kochende Fleischbrühe geben, zum Kochen bringen, abschäumen und in etwa 15 Minuten gar ziehen lassen (Brühe muss sich leicht bewegen).
3. Brühe durch ein Sieb gießen und 500 ml ($1/2$ l) davon abmessen.
4. Für die Sauce Butter oder Margarine zerlassen, Mehl unter Rühren so lange darin erhitzen, bis es hellgelb ist, Fleischbrühe hinzugießen, mit einem Schneebesen durchschlagen, darauf achten, dass keine Klumpen entstehen. Sauce zum Kochen bringen und etwa 5 Minuten kochen lassen.
5. Eigelb mit Milch verschlagen und Sauce damit abziehen (nicht mehr kochen lassen). Kapern hinzufügen, mit Salz, Pfeffer, Speisewürze und Zitronensaft abschmecken. Klopse in die Sauce geben und 5 Minuten darin ziehen lassen.

Kopfsalat mit Erbsen

■ Preiswert

Pro Portion:
E: 5 g, F: 9 g, Kh: 14 g,
kJ: 663, kcal: 158

Kopfsalat mit Erbsen

100 g kleine Zwiebeln (Perlzwiebeln)
1 Kopfsalat
40 g Butter oder Margarine
300 g TK-Erbsen
1 EL Weizenmehl
200 ml Gemüsebrühe
Salz
Pfeffer
1 Knoblauchzehe

Zubereitungszeit: 40 Min.

1. Zwiebeln abziehen, in etwas Salzwasser etwa 2 Minuten blanchieren, auf ein Sieb geben und abtropfen lassen.
2. Salat putzen, waschen, abtropfen lassen und in Streifen schneiden.
3. Butter erhitzen, Zwiebeln darin andünsten, bis sie goldgelb sind. Erbsen dazugeben, andünsten, mit Mehl bestäuben und mit Brühe verrühren, 5–8 Minuten kochen lassen.
4. Salatstreifen dazugeben und mit Salz, Pfeffer würzen. Knoblauch abziehen, zerdrücken, hinzufügen und 2–3 Minuten ziehen lassen.

Kotelett oder Schnitzel, natur

■ Klassisch

Pro Portion:
E: 38 g, F: 41 g, Kh: 8 g,
kJ: 2444, kcal: 584

4 Schweinekoteletts oder -schnitzel (je 200 g)
Salz
frisch gemahlener Pfeffer
Paprika edelsüß
30 g Weizenmehl
50 g Butterschmalz

Zubereitungszeit: 25 Min.

1. Koteletts oder Schnitzel unter fließendem kalten Wasser abspülen, trockentupfen, leicht klopfen, mit den Gewürzen einreiben und mit Mehl bestäuben.
2. Butterschmalz erhitzen, Koteletts oder Schnitzel darin von jeder Seite etwa 8 Minuten braten.

Tipp:
Gemüseplatte und Petersilienkartoffeln dazureichen.

Koteletts mit Champignon-Zwiebeln

■ Für Gäste

Pro Portion:
E: 37 g, F: 52 g, Kh: 11 g,
kJ: 2951, kcal: 705

4 Lummerkoteletts (je 180 g)
Salz
frisch gemahlener Pfeffer
Paprika edelsüß
50 g Butterschmalz

Für die Champignon-Zwiebeln:
200 g Schalotten
200 g kleine Champignons
2 EL Weinbrand
1 Becher (150 g) Crème fraîche
1 EL gehackte Petersilie

Koteletts mit Champignon-Zwiebeln

MENUE

Hauptgericht:
Koteletts mit Champignon-Zwiebeln
(Seite 262)

Beilage:
Möhren-Kartoffel-Püree (Seite 311)

Dessert:
Apfelklöße (Seite 12)

262

Zubereitungszeit: 40 Min.

1. Koteletts kalt abspülen, trockentupfen leicht klopfen, mit Salz, Pfeffer und Paprika bestreuen.
2. Butterschmalz erhitzen, Koteletts von beiden Seiten darin etwa 15 Minuten braten, warm stellen.
3. Für die Champignon-Zwiebeln Schalotten abziehen, in wenig Salzwasser zum Kochen bringen, etwa 5 Minuten kochen und abtropfen lassen.
4. Champignons putzen, mit Küchenpapier abreiben, evtl. abspülen, mit Schalotten in das Bratfett geben, etwa 8 Minuten dünsten und mit Salz und Pfeffer würzen.
5. Weinbrand und Crème fraîche unterrühren, mit Salz, Pfeffer und Paprika abschmecken und erhitzen. Gemüse mit der Sauce über die Koteletts geben und mit Petersilie bestreut servieren.

Krabbenbutter

■ Schnell

Pro Portion:
E: 38 g, F: 167 g, Kh: 4 g,
kJ: 7374, kcal: 1762

200 g Krabben (ohne Schale)
200 g weiche Butter
Salz, Pfeffer
1 EL Cognac

Zubereitungszeit: 15 Min.

1. Krabben klein schneiden, mit Butter verrühren.
2. Mit Salz, Pfeffer und Cognac abschmecken.

Krabbenbutter

Tipp:
Als Vorspeise mit Baguette servieren.

Krabbenrührei auf Schwarzbrot

■ Schnell

Pro Portion:
E: 25 g, F: 31 g, Kh: 20 g,
kJ: 2044, kcal: 488

8 Eier
4 EL Schlagsahne
Salz
frisch gemahlener Pfeffer
1 TL Worcestersauce
6 EL Butter
300 g gepulte Krabben
4 Scheiben dunkles Bauernbrot
1–2 Bund Dill

Zubereitungszeit: 25 Min.

1. Eier und Sahne verquirlen und mit Salz, Pfeffer und Worcestersauce würzen.
2. Einen Esslöffel Butter in einer Pfanne zerlassen, $1/4$ der Eiersahne hineingießen und bei schwacher Hitze stocken lassen. Sobald die Masse zu stocken beginnt, $1/4$ der Krabben dazugeben und die Masse vom Pfannenboden losrühren. Auf diese Weise vier Rühreier zubereiten.
3. Brotscheiben mit der restlichen Butter bestreichen und Rühreier darauf geben. Dill abspülen, Blättchen von den Stängeln zupfen, fein hacken und über die Rühreier streuen.

Krabbenrührei auf Schwarzbrot

263

Krabbensuppe

■ Schnell

Pro Portion:
E: 14 g, F: 13 g, Kh: 7 g,
kJ: 881, kcal: 210

3 Schalotten
50 g Knollensellerie
1 Möhre
1/2 gelbe Paprikaschote
40 g Butter
1 EL Olivenöl
600 ml Fischfond oder -brühe
200 g Nordsee-Krabben (ohne Schale)
Salz
bunter, grober Pfeffer
20 g Krebssuppenpaste
einige Dillzweige, gezupft

Zubereitungszeit: 25 Min.

1. Schalotten abziehen und in Würfel schneiden. Sellerie, Möhre und Paprika putzen, waschen und würfeln.
2. Gemüsewürfel in Butter und Öl anschwitzen, mit Fischfond auffüllen und 10 Minuten kochen lassen, Krabben hinzufügen.
3. Mit Salz und grobem Pfeffer würzen, mit der Krebssuppenpaste binden und mit Dillzweigen garnieren.

Krabbensuppe

Krabbentoast

Krabbentoast

■ Schnell – für Gäste

Pro Portion:
E: 23 g, F: 20 g, Kh: 16 g,
kJ: 1497, kcal: 357

2 Frühlingszwiebeln
300 g Krabben (ohne Schale)
40 g Butter
Salz
frisch gemahlener Pfeffer
4 Scheiben Toastbrot
20 g Butter
4 Wachteleier
1 Bund Schnittlauch
4 kleine Tomaten
Salatblätter

Zubereitungszeit: 20 Min.

1. Frühlingszwiebeln putzen, waschen, in feine Ringe schneiden.
2. Krabben und Zwiebelringe in Butter andünsten, mit Salz und Pfeffer würzen und auf den gebutterten Toastscheiben verteilen.
3. In dem verbliebenen Fett von den Wachteleiern Spiegeleier braten und auf jeden Toast jeweils eins setzen.
4. Schnittlauch abspülen, trockentupfen und klein schneiden. Tomaten waschen und halbieren.
5. Toasts mit Salatblättern, Tomaten und Schnittlauch garnieren.

Kräuterbutter

■ Gut vorzubereiten

Pro Portion:
E: 1 g, F: 26 g, Kh: 1 g,
kJ: 1023, kcal: 245

125 g Butter
1 TL fein gewürfelte Zwiebel
1 abgezogene, zerdrückte Knoblauchzehe
1 TL Zitronensaft
2 TL fein gehackte Petersilie
1 TL fein gehackte Estragonblättchen
Weißwein
Worcestersauce
Salz

Zubereitungszeit: 20 Min., ohne Kühlzeit

1. Butter geschmeidig rühren, mit Zwiebel, Knoblauch und Zitronensaft verrühren, Petersilie und Estragonblättchen unterrühren, mit Weißwein, Worcestersauce und Salz würzen.
2. Die Butter in die Mitte eines Stück Pergamentpapiers legen, eine Hälfte des Papiers überschlagen, das untere Papier festhalten, mit einem Messer das obere Papier der Länge nach gegen die Butter streichen und drücken, bis eine Rolle entstanden ist, kalt stellen.
3. Die hart gewordene Butterrolle aus dem Papier lösen und mit einem in heißes Wasser getauchten Messer in bleistiftdicke Scheiben schneiden.

Tipp:
Kräuterbutter zu allen Grillgerichten, Käsebroten oder Weinbergschnecken reichen.

Kräuterbutter

Kräuterdressing

■ Schnell

Pro Portion:
E: 2 g, F: 11 g, Kh: 5 g,
kJ: 552, kcal: 132

1 Becher (150 g) Crème fraîche
3 EL Tomatenketchup
Salz, Pfeffer
1 Prise Zucker
Paprika edelsüß
2 EL gemischte, gehackte Kräuter, z. B. Dill, Petersilie, Kerbel

Zubereitungszeit: 10 Min.

1. Crème fraîche mit Tomatenketchup verrühren, mit Salz, Pfeffer, Zucker und Paprika würzen und Kräuter unterrühren.

Tipp:
Kräuterdressing zu Kopf-, Chicorée- und Gemüsesalaten, zu Salatgurken oder als Dip zu Fleischfondue reichen.

MENUE
Vorspeise:
Krabbentoast (Seite 264)
Hauptgericht:
Fischfrikassee (Seite 124)
Dessert:
Kaffeecreme (Seite 235)

Kräuterfrischkäse im Kressebett

■ Für Kinder

Pro Portion:
E: 6 g, F: 32 g, Kh: 3 g,
kJ: 1410, kcal: 337

75 g Butter
200 g Doppelrahm-Frischkäse
1 EL Crème fraîche
etwas abgeriebene Zitronenschale (unbehandelt)

1 kleine Knoblauchzehe
1 TL Thymianblättchen
1 EL gehackte Petersilie
1 EL Schnittlauchröllchen
1 EL gehackte Borretschblätter
1 EL gehackte Zitronenmelisseblättchen
Salz
frisch gemahlener Pfeffer
1–2 Kästchen Kresse
1 Radieschen, in Scheiben

Zubereitungszeit: 30 Min., ohne Kühlzeit

1. Butter zerlassen, etwas abkühlen lassen, mit Frischkäse, Crème fraîche und Zitronenschale geschmeidig rühren.
2. Knoblauch abziehen, durchpressen, mit den Kräutern unter die Käsecreme rühren, mit Salz und Pfeffer würzen. Käse in eine kleine Schüssel geben, 4–5 Stunden kalt stellen.
3. Kresse abspülen, trockentupfen und abschneiden, einen Teller damit auslegen. Käse mit einem Esslöffel in Nocken abstechen, auf das Kressebett geben, mit Radieschenscheiben garnieren.

Kräuterfrischkäse im Kressebett

Kräuterquark

■ Schnell

Pro Portion:
E: 7 g, F: 6 g, Kh: 5 g,
kJ: 433, kcal: 103

1–2 Zwiebeln
200 g Speisequark
1–2 EL Milch
2–3 schwach geh. EL Crème fraîche
Salz
frisch gemahlener,
weißer Pfeffer
3–4 EL gehackte Kräuter, z. B.
Schnittlauch, glatte Petersilie, Dill,
Kerbel
gewaschene Salatblätter

Zubereitungszeit: 10 Min.

1. Zwiebeln abziehen, fein reiben, mit Quark, Milch und Crème fraîche verrühren, mit Salz und Pfeffer würzen und Kräuter unterrühren.
2. Kräuterquark nach Belieben auf Salatblättern anrichten.

Beilage:
Radieschen, roher Staudensellerie oder rohe Paprikaschoten, Pellkartoffeln oder gebackene Folienkartoffeln.

MENUE

Vorspeise:
Brunnenkressesalat (Seite 63)

Hauptgericht:
Krebse, klassisch (Seite 267)

Dessert:
Crème au Caramel (Seite 86)

Kräuter-Sahne-Sauce

■ Schnell

Pro Portion:
E: 6 g, F: 10 g, Kh: 4 g,
kJ: 563, kcal: 135

250 g saure Sahne
1 EL Zitronensaft
2 hart gekochte Eier
3 EL gehackte Kräuter, z. B. Petersilie,
Schnittlauch, Dill
1 Prise Zucker, Salz

Zubereitungszeit: 15 Min.

1. Saure Sahne mit Zitronensaft verschlagen.
2. Eier pellen und fein hacken, zusammen mit den Kräutern unterrühren. Mit Zucker und Salz abschmecken.

Tipp:
Schmeckt besonders gut zu gekochtem Rindfleisch.

Krautfleckerl

■ Preiswert

Pro Portion:
E: 3 g, F: 10 g, Kh: 9 g,
kJ: 607, kcal: 145

400 g Weißkohl
200 g Spätzle
200 ml Gemüsebrühe
Salz, Pfeffer
geriebene Muskatnuss
1 Zwiebel
40 g Margarine oder Speiseöl
2 EL gehackte Petersilie

Kräuter-Sahne-Sauce

Zubereitungszeit: 50 Min.

1. Kohl halbieren, Strunk entfernen, Kohl in Streifen schneiden und unter fließendem kalten Wasser abspülen.
2. Spätzle in reichlich Salzwasser nach Packungsanleitung gar kochen, auf einem Sieb abtropfen lassen und warm halten.
3. In der Zwischenzeit Brühe erhitzen, mit Salz, Pfeffer und Muskat würzen. Kohlstreifen hineingeben und etwa 20 Minuten darin kochen lassen.
4. Zwiebel abziehen und würfeln. Margarine oder Öl erhitzen, Zwiebelwürfel und Spätzle darin leicht Farbe nehmen lassen und zu dem Kohl geben.
5. Nochmals abschmecken und mit Petersilie bestreut servieren.

Krautfleckerl

Krautsalat, bayerisch

■ Klassisch

Pro Portion:
E: 5 g, F: 37 g, Kh: 5 g,
kJ: 1614, kcal: 386

500 g Weißkohl
2 schwach geh. TL Salz
4 EL Speiseöl
150 g durchwachsener Speck
1 Zwiebel
2 EL Essig
Salz
1 Prise Zucker
frisch gemahlener Pfeffer

Zubereitungszeit: 1 3/4 Std.,
ohne Durchziehen

1. Vom Weißkohl die groben äußeren Blätter entfernen. Den Kohl in Viertel schneiden und den Strunk herausschneiden. Den Kohl waschen und fein schneiden, mit dem Salz gut verkneten, 1 Stunde stehen lassen, dann die entstandene Flüssigkeit abgießen.
2. In einer Pfanne 1 Esslöffel Speiseöl erhitzen, den in Würfel geschnittenen Speck darin andünsten und mit dem Kohl vermengen.
3. Für die Salatsauce Zwiebel abziehen, fein würfeln, mit dem restlichen Öl und Essig verrühren, mit Salz, Zucker und Pfeffer würzen. Den Weißkohl mit der Sauce vermengen und den Salat gut durchziehen lassen.

Tipp:
Krautsalat zu Semmeln (Brötchen), Brezeln und Bier servieren.

Krebscocktail

■ Für Gäste

Pro Portion:
E: 11 g, F: 16 g, Kh: 4 g,
kJ: 869, kcal: 208

1 Bund grüner, dünner Spargel
100 g Staudensellerie in Scheiben
250 g Krebsfleisch
6 EL Tomatenwürfel
1 EL Kerbel, gezupft
2 EL Himbeeressig
5 EL Speiseöl
Salz, Pfeffer
Salatblätter
2 EL Schnittlauchröllchen

Zubereitungszeit: 35 Min.

1. Den unteren Teil des Spargels evtl. dünn schälen, die unteren Enden abschneiden, Spargel waschen und in mundgerechte Stücke schneiden. Zusammen mit Selleriescheiben 1 Minute blanchieren, danach unter fließendem kalten Wasser abschrecken.
2. Mit Krebsfleisch und Tomatenwürfeln mischen.

Krebscocktail

3. Den Cocktail mit Kerbelblättchen, Essig, Öl, Salz und Pfeffer würzen und 20 Minuten ziehen lassen.
4. Cocktail mit Salatblättern in Cocktailgläsern anrichten und mit Schnittlauchröllchen bestreut servieren.

Krebse, klassisch

■ Etwas teurer

Pro Portion:
E: 17 g, F: 3 g, Kh: 2 g,
kJ: 454, kcal: 108

24 Krebse, 5 l Wasser
Salz, Pfeffer
1/2 TL Kümmelsamen
Butter, gehackte Petersilie

Zubereitungszeit: 25 Min.

1. Krebse gründlich in kaltem Wasser bürsten. Wasser mit Salz, Pfeffer und Kümmel zum Kochen bringen. Damit die Krebse möglichst schnell getötet werden, sie mit dem Kopf zuerst einen nach dem anderen in das stark kochende Wasser werfen und wieder zum Kochen bringen. Die Krebse noch etwa 5 Minuten ziehen lassen.
2. Die Krebse mit Kochbrühe, Butter und Petersilie servieren.

Tipp:
Beim Einkauf der Krebse darauf achten, dass die Tiere noch leben. Der gute Tafelkrebs muss beim Kochen gleichmäßig rot werden, minderwertige Sorten färben sich ungleichmäßig, meist nur undeutlich an der Oberfläche. Der Schwanz des frischen Krebses rollt sich beim Kochen nach innen, ein gestreckter Schwanz deutet auf ein gestorbenes Tier hin.

Krustenbraten

Krustenbraten
6 Portionen

■ **Dauert länger**

Pro Portion:
E: 43 g, F: 22 g, Kh: 8 g,
kJ: 1842, kcal: 439

1¼ kg Schweinekeule, mit Schwarte
Salz, frisch gemahlener Pfeffer
1 TL Kümmelpulver
6 Nelken
2 Zwiebeln, 2 Tomaten
1 Bund Suppengemüse
250 ml (¼ l) Wasser
8 EL Bier
20 g Weizenmehl

Zubereitungszeit: 2 Std.

1. Fleisch kalt abspülen, trockentupfen und die Schwarte rautenförmig etwa 1 cm tief einschneiden. Fleisch mit Salz, Pfeffer und Kümmel bestreuen. Nelken in die Kreuzungspunkte der Einschnitte stecken.
2. Fleisch in einen Bräter legen und auf dem Rost in den Backofen schieben.

Ober-/Unterhitze: etwa 200 °C (vorgeheizt)
Heißluft: etwa 180 °C (nicht vorgeheizt)
Gas: Stufe 3–4 (nicht vorgeheizt)
Bratzeit: etwa 90 Minuten.

3. In der Zwischenzeit Zwiebeln abziehen und vierteln, Tomaten waschen, die Stängelansätze herausschneiden und halbieren. Suppengemüse putzen, waschen und in Stücke schneiden. Alles nach etwa 30 Minuten Bratzeit zum Fleisch geben, kurz anbraten lassen und das Wasser hinzufügen.
4. Zehn Minuten vor Beendigung der Garzeit Fleisch mit Bier bestreichen und fertig garen lassen.
5. Fleisch herausnehmen, abgedeckt etwas ruhen lassen. Bratensatz durch ein Sieb geben, zum Kochen bringen. Mehl mit etwas Wasser anrühren und hinzufügen. Sauce etwa 5 Minuten kochen lassen, abschmecken.
6. Fleisch in Scheiben schneiden und mit der Sauce servieren.

Tipp:
Rotkohl und Kartoffelknödel dazureichen.

Kürbiseintopf

■ **Raffiniert**

Pro Portion:
E: 32 g, F: 24 g, Kh: 16 g,
kJ: 1822, kcal: 434

500 g Rindfleisch
1 Bund Suppengrün
1¼ l Salzwasser
1 kg Kürbis
3 Zwiebeln
3 EL Speiseöl
500 g Tomaten
2 EL gehackte Basilikumblättchen
Salz
frisch gemahlener Pfeffer
Essig

Zubereitungszeit: 1¾ Std.

Kürbiseintopf

1. Rindfleisch unter fließendem kalten Wasser abspülen. Suppengrün putzen, waschen, mit dem Rindfleisch in Salzwasser geben, zum Kochen bringen und abschäumen. Etwa 1 Stunde kochen lassen, das Fleisch herausnehmen, in Würfel schneiden, die Brühe durch ein Sieb gießen und 1 l davon abmessen.

2. Kürbis schälen, die Kerne mit einem Löffel auskratzen und das Kürbisfleisch in kleine Würfel schneiden. Zwiebeln abziehen und in Scheiben schneiden. Speiseöl erhitzen, die Zwiebelscheiben darin andünsten, die Kürbiswürfel hinzufügen und etwa 5 Minuten mitdünsten lassen.
3. Tomaten kurze Zeit in kochendes Wasser geben (nicht kochen lassen), mit kaltem Wasser abschrecken, die Stängelansätze entfernen, enthäuten, halbieren, das Tomatenfleisch mit der abgemessenen Brühe, den Rindfleischwürfeln und Basilikumblättchen zu dem Kürbisgemüse geben. Etwa 5 Minuten kochen lassen, mit Salz und Pfeffer würzen und nach Belieben mit Essig abschmecken.

Beilage:
Bauernbrot.

Kürbiscremesuppe mit Radicchio

■ Vegetarisch

Pro Portion:
E: 4 g, F: 12 g, Kh: 13 g,
kJ: 757, kcal: 179

900 g Kürbis
2 Schalotten
2 EL Walnussöl
1 l Gemüsebrühe
1/2 EL Meersalz
1/2 TL gemahlener, weißer Pfeffer
1/2 TL Paprika edelsüß
abgeriebene Schale von 1/2 Zitrone (unbehandelt)
1 Lorbeerblatt
4 EL Crème fraîche
150 g Radicchio

Kürbiscremesuppe mit Radicchio

Zubereitungszeit: 60 Min.

1. Kürbis schälen, Kerne und Fasern entfernen, das Fruchtfleisch in kleine Würfel schneiden.
2. Schalotten abziehen, fein würfeln, in Öl dünsten, Kürbiswürfel zufügen, mit Brühe aufgießen, mit Salz, Pfeffer, Paprika, Zitronenschale und Lorbeerblatt würzen. Etwa 35 Minuten gar kochen lassen, Lorbeerblatt nach der Garzeit entfernen.
3. Die Suppe pürieren, Crème fraîche unterheben, erhitzen und nochmals abschmecken.
4. Radicchio putzen, waschen, in sehr feine Streifen schneiden und in die Suppe streuen.

Kürbissalat mit saurer Sahne und Dill

■ Raffiniert

Pro Portion:
E: 5 g, F: 5 g, Kh: 10 g,
kJ: 447, kcal: 106

2 EL saure Sahne
1 EL Senf
2 Eigelb
1 TL Salz
1 gestr. TL frisch gemahlener, weißer Pfeffer
Saft von 1 großen Zitrone
2 Bund Dill
800 g Kürbis
100 g Tomaten, in Scheiben

Zubereitungszeit: 45 Min.

1. Saure Sahne in eine Rührschüssel geben, mit Senf und Eigelb vermischen, glatt rühren.
2. Mit Salz, Pfeffer, Zitronensaft und abgespültem, fein gehacktem Dill abschmecken (etwas zum Garnieren zurücklassen). Sauce bis zur weiteren Verwendung im Kühlschrank aufbewahren.
3. Kürbis schälen, längs halbieren und Kerne und Fasern entfernen, aus dem Kürbis mit dem Hobel möglichst lange Streifen hobeln, salzen und 20–25 Minuten ziehen lassen.
4. Gut ausdrücken und mit der Sauce vermengen. Mit Tomatenscheiben garnieren und mit Dill bestreut servieren.

MENUE

Vorspeise:
Kürbiscremesuppe mit Radicchio
(Seite 269)

Hauptgericht:
Lachs in Senfsahne
(Seite 270)

Dessert:
Mokka-Parfait
(Seite 312)

Labskaus

■ **Klassisch**

Pro Portion:
E: 40 g, F: 35 g, Kh: 41 g,
kJ: 2810, kcal: 670

600 g gepökeltes Rindfleisch
(ohne Knochen)
500 ml (½ l) kochendes Wasser
5 große Zwiebeln
75 g Margarine
1 kg gekochte Kartoffeln
6 EL Flüssigkeit von eingelegten
Essiggurken
375 ml (⅜ l) Rindfleischbrühe
Salz
geriebene Muskatnuss

Zubereitungszeit: 2 Std.

1. Rindfleisch in kochendes Wasser geben, zum Kochen bringen, etwa 1,5 Stunden gar kochen lassen. Von der Brühe 375 ml (⅜ l) abmessen.
2. Zwiebeln abziehen. Fleisch und Zwiebeln grob zerkleinern, durch den Fleischwolf drehen. Margarine zerlassen und die Fleisch-Zwiebel-Masse unter Rühren 5 Minuten darin erhitzen.
3. Kartoffeln noch heiß durch eine Kartoffelpresse geben, mit der Flüssigkeit von Essiggurken und Rindfleischbrühe unter die Fleischmasse rühren, unter Rühren durchkochen lassen.
4. Das Gericht mit Salz und Muskatnuss abschmecken.

Beilage:
Spiegeleier, Essiggurken oder Rote Bete.

Tipp:
Statt des Pökelfleisches kann man auch durchgedrehtes Corned beef verwenden.

Labskaus

Lachs in Senfsahne

■ **Schnell**

Pro Portion:
E: 42 g, F: 48 g, Kh: 3 g,
kJ: 2734, kcal: 654

4 Scheiben Lachs (je 200 g)
2 EL Zitronensaft
Salz
frisch gemahlener Pfeffer
2 EL Butter
4 Estragonzweige

Für die Sauce:
200 ml Schlagsahne
4 EL Estragonsenf
1 TL gehackte Estragonblättchen

Zubereitungszeit: 35 Min.

1. Lachs unter fließendem kalten Wasser abspülen, trockentupfen, mit Zitronensaft beträufeln, mit Salz und Pfeffer würzen.
2. Vier Stück Alufolie mit Butter bestreichen, je eine Lachsscheibe darauf legen und je einen Estragonzweig darüber legen. Die Folien locker aber dicht verschließen und auf einem Blech in den Backofen schieben.
   Ober-/Unterhitze: etwa 220 °C (vorgeheizt)
   Heißluft: etwa 200 °C (vorgeheizt)
   Gas: Stufe 4–5 (vorgeheizt)
   Garzeit: etwa 20 Minuten.
3. Für die Sauce Sahne zum Kochen bringen, sämig einkochen lassen, Estragonsenf und Estragonblättchen unter die Sauce ziehen, mit Salz abschmecken. Lachs aus der Folie nehmen und mit der Sauce servieren.

Lachs in Senfsahne

Lachs, mariniert

Lachs, mariniert

■ Gut vorzubereiten

Pro Portion:
E: 43 g, F: 29 g, Kh: 10 g,
kJ: 2126, kcal: 508

2 kleine Seiten Lachs (je 400 g)
4 Bund Dill
500 g grobes Salz
2 EL Senfkörner
1 TL gestoßene Pfefferkörner
200 g kleine Möhrenwürfel
200 g Frühlingszwiebeln, in Ringe geschnitten
1 Lorbeerblatt
3 Nelken
5 Wacholderbeeren

**Zubereitungszeit: 30 Min.,
ohne Marinierzeit**

1. Lachsseiten unter fließendem kalten Wasser abspülen, trockentupfen, mit einer Pinzette oder einer kleinen Zange von den Gräten befreien.
2. Dill waschen, trockentupfen und grob hacken.
3. Ein Backblech oder ein Tablett mit einer Schicht grobem Salz versehen, den entgräteten Lachs mit der Hautseite darauf legen, Dill und restliche Zutaten im Mörser zerstoßen, mischen und die Fleischseiten der Fische damit bedecken.
4. Den Belag andrücken, etwas Salz darauf streuen, mit Klarsichtfolie komplett verpacken und im Kühlschrank etwa 48 Stunden marinieren lassen.

Tipp:
Zu dem Lachs, der in hauchdünne Scheiben geschnitten wird, reicht man eine Sauce, bestehend aus 1 Esslöffel süßen Senf, 4 Esslöffeln Mayonnaise, 1 Esslöffel Bienenhonig, etwas Sherry, abgeschmeckt mit Salz und Pfeffer.

MENUE

Vorspeise:
Gazpacho (Seite 150)

Hauptgericht:
Lamm-Gemüse-Spieße (Seite 271)

Dessert:
Grießflammeri mit marinierten Beeren (Seite 171)

Lamm-Gemüse-Spieße

■ Für Gäste

Pro Portion:
E: 34 g, F: 83 g, Kh: 39 g,
kJ: 4565, kcal: 1090

500 g Lammfleisch (ohne Knochen, aus der Keule)
1 rote Paprikaschote
1 grüne Paprikaschote
1 Gemüsezwiebel
1 Maiskolben
1 Zucchini
8 Scheiben durchwachsener Speck
Paprika edelsüß
etwa 125 ml ($1/8$ l) **Sonnenblumenöl**
Salz
frisch gemahlener Pfeffer

**Zubereitungszeit: 45 Min.,
ohne Ziehzeit**

1. Lammfleisch kalt abspülen, trockentupfen und in mundgerechte Stücke schneiden.
2. Paprikaschoten putzen, waschen und in grobe Stücke schneiden.
3. Gemüsezwiebel schälen, achteln und in Stücke zerteilen. Maiskolben waschen und in Scheiben schneiden. Zucchini waschen, die Enden abschneiden, die Zucchini in Scheiben schneiden.
4. Fleisch-, Gemüsestücke und Speck abwechselnd auf vier Grillspieße stecken und mit Paprika bestäuben.
Die Spieße in eine Schüssel legen, mit Sonnenblumenöl begießen und 1–2 Stunden im Kühlschrank ziehen lassen.
5. Die Spieße danach abtropfen lassen und bei mittlerer Hitze etwa 20 Minuten braten. Vor dem Servieren mit Salz und Pfeffer bestreuen.

271

Lammfleischgulasch

■ Gut vorzubereiten

Pro Portion:
E: 53 g, F: 53 g, Kh: 6 g,
kJ: 3242, kcal: 775

1 kg Lammschulter
5 EL Olivenöl
4 mittelgroße Zwiebeln
1 EL abgeriebene Zitronenschale
(unbehandelt)
Salz
4 abgezogene Knoblauchzehen
1 Nelke, 1 Lorbeerblatt
1 TL Pfefferminze
50 ml Weinessig
750 ml (³/₄ l) Fleischbrühe
frisch gemahlener Pfeffer
1 TL Paprika edelsüß
1 Bund Schnittlauch

Zubereitungszeit: 1,5 Std.

1. Die küchenfertige Lammschulter unter fließendem kalten Wasser abspülen, trockentupfen und in mundgerechte Würfel schneiden.
2. Öl in einem Topf erhitzen und das Fleisch darin rundherum anbraten. Zwiebeln abziehen, in Würfel schneiden, zum Fleisch geben und kurz mitdünsten. Zitronenschale und die mit Salz zerriebenen Knoblauchzehen zum Fleisch geben und ebenfalls kurz mitdünsten.
3. Nelke, Lorbeerblatt und Pfefferminze in einen Mörser geben und zerstoßen. Mit den Gewürzen das Fleisch bestreuen, mit Essig ablöschen und mit der Fleischbrühe auffüllen.
4. Das Gulasch mit Salz, Pfeffer und Paprika würzen. Das Gulasch bei mäßiger Hitze 60–70 Minuten köcheln lassen.
5. Vor dem Servieren nochmals abschmecken und mit Schnittlauchröllchen bestreuen.

Lammfrikadellen

■ Schnell

Pro Portion:
E: 29 g, F: 47 g, Kh: 5 g,
kJ: 2512, kcal: 601

350 g Lammhackfleisch
250 g Rinderhackfleisch
1 rote Zwiebel
2 Knoblauchzehen
1 EL Thymianblättchen
1 EL gehackte Pimpinelle
1 EL gehackter Borretsch
1 EL gehackte Petersilie
2 kleine Eier
3 EL Haferflocken
schwarzer Pfeffer, Salz
Olivenöl

Lammfrikadellen

Zubereitungszeit: 25 Min.

1. Lamm- und Rinderhackfleisch miteinander vermengen. Zwiebel und Knoblauchzehen abziehen und fein hacken.
2. Thymianblättchen, Pimpinelle, Borretsch und Petersilie mit Fleisch, Eiern und Haferflocken gut vermengen, mit Pfeffer und Salz würzen.
3. Aus der Fleischmasse mit nassen Händen acht Frikadellen formen, auf einer Seite mit Öl bestreichen.
4. Mit der bestrichenen Seite nach unten auf den heißen Grillrost oder auf geölte Folie legen, etwa 5 Minuten grillen, wenden und in weiteren 10 Minuten schön braun grillen.

Tipp:
Lammfrikadellen können im Sommer auch auf dem Holzkohlengrill zubereitet werden.

Lammgeschnetzeltes auf provenzalische Art

■ Für Gäste

Pro Portion:
E: 33 g, F: 57 g, Kh: 9 g,
kJ: 3085, kcal: 737

600 g Lammfleisch
(ohne Knochen, aus der Keule)
5 EL Speiseöl
1 EL Butter
Salz
frisch gemahlener Pfeffer
Kräuter der Provence
1 Paprikaschote
250 g Champignons
2 Zwiebeln
2 Knoblauchzehen
125 ml (¹/₈ l) Rotwein

Lammgeschnetzeltes auf provenzalische Art

300 g Crème fraîche
250 g enthäutete Tomaten
2 EL Pilz-Soja-Sauce

Zubereitungszeit: 50 Min.

1. Lammfleisch von Fett befreien, unter fließendem kalten Wasser abspülen, trockentupfen und in dünne Scheiben schneiden. 3 Esslöffel Öl mit der Butter erhitzen, das Fleisch portionsweise hineingeben und unter Wenden etwa 10 Minuten braten.
2. Das Fleisch aus der Pfanne nehmen, mit Salz, Pfeffer, Kräutern der Provence würzen und beiseite stellen.
3. Paprikaschote halbieren, entstielen, entkernen, die weißen Scheidewände entfernen, die Schote waschen und in Streifen schneiden. Champignons putzen, mit Küchenpapier abreiben, evtl. abspülen und in Scheiben schneiden. Zwiebeln und Knoblauchzehen abziehen und würfeln.
4. Restliches Öl zu dem Bratfett geben, die Zwiebel- und die Knoblauchwürfel hinzufügen und darin andünsten. Paprikastreifen und Champignonscheiben hinzufügen, durchdünsten lassen, mit Salz, Pfeffer, Kräutern der Provence würzen. Rotwein hinzugießen, in der geschlossenen Pfanne 3–4 Minuten dünsten lassen, Crème fraîche unterrühren und miterhitzen.
5. Von den Tomaten Stängelansätze entfernen, Tomaten in Würfel schneiden, mit dem Fleisch zu dem Gemüse geben und miterhitzen. Das Lammgeschnetzelte mit Salz, Pfeffer, Kräutern der Provence und Pilz-Soja-Sauce abschmecken.

Beilage: Reis, Salat.

Lammhaxe „Mittelmeerart"

■ Gut vorzubereiten

Pro Portion:
E: 30 g, F: 35 g, Kh: 2 g,
kJ: 2054, kcal: 491

4 Lammhaxen in Scheiben (je 150 g)
Salz, frisch gemahlener Pfeffer
2 abgezogene, zerdrückte
Knoblauchzehen, 4 EL Olivenöl
100 ml Rotwein,
200 ml Lammfond oder -brühe
1 EL Kräuter der Provence
4 EL Tomatenwürfel
20 Oliven grün und schwarz

Zubereitungszeit: 45 Min.

1. Lammhaxenscheiben unter fließendem kalten Wasser abspülen, trockentupfen, mit Salz, Pfeffer und Knoblauch würzen und in heißem Öl scharf anbraten. Mit Wein und Lammfond ablöschen und auf dem Rost in den Backofen schieben.
Ober-/Unterhitze: etwa 200 °C
(vorgeheizt)
Heißluft: etwa 180 °C
(nicht vorgeheizt)
Gas: Stufe 3–4 (nicht vorgeheizt)
Schmorzeit: etwa 40 Minuten.
2. Nach 25 Minuten Garzeit Kräuter der Provence, Tomatenwürfel und Oliven hinzufügen und fertig garen.
3. Das Fleisch anrichten, den Fond gegebenenfalls nachwürzen und über das Fleisch gießen.

Beilage:
Bratkartoffeln oder Baguette.

Lammhaxe „Mittelmeerart"

Lammkeule

■ Klassisch

Pro Portion:
E: 53 g, F: 50 g, Kh: 3 g,
kJ: 3121, kcal: 745

1 Lammkeule (1½ kg)
Salz
frisch gemahlener Pfeffer
4 EL Speiseöl
1 Knoblauchzehe
Kräuter der Provence
2 mittelgroße Zwiebeln
3 Tomaten
250 ml (¼ l) Flüssigkeit
(halb Rotwein, halb Brühe)

Lammkeule

Zubereitungszeit: 2 Std.

1. Lammkeule unter fließendem kalten Wasser abspülen, trockentupfen, mit Salz und Pfeffer einreiben. Öl erhitzen und die Keule von allen Seiten gut darin anbraten.
2. Knoblauchzehe abziehen, durch die Knoblauchpresse drücken, die Keule mit dem Knoblauchmus bestreichen, mit Kräutern der Provence bestreuen und die Keule aus dem Topf nehmen.
3. Zwiebeln abziehen und vierteln. Tomaten waschen, vierteln und die Stängelansätze herausschneiden. Beide Zutaten in das Bratfett geben und gut anbraten. Keule und Flüssigkeit dazugeben. Den Topf auf dem Rost in den Backofen schieben.
Ober-/Unterhitze: etwa 200 °C (vorgeheizt)
Heißluft: etwa 180 °C (nicht vorgeheizt)
Gas: Stufe 3–4 (nicht vorgeheizt)
Bratzeit: etwa 1½ Stunden.
4. Das gare Fleisch vor dem Schneiden 10 Minuten ruhen lassen, damit sich der Fleischsaft setzt. Das Fleisch in Scheiben schneiden und auf einer vorgewärmten Platte anrichten. Den Bratensatz mit dem Gemüse durch ein Sieb passieren, evtl. mit Salz und Pfeffer abschmecken und zu dem Fleisch reichen.

Tipp:
Eine besonders einfache Garmethode: Das gut angebratene Fleisch im Backofen (Ober-/Unterhitze: 80 °C, vorgeheizt; Heißluft: 70 °C, vorgeheizt) in etwa 4 Stunden garen. Die Temperaturangabe muss bei dieser Garmethode genau eingehalten werden, dafür evtl. ein Fleischthermometer benutzen.

MENUE

Vorspeise:
Griechischer Salat mit Schafskäse (Seite 170)

Hauptgericht:
Lammkoteletts (Seite 274)

Dessert:
Joghurtcreme „Weiße Dame" (Seite 230)

Lammkoteletts

■ Schnell

Lammkoteletts

Pro Portion:
E: 26 g, F: 67 g, Kh: 1 g,
kJ: 3290, kcal: 786

8 Lammkoteletts (je 90 g)

Für die Marinade:
2 Knoblauchzehen
Saft von 1–2 Zitronen
6 EL Speiseöl
fein gehackte Kräuter, z. B. Dill, Kerbel, Thymian, Majoran

Zubereitungszeit: 35 Min.

1. Lammkoteletts unter fließendem kalten Wasser abspülen, trockentupfen.
2. Für die Marinade abgezogenen, zerdrückten Knoblauch, Zitronensaft, Öl und Kräuter verrühren. Die Koteletts in die Marinade legen und etwa 20 Minuten darin ziehen lassen.
3. Die Lammkoteletts etwa 8 Minuten in einer nicht beschichteten Pfanne braten.

Beilage:
Ratatouille, gemischter Salat, grüne Bohnen und Folienkartoffeln oder Baguette.

Lammkoteletts mit Minzebutter

■ Gut vorzubereiten

Pro Portion:
E: 22 g, F: 74 g, Kh: 2 g,
kJ: 3480, kcal: 832

Für die Minzebutter:
10 Minzeblättchen
80 g weiche Butter
1 EL Zitronensaft
$1/2$ TL Salz
2–3 Knoblauchzehen
4 EL kaltgepresstes Olivenöl
2–3 EL Zitronensaft
4 doppelte Lammkoteletts (je 150 g, etwa 4 cm dick)
Salz
frisch gemahlener Pfeffer

Zubereitungszeit: 75 Min., ohne Marinierzeit

1. Minzeblättchen abspülen, trockentupfen, fein hacken, mit Butter, Zitronensaft und Salz verrühren. Die Minzebutter kalt stellen.
2. Für die Marinade Knoblauchzehen abziehen, zerdrücken, mit Olivenöl und Zitronensaft verrühren.
3. Lammkoteletts mit Salz und Pfeffer einreiben, in die Marinade geben, etwa 1 Stunde darin ziehen lassen, ab und zu wenden.
4. Die Koteletts herausnehmen, trockentupfen, auf dem Holzkohlengrill von jeder Seite in etwa 5 Minuten braun grillen.
5. Je 1 Teelöffel der Minzebutter auf den Lammkoteletts anrichten.

Beilage:
Rosmarinkartoffeln.

Lammkrone

Lammkrone
6 Portionen

■ Für Gäste – raffiniert

Pro Portion:
E: 70 g, F: 52 g, Kh: 41 g,
kJ: 4111, kcal: 981

2 kg Lammkoteletts im Stück
2 Knoblauchzehen
Salz, frisch gemahlener Pfeffer
1 TL gemahlener Rosmarin
$1 1/2$ kg kleine Kartoffeln
40 g zerlassene Butter
500 ml ($1/2$ l) Fleischbrühe
2 gestr. EL Weizenmehl
2 EL kaltes Wasser

Zubereitungszeit: $2 1/4$ Std.

1. Lammkoteletts im Stück vom Schlachter am Rückgrat in Abständen von 3–4 cm etwa 3 cm tief einschneiden lassen, damit sich der Kotelettstrang rund biegen lässt.
2. Das Fleisch enthäuten, evtl. Fett entfernen, die Rippen am äußersten Rand von Fett und Fleisch befreien und die Knochen sauber schaben.
3. Entlang der jeweils letzten Rippe das Fleisch mit Hilfe einer Spicknadel und festem Küchengarn aneinander nähen, die Knochenseite des Rückens wird dabei unten und oben nach außen gebogen, so dass eine Krone entsteht.
4. Knoblauch abziehen, in Stifte schneiden und in das Fleisch drücken. Die Lammkrone mit Salz, Pfeffer und Rosmarin einreiben.
5. Die Mitte der Lammkrone mit zusammengedrückter Alufolie ausfüllen, damit die runde Form erhalten bleibt. Den Braten in eine mit kaltem Wasser ausgespülte Rostbratpfanne setzen und in den Backofen schieben.
Ober-/Unterhitze: etwa 200 °C (vorgeheizt)
Heißluft: etwa 180 °C (nicht vorgeheizt)
Gas: Stufe 3–4 (nicht vorgeheizt)
Garzeit: $1 1/2$ Stunden.
6. Kartoffeln schälen, waschen und nach 20 Minuten Bratzeit in die Rostbratpfanne um die Lammkrone legen. Kartoffeln mit Salz bestreuen und mit Butter begießen. Von der Brühe die Hälfte in die Rostbratpfanne gießen. Lammkrone und Kartoffeln weiterbraten lassen. Das Fleisch ab und zu mit dem Bratensatz begießen.
7. Die oberen Rippenenden evtl. mit Alufolie umwickeln, damit sie nicht zu stark bräunen. Nach und nach die restliche Fleischbrühe hinzugeben. Kartoffeln ab und zu wenden.
8. Die Alufolie entfernen, Lammkrone und Kartoffeln warm stellen.
9. Den Bratensatz mit wenig Wasser loskochen. Mehl mit kaltem Wasser anrühren, die Bratenflüssigkeit damit binden, Sauce mit Salz und Pfeffer abschmecken.

Beilage:
Grüne Bohnen.

Lammrücken mit Rosmarin

Lammrücken mit Rosmarin
6 Portionen

■ Für Gäste

Pro Portion:
E: 50 g, F: 41 g, Kh: 9 g,
kJ: 2752, kcal: 657

1½ kg Lammrücken
Salz, frisch gemahlener Pfeffer
3 Knoblauchzehen
3 Tomaten
2–3 mittelgroße Zwiebeln
3 EL Speiseöl
3 EL Rosmarinnadeln
heißes Wasser
2–3 EL gehackte Petersilie
1 EL gehackte Rosmarinnadeln
1 Ei
2–3 Scheiben Toastbrot

Zubereitungszeit: 2¼ Std.

1. Lammrücken von Fett und Haut befreien. Das Fleisch unter fließendem kalten Wasser abspülen, trockentupfen, mit Salz und Pfeffer bestreuen.
2. Knoblauch abziehen, durchpressen und das Fleisch damit bestreichen. Tomaten waschen und in Stücke schneiden. Zwiebeln abziehen und achteln.
3. Einen Bratentopf mit Öl ausfetten, die Hälfte der Rosmarinnadeln hineingeben, das Fleisch darauf legen, Tomaten- und Zwiebelstücke hinzufügen und mit den restlichen Rosmarinnadeln bestreuen. Den Bratentopf auf dem Rost in den Backofen schieben.

Ober-/Unterhitze: etwa 200 °C (vorgeheizt)
Heißluft: etwa 180 °C (nicht vorgeheizt)
Gas: Stufe 3–4 (nicht vorgeheizt)
Garzeit: etwa 1½ Std.

4. Sobald der Bratensatz bräunt, etwas heißes Wasser hinzugießen. Den Lammrücken ab und zu mit dem Bratensatz begießen. Verdampfte Flüssigkeit nach und nach ersetzen. Nach etwa 1¼ Stunden Bratzeit Petersilie mit Rosmarinnadeln und Ei verrühren, mit Salz und Pfeffer würzen und auf das Fleisch streichen.
5. Toastbrot in kleine Würfel schneiden, auf die Kräutermasse geben, etwas festdrücken und fertig garen.
6. Den garen Lammrücken vorsichtig vom Knochengerüst lösen, wieder darauf geben und auf einer Platte anrichten. Den Bratensatz mit dem Gemüse durch ein Sieb streichen, mit Salz und Pfeffer abschmecken und zu dem Fleisch reichen.

Langostinos-Salat mit Zuckerschoten

■ Für Gäste – schnell

Pro Portion:
E: 10 g, F: 15 g, Kh: 5 g,
kJ: 857, kcal: 205

10 Basilikumblätter
Salz
1 EL Sherryessig, Pfeffer
4 EL Olivenöl
1 kleiner Friséesalat
150 g Zuckerschoten
1 EL Butter
200 g Langostinofleisch

Zubereitungszeit: 20 Min.

Langostinos-Salat mit Zuckerschoten

1. Basilikumblätter abspülen, trockentupfen, mit ¼ Teelöffel Salz, Essig, Pfeffer und Öl pürieren.
2. Nur die zarten Blätter vom Friséesalat auswählen, waschen und trockenschleudern. Zuckerschoten waschen, die Enden entfernen, Schoten in einer Pfanne in heißer Butter etwa 2 Minuten dünsten.
3. Langostinofleisch zugeben, erwärmen, salzen, pfeffern und auf dem Salat anrichten. Die Sauce darüber träufeln.

Beilage:
Toast, Butter.

MENUE

Vorspeise:
Langostinos-Salat mit Zuckerschoten
(Seite 276)

Hauptgericht:
Seefisch auf dem Gemüsebett
(Seite 430)

Dessert:
Schweizer Reis (Seite 429)

Langusten, gegrillt

■ Schnell

Pro Portion:
E: 9 g, F: 19 g, Kh: 1 g,
kJ: 938, kcal: 224

4 kleine Langusten
Saft von 1 Zitrone
Salz
frisch gemahlener Pfeffer
75 ml Olivenöl

Zubereitungszeit: 20 Min.

1. Die 4 lebenden Langusten in kochendes Salzwasser werfen, zum Kochen bringen, etwa 5 Minuten ziehen lassen, bis die Schale rot ist. Auskühlen lassen, der Länge nach halbieren.
2. Zitronensaft, Salz und Pfeffer vermischen. Öl hinzufügen, zu einer einheitlichen Masse rühren. Langustenfleisch damit einpinseln und auf einen Holzkohlengrill legen, 3–6 Minuten grillen.
3. Immer wieder bestreichen.

Langusten-Cocktail

■ Raffiniert

Pro Portion:
E: 11 g, F: 30 g, Kh: 3 g,
kJ: 1459, kcal: 348

300 g Langustenschwänze
(aus der Dose)
2 EL Butter
1 Knoblauchzehe
½ Bund gehackter Dill
Salz

Für die Sauce:
1 Becher (150 g) Crème fraîche
1 TL trockener Sherry
1–2 Spritzer Worcestersauce
1 TL Zitronensaft
Salz
frisch gemahlener Pfeffer
1 Prise Zucker
4 gewaschene Salatblätter
gehackter Dill

Zubereitungszeit: 30 Min.

1. Langustenschwänze abtropfen lassen. Butter zerlassen, Knoblauch abziehen, zerdrücken, mit Dill in der Butter kurz andünsten, das Langustenfleisch hinzufügen, mit Salz würzen, durchdünsten, erkalten lassen.
2. Für die Sauce Crème fraîche mit Sherry, Worcestersauce und Zitronensaft verrühren, mit Salz, Pfeffer und Zucker abschmecken.
3. Salatblätter auf 4 Cocktailgläser verteilen, das Langustenfleisch in den Gläsern anrichten, die Sauce darüber gießen, mit Dill bestreut servieren.

Langusten-Cocktail

Lappenpickert

■ **Klassisch**

Insgesamt:
E: 24 g, F: 10 g, Kh: 104 g,
kJ: 2632, kcal: 628

1¹/₂ kg Kartoffeln
Salz
4 Eier
250 g Weizenmehl
125 ml (¹/₈ l) Milch
Speckschwarte

Zubereitungszeit: 50 Min.

1. Kartoffeln schälen, waschen, fein reiben und mit Salz, Eiern, Mehl und Milch verrühren. Der Teig muss dickflüssig sein.
2. Den Lappenpickert auf einer besonderen Eisenplatte, die mit einer Speckschwarte gefettet ist, backen. Den Teig so auf der Platte verteilen, dass entweder ein großes dünnes, zusammenhängendes Gebäck entsteht oder mehrere kleine Plätzchen.
3. Sobald der Pickert auf der unteren Seite gebräunt ist, ihn mit einem möglichst breiten Messer wenden. Auf der anderen Seite bräunen.
4. Den Pickert frisch oder aufgewärmt servieren.

Tipp:
Mit Butter, Rübenkraut oder Leberwurst servieren.

Lasagne mit Pilzen
6 Portionen

■ **Dauert länger**

Pro Portion:
E: 29 g, F: 29 g, Kh: 73 g,
kJ: 2967, kcal: 709

300 g gemischte Pilze, z. B. Champignons, Austernpilze
3 Knoblauchzehen
4 Zwiebeln
40 g Butter
Salz
frisch gemahlener Pfeffer
1¹/₂ kg enthäutete Fleischtomaten
5 EL Olivenöl
1 Dose (800 g) geschälte Tomaten
Oregano
500 g fertige Lasagnenudeln
25 kleine Salbeiblätter
200 g geriebener Parmesan
1–2 EL Olivenöl

Zubereitungszeit: 90 Min.

1. Pilze putzen, mit Küchenpapier abreiben, evtl. abspülen, in Stücke schneiden. Knoblauch und Zwiebeln abziehen, in feine Würfel schneiden.
2. Butter zerlassen, die Hälfte der Knoblauch- und Zwiebelwürfel darin andünsten. Pilze hinzufügen und unter Rühren andünsten, mit Salz und Pfeffer bestreuen, beiseite stellen.
3. Tomaten waschen, in Stücke schneiden, entkernen, ¹/₃ davon beiseite stellen. Öl erhitzen, die restlichen Knoblauch- und Zwiebelwürfel andünsten, ²/₃ der Tomatenstücke hinzufügen und dünsten.
4. Tomaten aus der Dose hinzufügen, mit Salz, Pfeffer und Oregano bestreuen und etwa 10 Minuten kochen lassen.
5. Eine große, eckige Auflaufform einfetten, Lasagnenudeln nebeneinander hineinlegen, erst 3 Esslöffel der Tomatenmasse darauf verteilen, dann ein paar Salbeiblättchen (einige Salbeiblätter sollen übrigbleiben), 3 Esslöffel Parmesan und 3 Esslöffel Pilze.
6. Die Zutaten auf die gleiche Weise weiterschichten. Die oberste Schicht sollte aus Käse bestehen. Öl darüber

Lasagne mit Pilzen

träufeln. Die Form auf dem Rost in den Backofen schieben.
Ober-/Unterhitze: etwa 200 °C (vorgeheizt)
Heißluft: etwa 180 °C (nicht vorgeheizt)
Gas: Stufe 3–4 (nicht vorgeheizt)
Garzeit: etwa 40 Minuten.
7. Zurückbehaltene Salbeiblätter in Streifen schneiden, die Lasagne damit bestreuen.

Lasagne, klassisch

■ Für Gäste

Pro Portion:
E: 40 g, F: 68 g, Kh: 61 g,
kJ: 4561, kcal: 1090

Für die Füllung:
4 EL Speiseöl
300 g Rinderhackfleisch
100 g Knollensellerie
2 Möhren
1 Zwiebel
5 Knoblauchzehen
150 ml Rotwein
Salz
frisch gemahlener Pfeffer
70 g Tomatenmark

Für die Béchamelsauce:
50 g Butter
50 g Weizenmehl
375 ml (³/₈ l) Fleischbrühe
250 ml (¹/₄ l) Schlagsahne
100 g geriebener Parmesan
geriebene Muskatnuss

250 g grüne Lasagnenudeln
Butterflöckchen

Zubereitungszeit: 70 Min.

1. Für die Füllung Öl erhitzen und Rinderhackfleisch darin unter Rühren anbraten. Sellerie und Möhren putzen, schälen, waschen und raspeln. Zwiebel und Knoblauchzehen abziehen.
2. Zwiebel würfeln, Knoblauchzehen zerdrücken oder durchpressen, mit dem Gemüse zu dem Rinderhackfleisch geben, mitdünsten lassen, Rotwein hinzugießen, mit Salz und Pfeffer würzen. Tomatenmark unterrühren und miterhitzen.
3. Für die Béchamelsauce Butter zerlassen und Mehl unter Rühren so lange darin erhitzen, bis das Mehl goldgelb ist. Brühe und Sahne hinzugießen und mit einem Schneebesen durchschlagen. Die Sauce zum Kochen bringen, etwa 5 Minuten kochen lassen, mit der Hälfte des Parmesans und Muskat abschmecken.
4. Eine dünne Schicht von der Füllung in eine gut gefettete Auflaufform geben, abwechselnd Sauce, Lasagnenudeln und Füllung einschichten, die oberste Schicht sollte aus Sauce bestehen, mit restlichem Parmesan bestreuen. Butterflöckchen darauf setzen und die Form auf dem Rost in den Backofen schieben.

Lasagne, klassisch

Ober-/Unterhitze: etwa 200 °C (vorgeheizt)
Heißluft: etwa 180 °C (vorgeheizt)
Gas: Stufe 3–4 (vorgeheizt)
Garzeit: 25–30 Minuten.

Lauch (Porree)

Lauch (Porree)

■ Klassisch

Pro Portion:
E: 4 g, F: 16 g, Kh: 5 g,
kJ: 788, kcal: 188

1 kg Lauch (Porree)
250 ml (¹/₄ l) Gemüsebrühe
75 g Butter
Salz, geriebene Muskatnuss
1 EL gehackte Petersilie

Zubereitungszeit: 25 Min.

1. Lauch putzen, die Stangen halbieren, waschen und in 6 cm lange Stücke schneiden. Brühe zum Kochen bringen, die Lauchstücke hineingeben, in 5–10 Minuten gar kochen, auf ein Sieb geben und abtropfen lassen.
2. Butter zerlassen, Lauch darin schwenken, mit Salz und Muskat würzen und mit gehackter Petersilie bestreuen.

279

Lauchkuchen

Lauchkuchen

■ Preiswert

Insgesamt:
E: 85 g, F: 201 g, Kh: 223 g,
kJ: 13355, kcal: 3189

250 g Weizenmehl
125 g kalte Butter
½ TL Salz
1 Prise Zucker

Für den Belag:
100 g durchwachsener Speck
1 kg Lauch (Porree)
Salz
frisch gemahlener Pfeffer
200 g Frühlingsquark
3 Eier

Zubereitungszeit: 80 Min.

1. Mehl in eine Rührschüssel sieben. Butter in Stücke schneiden, mit Salz und Zucker zu dem Mehl geben, alles schnell zu einem glatten Teig verkneten und etwa 30 Minuten kalt stellen.
2. Den Teig auf dem Boden einer gefetteten Springform (Ø 28 cm) ausrollen, am Rand etwa 2 cm hochdrücken.

Die Form auf dem Rost in den Backofen schieben.
Ober-/Unterhitze: etwa 200 °C (vorgeheizt)
Heißluft: etwa 180 °C (vorgeheizt)
Gas: Stufe 3–4 (vorgeheizt)
Backzeit: etwa 10 Minuten.

3. Für den Belag Speck in Würfel schneiden und auslassen. Lauch putzen, das dunkle Grün bis auf etwa 10 cm entfernen, den Lauch in dünne Scheiben schneiden, gründlich waschen, abtropfen lassen, in dem Speckfett etwa 15 Minuten dünsten, mit Salz und Pfeffer würzen und abkühlen lassen.
4. Frühlingsquark mit Eiern unter den Lauch rühren. Die Masse auf den vorgebackenen Boden geben und glatt streichen. Die Form wieder in den Backofen schieben, etwa 40 Minuten backen.
5. Den Lauchkuchen heiß servieren.

Tipp:
Den Lauchkuchen in kleinen Tortelettformen (Ø etwa 12 cm) backen.

Lauchnudeln

■ Für Kinder

Pro Portion:
E: 22 g, F: 46 g, Kh: 40 g,
kJ: 2882, kcal: 688

600 g Lauch (Porree)
200 g Fadennudeln oder feine Suppennudeln

Für die Sauce:
50 g Butter
250 ml (¼ l) Schlagsahne
200 g geriebener Gouda
Salz
frisch gemahlener Pfeffer
geriebene Muskatnuss

Zubereitungszeit: 35 Min.

1. Lauch putzen, in streichholzfeine Stifte schneiden (dunkles Grün nicht verwenden), in kochendem Salzwasser etwa 2 Minuten blanchieren, in kaltes Wasser geben, auf einem Sieb abtropfen lassen.

Lauchnudeln

2. Die Nudeln nach Packungsanleitung garen. Die Nudeln auf ein Sieb geben, abtropfen lassen.
3. Für die Sauce Butter in einem Topf zerlassen, Sahne hinzugießen, Käse dazugeben. Mit einem Schneebesen unter Rühren so lange erhitzen, bis die Masse gebunden und der Käse geschmolzen ist, mit Salz, Pfeffer und Muskat abschmecken.
4. Nudeln und Lauch mischen, in eine gefettete Auflaufform füllen, die Sauce darüber gießen. Die Form auf dem Rost in den Backofen schieben.
Ober-/Unterhitze: etwa 220 °C (vorgeheizt)
Heißluft: etwa 200 °C (vorgeheizt)
Gas: Stufe 4–5 (vorgeheizt)
Backzeit: etwa 20 Minuten.

Tipp:
Nach Belieben die Nudeln in Hühnerbrühe garen.

Lauchsuppe, schnell

■ Vegetarisch

Pro Portion:
E: 4 g, F: 27 g, Kh: 12 g,
kJ: 1315, kcal: 314

1 Zwiebel
4 EL Olivenöl
2 Stangen Lauch (Porree)
250 g Kartoffeln
500 ml (1/2 l) Gemüsebrühe
Salz, frisch gemahlener Pfeffer
gerebelter Thymian
geriebene Muskatnuss
1 Becher (150 g) Créme fraîche
2 Eigelb

Zubereitungszeit: 45 Min.

1. Zwiebel abziehen, fein würfeln und in einem Topf mit Öl andünsten.
2. Lauch putzen, waschen, in dünne Streifen schneiden, zu den Zwiebeln geben und kurz mitdünsten.
3. Kartoffeln schälen, grob würfeln, zum Gemüse geben und mitdünsten. Mit Brühe auffüllen und zum Kochen bringen. Mit Salz, Pfeffer, Thymian und Muskat würzen. Bei mäßiger Hitze 20–25 Minuten köcheln lassen.
4. Die Lauchsuppe mit dem Pürierstab oder im Mixer pürieren und einmal in einem Topf erhitzen.
5. Créme fraîche und Eigelb verrühren und die Suppe damit abziehen (nicht mehr kochen lassen).
6. Die Suppe nochmals mit den Gewürzen kräftig abschmecken.

Leber

■ Klassisch

Pro Portion:
E: 26 g, F: 13 g, Kh: 9 g,
kJ: 1175, kcal: 280

500 g Rinderleber (in Scheiben)
kalte Milch
5 mittelgroße Zwiebeln
20 g Weizenmehl
40 g Pflanzenfett
Salz, frisch gemahlener Pfeffer
gerebelter Majoran

Zubereitungszeit: 1 Std.

1. Leber unter fließendem kalten Wasser abspülen und etwa 30 Minuten in kalte Milch legen.
2. Zwiebeln abziehen und in Scheiben schneiden.
3. Leber trockentupfen, in Mehl wenden. Pflanzenfett erhitzen, die Leber hineinlegen und insgesamt 6–8 Minuten braten. Nachdem die untere Seite gebräunt ist, die Leber wenden, mit Salz, Pfeffer und Majoran bestreuen und gar braten. Die Leber auf einer vorgewärmten Platte anrichten.
4. Die Zwiebelscheiben in das Bratfett geben, mit Salz und Pfeffer würzen, unter Wenden 8–10 Minuten bräunen lassen und ebenfalls auf der Platte anrichten.

MENUE

Vorspeise:
Lauchsuppe, schnell (Seite 281)
Hauptgericht:
Bierhähnchen (Seite 39)
Dessert:
Pfirsich-Kirsch-Gratin (Seite 348)

Lauchsuppe, schnell

Lebergeschnetzeltes mit Kartoffeln

■ Schnell - einfach

Pro Portion:
E: 39 g, F: 17 g, Kh: 58 g,
kJ: 2363, kcal: 564

600 g Kalbs- oder Schweineleber
8 dicke, fest kochende Kartoffeln (etwa 1,2 g)
2 rote Paprikaschoten (300 g)
4 Frühlingszwiebeln
100 g TK-Erbsen
4 EL Speiseöl, Salz
frisch gemahlener Pfeffer
2 abgezogene Knoblauchzehe
1 Bund gehackte Petersilie

Zubereitungszeit: 30 Min.

1. Die Leber unter fließendem kalten Wasser abspülen, trockentupfen, in Streifen schneiden.
2. Kartoffeln schälen, waschen, in Stifte schneiden. Paprika vierteln, die weißen Scheidewände entfernen, entkernen, waschen. Paprika in Streifen schneiden. Frühlingszwiebeln putzen, waschen, abtropfen lassen, in feine Ringe schneiden.
3. TK-Erbsen auftauen lassen.
4. Kartoffel und Paprika in kochendem Salzwasser 5 Minuten blanchieren, anschließend in einem Sieb abtropfen lassen.
5. Öl in einer Pfanne erhitzen, zunächst Leberstreifen, dann Kartoffeln, Paprika, Zwiebeln und Erbsen darin braten.
6. Alles mit Salz, Pfeffer und Knoblauch würzen, mit Petersilie bestreuen.

Beilage:
Blattsalat.

Lebergeschnetzeltes mit Kartoffeln

Leberkäse, abgebräunt mit Spiegelei

■ Schnell – klassisch

Pro Portion:
E: 19 g, F: 39 g, Kh: 2 g,
kJ: 1910, kcal: 456

4 Scheiben Leberkäse (je 120 g)
4 EL Speiseöl
120 g Zwiebelscheiben
30 g Butter, 4 Eier
2 EL Schnittlauchröllchen

Zubereitungszeit: 30 Min.

1. Leberkäse in Öl braten. Anschließend aus der Pfanne nehmen und warm stellen.
2. In der gleichen Pfanne Zwiebelscheiben bräunen.
3. In einer beschichteten Pfanne Butter erhitzen, Spiegeleier darin braten.
4. Den Leberkäse anrichten, mit gebratenen Spiegeleiern, Zwiebelscheiben und Schnittlauchröllchen garnieren.

Beilage: Kopfsalat.

Leberkäse, abgebräunt mit Spiegelei

Leberknödel

■ Klassisch

Pro Portion:
E: 29 g, F: 11 g, Kh: 63 g,
kJ: 2092, kcal: 499

400 g altbackene Brötchen (Semmeln)
500 ml ($^1/_2$ l) kochend heiße Milch
250 g Kalbs- oder Rinderleber
1 Zwiebel
gehackte Petersilie
2 Eier
1 gestr. TL Backpulver
Salz
frisch gemahlener Pfeffer
gerebelter Majoran
abgeriebene Zitronenschale (unbehandelt)

Zubereitungszeit: 80 Min.

1. Brötchen in knapp 2 mm dicke Blättchen schneiden, mit Milch übergießen und 1 Stunde quellen lassen, dann ausdrücken.
2. Leber von der Haut befreien. Zwiebel abziehen. Beide Zutaten durch den Fleischwolf drehen, mit Petersilie, Eiern und Backpulver unter die Semmelmasse rühren. Die Masse mit Salz, Pfeffer, Majoran und Zitronenschale abschmecken.
3. Mit nassen Händen Klöße daraus formen, in kochendes Salzwasser geben, zum Kochen bringen und etwa 20 Minuten gar ziehen lassen (Wasser muss sich leicht bewegen).

Tipp:
Leberknödel in Kräutersauce anrichten.

MENUE

Vorspeise:
Champignons mit Knoblauch (Seite 73)

Hauptgericht:
Lebergeschnetzeltes mit Kartoffeln (Seite 282)

Dessert:
Apfelbeignets (Seite 12)

Lebernockensuppe

■ Preiswert

Pro Portion:
E: 13 g, F: 15 g, Kh: 14 g,
kJ: 1083, kcal: 260

1 mittelgroße Zwiebel
1 Möhre
1 Stück Knollensellerie
1 Stück Porree (Lauch)
1 EL Butter oder Margarine
375 ml ($^3/_8$ l) heiße Geflügel- oder Fleischbrühe
Salz, frisch gemahlener Pfeffer
geriebene Muskatnuss
100 g Rinderleber
40 g Butter
1 Ei
$^1/_2$ TL abgeriebene Zitronenschale (unbehandelt)
1 kleine Zwiebel
gerebelter Majoran
40–50 g Semmelbrösel
2 EL fein geschnittener Schnittlauch

Zubereitungszeit: 50 Min.

1. Zwiebel abziehen, fein würfeln. Möhre und Sellerie putzen, waschen, in feine Streifen schneiden. Porree putzen, waschen, in feine Ringe schneiden.
2. Butter zerlassen, das Gemüse 5 Minuten andünsten.
3. Brühe hinzugießen, mit Salz, Pfeffer, Muskat würzen, etwa 5–10 Minuten garen lassen.
4. Für die Lebernocken Leber kalt abspülen, trockentupfen, durch die feine Scheibe des Fleischwolfes drehen oder sehr fein hacken.
5. Butter, Ei und Zitronenschale hinzufügen. Zwiebel abziehen, sehr fein würfeln, unterrühren. Die Zutaten mit dem Schneebesen zu einer glatten Masse verarbeiten, mit Salz, Pfeffer, Muskat und Majoran würzen.
6. Die Lebermasse mit Semmelbröseln verrühren, mit 1 Teelöffel Lebernocken abstechen, in die kochende Suppe geben, 5–10 Minuten mitgaren.
7. Die Suppe mit Schnittlauchröllchen bestreut servieren.

Tipp:
Erst einen Kloß garen, sollte er auseinanderfallen, noch Semmelbrösel zugeben.

Lebernockensuppe

283

Leberpfanne mit Salbei

■ Schnell

Pro Portion:
E: 37 g, F: 41 g, Kh: 10 g,
kJ: 2563, kcal: 620

600 g Rinderleber
1 1/2 EL Weizenmehl
150 g Zwiebeln
250 g Champignons
125 g durchwachsener Speck
2 EL Speiseöl
10–15 Salbeiblättchen
Salz, frisch gemahlener Pfeffer
Paprika edelsüß
125 ml (1/8 l) Rotwein
1 Becher (150 g) Crème fraîche

Zubereitungszeit: 25 Min.

1. Leber kalt abspülen, trockentupfen, evtl. Sehnen und Röhren entfernen. Die Leber in Streifen schneiden und mit Mehl bestäuben.
2. Zwiebeln abziehen und würfeln. Champignons putzen, mit Küchenpapier abreiben, evtl. abspülen und in dünne Scheiben schneiden. Speck in Würfel schneiden.
3. Öl erhitzen, die Speckwürfel darin anbraten.
4. Salbeiblättchen vorsichtig abspülen, trockentupfen, mit den Leberstreifen zu dem Speck geben, unter Rühren etwa 3 Minuten braten lassen, mit Salz, Pfeffer und Paprika würzen, die Zwiebelwürfel hinzufügen und durchdünsten lassen.
5. Champignonscheiben und Rotwein hinzugeben, zum Kochen bringen, etwa 5 Minuten schmoren lassen, Crème fraîche unterrühren und mit Salz, Pfeffer und Paprika abschmecken.

Leberpfanne mit Salbei

Leipziger Allerlei
8 Portionen

■ Für Gäste

Pro Portion:
E: 5 g, F: 9 g, Kh: 38 g,
kJ: 1089, kcal: 260

250 g Spargel
500 g Erbsen aus der Schote
(oder 250 g TK-Erbsen)
1 kleiner Blumenkohl
250 g Zuckerschoten
250 g Kohlrabi
250 g Möhren
1 l Gemüsebrühe
Salz
80 g Butter
frisch gemahlener Pfeffer
1 Bund glatte Petersilie

Zubereitungszeit: 50 Min.

1. Spargel waschen, von oben nach unten dünn schälen und in 4 cm lange Stücke schneiden. Erbsen aus der Schote palen. Blumenkohl putzen, waschen und in Röschen teilen.
2. Von den Zuckerschoten die Enden abschneiden, Schoten waschen. Kohlrabi waschen, schälen und in Würfel schneiden. Möhren waschen, schälen und in Scheiben schneiden.
3. In einem großen Topf Brühe mit Salz zum Kochen bringen, Blumenkohl und Erbsen zugeben, nach 10 Minuten den

Leipziger Allerlei

Spargel zufügen und weitere 10 Minuten garen. Gemüse auf einem Sieb abtropfen lassen.

4. Die Hälfte von der Butter zerlassen, Zuckerschoten, Kohlrabi und Möhren darin andünsten, mit Salz und Pfeffer würzen, in etwa 10 Minuten gar dünsten.
5. Petersilie abspülen, trockentupfen, die Blättchen von den Stängeln zupfen, fein hacken, mit der restlichen Butter und dem abgetropften Gemüse unter das gedünstete Gemüse ziehen.

Beilage:
Feine Fleischgerichte.

Tipp:
Leipziger Allerlei in größeren Mengen zubereiten und dann einfrieren.

MENUE

Vorspeise:
Fleischbrühe, klassisch (Seite 131)

Hauptgericht:
Pfeffersteaks (Seite 346)

Beilage:
Leipziger Allerlei (Seite 284)

Letscho

■ Klassisch

Pro Portion:
E: 6 g, F: 21 g, Kh: 12 g,
kJ: 1149, kcal: 274

3 Zwiebeln
50 g Räucherspeck
2 EL Maiskeimöl
2 EL Paprika edelsüß
1 kg fleischige Paprikaschoten
1½ TL Salz, frisch gemahlener Pfeffer
500 g mittelfeste Tomaten

Zubereitungszeit: 45 Min.

1. Zwiebeln abziehen und in dünne Ringe schneiden, den Speck fein würfeln. Einen größeren Topf nehmen, damit das Letscho gleichmäßig gart und möglichst wenig gerührt werden muss. In dem Topf etwas Öl erhitzen, darin den Speck anbraten.
2. Zwiebeln zugeben und schmoren lassen. Vom Herd nehmen, mit Paprika bestreuen, umrühren. Sofort die geputzten, in Ringe geschnittenen und entkernten Paprikaschoten darauf geben, salzen und pfeffern.

Zugedeckt 10–15 Minuten dünsten, bis die Paprika etwas zusammengefallen sind.

3. Die enthäuteten und in Stücke geschnittenen Tomaten hinzugeben, vorsichtig umrühren. Ohne Deckel kochen, damit die überschüssige Flüssigkeit verdampfen kann. Das Letscho soll weich sein, darf aber nicht zu lange gekocht werden, da sonst zu viel Saft aus den Tomaten austritt und das Gericht zur Suppe wird.

Tipp:
Mit scharfem Paprika abschmecken.

Letscho

285

Letscho mit Fleisch
6 Portionen

■ **Raffiniert**

Pro Portion:
E: 47 g, F: 49 g, Kh: 11 g,
kJ: 3006, kcal: 718

600 g Rindfleisch
(ohne Knochen)
600 g Schweinenacken
(ohne Knochen)
100 g durchwachsener Speck
5 EL Speiseöl
500 ml ($1/2$ l) Fleischbrühe
4 grüne Paprikaschoten
2 Fleischtomaten
2 Gemüsezwiebeln
1 Bund Petersilie
50 g Paprika edelsüß
gemahlener Kümmel
Salz, frisch gemahlener Pfeffer

Zubereitungszeit: 100 Min.

1. Rind- und Schweinefleisch abspülen, trockentupfen und in etwa 3 cm große Würfel schneiden. Speck in kleine Würfel schneiden.
2. Öl erhitzen und Speck darin auslassen. Das Fleisch zugeben und von allen Seiten anbraten. 250 ml ($1/4$ l) Fleischbrühe angießen und 30 Minuten köcheln lassen.
3. Inzwischen die Paprikaschoten halbieren, entstielen, entkernen, die weißen Scheidewände entfernen, Schoten waschen und in Streifen schneiden. Tomaten waschen, Stängelansätze herausschneiden, Tomaten ebenfalls in Streifen schneiden. Gemüsezwiebeln abziehen, halbieren und in Scheiben schneiden. Petersilie abspülen und fein hacken.
4. Das Gemüse, die Petersilie und die restliche Brühe hinzufügen und mit Paprika, Kümmel, Salz und Pfeffer würzen, bei geringer Hitze etwa 40 Minuten schmoren lassen. Evtl. noch etwas Wasser angießen.
5. Vor dem Servieren nochmals mit Salz und Pfeffer abschmecken.

Linseneintopf mit Rauchenden

■ **Klassisch**

Pro Portion:
E: 29 g, F: 31 g, Kh: 30 g,
kJ: 2276, kcal: 534

250 g Linsen
1 l Fleischbrühe
375 g Kartoffeln
1 Bund Suppengrün
2 mittelgroße Zwiebeln
Salz
frisch gemahlener Pfeffer
4 Rauchenden (etwa 360 g)
Essig
1 Prise Zucker
2 EL gehackte Petersilie

Zubereitungszeit: 1,5 Std.

1. Linsen waschen, in der Brühe zum Kochen bringen und etwa 1 Stunde kochen lassen.
2. Kartoffeln schälen, waschen und in Würfel schneiden. Suppengrün putzen, waschen und klein schneiden. Zwiebeln abziehen, halbieren und in Scheiben schneiden.
3. Die drei Zutaten zu den Linsen geben, mit Salz und Pfeffer würzen und noch 20 Minuten kochen lassen.
4. Etwa 10 Minuten vor Beendigung der Kochzeit Rauchenden dazugeben und mitkochen lassen.
5. Den Eintopf mit Essig und Zucker abschmecken und mit Petersilie bestreuen.

Beilage: Baguette.

Letscho mit Fleisch

Linsensalat

■ **Gut vorzubereiten**

Pro Portion:
E: 6 g, F: 5 g, Kh: 14 g,
kJ: 545, kcal: 130

250 g Linsen
750 ml (³/₄ l) Wasser
1 Lorbeerblatt
Salz
frisch gemahlener Pfeffer
2 EL Essig, 2 EL Speiseöl
3 Zwiebeln, 2 Tomaten
1 EL Schnittlauchröllchen
Petersilie

**Zubereitungszeit: 25 Min.,
ohne Einweichzeit**

1. Linsen waschen, über Nacht in Wasser einweichen, im Einweichwasser mit Lorbeerblatt zum Kochen bringen, mit Salz und Pfeffer würzen, etwa 15 Minuten kochen lassen, auf ein Sieb geben.

Linsensalat mit geräucherter Gänsebrust

2. Essig und Öl unter die Linsen rühren und sie erkalten lassen.
3. Zwiebeln abziehen und in Ringe schneiden. Tomaten waschen, abtrocknen, halbieren, entkernen und in Streifen schneiden.
4. Linsen, Zwiebeln, Tomaten und Schnittlauch vermengen, mit Salz und Pfeffer abschmecken, gut durchziehen lassen, nochmals mit Salz und Pfeffer abschmecken.
5. Den Salat mit Petersilie garnieren.

Beilage:
Heiße Würstchen.

Linsensalat mit geräucherter Gänsebrust

■ **Schnell – für Gäste**

Pro Portion:
E: 25 g, F: 19 g, Kh: 35 g,
kJ: 1836, kcal: 436

je 80 g rote, grüne und braune Linsen
100 ml Gemüsefond oder -brühe
4 EL Balsamicoessig
8 EL Walnussöl

Linsensalat

2 EL Zwiebelwürfel
Salz
frisch gemahlener Pfeffer
gezupfte Majoranblättchen
Salatblätter
200 g geräucherte Gänsebrust

**Zubereitungszeit: 30 Min.,
ohne Einweichzeit**

1. Linsen in reichlich kaltem Wasser über Nacht einweichen.
2. Am nächsten Tag 5 Minuten in kochendem Wasser blanchieren.
3. Aus Gemüsefond, Essig, Öl, Zwiebelwürfeln und Gewürzen ein Dressing rühren, die Linsen eine halbe Stunde darin ziehen lassen.
4. Linsensalat auf Salatblättern anrichten, die in Scheiben geschnittene Gänsebrust darauf verteilen.

MENUE

Vorspeise:
Linsensalat (Seite 287)

Hauptgericht:
Fasan vom Grillspieß (Seite 114)

Dessert:
Maronencreme (Seite 300)

Liptauer Käse

■ Schnell

Liptauer Käse

Pro Portion:
E: 44 g, F: 46 g, Kh: 8 g,
kJ: 2758, kcal: 659

2 EL Kapern, 1 Gewürzgurke
1 Zwiebel, 1–2 Bund Petersilie
600 g Liptauer Käse
125 ml (1/8 l) Milch
Salz, Pfeffer, Paprika edelsüß
Salatblätter
Gurkenscheiben, Kapern
gehackte Gewürzgurken
Tomatenachtel
eingelegte Pfefferschoten

Zubereitungszeit: 20 Min.

1. Kapern hacken. Gewürzgurke in kleine Würfel schneiden. Zwiebel abziehen und würfeln.
2. Petersilie abspülen, trockentupfen, etwas zum Garnieren beiseite legen, den Rest fein hacken. Käse mit den vier Zutaten und der Milch verrühren, mit Salz, Pfeffer und Paprika abschmecken.
3. Den Liptauer Käse auf Salatblättern und Gurkenscheiben anrichten, mit Kapern und Gewürzgurken bestreuen, mit Tomatenachteln, Petersilie und Pfefferschoten garnieren.

Löffelerbsen

■ Preiswert

Pro Portion:
E: 5 g, F: 7 g, Kh: 14 g,
kJ: 581, kcal: 139

375 g gelbe Erbsen (ungeschält)
2 l Wasser
1 TL gerebelter Majoran
1 Lorbeerblatt
2 mittelgroße Zwiebeln
3 Möhren
3 Kartoffeln
1 Stange Porree (Lauch)
2 EL Butter
Meersalz
1 EL gehackte Petersilie

Zubereitungszeit: 75 Min.,
ohne Einweichzeit

1. Erbsen waschen und 12 Stunden in Wasser einweichen. In dem Einweichwasser zum Kochen bringen. Majoran und Lorbeerblatt hinzufügen und zugedeckt 60 Minuten kochen lassen.
2. Zwiebeln abziehen. Möhren putzen, schälen und waschen. Kartoffeln schälen und waschen. Porree putzen, längs halbieren und gründlich waschen. Das Gemüse in etwa 2 cm große Würfel oder in dünne Streifen schneiden.
3. Butter zerlassen, das Gemüse etwa 5 Minuten darin andünsten, mit Meersalz würzen, etwa 30 Minuten vor Beendigung der Garzeit das gedünstete Gemüse zu den Erbsen geben und mit kochen lassen.
4. Die Löffelerbsen (Lorbeerblatt entfernen) mit Salz abschmecken und mit Petersilie bestreut servieren.

Beilage:
Vollkornbrot oder Vollkornbrötchen.

Löffelerbsen

Lotte

1 ³/₄ kg küchenfertige Lotte
(Seeteufel)
6 EL Speiseöl
Saft von 1 Zitrone
frisch gemahlener Pfeffer
Salz
Semmelbrösel
3 EL Speiseöl
3–4 EL gehackte Petersilie

Zubereitungszeit: 35 Min., ohne Marinierzeit

1. Fisch unter fließendem kalten Wasser abspülen, trockentupfen. Längs der Rückengräte zweimal einschneiden.
2. Aus Öl, Zitronensaft, Pfeffer, Salz eine Marinade herstellen. Lotte damit bestreichen und mindestens 1 Stunde ziehen lassen.
3. Fisch evtl. trockentupfen, in Semmelbröseln wenden, auf elektrischem oder Holzkohlengrill etwa 20 Minuten grillen. Einmal wenden.
4. Öl mit Petersilie verrühren, den Fisch damit beträufeln und heiß servieren.

Tipp:
Dazu einen gemischten Salat und eine Wildreis-Langkornreis-Mischung reichen.

Lotte
Seeteufel – Grundrezept

■ Schnell – klassisch

Pro Portion:
E: 29 g, F: 9 g, Kh: 3 g,
kJ: 1014, kcal: 242

4 Scheiben Lotte (je 150 g)
Salz
frisch gemahlener Pfeffer
Limonensaft
2 EL Butter
2 EL Schalottenwürfel
100 ml trockener Weißwein
100 ml Fischfond oder -brühe
halbierte Limonenscheiben

Zubereitungszeit: 30 Min.

1. Die Fischportionen unter fließendem kalten Wasser abspülen und trockentupfen.
2. Den Fisch mit Salz, Pfeffer und Limonensaft würzen, in Butter 10 Minuten braten.
3. Den Fisch aus der Pfanne nehmen, warm stellen.
4. In der verbleibenden Butter Schalottenwürfel andünsten und mit Weißwein und Fischfond verkochen.
5. Den eingekochten Sud über den gebratenen Fisch gießen.

Lotte, gegrillt
6 Portionen

■ Für Gäste

Pro Portion:
E: 55 g, F: 20 g, Kh: 2 g,
kJ: 1845, kcal: 440

MENUE

Vorspeise:
Tomatencremesuppe
(Seite 473)

Hauptgericht:
Lotte
(Seite 289)

Beilage:
Pilzrisotto
(Seite 352)

289

Mailänder Risotto

■ Klassisch

Pro Portion:
E: 13 g, F: 17 g, Kh: 49 g,
kJ: 1869, kcal: 446

1 Zwiebel
1 EL Butter
250 g italienischer Rundkornreis
125 ml ($^1/_8$ l) Weißwein
1 Msp. Safranpulver
500 ml ($^1/_2$ l) heiße Fleischbrühe
$^1/_2$–1 Becher Crème fraîche
40 g geriebener Parmesan
Salz
frisch gemahlener Pfeffer

Zubereitungszeit: 40 Min.

1. Zwiebel abziehen und würfeln. Butter zerlassen, Zwiebelwürfel darin andünsten, Reis hinzufügen und unter Rühren darin glasig dünsten lassen.
2. Wein hinzugießen, Safran unterrühren, zum Kochen bringen und quellen lassen. Wenn die Flüssigkeit verkocht ist, nach und nach Brühe hinzugießen.
3. Risotto etwa 25 Minuten leicht sämig ausquellen lassen.
4. Crème fraîche mit Parmesan unterrühren und miterhitzen. Das Risotto mit Salz und Pfeffer abschmecken.

Mailänder Salat

■ Schnell

Pro Portion:
E: 24 g, F: 27 g, Kh: 30 g,
kJ: 2030, kcal: 485

150 g grüne Nudeln
150 g gekochter Schinken
150 g Gouda
5 Cornichons
2 Fleischtomaten
1 rote Zwiebel
1 Bund glatte Petersilie

Mailänder Salat

Für die Sauce:
2 EL Olivenöl
1–2 EL Weinessig
150 g Sahnejoghurt
Salz, frisch gemahlener Pfeffer
1 Prise Zucker
Cayennepfeffer

Zubereitungszeit: 25 Min.

1. Nudeln nach Packungsanleitung garen. Die Nudeln abtropfen und erkalten lassen.
2. Schinken und Gouda in Würfel schneiden. Abgetropfte Cornichons in feine Scheiben schneiden.
3. Fleischtomaten enthäuten, halbieren, die Stängelansätze herausschneiden. Die Tomaten entkernen und das Fruchtfleisch in Streifen schneiden.
4. Zwiebel abziehen und in feine Ringe schneiden. Petersilie abspülen, trockentupfen, die Blättchen von den Stängeln zupfen und fein hacken.
5. Für die Sauce Öl mit Essig, Joghurt, Salz, Pfeffer, Zucker und Cayennepfeffer verrühren, mit den Salatzutaten vermengen und servieren.

Mailänder Risotto

Mairübeneintopf

6 Portionen

■ Preiswert

Pro Portion:
E: 18 g, F: 95 g, Kh: 24 g,
kJ: 4532, kcal: 1081

1 1/2 kg Mairüben
350 g Zwiebeln
1 kg geräucherte Schweinebacke
1 EL Butter oder Margarine
Salz, frisch gemahlener Pfeffer
500 ml (1/2 l) Wasser
750 g mehlig kochende Kartoffeln

Zubereitungszeit: 60 Min.

Mairübeneintopf

1. Mairüben putzen, schälen, waschen und in grobe Würfel schneiden.
2. Zwiebeln abziehen und würfeln. Von der Schweinebacke ein Viertel (ohne Schwarte) in kleine Würfel schneiden, den Rest in Scheiben schneiden.
3. Butter erhitzen, die Fleischwürfel darin anbraten, die Mairüben- und Zwiebelwürfel hinzugeben, unter Rühren durchdünsten lassen, mit Salz und Pfeffer würzen, Wasser hinzugießen.
4. Die Schweinebackenscheiben auf das Gemüse geben, zum Kochen bringen, zugedeckt etwa 25 Minuten schmoren lassen, Fleischscheiben herausnehmen.
5. Kartoffeln schälen, waschen, in Würfel schneiden, in den Eintopf geben, die Fleischscheiben wieder darauf legen und zugedeckt weitere 15 Minuten schmoren lassen, mit Salz und Pfeffer abschmecken.

Maischolle auf geschmorten Gartengurken

■ Für Gäste

Pro Portion:
E: 45 g, F: 65 g, Kh: 11 g,
kJ: 3558, kcal: 849

Für die geschmorten Gurken:
2 Gartengurken (je 300 g)
2 Tomaten
1 Bund Dill
80 g kalte Butter
Salz, frisch gemahlener Pfeffer

4 Maischollen (je 300 g)
Saft von 1 Zitrone
40 g Weizenmehl
120 g durchwachsener Speck
2 EL Speiseöl
100 g Butter
160 g geschälte Büsumer Krabben
2 EL gehackte Petersilie

Zubereitungszeit: 1 Std.

1. Gurken schälen, der Länge nach halbieren und vom Kerngehäuse befreien. Mit dem Buntmesser in 1/2 cm dicke Scheiben schneiden. Tomaten kurz in heißem Wasser blanchieren und in kaltem Wasser abschrecken. Tomaten enthäuten, vierteln und entkernen und in 1/2 cm große Würfel schneiden.

MENUE

Vorspeise:
Endiviensalat (Seite 103)

Hauptgericht:
Maischolle auf geschmorten Gartengurken (Seite 291)

Dessert:
Erdbeerparfait (Seite 111)

---

2. Dill abspülen, trockentupfen und fein schneiden. 30 g Butter in einer Pfanne zerlassen und die Gurken dazugeben. Mit 2 Esslöffel Wasser ablöschen, salzen und pfeffern und zugedeckt 5 Minuten dünsten lassen, mit 50 g kalter Butter binden und geschnittenen Dill dazugeben. Zum Schluss die Tomatenwürfel unterschwenken.
3. Schollen säubern und gut auswaschen. Haut mit einem scharfen Messer einzisilieren, mit dem Zitronensaft, Salz und Pfeffer würzen. Schollen in Mehl wenden. Speck in Streifen schneiden.
4. Öl in einer Pfanne erhitzen, Speck darin auslassen und die Scholle darin von beiden Seiten goldgelb braten. Dann Butter und Krabben dazugeben, mit Zitronensaft ablöschen und zum Schluss gehackte Petersilie hineingeben. Schollen im ganzen auf den geschmorten Gurken servieren.

Maischolle auf geschmorten Gartengurken

Maiscremesuppe, amerikanisch

■ Preiswert-schnell

Pro Portion:
E: 5 g, F: 34 g, Kh: 20 g,
kJ: 1743, kcal: 417

40 g Butter
4 EL Schalottenwürfel
4 EL rote Paprikawürfel
300 g Gemüsemais (aus der Dose)
1 EL Weizenmehl
200 ml Gemüsefond oder -brühe
300 ml Schlagsahne
Salz
frisch gemahlener Pfeffer
1 EL Crème double

Zubereitungszeit: 20 Min.

1. Butter erhitzen, Schalotten- und Paprikawürfel sowie Maiskörner darin anschwitzen und mit Mehl abstäuben.
2. Mit Gemüsefond und Sahne aufkochen, etwa 5 Minuten kochen lassen, mit Salz und Pfeffer würzen und mit Crème double verfeinern.

Maisgemüse

■ Preiswert-schnell

Pro Portion:
E: 8 g, F: 21 g, Kh: 15 g,
kJ: 1222, kcal: 292

100 g Perlzwiebeln
80 g Butter
300 g Gemüsemais (aus der Dose)
100 g gekochter Schinken in Würfeln
80 g feine rote und grüne Paprikawürfel
Salz, frisch gemahlener Pfeffer
1 Knoblauchzehe
1 EL gehackte Petersilie

Zubereitungszeit: 30 Min.

1. Perlzwiebeln abziehen und in Salzwasser knackig blanchieren. Auf einem Sieb abtropfen lassen.
2. Butter in einer Pfanne erhitzen. Zwiebeln, Mais, Schinken und Paprikawürfel darin andünsten.
3. Mit Salz, Pfeffer und Knoblauch abschmecken, mit Petersilie bestreut servieren.

Tipp:
Maisgemüse passt gut als Beilage zu Steaks oder anderem kurz gebratenem Fleisch.

Maiskolben, gegrillt mit Dillbutter

■ Preiswert

Pro Portion:
E: 19 g, F: 27 g, Kh: 131 g,
kJ: 3708, kcal: 885

80 g weiche Butter
2 EL geschnittener Dill
4 Maiskolben
grob gemahlener, weißer Pfeffer
Salz
1 EL Maiskeimöl
2 EL fein gehackte Petersilie

Zubereitungszeit: 30 Min.

1. Butter geschmeidig rühren und Dill unterrühren.
2. Von den Maiskolben die Blätter mit den Fäden abziehen, die Enden etwas abschneiden, Kolben kalt abspülen und trockentupfen.
3. Mit der sehr weichen Dillbutter rundherum bestreichen, mit Pfeffer und Salz bestreuen. Vier Stück Alufolie mit Öl bestreichen, mit Petersilie bestreuen, je einen Maiskolben auf ein Stück Folie legen und verschließen.
4. Die Päckchen auf den heißen Grillrost legen und während des Grillens mehrmals wenden.
Grillzeit: etwa 20 Minuten.

Tipp:
Maiskolben zu gegrillter Hochrippe oder Steaks servieren.

Makkaroni Gärtnerinnen-Art

Makkaroni Gärtnerinnen-Art

■ Für Kinder

Pro Portion:
E: 36 g, F: 62 g, Kh: 57 g,
kJ: 4118, kcal: 984

100 g Schinkenspeck
40 g Butter
2 mittelgroße Zwiebeln
1 Stange Porree (Lauch)
½ Knollensellerie
2 Möhren
2 EL Wasser
Salz, frisch gemahlener Pfeffer
300 g Fleischwurst
2 TL Weizenmehl
250 ml (¼ l) Fleischbrühe
150 g Gouda
1 Bund gehackte Petersilie
300 g Makkaroni
20 g Butter

Zubereitungszeit: 30 Min.

1. Schinkenspeck in kleine Würfel schneiden. Butter zerlassen und die Speckwürfel darin anbraten.
2. Zwiebeln abziehen, halbieren und in Scheiben schneiden. Porree putzen, längs halbieren, waschen und in Ringe schneiden.
3. Sellerie und Möhren putzen und schälen. Die beiden Zutaten waschen, raspeln, mit Zwiebeln, Porree und Wasser zu dem Speck geben, mit Salz und Pfeffer würzen und etwa 10 Minuten dünsten lassen.
4. Fleischwurst enthäuten, in Streifen schneiden, zu dem Gemüse geben und miterhitzen. Mehl darüber stäuben, durchdünsten lassen.
5. Fleischbrühe hinzugießen, zum Kochen bringen und etwa 2 Minuten kochen lassen. Käse in kleine Würfel schneiden und mit Petersilie unter das Gemüse heben.
6. Makkaroni in fingerlange Stücke brechen, in kochendes Salzwasser geben und etwa 8 Minuten garen. Die Nudeln auf ein Sieb geben, abtropfen lassen.
7. Butter zerlassen, die Nudeln darin schwenken und mit dem Gemüseragout servieren.

Makkaroni in Thunfischsauce

■ Für Gäste

Pro Portion:
E: 34 g, F: 25 g, Kh: 69 g,
kJ: 2765, kcal: 660

3 EL Speiseöl, 2 Zwiebeln
4 Knoblauchzehen
350 g Zucchini
1 gelbe Paprikaschote, 1 Chilischote
1 Becher (150 g) Crème fraîche
2 Dosen Thunfisch naturell (je 185 g)
Salz, frisch gemahlener Pfeffer
gerebelter Oregano
gerebelter Thymian
350 g Makkaroni

Zubereitungszeit: 25 Min.

1. Öl in einem Topf erhitzen. Zwiebeln und Knoblauch abziehen, fein würfeln und darin andünsten.
2. Zucchini putzen, waschen, in Würfel schneiden, in den Topf geben und anbraten.
3. Paprika- und Chilischote längs halbieren, entstielen, entkernen, die weißen Scheidewände entfernen, Schoten waschen. Paprika in Würfel schneiden, Chilischote fein würfeln. Beide Zutaten zu dem Gemüse geben, Crème fraîche dazugeben und unterrühren.
4. Thunfisch leicht zerpflücken, in die Sauce geben, mit Salz, Pfeffer, Oregano und Thymian würzen. Etwa 10 Minuten leicht köcheln lassen.
5. In der Zwischenzeit Makkaroni nach Packungsanleitung in reichlich Salzwasser kochen, abgießen, abtropfen lassen.
6. Nudeln auf Teller verteilen, Thunfischsauce über die Nudeln geben und sofort servieren.

Makkaroni in Thunfischsauce

Makrelen in Alufolie

■ **Für Gäste – preiswert**

Pro Portion:
E: 26 g, F: 16 g, Kh: 3 g,
kJ: 1175, kcal: 281

1 Möhre, 1 kleine Fenchelknolle
50 g Champignons
4 küchenfertige Makrelen (je 200 g)
Salz, frisch gemahlener Pfeffer
Saft von 1 Limone
1 Bund Dill

Zubereitungszeit: 40 Min.

1. Möhre putzen, schälen, waschen. Fenchel putzen, waschen. Champignons putzen, mit Küchenpapier abreiben, evtl. abspülen, Gemüse in Scheiben schneiden.
2. Makrelen unter fließendem kalten Wasser abspülen, trockentupfen.
3. Jede Makrele auf ein Stück Alufolie legen, mit Salz und Pfeffer würzen, mit Limonensaft beträufeln. Dill waschen und trockentupfen.
4. Gemüse und Dill gleichmäßig auf den Makrelen verteilen und zu Päckchen falten. Auf ein Backblech legen und im Backofen garen.

Ober-/Unterhitze: etwa 200 °C (vorgeheizt)
Heißluft: etwa 180 °C (vorgeheizt)
Gas: Stufe 3–4 (vorgeheizt)
Garzeit: etwa 25 Minuten.

5. Die Päckchen öffnen, den Fisch mit dem Gemüse servieren.

Beilage: Kartoffeln.

Makrelenfilet in rosa Pfefferrahm

Makrelenfilet in rosa Pfefferrahm

■ **Für Gäste – schnell**

Pro Portion:
E: 38 g, F: 63 g, Kh: 2 g,
kJ: 3266, kcal: 780

8 Makrelenfilets (je 100 g)
Zitronensaft
Salz
1 TL zerstoßene, rosa Pfefferkörner
6–8 EL Speiseöl
1 kleine Zwiebel, 50 g Butter
100 ml trockener Roséwein
100 ml Schlagsahne

Zubereitungszeit: 25 Min.

1. Makrelenfilets abspülen, trockentupfen und die Haut mehrmals schräg einritzen. Die Filets mit Zitronensaft beträufeln und mit Salz und rosa Pfeffer würzen.
2. Öl erhitzen und die Makrelen von beiden Seiten in etwa 5 Minuten knusprig braten. Die Makrelen herausnehmen und warm stellen.
3. Öl abgießen. Zwiebel abziehen und würfeln. Butter zerlassen und die Zwiebelwürfel darin andünsten.
4. Mit Wein und Sahne ablöschen, einkochen und nochmals mit Salz und Pfeffer abschmecken.

Mandelkroketten

■ **Raffiniert**

Pro Portion:
E: 10 g, F: 52 g, Kh: 25 g,
kJ: 1445, kcal: 654

600 g Kartoffeln
1 Eigelb
Salz

Makrelen in Alufolie

Mandelkroketten

frisch gemahlener, weißer Pfeffer
1 Msp. geriebene Muskatnuss
1 verschlagenes Ei
120 g abgezogene, gehobelte Mandeln
1 kg Frittierfett

Zubereitungszeit: 50 Min.

1. Kartoffeln gründlich waschen, mit Schale in Wasser zum Kochen bringen, in etwa 30 Minuten gar kochen lassen, abgießen, abdämpfen, sofort pellen, heiß durch die Kartoffelpresse geben, mit Eigelb vermengen, mit Salz, Pfeffer und Muskat würzen.
2. Aus dem Teig kleine Bällchen formen, leicht flach drücken, zunächst in verschlagenem Ei und dann in Mandeln wenden. Die Mandeln leicht andrücken.
3. Frittierfett in einer Fritteuse auf 180 °C erhitzen, die Mandelkroketten darin portionsweise in 3–4 Minuten goldgelb frittieren und auf Küchenpapier abtropfen lassen.

Tipp:
Mandelkroketten passen gut zu kurz gebratenem Rindfleisch, wie Filetsteaks und Rumpsteaks.

Mandelmedaillons

Mandelmedaillons

Für Gäste

Pro Portion:
E: 51 g, F: 33 g, Kh: 4 g,
kJ: 2247, kcal: 536

600 g Schweinefilet
Salz, frisch gemahlener Pfeffer
1 Ei
75–100 g abgezogene, gehobelte Mandeln
40 g Butterschmalz
Brunnenkresse

Für die Sauce:
3 EL Salatmayonnaise
2 EL Crème fraîche
2 enthäutete Tomaten, 1 Gewürzgurke

Zubereitungszeit: 25 Min.

1. Schweinefilet unter fließendem kalten Wasser abspülen, trockentupfen, Haut entfernen. Das Filet in 1$^1/_2$–2 cm dicke Scheiben schneiden, mit Salz und Pfeffer würzen.
2. Die Filetscheiben zunächst in verschlagenem Ei, dann in Mandeln wenden und die Mandeln gut andrücken.
3. Butterschmalz erhitzen, die Filetscheiben darin von beiden Seiten 5–7 Minuten braten. Die Medaillons erkalten lassen, auf einer Platte anrichten und mit Brunnenkresse garnieren.
4. Für die Sauce Mayonnaise mit Crème fraîche verrühren. Tomaten und Gewürzgurke in Würfel schneiden und unterrühren. Die Sauce mit Salz, Pfeffer abschmecken und zu den Medaillons reichen.

MENUE

Vorspeise:
Radieschensalat (Seite 373)

Hauptgericht:
Makrelenfilet in rosa Pfefferrahm (Seite 294)

Dessert:
Mousse au chocolat (Seite 314)

Mandelpudding

■ Schnellkochtopf

Pro Portion:
E: 13 g, F: 33 g, Kh: 69 g,
kJ: 2742, kcal: 655

100 g Butter, 100 g Zucker
1 Pck. Vanillin-Zucker
3 Eier
2 Tropfen Bittermandel-Aroma
50 g abgezogene, gemahlene
Mandeln
150 g Weizenmehl
50 g Speisestärke
2 gestr. TL Backpulver
3 EL Milch
Semmelbrösel

Zubereitungszeit: 50 Min.

Mandelpudding

1. Butter geschmeidig rühren, nach und nach Zucker, Vanillin-Zucker, Eier, Aroma und Mandeln hinzufügen. Mehl mit Speisestärke und Backpulver mischen, sieben und abwechselnd mit Milch unterrühren.
2. Die Masse in eine gefettete, mit Semmelbröseln ausgestreute Wasserbadform (1^1/$_2$ l) füllen und mit dem Deckel verschließen. Die Form in den Schnellkochtopf stellen und so viel Wasser hinzugießen, dass die Form zu ^{1}/$_3$ im Wasser steht.
3. Den Schnellkochtopf schließen, den Kochregler erst dann auf Stufe I schieben, wenn reichlich Dampf entwichen ist (nach etwa 1 Minute). Nach Erscheinen des 1. Ringes den Mandelpudding garen lassen, den Topf von der Kochstelle nehmen und erst dann öffnen, wenn das Druckventil nicht mehr sichtbar ist.

Garzeit: etwa 30 Minuten.

Beilage:
Frisches, gezuckertes Obst oder angeschlagene Sahne, abgeschmeckt mit Zucker, Vanillemark und Amaretto.

Mandelsulz
Blanc Manger

■ Für Gäste

Pro Portion:
E: 12 g, F: 41 g, Kh: 30 g,
kJ: 2317, kcal: 553

150 g abgezogene Mandeln
100 g Marzipan-Rohmasse
250 ml (^{1}/$_4$ l) Milch
6 Blatt weiße Gelatine
5 Tropfen Bittermandel-Aroma
2 EL Rosenwasser
250 ml (^{1}/$_4$ l) Schlagsahne
50 g Zucker

Zubereitungszeit: 40 Min.

1. Mandeln mit Marzipan-Rohmasse und Milch im Mixer fein pürieren, 2 Stunden durchziehen lassen, in ein Mulltuch geben, auspressen.
2. Gelatine 10 Minuten in kaltem Wasser einweichen, in etwa 100 ml Mandelmilch bei kleiner Hitze auflösen.
3. Mit der übrigen Mandelmilch, Aroma und Rosenwasser verrühren, kalt stellen, ab und zu durchrühren.
4. Sahne mit Zucker steif schlagen, unter die dicklich gewordene Mandelmilch rühren, in eine hübsche Puddingform oder vier Förmchen gießen, kalt stellen, fest werden lassen. Nach etwa 4 Stunden kann die Speise gestürzt werden.

Mango-Chutney

■ Klassisch

Pro Portion:
E: 4 g, F: 2 g, Kh: 139 g,
kJ: 2590, kcal: 618

1^1/$_2$ kg Mangos, 1 Chilischote
3-4 Zwiebeln, 125 g Rosinen
300 g Farinzucker
2 EL Salz, 2 EL Senfpulver
1 EL gemahlener Koriander
500 ml (^{1}/$_2$ l) Essig
1 Pck. Einmach-Hilfe

Zubereitungszeit: 40 Min.

1. Mangos schälen, halbieren, das Fruchtfleisch von dem Stein lösen und das Mangofleisch in Streifen schneiden. Chilischote putzen, waschen und würfeln. Zwiebeln abziehen und in Würfel schneiden. Die Zutaten mit Rosinen, Farinzucker, Salz, Senfpulver, Koriander und Essig zum Kochen bringen, 10-15 Minuten gar kochen lassen.
2. Von der Kochstelle nehmen und Einmach-Hilfe unterrühren.
3. Das Chutney in Gläser füllen, nach dem Erkalten verschließen.

Mango-Chutney

Mango-Eisberg-Salat

■ Schnell

Pro Portion:
E: 12 g, F: 19 g, Kh: 13 g,
kJ: 1177, kcal: 281

1 kleiner Kopf Eisbergsalat
1 reife Mango (etwa 300 g)
100 g gekochter Schinken in Scheiben
2 hart gekochte Eier
5–6 Radieschen

Für die Salatsauce:
1 Becher (150 g) Crème fraîche
5 EL Milch
1 EL Tomatenketchup
Zitronensaft
Salz, weißer Pfeffer
Paprika edelsüß
1 Prise Zucker
1–2 EL gemischte, gehackte Kräuter,
z. B. Petersilie, Estragon,
Schnittlauch, Kresse

Zubereitungszeit: 25 Min.

1. Vom Eisbergsalat die äußeren Blätter entfernen, die übrigen vom Strunk lösen, zerpflücken, waschen und gut abtropfen lassen.
2. Mango schälen, das Fruchtfleisch vom Stein lösen, in kleine Stücke schneiden.
3. Schinkenscheiben in kleine Quadrate schneiden. Eier pellen. Radieschen putzen und waschen. Eier und Radieschen in Scheiben schneiden, die Zutaten in einer Glasschüssel anrichten.
4. Für die Salatsauce Crème fraîche mit Milch und Tomatenketchup verrühren,

Mango-Eisberg-Salat

mit Zitronensaft, Salz, Pfeffer, Paprika und Zucker würzen. Kräuter unterrühren, über die Salatzutaten geben und den Salat sofort servieren.

Mangocreme

■ Für Gäste

Pro Portion:
E: 8 g, F: 20 g, Kh: 32 g,
kJ: 1619, kcal: 387

1 Pck. Gelatine gemahlen, weiß
5 EL kaltes Wasser
1 Mango (etwa 400 g)
250 ml (¼ l) Sekt
2 TL Zitronensaft
75 g Zucker
250 ml (¼ l) Schlagsahne

Zubereitungszeit: 1 Std.

1. Gelatine mit kaltem Wasser anrühren und 10 Minuten quellen lassen.
2. Mango schälen, entkernen, das Fruchtfleisch im Mixer pürieren, mit Sekt, Zitronensaft und Zucker verrühren.
3. Die gequollene Gelatine unter Rühren erhitzen, bis sie gelöst ist. Zunächst 3 Esslöffel der Mangomasse hinzufügen, verrühren, dann unter die übrige Mangomasse schlagen und kalt stellen.
4. Sahne steif schlagen. Wenn die Masse anfängt dicklich zu werden, Sahne unterheben. Creme in eine Glasschale füllen und kalt stellen.

MENUE

Vorspeise:
Hähnchensalat „California" (Seite 196)

Hauptgericht:
Käsepizza (Seite 253)

Dessert:
Mangocreme (Seite 297)

Mangold

Mangold

■ Preiswert

Pro Portion:
E: 6 g, F: 21 g, Kh: 8 g,
kJ: 1092, kcal: 262

1 kg Mangold, 50 g Butter
1 Lorbeerblatt
1–2 TL Kräuteressig
125 ml ($^1/_8$ l) Milch, Salz
125 g Schmand
frisch gemahlener Pfeffer

Zubereitungszeit: 50 Min.

1. Mangold putzen, die Stängel von den Blättern schneiden. Die Blätter gründlich waschen, ohne Wasser in etwas Butter gar dünsten lassen, dann grob oder fein schneiden. Mangoldstängel abziehen.
2. Restliche Butter zerlassen, die Mangoldstängel darin andünsten. Lorbeerblatt, Kräuteressig und Milch hinzufügen, mit Salz würzen und in etwa 10 Minuten gar dünsten.
3. Die klein geschnittenen Mangoldblätter und Schmand unterrühren und erhitzen, mit Salz und Pfeffer abschmecken.

Mangoldsalat

■ Preiswert

Pro Portion:
E: 4 g, F: 19 g, Kh: 5 g,
kJ: 884, kcal: 212

750 g Mangold

Für die Salatsauce:
2 Knoblauchzehen
6 EL Speiseöl
3 EL Weinessig
2 TL Senf
Salz
1 Prise Zucker
frisch gemahlener Pfeffer

Zubereitungszeit: 40 Min.

1. Von Mangold die Stiele abschneiden, harte Fäden an der Außenseite der Stiele abziehen und die Blätter beiseite legen. Die Stängel in kochendes Salzwasser geben, zum Kochen bringen, etwa 15 Minuten darin kochen lassen und in Stücke schneiden.
2. Die Blätter waschen, in das kochende Gemüsewasser geben, kurz aufkochen, abtropfen lassen und grob hacken. Den Mangold abkühlen lassen.
3. Für die Salatsauce Knoblauch abziehen, in dünne Scheiben schneiden, mit Öl, Weinessig, Senf, Salz, Zucker und Pfeffer verrühren.
4. Die Salatsauce über das erkaltete Gemüse geben und gut durchziehen lassen.

Mangoldsalat

Marillenknödel

■ Schnell

Pro Portion:
E: 26 g, F: 34 g, Kh: 119 g,
kJ: 3941, kcal: 942

80 g weiche Butter
250 g Speisequark
4 Eigelb
Salz
500 g Weizenmehl
150 g saure Sahne
1 kg Marillen (Aprikosen)
Würfelzucker

Zubereitungszeit: 1 Std.

1. Butter geschmeidig rühren, Quark, Eigelb, Salz, gesiebtes Mehl und Sahne unterrühren und zu einem Teig verkneten.
2. Den Teig ausrollen und in 7 x 7 cm große Quadrate schneiden. Jedes Teigstück mit bemehlten Händen etwas flach drücken.
3. Marillen waschen, abtrocknen und den Kern vorsichtig herauslösen.
4. 1 Stück Würfelzucker in jede Aprikose drücken. 1 Aprikose auf jedes Teigstück legen, die gefüllten Teigstücke zu Knödeln formen, in Salzwasser geben, zum Kochen bringen und in etwa 7 Minuten gar ziehen lassen (Wasser muss sich leicht bewegen).
5. Die Knödel mit einem Schaumlöffel herausnehmen und abtropfen lassen.

Tipp:
Dazu schmeckt Vanillesauce. Die Marillenknödel können auch in mit Butter gerösteten Semmelbröseln, gewürzt mit Zucker und Zimt, gewälzt werden.

Markcroûtons

Markcroûtons
Suppenbeilage

■ Schnell

Pro Portion:
E: 4 g, F: 5 g, Kh: 27 g,
kJ: 727, kcal: 173

1 Markknochen (etwa 5 cm dick)
4 runde Tafelbrötchen
zerlassene Butter
Salz
frisch gemahlener Pfeffer

Zubereitungszeit: 20 Min.

1. Aus dem Markknochen das Mark mit einem Messer lösen, kurze Zeit in kaltes Wasser legen, trockentupfen und in 8 Scheiben schneiden.
2. Tafelbrötchen halbieren, in der Größe der Markscheiben aushöhlen, mit Butter beträufeln, die Markscheiben hineinlegen, mit Salz und Pfeffer bestreuen, auf ein Backblech legen und in den Backofen schieben.
Ober-/Unterhitze: etwa 200 °C (vorgeheizt)
Heißluft: etwa 180 °C (vorgeheizt)
Gas: Stufe 3–4 (vorgeheizt)
Backzeit: etwa 10 Minuten.

Markklößchen

■ Klassisch

Pro Portion:
E: 6 g, F: 4 g, Kh: 9 g,
kJ: 435, kcal: 104

40 g Rindermark
1 Ei
1 Eigelb
Salz
geriebene Muskatnuss
50 g Semmelbrösel
1 Msp. Backpulver

Zubereitungszeit: 40 Min.

1. Rindermark zerlassen, durch ein Sieb gießen und kalt stellen.
2. Das abgekühlte Fett geschmeidig rühren, Ei, Eigelb, Salz, Muskat und Semmelbrösel hinzufügen (es muss eine geschmeidige Masse entstehen).
3. Backpulver unterrühren. Die Masse etwa 20 Minuten stehen lassen, mit nassen Händen Klößchen daraus formen, in kochendes Salzwasser oder kochende Suppe geben und in etwa 3 Minuten gar ziehen lassen (Flüssigkeit muss sich leicht bewegen).

Maronencreme

■ Für Gäste

Pro Portion:
E: 6 g, F: 14 g, Kh: 88 g,
kJ: 2410, kcal: 575

500 g Maronen (Esskastanien)
1 Limone (unbehandelt)
250 ml ($^1/_4$ l) trockener Weißwein
100 g Zucker
2–3 EL Kirschwasser oder Calvados
1 Becher (150 g) Crème fraîche
4 frische Feigen

Zubereitungszeit: 2 Std.

1. Maronen rundherum einritzen. Sie in reichlich kochendem Wasser 15 Minuten garen, bis sich die Schalenenden nach außen biegen. Dann abgießen und schnell schälen.
2. Limone waschen, abtrocknen und die Schale abreiben. Maronen mit Wein, Zucker und Limonenschale zum Kochen bringen, so lange im geöffneten Topf kochen lassen, bis sie sich leicht mit einer Gabel zerdrücken lassen.
3. Maronen etwas abkühlen lassen und im Mixer pürieren. Dabei nach und nach Kirschwasser oder Calvados unterschlagen. Die Masse durch ein Sieb streichen. Crème fraîche esslöffelweise unterschlagen. Die Masse muss locker und schaumig sein. Mindestens 1 Stunde kühl stellen.
4. Danach nochmals durchschlagen, durch eine Spätzlepresse drücken und bergartig auf Tellern anrichten. Feigen in Scheiben schneiden und die Maronencreme damit garnieren.

Marsalasauce

■ Klassisch–schnell

Pro Portion:
E: 3 g, F: 9 g, Kh: 24 g,
kJ: 770, kcal: 184

4 Eigelb
250 ml ($^1/_4$ l) Marsala
(italienischer Dessertwein)
80 g Zucker
Saft von $^1/_2$ Zitrone
10 g Speisestärke

Zubereitungszeit: 15 Min.

1. Eigelb in eine metallene Rührschüssel geben. Die übrigen Zutaten hinzufügen.
2. Im heißen Wasserbad zu einer schaumigen Sauce aufschlagen.

Tipp:
Zu kalten und warmen Süßspeisen reichen.

Marsalasauce

Martinsgans mit Majoranäpfeln
6 Portionen

■ Klassisch

Pro Portion:
E: 76 g, F: 147 g, Kh: 17 g,
kJ: 7626, kcal: 1823

1 küchenfertige Gans mit Hals und Innereien (4,5–5 kg)
Salz
1 kg säuerliche Äpfel, z. B. Boskop
1 Bund Majoran
4 Zwiebeln (etwa 200 g)
kaltes Salzwasser
getrockneter Majoran

Zubereitungszeit: 4 Std.

1. Gans mit Hals und Innereien unter fließendem kalten Wasser abspülen, trockentupfen und evtl. das Fett herausnehmen. Hals abschneiden, zerkleinern und mit den Innereien beiseite legen. Die Gans innen mit Salz einreiben, Keulen und Flügel mit Küchengarn am Rumpf festbinden.
2. Äpfel schälen, vierteln, entkernen. Majoran unter fließendem kalten Wasser abspülen, trockentupfen, die Blättchen von den Stielen zupfen und mit den Apfelvierteln in die Gans füllen.
3. Die Öffnung mit Holzstäbchen verschließen, die Gans mit dem Rücken nach unten auf dem Rost auf eine mit Wasser ausgespülte Rostbratpfanne legen, auf der unteren Schiene in den Backofen schieben.
Ober-/Unterhitze: etwa 200 °C (vorgeheizt)
Heißluft: etwa 180 °C (nicht vorgeheizt)
Gas: Stufe 3–4 (nicht vorgeheizt)
Bratzeit: etwa 3 Stunden.

A B C D E F G H I J K L **M**

Martinsgans mit Majoranäpfeln

4. Zwiebeln abziehen, grob zerkleinern, mit dem zerkleinerten Gänsehals und den Innereien in die Rostbratpfanne geben. Sobald der Bratensatz bräunt, etwas Wasser hinzugießen.
5. Nach etwa 1 Stunde Bratzeit die Gans wenden, ab und zu mit dem Bratensatz begießen, verdampfte Flüssigkeit nach und nach durch Wasser ersetzen. Während des Bratens ab und zu unterhalb der Flügel und Keulen in die Gans stechen, damit das Fett besser ausbraten kann. 10 Minuten vor Beendigung der Garzeit die Gans mit kaltem Salzwasser bestreichen, die Hitze auf stark stellen, damit die Haut schön kross wird.
6. Die gare Gans in Portionsstücke schneiden und warm stellen. Den Bratensatz mit etwas Wasser loskochen, nach Bedarf mit Flüssigkeit auffüllen, durch ein Sieb streichen und mit Salz und Majoran abschmecken.

Beilage:
Apfelrotkohl, Esskastanien, Kartoffelklöße.

Mascarponebecher

■ Für Gäste

Pro Portion:
E: 8 g, F: 46 g, Kh: 39 g,
kJ: 2855, kcal: 637

400 g Mascarpone
abgeriebene Schale und Saft von
1/2 Zitrone (unbehandelt)
2 Eigelb, 100 g Zucker
2 Eiweiß
300 g frische Erdbeeren
20 ml Orangenlikör
einige Pistazienkerne oder
Zitronenmelisse

Zubereitungszeit: 20 Min.

1. Mascarpone mit Zitronenschale und -saft, Eigelb und 80 g Zucker mit dem Schneebesen oder Handrührgerät mit Rührbesen sehr cremig rühren. Zum Schluss das steif geschlagene Eiweiß unter den Mascarpone ziehen.
2. Die gewaschenen, gut abgetropften Erdbeeren halbieren, mit dem restlichen Zucker und dem Orangenlikör vermischen.
3. Die Hälfte der Erdbeeren in 4 Becher geben, die Hälfte der Mascarponecreme darüber geben, wieder Erdbeeren und zum Abschluss die restliche Mascarponecreme in die Becher geben. In die Mitte jedes Bechers einen abgezogenen Pistazienkern oder Zitronenmelisse als Garnitur setzen.

MENUE

Vorspeise:
Avocados mit Krabben (Seite 23)

Hauptgericht:
Martinsgans mit Majoranäpfeln
(Seite 300)

Dessert:
Mokkacreme mit Mascarpone
(Seite 312)

301

M N O P Q R S T U V W X Y

Matjes in Dill

Matjes in Dill

■ Gut vorzubereiten

Pro Portion:
E: 13 g, F: 15 g, Kh: 41 g,
kJ: 1573, kcal: 376

Für die Marinade:
375 ml ($^3/_8$ l) Rotweinessig
150 g Zucker
2 Lorbeerblätter
10 Matjesfilets
150 g rote Zwiebeln
5–6 EL gehackter Dill

Zubereitungszeit: 30 Min., ohne Durchziehzeit

1. Essig mit Zucker und Lorbeerblättern zum Kochen bringen, unter Rühren kochen, bis der Zucker gelöst ist und erkalten lassen.
2. Matjesfilets kalt abspülen und trockentupfen.
3. Zwiebeln abziehen und in Scheiben schneiden. Matjes und Zwiebeln mit Dill abwechselnd in ein Glas schichten, mit der kalten Marinade übergießen.
4. Das Glas verschließen, kühl stellen, und etwa 2 Tage durchziehen lassen.

Matjes-Cocktail
3 Portionen

■ Schnell – für Gäste

Pro Portion:
E: 12 g, F: 15 g, Kh: 8 g,
kJ: 966, kcal: 231

1 Packung (200 g) Meerrettichquark
2 EL Preiselbeeren (aus dem Glas)
1 roter Apfel
2 Gewürzgurken
4 Matjesfilets
gewaschene Salatblätter
Kresseblättchen

Zubereitungszeit: 20 Min.

1. Quark mit Preiselbeeren verrühren. Apfel waschen, vierteln und entkernen. Apfel und Gewürzgurken in Scheiben schneiden. Matjesfilets in schmale Streifen schneiden.
2. Die drei Zutaten vorsichtig unter den Quark heben.
3. Vier Portionsschälchen oder Cocktailgläser mit Salatblättern auslegen, den Matjescocktail darin anrichten und mit Kresseblättchen garnieren.

Beilage:
Vollkornbrot, Butter.

Matjessalat

■ Gut vorzubereiten

Pro Portion:
E: 8 g, F: 18 g, Kh: 4 g,
kJ: 936, kcal: 224

6 Matjesfilets
250 ml ($^1/_4$ l) Mineralwasser
2 Zwiebeln
2–3 Gewürzgurken
175 g gedünstete
Champignonscheiben (aus dem Glas)

Für die Salatsauce:
1 Becher (150 g) Crème fraîche
1–2 EL Joghurt
1–2 TL geriebener Meerrettich

Zubereitungszeit: 1$^1/_2$ Std.

1. Matjesfilets kalt abspülen, mit Mineralwasser übergießen, 1 Stunde wässern, trockentupfen und in 3–4 cm große Stücke schneiden.
2. Zwiebeln abziehen, in Scheiben schneiden und in Ringe teilen. Gewürzgurken in Scheiben schneiden.
3. Für die Salatsauce Crème fraîche mit Joghurt und Meerrettich verrühren und mit den Salatzutaten vermengen, etwas durchziehen lassen.

Matjessalat

302

Tipp:
Als Vorspeise reicht dieses Rezept für 8 Personen. Reichen Sie dann gebuttertes Schwarzbrot dazu.

Matjes-Topf

■ Gut vorzubereiten

Pro Portion:
E: 14 g, F: 24 g, Kh: 8 g,
kJ: 1362, kcal: 325

Matjes-Topf

6 Matjesfilets
1 rote Zwiebel
2 Äpfel
125 ml ($^1/_8$ l) Schlagsahne
200 g Speisequark
Salz, frisch gemahlener Pfeffer
Zitronensaft
Dillzweige

Zubereitungszeit: 25 Min., ohne Durchziehzeit

1. Matjesfilets evtl. einige Zeit wässern, trockentupfen und in mundgerechte Stücke schneiden.

2. Zwiebel abziehen, in Scheiben schneiden und in Ringe teilen. Äpfel schälen, vierteln, entkernen und in kleine Scheiben schneiden.

3. Sahne steif schlagen. Quark gut verrühren, die steif geschlagene Sahne unterheben, mit Matjesstückchen, Zwiebelringen und Apfelscheiben vorsichtig vermengen.

4. Mit Salz, Pfeffer und Zitronensaft würzen, einige Zeit kühl stellen und mit Dill garniert servieren.

Beilage:
Pellkartoffeln.

Maultaschen, schwäbisch

■ Klassisch

Pro Portion:
E: 44 g, F: 29 g, Kh: 102 g,
kJ: 3760, kcal: 898

Für den Nudelteig:
500 g Weizenmehl
4 Eier, 2 EL Speiseöl
1 Prise Salz

Für die Füllung:
100 g gehackte Leber
220 g Rinderhackfleisch
1 Ei, 3 EL Semmelbrösel
2 EL Zwiebelwürfel
1 EL Petersilie
Salz, Pfeffer, Muskat
1 Ei zum Bestreichen

Für die Suppe:
1 EL Speiseöl
1 Gemüsezwiebel in Scheiben
800 ml Rinderfond oder -brühe
3 EL Schnittlauchröllchen

Zubereitungszeit: 1$^1/_2$ Std.

1. Für den Nudelteig Mehl, Eier, Öl und Salz zu einem glatten Teig verkneten. In Frischhaltefolie wickeln und 40 Minuten ruhen lassen.

2. Für die Füllung Leber, Rinderhackfleisch, Ei, Semmelbrösel, Zwiebelwürfel und Petersilie kräftig mit Salz, Pfeffer, Muskat würzen und miteinander verkneten.

3. Danach den Teig dünn auf einer bemehlten Arbeitsfläche ausrollen und in etwa 6 x 8 cm große Rechtecke schneiden.

4. Auf jedes Rechteck einen Esslöffel Füllung geben, die Teigränder mit Ei bestreichen, zuklappen und andrücken.

5. Für die Suppe Öl erhitzen, Zwiebelscheiben darin anschwitzen, mit Rinderfond leicht verkochen. Die Maultaschen darin 10 Minuten köcheln lassen. Gegebenenfalls mit Salz und Muskat nachwürzen. Vor dem Servieren mit Schnittlauchröllchen bestreuen.

Maultaschen, schwäbisch

303

Mayonnaise

■ Schnell

Pro Portion:
E: 1 g, F: 33 g, Kh: 1 g,
kJ: 1313, kcal: 313

1 Eigelb
1 EL Essig oder Zitronensaft
Salz
frisch gemahlener Pfeffer
1 gestr. TL Zucker
125 ml (¹/₈ l) Speiseöl
Senf

Zubereitungszeit: 10 Min.

1. Eigelb mit Essig oder Zitronensaft, Salz, Pfeffer und Zucker in einer Rührschüssel mit einem Schneebesen oder mit Handrührgerät mit Rührbesen zu einer dicklichen Masse schlagen.
2. Darunter Öl schlagen (bei dieser Zubereitung ist es nicht notwendig, das Öl tropfenweise zuzusetzen, es wird in Mengen von 1–2 Esslöffeln untergeschlagen, die dem Eigelb zugefügten Gewürze verhindern eine Gerinnung). Die Mayonnaise evtl. mit Senf abschmecken.

Tipp:
Unter die Mayonnaise Joghurt nach Geschmack rühren.

MENUE
Vorspeise:
Meeresfrüchtesuppe, legierte
(Seite 305)
Hauptgericht:
Meeräsche, gedünstet (Seite 304)
Dessert:
Flammeri (Seite 129)

Meeräsche, gedünstet

■ Schnell

Pro Portion:
E: 57 g, F: 34 g, Kh: 2 g,
kJ: 2449, kcal: 586

2–4 küchenfertige Meeräschen
(1–1¹/₄ kg – ersatzweise Makrelen)
6 EL Olivenöl, Salz
6 EL Zitronensaft
frisch gemahlener Pfeffer
1 EL gehackter Thymian
4 EL gehackte Petersilie

Zubereitungszeit: 35 Min.

1. Fische unter fließendem kalten Wasser abspülen, trockentupfen, innen mit etwas Öl ausstreichen.
2. Restliches Öl mit Salz und Zitronensaft gut verrühren, nach Belieben mit Pfeffer würzen. Alufolie so zurechtschneiden, dass man die Fische einzeln darin einwickeln kann.
3. Die Fische auf die Folie legen, die Marinade darüber verteilen, die gehackten Kräuter darüber streuen. Die Folienstücke gut verschließen, auf einem Backblech im Backofen garen.
Ober-/Unterhitze: etwa 200 °C (vorgeheizt)
Heißluft: etwa 180 °C (vorgeheizt)
Gas: Stufe 3–4 (vorgeheizt)
Garzeit: etwa 20 Minuten.

Beilage:
Tomatensalat.

Meeräsche, gedünstet

Meeresfrüchterisotto

Meeresfrüchterisotto

■ Raffiniert

Pro Portion:
E: 21 g, F: 18 g, Kh: 49 g,
kJ: 1967, kcal: 469

4 EL Olivenöl
1 Zwiebel
150 g Porree (Lauch)
100 g Staudensellerie
1 Knoblauchzehe
200 g italienischer Rundkornreis
500 ml ($1/2$ l) Gemüsebrühe
1 TL gehacktes Basilikum
1 TL gehackter Oregano
Salz
frisch gemahlener Pfeffer
Zitronensaft
Worcestersauce
2 enthäutete, entkernte, gewürfelte Tomaten
100 g Shrimps
75 g Muschelfleisch (aus dem Glas)
75 g Garnelen
2 EL gehackte Petersilie
50 g geriebener Parmesan

Zubereitungszeit: 35 Min.

1. Öl erhitzen. Zwiebel abziehen, würfeln, darin andünsten. Porree und Sellerie putzen, waschen, in feine Streifen schneiden. Knoblauchzehe abziehen, fein würfeln. Die Zutaten andünsten.
2. Reis hinzufügen, glasig dünsten lassen. Brühe hinzugießen, zum Kochen bringen und etwa 25 Minuten garen. Mit Basilikum, Oregano, Salz, Pfeffer, Zitronensaft und Worcestersauce würzen.
3. Tomaten, Shrimps, Muschelfleisch und Garnelen unter den Reis heben. Petersilie und Parmesan darüber streuen.

Meeresfrüchtesuppe, legierte

6–8 Portionen

■ Raffiniert

Pro Portion:
E: 20 g, F: 19 g, Kh: 20 g,
kJ: 1598, kcal: 382

125 g Zwiebeln
1 Stange Porree (Lauch, 150 g)
500 g Fleischtomaten
4 EL Speiseöl
1 Knoblauchzehe
1 Stängel Petersilie
1 Lorbeerblatt
1 Kapsel Safranfäden
250 g Fischreste
Salz
750 ml ($3/4$ l) Wasser
250 ml ($1/4$ l) Weißwein
frisch gemahlener Pfeffer
600 g verschiedenes Fischfilet
300 g Garnelenschwänze (ohne Schale)
1 Dose Muscheln im eigenen Saft (Abtropfgewicht 150 g)
200 ml Schlagsahne
2 Eigelb, 1 Bund Petersilie

Zubereitungszeit: 70 Min.

1. Zwiebeln abziehen, Porree putzen und waschen, beides in Ringe schneiden. Tomaten waschen, von den Stängelansätzen befreien, in dünne Schnitze schneiden.
2. Öl in einem großen Topf erhitzen, Zwiebeln und Porree darin gut andünsten, Tomaten hinzufügen. Abgezogene, zerdrückte Knoblauchzehe, Petersilienstängel, Lorbeerblatt und Safran hinzufügen.
3. Fischreste waschen, mit Salz, Wasser und Wein in den Topf geben. Zum Kochen bringen und etwa 30 Minuten bei geöffnetem Topf leise kochen lassen.
4. Die Fisch-Gemüse-Brühe durch ein Sieb geben, das Gemüse gut ausdrücken, aber nicht durchpassieren. Brühe mit Salz und Pfeffer nachschmecken.
5. Fischfilet unter fließendem kalten Wasser abspülen, in mundgerechte Stücke schneiden, Garnelenschwänze unter fließendem kalten Wasser abspülen.
6. Beides in die Brühe geben und etwa 10 Minuten bei geschlossenem Topf ziehen lassen.
7. Muscheln abgießen, in die Suppe geben, erhitzen. Topf zur Seite ziehen. Sahne und Eigelb verquirlen, vorsichtig in die Suppe rühren. Mit fein gehackter Petersilie bestreuen.

Meeresfrüchtesuppe, legierte

305

Meerrettichsauce

■ Schnell

Pro Portion:
E: 1 g, F: 10 g, Kh: 4 g,
kJ: 465, kcal: 111

125 ml (¹/₈ l) Schlagsahne
2 EL geriebener Meerrettich
1 EL Zitronensaft
Salz
1 Prise Zucker
1 EL Preiselbeerkompott

Zubereitungszeit: 10 Min.

1. Sahne steif schlagen, mit Meerrettich und Zitronensaft verrühren.
2. Mit Salz und Zucker würzen und nach Belieben Preiselbeerkompott unterrühren.

Tipp:
Zu Fleischfondue oder gebackenem Schinken reichen.

Melone mit Geflügelsalat

■ Für Gäste

Pro Portion:
E: 15 g, F: 8 g, Kh: 6 g,
kJ: 722, kcal: 172

800 g Wassermelone
250 g gekochtes Geflügelfleisch
250 g Champignons
1 EL Butter
Salz, frisch gemahlener Pfeffer
Zitronensaft
2 EL Salatmayonnaise
gewaschene Petersilie

Melone mit Geflügelsalat

Zubereitungszeit: 40 Min.

1. Melone waschen, abtrocknen, in 4 gleiche Schiffchen schneiden und das Fruchtfleisch mit einem Löffel so aus der Schale lösen, dass ein etwa 1 cm breiter Rand in der Schale bleibt. Das ausgelöste Melonenfleisch entkernen, in kleine Stücke schneiden, gut abtropfen lassen und die Melonen-Schiffchen kalt stellen.
2. Geflügelfleisch evtl. enthäuten und in kleine Stücke schneiden. Champignons putzen, mit Küchenpapier abreiben und in dünne Scheiben schneiden.
3. Butter zerlassen, die Champignonscheiben darin etwa 5 Minuten dünsten lassen, mit Salz, Pfeffer und Zitronensaft würzen, erkalten lassen und mit Melonen-, Geflügelfleisch und Salatmayonnaise vermengen.
4. Den Salat auf die gut gekühlten Melonen-Schiffchen verteilen und mit Petersilie garnieren.

Tipp: Salatzutaten mit einigen Tropfen Worcestersauce oder Tabasco würzen, bevor die Mayonnaise untergehoben wird.

Melonen-Himbeer-Salat
6 Portionen

■ Für Gäste

Pro Portion:
E: 3 g, F: 7 g, Kh: 22 g,
kJ: 785, kcal: 187

500–750 g Wassermelone
4 EL Himbeergeist
250 g Himbeeren
2 EL Zucker
1 Haushaltspackung Vanilleeis
2 EL gehackte Pistazien

Zubereitungszeit: 1³/₄ Std.

1. Von der Melone das Fruchtfleisch aus der Schale lösen, entkernen, in etwa 2 x 2 cm große Würfel schneiden, mit Himbeergeist beträufeln und etwa 1 Stunde zugedeckt kalt stellen.
2. Himbeeren verlesen, evtl. entstielen, mit Zucker bestreuen und zugedeckt 30 Minuten kalt stellen.
3. Vanilleeis in Würfel schneiden, mit den Melonenwürfeln und den Himbeeren vorsichtig vermengen, in die Melonenhälfte füllen, mit Pistazien bestreuen und sofort servieren.

Melonen-Himbeer-Salat

Miesmuscheln in Tomatensauce

Miesmuscheln in Tomatensauce

■ Gut vorzubereiten

Pro Portion:
E: 13 g, F: 17 g, Kh: 6 g,
kJ: 1079, kcal: 257

1 kg Miesmuscheln
4 EL Olivenöl
1 EL Zwiebelwürfel
1 EL Staudensellerie in Würfel
1 EL Möhren in Würfel
100 ml trockener Weißwein
100 ml Fischfond oder -brühe
250 g Tomatenwürfel
1 EL grob gehackter Salbei
1 EL grob gehacktes Basilikum
1 EL grob gehackte Petersilie
Salz
frisch gemahlener Pfeffer
1 Knoblauchzehe

Zubereitungszeit: 45 Min.

1. Miesmuscheln in reichlich kaltem Wasser gründlich waschen, einzeln abbürsten, bis sie nicht mehr sandig sind. Muscheln, die sich beim Waschen öffnen, sind ungenießbar.
2. In heißem Öl Muscheln, Zwiebel-, Sellerie- und Möhrenwürfel andünsten, mit Wein und Fischfond etwa 10 Minuten kochen.
3. Muscheln aus dem Sud nehmen und warm stellen.
4. Den verbleibenden Sud mit Tomatenwürfeln und Kräutern sowie Salz, Pfeffer und abgezogenem Knoblauch etwa 3 Minuten kochen.
5. Miesmuscheln dazugeben und mehrmals durchschwenken.

Beilage:
Baguette oder Pumpernickel mit Käse.

Milchnudeln

■ Für Kinder

Pro Portion:
E: 17 g, F: 13 g, Kh: 76 g,
kJ: 2118, kcal: 505

1 l Milch
1 Prise Salz
10 g Butter
250 g Nudeln
50 g Zucker
60 g vorgequollene Rosinen

Zubereitungszeit: 40 Min.

1. Milch mit Salz und Butter zum Kochen bringen, Nudeln hineingeben, zum Kochen bringen, ab und zu umrühren, etwa 30 Minuten ausquellen lassen.
2. Mit Zucker und Rosinen mischen.

MENUE

Vorspeise:
Champignonsalat (Seite 73)

Hauptgericht:
Miesmuscheln in Tomatensauce (Seite 307)

Dessert:
Renekloden (Seite 381)

Milchreis

■ Für Kinder – klassisch

Pro Portion:
E: 9 g, F: 13 g, Kh: 20 g,
kJ: 1032, kcal: 246

1 l Milch
1–2 EL Butter
1 Prise Salz, 20 g Zucker
Zitronenschale (unbehandelt)
125 g Milchreis (Rundkorn)
Zucker
Zimtpulver

Zubereitungszeit: 50 Min.

1. Milch mit Butter, Salz, Zucker und Zitronenschale zum Kochen bringen. Milchreis hineingeben, zum Kochen bringen, in etwa 40 Minuten ausquellen lassen.
2. Den fertigen Milchreis mit Zucker und Zimt bestreuen.

Beilage:
Frucht- oder Schokoladensauce.

Minestrone

■ Gut vorzubereiten

Pro Portion:
E: 16 g, F: 36 g, Kh: 22 g,
kJ: 2085, kcal: 499

2 Möhren
2 große Kartoffeln
1 Zucchini (etwa 150 g)
1 Stange Porree (Lauch)
100 g Wirsing
100 g grüne Bohnen
100 g ausgepalte Erbsen
2 Zwiebeln
100 g durchwachsener Speck
4 EL Olivenöl
1 l Fleischbrühe
50 g Hörnchennudeln
2 enthäutete Fleischtomaten
2 EL gehackte Petersilie
2 EL gehackte Basilikumblättchen
Salz, Rosenpaprika
frisch geriebener Parmesan

Zubereitungszeit: 1 Std.

1. Möhren putzen und schälen. Kartoffeln schälen. Beide Zutaten waschen und in kleine Würfel schneiden.
2. Zucchini waschen, die Enden abschneiden, Zucchini in Würfel schneiden. Porree putzen, waschen, in Scheiben schneiden. Wirsing waschen, in Streifen schneiden. Bohnen abfädeln, waschen und in Stücke schneiden. Erbsen waschen, Zwiebeln abziehen und fein würfeln.
3. Speck in kleine Würfel schneiden. Öl erhitzen und darin Speck- und Zwiebelwürfel andünsten. Das vorbereitete Gemüse dazugeben und durchdünsten lassen.
4. Brühe hinzugießen, die Suppe zum Kochen bringen und etwa 15 Minuten kochen lassen.
5. Nudeln hinzufügen und etwa 8 Minuten mitgaren lassen.
6. Tomaten halbieren, entkernen, klein schneiden und mit den Kräutern in die Suppe geben. Mit Salz und Paprika abschmecken und mit Parmesan bestreut servieren.

Mirabellenkompott

Mirabellenkompott

■ Gut vorzubereiten

Pro Portion:
E: 1 g, F: 0 g, Kh: 35 g,
kJ: 629, kcal: 151

500 g Mirabellen
125 ml (¹/₈ l) Wasser
75 g Zucker
Zucker

Zubereitungszeit: 25 Min.

1. Mirabellen waschen und entstielen.
2. Wasser mit Zucker zum Kochen bringen, die Mirabellen hineingeben, zum Kochen bringen, weich kochen lassen.
3. Das Kompott erkalten lassen und evtl. mit Zucker abschmecken.

Tipp:
Auf diese Weise können Sie auch aus Zwetschen und Renekloden Kompott zubereiten.

Mitternachtssuppe
12 Portionen

■ Gut vorzubereiten

Pro Portion:
E: 27 g, F: 18 g, Kh: 23 g,
kJ: 1670, kcal: 399

350 g Rindfleisch
350 g Schweinefleisch
75 g Schweineschmalz
Salz
frisch gemahlener Pfeffer
1 Prise Zucker
1 EL Paprika extra scharf
2 EL Tabasco
2 TL Cayennepfeffer
6 EL Madeira
2¹/₂ l Fleischbrühe
400 g Zwiebeln
2 Stangen Porree (Lauch)
2 rote Paprikaschoten
1 Stück Knollensellerie (etwa 250 g)
2 Möhren

425 g rote Bohnenkerne
(aus der Dose)
425 g weiße Bohnenkerne
(aus der Dose)

Zubereitungszeit: 2 Std.

1. Fleisch kalt abspülen, trockentupfen, in Würfel schneiden. Schmalz zerlassen, das Fleisch von allen Seiten gut darin anbraten.
2. Mit Salz, Pfeffer, Zucker, Paprika, Tabasco, Cayennepfeffer und Madeira würzen. Brühe hinzugießen, zum Kochen bringen, etwa 90 Minuten kochen lassen.
3. Zwiebeln abziehen, halbieren, in Streifen schneiden. Porree putzen, waschen, in schmale Ringe schneiden, evtl. nochmals waschen. Paprika vierteln, entstielen, entkernen, die weißen Scheidewände entfernen, die Schoten waschen. Sellerie und Möhren putzen, schälen, waschen.
4. Die drei Zutaten in Streifen schneiden und in die Suppe geben und noch 30 Minuten ziehen lassen.
5. 10 Minuten vor Beendigung der Garzeit Bohnenkerne mit der Flüssigkeit hinzufügen.

Mitternachtssuppe

Mohnnudeln

■ Für Kinder

Pro Portion:
E: 22 g, F: 33 g, Kh: 96 g,
kJ: 3376, kcal: 807

Für den Nudelteig:
500 g Weizenmehl
4 Eier
1 Prise Salz
2 EL Speiseöl

80 g Butter
2 EL gemahlener Mohn
1 EL Puderzucker

Zubereitungszeit: 1 1/2 Std.

1. Aus den Teigzutaten einen geschmeidigen, glatten Teig herstellen. Diesen Teig 30 Minuten kalt stellen.
2. Die Arbeitsfläche mit Mehl bestreuen, den Teig darauf dünn ausrollen, in breite Streifen schneiden und leicht antrocknen lassen.
3. Die Nudeln in reichlich kochendem Salzwasser etwa 2 Minuten garen, auf ein Sieb geben und abtropfen lassen.
4. Butter erhitzen, Nudeln darin andünsten, den Mohn hinzufügen, durchschwenken und anrichten. Zum Schluss mit Zucker bestreuen.

Mohnnudeln

Möhren-Apfel-Salat

Möhren-Apfel-Salat

■ Schnell

Pro Portion:
E: 1 g, F: 3 g, Kh: 12 g,
kJ: 374, kcal: 89

500 g Möhren
250 g Äpfel

Für die Salatsauce:
2–3 EL Zitronensaft, 1 EL Speiseöl
Salz, 1 Prise Zucker

Zubereitungszeit: 25 Min.

1. Möhren putzen, schälen und waschen. Äpfel schälen, vierteln und entkernen. Beide Zutaten raspeln.
2. Für die Salatsauce Zitronensaft mit Öl, Salz und Zucker verrühren. Möhren und Äpfel mit der Sauce vermengen.
3. Den Salat mit Salz und Zucker abschmecken und etwas durchziehen lassen.

Tipp:
1–2 Esslöffel gehackte Haselnusskerne oder Sonnenblumenkerne und Rosinen unter den Salat mengen.

MENUE

Vorspeise:
Möhrencremesuppe (Seite 311)

Hauptgericht:
Falscher Hase (Seite 112)

Dessert:
Portweincreme (Seite 358)

Möhreneintopf

Möhrencremesuppe

■ Für Kinder

Pro Portion:
E: 4 g, F: 18 g, Kh: 18 g,
kJ: 1067, kcal: 254

400 g Möhren
2 große Kartoffeln (etwa 175 g)
200 g Knollensellerie, 2–3 Zwiebeln
40 g Butter
1 l Gemüsebrühe
Salz, frisch gemahlener Pfeffer
75 g Crème fraîche
1 EL gehackter Dill
1 EL Butter

Zubereitungszeit: 35 Min.

1. Möhren, Kartoffeln und Sellerie schälen und waschen. Zwiebeln abziehen. Die vier Zutaten in Würfel schneiden.
2. Butter zerlassen, die Zwiebelwürfel darin andünsten, das Gemüse hinzufügen, durchdünsten lassen, Gemüsebrühe hinzugießen, mit Salz und Pfeffer würzen, zum Kochen bringen und etwa 15 Minuten kochen lassen.
3. Die Suppe pürieren und Crème fraîche unterrühren, mit Pfeffer und Salz abschmecken, Dill unterrühren und kurz vor dem Servieren Butter in Flöckchen auf die Suppe geben.

Möhreneintopf

■ Für Kinder

Pro Portion:
E: 28 g, F: 25 g, Kh: 38 g,
kJ: 2154, kcal: 514

750 g Möhren
750 g Kartoffeln
75 g Butter
2 Zwiebeln
375–500 ml ($^3/_8$–$^1/_2$ l) Gemüsebrühe
4 Rauchenden
Salz
frisch gemahlener Pfeffer
2 EL gehackte, glatte Petersilie

Zubereitungszeit: 50 Min.

1. Möhren putzen, schälen, waschen und in Scheiben schneiden. Kartoffeln waschen, schälen, abspülen und in Würfel schneiden.
2. Butter zerlassen. Zwiebeln abziehen, fein würfeln, in der Butter andünsten, die Möhrenscheiben etwa 5 Minuten darin andünsten, dann die Kartoffelwürfel hinzufügen und ebenfalls andünsten. Brühe hinzugeben, 20 Minuten garen lassen, nach 10 Minuten Garzeit Rauchenden darauf legen und fertig garen.
3. Den Eintopf mit Salz und Pfeffer abschmecken und Petersilie darauf verteilen. Die Rauchenden nach Belieben in Scheiben schneiden und wieder in den Eintopf geben.

Möhren-Kartoffel-Püree

■ Für Kinder

Pro Portion:
E: 6 g, F: 13 g, Kh: 28 g,
kJ: 1066, kcal: 254

500 g Möhren
500 g mehlig kochende Kartoffeln
50 g Butter
250 ml ($^1/_4$ l) Milch
1–2 Zweige Estragon
1 TL geriebener Meerrettich
frisch gemahlener Pfeffer, Salz

Zubereitungszeit: 35 Min.

1. Möhren putzen, schälen, waschen. Kartoffeln schälen, waschen. Beide Zutaten in kleine Würfel schneiden.
2. Butter zerlassen. Kartoffeln und Möhren hinzufügen.
3. Milch dazugießen, zum Kochen bringen, bei schwacher Hitze etwa 20 Minuten garen lassen. Die Zutaten fein zerstampfen. Evtl. mit dem Schneidestab fein pürieren.
4. Estragon abspülen, die Blättchen von den Stängeln zupfen, trockentupfen, fein schneiden. Estragon und Meerrettich unter das Püree geben. Mit Pfeffer und Salz abschmecken.

Tipp:
Zu Schweinekoteletts oder Fisch servieren.

Möhren-Kartoffel-Püree

311

Möhren mit Kerbel

■ Für Kinder

Pro Portion:
E: 2 g, F: 11 g, Kh: 9 g,
kJ: 608, kcal: 145

750 g kleine, junge Möhren
1 Zwiebel
50 g Butter
etwas Wasser
Salz
frisch gemahlener Pfeffer
2–3 EL gehackte Kerbelblättchen

Zubereitungszeit: 40 Min.

1. Möhren putzen, schälen und waschen. Zwiebel abziehen und würfeln.
2. Butter zerlassen, die Zwiebelwürfel darin glasig dünsten lassen, die Möhren mit etwas Wasser hinzufügen, mit Salz und Pfeffer würzen, zum Kochen bringen, in etwa 10 Minuten gar dünsten lassen und mit Kerbelblättchen bestreuen.

Tipp:
Zu Frikadellen, Schnitzel oder Kotelett und Kartoffelbrei reichen.

Mokka-Parfait

■ Dauert länger

Pro Portion:
E: 8 g, F: 47 g, Kh: 53 g,
kJ: 2835, kcal: 678

6 Eigelb
175 g Zucker
2 EL Instant-Kaffee
1 EL heißes Wasser
500 ml ($1/2$ l) Schlagsahne
2 Pck. Vanillin-Zucker

Zubereitungszeit: etwa 30 Min., ohne Gefrierzeit

1. Eigelb mit Zucker schaumig schlagen. Kaffee in Wasser auflösen und unterrühren.
2. Sahne mit Vanillin-Zucker steif schlagen (4 Esslöffel zum Verzieren in einen Spritzbeutel mit Sternülle füllen) und unter die Eigelbmasse ziehen.
3. Die Masse in eine flache Schale füllen und im Gefrierfach in 3–4 Stunden gefrieren lassen.
4. Das Mokka-Parfait mit der zurückgelassenen Sahne verzieren.

Mokkacreme mit Mascarpone

■ Für Gäste

Pro Portion:
E: 13 g, F: 35 g, Kh: 54 g,
kJ: 2575, kcal: 615

1 Pck. Pudding-Pulver Vanille-Geschmack
60 g Zucker, 2 Eigelb

500 ml ($1/2$ l) Milch
2–4 EL Mokkalikör
250 g Mascarpone
125 g Löffelbiskuits
125 ml ($1/8$ l) starker Mokka
1 TL Kakao

Zubereitungszeit: 90 Min.

1. Pudding-Pulver mit Zucker, Eigelb und etwas Milch anrühren. Restliche Milch zum Kochen bringen. Das angerührte Pudding-Pulver in die Milch geben, zum Kochen bringen und aufkochen lassen.
2. Likör und Mascarpone unterrühren. Knapp die Hälfte der Masse in eine flache Schüssel geben. Darauf die Löffelbiskuits verteilen. Mokka darüber träufeln.
3. Restliche Pudding-Mascarpone-Masse mit einem großen Löffel als Nocken darauf verteilen. Die Mitte mit Kakao bestäuben.

Moussaka

6–8 Personen

■ Klassisch

Pro Portion:
E: 49 g, F: 104 g, Kh: 31 g,
kJ: 5551, kcal: 1326

1 kg Auberginen
Salz
10 EL Olivenöl
2 Zwiebeln
90 g Butter
750 g gehacktes Lamm- oder Rindfleisch
frisch gemahlener Pfeffer
Zimtpulver
4 Tomaten
3 EL gehackte Petersilie
1 EL Oregano, gehackt
125 ml ($^1/_8$ l) Fleischbrühe
30 g Weizenmehl
250 ml ($^1/_4$ l) Milch
3 Eigelb
6 EL Semmelbrösel
6 EL geriebener Parmesan

Zubereitungszeit: 90 Min.

1. Auberginen waschen, Stängel abschneiden, Auberginen in Scheiben schneiden, mit Salz bestreuen und 30 Minuten ziehen lassen, trockentupfen.
2. Öl erhitzen, Auberginen darin portionsweise hellbraun braten, herausnehmen.
3. Zwiebeln abziehen, würfeln. 60 g Butter zerlassen, Zwiebeln glasig dünsten. Hackfleisch dazugeben, mit Salz, Pfeffer und Zimt würzen und gut verrühren.
4. Tomaten enthäuten, klein schneiden, mit Petersilie und Oregano unterrühren. Brühe angießen und etwa 10 Minuten schmoren.
5. Restliche Butter zerlassen, Mehl darin anschwitzen, Milch nach und nach mit einem Schneebesen unterschlagen, etwa 5 Minuten kochen, mit Salz und Pfeffer würzen. Eigelb unterrühren.
6. Eine feuerfeste Form einfetten, mit 3 Esslöffeln Semmelbröseln ausstreuen, die halbe Fleischmasse einfüllen, die Hälfte der Auberginen darauf geben, mit 2 Esslöffeln Käse bestreuen, restliche Fleischmasse, Auberginen,

2 Esslöffel Käse einfüllen. Sauce darüber gießen, mit Käse und restlichen Semmelbröseln bestreuen, auf dem Rost in den Backofen schieben.
Ober-/Unterhitze: etwa 180 °C (vorgeheizt)
Heißluft: etwa 160 °C (nicht vorgeheizt)
Gas: Stufe 2–3 (nicht vorgeheizt)
Backzeit: etwa 45 Minuten.

Beilage: Reis oder Fladenbrot.

Moussaka, vegetarisch

Moussaka, vegetarisch

■ **Raffiniert**

Pro Portion:
E: 7 g, F: 28 g, Kh: 16 g,
kJ: 1504, kcal: 359

4 große Auberginen (etwa 1,4 kg)
Salz
frisch gemahlener Pfeffer
120 g Weizenmehl
150 ml Olivenöl
2 Zwiebeln, 4 Knoblauchzehen
6 mittelgroße Tomaten
7 EL Olivenöl
1 EL Thymianblättchen
1 EL Basilikumstreifen
1 EL Rosmarinnadeln
100 g geriebener Parmesan

Zubereitungszeit: 50 Min., ohne Stehzeit

1. Auberginen waschen, abtrocknen, die Enden abschneiden, Auberginen in $^1/_2$ cm dicke Scheiben schneiden, mit Salz bestreuen und etwa 20 Minuten stehen lassen. Auberginenscheiben dann trockentupfen, pfeffern und mit Mehl bestäuben.
2. Öl portionsweise in einer großen Pfanne erhitzen. Die Auberginenscheiben darin portionsweise von beiden Seiten anbraten, auf Küchenpapier abtropfen lassen und in eine große, flache Auflaufform legen.
3. Zwiebeln und Knoblauch abziehen und in Würfel schneiden. Tomaten waschen, abtropfen lassen, kreuzweise einschneiden, kurz in kochendes Wasser legen und in kaltem Wasser abschrecken. Tomaten enthäuten, die Stängelansätze herausschneiden und Tomaten würfeln.
4. Drei Esslöffel Öl in einer Pfanne erhitzen. Zwiebelwürfel darin andünsten. Knoblauch, Tomatenwürfel, Thymian, Basilikum und Rosmarin dazugeben, salzen, pfeffern und noch einige Minuten dünsten lassen.
5. Die Tomaten-Zwiebel-Masse über die Auberginenscheiben gießen, mit Parmesan bestreuen und mit dem restlichen Öl beträufeln. Die Form auf dem Rost in den Backofen schieben.
Ober-/Unterhitze: etwa 200 °C (vorgeheizt)
Heißluft: etwa 180 °C (vorgeheizt)
Gas: etwa Stufe 3–4 (vorgeheizt)
Überbackzeit: etwa 30 Minuten.

Tipp:
Fladenbrot dazureichen. Die Moussaka schmeckt auch gut zu Lammkoteletts.

Mousse au chocolat

■ Für Gäste

Pro Portion:
E: 6 g, F: 22 g, Kh: 20 g,
kJ: 1287, kcal: 308

100 g Halbbitter-Schokolade
50 g Vollmilch-Schokolade
3 Eiweiß, 125 ml (¹/₈ l) Schlagsahne

Zubereitungszeit: 2¹/₂ Std.

1. Schokolade in Stücke brechen, in einem Topf im Wasserbad bei schwacher Hitze zu einer geschmeidigen Masse rühren und etwas abkühlen lassen.
2. Eiweiß so steif schlagen, dass ein Messerschnitt sichtbar bleibt. Die noch warme Schokolade unterrühren.
3. Sahne steif schlagen, unterheben und die Creme mindestens 2 Stunden kalt stellen.
4. Vor dem Servieren die Creme mit einem Eisportionierer oder mit einem Esslöffel auf Dessertgläser verteilen.

Tipp: Das Dessert nach Belieben mit Puderzucker oder Kakao bestäuben, mit pürierter Fruchtsauce servieren.

Mousse au chocolat

Zubereitungszeit: 30 Min.

1. Käse in knapp fingerdicke Streifen schneiden. Jeden Streifen mit einer längs doppelt gefalteten Scheibe Schinken umwickeln, so dass oben und unten noch ein Stück Käse sichtbar bleibt.
2. Den Schinken mit einem abgespülten Schnittlauchhalm umwickeln und je ein Basilikumblättchen einbinden.

Mozzarella im Schinkenhemd

■ Schnell – für Gäste

Pro Portion:
E: 17 g, F: 15 g, Kh: 2 g,
kJ: 924, kcal: 221

250 g Mozzarella, 100 g Parmaschinken
1 Bund Schnittlauch
Basilikumblättchen

Mozzarella im Schinkenhemd

314

A B C D E F G H I J K L **M**

Muscheln auf französische Art

Muscheln auf französische Art

■ Für Gäste

Pro Portion:
E: 20 g, F: 12 g, Kh: 13 g,
kJ: 1332, kcal: 316

1½ kg Miesmuscheln
2 kleine Zwiebeln
50 g Butter
1 Bund Suppengemüse
1 EL gehackte Petersilie
375 ml (³/₈ l) Weißwein
Salz, frisch gemahlener Pfeffer
Knoblauchpulver

Zubereitungszeit: 35 Min.

1. Muscheln in reichlich kaltem Wasser gründlich waschen. Anschließend einzeln gründlich bürsten, die Bartbüschel entfernen und die Muscheln so lange abspülen, bis das Wasser vollkommen klar bleibt. Muscheln, die sich beim Wässern und anschließendem Bürsten öffnen, sind ungenießbar.
2. Zwiebeln abziehen und würfeln. Butter zerlassen und Zwiebelwürfel darin andünsten. Suppengemüse putzen, waschen, in kleine Würfel schneiden, mit Petersilie und Wein hinzufügen, durchdünsten lassen, mit Salz, Pfeffer und Knoblauchpulver würzen.
3. Die Muscheln hineingeben, unter Rühren so lange darin erhitzen, bis sie sich öffnen (Muscheln, die sich nach dem Garen nicht öffnen, sind ungenießbar). Die Muscheln in einer vorgewärmten Schüssel anrichten.
4. Die Brühe mit Salz, Pfeffer und Knoblauch abschmecken und zu den Muscheln reichen.

Beilage:
Baguette.

Muscheln, Livorneser Art

■ Für Gäste

Pro Portion:
E: 13 g, F: 14 g, Kh: 6 g,
kJ: 891, kcal: 212

1 Zwiebel
1 Knoblauchzehe
1 Peperoni (aus dem Glas)
4 EL Olivenöl
4 enthäutete Tomaten
1 kg Miesmuscheln
Salz, frisch gemahlener Pfeffer
Zitronenviertel

Zubereitungszeit: 40 Min.

1. Zwiebel abziehen, fein hacken. Knoblauch abziehen, durch die Knoblauchpresse drücken. Peperoni zerdrücken, alle 3 Zutaten in Öl anbraten.
2. Tomaten würfeln, zugeben, dann die gründlich gewaschenen Miesmuscheln hineinlegen (geöffnete Muscheln nicht verwenden), würzen und bei geschlossenem Deckel etwa 6 Minuten kochen lassen.
3. Mit Zitronenvierteln servieren. Nur die geöffneten Muscheln verzehren.

MENUE

Vorspeise:
Mozzarella im Schinkenhemd
(Seite 314)

Hauptgericht:
Auberginenauflauf (Seite 18)

Dessert:
Datteln in Marsala (Seite 90)

315

Muscheln, rheinische Art

■ Schnell

Pro Portion:
E: 21 g, F: 13 g, Kh: 15 g,
kJ: 1379, kcal: 327

1½ kg Miesmuscheln
250 g Zwiebeln
50 g Butter oder Margarine
1 Bund Suppengemüse
1 EL gehackte Petersilie
2 Lorbeerblätter
375 ml (³/₈ l) trockener Weißwein
Salz, 20 Pfefferkörner

Zubereitungszeit: 35 Min.

1. Muscheln in reichlich kaltem Wasser gründlich waschen, anschließend einzeln gründlich bürsten, Bartbüschel entfernen. Muscheln, die sich beim Wässern und anschließenden Bürsten öffnen, sind ungenießbar.
2. Zwiebeln abziehen, halbieren und in Scheiben schneiden. Butter oder Margarine zerlassen und die Zwiebeln darin andünsten. Suppengemüse putzen, waschen und in kleine Würfel schneiden.
3. Suppengemüse, Petersilie und Lorbeerblätter zu den Zwiebeln geben, Weißwein hinzugießen, zum Kochen bringen, durchdünsten lassen, mit Salz würzen, Pfefferkörner dazugeben, die Muscheln hineingeben, Muscheln etwa 10 Minuten erhitzen, bis sie sich öffnen (Muscheln, die sich nach dem Garen nicht öffnen, sind ungenießbar).
4. Die Muscheln in einer vorgewärmten Schüssel anrichten, den Muschelsud mit Salz und Pfeffer abschmecken und zu den Muscheln reichen.

Beilage:
Schwarzbrot mit Butter.

Muscheleintopf

■ Raffiniert

Pro Portion:
E: 12 g, F: 30 g, Kh: 16 g,
kJ: 1690, kcal: 403

20 Miesmuscheln
500 ml (½ l) Gemüsebrühe
3–4 Stangen Staudensellerie mit Grün
1 Paprikaschote
250 g Kartoffeln
2 enthäutete Fleischtomaten
1 Zwiebel
100 g durchwachsener Speck
4 EL Olivenöl
1 Lorbeerblatt
gehackte Thymianblättchen
Cayennepfeffer
etwas Weißwein

Zubereitungszeit: 1 Std.

1. Muscheln in reichlich kaltem Wasser gründlich waschen. Muscheln anschließend gründlich bürsten, Bartbüschel entfernen, so lange spülen, bis das Wasser vollkommen klar bleibt (Muscheln, die sich beim Wässern und anschließendem Bürsten öffnen, sind ungenießbar).
2. Brühe zum Kochen bringen, Muscheln hineingeben und etwa 5 Minuten kochen lassen, bis sich die Schalen öffnen (Muscheln, die sich nicht öffnen, nicht verwenden). Ein Sieb mit einem Küchentuch auslegen, den Muschelsud hindurchgießen, mit Wasser auf 1 Liter Flüssigkeit auffüllen.
3. Muscheln aus der Schale lösen. Sellerie putzen, evtl. die harten Außenfäden abziehen, waschen und klein schneiden. Das Grün klein hacken und beiseite legen.

Muscheln, rheinische Art

Muscheleintopf

. Paprika halbieren, entstielen, entkernen, die weißen Scheidewände entfernen, die Schote waschen und klein schneiden. Kartoffeln schälen, waschen, Tomaten halbieren, entkernen und beide Zutaten ebenfalls klein schneiden.

. Zwiebel abziehen und würfeln. Speck in Würfel schneiden. Öl erhitzen, Speck- und Zwiebelwürfel darin andünsten, die Muschelbrühe hinzugießen. Sellerie, Paprika, Kartoffeln und Lorbeerblatt dazugeben, die Suppe zum Kochen bringen, mit Thymian und Cayennepfeffer würzen, etwa 20 Minuten kochen lassen.

. Tomaten hinzufügen, etwa 5 Minuten mitkochen. Muschelfleisch in die Suppe geben, erhitzen und mit Wein abschmecken.

. Vor dem Servieren mit dem Seleriegrün bestreuen.

Müsli, fernöstlich

■ Raffiniert

Pro Portion:
E: 35 g, F: 18 g, Kh: 158 g,
kJ: 4067, kcal: 971

1 kleine Honigmelone
1 Tasse (250 ml) Reiskeime
1 Tasse (250 ml) Weizenkeime
1 Tasse (250 ml) Hirsekeime
4 EL Korinthen
2 EL gehackte Cashewkerne
2 kleine Bananen
800 g Joghurt
1 Passionsfrucht

Zubereitungszeit: 25 Min.

1. Honigmelone halbieren, entkernen und schälen. Fruchtfleisch in Rauten schneiden, mit Reis-, Weizen-, Hirsekeimen, Korinthen und Cashewkernen vermengen.
2. Bananen schälen und mit Joghurt im Mixer pürieren.
3. Passionsfrucht halbieren, Fruchtfleisch aus der Schale lösen, eine Hälfte in Streifen schneiden.
4. Die andere Hälfte pürieren, mit dem Joghurt verrühren, über das Müsli geben und mit den Streifen dekorieren.

Tipp:
Es kann auch anderes Obst, wie z. B. Lychees, Aprikosen, Nektarinen oder Pfirsiche verwendet werden.

Müsli, fernöstlich

317

Nasi Goreng

■ **Klassisch**

Pro Portion:
E: 55 g, F: 51 g, Kh: 86 g,
kJ: 4425, kcal: 1056

1 kleine, gegarte Poularde (800 g)
2 Zwiebeln
2 Knoblauchzehen
1 rote Paprikaschote
4 EL Speiseöl
400 g Langkornreis
Salz
frisch gemahlener Pfeffer
Currypulver
Ingwerpulver
Korianderpulver
1 Msp. Safran
750 ml (³/₄ l) Hühnerbrühe
150 g Garnelen (ohne Kopf und Schale)
2 Eier

Zubereitungszeit: 45 Min.

1. Poularde von Haut und Knochen befreien, in Portionsstücke teilen.
2. Zwiebeln und Knoblauch abziehen, fein würfeln. Paprika putzen, vierteln, entkernen, weiße Scheidewände entfernen, Paprika in Streifen schneiden.
3. Öl erhitzen, Zwiebel- und Knoblauchwürfel darin andünsten, Reis hinzufügen, mit den Gewürzen bestreuen, etwas dünsten lassen, mit Hühnerbrühe auffüllen. Paprika hinzufügen und etwa 15 Minuten garen lassen, bis die Flüssigkeit verdampft ist.
4. Von den Garnelen den Darm entfernen, Garnelen und das Poulardenfleisch zu dem Reis geben, kurz erhitzen.
5. Eier verquirlen, über den Reis geben, unter Rühren stocken lassen. Nasi Goreng mit den Gewürzen abschmecken.

Nasi Goreng

Tipp:
Für Nasi Goreng gibt es viele Rezepte, z. B. mit gekochtem Schinken, Sultaninen, Rindfleisch.

Nektarinen mit Häubchen

■ **Schnell**

Pro Portion:
E: 4 g, F: 2 g, Kh: 24 g,
kJ: 578, kcal: 138

2 reife Nektarinen
2 Eiweiß, 2 EL Zucker
1 EL abgezogene, gemahlene Mandeln
150 g Himbeeren
1 EL Zitronensaft
20 g Puderzucker
10 g Pistazienkerne

Zubereitungszeit: 25 Min.

1. Nektarinen halbieren und entsteinen. Die Hälften mit der Schnittfläche nach oben in eine feuerfeste Form geben.
2. Eiweiß mit Zucker steif schlagen, mit Mandeln verrühren, auf den Nektarinen verteilen und die Form auf dem Rost auf der obersten Schiene in den Backofen schieben.
   Ober-/Unterhitze: etwa 200 °C (vorgeheizt)
   Heißluft: etwa 180 °C (vorgeheizt)
   Gas: Stufe 3–4 (vorgeheizt)
   Backzeit: etwa 10 Minuten.
3. Himbeeren verlesen, waschen, gut abtropfen lassen, mit Zitronensaft und Puderzucker pürieren, auf vier Dessertteller verteilen. Je eine Nektarinenhälfte darauf setzen und mit gehackten Pistazien bestreuen.

Nektarinen mit Häubchen

Nektarinen mit Joghurtsauce

■ Raffiniert

Pro Portion:
7 g, F: 22 g, Kh: 74 g,
kJ: 2273, kcal: 542

8 Nektarinen
20 g Butter, 150 g Zucker
50 g abgezogene Mandeln

Für die Joghurtsauce:
150 g Joghurt, 2 EL Zitronensaft
1 EL heller Honig
125 ml ($^1/_8$ l) Schlagsahne

Zubereitungszeit: 30 Min.

1. Nektarinen waschen, halbieren, entsteinen, etwa 1 Minute in kochendes Wasser legen (nicht kochen lassen), abschrecken, abziehen, in Viertel schneiden.
2. Butter und Zucker in einer Pfanne so lange erhitzen, bis der Zucker gut gebräunt ist.

Nektarinen mit Joghurtsauce

3. Nektarinen in die Karamellsauce legen und sie unter häufigem Wenden bei schwacher Hitze etwa 2 Minuten dünsten.
4. Mandeln in einer Pfanne ohne Fett rösten.
5. Für die Joghurtsauce Joghurt, Zitronensaft und Honig miteinander verrühren. Sahne steif schlagen und unterheben.
6. Nektarinen mit der Karamellsauce auf einem Teller anrichten. Geröstete Mandeln darüber streuen, die Joghurtsauce auf den Teller geben.

Nizza Salat

■ Klassisch

Pro Portion:
E: 24 g, F: 32 g, Kh: 23 g,
kJ: 2096, kcal: 500

500 g Tomaten
Salz
1 kleine Salatgurke
1 grüne Paprikaschote
2 Frühlingszwiebeln
4 Eier
1 Dose große, weiße Bohnen
(Einwaage 220 g)
12 Sardellenfilets
150 g schwarze Oliven
6 EL Olivenöl
frisch gemahlener Pfeffer
frische Basilikumblätter

Zubereitungszeit: 30 Min.

1. Tomaten waschen, Stängelansätze entfernen, Tomaten vierteln und mit Salz bestreuen. Gurke schälen und in Scheiben schneiden.
2. Paprika entstielen, entkernen, die weißen Scheidewände entfernen, Schote waschen und in dünne Ringe schneiden. Zwiebeln putzen und in feine Ringe schneiden.
3. Eier 8 Minuten kochen, abschrecken, pellen und achteln. Bohnen auf einem Sieb abtropfen lassen. Sardellenfilets mit kaltem Wasser abspülen, halbieren und aufrollen.
4. Alle vorbereiteten Salatzutaten einschließlich der Oliven auf einem großen Teller anordnen. Öl, Salz und Pfeffer über den Salat geben. Basilikum abspülen, trockentupfen in Streifen schneiden und darüber geben.

Nizza Salat

319

Nudelauflauf

■ Für Kinder

Pro Portion:
E: 40 g, F: 47 g, Kh: 47 g,
kJ: 3454, kcal: 825

250 g Bandnudeln
2 1/2 l Salzwasser
2 mittelgroße Zwiebeln
1 Knoblauchzehe
20 g Butter
500 g Hackfleisch (halb Rind-, halb Schweinefleisch)
Salz, frisch gemahlener Pfeffer
Paprika edelsüß
gerebelter Thymian
500 g Tomaten
100 g geriebener Gouda
20 g Butter

Zubereitungszeit: 55 Min.

1. Nudeln in kochendes Salzwasser geben, zum Kochen bringen, ab und zu umrühren und in etwa 8 Minuten gar kochen lassen. Die garen Nudeln auf ein Sieb geben und abtropfen lassen.
2. Zwiebeln und Knoblauchzehe abziehen und würfeln. Butter zerlassen, Zwiebel- und Knoblauchwürfel darin glasig dünsten lassen, Hackfleisch hinzufügen, unter ständigem Rühren darin anbraten und dabei die Fleischklümpchen mit einer Gabel etwas zerdrücken. Das Hackfleisch mit Salz, Pfeffer, Paprika und Thymian würzen.
3. Tomaten enthäuten, halbieren, die Stängelansätze herausschneiden, Tomaten in Stücke schneiden, zum Hackfleisch geben. Mit Salz, Pfeffer und Paprika würzen.
4. Zwei Drittel der Nudeln in eine gefettete Auflaufform füllen, die Hackfleischmasse darauf geben, mit den restlichen Nudeln bedecken, Käse darüber streuen, Butter in Flöckchen darauf setzen und die Form auf dem Rost in den Backofen schieben.

Ober-/Unterhitze: etwa 200 °C (vorgeheizt)
Heißluft: etwa 180 °C (vorgeheizt)
Gas: Stufe 3–4 (vorgeheizt)
Backzeit: etwa 25 Minuten.

Nudelauflauf mit Pilzen

Nudelauflauf mit Pilzen

■ Vegetarisch

Pro Portion:
E: 18 g, F: 25 g, Kh: 57 g,
kJ: 2332, kcal: 556

300–400 g Vollkornnudeln
100 g Zwiebeln
250 g frische Champignons
2 EL Butter, Salz, Pfeffer, 2 Eier
150 g saure Sahne
100 ml Milch
Paprika edelsüß
geriebene Muskatnuss
Hefewürze

Zubereitungszeit: 50 Min.

1. Nudeln nach Packungsanleitung kochen. Auf ein Sieb geben, abtropfen lassen.
2. Zwiebeln abziehen, fein würfeln. Champignons putzen, mit Küchenpapier abreiben, evtl. abspülen, gut abtropfen lassen. Mit den Zwiebeln in der zerlassenen Butter leicht andünsten, salzen und pfeffern.
3. Nudeln, Zwiebeln und Pilze in eine gefettete Auflaufform schichten.
4. Eier mit saurer Sahne, Milch, Salz, Pfeffer, Paprika, Muskat und Hefewürze verschlagen, über den Auflauf gießen. Die Form auf dem Rost in den Backofen schieben.

Ober-/Unterhitze: etwa 200 °C (vorgeheizt)
Heißluft: etwa 180 °C (vorgeheizt)
Gas: Stufe 3–4 (vorgeheizt)
Backzeit: 25–30 Minuten.

Nudelauflauf, bunter

■ Gut vorzubereiten

Pro Portion:
E: 32 g, F: 33 g, Kh: 49 g,
kJ: 2710, kcal: 647

B C D E F G H I J K L M **N**

50 g Makkaroni
1/2 l kochendes Salzwasser
 Zwiebeln, 1 Knoblauchzehe
 grüne Paprikaschote
 Möhren (200 g)
 EL Butter
00 g Kochschinken
 Becher (150 g) Crème fraîche
 Eier, Salz, Pfeffer
00 g geriebener Emmentaler

ubereitungszeit: 55 Min.

. Makkaroni in Salzwasser etwa 8 Minuten kochen lassen, auf einem Sieb abtropfen lassen.
. Zwiebeln, Knoblauchzehe abziehen, würfeln. Paprikaschote putzen, waschen und in Streifen schneiden. Möhren putzen, schälen, waschen, in Scheiben schneiden.
. Butter zerlassen und die 4 Zutaten etwa 6 Minuten darin dünsten. Schinken in Streifen schneiden. Die Zutaten mit Crème fraîche und Eiern vermengen, mit Salz und Pfeffer würzen, in eine gefettete Auflaufform geben, mit geriebenem Käse bestreuen und in den Backofen schieben.
Ober-/Unterhitze: etwa 200 °C (vorgeheizt)
Heißluft: etwa 180 °C (vorgeheizt)
Gas: Stufe 3–4 (vorgeheizt)
Backzeit: etwa 30 Minuten.

Nudelauflauf, pikanter

Nudelauflauf, pikanter

■ **Für Kinder**

Pro Portion:
E: 35 g, F: 42 g, Kh: 46 g,
kJ: 3122, kcal: 746

250 g Röhren- oder Bandnudeln
2 1/2 l kochendes Salzwasser
1 EL Speiseöl
200 g Gouda
100 g Salami oder magerer Schinkenspeck
3 Tomaten, 3 Eier
125 ml (1/8 l) Schlagsahne
Salz, Pfeffer
geriebene Muskatnuss
2 EL fein gehackte Petersilie

Zubereitungszeit: 75 Min.

1. Nudeln in kochendes Salzwasser geben, Öl hinzufügen, Nudeln nach Packungsanleitung garen, Nudeln auf ein Sieb geben, abtropfen lassen.
2. Gouda und Salami oder Schinkenspeck in kleine Würfel schneiden. Tomaten kurze Zeit in kochendes Wasser legen (nicht kochen lassen), in kaltem Wasser abschrecken, enthäuten, Stängelansätze herausschneiden, Tomaten halbieren, Kerne entfernen, Fruchtfleisch in mundgerechte Stücke schneiden.
3. Tomaten zusammen mit Nudeln, Käse und Schinken in eine gefettete Auflaufform schichten.
4. Eier mit Sahne verquirlen, mit Salz, Pfeffer und Muskat würzen, die Mischung über die Nudeln gießen, mit einem Deckel abdecken, Form auf dem Rost in den Backofen schieben.
Ober-/Unterhitze: etwa 200 °C (vorgeheizt)
Heißluft: etwa 180 °C (vorgeheizt)
Gas: Stufe 3–4 (vorgeheizt)
Backzeit: 30–40 Minuten.
5. Den Auflauf etwa 15 Minuten vor Beendigung der Garzeit ohne Deckel garen, damit er Farbe annimmt.
6. Vor dem Servieren mit Petersilie bestreuen.

Tipp:
Statt Salami oder Schinkenspeck können auch Reste von Schweinebraten oder Schinken verwendet werden. Der Auflauf schmeckt dann allerdings nicht so pikant.

Nudelauflauf, bunter

321

Nudelauflauf, vegetarisch

■ Preiswert

Pro Portion:
E: 35 g, F: 40 g, Kh: 78 g,
kJ: 3578, kcal: 855

400 g Makkaroni oder Bandnudeln
1 Msp. Safran
2 mittelgroße Zucchini
200 g Cocktailtomaten
Salz, grober Pfeffer, 3 Eier
125 ml (1/8 l) Schlagsahne
125 ml (1/8 l) Milch
geriebene Muskatnuss
200 g mittelalter Gouda
20 g Semmelbrösel
30 g Butterflöckchen

Zubereitungszeit: 55 Min.

1. Makkaroni in Stücke brechen, zusammen mit dem Safran in kochendem Salzwasser nach Packungsanleitung garen. Mit kaltem Wasser abschrecken, gut abtropfen lassen.
2. Zucchini waschen, Enden abschneiden, Zucchini in Scheiben schneiden. Tomaten waschen, Stängelansätze entfernen, halbieren.
3. Nudeln abwechselnd mit der Hälfte der Zucchini und Tomaten in eine flache, gefettete Auflaufform schichten. Restliche Zucchini und Tomaten dekorativ anordnen.
4. Eier mit Sahne und Milch verrühren, mit Salz, Pfeffer und Muskat würzen und über die Nudeln geben.
5. Käse mit Semmelbröseln mischen und über den Auflauf streuen. Butterflöckchen darauf verteilen, auf dem Rost in den Backofen schieben.
   Ober-/Unterhitze: etwa 200 °C (vorgeheizt)
   Heißluft: etwa 180 °C (vorgeheizt)
   Gas: Stufe 3–4 (vorgeheizt)
   Backzeit: etwa 30 Minuten.
6. Nach der Hälfte der Garzeit die Nudeln evtl. abdecken, damit sie nicht zu hart werden.

Nudeleintopf

■ Für Kinder

Pro Portion:
E: 37 g, F: 43 g, Kh: 46 g,
kJ: 3202, kcal: 765

Für die Fleischklößchen:
1 altbackenes Brötchen (Semmel)
400 g Hackfleisch (halb Rind-, halb Schweinefleisch)
1 Ei
Salz, Pfeffer
Paprika edelsüß
1 Zwiebel
3 EL Speiseöl
2 Paprikaschoten
etwa 250 g enthäutete Fleischtomaten
1 l Fleischbrühe
200 g Hörnchennudeln

Zubereitungszeit: 35 Min.

1. Brötchen in kaltem Wasser einweiche und gut ausdrücken. Hackfleisch mit Brötchen und Ei vermengen, mit Salz, Pfeffer und Paprika würzen. Aus der Masse Klößchen formen.
2. Für den Eintopf Zwiebel abziehen und fein würfeln. Öl erhitzen und die Zwiebelwürfel darin andünsten. Paprika halbieren, entstielen, entkernen, die weißen Scheidewände entfernen, die Schoten waschen und in Streifen schneiden. Tomaten in Würfel schneiden. Beide Zutaten zu den Zwiebelwürfeln geben, mitdünsten lassen, Brühe hinzugießen, zum Kochen bringen und etwa 10 Minuten kochen lassen.
3. Hörnchen-Nudeln mit den Fleischklößchen in den Eintopf geben, in 10 Minuten gar ziehen lassen, mit Salz und Pfeffer abschmecken.

Nudeln, fernöstlich

■ Raffiniert

Pro Portion:
E: 14 g, F: 8 g, Kh: 53 g,
kJ: 1488, kcal: 355

225 g Mie Nudeln (Chinesische Nudeln aus Weizenmehl)

150 g Champignons
150 g Zuckerschoten, 150 g Möhren
1 rote Paprikaschote
1 Bund Frühlingszwiebeln
2 EL Gänseschmalz
100 g frische Mungobohnenkeimlinge
1 EL Curry, Salz, Kreuzkümmelpulver
1 TL Sambal Oelek, 3 EL Sojasauce

Zubereitungszeit: 45 Min.

1. Nudeln in reichlich kochendem Salzwasser nach Packungsanleitung garen, kalt abschrecken, abtropfen lassen.
2. Champignons putzen, mit Küchenpapier abreiben, in Scheiben schneiden. Zuckerschoten putzen, die Enden abschneiden, Schoten waschen. Möhren putzen, waschen, schälen, in Streifen schneiden. Paprika halbieren, entstielen, entkernen, die weißen Scheidewände entfernen, Schote waschen und klein würfeln. Frühlingszwiebeln putzen, waschen, in Ringe schneiden.
3. Gänseschmalz in einer großen Pfanne oder einem Wok erhitzen. Zuerst die Champignonscheiben andünsten, dann Mungobohnenkeimlinge, Möhrenstreifen und Paprikawürfel dazugeben und etwa 3 Minuten braten. Zuckerschoten und Frühlingszwiebeln darin anschwenken, mit Curry, Salz und Kreuzkümmel würzen.
4. Nudeln mit Sambal Oelek und Sojasauce vermengen, mit dem Gemüse vermischen und servieren.

Nudeln, bunte

■ Dauert länger

Pro Portion:
E: 31 g, F: 25 g, Kh: 141 g,
kJ: 4042, kcal: 966

Für die roten Nudeln:
150 g Weizenmehl
100 g Hartweizengrieß
2 Eier, 1 EL Speiseöl
2–3 EL Tomatenmark
$^1/_2$ TL Salz
40 g Butter

Für die grünen Nudeln:
250 g Spinat, 250 g Weizenmehl
250 g Hartweizengrieß
3 Eier, 1 EL Speiseöl, 1 TL Salz

Zubereitungszeit: 2 Std., ohne Ruhezeit

1. Für die roten Nudeln Mehl sieben, Grieß darauf geben und in die Mitte eine Vertiefung drücken.
2. Eier mit Öl, Tomatenmark, Salz verschlagen, in die Vertiefung geben und mit einem Teil des Mehl-Grieß-Gemisches zu einem dicken Brei verarbeiten.
3. Von der Mitte aus alles schnell zu einem glatten Teig verkneten, sollte er kleben, etwas Mehl hinzugeben, in Frischhaltefolie wickeln, 1 Stunde ruhen lassen.
4. Den Teig in Portionen nudeldick ausrollen, die Teigplatten zum Trocknen auf Tücher legen.
5. Wenn die Teigplatten so weit getrocknet sind, dass sie nicht mehr aufeinanderkleben, aber nicht zerbrechen, sie in gewünschte Länge und Breite schneiden.
6. Die Nudeln in kochendes Salzwasser geben, zum Kochen bringen, umrühren und in etwa 7 Minuten gar kochen.
7. Nudeln auf ein Sieb geben, mit kaltem Wasser übergießen, abtropfen lassen. Butter zerlassen, die Nudeln darin schwenken.
8. Für die grünen Nudeln Spinat verlesen, waschen, tropfnass in einen Topf geben, kurz erhitzen, pürieren und erkalten lassen.
9. Mehl auf eine Arbeitsfläche sieben, Grieß darauf geben und in die Mitte eine Vertiefung drücken.
10. Eier mit Speiseöl und Salz verschlagen, in die Vertiefung geben und mit einem Teil des Mehl-Grieß-Gemisches zu einem dicken Brei verarbeiten.
11. Den Spinat hinzufügen, von der Mitte aus alle Zutaten schnell zu einem glatten Teig verkneten, 1 Stunde ruhen lassen.
12. Die weitere Verarbeitung erfolgt wie bei den roten Nudeln.

Tipp:
Mit einer Nudelmaschine lässt sich der Teig leichter verarbeiten.

Nudeln, bunte

MENUE

Vorspeise:
Chinesische Hühnersuppe
(Seite 80)

Hauptgericht:
Nudeln, fernöstlich
(Seite 322)

Dessert:
Nektarinen mit Joghurtsauce
(Seite 319)

Nudelsalat mit Schweinefleisch

Nudeln ohne Ei

■ Dauert länger

Pro Portion:
E: 13 g, F: 1 g, Kh: 92 g,
kJ: 1924, kcal: 460

500 g Weizenmehl
1 TL Salz, 1 TL Essig
250 ml (¹/₄ l) Wasser
Weizenmehl
1 EL Speiseöl

Zubereitungszeit: 3 Std.

1. Mehl in eine Rührschüssel sieben, in die Mitte eine Vertiefung eindrücken, Salz mit Essig hineingeben. Wasser nach und nach von der Mitte aus mit dem Mehl verrühren und den Rest des Mehls unterkneten. Sollte der Teig kleben, noch etwas Mehl hinzugeben.
2. Den Teig mit etwas Mehl bestäuben, in Frischhaltefolie einwickeln, etwa 1 Stunde ruhen lassen, damit das Mehl quellen kann.
3. Den Teig in nicht zu großen Stücken nudeldick ausrollen und die Teigplatten auf Küchentüchern etwas antrocknen lassen. Mit einem Küchenrad oder mit der Nudelmaschine Nudeln schneiden.
4. Die Nudeln so lange locker ausgebreitet an der Luft stehen lassen, bis sie vollkommen trocken sind.
5. Nudeln in reichlich Salzwasser mit Öl 10 Minuten kochen, abschrecken und auf ein Sieb zum Abtropfen geben.

Nudeln ohne Ei

Nudelsalat mit Schweinefleisch

■ Gut vorzubereiten

Pro Portion:
E: 31 g, F: 31 g, Kh: 42 g,
kJ: 2550, kcal: 608

200 g kleine Nudeln
200 g Schweineschnitzel
Ingwerpulver
Salz, Pfeffer, 30 g Butter
1 Dose Spargel (Einwaage 430 g)
150 g frische Champignons
150 g Käse mit Brennnesseln
1 säuerlicher Apfel
5 Cornichons
1 Becher (150 g) Joghurt
3 EL Salatmayonnaise
Tabasco
1 Bund Schnittlauch
1 Tomate

Zubereitungszeit: 50 Min.

1. Nudeln nach Packungsanleitung bissfest garen, auf ein Sieb geben, abtropfen und erkalten lassen.
2. Schweineschnitzel unter fließendem kalten Wasser abspülen, trockentupfen, in feine Streifen schneiden, mit Ingwer, Salz und Pfeffer würzen. Butter in einer Pfanne zerlassen und die Schnitzelstreifen darin 3–5 Minuten braten.
3. Spargel auf ein Sieb geben, abtropfen lassen und in mundgerechte Stücke schneiden. Champignons putzen, mit Küchenpapier abreiben, evtl. abspülen und in Scheiben schneiden.
4. Käse in Würfel schneiden. Apfel schälen, vierteln, entkernen und in Würfel schneiden. Cornichons in Scheiben schneiden.

324

5. Joghurt mit Mayonnaise verrühren, mit Salz, Pfeffer und Tabasco würzen. Die Zutaten vorsichtig untermischen und in eine Schüssel geben.
6. Schnittlauch abspülen, trockentupfen, fein schneiden und über den Salat geben.
7. Tomate waschen, achteln und den Salat damit verzieren.

Nudelsalat mit Spargel und Shrimps

Nudelsalat mit Spargel und Shrimps

■ Für Gäste

Pro Portion:
E: 20 g, F: 18 g, Kh: 56 g,
kJ: 2058, kcal: 491

400 g Muschelnudeln
250 g grüner Spargel
175 g TK-Shrimps

Für die Sauce:
2 EL Distelöl
2 Zwiebeln
Salz
frisch gemahlener Pfeffer
1 Prise Zucker
1 EL Zitronensaft
2 Cocktailtomaten
1 Bund Schnittlauch

Zubereitungszeit: 30 Min.

1. Nudeln in reichlich kochendem Salzwasser nach Packungsanleitung bissfest garen, abgießen, abtropfen lassen.
2. Spargel im unteren Drittel schälen, Spargel waschen, in etwa 4 cm lange Stücke schneiden, in Salzwasser etwa 5 Minuten garen, die Flüssigkeit auffangen, den Spargel kalt abschrecken, abtropfen lassen.
3. Shrimps auftauen lassen, trockentupfen und zum Spargel geben.
4. Für die Sauce Öl erhitzen. Zwiebeln abziehen, fein würfeln, in dem Öl andünsten, mit etwas Spargelflüssigkeit ablöschen, mit Salz, Pfeffer, Zucker und Zitronensaft abschmecken.
5. Nudeln, Spargel und Shrimps mit der Sauce vermischen, auf Tellern anrichten. Tomaten abspülen, trockentupfen, halbieren. Schnittlauch abspülen, trockentupfen, fein schneiden.
6. Salat mit Tomatenhälften und Schnittlauch garniert servieren.

Nürnberger Rostbratwürstl mit Apfelcreme

■ Schnell

Pro Portion:
E: 90 g, F: 58 g, Kh: 13 g,
kJ: 4236, kcal: 1013

Für die Apfelcreme:
3 säuerliche Äpfel
2 EL Zitronensaft
2 weiße Zwiebeln
30 g Butter
Salz, frisch gemahlener Pfeffer
1 Becher (150 g) Crème fraîche
2 EL Calvados

Nürnberger Rostbratwürstl mit Apfelcreme

1 TL Honig
16 Nürnberger Rostbratwürstl

Zubereitungszeit: 25 Min.

1. Für die Apfelcreme Äpfel schälen, vierteln und entkernen, in Scheiben schneiden, mit Zitronensaft beträufeln.
2. Zwiebeln abziehen, fein würfeln, in zerlassener Butter glasig dünsten, die Äpfel dazugeben und kurz mitdünsten.
3. Die Apfel-Zwiebel-Mischung in den Mixer geben, pürieren und mit Salz und Pfeffer würzen. Die Sauce in eine Schüssel geben, mit Crème fraîche und Calvados verrühren, mit Honig abschmecken und die Creme abkühlen lassen.
4. Rostbratwürstl auf den heißen Grillrost legen und von jeder Seite 3–4 Minuten grillen.

Beilage: Kartoffelsalat.

MENUE

Vorspeise:
Spargel-Kerbel-Suppe mit Hackklößchen
(Seite 445)

Hauptgericht:
Nudelsalat mit Spargel und Shrimps
(Seite 325)

Dessert:
Grießpudding (Seite 172)

Nusseis mit Krokant

Nusseis mit Krokant

6 Portionen

■ Gut vorzubereiten

Pro Portion:
E: 7 g, F: 48 g, Kh: 28 g,
kJ: 2565, kcal: 613

200 g Haselnusskerne
400 ml Schlagsahne
40 g Zucker
3 Eigelb
3 EL Weinbrand
50 g Zucker, $^1/_2$ TL Butter

Zubereitungszeit: 50 Min., ohne Gefrierzeit

1. Haselnusskerne grob zerhacken und in einer Pfanne rösten. Die Hälfte davon mit 100 ml Sahne, Zucker, Eigelb und Weinbrand verrühren, im Wasserbad zu einer dicklichen Masse aufschlagen.

2. Aus dem Wasserbad nehmen, kalt schlagen. Den Rest der Sahne steif schlagen und unterheben. Die Masse in eine Form geben, in das Gefrierfach stellen.

3. Die restlichen Nüsse mit Zucker und Butter zu Krokant rösten und während des Abkühlens mit einem Holzlöffel zerkleinern.

4. Mit einem Eis-Portionierer vom Nusseis Kugeln abstechen, auf sechs Teller verteilen und mit Krokant bestreuen.

Nusspudding mit Aprikosensauce

■ Für Gäste

Pro Portion:
E: 14 g, F: 49 g, Kh: 51 g,
kJ: 3105, kcal: 742

125 g Haselnusskerne
125 g Zwieback
100 g Butter, 50 g Zucker
2 Eier
3 Eigelb
abgeriebene Schale von 1 Zitrone (unbehandelt)
1 Prise Salz
125 ml ($^1/_8$ l) Schlagsahne
3 Eiweiß
50 g Zucker
20 g zerbröselter Zwieback

Für die Aprikosensauce:
400 g gedünstete Aprikosen
2 EL Aprikosengeist

Zubereitungszeit: 90 Min.

1. Haselnusskerne auf einem Backblech in den Backofen schieben und rösten lassen.
   Ober-/Unterhitze: etwa 200 °C (vorgeheizt)
   Heißluft: etwa 180 °C (vorgeheizt)
   Gas: Stufe 3–4 (vorgeheizt)
   Backzeit: etwa 10 Minuten.

Nusspudding mit Aprikosensauce

- Haselnusskerne auf ein Tuch geben, die Haut abreiben und die Nüsse fein mahlen.
- Zwieback in einem Tuch mit einem Teigroller fein zermahlen.
- Butter geschmeidig rühren, nach und nach Zucker, Eier und Eigelb unterrühren, Zitronenschale und Salz hinzufügen, Sahne hinzugießen und unterrühren. Zwiebackbrösel und Haselnüsse zu der Masse geben.
- Eiweiß mit Zucker sehr steif schlagen und unter die Nussmasse heben. Die Masse in eine gut gefettete, mit Zwieback ausgestreute Puddingform füllen, die Form mit dem Deckel verschließen, in eine mit kochendem Wasser gefüllte Auflaufform stellen (Puddingform muss zu $^2/_3$ in Wasser stehen) und die Form auf dem Rost in den Backofen schieben.
Ober-/Unterhitze: etwa 200 °C (vorgeheizt)
Heißluft: etwa 180 °C (nicht vorgeheizt)
Gas: Stufe 3–4 (nicht vorgeheizt)
Backzeit: etwa 50 Minuten.
- Den garen Pudding stürzen und warm servieren.
- Für die Aprikosensauce Aprikosen gut abtropfen lassen, im Mixer pürieren, Aprikosengeist unter das Fruchtmus rühren und über den Nusspudding gießen oder getrennt dazureichen.

MENUE

Vorspeise:
Hummer-Canapés (Seite 221)

Hauptgericht:
Roastbeef mit Kräuter-Senf-Kruste (Seite 391)

Beilage:
Nussrübchen (Seite 327)

Nussrübchen

■ **Vegetarisch**

Pro Portion:
E: 4 g, F: 20 g, Kh: 12 g,
kJ: 1078, kcal: 258

750 g Mai- oder Teltower Rübchen
2–3 EL Walnussöl
Salz
frisch gemahlener Pfeffer
geriebene Muskatnuss
3 EL gehackte Walnusskerne
5–6 EL Gemüsebrühe
125 ml ($^1/_8$ l) Schlagsahne
1 EL Nusslikör

Zubereitungszeit: 50 Min.

1. Rübchen waschen, von Grün und Wurzeln befreien, Rübchen schälen. Kleine Rüben ganz lassen, große vom Blattansatz her vierteln.
2. Öl erhitzen, Rübchen andünsten, würzen und die Nüsse zugeben. Brühe angießen, bei kleiner Hitze in etwa 30 Minuten gar dünsten. Mit Sahne und Nusslikör abschmecken, kurz aufkochen und servieren.

Tipp:
Teltower Rübchen sind häufig etwas bitter. Dies kann vermieden werden, indem sie vorher etwa 2 Minuten blanchiert werden.

Nussrübchen

Obatzder

6 Portionen

■ Klassisch

Pro Portion:
E: 9 g, F: 13 g, Kh: 2 g,
kJ: 693, kcal: 165

250 g sehr reifer Camembert
30 g weiche Butter, 1 Zwiebel
1 TL Paprika edelsüß
1 TL Kümmelpulver, Salz, Pfeffer
1 EL Schnittlauchröllchen

Zubereitungszeit: 20 Min.

1. Die Käserinde entfernen, den Käse mit einer Gabel zerdrücken. Butter hinzufügen und gut zu einer glatten Masse verarbeiten.
2. Zwiebel abziehen, fein hacken, unter die Käse-Butter-Masse rühren. Mit Paprika, Kümmel, Salz und Pfeffer kräftig abschmecken.
3. Obatzder auf einem Teller kuppelförmig anrichten. Schnittlauchröllchen darüber streuen.

Tipp:
Mit Laugenbrezeln reichen.

Obstsalat

■ Schnell

Pro Portion:
E: 1 g, F: 1 g, Kh: 34 g,
kJ: 652, kcal: 156

750 g vorbereitetes Obst, z. B. Erdbeeren, Bananen, Weintrauben, Orangen, Äpfel
50 g vorbereitete Johannisbeeren
40 g Zucker
2 EL Zitronensaft

Zubereitungszeit: 15 Min.

1. Obst in Stücke schneiden, mit Johannisbeeren vermengen.
2. Mit Zucker bestreuen, mit Zitronensaft beträufeln und in Dessertgläsern anrichten.

Obstsalat

Ochsenschwanzsuppe

■ Klassisch

Pro Portion:
E: 41 g, F: 44 g, Kh: 15 g,
kJ: 2779, kcal: 664

750 g Ochsenschwanz
1 mittelgoße Zwiebel
1 Bund Suppengrün
40 g Margarine
40 g Schinkenspeckwürfel
1 1/2 l heißes Wasser
4 Pfefferkörner
2 Pimentkörner (Nelkenpfeffer)
1 Gewürznelke
1 kleines Lorbeerblatt
Salz, 1 Prise Zucker
40 g Margarine oder Butter
50 g Weizenmehl
frisch gemahlener Pfeffer
1–2 EL Zitronensaft, Rotwein

Zubereitungszeit: 3 Std.

1. Ochsenschwanz abspülen, abtrocknen, in Stücke schneiden. Zwiebel abziehen und in Scheiben schneiden. Suppengrün putzen, waschen und klein schneiden. Margarine erhitzen und den Ochsenschwanz mit Schinkenspeckwürfeln gut darin bräunen.
2. Zwiebel und Suppengrün hinzufügen und kurz erhitzen. Wasser mit Pfefferkörnern, Pimentkörnern, Gewürznelke, Lorbeerblatt, Salz und Zucker hinzufügen, zum Kochen bringen und in etwa 2 Stunden garen lassen.
3. Brühe durch ein Sieb gießen und entfetten. Fleisch von den Knochen lösen und klein schneiden.
4. Margarine zerlassen, Mehl unter Rühren so lange darin erhitzen, bis es dunkelbraun ist, Brühe hinzugießen, mit einem Schneebesen durchschlagen, darauf achten, dass keine Klumpen entstehen.
5. Suppe zum Kochen bringen, das Fleisch hinzugeben, etwa 5 Minuten kochen lassen, mit Salz, Pfeffer, Zitronensaft, Rotwein und Zucker abschmecken.

MENUE

Vorspeise:
Ochsenschwanzsuppe (Seite 328)

Hauptgericht:
Burgunderbraten (Seite 66)

Dessert:
Erdbeer-Bavarois (Seite 109)

Ochsenschwanzsuppe, klare

■ Für Gäste

Pro Portion:
E: 41 g, F: 39 g, Kh: 5 g,
kJ: 2439, kcal: 583

750 g klein gehackter Ochsenschwanz
60 g Schinkenspeck
40 g Butter oder Margarine
1 Bund Suppengrün
1 mittelgroße Zwiebel
1 Lorbeerblatt
2 Gewürznelken
4 Pfefferkörner
2 Pimentkörner
Salz
1 l Wasser
frisch gemahlener Pfeffer
1 Prise Zucker
4 EL Sherry
2 EL gehackte Petersilie

Zubereitungszeit: 100 Min.

1. Ochsenschwanz kalt abspülen und trockentupfen. Schinkenspeck in Würfel schneiden.
2. Butter erhitzen, Ochsenschwanz- und Speckwürfel von allen Seiten gut darin anbraten.
3. Suppengrün putzen, waschen, klein schneiden und kurz mitdünsten.
4. Zwiebel abziehen, halbieren, mit Lorbeerblatt, Gewürznelken, Pfefferkörnern, Pimentkörnern und Salz hinzufügen. Wasser hinzugießen, 1 Stunde kochen lassen.
5. Brühe durch ein Sieb gießen, erkalten lassen und entfetten.
6. Fleisch von den Knochen lösen, in kleine Stücke schneiden, in die Suppe geben, erhitzen, mit Salz, Pfeffer und Zucker abschmecken, Sherry unterrühren. Suppe mit Petersilie bestreut servieren.

Ochsenschwanzsuppe, klare

Œufs à la neige

■ Dauert länger

Pro Portion:
E: 13 g, F: 12 g, Kh: 168 g,
kJ: 3502, kcal: 835

60 g Zucker
700 ml Milch
1 Vanilleschote
4 Eiweiß
80 g Zucker
1 TL Zitronensaft
4 Eigelb
6 EL Milch
500 g Zucker
1–2 EL Wasser

Zubereitungszeit: 70 Min.

1. Zucker in einem Topf bei mittlerer Hitze unter Rühren hellbraun karamellisieren lassen. Den Topf vom Herd ziehen, Milch hinzufügen und verrühren. Vanilleschote aufschlitzen, mit der Karamellmilch aufkochen und 15 Minuten ziehen lassen.
2. Eiweiß mit Zucker und Zitronensaft steif schlagen. Einen Teelöffel in die Karamellmilch tauchen, von der Eiweißmasse kleine Klößchen abstechen, auf die Karamellmilch setzen und den geschlossenen Topf auf dem Rost in den Backofen schieben.
Ober-/Unterhitze: etwa 150 °C (vorgeheizt)
Heißluft: etwa 130 °C (vorgeheizt)
Gas: etwa Stufe 1 (vorgeheizt)
Backzeit: etwa 8 Minuten.

Œufs à la neige

3. Klößchen aus der Milch heben und kalt stellen. Eigelb mit Milch verrühren, nach und nach die heiße Karamellmilch unterrühren, bei kleiner Hitze weiterrühren, bis die Creme dicklich wird (sie darf nicht kochen), und die Creme kalt stellen.
4. Die kalte Karamellcreme auf Dessertteller gießen und die Schneeflöckchen darauf geben.
5. Zucker mit Wasser bis zum kleinen Bruch (140 °C, siehe Zuckerthermometer) kochen, so dass der Sirup beim Erkalten Fäden zieht. Den Sirup leicht abkühlen lassen und mit einem Löffel Zuckerfäden über die Schneeklößchen ziehen.

Ofenkartoffeln mit Kräuterquark

■ Klassisch

Pro Portion:
E: 10 g, F: 10 g, Kh: 33 g,
kJ: 1137, kcal: 271

8 mittelgroße Kartoffeln
Speiseöl

Für die Füllung:
200 g Sahnequark
2 EL Crème fraîche
1 große Zwiebel
1 EL Schnittlauchröllchen
1 EL gehackte glatte Petersilie
frisch gemahlener Pfeffer
Salz

Zubereitungszeit: 1 Std.

1. Kartoffeln unter fließendem kalten Wasser gründlich bürsten und abtrocknen. 8 Stücke Alufolie mit Öl bestreichen, jeweils 1 Kartoffel einpacken, die Päckchen auf ein Backblech legen und in den Backofen schieben.
Ober-/Unterhitze: etwa 200 °C (vorgeheizt)
Heißluft: etwa 180 °C (nicht vorgeheizt)
Gas: Stufe 3–4 (nicht vorgeheizt)
Backzeit: 50–55 Minuten.
2. Für die Füllung Quark mit Crème fraîche verrühren. Zwiebel abziehen, reiben, mit Schnittlauchröllchen und Petersilie unter den Quark rühren, mit Pfeffer und Salz würzen.
3. Die Päckchen aus dem Ofen nehmen, die Folie öffnen, die Kartoffeln mit einer Gabel etwas aufreißen und die Quarkmasse darauf verteilen.

Ofenkartoffeln mit Kräuterquark

Okragemüse

■ Vegetarisch

Pro Portion:
E: 6 g, F: 11 g, Kh: 15 g,
kJ: 803, kcal: 192

500 g Okraschoten
1 Bund Frühlingszwiebeln
2 Knoblauchzehen
500 g Markkürbis
500 g Fleischtomaten
1 rote Chilischote
3 EL Olivenöl
Salz, Pfeffer
Zitronensaft
Chilipulver, Knoblauchpulver
Tabasco

Zubereitungszeit: 45 Min.

1. Okraschoten waschen, Stiele und Spitzen abschneiden. Okraschoten kurz blanchieren, auf ein Sieb geben (damit nicht soviel Schleim austritt). Frühlingszwiebeln putzen, waschen und in Ringe schneiden.
2. Knoblauchzehen abziehen und fein würfeln. Markkürbis von Fasern und Kernen befreien und mit einem Kugelausstecher das Fruchtfleisch in Kugeln aus der Schale heben.
3. Tomaten kurze Zeit in kochendes Wasser legen (nicht kochen lassen), in kaltem Wasser abschrecken und enthäuten. Tomaten entkernen und würfeln. Chilischote von Stiel, Kernen und Zwischenwänden befreien und fein würfeln.
4. Öl erhitzen, Zwiebelringe und Tomaten darin andünsten, mit Chilischote, Salz, Pfeffer, Zitronensaft, und Knoblauch würzen.
5. Okraschoten hinzufügen und Kürbiskugeln einlegen, etwa 10 Minuten gar dünsten lassen, mit Tabasco abschmecken und sofort servieren.

Beilage:
Pellkartoffeln oder Baguette.

Okragemüse

Omelett auf französische Art

■ Raffiniert

Pro Portion:
E: 29 g, F: 34 g, Kh: 26 g,
kJ: 2350, kcal: 561

Für die Füllung:
1 Stange Porree (Lauch, etwa 150 g)
1 EL Butter oder Margarine
500 g TK-Erbsen
Salz
frisch gemahlener, weißer Pfeffer
125 ml (1/8 l) Wasser
1/2 Kopf Salat
4 Scheiben gekochter Schinken
1 EL saure Sahne
1 EL gehackte Kräuter, z.B. Petersilie, Schnittlauch, Dill oder 1 TL Kräuter der Provence
1 TL weiche Butter
1 TL Weizenmehl

Für die Omeletts:
8 Eigelb
250 ml (1/4 l) Milch
30 g Weizenmehl
8 Eiweiß
40–60 g Butterschmalz

Zubereitungszeit: 50 Min.

1. Porree putzen, längs halbieren, waschen und in dünne Streifen schneiden. Butter oder Margarine zerlassen, Porreestreifen darin andünsten, Erbsen hinzufügen, mit Salz und Pfeffer würzen, Wasser hinzugießen und das Gemüse etwa 10 Minuten dünsten lassen.
2. Vom Salat die welken Blätter entfernen, die anderen vom Strunk lösen. Die großen Blätter teilen, die Herzblätter ganz lassen. Salat gründlich waschen

Omelett auf französische Art

(nicht drücken), abtropfen lassen und in Streifen schneiden.
3. Schinken in Streifen schneiden, mit den Salatstreifen zu dem Gemüse geben und erhitzen. Sahne und Kräuter unterrühren.
4. Butter mit Mehl verrühren, das Gemüse damit binden, evtl. nochmals mit Salz und Pfeffer abschmecken und warm stellen.
5. Für die Omeletts Eigelb mit etwas Milch und Salz verschlagen, Mehl darauf sieben, unterrühren und die restliche Milch hinzufügen. Eiweiß steif schlagen, auf die Eigelbmasse geben und unterheben.
6. Ein Viertel des Butterschmalzes in einer Stielpfanne erhitzen, 1/4 des Teiges hineingeben (Pfanne mit Deckel verschließen) und die Masse langsam stocken lassen. Die untere Seite des Omeletts muss bräunlich gebacken sein, die obere Seite muss weich bleiben. Das Omelett auf eine vorgewärmte Platte gleiten lassen und warm stellen. Die übrigen 3 Omeletts auf die gleiche Weise zubereiten.
7. Die Füllung auf die fertigen Omeletts geben, zusammenklappen und die Omeletts sofort servieren.

Tipp:
Statt der Erbsen können Sie auch 500 g Champignons oder Egerlinge verwenden.

MENUE

Vorspeise:
Radicchiosalat (Seite 372)

Hauptgericht:
Putenschnitzel (Seite 366)

Beilage:
Ofenkartoffeln mit Kräuterquark (Seite 330)

331

Omelett mit Mozzarella

Omelett mit Mozzarella

2 Portionen

■ Preiswert

Pro Portion:
E: 36 g, F: 41 g, Kh: 5 g,
kJ: 2380, kcal: 569

2 Tomaten
1 Knoblauchzehe
125 g Mozzarella
6 Eier
Salz
frisch gemahlener Pfeffer
20 g Butter
gehackte Basilikumblättchen

Zubereitungszeit: 35 Min.

1. Tomaten waschen, abtrocknen, die Stängelansätze herausschneiden und Tomaten in dünne Scheiben schneiden. Knoblauch abziehen, durchpressen und über die Tomatenscheiben geben.
2. Mozzarella abtropfen lassen und in Scheiben schneiden.
3. Für die Omeletts Eier gut verschlagen, mit Salz und Pfeffer würzen. Butter in einer Pfanne zerlassen, die Hälfte der Eiermasse hineingeben und bei schwacher Hitze stocken lassen. Das fertige Omelett auf einen vorgewärmten Teller geben, mit der Hälfte der Tomaten- und Mozzarellascheiben belegen, mit Basilikumblättchen bestreuen und warm stellen.
4. Aus den restlichen Zutaten das zweite Omelett zubereiten, sofort servieren.

Tipp:
Bratkartoffeln mit Zwiebeln dazu reichen.

Omelett rustikal

■ Preiswert

Pro Portion:
E: 15 g, F: 42 g, Kh: 32 g
kJ: 2469, kcal: 589

750 g Salatkartoffeln
4 kleine Zwiebeln
75 g durchwachsener Speck
20 g Butter
3 Eier
3 EL Milch
Salz
Paprika edelsüß
geriebene Muskatnuss
frisch gemahlener Pfeffer
2 Gewürzgurken
125 g Schinkenspeck
2 EL fein geschnittener Schnittlauch

Zubereitungszeit: 1 Std.

1. Kartoffeln waschen und in so viel Wasser zum Kochen bringen, dass die Kartoffeln bedeckt sind. In etwa 25 Minuten gar kochen lassen, abgießen, abdämpfen, heiß pellen, erkalten lassen und in Scheiben schneiden.
2. Zwiebeln abziehen und würfeln. Speck in Würfel schneiden, auslassen. Butter hinzufügen, zerlassen, Zwiebeln darin glasig dünsten lassen, Kartoffeln hinzufügen und braun braten.

Omelett rustikal

3. Eier mit Milch, Salz, Paprika, Muskat und Pfeffer verschlagen.
4. Gewürzgurken und Schinkenspeck in Würfel schneiden, mit Schnittlauch in die Eiermilch geben, über die Kartoffeln gießen, in etwa 10 Minuten stocken lassen und die Kartoffeln einige Male wenden.

Omelett surprise mit Kirschen

Omelett surprise mit Kirschen

6–8 Portionen

■ Dauert länger

Pro Portion:
E: 9 g, F: 44 g, Kh: 52 g,
kJ: 2762, kcal: 660

250 g entsteinte Schattenmorellen (aus dem Glas)
100 g Marzipan-Rohmasse
50 g Pistazienkerne
2–3 Tropfen grüne Lebensmittelfarbe
3 Eigelb
50 g Zucker
3 EL Honig
1 kleine Mango
750 ml (3/4 l) Schlagsahne
2 EL Zucker, 3 Eiweiß
100 g feiner Zucker

Zubereitungszeit: 65 Min., ohne Gefrierzeit

1. Schattenmorellen abtropfen lassen, nebeneinander im Gefrierfach hart frieren lassen.
2. Marzipan mit Pistazien pürieren, mit Lebensmittelfarbe färben. Rollen (Ø etwa 5 mm) formen, 5 mm lange Stückchen einfrieren.
3. Eigelb mit Zucker schaumig schlagen und mit Honig verrühren. Mango schälen, vom Stein lösen. Mangofleisch pürieren und unter die Eicreme ziehen. Sahne mit Zucker steif schlagen, unter die Eicreme ziehen, die gefrorenen Kirschen und Marzipanstückchen unterziehen, Masse in einer Kastenform (Inhalt 1,5 l) einfrieren.
4. Wenn das Eis ganz durchgefroren ist (nach etwa 2 Tagen), Eiweiß steif schlagen, Zucker unterschlagen und Masse in einen Spritzbeutel mit gezackter Tülle geben. Eis aus der Form lösen und nochmals kurz ins Gefrierfach stellen.
5. Baiser auf das Eis spritzen und in den Backofen schieben.
   Ober-/Unterhitze: etwa 240 °C (vorgeheizt)
   Heißluft: etwa 220 °C (vorgeheizt)
   Gas: Stufe 5–6 (vorgeheizt)
   Backzeit: etwa 5 Minuten.
6. Sofort servieren.

Orangen-Beeren-Creme

■ Für Gäste

Pro Portion:
E: 17 g, F: 13 g, Kh: 19 g,
kJ: 1190, kcal: 284

3 EL Wasser
4 kleine Pfefferminzblättchen
2 Eigelb
50 g Zucker
200 g Magerquark
2 EL Orangenlikör
3 Blatt Gelatine
200 g frische, gemischte Beeren
10–12 kleine Pfefferminzblättchen
2 Eiweiß
125 ml (1/8 l) Schlagsahne

Orangen-Beeren-Creme

Zubereitungszeit: 50 Min.

1. Wasser und Pfefferminzblättchen aufkochen, etwas ziehen lassen. Minze entfernen.
2. Das heiße Minzewasser, Eigelb und Zucker mit Handrührgerät mit Rührbesen auf höchster Stufe zu einer cremig-weißen Schaummasse rühren. Quark und Orangenlikör unterrühren.
3. Gelatine in kaltem Wasser einweichen, leicht ausdrücken, auflösen. Etwas Creme zu der aufgelösten Gelatine geben, unter die Creme rühren.
4. Beeren waschen und abtropfen lassen. Beginnt die Masse zu stocken, Beeren und kleine, gewaschene und trockengetupfte Pfefferminzblättchen unterziehen.
5. Eiweiß und Sahne getrennt steif schlagen und unterheben.

MENUE

Vorspeise:
Austernpilze, mariniert (Seite 21)
Hauptgericht:
Rehrücken, badisch (Seite 377)
Dessert:
Omelett surprise mit Kirschen (Seite 333)

333

Orangenmousse

■ **Für Gäste**

Pro Portion:
E: 5 g, F: 3 g, Kh: 42 g,
kJ: 1006, kcal: 240

Saft von 3 großen Orangen
100 g Zucker
4 EL Weißwein
2 EL Speisestärke
2 Eigelb
2 EL Orangenlikör
3 Eiweiß
1 Prise Salz

Zubereitungszeit: 25 Min.

1. Orangensaft mit Zucker in einen Topf geben und zum Kochen bringen. Wein und Speisestärke anrühren und den Orangensaft damit binden. Bei mäßiger Hitze 2–3 Minuten köcheln lassen.
2. Die Sauce vom Herd nehmen, Eigelb und Likör darunter rühren.
3. Eiweiß und Salz miteinander vermischen und sehr steif schlagen. Eischnee vorsichtig unter die noch heiße Orangencreme ziehen.
4. Auf 4 Gläser verteilen und im Kühlschrank vollständig erkalten lassen.

Orangenmousse

Orangen-Parfait
8 Portionen

■ **Gut vorzubereiten**

Pro Portion:
E: 4 g, F: 39 g, Kh: 23 g,
kJ: 1968, kcal: 470

1 l Schlagsahne
100 g Zucker
1 Pck. Vanillin-Zucker
abgeriebene Schale von 2 Orangen (unbehandelt)
4 Orangen
125 g Orangenplätzchen

Zubereitungszeit: 20 Min.,
ohne Gefrierzeit

1. Sahne mit Zucker, Vanillin-Zucker und Orangenschale steif schlagen, Orangen schälen, filetieren.
2. Orangenplätzchen zerdrücken, mit den Orangenfilets unter die Sahne heben, 2–3 Stunden im Gefrierfach frosten lassen.

Orangen-Weinschaum-Speise

■ **Gut vorzubereiten**

Pro Portion:
E: 7 g, F: 13 g, Kh: 31 g,
kJ: 1341, kcal: 320

2 Orangen (je 150 g)
4 EL Orangenlikör
2 gestr. TL Gelatine gemahlen, weiß
3 EL kaltes Wasser, 100 ml Orangensaft
2 Eigelb
80 g Zucker
125 ml (¹/₈ l) Weißwein
2 Eiweiß
125 ml (¹/₈ l) Schlagsahne

Zubereitungszeit: 1 Std.

1. Orangen schälen, filetieren, in Stücke schneiden und mit Orangenlikör auf 4 Dessertgläser verteilen.
2. Gelatine mit Wasser in einem kleinen Topf anrühren, 10 Minuten zum Quellen stehen lassen, unter Rühren erwärmen, bis die Gelatine gelöst ist und mit Orangensaft verrühren.
3. Eigelb mit Zucker cremig schlagen, nach und nach Wein hinzufügen, die Gelatinelösung unterrühren und kalt stellen.
4. Eiweiß steif schlagen. Sahne steif schlagen.
5. Wenn die Masse anfängt dicklich zu werden, beide Zutaten unterheben. Die Creme auf die Gläser verteilen und kalt stellen, damit sie fest wird.

Orangen-Weinschaum-Speise

Orientalischer Reissalat
6 Portionen

■ **Gut vorzubereiten**

Pro Portion:
E: 33 g, F: 11 g, Kh: 24 g,
kJ: 1459, kcal: 348

100 g Langkornreis
1 l kochendes Salzwasser
1 kleines, gekochtes Huhn
125 g gedünstete Champignons
3 kleine Äpfel
4 Tomaten
200 g gedünstete Erbsen

Für die Salatsauce:
2 EL Mayonnaise
150 g Joghurt
1–2 EL Essig
2 gestr. TL Currypulver
Salz
frisch gemahlener Pfeffer
1 Prise Zucker
Ingwerpulver
Currypulver

Zubereitungszeit: 35 Min.

1. Reis in kochendem Salzwasser in 15–20 Minuten ausquellen lassen. Den garen Reis auf ein Sieb geben, mit kaltem Wasser übergießen und gut abtropfen lassen.
2. Huhn von Haut und Knochen befreien und in Stücke schneiden. Champignons vierteln. Äpfel schälen, vierteln, entkernen und in kleine Scheiben schneiden. Tomaten waschen, abtrocknen, die Stängelansätze herausschneiden und die Tomaten achteln.
3. Für die Salatsauce Mayonnaise mit Joghurt, Essig und Curry verrühren, mit Salz, Pfeffer, Zucker und Ingwer würzen und mit den Salatzutaten vermengen. Salat gut durchziehen lassen, evtl. mit Salz, Pfeffer und Curry abschmecken.

Osso Bucco

■ Klassisch

Pro Portion:
E: 46 g, F: 50 g, Kh: 9 g,
kJ: 3043, kcal: 727

4 Kalbshaxenscheiben mit Knochen (je 200 g)
1 Möhre
1 Stange Staudensellerie
1 kleine Stange Porree (Lauch)
1 Knoblauchzehe
1 Zwiebel
3 Fleischtomaten
100 ml Olivenöl
30 g Butter
100 ml Weißwein
Salz, frisch gemahlener Pfeffer
500 ml ($^1/_2$ l) Fleischbrühe
1 Bund Petersilie
$^1/_2$ TL geriebene Zitronenschale (unbehandelt)

Zubereitungszeit: 2 Std.

1. Haxenscheiben unter fließendem kalten Wasser abspülen, trockentupfen. Möhre, Sellerie und Porree putzen, Möhre schälen, waschen und die drei Zutaten in Streifen schneiden.
2. Knoblauch und Zwiebel abziehen und würfeln. Tomaten enthäuten, entkernen, Stängelansätze herausschneiden und Tomaten in Würfel schneiden.

MENUE
Vorspeise:
Orientalischer Reissalat (Seite 334)
Hauptgericht:
Türkischer Pilaw (Seite 481)
Dessert:
Datteln in Marsala (Seite 90)

3. Öl erhitzen und die Fleischscheiben von beiden Seiten gut anbraten. Butter in einem Bräter zerlassen. Zwiebel, Möhre, Sellerie und Porree darin andünsten und mit Wein ablöschen.
4. Haxenscheiben mit Salz und Pfeffer würzen, zum Gemüse geben. Brühe angießen und Tomaten hinzufügen. Den Bräter auf dem Rost in den Backofen schieben und schmoren lassen.

Osso Bucco

Ober-/Unterhitze: etwa 180 °C (vorgeheizt)
Heißluft: etwa 160 °C (nicht vorgeheizt)
Gas: Stufe 2–3 (nicht vorgeheizt)
Schmorzeit: etwa 1$^1/_2$ Stunden.

5. Petersilie abspülen, trockentupfen, fein hacken und kurz vor Ende der Garzeit mit Knoblauch und Zitronenschale zugeben, mit Salz und Pfeffer abschmecken.

Orientalischer Reissalat

Paella

■ Klassisch

Pro Portion:
E: 63 g, F: 68 g, Kh: 65 g,
kJ: 5149, kcal: 1230

300 g Miesmuscheln
100 g Venusmuscheln
4 Hummerkrabbenschwänze
4 Hähnchenkeulen
Salz, frisch gemahlener Pfeffer
200 ml Olivenöl
4 Knoblauchzehen
1 Zwiebel
1 rote Paprikaschote
1 gelbe Paprikaschote
1 kleine Stange Porree (Lauch)
1 Stange Staudensellerie
Olivenöl für die Form
200 g spanischer Rundkornreis
200 ml Weißwein
250 ml ($^1/_4$ l) Fleisch- oder Geflügelbrühe
1 Prise Safran
Cayennepfeffer
$^1/_2$ Bund frisch gehackte Kräuter, z. B. Petersilie, Basilikum, Thymian, Rosmarin

Zubereitungszeit: 70 Min.

Paella

1. Muscheln und Hummerkrabbenschwänze unter fließendem kalten Wasser mit einer Bürste säubern, geöffnete Muscheln nicht verwenden. Muscheln und Hummerkrabben auf Küchenpapier legen und abtropfen lassen.
2. Hähnchenkeulen mit Salz und Pfeffer kräftig würzen. Öl in einer Pfanne erhitzen und die abgespülten, trockengetupften Hähnchenkeulen 8–10 Minuten braten, herausnehmen und warm stellen.
3. Hummerkrabbenschwänze im verbliebenen Bratfett kurz anbraten, herausnehmen und zu den Hähnchenkeulen geben. Knoblauchzehen und Zwiebel abziehen, fein hacken, in das restliche Bratfett geben und glasig dünsten.
4. Paprika halbieren, weiße Scheidewände entfernen, entkernen, die Schoten abspülen, in Streifen schneiden und zu den Zwiebeln geben. Porree und Sellerie putzen, waschen und in dünne Scheiben schneiden. Zum restlichen Gemüse geben und glasig dünsten.
5. Muscheln dazugeben und zugedeckt so lange dünsten lassen, bis sich alle Muscheln geöffnet haben. Muscheln, die sich nach dem Garen nicht öffnen, sind ungenießbar.
6. Eine Paellaform mit etwas Öl ausstreichen und den Reis darin glasig dünsten. Hähnchenkeulen, Hummerkrabbenschwänze, Gemüse und Muscheln dazugeben, mit Weißwein und Brühe auffüllen. Mit Salz, Pfeffer, Safran und Cayennepfeffer kräftig würzen und alles gut miteinander vermischen, auf dem Rost in den Backofen schieben.
Ober-/Unterhitze: etwa 180 °C (vorgeheizt)
Heißluft: etwa 160 °C (vorgeheizt)
Gas: Stufe 2–3 (vorgeheizt)
Backzeit: 25–30 Minuten.
7. Die Paella herausnehmen, nochmals abschmecken und mit Kräutern bestreut servieren.

Paksoi-Gemüse

Paksoi-Gemüse

■ Raffiniert

Pro Portion:
E: 0 g, F: 8 g, Kh: 2 g,
kJ: 349, kcal: 83

500 g Paksoi
2 Zwiebeln
2 EL Olivenöl
1 EL Butter
2 Knoblauchzehen
Salz
frisch gemahlener Pfeffer

Zubereitungszeit: 35 Min.

1. Paksoi putzen, Stielenden abschneiden und entfernen, Blätter von den Stielen streifen, Stiele in schmale Streifen schneiden, Blätter grob zerkleinern.
2. Zwiebeln abziehen, würfeln. Öl und Butter in einem Schmortopf erhitzen, Zwiebelwürfel darin glasig dünsten.

3. Knoblauchzehen abziehen, in Scheiben schneiden, mitdünsten, Paksoi-Stiele dazugeben, zugedeckt im geschlossenen Topf etwa 10 Minuten dünsten. Blätter hinzufügen, mit Salz und Pfeffer würzen, etwa 3 Minuten weiterdünsten.

Tipp:
Paksoi ist eine Kohlsorte; er schmeckt ähnlich wie Mangold oder Spinat.

Palatschinken
Grundrezept

■ Klassisch

Pro Portion:
E: 19 g, F: 42 g, Kh: 56 g,
kJ: 2981, kcal: 712

Für 8 mittlere Palatschinken:
250 g Weizenmehl
4 Eier, 1 Prise Salz, 1 EL Zucker
500 ml (1/2 l) Milch
50 g zerlassene Butter
100 g Butter für die Pfanne

Zubereitungszeit: 45 Min.

1. Mehl in eine Schüssel sieben, in die Mitte eine Vertiefung eindrücken. Eier trennen. Eigelb in die Vertiefung geben, Salz und Zucker hinzufügen und mit etwas Milch von der Mitte aus verrühren. Mit der restlichen Milch langsam zu einem festen Brei rühren. Dabei darauf achten, dass sich keine Klümpchen bilden. Teig 15 Minuten ruhen lassen.
2. Eiweiß steif schlagen, mit der zerlassenen Butter vorsichtig unter den Teig rühren.
3. Etwas Butter in einer Pfanne erhitzen.

Mit einem Schöpflöffel etwas Teig hineingeben und mit einer drehenden Bewegung gleichmäßig auf dem Boden der Pfanne verteilen. Sobald die Ränder goldgelb sind, den Palatschinken mit einem Pfannenwender oder Holzspatel lösen, wenden und auf der anderen Seite fertig backen.
4. Die restlichen Palatschinken auf dieselbe Weise backen und warm stellen. Den Teig dabei vor jedem Backen umrühren.

Tipp:
Wie bei allen Pfannkuchensorten hängt die Zahl der gebackenen Palatschinken von der Teigkonsistenz, von der Pfanne und der Schnelligkeit des Eingießens ab. Eine genaue Zahl anzugeben, ist schwierig. Palatschinken dürfen nicht zu dunkel gebacken werden. Sie sollen geschmeidig bleiben.

Beilage:
Zucker und Zimt, Ahornsirup, Kompott oder Konfitüre.

Palatschinkenauflauf

■ Römertopf

Pro Portion:
E: 26 g, F: 61 g, Kh: 77 g,
kJ: 4170, kcal: 996

Für den Teig:
200 g Weizenmehl
3 Eigelb, 1 Prise Salz
375 ml (3/8 l) Milch, 3 Eiweiß
100 g Butter oder Margarine

Für die Füllung:
50 g weiche Butter oder Margarine
75 g Zucker

Palatschinkenauflauf

1 Pck. Vanillin-Zucker, 2 Eigelb
abgeriebene Schale von 1 Zitrone
(unbehandelt), 1 EL Zitronensaft
250 g Speisequark, 50 g Rosinen

Für den Belag:
2 Eiweiß, 1 Pck. Vanillin-Zucker
125 ml (1/8 l) Schlagsahne, 2 Eigelb

Zubereitungszeit: 75 Min.

1. Für den Teig Mehl mit Eigelb, Salz und Milch verrühren. Eiweiß steif schlagen und unterheben. In einer Pfanne Butter zerlassen und 8 Palatschinken backen und erkalten lassen.
2. Für die Füllung Butter schaumig rühren, nach und nach Zucker, Vanillin-Zucker und Eigelb unterrühren, Zitronenschale, Zitronensaft, Quark und Rosinen dazugeben und alles gut verrühren.
3. Palatschinken gleichmäßig mit der Füllung bestreichen, aufrollen und in den gewässerten Römertopf legen.
4. Für den Belag Eiweiß steif schlagen, Vanillin-Zucker und steif geschlagene Sahne und Eigelb unterheben. Eiweißmasse über die Palatschinken verteilen. Römertopf mit dem Deckel verschließen und auf dem Rost in den kalten Backofen stellen.
Ober-/Unterhitze: etwa 200 °C
Heißluft: etwa 180 °C
Gas: Stufe 3–4
Garzeit: etwa 40 Minuten.

337

Palmenherzensalat

■ Schnell

Pro Portion:
E: 2 g, F: 10 g, Kh: 7 g,
kJ: 554, kcal: 132

220 g Palmenherzen (aus der Dose)
1 kleine Salatgurke, 1 Apfel

Für die Sauce:
Saft von 1 Zitrone
Salz, frisch gemahlener Pfeffer
½ TL Senf
125 ml (⅛ l) Schlagsahne
Kresseblättchen

Zubereitungszeit: 20 Min.

1. Palmenherzen auf einem Sieb abtropfen lassen und in haselnussgroße Stücke schneiden. Gurke waschen oder schälen, längs halbieren und in Scheiben schneiden. Apfel waschen oder schälen, halbieren, entkernen und in Stücke schneiden.
2. Für die Sauce Zitronensaft mit Salz, Pfeffer und Senf verrühren, Sahne darunter schlagen und unter die Salatzutaten heben.
3. Salat in einer Schale anrichten und mit Kresseblättchen garnieren.

Palmenherzensalat

Panna cotta

■ Dauert länger – klassisch

Pro Portion:
E: 6 g, F: 19 g, Kh: 9 g,
kJ: 1017, kcal: 243

500 ml (½ l) Schlagsahne
1 Stück Zitronenschale (unbehandelt)
30 g Zucker
4 Blatt weiße Gelatine

Für die Sauce:
250 g gekochte, gezuckerte
Aprikosenhälften
1 EL Zitronensaft
2 EL Weißwein

Zubereitungszeit: 2 Std.

1. Sahne mit Zitronenschale und Zucker zum Kochen bringen, etwa 10 Minuten kochen lassen und Zitronenschale entfernen.
2. Gelatine in kaltem Wasser einweichen, gut ausdrücken, zu der Sahne geben und so lange rühren, bis die Gelatine aufgelöst ist. Die Creme in kleine, mit Wasser ausgespülte Timbale-Formen oder Kaffeetassen füllen, kalt stellen und in etwa 1½ Stunden fest werden lassen.
3. Für die Sauce Aprikosenhälften mit Zitronensaft und Weißwein pürieren (einige zum Garnieren zurücklassen). Die zurückgelassenen Aprikosenhälften in Spalten schneiden.
4. Panna cotta aus den Förmchen stürzen, mit den Aprikosenspalten garnieren und mit der Sauce servieren.

Tipp:
Statt Aprikosen können auch Himbeeren oder Erdbeeren verwendet werden.

Paprika-Risotto mit Speck

Paprika-Risotto mit Speck

■ Raffiniert

Pro Portion:
E: 14 g, F: 38 g, Kh: 68 g,
kJ: 2976, kcal: 709

1 Zwiebel
4 EL Olivenöl
300 g Rundkornreis (z. B. Arborio)
250 ml (¼ l) Weißwein
600 ml Gemüsebrühe
je 1 rote, gelbe, grüne Paprikaschote
120 g durchwachsener Speck
½ Bund Schnittlauch
Salz
frisch gemahlener Pfeffer
geriebene Muskatnuss
2 EL Crème fraîche
50 g geriebener Parmesan

Zubereitungszeit: 35 Min.

1. Zwiebel abziehen und in feine Würfel schneiden. Die Hälfte des Öls in einem großen Topf erhitzen und die Zwiebelwürfel darin glasig dünsten. Reis hinzufügen und glasig dünsten. Einen Teil des Weines dazugießen. Sobald der

338

Reis die Flüssigkeit aufgenommen hat, wieder Brühe und Wein in kleinen Portionen hinzugießen. Dabei den ständig köchelnden Risotto häufig umrühren.

2. Paprika halbieren, entstielen, entkernen, die weißen Scheidewände entfernen, die Schoten waschen, in kleine Rauten schneiden und in dem restlichen Öl einige Minuten dünsten.

3. Speck in kleine Würfel schneiden und in einer Pfanne ohne Fett knusprig braten. Schnittlauch in kleine Röllchen schneiden.

4. Nach etwa 15 Minuten, wenn der Reis noch einen leichten Biss hat, mit Salz, Pfeffer und Muskat würzen. Crème fraîche unterrühren. Paprika, Speckwürfel und Schnittlauch unter den Reis mischen. Mit Parmesan bestreut servieren.

Paprikaeintopf

Paprikaeintopf

■ Schnell

Pro Portion:
E: 30 g, F: 74 g, Kh: 16 g,
kJ: 3730, kcal: 891

250 g durchwachsener Speck
3 EL Speiseöl
250 g Zwiebeln
1 kg grüne Paprikaschoten
1 EL Paprika edelsüß
750 g Fleischtomaten
4 Kochwürste
Salz, frisch gemahlener Pfeffer
4 Eier

Zubereitungszeit: 1 Std.

1. Speck in Würfel schneiden. Öl erhitzen und Speckwürfel darin ausbraten. Zwiebeln abziehen, halbieren, in Streifen schneiden, zu dem Speck geben und hellgelb dünsten lassen.

2. Paprikaschoten halbieren, entstielen, entkernen, die weißen Scheidewände entfernen, Schoten waschen und in Stücke schneiden, zu der Speck-Zwiebel-Masse geben, Paprika edelsüß darüber streuen, zugedeckt etwa 20 Minuten schmoren lassen, evtl. etwas Wasser hinzugeben.

3. Tomaten kurze Zeit in kochendes Wasser legen (nicht kochen lassen), in kaltem Wasser abschrecken, enthäuten, Stängelansätze herausschneiden und Tomaten vierteln. Kochwürste schräg in Scheiben schneiden, mit den Tomatenvierteln zu dem Paprikagemüse geben, zugedeckt etwa 10 Minuten mitschmoren lassen und mit Salz und Pfeffer würzen.

4. Eier gut verrühren, mit Salz würzen, Eiermasse über den Eintopf gießen und etwa 3 Minuten stocken lassen.

Paprikagemüse

■ Schnell – preiswert

Pro Portion:
E: 3 g, F: 15 g, Kh: 7 g,
kJ: 778, kcal: 185

2–3 Zwiebeln
50 g durchwachsener Speck
2 Knoblauchzehen
2 EL Speiseöl
3–4 Paprikaschoten (etwa 750 g)
Salz, frisch gemahlener Pfeffer
3 EL Weißwein
gehackte Basilikumblättchen

Zubereitungszeit: 30 Min.

1. Zwiebeln abziehen, halbieren und in Streifen schneiden. Speck in Würfel schneiden. Knoblauch abziehen und zerdrücken.

2. Öl erhitzen, Zwiebeln, Speck und Knoblauch darin andünsten.

3. Paprikaschoten halbieren, entstielen, entkernen und die weißen Scheidewände entfernen. Schoten waschen, in Stücke schneiden, mitdünsten lassen, mit Salz und Pfeffer würzen und Wein hinzufügen.

4. Paprikaschoten in etwa 15 Minuten gar dünsten lassen und Basilikumblättchen unterrühren.

MENUE

Vorspeise:
Palmenherzensalat (Seite 338)
Hauptgericht:
Schellfisch in Dillsauce (Seite 412)
Dessert:
Erdbeeren im Schokoladenmantel
(Seite 110)

Paprikasalat mit Schafskäse

■ Schnell

Pro Portion:
E: 12 g, F: 23 g, Kh: 13 g,
kJ: 1309, kcal: 313

3 grüne Paprikaschoten (etwa 400 g)
400 g Tomaten
2–3 Gemüsezwiebeln (etwa 400 g)
200 g Schafskäse

Für die Salatsauce:
4 EL Speiseöl, 2 EL Essig
Salz, frisch gemahlener Pfeffer
2 EL fein geschnittener Schnittlauch

Zubereitungszeit: 25 Min.

1. Paprikaschoten halbieren, entstielen, entkernen, die weißen Scheidewände entfernen, Schoten waschen und in Streifen schneiden. Tomaten kurze Zeit in kochendes Wasser legen (nicht kochen lassen), in kaltem Wasser abschrecken, enthäuten, Stängelansätze herausschneiden und Tomaten achteln.
2. Gemüsezwiebeln abziehen, halbieren und in Scheiben schneiden. Zutaten in einer Salatschüssel anrichten. Schafskäse zerbröckeln und darüber verteilen.
3. Für die Salatsauce Öl mit Essig verrühren, mit Salz und Pfeffer würzen, über die Salatzutaten geben. Salat vor dem Servieren mit Schnittlauch bestreuen.

Paprikasauce, bunte

■ Raffiniert

Pro Portion:
E: 4 g, F: 23 g, Kh: 10 g,
kJ: 1288, kcal: 308

2 Zwiebeln
100 g durchwachsener Speck
2 EL Speiseöl, 2 TL Weizenmehl
250 ml (¼ l) Rotwein
1 EL Estragonessig
Saft von 2 Orangen, 4 Tomaten
je 1 rote und grüne Paprikaschote
Salz, frisch gemahlener Pfeffer
zerdrückte Pimentkörner

Zubereitungszeit: 40 Min.

1. Zwiebeln abziehen, würfeln. Speck würfeln, Speiseöl erhitzen, Zwiebeln und Speck darin andünsten.
2. Weizenmehl darüber stäuben, umrühren.

MENUE

Hauptgericht:
Paprikaschoten, gefüllt (Seite 340)
Beilage:
Bouillonkartoffeln (Seite 56)
Dessert:
Melonen-Himbeer-Salat (Seite 306)

3. Rotwein, Estragonessig, Orangensaft angießen und etwa 10 Minuten zugedeckt garen.
4. Tomaten mit kochendem Wasser überbrühen, enthäuten, die Stängelansätze herausschneiden, die Tomaten halbieren, entkernen und grob hacken.
5. Paprikaschoten vierteln, entstielen, entkernen, die weißen Scheidewände entfernen, waschen, grob würfeln und mit den Tomaten zur Sauce geben.
6. Mit Salz, Pfeffer, Pimentkörnern würzen, noch 15–20 Minuten garen.

Paprikaschoten, gefüllt

■ Klassisch

Pro Portion:
E: 22 g, F: 50 g, Kh: 11 g,
kJ: 2577, kcal: 616

4 Paprikaschoten (600 g)

Für die Füllung:
1 Gemüsezwiebel
2 EL Speiseöl
400 g Schweinemett
7 Tomaten, 1 EL Tomatenmark
Salz, frisch gemahlener Pfeffer
4 EL Olivenöl
375 ml (⅜ l) heiße Brühe

340

Paprikaschoten, gefüllt

Für die Tomatensauce:
Gemüsebrühe
1 EL Tomatenmark, 1 EL Weizenmehl
6 EL Schlagsahne
gerebelter Oregano, 1 Prise Zucker

Zubereitungszeit: 75 Min.

1. Paprikaschoten entstielen, von den Schoten einen Deckel abschneiden, entkernen und weiße Scheidewände entfernen. Schoten waschen und abtrocknen.
2. Für die Füllung Zwiebel abziehen und würfeln. Öl erhitzen, die Hälfte der Zwiebelwürfel darin andünsten, Mett darin anbraten, dabei die Fleischklümpchen mit einer Gabel zerdrücken.
3. Tomaten waschen, Stängelansätze entfernen. Drei Tomaten in Würfel schneiden, mit Tomatenmark zu dem Fleisch geben, mit Salz und Pfeffer würzen. Füllung in die Schoten geben und Deckel wieder auflegen.
4. Öl in einem großen Topf erhitzen, restliche Zwiebelwürfel darin andünsten und Paprikaschoten nebeneinander hineinstellen. Restliche Tomaten in Stücke schneiden, dazugeben, Brühe hinzugießen und das Gemüse etwa 50 Minuten gar dünsten lassen. Paprikaschoten warm stellen.
5. Für die Tomatensauce die Tomatenstücke und die Flüssigkeit passieren, mit Brühe auf 375 ml ($^3/_8$ l) auffüllen und Tomatenmark unterrühren.
6. Mehl mit Sahne anrühren, nach und nach in die kochende Flüssigkeit rühren und etwa 5 Minuten kochen lassen. Sauce mit Salz, Pfeffer, Oregano und Zucker würzen.

Paprikaschoten, mariniert

■ **Gut vorzubereiten**

Pro Portion:
E: 1 g, F: 15 g, Kh: 4 g,
kJ: 685, kcal: 163

je 1 rote, grüne und gelbe
Paprikaschote
2 Knoblauchzehen
Saft von $^1/_2$ Zitrone
5 EL Olivenöl, Salz
gehackte, glatte Petersilie

Zubereitungszeit: 60 Min.

1. Paprika vierteln, entstielen, entkernen, die weißen Scheide entfernen, Schoten waschen und nebeneinander auf ein gefettetes Backblech legen. Unter dem Grill oder im heißen Backofen etwa 10 Minuten rösten, bis die Haut Blasen wirft.
2. Das Backblech aus dem Ofen nehmen, Paprika mit einem feuchten Tuch abdecken, abkühlen lassen, Haut abziehen. Schoten in Streifen schneiden, nebeneinander in eine flache Schüssel legen.
3. Für die Marinade Knoblauch abziehen, in Scheiben schneiden und mit Zitronensaft und Öl verrühren, mit Salz würzen. Marinade über die Paprikaschoten geben und $^1/_2$ Stunde marinieren lassen.
4. Petersilie darüber streuen.

Paprikaschoten, mariniert

341

Parmaschinken mit Melone

6 Portionen

■ Schnell – für Gäste

Pro Portion:
E: 13 g, F: 6 g, Kh: 7 g,
kJ: 611, kcal: 145

2 Honigmelonen
12 Scheiben Parmaschinken
(dünn geschnitten)
schwarzer Pfeffer

Zubereitungszeit: 15 Min.

1. Melonen einige Stunden kühlen, halbieren, Kerne entfernen und in je 6 Spalten schneiden.
2. Auf jede Melonenspalte eine Schinkenscheibe legen. Pfeffer darüber mahlen.

Tipp:
Parmaschinken mit Melone als Vorspeise reichen oder auch mal als Abendbrot.

Parmaschinken mit Melone

Pastinakengemüse

Pastinakengemüse

■ Raffiniert

Pro Portion:
E: 2 g, F: 5 g, Kh: 16 g,
kJ: 519, kcal: 124

750 g junge Pastinaken
2 EL Butter oder Margarine
knapp 125 ml ($1/8$ l) Gemüsebrühe
Salz, frisch gemahlener Pfeffer
1 EL gehackter Dill
1 EL gehackte Petersilie

Zubereitungszeit: 25 Min.

1. Pastinaken putzen, schälen, waschen und in Würfel schneiden. Butter oder Margarine zerlassen und Pastinakenwürfel darin andünsten.
2. Brühe, Salz und Pfeffer hinzufügen, zum Kochen bringen, zugedeckt etwa 8 Minuten garen lassen, ab und zu umrühren, Dill und Petersilie unterrühren.

Pellkartoffeln

■ Schnell

Pro Portion:
E: 4 g, F: 0 g, Kh: 28 g,
kJ: 555, kcal: 132

etwa 750 g Kartoffeln
nach Belieben 1 TL Kümmelsamen

Zubereitungszeit: 35 Min.

D E F G H I J K L M N O **P**

1. Kartoffeln in kaltem Wasser gründlich bürsten, waschen und in einen Topf geben.
2. So viel Wasser hinzufügen, dass die Kartoffeln bedeckt sind, nach Belieben Kümmel dazugeben.
3. Kartoffeln in 20–25 Minuten gar kochen, abgießen und im offenen Topf unter Schütteln abdämpfen lassen.

Pellkartoffeln mit Kräuterquark

■ **Für Kinder**

Pro Portion:
E: 20 g, F: 24 g, Kh: 43 g,
kJ: 2004, kcal: 478

1 kg Kartoffeln
Salz

Für den Kräuterquark:
500 g Speisequark
125 ml (1/8 l) Schlagsahne
1 Bund Schnittlauch
1 Bund Petersilie
frisch gemahlener Pfeffer

Zubereitungszeit: 35 Min.

1. Kartoffeln waschen, in so viel Salzwasser zum Kochen bringen, dass die Kartoffeln bedeckt sind, in 20–25 Minuten gar kochen lassen und abgießen. Die Kartoffeln im offenen Topf unter häufigem Schütteln abdämpfen lassen.
2. Für den Kräuterquark Quark mit Sahne verrühren. Schnittlauch und Petersilie waschen, trockentupfen und fein hacken, unter den Quark rühren, mit Salz und Pfeffer abschmecken.

Pellkartoffeln mit Kräuterquark

3. Kräuterquark schaumig rühren. Kartoffeln etwas aufdrücken und jeweils 1 Esslöffel Kräuterquark hineingeben.

Tipp:
Nach Belieben können auch noch fein geschnittene Radieschenscheiben in den Quark gegeben werden.

Penne all'arrabbiata

■ **Vegetarisch**

Pro Portion:
E: 17 g, F: 16 g, Kh: 57 g,
kJ: 1931, kcal: 461

250 g Penne (Nudeln)
4 Schalotten
2 Knoblauchzehen
40 g Butter
1 TL Tomatenmark
2 rote Chilischoten
500 ml (1/2 l) Tomatensaft
Salz

frisch gemahlener Pfeffer
50 g geriebener Parmesan
1 EL gehackte Petersilienblättchen

Zubereitungszeit: 30 Min.

1. Penne in reichlich Salzwasser bissfest kochen, abschrecken und auf einem Sieb abtropfen lassen.
2. Schalotten und Knoblauchzehen abziehen, fein hacken. Butter in einem Topf zerlassen und Schalotten mit Knoblauch glasig dünsten.
3. Tomatenmark und die entkernten, klein geschnittenen Chilischoten kurz mitrösten und mit Tomatensaft ablöschen. Das Ganze auf ein Drittel einkochen lassen, dann durch ein feines Sieb passieren und mit Salz und Pfeffer abschmecken.
4. Die Penne in die heiße Tomatensauce geben und glatt rühren. Auf dem Teller anrichten und mit Parmesan und Petersilie bestreuen.

Penne mit Gorgonzola

■ Vegetarisch – schnell

Pro Portion:
E: 21 g, F: 37 g, Kh: 86 g,
kJ: 3334, kcal: 796

250 g Gorgonzola
200 ml Schlagsahne
Salz, frisch gemahlener Pfeffer
1 EL Olivenöl
500 g Penne
60 g Butter
40 g gehobelter Parmesan

Zubereitungszeit: 25 Min.

1. Käse mit einer Gabel zerdrücken und mit Sahne zu einer geschmeidigen Sauce verrühren. Mit Salz und Pfeffer abschmecken.
2. Wasser mit Salz zum Kochen bringen, Öl und Penne hinzufügen und nach Packungsanleitung bissfest kochen.
3. Butter erwärmen. Penne abgießen, mit der Butter in einer Schüssel gut mischen.
4. Käsesauce mit Parmesan über die Penne gießen und sehr gut vermischen.

Tipp:
Mit gehacktem Basilikum bestreuen.

Perlhuhnröllchen mit glasierten Kartoffeln

■ Raffiniert

Pro Portion:
E: 42 g, F: 25 g, Kh: 43 g,
kJ: 2610, kcal: 622

1 Stange Porree (Lauch)
2 Möhren
5 EL Speiseöl
1 EL Zuckerrübensirup
4 Perlhuhnbrustfilets (je 150 g)
Salz
frisch gemahlener Pfeffer
200 ml trockener Weißwein
5 EL Schlagsahne
2 EL Sojasauce
750 g Kartoffeln
3 EL Speiseöl
2 EL Zuckerrübensirup

Zubereitungszeit: 45 Min.

1. Porree putzen, in ganz feine Streifen schneiden, waschen und gut abtropfen lassen. Möhren putzen, schälen, in ganz feine Streifen schneiden, waschen und gut abtropfen lassen. 1 Esslöffel Öl in einer Pfanne erhitzen, Gemüse darin knapp gar dünsten, Zuckerrübensirup hinzufügen und alles gut vermischen.
2. Perlhuhnbrustfilets unter fließendem kalten Wasser abspülen, trockentupfen, vorsichtig und leicht flach klopfen, dünn mit 2 Esslöffeln Öl beträufeln, mit Salz und Pfeffer bestreuen.
3. Je 1 Esslöffel Gemüsejulienne auf das Fleisch geben, gleichmäßig verteilen, Fleisch aufrollen und mit je 2 Holzspießchen sorgfältig feststecken. 2 Esslöffel Öl in einer Pfanne erhitzen, Fleischröllchen darin von allen Seiten

Penne mit Gorgonzola

344

Perlhuhnröllchen mit glasierten Kartoffeln

anbraten, mit Wein ablöschen, abgedeckt etwa 10 Minuten schmoren lassen, Fleischröllchen herausnehmen und warm stellen.
4. Fleischfond mit Sahne ablöschen, etwas einkochen lassen, mit Pfeffer und Sojasauce abschmecken.
5. Kartoffeln schälen, waschen und mit einem Kugelausstecher kleine Kugeln ausstechen. Öl in einer beschichteten Pfanne erhitzen, Kartoffelkugeln darin unter ständigem Wenden in etwa 20 Minuten gar braten, zum Schluss Zuckerrübensirup hinzufügen und im Backofen karamellisieren lassen.
Ober-/Unterhitze: etwa 180 °C (vorgeheizt)
Heißluft: etwa 160 °C (vorgeheizt)
Gas: Stufe 2 – 3 (vorgeheizt)
Garzeit: etwa 10 Minuten.

Pesto
Italienische Basilikumsauce

■ Schnell – klassisch

Insgesamt:
E: 53 g, F: 216 g, Kh: 19 g,
kJ: 9707, kcal: 2318

2 Bund Basilikum
4 Knoblauchzehen
4 EL Pinienkerne
100 ml kaltgepresstes Olivenöl
100 g frisch geriebener Parmesan- oder Peccorino-Käse
Salz, frisch gemahlener Pfeffer
kaltgepresstes Olivenöl

Zubereitungszeit: 30 Min.

1. Basilikum vorsichtig abspülen, trockentupfen und die Blättchen von den Stängeln zupfen.
2. Knoblauch abziehen. Basilikum, Knoblauch und Pinienkerne fein hacken, im Mörser fein zerstoßen.
3. Öl tropfenweise hinzufügen und alles gut verrühren. Käse unterrühren. Mit Salz und Pfeffer würzen.
4. Die Basilikumsauce in gründlich gereinigte und gespülte, kleine Gläser füllen, Öl darüber geben (etwa $1/2$ cm hoch).
5. Die Gläser verschließen und kühl aufbewahren.

Tipp:
Pesto zu Nudelgerichten, zu Minestrone (italienische Gemüsesuppe) oder zu Fleisch reichen.
Wenn das Pesto längere Zeit aufbewahrt werden soll, mit etwas Olivenöl übergießen.

Pesto

Pfannkuchen
(Grundrezept)

■ Preiswert

Pro Portion:
E: 18 g, F: 23 g, Kh: 54 g,
kJ: 2175, kcal: 519

Für 8 große Pfannkuchen:
250 g Weizenmehl
4 Eier, 375 ml ($3/8$ l) Milch
1 Prise Salz
1 EL Zucker (für süße Pfannkuchen) nach Belieben zusätzliche Würzzutaten
125 ml ($1/8$ l) Mineralwasser
60 g Butter, Speiseöl oder Schmalz für die Pfanne

Zubereitungszeit: 50 Min.

1. Mehl in eine Schüssel sieben, in die Mitte eine Vertiefung eindrücken. Eier mit etwas Milch, Salz (gegebenenfalls Zucker und Würzzutaten) verrühren und in die Vertiefung geben. Von der Mitte aus mit dem Mehl verrühren.
2. Restliche Milch und Mineralwasser unter Rühren langsam hinzugeben, bis ein dickflüssiger Teig entsteht. Dabei darauf achten, dass sich keine Klümpchen bilden. Den Teig 15 – 30 Minuten stehen lassen.
3. Etwas Fett in der Pfanne zerlassen und eine dünne Teiglage mit einer drehenden Bewegung auf dem Boden der Pfanne gleichmäßig verteilen. Sobald die Ränder goldgelb sind, Pfannkuchen vorsichtig mit einem Pfannenwender oder einem Holzspatel wenden und auf der anderen Seite fertig backen.
4. Die restlichen Pfannkuchen auf dieselbe Weise backen. Teig dabei vor jedem Backen umrühren.

345

Pfannkuchen-Gratin

■ Vegetarisch

Pfannkuchen-Gratin

Pro Portion:
E: 35 g, F: 68 g, Kh: 60 g,
kJ: 4386, kcal: 1047

250 g Weizenvollkornmehl
3 Eier
300 ml Milch
200 ml Wasser
$1/2$ TL Salz
10 EL Speiseöl
3 Bund Sauerampfer
250 g Ricotta oder Sahnequark
250 g Magerquark
100 g gemahlene Haselnusskerne
frisch gemahlener Pfeffer
2 säuerliche Äpfel
3 EL geriebener Emmentaler

Zubereitungszeit: 70 Min.

1. Mehl mit Eiern, Milch, Wasser und Salz zu einem dickflüssigen Teig verrühren, etwa 15 Minuten ruhen lassen.
2. Etwas Öl in einer Pfanne erhitzen und nacheinander darin sechs Pfannkuchen backen.
3. Sauerampfer verlesen und waschen. Ricotta, Quark und Haselnüsse verrühren und mit Pfeffer würzen. Äpfel schälen, fein raspeln und unter den Quark ziehen.
4. Den ersten Pfannkuchen in eine gefettete Auflaufform legen, mit $1/6$ der Quarkmasse bestreichen, mit $1/5$ der Sauerampferblätter belegen. So fortfahren, bis der letzte Pfannkuchen mit Quarkcreme bestrichen ist.
5. Käse darüber streuen. Die Form auf dem Rost in den Backofen schieben.
Ober-/Unterhitze: etwa 200 °C (vorgeheizt)
Heißluft: etwa 180 °C (vorgeheizt)
Gas: Stufe 3–4 (vorgeheizt)
Backzeit: etwa 25 Minuten.

Pfeffersauce

■ Schnell

Pro Portion:
E: 2 g, F: 11 g, Kh: 3 g,
kJ: 564, kcal: 135

1 Zwiebel
125 ml ($1/8$ l) Rotwein
1 EL grob gemahlener Pfeffer
375 ml ($3/8$ l) Wildfond oder -brühe
50 g kalte Butter

Zubereitungszeit: 20 Min.

1. Zwiebel abziehen und fein würfeln. Rotwein mit Zwiebelwürfeln und Pfeffer zum Kochen bringen, zur Hälfte einkochen lassen, mit Wildfond auffüllen, zum Kochen bringen, etwa 5 Minuten kochen lassen und durch ein Sieb gießen.
2. Die Sauce von der Kochstelle nehmen und mit der Butter binden.

Tipp:
Zu Reh oder Hirsch reichen.

Pfeffersteaks

■ Schnell

Pro Portion:
E: 28 g, F: 10 g, Kh: 3 g,
kJ: 954, kcal: 228

4 Rinderfiletsteaks
(je 125 g, etwa $2 1/2$ cm dick)
4 gestr. TL eingelegte grüne Pfefferkörner
Speiseöl

Zubereitungszeit: 15 Min.

1. Rinderfiletsteaks unter fließendem kalten Wasser abspülen, trockentupfen, leicht flach klopfen, so dass sie noch etwa 2 cm dick sind. Pfefferkörner abtropfen lassen, leicht zerdrücken.
2. Steaks damit einreiben, auf den heißen Grillrost legen, unter den vorgeheizten Grill schieben, zunächst von der einen und dann von der anderen Seite 3–5 Minuten grillen.
3. Während des Grillens die Steaks ab und zu mit etwas Öl bestreichen.

Tipp:
Die Pfeffersteaks nach Belieben mit Pfeffersauce und gebackenen Kartoffeln servieren.

Pfeffersteaks

Pfeffersülze

Pfeffersülze

■ Dauert länger

Insgesamt:
E: 658 g, F: 401 g, Kh: 94 g,
kJ: 30116, kcal: 7189

3 kg Schweinefleisch, z. B. Eisbein, Nacken, Schulter
Pökelsalz
10 Lorbeerblätter
1 EL Pimentkörner
1 EL Wacholderbeeren
2 EL schwarze Pfefferkörner
Salz
500 ml (1/2 l) Weinessig
5 Pck. gemahlene Gelatine, weiß
9 EL kaltes Wasser
100 g grüne Pfefferkörner
frisch gemahlener Pfeffer
Weinessig

Zubereitungszeit: 2,5 Std., ohne Pökel- und Gelierzeit

1. Fleisch kalt abspülen, trockentupfen, mit Pökelsalz bestreuen. Zugedeckt etwa 24 Stunden an einem kühlen Ort stehen lassen, ab und zu wenden. Mit der sich bildenden Flüssigkeit übergießen.
2. Fleisch kalt abspülen, in einen hohen Kochtopf geben. Lorbeerblätter, Pimentkörner, Wacholderbeeren, Pfefferkörner und Salz dazugeben, mit so viel Wasser auffüllen, dass das Fleisch bedeckt ist. Die Hälfte des Essigs hinzugießen, zum Kochen bringen, abschäumen und 90 Minuten kochen lassen.
3. Fleisch von den Knochen ablösen. Schwarten und Fett abschneiden, Fleisch in Würfel schneiden, in 4–6 vorbereitete Einkochgläser (Sturzgläser) füllen. Brühe durch ein Tuch gießen, restlichen Essig dazugeben, 1 1/2 l von der Flüssigkeit abmessen (evtl. mit Wasser auffüllen), zum Kochen bringen.
4. Gelatine mit Wasser anrühren, 10 Minuten quellen lassen, in die von der Kochstelle genommene Brühe geben. So lange rühren, bis die Gelatine gelöst ist.
5. Pfefferkörner hinzufügen, mit Salz, Pfeffer und Weinessig kräftig abschmecken, über das Fleisch gießen. Die Gläser verschließen und etwa 45 Minuten bei 98 °C einkochen.

Pfifferlinge mit Speck

■ Schnell

Pro Portion:
E: 3 g, F: 9 g, Kh: 2 g,
kJ: 422, kcal: 101

400 g Pfifferlinge
50 g durchwachsener Speck
Salz
frisch gemahlener Pfeffer
1 EL gehackte Kräuter, z. B. Petersilie, Schnittlauch, Pimpinelle

Zubereitungszeit: 25 Min.

1. Pfifferlinge putzen, mit Küchenpapier abreiben, evtl. abspülen.
2. Speck in kleine Würfel schneiden, in einer Pfanne auslassen, Pilze hinzufügen, unter häufigem Schütteln der Pfanne etwa 10 Minuten braten lassen.
3. Mit Salz und Pfeffer würzen und Kräuter darüber streuen.

Pfifferlinge mit Speck

Pfifferlingssuppe mit Kerbel

■ Schnell

Pro Portion:
E: 10 g, F: 19 g, Kh: 6 g,
kJ: 1027, kcal: 246

250 g Pfifferlinge
1 l kochende Fleischbrühe
30 g Butter
1 EL Weizenmehl
2 Eigelb
3 EL Crème fraîche
Salz
frisch gemahlener Pfeffer
2 EL gehackte Kerbelblättchen

Zubereitungszeit: 25 Min.

1. Pfifferlinge putzen, mit Küchenpapier abreiben, evtl. abspülen und klein schneiden, in Fleischbrühe geben, zum Kochen bringen, etwa 5 Minuten ziehen lassen. Pilze aus der Brühe nehmen und beiseite stellen.
2. Butter zerlassen, Mehl unter Rühren so lange darin erhitzen, bis es hellgelb ist, die Pilzbrühe hinzugießen, mit einem Schneebesen durchschlagen, darauf achten, dass keine Klumpen entstehen.
3. Suppe zum Kochen bringen, etwa 5 Minuten kochen lassen, Pfifferlinge hinzufügen und erhitzen.
4. Eigelb mit Crème fraîche verschlagen, Suppe damit legieren, nicht mehr kochen lassen, mit Salz und Pfeffer würzen und Kerbelblättchen darüber streuen.

Pfirsich Melba

6 Portionen

■ Klassisch

Pro Portion:
E: 3 g, F: 4 g, Kh: 36 g,
kJ: 921 , kcal: 219

300 g TK-Himbeeren
3 EL Puderzucker
1 TL Zitronensaft
1 EL Orangenlikör
6 enthäutete Pfirsiche
6 TL Zitronensaft
500 ml Vanilleeis

Zubereitungszeit: 15 Min.

1. Himbeeren antauen lassen, mit Puderzucker, Zitronensaft und Likör pürieren und kalt stellen.
2. Pfirsiche entsteinen und Schnittflächen mit Zitronensaft bestreichen.
3. Eis mit einem Portionierer in Kugeln teilen, auf Schalen verteilen, Pfirsichhälften darauf geben und mit Himbeersauce begießen.

Pfifferlingssuppe mit Kerbel

Pfirsich-Kirsch-Gratin

Pfirsich-Kirsch-Gratin

■ Für Kinder

Pro Portion:
E: 9 g, F: 14 g, Kh: 60 g,
kJ: 1785, kcal: 426

500 g Schattenmorellen
50 g Zucker
100 g abgezogene, gemahlene Mandeln
3 Pfirsiche
3 Eiweiß
100 g Zucker

Zubereitungszeit: 40 Min.

1. Schattenmorellen waschen, in einen Topf geben, langsam erhitzen, etwa 10 Minuten kochen lassen. Durch ein grobes Sieb geben, so dass die Kerne

zurückbleiben. Kirschmus mit Zucker und 50 g Mandeln vermengen und in eine flache Auflaufform geben.
2. Pfirsiche kurze Zeit in kochendes Wasser legen (nicht kochen lassen), in kaltem Wasser abschrecken, enthäuten, halbieren, entsteinen, in Spalten schneiden und auf das Kirschmus legen.
3. Eiweiß mit Zucker steif schlagen, die restlichen Mandeln unterziehen und auf die Pfirsiche geben.
4. Die Form auf dem Rost auf die oberste Schiene des Backofens schieben.
Ober-/Unterhitze: etwa 250 °C (vorgeheizt)
Heißluft: etwa 220 °C (vorgeheizt)
Gas: Stufe 5–6 (vorgeheizt)
Backzeit: etwa 10 Minuten.

Tipp:
Das Gratin wird besonders gut, wenn es im Grill (Stufe 8) etwa 5 Minuten überbacken wird.

Pfirsiche in Portwein

■ Gut vorzubereiten

Pro Portion:
E: 1 g, F: 0 g, Kh: 25 g,
kJ: 647, kcal: 154

4 große Pfirsiche
160 ml Portwein
20 g Streuzucker
Hagelzucker
Minze- oder Melisseblätter

Zubereitungszeit: 45 Min.

1. Pfirsiche kurze Zeit in kochendes Wasser geben (nicht kochen lassen), in kaltem Wasser abschrecken, enthäuten, halbieren, entsteinen und in gleichmäßige Spalten schneiden.
2. Pfirsiche mit Portwein und Streuzucker marinieren und etwa 30 Minuten ziehen lassen.
3. Vor dem Servieren die Pfirsichspalten fächerförmig auf Tellern anrichten, mit Hagelzucker und Minze- oder Melisseblättern garnieren.

Pflaumenkompott

Pflaumenkompott

■ Schnell

Pro Portion:
E: 1 g, F: 0 g, Kh: 31 g,
kJ: 592, kcal: 141

500 g Pflaumen
125 ml (1/8 l) Wasser
50 g Zucker, 1 Zimtstange,
3 Nelken (nach Geschmack)
Zucker

Zubereitungszeit: 20 Min.

1. Pflaumen waschen, halbieren und entsteinen.
2. Wasser mit Zucker zum Kochen bringen, Pflaumen, Zimt und Nelken hineingeben, zum Kochen bringen und in etwa 8 Minuten weich kochen.
3. Kompott erkalten lassen, evtl. mit Zucker abschmecken.

Pfirsiche in Portwein

349

Pfundstopf

12 Portionen

■ Gut vorzubereiten

Pro Portion:
E: 39 g, F: 58 g, Kh: 7 g,
kJ: 3106, kcal: 742

500 g Rindfleisch
500 g Schweinefleisch
500 g Hackfleisch
(halb Rind-, halb Schweinefleisch)
500 g Schweinemett
Salz
frisch gemahlener Pfeffer
500 g durchwachsener
Speck
500 g Zwiebeln
1 Dose (800 g) Tomaten
500 g rote Paprikaschoten
500 g grüne Paprikaschoten
250 ml (¹/₄ l) Zigeunersauce
(Fertigprodukt)
250 ml (¹/₄ l) Fleischbrühe

Zubereitungszeit: 2¹/₂ Std.

1. Fleisch kalt abspülen, trockentupfen. Das Fleisch würfeln und in eine große, gefettete Auflaufform geben.
2. Hackfleisch und Mett mit Salz und Pfeffer abschmecken, kleine Bällchen formen und in die Auflaufform geben.
3. Speck in kleine Würfel schneiden. Zwiebeln abziehen und fein würfeln. Tomaten etwas zerkleinern. Speck- und Zwiebelwürfel, Tomaten und Tomatensaft in die Auflaufform geben.
4. Paprikaschoten halbieren, entstielen, entkernen, die weißen Scheidewände entfernen, Schoten waschen und in Streifen schneiden. Paprikastreifen in die Auflaufform geben.
5. Zigeunersauce und die heiße Fleischbrühe zuletzt über den Pfundstopf geben, alles durchmengen, abdecken und auf dem Rost in den Backofen schieben.

Ober-/Unterhitze: etwa 200 °C (vorgeheizt)
Heißluft: etwa 180 °C (nicht vorgeheizt)
Gas: Stufe 3–4 (nicht vorgeheizt)
Garzeit: etwa 2 Stunden.

Piccata
Italienische Kalbsschnitzel

■ Klassisch

Pro Portion:
E: 48 g, F: 34 g, Kh: 7 g,
kJ: 2388, kcal: 571

4 Kalbsschnitzel (je 150 g)
1 EL Speiseöl
Salz, frisch gemahlener Pfeffer
30 g Weizenmehl
3 Eier
1 Eigelb
150 g geriebener Bergkäse
geriebene Muskatnuss
¹/₂ TL gehackter Thymian
40 g Butterschmalz

Zubereitungszeit: 20 Min.

1. Kalbsschnitzel unter fließendem kalten Wasser abspülen, trockentupfen.
2. Zwei Klarsichtfolien leicht mit Öl einpinseln. Schnitzel dazwischen flach klopfen, mit Salz und Pfeffer würzen, mit Mehl bestäuben.
3. Eier mit Eigelb, Bergkäse, Salz, Pfeffer, Muskat und Thymian in einer Schüssel mit dem Schneebesen aufschlagen. Kalbsschnitzel darin wenden.
4. Schnitzel in heißem Butterschmalz von beiden Seiten in etwa 8 Minuten goldgelb ausbacken.

Beilage:
Tomatenreis und Salate.

Piccata vom Rotbarsch

■ Für Kinder

Pro Portion:
E: 46 g, F: 34 g, Kh: 53 g,
kJ: 3121, kcal: 745

300 g Spaghetti
3 Eier
50 g geriebener Parmesan-Käse
8 Rotbarsch-Filetstücke (je 70 g)
Salz
frisch gemahlener Pfeffer
35 g Weizenmehl
4 EL Olivenöl
40 g Butter
1 kleine Dose gehackte, geschälte Tomaten (Abtropfgewicht 240 g)
1 Knoblauchzehe
1 Bund Basilikum

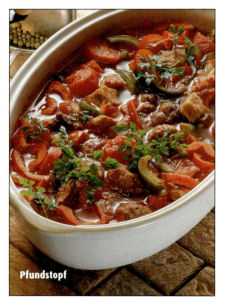
Pfundstopf

Piccata vom Rotbarsch

Zubereitungszeit: 60 Minuten

1. Spaghetti in reichlich kochendem Salzwasser nach Packungsanleitung bissfest kochen. Anschließend in ein Sieb geben und abtropfen lassen.
2. Eier in einer Schüssel oder einem tiefen Teller mit Parmesan verrühren. Rotbarsch unter fließendem kalten Wasser abspülen, trockentupfen und mit Salz und Pfeffer würzen. Den Fisch erst in Mehl, dann in dem Eier-Parmesan-Gemisch wenden.
3. Zwei Esslöffel Öl mit der Butter in einer beschichteten Pfanne erhitzen. Den Fisch darin etwa 5 Minuten braten, zwischendurch wenden.
4. Das restliche Öl in einem Topf erhitzen. Spaghetti und Tomatenwürfel darin unter vorsichtigem Umrühren erhitzen. Knoblauch abziehen, fein würfeln oder durch die Knoblauchpresse drücken und hinzufügen. Mit Salz und Pfeffer würzen.
5. Basilikum kalt abspülen, trockentupfen und die Blättchen von den Stängeln zupfen. Die Nudel-Tomaten-Mischung auf Teller verteilen. Den Fisch darauf anrichten und mit Basilikumblättchen garnieren.

Tipp:
Statt Spaghetti können auch andere Nudelsorten verwendet werden. Nach Belieben zusätzlich einige frische Tomatenwürfel unter die Spaghetti-Tomaten-Mischung heben.

Pichelsteiner

■ Klassisch

Pro Portion:
E: 31 g, F: 32 g, Kh: 22 g,
kJ: 2204, kcal: 526

250 g Lammfleisch
250 g Schweinefleisch
250 g Möhren
375 g Kartoffeln
250 g Porree (Lauch)
250 g Weißkohl
40 g Margarine
2 mittelgroße Zwiebeln
Salz
gerebelter Majoran
gerebeltes Liebstöckel
frisch gemahlener Pfeffer
500 ml ($1/2$ l) Fleischbrühe
2 EL gehackte Petersilie

Zubereitungszeit: 105 Min.

1. Fleisch unter fließendem kalten Wasser abspülen, trockentupfen und in Würfel schneiden. Möhren putzen und schälen. Kartoffeln schälen. Beide Zutaten waschen und in Würfel schneiden.
2. Porree putzen, halbieren, waschen, in Streifen schneiden. Weißkohl putzen, waschen und klein schneiden.
3. Margarine erhitzen, das Fleisch unter Wenden schwach darin bräunen lassen. Zwiebeln abziehen, halbieren und in Scheiben schneiden. Kurz bevor das Fleisch genügend gebräunt ist, Zwiebelscheiben hinzufügen und kurz miterhitzen.
4. Das Fleisch mit Salz, Majoran, Liebstöckel und Pfeffer würzen. Gemüse, Kartoffeln und Fleischbrühe hinzufügen, in etwa 1 Stunde gar schmoren lassen und den Eintopf mit Petersilie bestreuen.

Pichelsteiner

351

Pilz-Paprika-Gemüse

■ Raffiniert

Pro Portion:
E: 9 g, F: 39 g, Kh: 10 g,
kJ: 1959, kcal: 468

400 g Austernpilze
je 1 rote, grüne und gelbe
Paprikaschote (etwa 300 g)
200 g durchwachsener Speck
20 g Butter, 4 Frühlingszwiebeln
250 ml ($^1/_4$ l) Fleischbrühe
1 mittelgroße Kartoffel
Salz, frisch gemahlener Pfeffer
1 EL gehackte Petersilie

Zubereitungszeit: 35 Min.

1. Austernpilze putzen, mit Küchenpapier abreiben, evtl. abspülen und in dünne Streifen schneiden. Paprika halbieren, entstielen, entkernen, die weißen Scheidewände entfernen, Schoten waschen, in feine Streifen schneiden.
2. Speck in kleine Würfel schneiden. Butter erhitzen, Speckwürfel darin ausbraten. Zwiebeln putzen, waschen, in Ringe schneiden, in dem Speckfett glasig dünsten lassen, Pilzstreifen und Paprikastreifen hinzufügen, etwa 5 Minuten mitdünsten lassen.
3. Brühe hinzugießen, zum Kochen bringen.
4. Kartoffel schälen, waschen, reiben, hinzufügen, das Gemüse in etwa 10 Minuten garen, mit Salz und Pfeffer würzen.
5. Petersilie über das Pilz-Paprika-Gemüse streuen.

Pilzklößchensuppe

■ Vegetarisch – preiswert

Pro Portion:
E: 9 g, F: 13 g, Kh: 13 g,
kJ: 928, kcal: 222

100 g Pilze
3 EL Butter oder Margarine
1 Ei, Salz
1 EL Speisestärke
40 g Semmelbrösel
750 ml ($^3/_4$ l) kochende Gemüsebrühe

Zubereitungszeit: 50 Min.

1. Pilze putzen, mit Küchenpapier abreiben, evtl. abspülen und abtropfen lassen. 1 Esslöffel Butter zerlassen, die Pilze darin etwa 5 Minuten gar dünsten lassen und fein hacken.
2. Restliche Butter geschmeidig rühren, die gehackten Pilze, Ei, Salz, Speisestärke und so viel Semmelbrösel hinzufügen, dass eine geschmeidige Masse entsteht, $^1/_2$ Stunde stehen lassen.
3. Aus der Masse mit nassen Händen Klößchen formen, in die Brühe geben und in 6–7 Minuten gar ziehen lassen.

Pilzklößchensuppe

Pilzrisotto

■ Raffiniert

Pro Portion:
E: 9 g, F: 14 g, Kh: 55 g,
kJ: 1598, kcal: 380

500 g Champignons
2 Zwiebeln

Pilz-Paprika-Gemüse

20 g Butter
250 g Vollkorn-Risotto-Reis
700 ml Gemüsebrühe
2 EL gehackte Walnusskerne
frisch gemahlener Pfeffer
100 ml Schlagsahne

Zubereitungszeit: 2 Std.

1. Champignons putzen, mit Küchenpapier abreiben, evtl. abspülen, abtropfen lassen, durch die grobe Scheibe des Fleischwolfes drehen und 1 Stunde stehen lassen, bis die Pilze gebräunt sind, der Geschmack wird dadurch intensiver.
2. Zwiebeln abziehen, würfeln, mit dem Pilzmus in Butter andünsten, Reis hinzugeben, mit Gemüsebrühe angießen, zum Kochen bringen, bei geöffnetem Deckel jeweils so lange kochen lassen, bis die Flüssigkeit aufgesogen ist, dann wieder Brühe nachgießen.
3. Nach etwa 25 Minuten ist der Reis fast gar. Walnusskerne, Pfeffer und Sahne zufügen, Deckel auflegen, Topf vom Herd ziehen und Reis 5 Minuten nachquellen lassen.

Pizza

■ Für Gäste

Pro Portion:
E: 40 g, F: 36 g, Kh: 73 g,
kJ: 3457, kcal: 826

Für den Teig:
500 g Weizenmehl
1 Pck. Trockenhefe
1/2 TL Zucker, 1 TL Salz
3 EL Speiseöl
125 ml (1/8 l) lauwarmes Wasser

Pizza

Für den Belag:
500 g Tomaten
etwa 200 g Shrimps
2 Zwiebeln
100 g Muscheln aus der Dose
1 Glas grüne Oliven (85–90 g)
2 EL Speiseöl
1 TL Oregano
250 g Mozzarella
50 g geriebener Emmentaler

Zubereitungszeit: 60 Min.

1. Für den Teig Mehl in eine Rührschüssel sieben, mit Hefe sorgfältig vermischen. Zucker, Salz, Öl und Wasser hinzufügen. Alle Zutaten mit einem Handrührgerät mit Knethaken zuerst auf der niedrigsten, dann auf der höchsten Stufe in etwa 5 Minuten zu einem Teig verkneten.
2. Teig an einem warmen Ort so lange stehen lassen, bis er sich sichtbar vergrößert hat.
3. Teig auf einem gefetteten Backblech ausrollen.
4. Für den Belag Tomaten waschen, abtrocknen, Stängelansätze entfernen. Tomaten in Scheiben schneiden. Shrimps trockentupfen. Zwiebeln abziehen, halbieren, in Scheiben schneiden.
5. Die Teigplatte mit Speiseöl bestreichen, den Belag gleichmäßig darauf verteilen und mit Oregano bestreuen. Backblech in den Backofen schieben.
Ober-/Unterhitze: etwa 200 °C (vorgeheizt)
Heißluft: etwa 180 °C (vorgeheizt)
Gas: Stufe 3–4 (vorgeheizt)
Backzeit: etwa 25 Minuten.
6. Mozzarella abtropfen lassen, in Scheiben schneiden, mit dem Emmentaler Käse über die Pizza geben.

Beilage:
Grüner oder gemischter Salat.

Pizza Vier Jahreszeiten

■ Klassisch – für Gäste

Pro Portion:
E: 32 g, F: 32 g, Kh: 56 g,
kJ: 2844, kcal: 679

Für den Teig:
20 g frische Hefe
1/2 TL Zucker
125 ml (1/8 l) lauwarmes Wasser
250 g Weizenmehl
2 EL Olivenöl
1/2 TL Salz

Für die Sauce:
1 Zwiebel, 1 Knoblauchzehe
2 EL Olivenöl
1 EL Tomatenmark
1 Dose (400 g) pürierte Tomaten
getrockneter Rosmarin
getrockneter Oregano
Salz
frisch gemahlener Pfeffer

Für den Belag:
1 Dose (180 g) Artischockenherzen
1 Tomate
1 Dose (175 g) Champignons
1 kleine, rote Paprikaschote
1/2 Gemüsezwiebel
100 g Thunfisch
50 g Salamischeiben
100 g geriebener Edamer
125 g Mozzarellastücke

Zubereitungszeit: 70 Min.

1. Aus den Teigzutaten einen Hefeteig herstellen, an einem warmen Ort so lange gehen lassen, bis er sich sichtbar vergrößert hat.
2. Hefeteig rund ausrollen, Teigplatte auf ein gefettetes Backblech legen.
3. Zwiebel und Knoblauch abziehen, fein würfeln, in erhitztem Öl andünsten.
4. Tomatenmark, pürierte Tomaten und Gewürze hinzufügen und zu einer Sauce einkochen lassen.
5. Die abgekühlte Sauce auf den Teig streichen.
6. Artischocken abtropfen lassen, Tomate waschen, Stängelansatz entfernen, in Scheiben schneiden, Champignons abtropfen lassen, in Scheiben schneiden.
7. Paprika vierteln, entkernen, waschen, in feine Streifen schneiden. Zwiebel abziehen, in Streifen schneiden.
8. Ein Viertel der Pizza mit Tomatenscheiben und Artischocken belegen. 1/4 mit Champignonscheiben und Paprikastreifen belegen. 1/4 mit Zwiebel und Thunfisch belegen. 1/4 mit Salamischeiben belegen.
9. Die Pizza mit Oregano, Salz und Pfeffer bestreuen. Die Käsesorten beliebig darauf verteilen.
Ober-/Unterhitze: etwa 200 °C (vorgeheizt)
Heißluft: etwa 180 °C (vorgeheizt)
Gas: Stufe 3–4 (vorgeheizt)
Backzeit: etwa 25 Minuten.

Pizza, vegetarisch

■ Raffiniert

Pro Portion:
E: 33 g, F: 39 g, Kh: 52 g,
kJ: 3046, kcal: 728

Für den Teig:
150 g Magerquark
6 EL Olivenöl
1 Ei
1 TL gerebelter Oregano
200 g Weizenvollkornmehl
50 g Maismehl
Meersalz
1 EL Wasser

Für den Belag:
300 g Broccoli
200 g Zuckerschoten
1–2 Bund kleine Frühlingszwiebeln
200 g Zucchini
1 Bund Petersilie
4 EL saure Sahne
300 g Mozzarella

Zubereitungszeit: 60 Min.

Pizza Vier Jahreszeiten

354

Pizza, vegetarisch

1. Quark mit Öl, Ei, Oregano, Weizenvollkornmehl, Maismehl, Salz und Wasser zu einem geschmeidigen, formbaren Teig verkneten.
2. Broccoli putzen, waschen, in Salzwasser etwa 2 Minuten blanchieren, mit einem Schaumlöffel herausheben, abtropfen lassen.
3. Zuckerschoten waschen, abtropfen lassen, die Enden abschneiden. Frühlingszwiebeln putzen, waschen, trockentupfen, der Länge nach halbieren. Zucchini waschen, trockentupfen, die Enden abschneiden, in Scheiben schneiden.
4. Petersilie abspülen, die Blättchen von den Stängeln zupfen, mit Sahne pürieren.
5. Den Teig zur Kugel formen, auf ein mit Backpapier ausgelegtes Backblech legen, ausrollen und flach drücken, mit der Petersiliensahne bestreichen, je $1/4$ mit einer der Gemüsesorten belegen.
6. Mozzarella in Würfel schneiden, auf die Pizza streuen.
Ober-/Unterhitze: etwa 180 °C (vorgeheizt)
Heißluft: etwa 160 °C (vorgeheizt)
Gas: Stufe 2–3 (vorgeheizt)
Backzeit: 25–30 Minuten.

Pochierte Eier
Grundrezept

■ Schnell

Pro Portion:
E: 8 g, F: 7 g, Kh: 1 g,
kJ: 432, kcal: 103

2 l Salzwasser
4 EL Essig
4 große Eier

Zubereitungszeit: 10 Min.

1. Salzwasser mit Essig zum Siedepunkt bringen. Eier einzeln in einer Suppenkelle aufschlagen, nacheinander schnell, aber vorsichtig in das siedende Wasser gleiten lassen. Das Wasser darf nur noch sieden, nicht mehr kochen.
2. Die Eier noch etwa 4 Minuten im Essigwasser ziehen lassen, mit einem Schaumlöffel vorsichtig herausheben, kurz unter kaltem Wasser abschrecken und die Ränder mit der Küchenschere rund schneiden.

Polenta
Italienischer Maiskuchen

■ Klassisch

Pro Portion:
E: 3 g, F: 1 g, Kh: 28 g,
kJ: 576, kcal: 138

1 l Gemüsebrühe, 1 TL Meersalz
150 g Maisgrieß

Zubereitungszeit: 20 Min.

1. Brühe mit Salz aufkochen, Grieß unter Rühren langsam hinzugeben. Zum Kochen bringen, bei schwacher Hitze zugedeckt etwa 15 Minuten ausquellen lassen. Ab und zu umrühren.
2. Eine Kastenform mit Pergamentpapier auslegen. Maisbrei hineingeben, erstarren lassen.
3. Den fest gewordenen Maiskuchen (Polenta) aus der Form stürzen, mit Förmchen ausstechen oder in Scheiben schneiden.

Polenta

Pommes frites

■ **Für Kinder**

Pro Portion:
E: 5 g, F: 62 g, Kh: 38 g,
kJ: 3156, kcal: 753

1 kg Kartoffeln
1 kg Frittierfett
feines Salz

Zubereitungszeit: 40 Min.

1. Kartoffeln schälen, waschen, in gleich lange, bleistiftdicke Streifen schneiden und mit einem Küchentuch oder -papier gut abtrocknen.
2. Frittierfett in einer Fritteuse auf 180 °C erhitzen, Kartoffelstreifen darin halbgar backen. Nicht zuviel Kartoffeln auf einmal in das Fett geben, da sie sich im Fett nicht berühren dürfen, außerdem kühlt das Fett zu stark ab.
3. Pommes frites mit einem Schaumlöffel herausnehmen und auf einem Durchschlag abtropfen lassen.
4. Wenn die Streifen abgekühlt sind, sie noch einmal in das heiße Fett geben, braun und knusprig frittieren, mit feinem Salz bestreuen und sofort servieren.

MENUE

Hauptgericht:
Deutsches Beefsteak (Seite 91)
Beilage:
Porree (Seite 356)
Dessert:
Quarkauflauf mit Aprikosen
(Seite 368)

Porree-Eintopf

Porree
Lauch

■ **Klassisch**

Pro Portion:
E: 3 g, F: 16 g, Kh: 4 g,
kJ: 738, kcal: 176

750 g Porree
(Lauch, vorbereitet gewogen)
75 g Butter
100 ml Wasser
Salz
geriebene Muskatnuss
1 EL gehackte Petersilie

Zubereitungszeit: 25 Min.

1. Porree putzen, in etwa 6 cm lange Stücke schneiden und waschen.
2. Butter zerlassen, Porree darin andünsten, Wasser, Salz und Muskat hinzufügen, 5–10 Minuten garen.
3. Porree mit Salz und Muskat abschmecken und mit Petersilie bestreuen.

Tipp: Das Porreegemüse passt gut zu kurz gebratenem Fleisch mit einer Sauce Hollandaise.

Porree-Eintopf

■ **Preiswert – für Kinder**

Pro Portion:
E: 59 g, F: 39 g, Kh: 40 g,
kJ: 3325, kcal: 793

1 kg Porree (Lauch)
2 Möhren
1 Stück Knollensellerie
1 Zwiebel
750 g mehlig kochende Kartoffeln
75 g durchwachsener Speck
1 EL Speiseöl
1 l Fleischbrühe
4 geräucherte Mettwürstchen
Salz, frisch gemahlener Pfeffer
1–2 EL gehackte Petersilie

Zubereitungszeit: 50 Min.

1. Porree putzen, längs halbieren, in etwa 2 cm breite Streifen schneiden, gründlich waschen und abtropfen lassen. Möhren putzen, schälen, waschen, in Scheiben schneiden. Sellerie schälen, waschen, in Würfel schneiden. Zwiebel abziehen und würfeln. Kartoffeln schälen, waschen und würfeln.

frisch gemahlener Pfeffer
4 große (400 g) Zwiebeln
4 Stangen (800 g) Porree (Lauch)
1¹/₂ l Gemüsebrühe
1 Glas (530 g) Champignons
400 g Kräuterschmelzkäse

Zubereitungszeit: 40 Min.

1. Öl in einem Topf erhitzen. Hackfleisch darin anbraten, mit einer Gabel die Klümpchen zerdrücken, mit Salz und Pfeffer bestreuen.
2. Zwiebeln abziehen, würfeln. Porree putzen, Stangen halbieren, waschen, Porree in dünne Ringe schneiden. Zwiebelwürfel und Porreeringe zu dem Fleisch geben, etwa 10 Minuten schmoren lassen, zwischendurch umrühren.
3. Brühe hinzufügen, zum Kochen bringen, 10–15 Minuten kochen lassen.
4. Champignons mit Flüssigkeit und Schmelzkäse dazugeben, umrühren und einmal aufkochen lassen. Nochmals mit Salz und Pfeffer abschmecken.

Tipp:
Abgezogene, entkernte Tomatenviertel zum Schluss unterrühren.

Porree-Möhren-Salat

■ Schnell

Pro Portion:
E: 6 g, F: 15 g, Kh: 14 g,
kJ: 923, kcal: 221

500 g Möhren
100 g Knollensellerie
1 kleine Stange Porree (Lauch)
100 g Walnusskerne
Saft von 1 Zitrone
1 TL Honig
Salz
frisch gemahlener Pfeffer
125 ml (¹/₈ l) Schlagsahne
gewaschene Salatblätter

Zubereitungszeit: 25 Min.

1. Möhren und Sellerie schälen, waschen und fein raspeln. Porree putzen, den weißen Teil in ganz feine Ringe schneiden, gründlich waschen und abtropfen lassen. Walnusskerne grob hacken.
2. Zitronensaft, Honig, Salz, Pfeffer und Sahne verrühren.
3. Die Sauce mit den Salatzutaten vermengen und auf Salatblättern anrichten.

2. Speck würfeln und in Öl ausbraten. Möhrenscheiben, Sellerie- und Zwiebelwürfel darin andünsten. Kartoffelwürfel, Fleischbrühe und Mettwürstchen hinzufügen, zum Kochen bringen, etwa 10 Minuten kochen lassen.
3. Porreestreifen hinzufügen, mit Salz und Pfeffer würzen, zum Kochen bringen und 5–7 Minuten kochen lassen.
4. Mettwürstchen aus dem Eintopf nehmen, in Scheiben schneiden, wieder in den Eintopf geben. Den Eintopf abschmecken, mit Petersilie bestreuen.

Porree-Käse-Suppe

8 Portionen

■ Gut vorzubereiten

Pro Portion:
E: 34 g, F: 49 g, Kh: 16 g,
kJ: 2788, kcal: 664

4 EL Speiseöl
1 kg Hackfleisch
(halb Rind-, halb Schweinefleisch)
Salz

357

Porridge

Süßer Haferflockenbrei
6 Portionen

■ Preiswert

Pro Portion:
E: 5 g, F: 14 g, Kh: 32 g,
kJ: 1187, kcal: 283

125 g Hafergrütze
500 ml (1/2 l) Wasser
1/2 TL Salz
125 ml (1/8 l) Milch
100 g brauner Zucker
evtl. 20 g geröstete Sesamsamen
200 ml Schlagsahne

Zubereitungszeit: 80 Min.

1. Hafergrütze etwa 30 Minuten in gut 1/2 Liter kaltem Wasser einweichen. Dann mit Einweichwasser und Salz zum Kochen bringen und bei milder Hitze im offenen Topf 35–40 Minuten ausquellen lassen, gelegentlich umrühren.
2. Milch unterrühren. Sehr heiß auf vorgewärmten Tellern servieren. Zucker, Sesam und Sahne darüber geben.

Portweincreme

■ Für Gäste

Pro Portion:
E: 9 g, F: 26 g, Kh: 49 g,
kJ: 2162, kcal: 516

370 g Sauerkirschen (aus dem Glas)
1 geh. EL Speisestärke
2–3 EL kalter Kirschsaft
Zucker

Für die Portweincreme:
4 Blatt weiße Gelatine
kaltes Wasser
2 Eigelb
2 Eier
80 g gesiebter Puderzucker
125 ml (1/8 l) Portwein
250 ml (1/4 l) Schlagsahne
Schokoladen-Täfelchen

Zubereitungszeit: 90 Min.

1. Sauerkirschen abtropfen lassen, Saft auffangen.
2. Speisestärke mit Kirschsaft anrühren, restlichen Saft aufkochen, mit der angerührten Speisestärke binden, Sauerkirschen unterrühren, nach Wunsch mit Zucker abschmecken, erkalten lassen und ab und zu durchrühren.
3. Für die Portweincreme Gelatine in kaltem Wasser etwa 10 Minuten einweichen lassen.
4. Eigelb mit Eiern, Puderzucker und Portwein verschlagen. Die Schüssel in ein Wasserbad stellen und unter ständigem Schlagen erhitzen, bis die Masse dicklich wird.
5. Gelatine in einen Topf geben, unter ständigem Rühren bei geringer Hitze auflösen und gleichmäßig unter die Creme rühren.
6. Die Schüssel mit der Portweinmasse in kaltes Wasser stellen, Masse ab und zu durchschlagen. Sobald die Masse dicklich wird, Sahne steif und unterheben.
7. Kirschen auf Portionsschälchen verteilen oder in eine große Glasschüssel geben, Portweincreme darauf verteilen und mit Schokoladen-Täfelchen garnieren.

Portweincreme

Poularde im Gemüsebett

Poularde mit Rosmarin

Poularde im Gemüsebett

■ Römertopf

Pro Portion:
E: 64 g, F: 60 g, Kh: 23 g,
kJ: 3999, kcal: 954

1 Poularde (etwa 1,2 kg)
1 EL Zitronensaft
2 EL Sojasauce
350 g kleine Möhren
350 g Kohlrabi
350 g kleine Kartoffeln
350 g zarte, grüne Bohnen
Salz
frisch gemahlener Pfeffer
2 EL gehackte Petersilie
20 g Butterflöckchen

Zubereitungszeit: 85 Min.

1. Poularde kalt abspülen, trockentupfen, mit Zitronensaft und Sojasauce bepinseln.

2. Möhren putzen, schälen und waschen. Kohlrabi schälen, waschen, in Viertel, größere in Achtel schneiden. Kartoffeln waschen und schälen. Bohnen putzen, waschen, Enden abschneiden und Fäden abziehen.

3. Jede Gemüsesorte einzeln mit Salz und Pfeffer bestreuen. Möhren und Kartoffeln getrennt nebeneinander in einen gewässerten Römertopf geben, Poularde darauf legen, zur Hälfte mit Bohnen, zur anderen Hälfte mit Kohlrabi um- und belegen, Topf schließen und auf dem Rost in den kalten Backofen schieben.

Ober-/Unterhitze: etwa 220 °C
Heißluft: etwa 200 °C
Gas: Stufe 4–5
Backzeit: etwa 60 Minuten.

4. Poularde herausnehmen und tranchieren.

5. Gemüse nach Sorten getrennt auf einer Platte anrichten, mit Petersilie bestreuen, mit Butterflöckchen belegen und Poularde darauf anrichten.

Poularde mit Rosmarin

■ Für Gäste

Pro Portion:
E: 60 g, F: 68 g, Kh: 6 g,
kJ: 4032, kcal: 962

1 küchenfertige Poularde (1,2 kg)
Salz
frisch gemahlener Pfeffer
Paprika edelsüß
4 EL Speiseöl
125 ml ($1/8$ l) Weißwein
125 ml ($1/8$ l) Fleischbrühe
4 Knoblauchzehen
1 Zweig Rosmarin
850 g Tomaten (aus der Dose)

Zubereitungszeit:
55 Min., ohne Trockenzeit

1. Poularde unter fließendem kalten Wasser abspülen, trockentupfen und in acht Portionsstücke teilen und würzen.

2. Öl in einer großen Pfanne erhitzen, Poulardenteile darin von allen Seiten braun braten. Wein und Brühe hinzugießen.

3. Knoblauch abziehen und fein würfeln. Rosmarin abspülen, trockentupfen und die Nadeln fein hacken. Beide Zutaten und Tomaten mit der Flüssigkeit hinzufügen. Tomaten etwas zerdrücken und mit Salz und Pfeffer würzen. Das Fleisch in etwa 40 Minuten bei schwacher Hitze gar schmoren lassen.

MENUE

Vorspeise:
Minestrone (Seite 308)
Hauptgericht:
Poularde im Gemüsebett
(Seite 359)
Dessert:
Stachelbeerkompott (Seite 453)

Poularde, gebraten

■ Klassisch

Pro Portion:
E: 57 g, F: 61 g, Kh: 0 g,
kJ: 3523, kcal: 840

1 küchenfertige Poularde (1,2 kg)
2 EL Speiseöl
¹/₂ TL Paprika edelsüß
¹/₄ TL Currypulver
Salz
frisch gemahlener Pfeffer
etwas heißes Wasser

Zubereitungszeit: 50 Min.

1. Poularde unter fließendem kalten Wasser abspülen, trockentupfen. Öl, Paprika, Currypulver, Salz und Pfeffer verrühren. Poularde innen und außen damit einreiben und in eine mit Wasser ausgespülte Rostbratpfanne legen. In den Backofen schieben.
   Ober-/Unterhitze: etwa 200 °C (vorgeheizt)
   Heißluft: etwa 180 °C (nicht vorgeheizt)
   Gas: Stufe 3–4 (nicht vorgeheizt)
   Bratzeit: 40–45 Minuten.
2. Sobald der Bratensatz bräunt, etwas Wasser hinzugießen. Die Poularde ab und zu mit dem Bratensatz begießen. Verdampfte Flüssigkeit nach und nach ersetzen.
3. Die gare Poularde in Portionsstücke teilen, auf einer vorgewärmten Platte anrichten und warm stellen.
4. Den Bratensatz mit Wasser loskochen, durch ein Sieb gießen, mit Salz und Pfeffer abschmecken.

Poulardenbrustsalat

Poulardenbrustsalat

■ Gut vorzubereiten

Pro Portion:
E: 19 g, F: 57 g, Kh: 12 g,
kJ: 2750, kcal: 657

300 g gebratene Poulardenbrust
100 g durchwachsener Speck
100 g Cocktailtomaten
100 g Frühlingszwiebeln
1 Avocado
etwas Zitronensaft
150 g Staudensellerie

Für die Sauce:
5 EL Speiseöl
2 EL Basilikumessig
2 EL Zitronensaft, Salz
frisch gemahlener, weißer Pfeffer
1 Prise Zucker
gerebelter Estragon
1 Bund Schnittlauch
Zucker, Honig
Zitronensaft

Zubereitungszeit: 25 Min.

1. Poulardenbrust enthäuten und in Würfel schneiden. Speck würfeln und ohne Fett in einer Pfanne knusprig ausbraten. Cocktailtomaten waschen, halbieren und Stängelansätze herausschneiden.
2. Frühlingszwiebeln putzen, in Scheiben schneiden und waschen. Avocado halbieren, entsteinen, schälen, Fruchtfleisch in Würfel schneiden und mit etwas Zitronensaft beträufeln. Staudensellerie putzen, harte Fäden an der Außenseite der Stängel abziehen, Stängel waschen und in Scheiben schneiden. Zutaten mischen.
3. Für die Salatsauce Öl mit Basilikumessig und Zitronensaft verrühren, mit Salz, Pfeffer, Zucker und Estragon würzen. Schnittlauch abspülen, trockentupfen, in feine Ringe schneiden und unterrühren.
4. Die Sauce evtl. mit Zucker, Honig und Zitronensaft abschmecken, mit den Salatzutaten vermengen und den Salat gut durchziehen lassen.

Powidl-Tascherl

■ **Klassisch**

Insgesamt:
E: 78 g, F: 65 g, Kh: 519 g,
kJ: 13108, kcal: 3129

1 kg Kartoffeln
250 g Weizenmehl
2 Eier
Salz
Weizenmehl

Für die Füllung:
200 g Pflaumenmus
1 TL Rum
1 Ei
1 TL Wasser
4 l Salzwasser
50 g Butter
50 g Semmelbrösel
50 g Zucker
1 TL Zimtpulver

Zubereitungszeit: 70 Min., ohne Abkühlzeit

1. Kartoffeln waschen, in Wasser zum Kochen bringen, in 20–25 Minuten gar kochen lassen, abgießen, pellen, heiß durch die Kartoffelpresse geben, bis zum nächsten Tag zugedeckt an einem kühlen Ort stehen lassen.
2. Mit Mehl, Eiern und Salz zu einem glatten Teig verarbeiten, den Teig auf einer mit Mehl bestreuten Arbeitsfläche etwa 3 mm dick ausrollen, mit einer runden Form (Ø etwa 8 cm) Plätzchen ausstechen.
3. Für die Füllung Pflaumenmus mit Rum verrühren, jeweils $1/2$ Teelöffel davon auf die Teigplätzchen geben. Ei mit Wasser verschlagen, die Teigränder damit bestreichen, die Plätzchen zusammenklappen und fest andrücken.
4. Salzwasser zum Kochen bringen, die Halbmonde hineingeben, zum Kochen bringen, in etwa 8 Minuten gar ziehen lassen, mit einem Schaumlöffel herausnehmen, gut abtropfen lassen, in einer vorgewärmten Schüssel anrichten, warm stellen.
5. Butter zerlassen, Semmelbrösel hinzufügen, unter Rühren darin bräunen lassen, über die Powidl-Tascherl geben.
6. Zucker mit Zimt mischen, zu den Powidl-Tascherl reichen.

Preiselbeersauce

Preiselbeersauce

■ **Raffiniert**

Insgesamt:
E: 1 g, F: 3 g, Kh: 26 g,
kJ: 599, kcal: 143

200 g Preiselbeerkompott
(aus dem Glas)
1 EL Speiseöl
1 EL süßer Senf
1 EL scharfer Senf
50 g Silberzwiebeln (aus dem Glas)
Salz

Zubereitungszeit: 10 Min.

1. Preiselbeerkompott mit Öl verrühren, Senf hinzufügen.
2. Silberzwiebeln fein würfeln, in die Sauce geben, mit Salz abschmecken, gut durchziehen lassen.

Powidl-Tascherl

Provencalischer Fischtopf

■ Raffiniert

Pro Portion:
E: 12 g, F: 22 g, Kh: 20 g,
kJ: 1534, kcal: 367

2 Zwiebeln
1 Stange Porree (Lauch)
400 g rote, grüne und gelbe Paprikaschoten
3 Fleischtomaten
2 Knoblauchzehen
3 EL Olivenöl
½ TL gerebelter Thymian
etwas gerebelter Salbei
1 Lorbeerblatt
125 ml (⅛ l) Weißwein
800 g Fischfilet, z. B. Rotbarsch oder Seelachs
1 Becher (150 g) Crème fraîche
Cayennepfeffer
Salz
Zitronensaft

Zubereitungszeit: 40 Min.

1. Zwiebeln abziehen und würfeln. Porree putzen, längs halbieren, gründlich waschen, in etwa 1 cm lange Stücke schneiden, nochmals waschen und abtropfen lassen.
2. Paprika halbieren, entstielen, entkernen, die weißen Scheidewände entfernen, Schoten waschen und in Streifen schneiden. Tomaten enthäuten und Stängelansätze herausschneiden. Tomaten vierteln, entkernen und würfeln.
3. Knoblauch abziehen und zerdrücken. Öl erhitzen, das vorbereitete Gemüse darin andünsten, mit Thymian und Salbei bestreuen. Lorbeerblatt hinzufügen, Wein hinzugießen und 8–10 Minuten dünsten lassen.
4. Fischfilet kalt abspülen, trockentupfen und in Würfel schneiden.
5. Crème fraîche und Fischwürfel in das Gemüse geben, mit Cayennepfeffer, Salz und Zitronensaft würzen und etwa 10 Minuten gar ziehen lassen.

Pute, gefüllt

Pute, gefüllt
8 Portionen

■ Klassisch

Pro Portion:
E: 14 g, F: 25 g, Kh: 6 g,
kJ: 1344, kcal: 321

1 küchenfertige Pute (3 kg)
Salz, frisch gemahlener Pfeffer

Für die Füllung:
250 g Thüringer Mett
gerebelter Thymian
gerebelter Beifuß
1 Ei
Putenleber (30 g)
1 mittelgroße Zwiebel
20 g Margarine
125 g grüne Weintrauben
1 EL gehackte Kräuter, z. B. Schnittlauch, Petersilie
125 g durchwachsener Speck, in Scheiben
heißes Wasser, kaltes Salzwasser
30 g Weizenmehl
3 EL kaltes Wasser
2 EL Madeira

Zubereitungszeit: 3 Std.

1. Pute kalt abspülen, trockentupfen, innen und außen mit Salz und Pfeffer einreiben.

Provencalischer Fischtopf

362

2. Für die Füllung Mett mit Salz, Pfeffer, Thymian und Beifuß würzen und mit Ei vermengen. Putenleber unter fließendem kalten Wasser abspülen, trockentupfen und klein schneiden. Zwiebel abziehen und fein würfeln.
3. Margarine erhitzen, Leber und Zwiebelwürfel darin anbraten. Weintrauben waschen, gut abtropfen lassen, halbieren und entkernen. Die Zutaten mit Kräutern und Mett vermengen, Füllung in das Innere der Pute geben und die Öffnung zunähen.
4. Pute mit dem Rücken nach unten auf den Rost einer mit Wasser ausgespülten Rostbratpfanne legen, mit Speckscheiben belegen und auf der unteren Schiene in den Backofen schieben.
Ober-/Unterhitze: etwa 200 °C (vorgeheizt)
Heißluft: etwa 180 °C (nicht vorgeheizt)
Gas: Stufe 3–4 (nicht vorgeheizt)
Bratzeit: etwa 2½ Stunden.
5. Sobald der Bratensatz bräunt, etwas heißes Wasser hinzugießen. Die Pute ab und zu mit dem Bratensatz begießen. Verdampfte Flüssigkeit nach und nach durch heißes Wasser ersetzen. Nach etwa 2 Stunden Bratzeit die Speckscheiben entfernen. 10 Minuten vor Beendigung der Bratzeit die Pute mit kaltem Salzwasser bestreichen, bei starker Hitze schön kross braten.
6. Die gare Pute in Portionsstücke teilen, mit der Füllung auf einer vorgewärmten Platte anrichten und warm stellen.
7. Den Bratensatz mit etwas Wasser loskochen, durch ein Sieb gießen, mit Wasser auf 500 ml auffüllen, auf der Kochstelle zum Kochen bringen. Mehl mit kaltem Wasser anrühren und die Flüssigkeit damit binden. Die Sauce mit Salz und Pfeffer abschmecken und Madeira unterrühren.

Beilage:
Semmelknödel, Apfelmus mit Preiselbeeren.

Puten-Gemüse-Salat

■ Für Gäste

Pro Portion:
E: 26 g, F: 32 g, Kh: 28 g,
kJ: 2236, kcal: 533

250 g Putenbrustfilet (am Stück)
2 EL Weizenmehl
1 Ei, 2 EL Sesamsamen
1 EL Speiseöl
20 g Butter
1 kleine, frische Ananas
150 g Schwarzwurzeln
etwas Zitronensaft
150 g TK-Erbsen
4 Wachteleier
1 Kopfsalat oder Eisbergsalat

Für die Sauce:
5 EL Traubenkernöl
2 EL Orangensaft
2 EL Weißweinessig
Salz
frisch gemahlener Pfeffer
1 Prise Zucker
2 Frühlingszwiebeln
1 Bund Kerbel
Cocktailtomaten

Zubereitungszeit: 60 Min.

1. Fleisch kalt abspülen, trockentupfen, in Mehl wenden. Ei verschlagen, Fleisch darin wenden, in Sesam wenden, in Öl und Butter braten.
2. Ananas schälen, den holzigen Kern herausschneiden, drei große Scheiben abschneiden und sie in Stücke schneiden.

Puten-Gemüse-Salat

3. Schwarzwurzeln schälen, putzen, waschen, in 4 cm große Stücke schneiden, mit etwas Zitronensaft beträufeln, in Salzwasser zum Kochen bringen, in etwa 10 Minuten gar kochen, auf ein Sieb geben, abtropfen lassen. Erbsen in kochendes Salzwasser geben, etwa 2 Minuten kochen lassen, auf ein Sieb geben, mit kaltem Wasser übergießen und abtropfen lassen.
4. Wachteleier 3–4 Minuten kochen, abkühlen lassen und pellen. Kopfsalat oder Eisbergsalat putzen, zerpflücken, waschen, gut abtropfen lassen oder trockenschleudern.
5. Für die Salatsauce Traubenkernöl mit Orangensaft und Essig verrühren, mit Salz, Pfeffer und Zucker würzen, mit Gemüse und Salat vermengen.
6. Frühlingszwiebeln putzen, in Ringe schneiden und waschen. Kerbel abspülen, trockentupfen und fein hacken.
7. Den Salat mit Frühlingszwiebelringen, Kerbel, gewaschenen Cocktailtomaten und den halbierten Wachteleiern garnieren. Putenfleisch in feine Scheiben schneiden und dazu servieren.

363

Putenbrust mit Gemüsefüllung

■ Für Gäste

Pro Portion:
E: 72 g, F: 46 g, Kh: 14 g,
kJ: 3391, kcal: 810

1 kg Putenbrustfilet
Salz, frisch gemahlener Pfeffer
750 g Broccoli
500 g Möhren
500 ml ($^1/_2$ l) Salzwasser
50 g abgezogene, gemahlene Mandeln
8 Scheiben (etwa 100 g) Frühstücksspeck (Bacon)
2 Zwiebeln
3 Möhren (etwa 200 g)
250 ml ($^1/_4$ l) Wasser
1 Becher (125 g) Crème double
1 EL gehackte Basilikumblättchen
30 g Butter

Zubereitungszeit: 105 Min.

1. Putenbrust kalt abspülen, trockentupfen, längs eine Tasche einschneiden, das Fleisch innen und außen mit Salz und Pfeffer einreiben.
2. Broccoli putzen, waschen, in Röschen teilen. Möhren putzen, schälen, waschen, in Scheiben schneiden. Gemüse in kochendes Salzwasser geben, 5–6 Minuten kochen lassen, so dass es noch Biss hat. Auf ein Sieb geben (Flüssigkeit auffangen).
3. Die Hälfte des Gemüses pürieren, Mandeln unterrühren, würzen, Putenbrust damit füllen, die Öffnung zunähen. Putenbrust mit Speckscheiben umlegen, in eine gefettete Fettfangschale legen.
4. Zwiebeln abziehen, würfeln. Möhren putzen, schälen, waschen, in grobe Würfel schneiden. Gemüsewürfel mit in die Fettfangschale legen, auf der untersten Schiebeleiste in den Backofen schieben.

Ober-/Unterhitze: etwa 200 °C (vorgeheizt)
Heißluft: etwa 180 °C (nicht vorgeheizt)
Gas: Stufe 3–4 (nicht vorgeheizt)
Bratzeit: 1–1$^1/_4$ Stunden.

5. Nach und nach etwas Wasser hinzufügen. Das gare Fleisch auf eine Platte legen, abgedeckt etwa 10 Minuten ruhen lassen.
6. Bratsatz zunächst mit etwas Wasser loskochen, durch ein Sieb streichen, etwas einkochen lassen. Crème double unterrühren, erhitzen, Sauce abschmecken.
7. Basilikumblättchen unterrühren. Butter in einem Topf zerlassen, das restliche Gemüse darin erhitzen, zu dem Fleisch servieren.

Putenbrust mit Gemüsefüllung

Putenkeule, provencalisch

■ Schnellkochtopf

Pro Portion:
E: 45 g, F: 19 g, Kh: 2 g,
kJ: 1723, kcal: 413

2 Putenoberkeulen (je 650 g)
Salz, frisch gemahlener Pfeffer
Kräuter der Provence
2 Knoblauchzehen
2 EL Olivenöl, 200 ml Rotwein
1 Becher (150 g) Crème fraîche

Zubereitungszeit: 50 Min.

1. Putenoberkeulen unter fließendem kalten Wasser abspülen, trockentupfen, mit Salz, Pfeffer und Kräutern der Provence einreiben. Knoblauch abziehen, durchpressen und die Putenkeulen damit bestreichen.

2. Öl im Schnellkochtopf erhitzen, Keulen nacheinander darin anbraten, Rotwein hinzugießen und den Schnellkochtopf schließen. Den Kochregler erst dann auf Stufe II schieben, wenn reichlich Dampf entwichen ist. (nach etwa 1 Minute), nach Erscheinen des 2. Ringes die Keulen 30–35 Minuten garen lassen.
3. Schnellkochtopf von der Kochstelle nehmen, den Kochregler langsam stufenweise zurückziehen und den Schnellkochtopf öffnen. Putenkeulen herausnehmen und auf einer vorgewärmten Platte anrichten.
4. Flüssigkeit mit Crème fraîche verrühren, etwas einkochen lassen, mit Salz und Pfeffer abschmecken und zu dem Fleisch reichen.

Beilage:
Ratatouille, Baguette, Nudeln oder Reis.

Zubereitungszeit: 60 Min.

1. Saure Sahne, Curry, Pfeffer, Salz und Zitronensaft verrühren. Orange schälen und filetieren, Filets halbieren. Banane schälen und in Scheiben schneiden. Obst mit der Sauce vermengen.
2. Sellerie putzen, waschen und in Scheiben schneiden. Johannisbeeren sorgfältig waschen und entstielen oder Beeren auftauen lassen.
3. Putenschnitzel unter fließendem kalten Wasser abspülen und trockentupfen. Fleisch in dem erhitzten Öl auf jeder Seite etwa 2 Minuten braten. Danach mit Paprika und wenig Salz würzen, abkühlen lassen und in Streifen schneiden.
4. Sellerie und Fleisch unter den Salat mischen. Beeren vorsichtig unterheben. Salat etwa 30 Minuten durchziehen lassen.

Putenkeule, provencalisch

MENUE
Vorspeise:
Champignon-Creme-Suppe (Seite 72)
Hauptgericht:
Putenbrust mit Gemüsefüllung (Seite 364)
Dessert:
Schichtpudding (Seite 413)

Putensalat
2 Portionen

■ **Gut vorzubereiten**

Pro Portion:
E: 16 g, F: 12 g, Kh: 29 g,
kJ: 1248, kcal: 298

100 g saure Sahne
½ TL Currypulver
frisch gemahlener Pfeffer
Salz
Zitronensaft
1 Orange
1 Banane
100 g Staudensellerie
100 g Johannisbeeren, frisch oder TK
125 g Putenschnitzel
1 TL Speiseöl
Paprika edelsüß, Salz

Putensalat

Puten-Salbei-Spieße

■ Schnell

Pro Portion:
E: 40 g, F: 72 g, Kh: 0 g,
kJ: 3567, kcal: 852

4 Putenschnitzel (je 125 g)
Salz, frisch gemahlener Pfeffer
12 dünne Scheiben Frühstücksspeck
1 Bund frischer Salbei
Speiseöl

Zubereitungszeit: 25 Min.

1. Putenschnitzel unter fließendem kalten Wasser abspülen, trockentupfen, mit Salz und Pfeffer bestreuen und mit je 3 Scheiben Frühstücksspeck belegen.
2. Salbei abspülen, Blättchen von den Stängeln zupfen und auf den Putenschnitzel verteilen.
3. Schnitzel von der langen Seite her aufrollen, schräg in jeweils 4 gleich große Stücke schneiden, auf Metallspieße stecken und mit Öl bestreichen. Spieße auf dem heißen Grillrost von jeder Seite etwa 5 Minuten grillen.

Puten-Salbei-Spieße

Putenstreifen Provençal, gratinierte

■ Schnell

Pro Portion:
E: 17 g, F: 18 g, Kh: 5 g,
kJ: 1077, kcal: 257

250 g Putenbrust
2 EL Speiseöl
1 Knoblauchzehe
1 TL Salz
frisch gemahlener Pfeffer
Kräuter der Provence
Butter
1 kleine Dose Artischockenherzen (etwa 180 g Einwaage)
2 enthäutete Tomaten (etwa 200 g)
2 EL Olivenöl
2 EL Zitronensaft
30 g geriebener Emmentaler Käse
2 EL gehacktes Basilikum

Zubereitungszeit: 40 Min.

1. Putenbrust unter fließendem kalten Wasser abspülen, trockentupfen, in Streifen schneiden und in erhitztem Öl von allen Seiten kurz anbraten.
2. Knoblauch abziehen, würfeln und mit Salz zu einer Paste zerreiben, über die Putenstreifen geben, mit Pfeffer und Kräutern der Provence würzen.
3. Eine feuerfeste Auflaufform mit Butter ausfetten. Die Artischockenherzen gut abtropfen lassen. Tomaten halbieren, die Stängelansätze herausschneiden und die Tomaten in Scheiben schneiden.
4. Fleisch mit Artischockenherzen und Tomaten schichtweise in die Auflaufform geben. Olivenöl und Zitronensaft darüber träufeln. Käse darüber streuen.

Ober-/Unterhitze: etwa 200 °C (vorgeheizt)
Heißluft: etwa 180 °C (vorgeheizt)
Gas: Stufe 3–4 (vorgeheizt)
Backzeit: etwa 20 Minuten.

5. Die Putenstreifen mit Basilikum bestreuen.

Beilage:
Kräuterkartoffeln.

Putenschnitzel

■ Schnell

Pro Portion:
E: 30 g, F: 25 g, Kh: 24 g,
kJ: 1960, kcal: 468

4 Putenschnitzel (je 125–150 g)
Salz, frisch gemahlener Pfeffer
Paprika edelsüß
50 g Weizenmehl

Putenstreifen Provençal, gratinierte

1 verschlagenes Ei
50 g Semmelbrösel
75 g Margarine

Zubereitungszeit: 15 Min.

1. Putenschnitzel unter fließendem kalten Wasser abspülen, trockentupfen und von beiden Seiten würzen. Schnitzel zuerst in Mehl, dann in Ei und zuletzt in Semmelbröseln wenden (gut festklopfen).
2. Margarine zerlassen, die Schnitzel von beiden Seiten darin in etwa 10 Minuten goldgelb braten und anrichten.

Putenschnitzel

Putenschnitzel, gefüllt

■ Für Gäste

Pro Portion:
E: 41 g, F: 36 g, Kh: 18 g,
kJ: 2481, kcal: 593

2 Putenschnitzel mit eingeschnittenen Taschen (je 350 g)
Salz
weißer Pfeffer
Paprika edelsüß

Für die Füllung:
75 g Zucchini
1 Bund Basilikum
150 g Schafskäse
30 g Butterschmalz
40 g Weizenmehl

Für die Sauce:
1 Becher (150 g) Crème fraîche
1 EL Tomatenmark
Cayennepfeffer
gerebeltes Basilikum

Zubereitungszeit: 40 Min.

1. Putenschnitzel unter fließendem kalten Wasser abspülen, trockentupfen, mit Salz, Pfeffer und Paprika bestreuen.
2. Für die Füllung Zucchini putzen und in kleine Würfel schneiden. Basilikum abspülen, trockentupfen, die Blätter von den Stängeln zupfen und in feine Streifen schneiden. Beide Zutaten mit Schafskäse gut verrühren, mit Salz und Pfeffer würzen. Die Masse in die beiden Putenschnitzel füllen, die Schnitzel mit Holzspießchen zustecken oder zunähen.
3. Butterschmalz in einer Pfanne zerlassen, Putenschnitzel mit Mehl bestäuben, von beiden Seiten darin 10–15 Minuten braten. Die garen Schnitzel herausnehmen und warm stellen.
4. Für die Sauce den Bratensatz mit Crème fraîche, Tomatenmark und Cayennepfeffer verrühren, mit Salz, Pfeffer und Basilikum würzen, die Schnitzel dazugeben und nochmals erhitzen.

Beilage:
Kräuterkartoffeln, Reis, verschiedene Blattsalate, Paprikaschotensalat, Baguette mit Kräuterbutter.

Tipp:
Anstatt Schafskäse kann auch Ziegenkäse verwendet werden.

Putenschnitzel, gefüllt

367

Quarkauflauf mit Aprikosen

■ Preiswert

Pro Portion:
E: 25 g, F: 11 g, Kh: 43 g,
kJ: 1637, kcal: 391

3 Eier, 25 g Butter
65 g Zucker
1/2 TL gemahlene Vanille
1 Prise Jodsalz
Saft und Schale von 1/2 Zitrone (unbehandelt)
500 g Magerquark
50 g Weizengrieß, 500 g Aprikosen

Zubereitungszeit: 65 Min.

1. Eier trennen. Eigelb mit 20 g Butter, Zucker, Vanille, Salz, Zitronensaft und -schale schaumig schlagen. Zunächst den Quark, dann den Grieß unterrühren. Eiweiß zu steifem Schnee schlagen und unterheben.
2. Eine feuerfeste Form mit der restlichen Butter einfetten. Die Hälfte der Quarkmasse einfüllen.
3. Halbierte und entsteinte Aprikosen darauf verteilen. Mit dem restlichen Quark bedecken. Form auf dem Rost in den Backofen schieben.
Ober-/Unterhitze: etwa 200 °C (vorgeheizt)
Heißluft: etwa 180 °C (nicht vorgeheizt)
Gas: Stufe 3–4 (nicht vorgeheizt)
Backzeit: etwa 45 Minuten.

Quarkdip, bunter

■ Schnell

Pro Portion:
E: 15 g, F: 5 g, Kh: 2 g,
kJ: 486, kcal: 116

150 g Magerquark
4 EL Buttermilch
1 kleine Tomate
1 Sardelle
2 Oliven
2 TL Zwiebelwürfel
Salz, frisch gemahlener Pfeffer
gehackte Thymianblättchen

Zubereitungszeit: 20 Min.

Quarkdip, bunter

1. Quark mit Buttermilch verrühren.
2. Tomate kurze Zeit in kochendes Wasser legen (nicht kochen lassen), in kaltem Wasser abschrecken, enthäuten, halbieren, den Stängelansatz herausschneiden und die Tomate entkernen.
3. Tomate, Sardelle und Oliven sehr fein schneiden, mit den Zwiebelwürfeln unter den Quark rühren, mit Salz, Pfeffer, Thymianblättchen würzen.

Quark-Flammeri

■ Für Kinder

Pro Portion:
E: 10 g, F: 11 g, Kh: 13 g,
kJ: 853, kcal: 203

250 ml (1/4 l) Milch
1 TL Butter
1 Prise Salz
1–2 EL Zucker
1 Pck. Vanillin-Zucker
1 EL Speisestärke
2 EL Wasser
1 Eigelb
250 g Sahnequark

Zubereitungszeit: 35 Min.

Quarkauflauf mit Aprikosen

1. Milch mit Butter, Salz, Zucker und Vanillin-Zucker zum Kochen bringen. Speisestärke mit Wasser anrühren, mit Eigelb verrühren, unter Rühren in die kochende, von der Kochstelle genommene Milch geben, aufkochen und etwas abkühlen lassen.
2. Quark unter den Flammeri rühren. Quark-Flammeri in eine Glasschale oder Portionsgläser füllen und kalt stellen.

Tipp:
Gedünstetes Obst, Apfelmus oder gezuckerte, frische Johannisbeeren, Himbeeren, Erdbeeren oder Blaubeeren dazu reichen.

Quark-Frikadellen

■ Schnell – für Kinder

Pro Portion:
E: 29 g, F: 34 g, Kh: 10 g,
kJ: 2083, kcal: 497

2 Zwiebeln
400 g Hackfleisch
(halb Rind-, halb Schweinefleisch)
200 g Magerquark
1 Ei
Salz
frisch gemahlener Pfeffer
40 g Semmelbrösel
40 g Margarine

Zubereitungszeit: 25 Min.

1. Zwiebeln abziehen, fein würfeln, mit Hackfleisch, Quark und Ei vermengen, mit Salz und Pfeffer abschmecken.
2. Aus der Masse mit nassen Händen 4 flache, ovale Frikadellen formen und in Semmelbröseln wenden.
3. Margarine erhitzen, die Frikadellen darin von jeder Seite etwa 5 Minuten braten.

Beilage:
Möhrengemüse, Kartoffelbrei.

Tipp:
Die Quark-Frikadellen bleiben schön saftig, wenn nach dem Anbraten ein kleiner Schuss Wasser zum Bratfett hinzugegeben wird.

Quarkklöße

■ Preiswert

Pro Portion:
E: 29 g, F: 30 g, Kh: 65 g,
kJ: 2846, kcal: 680

70 g Margarine
40 g Zucker
3 Eier
1 Prise Salz
500 g Magerquark
50 g Semmelbrösel
200 g Weizenmehl
1 TL Backpulver
40–50 g Butter
2 EL Zimt-Zucker

Zubereitungszeit: 45 Min.

1. Margarine geschmeidig rühren, nach und nach Zucker, Eier, Salz, Quark und Semmelbrösel unterrühren. Mehl mit Backpulver mischen, sieben, die Hälfte davon unterrühren und den Rest unterkneten.
2. Aus der Masse mit bemehlten Händen 12–14 Klöße formen, in kochendes Salzwasser geben, zum Kochen bringen und die Quarkklöße in etwa 20 Minuten gar ziehen lassen.
3. Die garen Klöße abtropfen lassen. Butter zerlassen, bräunen lassen und mit Zimt-Zucker zu den Quarkklößchen reichen.

Beilage: Kompott.

Quarkklöße

Quark-Ofenschlupfer

Quark-Ofenschlupfer

■ Preiswert

Pro Portion:
E: 19 g, F: 9 g, Kh: 52 g,
kJ: 1616, kcal: 385

4 altbackene Brötchen
50 g Rosinen
250 g Speisequark (20 % F.)
2 Eier
375 ml ($^3/_8$ l) Buttermilch
3 EL Zucker, 1 EL Butter

Zubereitungszeit: 1 Std.

1. Brötchen in Scheiben schneiden. Abwechselnd mit Rosinen und Quark in eine gefettete Auflaufform schichten (erste und letzte Schicht sollte aus Brötchenscheiben bestehen).
2. Eier mit Buttermilch und Zucker verschlagen und darüber gießen. Butter in Flöckchen darauf setzen. Form auf dem Rost in den Backofen schieben.
Ober-/Unterhitze: etwa 200 °C (vorgeheizt)
Heißluft: etwa 180 °C (nicht vorgeheizt)
Gas: Stufe 3–4 (nicht vorgeheizt)
Backzeit: etwa 45 Minuten.

Quarkspeise mit Himbeeren

■ Für Kinder

Pro Portion:
E: 13 g, F: 13 g, Kh: 32 g,
kJ: 1324, kcal: 316

1 Pck. weiße Gelatine, gemahlen
5 EL kaltes Wasser
250 g Sahnequark, 75 g Zucker
Saft von 1 Zitrone
40 g abgezogene, gehackte Mandeln
4 EL Instant-Haferflocken
300 g verlesene Himbeeren
Schlagsahne
Zubereitungszeit: 90 Min.

1. Gelatine in einem kleinen Topf mit kaltem Wasser anrühren, 10 Minuten quellen lassen und unter Rühren erwärmen, bis sie gelöst ist.
2. Quark mit Zucker und Zitronensaft gut verrühren. Mandeln und Haferflocken mit der lauwarmen Gelatinelösung unter die Quarkmasse schlagen.
3. Himbeeren vorsichtig unterheben. Quarkmasse in mit Wasser ausgespülte Förmchen füllen.

4. Speise im Kühlschrank fest werden lassen, auf Dessertteller stürzen, mit Himbeeren garnieren und nach Belieben mit Sahne verzieren.

Tipp:
Statt Himbeeren können auch Erdbeeren oder Heidelbeeren genommen werden.

Quiche Lorraine

■ Für Gäste

Pro Portion:
E: 25 g, F: 80 g, Kh: 48 g,
kJ: 4410, kcal: 1054

Für den Teig:
250 g Weizenmehl (Type 550)
1 Eigelb, 1 Prise Salz
4 EL kaltes Wasser
125 g kalte Butter
80 g Greyerzer
125 g durchwachsener Speck
250 ml ($^1/_4$ l) Schlagsahne
4 Eier
Salz, frisch gemahlener Pfeffer
geriebene Muskatnuss

Zubereitungszeit: 65 Min.

1. Für den Teig Mehl in eine Rührschüssel sieben und in die Mitte eine Vertiefung eindrücken. Eigelb, Salz und Wasser hineingeben und mit einem Teil des Mehls zu einem dicken Brei verarbeiten.
2. Butter in Stücke schneiden, darauf geben und mit Mehl bedecken. Alle Zutaten von der Mitte aus schnell zu einem glatten Teig verkneten. Teig zu einer Platte (Ø 26 cm) ausrollen, in eine gefettete Springform (Ø 24 cm) legen, am Rand etwa 2 cm hochdrücken.

3. Teigboden mehrmals mit einer Gabel einstechen, den Teig vorbacken.
   Ober-/Unterhitze: etwa 200 °C (vorgeheizt)
   Heißluft: etwa 180 °C (vorgeheizt)
   Gas: Stufe 3–4 (vorgeheizt)
   Backzeit: etwa 15 Minuten.
4. Greyerzer in feine Würfel schneiden. Speck würfeln, andünsten, mit Käse, Sahne und Eiern verrühren.
5. Masse mit Salz, Pfeffer und Muskat würzen und auf dem vorgebackenen Boden verteilen. Quiche wieder in den Backofen schieben.
   Ober-/Unterhitze: etwa 200 °C (vorgeheizt)
   Heißluft: etwa 180 °C (vorgeheizt)
   Gas: Stufe 3–4 (vorgeheizt)
   Backzeit: etwa 25 Minuten.

Quark-Trifle

■ Für Kinder

Pro Portion:
E: 22 g, F: 26 g, Kh: 46 g,
kJ: 2196, kcal: 524

500 g Magerquark
125 g Crème double
40 g Zucker
100 ml Zitronensaft
100 ml Blutorangensaft
150 g Löffelbiskuits
8 EL Maracujasaft
125 ml ($1/8$ l) Schlagsahne
1 EL Zucker
1 Orange (unbehandelt)

Zubereitungszeit: 45 Min., ohne Kühlzeit

1. Quark und Crème double mit Zucker verrühren und in zwei Portionen teilen. Eine Hälfte mit Zitronensaft vermischen, die andere mit Blutorangensaft verrühren.
2. Eine hohe Glasschüssel (etwa 1 l Inhalt) mit einem Viertel der Löffelbiskuits auslegen und mit 2 Esslöffeln Maracujasaft beträufeln.
3. Die Hälfte Blutorangencreme aufstreichen, wieder mit einem Viertel Biskuit belegen, mit Saft beträufeln und die Zitronencreme darauf verteilen. Wieder Biskuit, Orangencreme, Biskuit und schließlich Zitronencreme einschichten. Dabei die Biskuits jeweils mit je 2 Esslöffeln Saft beträufeln. Speise mit Frischhaltefolie abdecken und 3 Stunden gut kühlen.
4. Zur Dekoration Sahne mit Zucker steif schlagen und in großen Tupfern rundherum auf die Creme setzen. Mit einem Zestenreißer die Schale von der Orange in dünnen Fäden abkratzen und auf die Tuffs streuen.

Tipp:
Statt der Schale kandierte Orangenscheiben vierteln und auf die Tuffs setzen. Wenn der Blutorangensaft nicht ausreichend intensiv ist, die Creme mit Rote-Bete-Saft färben.

Quark-Trifle

Quiche Lorraine

MENUE

Vorspeise:
Waldorfsalat (Seite 488)
Hauptgericht:
Quiche Lorraine (Seite 370)
Dessert:
Crêpes, süß (Seite 87)

Radicchio, im Ofen gegart

■ Schnell – vegetarisch

Pro Portion:
E: 1 g, F: 12 g, Kh: 2 g,
kJ: 532, kcal:127

400 g länglicher oder runder
Radicchio, 200 g Chicorée
4 EL Olivenöl
Salz, grober, bunter Pfeffer

Zubereitungszeit: 25 Min.

1. Radicchio und Chicorée putzen und in kaltem Wasser abspülen, anschließend gut abtropfen lassen, vom Chicorée den Keil entfernen.
2. Eine Auflaufform mit Öl auspinseln, abgetropften Chicorée und Radicchio hineingeben, mit Öl beträufeln, mit Salz und Pfeffer würzen und auf dem Rost in den Backofen schieben.
Ober-/Unterhitze: etwa 200 °C (vorgeheizt)
Heißluft: etwa 180 °C (vorgeheizt)
Gas: Stufe 3–4 (vorgeheizt)
Backzeit: 5–10 Minuten.

Tipp:
100 g Weißbrotwürfel in Knoblauchöl braten und darüber streuen. Radicchio zu kurz gebratenem Fleisch servieren.

MENUE
Vorspeise:
Tomatensuppe, klare mit Polentarauten (Seite 475)
Hauptgericht:
Saltimbocca (Seite 402)
Beilage:
Radicchio, im Ofen gegart (Seite 372)

Radicchio, im Ofen gegart

Radicchiosalat

■ Schnell

Pro Portion:
E: 1 g, F: 9 g, Kh: 4 g,
kJ: 457, kcal: 109

250 g Radicchio

Für die Salatsauce:
3 EL Speiseöl
2 EL Essig
Salz, frisch gemahlener Pfeffer
1 Prise Zucker
2 mittelgroße Zwiebeln
3 EL gehackte Kräuter, z. B. Petersilie, Schnittlauch, Dill, Kerbel

Zubereitungszeit: 15 Min.

1. Vom Radicchio die welken Blätter entfernen, Wurzelenden abschneiden, Radicchio auseinander pflücken (große Blätter teilen), waschen und gut abtropfen lassen.
2. Für die Salatsauce Öl mit Essig verrühren, mit Salz, Pfeffer und Zucker abschmecken. Zwiebeln abziehen und fein würfeln. Zwiebeln und Kräuter unterrühren.
3. Salat kurz vor dem Anrichten mit der Sauce vermengen.

Radieschenquark

■ Preiswert

Pro Portion:
E: 18 g, F: 12 g, Kh: 8 g,
kJ: 929, kcal: 222

500 g Magerquark
1 Becher (150 g) Crème fraîche
Salz, frisch gemahlener Pfeffer
3 Bund Radieschen
1 EL gehackter Dill
1 EL gehackte Basilikumblättchen
1–2 TL eingelegter, grüner Pfeffer
Radieschenscheiben

F G H I J K L M N O P Q **R**

Zubereitungszeit: 30 Min.

1. Quark mit Crème fraîche verrühren, mit Salz und Pfeffer würzen.
2. Radieschen putzen, waschen und in Scheiben schneiden. Mit Dill, Basilikumblättchen und Pfeffer unter die Quarkcreme rühren.
3. Mit Salz und Pfeffer abschmecken und mit Radieschenscheiben garnieren.

Beilage:
Pellkartoffeln oder Vollkornbrot mit Butter.

Radieschensalat

Radieschensalat

■ Gut vorzubereiten

Pro Portion:
E: 1 g, F: 9 g, Kh: 6 g,
kJ: 478, kcal: 114

3 Bund Radieschen
5 Frühlingszwiebeln
1 Apfel, 3 EL Speiseöl
2–3 EL Kräuteressig
Salz, frisch gemahlener Pfeffer
1 Prise Zucker
1 EL gehackte Petersilie
1 EL fein geschnittener Schnittlauch

Zubereitungszeit: 50 Min.

1. Radieschen putzen, waschen und in Scheiben schneiden. Frühlingszwiebeln putzen, das dunkle Grün bis auf etwa 15 cm entfernen. Frühlingszwiebeln waschen, in Ringe schneiden. Apfel schälen, vierteln, entkernen und in Scheiben schneiden.
2. Öl mit Essig, Salz, Pfeffer und Zucker verrühren. Petersilie und Schnittlauch unterrühren.
3. Salatsauce mit den Salatzutaten vermengen. Salat etwas durchziehen lassen.

Radispirale

■ Schnell

Pro Portion:
E: 1 g, F: 0 g, Kh: 1 g,
kJ: 22, kcal: 5

1 Rettich (etwa 125 g), Salz
1 gewaschenes Salatblatt
Tomaten, Petersiliensträußchen

Zubereitungszeit: 15 Min.

1. Rettich putzen, schälen, waschen und abtrocknen. Rettich mit dem Radischneider zu einer Spirale schneiden, mit Salz bestreuen und kurz durchziehen lassen.
2. Radispirale mit Salatblatt, halbierten Tomaten und Petersiliensträußchen garnieren.

Radieschenquark

Radispirale

373

Ragoût fin

■ Klassisch

Pro Portion:
E: 47 g, F: 39 g, Kh: 15 g,
kJ: 2743, kcal: 656

750 g Kalbfleisch
1 Bund Suppengrün
750 ml (³/₄ l) kochendes Salzwasser

Für die Sauce:
40 g Butter oder Margarine
40 g Weizenmehl
375 ml (³/₈ l) Kalbfleischbrühe
125 ml (¹/₈ l) Schlagsahne
150 g gedünstete Champignons
1 TL Zitronensaft
6 EL Weißwein, Salz
frisch gemahlener Pfeffer
Worcestersauce
15 g Semmelbrösel
30 g geriebener Käse
20 g Butter

Zubereitungszeit: 90 Min.

1. Kalbfleisch unter fließendem kalten Wasser abspülen, trockentupfen. Suppengrün putzen, waschen, mit dem Fleisch in Salzwasser geben, zum Kochen bringen und etwa 1 Stunde garen. Fleisch in sehr kleine Würfel schneiden. Brühe durch ein Sieb gießen und 375 ml (³/₈ l) davon abmessen.
2. Für die Sauce Butter oder Margarine zerlassen, Mehl unter Rühren so lange darin erhitzen, bis es hellgelb ist. Brühe und Sahne hinzugießen, mit einem Schneebesen durchschlagen, darauf achten, dass keine Klümpchen entstehen, zum Kochen bringen und etwa 5 Minuten kochen lassen.
3. Champignons in kleine Stücke schneiden, mit dem Fleisch in die Sauce geben und kurz aufkochen lassen. Zitronensaft und Wein hinzufügen, mit Salz, Pfeffer und Worcestersauce abschmecken.
4. Masse in 10 Ragoût-fin-Förmchen füllen, mit Semmelbröseln und Käse bestreuen, Butter in Flöckchen darauf

Ragoût fin

setzen und die Förmchen auf dem Rost in den Backofen schieben.
Ober-/Unterhitze: etwa 220 °C (vorgeheizt)
Heißluft: etwa 200 °C (vorgeheizt)
Gas: etwa Stufe 4–5 (vorgeheizt)
Garzeit: etwa 15 Minuten.

Beilage:
Toast.

Tipp:
Als Vorspeise reicht das Ragoût fin für 10 Portionen.

Ratatouille
6 Portionen

■ Klassisch

Pro Portion:
E: 6 g, F: 43 g, Kh: 17 g,
kJ: 2070, kcal: 495

2 Gemüsezwiebeln
2 Knoblauchzehen
4 Fleischtomaten
5 Champignons
4 Zucchini
3 Auberginen
3 rote Paprikaschoten
3 grüne Paprikaschoten

Ratatouille

1 Bund Thymian
250 ml (¼ l) Olivenöl
Salz, frisch gemahlener Pfeffer

Zubereitungszeit: 40 Min.

1. Zwiebeln und Knoblauch abziehen und in feine Streifen schneiden. Tomaten in kochendes Wasser legen (nicht kochen lassen), in kaltem Wasser abschrecken, enthäuten, Stängelansätze herausschneiden, Tomaten entkernen und würfeln.
2. Champignons putzen, mit Küchenpapier abreiben, evtl. abspülen und in Scheiben schneiden. Das übrige Gemüse putzen, waschen und in grobe Stücke schneiden. Thymian abspülen, trockentupfen und fein hacken.
3. Gemüsesorten voneinander getrennt in heißem Öl anbraten. Alle angebratenen Zutaten in einen Topf geben, mit Salz, Pfeffer und Thymian würzen und 15–20 Minuten dünsten.

Tipp:
Ratatouille eignet sich als Beilage zu Lammgerichten oder als eigenständiges Gericht, das warm oder kalt mit warmem Baguette serviert wird.

Ravioli

Dauert länger

Pro Portion:
E: 41 g, F: 57 g, Kh: 60 g,
kJ: 4057, kcal: 969

Für den Nudelteig:
300 g Weizenmehl
2 Eier, 2 Eiweiß
2 EL Speiseöl
Salz, Weizenmehl

Für die Füllung:
1 EL Speiseöl
250 g Hackfleisch (halb Rind-, halb Schweinefleisch)
1 kleine Zwiebel
1 Knoblauchzehe
1 mittelgroße Möhre
2 Eigelb, 1 EL Tomatenmark
¼ TL gerebelter Thymian
frisch gemahlener Pfeffer
5–6 l Salzwasser
1 EL Speiseöl, 65 g Butter
150 g geriebener Parmesan
glatte Petersilie

Zubereitungszeit: 75 Min.

1. Für den Nudelteig Mehl auf die Arbeitsfläche sieben und in die Mitte eine Vertiefung eindrücken. Eier mit Eiweiß, Öl und Salz verschlagen, in die Vertiefung geben und mit einem Teil des Mehls zu einem dicken Brei verarbeiten. Von der Mitte aus alle Zutaten schnell zu einem glatten Teig verkneten. Sollte er kleben, noch etwas Mehl hinzufügen. Den Teig etwa 10 Minuten unter einem feuchten Küchentuch ruhen lassen.
2. Für die Füllung Öl erhitzen, Hackfleisch unter Rühren darin anbraten, dabei die Fleischklümpchen zerdrücken. Zwiebel und Knoblauchzehe abziehen und fein würfeln. Möhre putzen, schälen, waschen und grob raspeln. Die 3 Zutaten zu dem Hackfleisch geben, etwa 5 Minuten mitschmoren und etwas abkühlen lassen.
3. Eigelb, Tomatenmark und Thymian unterrühren. Hackfleischmasse mit Salz und Pfeffer würzen.
4. Die Hälfte des Nudelteiges mit Mehl bestäuben und dünn zu einem Rechteck von 48 x 36 cm ausrollen. In der Mitte teilen, eine Hälfte mit einem feuchten Küchentuch abdecken, auf

Ravioli

die andere Hälfte reihenweise in Abständen von je 6 cm walnussgroße Portionen der Füllung geben.
5. Mit einem in Wasser getauchten Küchenpinsel zwischen den Häufchen auf dem Teig längs und quer Linien ziehen, so dass kleine Quadrate entstehen (Wasser dient als Bindemittel, deshalb den Teig ausreichend anfeuchten). Die zweite Teiglage darauf legen, gut auf die angefeuchteten Linien drücken, mit einem Teigrädchen den Linien folgend die Quadrate ausschneiden, die Ravioli auf Pergamentpapier legen und beiseite stellen.
6. Aus der anderen Hälfte des Nudelteiges und der Füllung in gleicher Weise Ravioli herstellen.
7. Salzwasser mit Öl zum Kochen bringen, Ravioli hineingeben, zum Kochen bringen, vorsichtig umrühren, in 8–10 Minuten gar kochen lassen und in eine vorgewärmte Schüssel füllen.
8. Butter zerlassen, über die Ravioli geben, mit Käse bestreuen, mit Petersilie garnieren und sofort servieren.

Beilage: Tomatensauce.

375

Rebhühner auf Weinkraut

■ Für Gäste

Pro Portion:
E: 93 g, F: 42 g, Kh: 24 g,
kJ: 3947, kcal: 942

50 g Speck
2 EL Speiseöl
500 g Sauerkraut
1 Lorbeerblatt
5 Wacholderbeeren
gut 125 ml ($^1/_8$ l) heißes Wasser
500 g helle Weintrauben
125 ml ($^1/_8$ l) Weißwein
Salz
frisch gemahlener Pfeffer
4 küchenfertige Rebhühner (je 250 g)
2 EL Butter

Zubereitungszeit: 65 Min.

1. Speck in kleine Würfel schneiden. Öl erhitzen und den Speck darin auslassen. Sauerkraut mit Lorbeerblatt und Wacholderbeeren hinzufügen und durchdünsten lassen. Wasser hinzugießen, das Sauerkraut etwa 30 Minuten dünsten lassen.
2. Weintrauben waschen, halbieren, entkernen und zusammen mit Weißwein unter das Sauerkraut rühren, etwa 10 Minuten mitdünsten lassen. Weinkraut mit Salz und Pfeffer würzen.
3. Rebhühner an der Bauchseite mit der Geflügelschere aufschneiden, unter fließendem kalten Wasser abspülen, trockentupfen und mit Pfeffer einreiben. Einen Grillrost mit Alufolie belegen und die Rebhühner mit dem Rücken darauf legen.
4. Butter zerlassen, Keulen und Flügel der Rebhühner mit der Hälfte der Butter bestreichen und die Rebhühner unter den vorgeheizten Grill schieben. Zunächst von der einen, dann von der anderen Seite 15–20 Minuten grillen. Rebhühner nach dem Wenden mit der restlichen Butter bestreichen.
5. Die garen Rebhühner mit Salz bestreuen und auf dem Weinkraut anrichten.

Rehgeschnetzeltes

Rehgeschnetzeltes
2 Portionen

■ Schnell

Pro Portion:
E: 38 g, F: 36 g, Kh: 14 g,
kJ: 2332, kcal: 628

300 g Rehfilet
30 g Butterschmalz
Salz, frisch gemahlener Pfeffer
2 EL Weinbrand
1 Zwiebel, 1 Möhre
1 Stück Porree (Lauch)
125 ml ($^1/_8$ l) Rotwein
125 ml ($^1/_8$ l) Schlagsahne
1 TL Tomatenmark
1 EL Johannisbeergelee
1 EL gehackte Petersilie

Zubereitungszeit: 20 Min.

1. Rehfilet unter fließendem kalten Wasser abspülen, trockentupfen, in Streifen schneiden, kurz in Butterschmalz von allen Seiten anbraten.
2. Mit Salz und Pfeffer würzen, mit Weinbrand beträufeln. Filetstreifen aus der Pfanne herausnehmen, warm stellen.
3. Zwiebel abziehen, fein würfeln. Möhre putzen, schälen, waschen, in Streifen schneiden. Porree putzen, waschen, in dünne Scheiben schneiden, das Gemüse in dem Bratfett andünsten, mit Salz und Pfeffer würzen, mit Rotwein und Sahne ablöschen. Fleisch wieder hinzufügen.
4. Tomatenmark und Johannisbeergelee unterrühren, evtl. etwas einkochen lassen, nochmals abschmecken, mit Petersilie bestreut servieren.

Beilage: Spätzle und gefüllte Birne.

Rehkeule

■ Klassisch

Pro Portion:
E: 16 g, F: 46 g, Kh: 41 g,
kJ: 3322, kcal: 793

1$^1/_2$ kg Rehkeule (ohne Knochen)
3 EL Speiseöl, gerebelter Majoran
gerebelter Thymian

Rehkeule

geschnittener Rosmarin, Salz
100 g fetter Speck, in Scheiben
etwas heißes Wasser
1 mittelgroße Zwiebel
1 mittelgroße Möhre
1 Stange (150 g) Porree (Lauch)

Für die Sauce:
125 ml (1/8 l) Rotwein
250 ml (1/4 l) Wasser
30 g Butter, 20 g Weizenmehl
100 ml Schlagsahne
3 EL Preiselbeeren (aus dem Glas)
einige frische Thymianblätter
frisch gemahlener Pfeffer
Preiselbeersaft

Zubereitungszeit: 3 Std., ohne Marinierzeit

1. Rehkeule enthäuten, unter fließendem kalten Wasser abspülen, trockentupfen. Öl mit Majoran, Thymian und Rosmarin verrühren. Die Keule damit bestreichen, zugedeckt über Nacht stehen lassen.
2. Die Keule mit Salz bestreuen. Die Hälfte des Specks in eine mit Wasser ausgespülte Rostbratpfanne legen, die Rehkeule darauf legen, mit den restlichen Speckscheiben bedecken, in den Backofen schieben.
Ober-/Unterhitze: etwa 200 °C (vorgeheizt)
Heißluft: etwa 180 °C (nicht vorgeheizt)
Gas: Stufe 3–4 (nicht vorgeheizt)
Bratzeit: 2–2 1/2 Stunden.
3. Wenn der Bratensatz bräunt, Wasser hinzugießen, das Fleisch ab und zu mit dem Bratensatz begießen, verdampfte Flüssigkeit nach und nach durch heißes Wasser ersetzen.
4. Zwiebel abziehen, Möhre putzen, schälen, Porree putzen, die Zutaten waschen, abtropfen lassen, grob zerkleinern.

5. Nach 1 Stunde Bratzeit Gemüse in die Rostbratpfanne geben, mitbraten lassen. Das gare Fleisch vor dem Schneiden 10 Minuten ruhen lassen, damit sich der Fleischsaft setzt, das Fleisch von den Knochen lösen, in Scheiben schneiden, auf einer vorgewärmten Platte anrichten.
6. Für die Sauce den Bratensatz mit Wein und Wasser loskochen, durch ein Sieb gießen.
7. Butter zerlassen, Mehl unter ständigem Rühren so lange darin erhitzen, bis es hellbraun ist, die durch das Sieb gegebene Flüssigkeit und Sahne hinzugießen, mit einem Schneebesen durchschlagen, dabei darauf achten, dass keine Klümpchen entstehen, die Sauce zum Kochen bringen, etwa 5 Minuten kochen lassen.
8. Preiselbeeren und Thymianblätter hinzugeben. Die Sauce mit Salz, Pfeffer und Preiselbeersaft abschmecken.

Beilage: Herzoginkartoffeln und Rotkohl.

Rehrücken, badisch

Rehrücken, badisch

■ Für Gäste – etwas teurer

Pro Portion:
E: 59 g, F: 72 g, Kh: 44 g,
kJ: 4951, kcal: 1185

1 Rehrücken (etwa 1,6 kg)
1 mittelgroße Zwiebel
50 g Knollensellerie, 1 Möhre
3 EL Speiseöl, 5 Wacholderbeeren
Salz, frisch gemahlener Pfeffer
2 Williamsbirnen
200 ml lieblicher Weißwein
Saft von 1 Zitrone
200 ml trockener Rotwein
400 ml Schlagsahne
2 EL Preiselbeerkompott
150 g Preiselbeerkompott

Zubereitungszeit: 75 Min.

1. Rehrücken enthäuten, kalt abspülen, trockentupfen. Zwiebel abziehen, fein würfeln, Sellerie und Möhre putzen, schälen, waschen und würfeln.
2. Öl in einem Bräter erhitzen, das Fleisch darin von allen Seiten anbraten. Gemüsewürfel, Wacholderbeeren, Salz und Pfeffer dazugeben, Bräter auf dem Rost in den Backofen schieben.
Ober-/Unterhitze: etwa 200 °C (vorgeheizt)
Heißluft: etwa 180 °C (nicht vorgeheizt)
Gas: Stufe 3–4 (nicht vorgeheizt)
Bratzeit: etwa 25 Minuten.
3. Birnen waschen, halbieren, das Kerngehäuse entfernen, in Wein und Zitronensaft etwa 10 Minuten dünsten.
4. Fleisch aus dem Bräter nehmen, 10 Minuten ruhen lassen. Gemüse durch ein Sieb streichen, Bratensatz mit Rotwein ablöschen, Gemüsepüree dazugeben, Sahne angießen.
5. Preiselbeerkompott dazugeben, einkochen lassen, nochmals abschmecken.
6. Fleisch vom Knochengerüst lösen, in Scheiben schneiden, wieder auf das Knochengerüst legen, auf einer vorgewärmten Platte anrichten.
7. Birnenhälften mit Preiselbeerkompott füllen, um den Rehrücken legen, die Sauce getrennt dazureichen.

377

Rehsteaks mit Pfeffersauce

■ Dauert länger

Pro Portion:
E: 57 g, F: 33 g, Kh: 4 g,
kJ: 2512, kcal: 601

Für die Sauce:
375 g Reste vom Reh (Lappen, Knochen)
1 Zwiebel, 1 Möhre
4 Petersilienstängel
60 g Butter
1 kleines Lorbeerblatt
2 EL Essig, Salz
gerebelter Thymian
125 ml (1/8 l) Rotwein
250 ml (1/4 l) Wasser
1/2 TL zerdrückte Pfefferkörner
1 Becher (150 g) Crème fraîche
frisch gemahlener Pfeffer
4 Rehsteaks (aus der Keule geschnitten, je 150 g)
30 g Butter

Zubereitungszeit: 90 Min.

1. Für die Sauce die Fleischreste unter fließendem kalten Wasser abspülen und trockentupfen. Fleisch klein schneiden und Knochen klein hacken.
2. Zwiebel abziehen und würfeln. Möhre putzen, schälen, waschen und in Würfel schneiden. Petersilienstängel putzen, waschen und klein schneiden.
3. Butter zerlassen, die Rehreste darin anbraten und das zerkleinerte Gemüse, Lorbeerblatt, Essig, Salz und Thymian dazugeben. Rotwein und Wasser hinzugießen, zum Kochen bringen und etwa 1 Stunde kochen lassen.
4. Brühe durch ein Sieb gießen (das Gemüse durchstreichen). Pfefferkörner hinzufügen, die Sauce zum Kochen bringen und etwa 5 Minuten kochen lassen. Crème fraîche unterrühren und mit Salz und Pfeffer abschmecken.
5. Steaks unter fließendem kalten Wasser abspülen und trockentupfen. Butter zerlassen, Rehsteaks von jeder Seite etwa 5 Minuten darin braten und mit Salz und Pfeffer bestreuen. Steaks mit etwas Sauce anrichten und die restliche Sauce dazureichen.

Beilage:
Kartoffelkroketten.

Reis Trauttmansdorff
6 Portionen

■ Klassisch

Pro Portion:
E: 5 g, F: 15 g, Kh: 47 g,
kJ: 1479, kcal: 353

250 ml (1/4 l) Milch
150 ml Schlagsahne
1/2 Vanilleschote
1 Prise Salz, 3 EL Zucker
160 g Milchreis (Rundkornreis)
100 ml Schlagsahne
etwa 450 g Sauerkirschen
(aus dem Glas)

2 EL Kirschwasser
Sauerkirschen

Zubereitungszeit: 90 Min.

1. Milch mit Sahne, Vanilleschote, Salz und Zucker zum Kochen bringen.
2. Mit Milchreis verrühren. Den Topf auf dem Rost in den Backofen schieben und den Reis ausquellen lassen.
Ober-/Unterhitze: etwa 180 °C (vorgeheizt)
Heißluft: etwa 160 °C (nicht vorgeheizt)
Gas: Stufe 2–3 (nicht vorgeheizt)
Garzeit: etwa 60 Minuten.
3. Das Mark aus der Vanilleschote kratzen und unter den Reis rühren. Vanilleschote entfernen und den Reis abkühlen lassen.
4. Sahne anschlagen und unter den Reis ziehen.
5. Sauerkirschen abtropfen lassen. Kirschen mit Kirschwasser beträufeln, im Wechsel mit dem Reis in eine Glasschüssel schichten, mit Sauerkirschen verzieren und kalt stellen.

Tipp:
Wenn Kinder mitessen, statt Kirschwasser Kirschsaft verwenden.

Reis-Gemüse-Gratin

■ Vegetarisch

Pro Portion:
E: 13 g, F: 34 g, Kh: 51 g,
kJ: 2473, kcal: 591

250 g ungeschälter Reis
750 ml (³/₄ l) kochendes Salzwasser
30 g Butter, Salz
frisch gemahlener Pfeffer
Paprika edelsüß
Butter für die Form
2–3 Zucchini (400 g)
1–2 Zwiebeln, 1 Knoblauchzehe
6 EL kaltgepresstes Olivenöl
italienische Kräutermischung
4 Tomaten
125 g Mozzarella

Zubereitungszeit: 65 Min.

1. Reis in das kochende Salzwasser geben, zum Kochen bringen, in etwa 45 Minuten ausquellen lassen, auf ein Sieb geben, mit lauwarmem Wasser übergießen und abtropfen lassen. Butter unterrühren und mit Salz, Pfeffer und Paprika würzen. Reis in eine gefettete Gratinform geben und glatt streichen.
2. Zucchini waschen, abtrocknen, Enden abschneiden und die Zucchini in etwa ½ cm dicke Scheiben schneiden. Zwiebeln und Knoblauchzehe abziehen und fein würfeln. Öl erhitzen, Zwiebel- und Knoblauchwürfel darin andünsten, die Zucchinischeiben hinzufügen und durchdünsten lassen.
3. Mit Salz, Pfeffer und Kräutermischung würzen.
4. Tomaten waschen, abtrocknen, Stängelansätze herausschneiden. Tomaten in Scheiben schneiden, als Kreis auf

Reis-Gemüse-Gratin

den Reis legen, mit Salz, Pfeffer und italienischen Kräutern bestreuen.
5. Zucchinischeiben in die Mitte geben und Mozzarella in kleine Stücke schneiden und auf dem Gemüse verteilen.
6. Kurz unter den vorgeheizten Grill schieben.

Reispudding mit heißen Kirschen

■ Preiswert – für Kinder

Pro Portion:
E: 18 g, F: 20 g, Kh: 64 g,
kJ: 2277, kcal: 543

500 ml (½ l) Milch
1 Prise Salz, 1 Pck. Vanillin-Zucker
1 Stück Zimtstange
150 g Milchreis
3 Eigelb, 75 g Zucker
abgeriebene Schale von ½ Zitrone (unbehandelt)
2 EL Zitronensaft
75 g abgezogene, gehackte oder gemahlene Mandeln
3 Eiweiß, Semmelbrösel
450 g entsteinte Kirschen (aus dem Glas)
2 EL Speisestärke

Zubereitungszeit: 105 Min.

1. Milch mit Salz, Vanillin-Zucker und Zimt zum Kochen bringen, Milchreis hineingeben, zum Kochen bringen, in 25–30 Minuten ausquellen und erkalten lassen.
2. Eigelb schaumig schlagen. Nach und nach Zucker, Zitronenschale und Zitronensaft hinzufügen und so lange schlagen, bis eine cremeartige Masse entstanden ist. Reis und Mandeln unterrühren.
3. Eiweiß steif schlagen, unter die Reismasse heben und in eine dick gefettete, mit Semmelbröseln ausgestreute Puddingform füllen. Die Form mit dem Deckel verschließen und in einen Topf mit kochendem Wasser setzen und etwa 1 Stunde kochen lassen.
4. Den erkalteten Pudding auf einen Teller stürzen. Kirschen abtropfen lassen, Saft auffangen und die Kirschen etwas zerkleinern.
5. Speisestärke mit etwas Kirschsaft anrühren. Den restlichen Saft zum Kochen bringen, mit der angerührten Stärke binden, die Kirschen hinzufügen, kurze Zeit miterhitzen und heiß zu dem Pudding reichen.

Reispudding mit heißen Kirschen

379

Reissalat mit Geflügelfleisch und Erbsen

6 Portionen

■ Für Gäste

Pro Portion:
E: 22 g, F: 23 g, Kh: 34 g,
kJ: 1870, kcal: 446

200 g Langkornreis
2 l kochendes Salzwasser
300 g ausgepalte Erbsen (etwa 700 g mit Schoten)
250 g Chinakohl
500 g gares Hähnchenfleisch

Für die Salatsauce:
4 EL Weißweinessig
3 TL scharfer Senf
Salz
frisch gemahlener Pfeffer
6 EL Speiseöl
Zitronensaft

Zubereitungszeit: 60 Min.

1. Reis in Salzwasser geben, zum Kochen bringen, in etwa 20 Minuten ausquellen lassen, auf ein Sieb geben, mit kaltem Wasser übergießen, gut abtropfen lassen.
2. Erbsen waschen, in wenig kochendes Salzwasser geben, zum Kochen bringen und in etwa 5 Minuten gar dünsten lassen.
3. Vom Chinakohl die welken Blätter entfernen. Den Chinakohl halbieren, Strunk herausschneiden, die Blätter waschen, in feine Streifen schneiden und gut abtropfen lassen.
4. Salatzutaten miteinander vermengen und auf Portionstellern anrichten. Hähnchenfleisch evtl. enthäuten, das Fleisch in Scheiben schneiden und auf dem Salat anrichten.
5. Für die Salatsauce Essig mit Senf, Salz und Pfeffer gut verschlagen. Nach und nach Öl unterschlagen und so lange schlagen, bis eine dickliche Masse entstanden ist.
6. Salatsauce mit Zitronensaft abschmecken, über den Salatzutaten verteilen und den Salat etwas durchziehen lassen.

Remouladensauce

Remouladensauce

■ Klassisch

Pro Portion:
E: 5 g, F: 36 g, Kh: 3 g,
kJ: 1564, kcal: 373

2 hart gekochte Eier, 1 rohes Eigelb
Salz, 125 ml (1/8 l) Speiseöl
2 EL Essig oder Zitronensaft
1 schwach geh. TL Senf, 1 EL Kapern
1 mittelgroße Gewürzgurke
2 EL gehackte Kräuter, z. B. Petersilie, Schnittlauch, Dill, Kerbel, Kresse, frisch gemahlener Pfeffer
1 Prise Zucker

Zubereitungszeit: 20 Min.

1. Eier pellen und das Eigelb durch ein Sieb streichen. Mit rohem Eigelb und Salz verrühren, dann tropfenweise unter Schlagen die Hälfte des Öls hinzufügen. Ist die Masse steif genug, Essig und Senf hinzufügen. Dann erst den Rest des Öls hinzugeben.
2. Kapern fein hacken, Gewürzgurke fein würfeln, zusammen mit den Kräutern zu der Mayonnaise geben, mit Pfeffer und Zucker abschmecken.

Tipp:
Zu Sülze und Bratkartoffeln reichen.

Reissalat mit Geflügelfleisch und Erbsen

Renekloden

■ **Dauert länger**

Insgesamt:
E: 0 g, F: 0 g, Kh: 446 g,
kJ: 7353, kcal: 1755

3 kg reife, aber feste Renekloden
(für 4 Gläser von je 1 l Inhalt)

Für die Zuckerlösung:
400–500 g Zucker
1 l Wasser

Zubereitungszeit: 65 Min.

1. Renekloden waschen, gut abtropfen lassen, entstielen und in die vorbereiteten Einkochgläser füllen.
2. Für die Zuckerlösung Zucker mit Wasser zum Kochen bringen, kurz aufkochen lassen (Zucker muss sich vollständig lösen), abkühlen lassen und über die Renekloden gießen, Gläser verschließen.
3. Gläser auf den Spezialeinsatz oder einen Drahtrost in den Einkochapparat stellen, mit soviel Wasser auffüllen, dass die Gläser bis zu $3/4$ im Wasser stehen. Zum Kochen bringen und 30–40 Minuten bei 90 °C einkochen.

Rettichsalat

■ **Preiswert**

Pro Portion:
E: 3 g, F: 11 g, Kh: 6 g,
kJ: 555, kcal: 133

3 mittelgroße Rettiche (750 g)

Für die Salatsauce:
3 EL Speiseöl
2 EL Essig oder Zitronensaft
Salz, 1 Prise Zucker
1 mittelgroße Zwiebel
2 EL saure Sahne
1 EL gehackte Kräuter, z. B.
Petersilie, Schnittlauch

Zubereitungszeit: 80 Min.

1. Rettiche putzen, waschen und grob raspeln.
2. Für die Salatsauce Öl mit Essig oder Zitronensaft verrühren, mit Salz und Zucker abschmecken.
3. Zwiebel abziehen und fein würfeln. Saure Sahne und Kräuter unterrühren. Den Rettich mit der Sauce vermengen und den Salat etwa 1 Stunde durchziehen lassen.

Rhabarberauflauf mit Nüssen

■ **Gut vorzubereiten**

Pro Portion:
E: 12 g, F: 24 g, Kh: 80 g,
kJ: 2513, kcal: 600

500 g Rhabarber, 125 g Zucker
2 EL Himbeersirup, 125 g Zwieback
3 Eigelb, 125 ml ($1/8$ l) Schlagsahne
1 Pck. Vanillin-Zucker
50 g fein gehackte Haselnusskerne
3 Eiweiß
50 g Zucker
Fett für die Form

Zubereitungszeit: 50 Min.

1. Rhabarber putzen (nicht abziehen), waschen und in etwa 2 cm lange

Rhabarberauflauf mit Nüssen

Stücke schneiden. Dicke Stangen längs halbieren. Mit Zucker und Himbeersirup vermengen. Rhabarber einige Zeit zum Saftziehen stehen lassen, ihn zum Kochen bringen und in 5–10 Minuten weich dünsten lassen (Rhabarber darf jedoch nicht zerfallen).
2. Eine gefettete Auflaufform mit Zwieback auslegen. Eigelb mit Sahne und Vanillin-Zucker verschlagen und über die Zwiebäcke gießen. Haselnusskerne darüber streuen und den Rhabarber darauf geben.
3. Eiweiß steif schlagen. Der Eischnee muss so fest sein, dass ein Messerschnitt sichtbar bleibt, Zucker unterschlagen. Eischnee auf dem Rhabarber verteilen (nicht glatt streichen).
4. Auflaufform auf dem Rost in den Backofen schieben.
Ober-/Unterhitze: etwa 200 °C (vorgeheizt)
Heißluft: etwa 180 °C (vorgeheizt)
Gas: Stufe 3–4 (vorgeheizt)
Backzeit: etwa 25 Minuten.

MENUE

Vorspeise:
Chicoréesalat mit blauen Trauben (Seite 76)
Hauptgericht:
Penne mit Gorgonzola (Seite 344)
Dessert:
Rhabarberauflauf mit Nüssen (Seite 381)

381

Rhabarberkompott

■ Schnell

Pro Portion:
E: 1 g, F: 0 g, Kh: 31 g,
kJ: 549, kcal: 131

500 g Rhabarber
100 g Zucker
1 Pck. Vanillin-Zucker

Zubereitungszeit: 15 Min.

1. Rhabarber putzen (nicht abziehen), waschen, in etwa 2 cm lange Stücke schneiden und mit Zucker bestreuen.
2. Sobald der Rhabarber Saft gezogen hat, Vanillin-Zucker hinzufügen.
3. Den Rhabarber weich dünsten und das Kompott erkalten lassen.

Rheinischer Sauerbraten

Rheinischer Sauerbraten

8 Portionen

■ Dauert länger – für Gäste

Pro Portion:
E: 58 g, F: 40 g, Kh: 17 g,
kJ: 3304, kcal: 789

Für die Marinade:
2 Möhren
3 Petersilienwurzeln
1 Stück Knollensellerie
1 Zwiebel
1 Prise Salz
2 Lorbeerblätter
$1/2$ TL Pfefferkörner
$1/2$ TL Senfkörner
3 Nelken
1 Knoblauchzehe
1 Zweig Thymian
5 Pimentkörner
250 ml ($1/4$ l) Kräuter- oder Weinessig
1 l Rindfleischbrühe
1 l Rotwein

2 kg Rindfleisch (aus der Keule, ohne Knochen)

Zum Schmoren:
2 EL Schweineschmalz
2 EL Zuckerrübensirup
2 EL Preiselbeeren

Für die Sauce:
2 EL Crème fraîche
etwas Speisestärke
100 g Rosinen
4 EL gehobelte, gebräunte Mandeln
frisch gemahlener Pfeffer, Salz

Zubereitungszeit: $2^{1/2}$ Std., ohne Marinierzeit

1. Gemüse putzen, waschen und in Stücke schneiden. Alle Zutaten für die Marinade in einen Topf geben und aufkochen. Abkühlen und das Fleisch für mindestens 24 Stunden darin einlegen. Bei einem dicken Fleischstück sollte man die Einlegezeit noch etwas verlängern, damit die Marinade gut durchzieht.
2. Den Braten aus der Marinade nehmen, Marinade durch ein Sieb gießen und Flüssigkeit auffangen.
3. Schweineschmalz in einen passenden Bräter geben und erhitzen. Das abgetropfte Bratenstück von allen Seiten scharf anbraten. Das ebenfalls gut abgetropfte Gemüse (aus der Marinade) kurz mitbraten lassen.
4. Zuckerrübensirup und Preiselbeeren zugeben. Mit der Marinade ablöschen. Im Backofen bei geschlossenem Deckel schmoren.
Ober-/Unterhitze: etwa 200 °C (vorgeheizt)
Heißluft: etwa 180 °C (nicht vorgeheizt)
Gas: Stufe 3–4 (nicht vorgeheizt)
Schmorzeit: etwa 2 Stunden.
5. Fleisch herausnehmen und warm stellen. Sauce passieren und Crème fraîche einrühren. Evtl. mit etwas mit kaltem Wasser angerührter Speisestärke binden.
6. Rosinen einweichen, gut ausdrücken und mit den Mandeln hinzugeben. Sauce mit Pfeffer und Salz abschmecken und das Fleisch wieder in die Sauce legen.
7. Zum Servieren das Fleisch in dünne Scheiben schneiden und mit der Sauce überziehen.

MENUE

Vorspeise:
Broccolicremesuppe (Seite 62)
Hauptgericht:
Geschnetzeltes in Sahnesauce (Seite 162)
Dessert:
Rhabarberkompott (Seite 382)

F G H I J K L M N O P Q **R**

Ricottatörtchen mit Himbeersauce

Ricottatörtchen mit Himbeersauce

■ Raffiniert – für Gäste

Pro Portion:
E: 13 g, F: 9 g, Kh: 30 g,
kJ: 1211, kcal: 290

Für die Ricottatörtchen:
2 Blatt weiße Gelatine
2 EL Milch
250 g Ricotta
50–75 g Zucker
2 EL Vin Santo oder anderer Dessertwein
2 Eiweiß

Für die Himbeersauce:
200 g Himbeeren
1–2 EL Zucker
2–3 EL Maraschinolikör

Zubereitungszeit: 30 Min.,
ohne Kühlzeit

1. Gelatine in kaltem Wasser einweichen, ausdrücken, in Milch erwärmen und auflösen.
2. Ricotta mit Zucker und Vin Santo cremig rühren, zuletzt die aufgelöste Gelatine vorsichtig unterrühren.
3. Eiweiß zu Schnee schlagen, unter die Creme heben und in leicht gefettete Förmchen (z. B. für Creme Caramel) füllen. Die Förmchen für 2 Stunden in den Kühlschrank stellen.
4. Die Zutaten für die Sauce im Mixer verquirlen.
5. Die Törtchen auf je einen Teller stürzen und etwas Sauce (Zimmertemperatur) darüber gießen.

Tipp:
Statt der Himbeeren können auch Erdbeeren verwendet werden.

Riesengarnelenspieße

■ Schnell

Pro Portion:
E: 46 g, F: 19 g, Kh: 11 g,
kJ: 1813, kcal: 432

12 TK-Riesengarnelen (ohne Kopf, mit Schale)
200 g Cocktailtomaten
1 gelbe Paprikaschote
Salz
6 Knoblauchzehen
8 kleine, frische Champignons
30 g Butter
1 EL Zitronensaft
1 Prise Zucker
3 EL Speiseöl
Basilikumblättchen

Zubereitungszeit: 20 Min.

1. Riesengarnelen nach Packungsanleitung auftauen lassen. Cocktailtomaten unter fließendem kalten Wasser abspülen, trockentupfen, halbieren und Stängelansätze herausschneiden.
2. Paprikaschote halbieren, entstielen, entkernen und die weißen Scheidewände entfernen. Schote waschen, in größere Stücke schneiden, in Salzwasser 3–4 Minuten kochen lassen, zum Abtropfen auf ein Sieb geben und enthäuten.
3. Knoblauchzehen abziehen und 4 Zehen halbieren. Champignons putzen, mit Küchenpapier abreiben, evtl. abspülen.
4. Alle Zutaten abwechselnd auf Holz- oder Schaschlikspieße stecken. Restliche Knoblauchzehen durch eine Knoblauchpresse drücken. Butter zerlassen, mit dem Knoblauchmus, Zitronensaft, Salz und Zucker verrühren und die Spieße damit bestreichen.
5. Die Spieße in einer beschichteten Pfanne in erhitztem Öl von beiden Seiten etwa 4 Minuten garen. Mit Basilikumblättchen garnieren.

Tipp:
Die Spieße unter dem vorgeheizten Grill auf Alufolie garen.

Riesengarnelenspieße

383

Rinderbraten ländliche Art

■ Gut vorzubereiten

Pro Portion:
E: 52 g, F: 64 g, Kh: 29 g,
kJ: 3841, kcal: 917

1 kg gerollte Rinderbrust (ohne Knochen)
20 g Weizenmehl
Salz
frisch gemahlener Pfeffer
125 g durchwachsener Speck
500 g Zwiebeln
250 g Möhren
125 g Staudensellerie
30 g Kokosfett
2 EL brauner Zucker
300 ml Malzbier

Zubereitungszeit: 2$^{1}/_{2}$ Std.

1. Rinderbrust unter fließendem kalten Wasser abspülen und trockentupfen. Mehl mit Salz und Pfeffer vermengen, das Fleisch darin von allen Seiten wenden.
2. Speck in feine Würfel schneiden. Zwiebeln abziehen und fein hacken. Möhren putzen, schälen, waschen und würfeln. Sellerie putzen, harte Fäden an der Außenseite der Stängel abziehen, Stängel waschen und in dicke Scheiben schneiden.
3. Kokosfett in einem Bratentopf erhitzen, das Fleisch darin von allen Seiten gut anbraten, aus dem Topf nehmen und warm stellen.
4. Speckwürfel zu dem Bratensaft geben, auslassen, Gemüse andünsten, Zucker unterrühren, Malzbier hinzugießen, zum Kochen bringen, mit Salz und Pfeffer würzen. Das Fleisch auf das Gemüse legen, den Topf verschließen und das Fleisch etwa 2 Stunden schmoren lassen.
5. Das gare Fleisch herausnehmen, Flüssigkeit zum Kochen bringen und etwas einkochen lassen. Fleisch auf einer vorgewärmten Platte auf dem Gemüse anrichten.

Beilage:
Bouillonkartoffeln, Wirsinggemüse.

Rinderbrust, gekocht

■ Schnellkochtopf

Pro Portion:
E: 29 g, F: 31 g, Kh: 12 g,
kJ: 1875, kcal: 448

500 g Rinderbrust
4 Markknochen
1$^{1}/_{2}$ l kaltes Wasser
1 Zwiebel
Margarine
1 Bund Suppengrün

Für die Meerrettichsauce:
30 g Butter
40 g Weizenmehl

500 ml ($^{1}/_{2}$ l) Fleischbrühe
2 gehäufte EL Meerrettich (aus dem Glas)
Salz, Zitronensaft

Zubereitungszeit: 65 Min.

1. Rinderbrust und Markknochen unter fließendem kalten Wasser abspülen und mit Wasser im offenen Schnellkochtopf zum Kochen bringen. Zwiebel abziehen, halbieren und in etwas zerlassener Margarine hellgelb dünsten lassen.
2. Suppengrün putzen, waschen und grob zerkleinern. Zwiebel und Suppengrün zu dem Fleisch geben, einige Minuten mitkochen lassen und dabei abschäumen. Topf schließen und in etwa 45 Minuten garen lassen.
3. Fleisch in Scheiben schneiden, auf einer vorgewärmten Platte anrichten und warm stellen. Brühe durch ein Sieb gießen, 500 ml ($^{1}/_{2}$ l) davon abmessen.
4. Für die Meerrettichsauce Butter im offenen Schnellkochtopf zerlassen, Mehl unter ständigem Rühren darin hellgelb dünsten lassen, Fleischbrühe hinzugießen, mit einem Schneebesen durchschlagen und darauf achten, das keine Klümpchen entstehen.

Sauce zum Kochen bringen, etwa 5 Minuten kochen lassen. Meerrettich unter die Sauce rühren, mit Salz und Zitronensaft abschmecken und über das Fleisch geben.

Beilage:
Schnittlauch- oder Petersilienkartoffeln, glasierte Möhren oder gemischte Salatplatte.

Rinderfilet

■ Für Gäste

Pro Portion:
E: 42 g, F: 14 g, Kh: 0 g,
kJ: 1245, kcal: 298

300 g Rinderfilet (gut abgehangen)
frisch gemahlener Pfeffer
2 EL Speiseöl, Salz

Zubereitungszeit: 50 Min.

1. Rinderfilet unter fließendem kalten Wasser abspülen, trockentupfen, enthäuten und mit Pfeffer einreiben. Öl erhitzen, das Fleisch von allen Seiten gut darin anbraten, mit Salz bestreuen, in eine gefettete Auflaufform legen, auf dem Rost in den Backofen schieben, braten lassen, ab und zu wenden.
Ober-/Unterhitze: etwa 220 °C (vorgeheizt)
Heißluft: etwa 200 °C (vorgeheizt)
Gas: Stufe 4–5 (vorgeheizt)
Bratzeit: 20–30 Minuten.

2. Das gare Fleisch vor dem Schneiden etwa 10 Minuten ruhen lassen, damit sich der Fleischsaft setzt. Fleisch in Scheiben schneiden und auf einer vorgewärmten Platte anrichten.

Beilage:
Broccoli, Herzoginkartoffeln.

Tipp:
Das gut angebratene Fleisch im Backofen (Ober-/Unterhitze: 80 °C, vorgeheizt; Heißluft: 70 °C, vorgeheizt) in etwa 2$^{1}/_{2}$ Stunden garen. Die Temperaturangabe muss bei dieser Garmethode genau eingehalten werden.

Rinderfilet im Blätterteigmantel

■ Raffiniert

Pro Portion:
E: 58 g, F: 36 g, Kh: 28 g,
kJ: 2774, kcal: 664

1 kg Rinderfilet
1–2 EL Butterschmalz
Salz, Pfeffer

Für die Füllung:
250 g Staudensellerie

Für den Teig:
1 Pck. (300 g) TK-Blätterteig
1 TL Milch
1 Eigelb

Zubereitungszeit: 65 Min.

1. Rinderfilet unter fließendem kalten Wasser abspülen, trockentupfen und enthäuten. Butterschmalz erhitzen, Fleisch von allen Seiten darin anbraten, mit Salz und Pfeffer würzen, aus der Pfanne nehmen und abkühlen lassen.
2. Für die Füllung Sellerie putzen, waschen, in kleine Stücke schneiden, in dem Bratfett glasig dünsten lassen, mit Salz und Pfeffer abschmecken und kalt stellen.
3. Für den Teig Blätterteig bei Zimmertemperatur abgedeckt auftauen lassen, zu einer länglichen Platte in der doppelten Größe des Filets ausrollen (nach Belieben etwas Teig zum Garnieren zurücklassen). Etwas von dem Sellerie in der Länge des Filets in die Mitte des Teiges geben, das Filet darauf legen und mit der restlichen Selleriemasse bedecken. Den Teig um das Fleisch schlagen, auf ein mit Wasser abgespültes Backblech legen (glatte Teigseite nach oben) und mit dem zurückgelassenen Teig garnieren.
4. Über die Teigoberseite verteilt 3 etwa pfenniggroße Löcher ausstechen. Milch mit Eigelb verschlagen und den Teig damit bestreichen. Das Backblech in den Backofen schieben.
Ober-/Unterhitze: etwa 200 °C (vorgeheizt)
Heißluft: etwa 180 °C (nicht vorgeheizt)
Gas: Stufe 3–4 (nicht vorgeheizt)
Backzeit: etwa 40 Minuten.

Rinderfilet im Blätterteigmantel

385

Rinderhaxe, geschmort

■ Klassisch

Pro Portion:
E: 67 g, F: 18 g, Kh: 9 g,
kJ: 2024, kcal: 482

4 Scheiben Rinderhaxe (Beinscheibe, etwa 1,2 kg)
Salz, frisch gemahlener Pfeffer
Rosmarin
2 Bund Suppengrün
3–4 Zwiebeln
1–2 Knoblauchzehen
2 Lorbeerblätter
125 ml (1/8 l) Fleischbrühe
125 ml (1/8 l) Weißwein
375 g Champignons

Zubereitungszeit: 2 1/2 Std.

Rinderhaxe, geschmort

1. Von der Rinderhaxe das Mark auslösen, kurze Zeit in kaltes Wasser legen, trockentupfen, in Scheiben schneiden und in einem Bratentopf auslassen. Rinderhaxenscheiben unter fließendem kalten Wasser abspülen, trockentupfen, mit Salz, Pfeffer und Rosmarin bestreuen. In dem ausgelassenen Mark von beiden Seiten anbraten, dann herausnehmen.
2. Suppengrün putzen, waschen und klein schneiden. Zwiebeln abziehen, würfeln, Knoblauch abziehen und zerdrücken. Beide Zutaten mit dem Suppengrün in den Bratentopf geben und andünsten.
3. Fleischscheiben, Lorbeerblätter, Fleischbrühe und Weißwein hinzufügen. Das Fleisch im geschlossenen Topf in etwa 2 Stunden gar schmoren, evtl. etwas Wasser hinzufügen.
4. Champignons putzen, evtl. abspülen und vierteln. Etwa 30 Minuten vor Beendigung der Schmorzeit zu dem Fleisch geben, mit Salz und Pfeffer würzen.

Rinderrouladen

■ Klassisch

Pro Portion:
E: 46 g, F: 39 g, Kh: 4 g,
kJ: 2582, kcal: 616

4 Scheiben Rindfleisch (je 200 g, aus der Keule geschnitten)
1 TL Senf
Salz
frisch gemahlener Pfeffer
Paprika edelsüß
1 Gewürzgurke
60 g durchwachsener Speck
2 Zwiebeln
3 EL Speiseöl
etwas heißes Wasser
1 Bund Suppengrün
etwa 125 ml (1/8 l) Rotwein, Fleischbrühe oder brauner Fond
1–2 EL Crème fraîche
Weinbrand

Rinderrouladen

Zubereitungszeit: 2 Std.

1. Rindfleisch leicht klopfen, mit Senf bestreichen, mit Salz, Pfeffer und Paprika bestreuen. Gewürzgurke längs vierteln. Speck in Streifen schneiden. Zwiebeln abziehen, halbieren und in Scheiben schneiden.
2. Die Zutaten auf die Fleischscheiben geben, von der schmalen Seite her aufrollen, mit einer Bratennadel oder Küchengarn zusammenhalten.
3. Öl in einem Schmortopf erhitzen. Rouladen von allen Seiten darin anbraten, etwas heißes Wasser hinzugießen und Rouladen etwa 30 Minuten schmoren lassen.
4. Suppengrün putzen, waschen, klein schneiden, zu den Rouladen geben, noch etwa 1 Stunde mitschmoren lassen und von Zeit zu Zeit wenden. Verdampfte Flüssigkeit nach und nach durch Rotwein, Fleischbrühe oder braunen Fond ersetzen.
5. Aus den Rouladen die Bratennadeln ziehen oder das Küchengarn entfernen. Schmorflüssigkeit mit dem Suppengrün durch ein Sieb streichen, Crème fraîche unterrühren und einmal aufkochen lassen. Die Sauce mit Salz, Pfeffer, Paprika und Weinbrand abschmecken.

Rinderschmorbraten

■ Klassisch

Pro Portion:
E: 42 g, F: 44 g, Kh: 7 g,
kJ: 2849, kcal: 680

750 g Rindfleisch (aus der Keule, ohne Knochen)
1 Bund Suppengrün
2 mittelgroße Zwiebeln
2 mittelgroße Tomaten
30 g Margarine
Salz
frisch gemahlener Pfeffer
125 ml ($1/_2$ l) heißes Wasser
375 ml ($3/_8$ l) Rotwein
100 g kalte Butter
1 Prise Zucker

Zubereitungszeit: 3 Std.

1. Rindfleisch kalt abspülen und trockentupfen. Suppengrün putzen und waschen. Zwiebeln abziehen, Tomaten waschen, Stängelansätze entfernen. Die drei Zutaten klein schneiden.
2. Fett erhitzen, das Fleisch von allen Seiten gut darin anbraten, mit Salz und Pfeffer bestreuen. Das Gemüse hinzufügen und kurz miterhitzen. Etwas heißes Wasser und Rotwein hinzugießen, Fleisch etwa $2^1/_2$ Stunden schmoren lassen, von Zeit zu Zeit wenden, verdampfte Flüssigkeit nach und nach ersetzen.
3. Das gare Fleisch vor dem Schneiden 10 Minuten ruhen lassen, damit sich der Fleischsaft setzt. Fleisch in Scheiben schneiden und auf einer vorgewärmten Platte anrichten.
4. Bratensatz mit dem Gemüse durch ein Sieb streichen, zum Kochen bringen, auf 150 ml einkochen lassen, von der Kochstelle nehmen und Butter unterrühren. Sauce erhitzen (nicht kochen), mit Salz, Pfeffer und Zucker abschmecken.

Rindfleisch auf Burgunder Art

■ Dauert länger

Pro Portion:
E: 46 g, F: 47 g, Kh: 7 g,
kJ: 3138, kcal: 748

750 g Rindfleisch
1 Bund Suppengrün
50 g Margarine
15 kleine Zwiebeln
1 abgezogene Knoblauchzehe
1 Lorbeerblatt
Salz
frisch gemahlener Pfeffer
gerebelter Thymian
500 ml ($1/_2$ l) Rotwein
75 g kalte Butterflöckchen
gehackte Petersilie

Zubereitungszeit: $2^1/_2$ Std.

Rindfleisch auf Burgunder Art

1. Das Fleisch unter fließendem kalten Wasser abspülen, trockentupfen. Suppengrün putzen, waschen, in Stücke schneiden. Fett zerlassen. Zwiebeln abziehen, mit den Fleischwürfeln und Gemüsestücken in das Fett geben und ringsherum anbraten.
2. Knoblauchzehe und Lorbeerblatt ebenfalls dazugeben und mit Salz, Pfeffer und Thymian würzen, durchschmoren lassen.
3. Rotwein hinzugießen, zum Kochen bringen und in etwa 2 Stunden gar schmoren lassen.
4. Das Fleisch herausnehmen, 10 Minuten ruhen lassen. Die Sauce etwas einkochen lassen, Butter unterschlagen und abschmecken. Das Gericht mit Petersilie bestreut servieren.

MENUE

Vorspeise:
Rindfleischbrühe (Seite 389)
Hauptgericht:
Rinderrouladen (Seite 386)
Beilage:
Dauphine-Kartoffeln (Seite 90)

Rinderschmorbraten

387

Rindfleisch chinesische Art

■ Gut vorzubereiten

Pro Portion:
E: 13 g, F: 19 g, Kh: 4 g,
kJ: 1055, kcal: 252

200 g Rumpsteak
1 Stück frische Ingwerknolle (etwa
1 1/2 cm groß) oder Ingwerpulver
2 EL Sojasauce
150 g Möhren
200 g frische Champignons
200 g Chinakohl
2 EL Speiseöl
1 EL Sesamsamen
1 Knoblauchzehe
frisch gemahlener Pfeffer
Salz

Zubereitungszeit: 45 Min.

1. Fleisch kalt abspülen, trockentupfen und in feine Streifen schneiden. Ingwerknolle schälen, sehr fein reiben oder durch eine Knoblauchpresse drücken. Ingwer und Sojasauce verrühren, mit dem Fleisch vermischen und etwa 30 Minuten ziehen lassen.
2. Möhren schälen, waschen, in Streifen schneiden, Pilze putzen, mit Küchenpapier abreiben. Chinakohl putzen, in sehr feine Streifen schneiden und waschen. Öl und Sesamsamen erhitzen.
3. Fleisch mit der Marinade hinzufügen, unter ständigem Wenden anbraten. Gemüse und abgezogene, durchgepresste Knoblauchzehe untermischen, weitere 4–5 Minuten unter ständigem Wenden garen.
4. Das Fleisch mit Pfeffer und etwas Salz abschmecken.

Rindfleisch chinesische Art

Rindfleisch-Bohnen-Salat

■ Schnellkochtopf

Pro Portion:
E: 39 g, F: 30 g, Kh: 35 g,
kJ: 2460, kcal: 586

200 g weiße Bohnen
1 l Wasser
500 g mageres Rindfleisch
Salz, einige Pfefferkörner
1 Lorbeerblatt
je 1 rote und grüne Paprikaschote
4–5 Zwiebeln (etwa 250 g)

Für die Salatsauce:
5 EL Speiseöl
3–4 EL Essig
3 EL Tomatenketchup
4–5 EL Rindfleischbrühe
frisch gemahlener Pfeffer
Cayennepfeffer
1 Gewürzgurke
2 EL gehackte Petersilie

Zubereitungszeit: 60 Min., ohne Einweich- und Ziehzeit

1. Bohnen waschen, in Wasser 12 Stunden einweichen.
2. Das Einweichwasser in den Schnellkochtopf gießen. Rindfleisch unter fließendem kalten Wasser abspülen, ins Einweichwasser geben. Evtl. noch so viel Wasser hinzufügen, dass das Fleisch bedeckt ist.
3. Salz, Pfefferkörner und Lorbeerblatt dazugeben, den Topf schließen. Nach dem Erscheinen des 2. Ringes die Hitzezufuhr verringern und das Fleisch etwa 30 Minuten kochen lassen. Nach 15 Minuten den Topf nach Vorschrift öffnen, Bohnen hinzufügen und fertig garen. (Bitte beachten Sie die Angaben des Topfherstellers).
4. Den Topf nach Vorschrift öffnen, Fleisch herausnehmen, erkalten lassen, Bohnen abtropfen lassen.
5. Paprika vierteln, entstielen, entkernen, die weißen Scheidewände entfernen, Schoten waschen, in sehr feine Streifen schneiden. Zwiebeln abziehen, halbieren und in feine Streifen schneiden.
6. Für die Salatsauce Speiseöl, Essig, Tomatenketchup, Rindfleischbrühe, Salz, Pfeffer, Cayennepfeffer verrühren. Zwiebel- und Paprikastreifen unterheben und gut durchziehen lassen.
7. Das Fleisch in feine Streifen, Gurke in Scheiben schneiden und beides mit den Bohnen und Petersilie unter die Sauce heben und noch etwas durchziehen lassen.

Rindfleisch-Bohnen-Salat

388

Rindfleischbrühe

■ Schnellkochtopf

Pro Portion:
E: 27 g, F: 7 g, Kh: 3 g,
kJ: 774, kcal: 185

Rindfleischbrühe

500 g Rindfleisch (Beinscheibe)
250 g zerkleinerte Rinderknochen
1½ l kaltes Salzwasser
1 Bund Suppengrün
1 mittelgroße Zwiebel
1 kleines Lorbeerblatt
1 Gewürznelke
5 Pimentkörner (Nelkenpfeffer)

Zubereitungszeit: 50 Min.

1. Rindfleisch und Rinderknochen kalt abspülen, in Salzwasser im offenen Schnellkochtopf zum Kochen bringen und abschäumen.
2. Suppengrün putzen, waschen und klein schneiden. Zwiebel abziehen. Beide Zutaten mit Lorbeerblatt, Gewürznelke und Pimentkörnern zum Fleisch geben. Schnellkochtopf schließen, den Kochregler erst dann auf Stufe 2 schieben, wenn reichlich Dampf entwichen ist (nach etwa 1 Minute).
3. Nach Erscheinen des 2. Ringes das Fleisch etwa 30 Minuten garen lassen und den Topf von der Kochstelle nehmen.
4. Erst dann öffnen, wenn das Druckventil nicht mehr sichtbar ist. Die Brühe durch ein Sieb gießen und mit Salz abschmecken.

Tipp: Das Fleisch für einen Salat verwenden.

Rippchen mit Kraut

■ Preiswert

Pro Portion:
E: 86 g, F: 159 g, Kh: 11 g,
kJ: 8280, kcal: 1978

500 g gepökelte Schweinerippchen
1 l Wasser
1 Zwiebel
20 g Schweineschmalz
500 g Sauerkraut, 1 Apfel
3 Wacholderbeeren
250 ml (¼ l) Weißwein
100–200 ml Fleischbrühe
500 g durchwachsener Speck
2 EL Kirschwasser
6 Frankfurter Würstchen

Zubereitungszeit: 75 Min.

1. Rippchen kalt abspülen, in Wasser zum Kochen bringen, etwa 30 Minuten garen und warm stellen.
2. Zwiebel abziehen und fein würfeln. Schmalz zerlassen und die Zwiebelwürfel darin goldgelb dünsten. Sauerkraut lockerzupfen und etwa 5 Minuten mitdünsten lassen. Apfel schälen, vierteln, entkernen, in Würfel schneiden und mit Wacholderbeeren hinzufügen.

> **MENUE**
>
> **Vorspeise:**
> Chinesische Eierflockensuppe (Seite 80)
> **Hauptgericht:**
> Rindfleisch chinesische Art (Seite 388)
> **Dessert:**
> Bananen, flambiert (Seite 31)

3. Wein und Brühe hinzugießen, zugedeckt zum Kochen bringen und dünsten lassen. Nach etwa 45 Minuten den Speck dazugeben.
4. Kirschwasser und Würstchen zu dem Sauerkraut geben und etwa 10 Minuten miterhitzen.
5. Sauerkraut in einer vorgewärmten Schüssel anrichten. Speck in dünne Scheiben schneiden.
6. Die garen Rippchen in Portionsstücke teilen und mit Speck, Würstchen und Sauerkraut auf einer vorgewärmten Platte anrichten.

Beilage: Kartoffelpüree mit Speck.

Rippchen mit Kraut

Risi-Pisi

■ Klassisch

Pro Portion:
E: 11 g, F: 15 g, Kh: 47 g,
kJ: 1522, kcal: 363

1 Zwiebel
3 EL Speiseöl
200 g italienischer Rundkornreis
400 ml Fleischbrühe
150 g TK-Erbsen
1 EL gehackte Petersilie
40 g geriebener Emmentaler

Zubereitungszeit: 25 Min.

1. Zwiebel abziehen, würfeln, in erhitztem Öl andünsten.
2. Reis hinzufügen, glasig dünsten. Brühe hinzufügen, zum Kochen bringen, Reis etwa 12 Minuten ausquellen lassen.
3. Erbsen hinzufügen und noch etwa 3 Minuten garen. Petersilie und Käse unterrühren.

Tipp: Risi-Pisi eignet sich gut als Beilage zu Fisch oder kurz gebratenem Fleisch.

Risotto

■ Klassisch

Pro Portion:
E: 8 g, F: 7 g, Kh: 52 g,
kJ: 1268, kcal: 303

1 kleine Zwiebel
20 g Butter oder Margarine
250 g italienischer Rundkornreis

Roastbeef mit Kräuter-Senf-Kruste

500 ml (½ l) Fleischbrühe
1 EL gemischte, gehackte Kräuter, z. B. Kresse, Petersilie, Schnittlauch

Zubereitungszeit: 25 Min.

1. Zwiebel abziehen und würfeln. Butter zerlassen, Zwiebelwürfel darin andünsten, Reis hinzufügen und glasig dünsten lassen.
2. Brühe hinzugießen, zum Kochen bringen und den Reis etwa 20 Minuten ausquellen lassen (Reis nicht umrühren, da er sonst breiig wird).
3. Den garen Reis in eine vorgewärmte Schüssel füllen und mit Kräutern bestreuen.

Roastbeef

■ Klassisch

Pro Portion:
E: 56 g, F: 11 g, Kh: 0 g,
kJ: 1366, kcal: 327

1 kg Roastbeef
Salz
frisch gemahlener Pfeffer

Zubereitungszeit: 50 Min.

1. Roastbeef unter fließendem kalten Wasser abspülen, trockentupfen und die Haut einritzen. Fleisch mit Salz und Pfeffer einreiben, mit der Fettschicht nach oben auf den gefetteten Rost auf eine mit Wasser ausgespülte Rostbratpfanne legen, in den Backofen schieben, braten lassen, ab und zu wenden
Ober-/Unterhitze: etwa 220 °C (vorgeheizt)
Heißluft: etwa 200 °C (vorgeheizt)
Gas: Stufe 4 – 5 (vorgeheizt)
Bratzeit: etwa 30 Minuten.
2. Das gare Fleisch vor dem Schneiden etwa 10 Minuten „ruhen" lassen, damit sich der Fleischsaft setzt und auf einer vorgewärmten Platte anrichten.

Beilage:
Gebratene Zwiebelringe, Pommes frites.

Roastbeef mit Kräuter-Senf-Kruste

■ Für Gäste

Pro Portion:
E: 57 g, F: 18 g, Kh: 1 g,
kJ: 1639, kcal: 391

1 kg Roastbeef
2–3 EL Speiseöl, z. B. Sonnenblumenöl
Salz
frisch gemahlener Pfeffer

Für die Kräuter-Senf-Kruste:
1 Bund Petersilie
1 kleines Bund Majoran
1 kleines Bund Thymian
1 kleines Bund Basilikum
4 EL mittelscharfer Senf

Zubereitungszeit: etwa 60 Min.

1. Roastbeef unter fließendem kalten Wasser abspülen, trockentupfen und den dünnen Fettrand mit einem scharfen Messer entfernen.
2. Öl in einer Pfanne erhitzen. Das Fleisch darin rundherum anbraten. Das Fleisch dann mit Salz und Pfeffer würzen und in eine flache Auflaufform legen. Die Form auf dem Rost in den Backofen schieben.
   Ober-/Unterhitze: etwa 220 °C (vorgeheizt)
   Heißluft: etwa 200 °C (vorgeheizt)
   Gas: Stufe 4–5 (vorgeheizt)
   Bratzeit: etwa 20 Minuten.
3. In der Zwischenzeit für die Kräuter-Senf-Kruste Petersilie, Majoran, Thymian und Basilikum abspülen, trockentupfen, die Blättchen von den Stängeln zupfen, fein hacken oder wiegen und mit Senf vermischen.

Roastbeefröllchen

4. Das Roastbeef mit einem Pinsel mit der Kräuter-Senf-Mischung bestreichen und bei der oben angegebenen Backofeneinstellung noch etwa 25 Minuten fertig garen.
5. Das fertige Roastbeef etwa 10 Minuten zugedeckt ruhen lassen. Den Bratensatz mit wenig Wasser loskochen und mit Salz und Pfeffer würzen.
6. Das Fleisch in Scheiben schneiden und die Sauce dazu servieren.

Tipp:
Das Roastbeef schmeckt auch kalt sehr gut, z. B. mit Remouladensauce und Bratkartoffeln oder Brot.

Roastbeefröllchen

■ Für Gäste

Pro Portion:
E: 9 g, F: 5 g, Kh: 1 g,
kJ: 373, kcal: 89

4 Scheiben gebratenes Roastbeef
1 hart gekochtes Ei
8–10 frische Minzeblätter
2 EL Mayonnaise (aus dem Glas)
1 TL Zitronensaft
Salz
weißer Pfeffer
4 Minzesträußchen zum Garnieren

Zubereitungszeit: 10 Min.

1. Roastbeefscheiben ausgebreitet auf eine Platte legen. Ei pellen und klein hacken. Minzeblätter waschen, abtrocknen und in feine Streifen schneiden. Beides mit der Mayonnaise verrühren und mit Zitronensaft, Salz und Pfeffer herzhaft abschmecken.
2. Eimasse auf die Roastbeefscheiben streichen und diese zu Röllchen aufrollen. Auf 4 Teller verteilen und mit einem Minzesträußchen garnieren.

MENUE

Vorspeise:
Spargelsalat, bunt (Seite 448)
Hauptgericht:
Roastbeef (Seite 390)
Beilage:
Fächerkartoffeln (Seite 112)

Rohrnudeln mit Mohnfüllung

Rohrnudeln mit Mohnfüllung

■ Gut vorzubereiten

Pro Portion:
E: 35 g, F: 41 g, Kh: 153 g,
kJ: 4934, kcal: 1179

Für die Füllung:
2 EL Rosinen
1 EL Rum
125 ml ($^1/_8$ l) Milch
125 g gemahlener Mohn
abgeriebene Schale von $^1/_2$ Zitrone
(unbehandelt)
60 g Haferflocken
75 g Zucker, 1 EL Honig
$^1/_2$ TL Zimtpulver
1 – 2 Tropfen Bittermandel-Aroma
1 Ei

Für den Teig:
500 g Weizenmehl
1 Pck. Trockenhefe
2 gestr. EL Zucker
1 Prise Salz
80 g zerlassene, abgekühlte Butter
2 Eier, 250 ml ($^1/_4$ l) lauwarme Milch
Haferflocken

Zubereitungszeit: 100 Min.

1. Für die Füllung Rosinen in Rum einweichen. Milch zum Kochen bringen, Mohn hineingeben, zum Kochen bringen und bei schwacher Hitze unter Rühren etwa 5 Minuten quellen lassen.
2. Rum-Rosinen mit Zitronenschale, Haferflocken, Zucker, Honig, Zimt, Aroma und Ei in die Mohnmasse geben und unter Rühren etwa 5 Minuten kochen lassen.
3. Für den Teig Mehl in eine Schüssel sieben und mit Hefe sorgfältig vermischen. Zucker, Salz, Butter, Eier und Milch hinzufügen. Alles mit einem Handrührgerät mit Knethaken in etwa 5 Minuten zu einem Teig verarbeiten.
4. Den Teig an einem warmen Ort so lange gehen lassen, bis er sich sichtbar vergrößert hat, ihn zu einer Platte von 20 x 50 cm ausrollen und in 8 – 10 Stücke schneiden.
5. Mohnfüllung darauf verteilen, gleichmäßige Knödel formen, in eine gefettete, mit Haferflocken ausgestreute Auflaufform nicht zu dicht nebeneinander setzen, Knödel an einem warmen Ort so lange gehen lassen, bis sie sich sichtbar vergrößert haben.
6. Die Auflaufform verschließen und auf dem Rost in den Backofen schieben.
Ober-/Unterhitze: etwa 200 °C (vorgeheizt)
Heißluft: etwa 180 °C (nicht vorgeheizt)
Gas: Stufe 3 – 4 (nicht vorgeheizt)
Backzeit: 30 – 40 Minuten.

Tipp:
Rohrnudeln mit Vanillesauce servieren.

Rollbraten mit Champignons

■ Klassisch

Pro Portion:
E: 33 g, F: 45 g, Kh: 12 g,
kJ: 2572, kcal: 615

1 kg Schweinerollbraten
Salz, frisch gemahlener Pfeffer
40 g Margarine
Paprika edelsüß
2 Zwiebeln, 125 ml ($^1/_8$ l) Wasser
300 g Champignons

Roquefortsauce

125 ml (⅓ l) Schlagsahne
2 EL gehackte Petersilie

Zubereitungszeit: 1¾ Std.

1. Schweinerollbraten unter fließendem kalten Wasser abspülen, trockentupfen, mit Salz und Pfeffer einreiben. Fett erhitzen, Rollbraten von allen Seiten darin anbraten, mit Paprika bestreuen.
2. Zwiebeln abziehen, in Stücke schneiden, mit anbraten, mit Wasser auffüllen und den Braten etwa 1 Stunde schmoren lassen.
3. Champignons putzen, mit Küchenpapier abreiben, evtl. abspülen, halbieren und zum Fleisch geben, noch etwa 30 Minuten weiterschmoren lassen.
4. Das Fleisch herausnehmen, 10 Minuten ruhen lassen, dann in Scheiben schneiden.
5. Sahne zu der Sauce geben und etwas einkochen lassen, mit Petersilie bestreut servieren.

Tipp:
Nach Belieben mit Weizenmehl andicken.

Roquefortsauce

■ **Schnell**

Pro Portion:
E: 2 g, F: 7 g, Kh: 2 g,
kJ: 320, kcal: 76

1–2 EL Roquefort
4 EL Schlagsahne
2 EL Essig, ½ Apfel
Salz
frisch gemahlener Pfeffer

Zubereitungszeit: 10 Min.

1. Roquefort durch ein Sieb streichen, mit Sahne und Essig verrühren.
2. Apfel schälen, vierteln, entkernen, reiben und unterrühren. Mit Salz und Pfeffer würzen.

Tipp:
Roquefortsauce eignet sich besonders für Chicorée- und Endiviensalat.

Rosenkohl

■ **Klassisch**

Pro Portion:
E: 7 g, F: 11 g, Kh: 6 g,
kJ: 649, kcal: 156

750 g Rosenkohl
50 g Butter
Salz
geriebene Muskatnuss

Zubereitungszeit: 30 Min.

1. Vom Rosenkohl die beschädigten und fleckigen äußeren Blättchen entfernen. Etwas vom Strunk abschneiden. Rosenkohlröschen am Strunk kreuzförmig einschneiden, in Salzwasser geben, zum Kochen bringen, in etwa 15 Minuten gar kochen und zum Abtropfen auf ein Sieb geben.
2. Butter zerlassen, Rosenkohl darin schwenken.
3. Mit Salz und Muskat abschmecken.

Tipp:
Passt gut zu Wild.

Rosenkohl

Rosmarinkartoffeln mit Schmandsauce

■ Vegetarisch

Pro Portion:
E: 6 g, F: 24 g, Kh: 33 g,
kJ: 1590, kcal: 379

800 g kleine, mehlig kochende Kartoffeln
1 Topf Rosmarin

Für die Schmandsauce:
250 g Schmand
1 TL körniger Senf
3–4 EL Schlagsahne
Salz, frisch gemahlener Pfeffer
2 EL gehackte Kräuter, z. B. Petersilie, Schnittlauch

Zubereitungszeit: 70 Min.

1. Kartoffeln unter fließendem kalten Wasser gründlich abbürsten und kreuzweise einschneiden. Rosmarin abspülen, Nadeln und die kleinen Spitzen abschneiden und mit den Kartoffeln in eine gefettete, feuerfeste Form geben.
2. Form auf dem Rost in den Backofen schieben.
Ober-/Unterhitze: etwa 200 °C (vorgeheizt)
Heißluft: etwa 180 °C (nicht vorgeheizt)
Gas: Stufe 3–4 (vorgeheizt)
Garzeit: 50–60 Minuten.
3. Für die Schmandsauce Schmand mit Senf, Sahne, Salz und Pfeffer verrühren, Kräuter unterrühren und zu den Kartoffeln servieren.

Rösti mit Schinken

■ Schnell

Pro Portion:
E: 9 g, F: 38 g, Kh: 31 g,
kJ: 2157, kcal: 515

750 g Kartoffeln
Salz, frisch gemahlener, weißer Pfeffer
6 EL Speiseöl
½ Bund Schnittlauch

Rösti mit Schinken

1 Topf Basilikum
1 Becher (150 g) Crème fraîche
geriebene Muskatnuss
100 g geräucherter Schinken

Zubereitungszeit: 25 Min.

1. Kartoffeln waschen, in so viel Wasser zum Kochen bringen, dass sie gerade bedeckt sind, 10 Minuten kochen lassen, pellen, abkühlen lassen, grob raffeln, mit Salz und Pfeffer würzen.
2. Öl in einer Pfanne erhitzen, Kartoffeln in kleinen Häufchen hineingeben, flach drücken, in 5–8 Minuten auf beiden Seiten goldgelb backen.
3. Schnittlauch und Basilikum abspülen, etwas zum Garnieren beiseite legen, den Rest fein hacken, mit Crème fraîche, Salz und Muskat verrühren.
4. Rösti mit Schinken und Crème fraîche anrichten. Mit Schnittlauch und Basilikumblättchen garniert servieren.

Tipp:
Statt Schinken können Sie auch fein geschnittenen Lachs verwenden.

Rosmarinkartoffeln mit Schmandsauce

Röstkartoffeln

■ Schnell

Pro Portion:
E: 5 g, F: 15 g, Kh: 38 g,
kJ: 1324, kcal: 316

1 kg möglichst kleine Kartoffeln
75 g Butter, Salz

Zubereitungszeit: 30 Min.

1. Kartoffeln waschen, mit Wasser zum Kochen bringen, in etwa 20 Minuten gar kochen lassen, abgießen, abdämpfen und heiß pellen.
2. Butter erhitzen, Kartoffeln hineingeben, mit Salz bestreuen und goldgelb braten.

Tipp:
Für die Zubereitung von Röstkartoffeln sollten die Kartoffeln am Vortag gekocht werden. Geeignet ist eine fest kochende Kartoffelsorte. Für Kartoffelbrei und Kroketten sollten mehlig kochende Kartoffelsorten verwendet werden, die sich gut zerdrücken lassen.

Rotbarschfilet Gärtnerin Art

■ Schnell

Pro Portion:
E: 35 g, F: 30 g, Kh: 21 g,
kJ: 2171, kcal: 518

500 g Möhren
250 g gedünsteter Stangenspargel (aus dem Glas)
200 g Champignons
40 g Butter
100 ml Gemüsebrühe
300 g TK-Erbsen
Salz, frisch gemahlener Pfeffer
5 EL Schlagsahne
4 Scheiben Rotbarschfilet (je 150 g)
Zitronensaft
30 g Weizenmehl
2 EL Speiseöl
20 g Butter
1 Bund gehackte Petersilie

Zubereitungszeit: 25 Min.

1. Für das Gemüse Möhren putzen, schälen, waschen, in Würfel schneiden. Spargel abtropfen lassen, in Stücke schneiden. Champignons putzen, mit Küchenpapier abreiben, evtl. abspülen, in Viertel oder Scheiben schneiden.
2. Die Hälfte der Butter zerlassen, Möhren darin andünsten, Brühe hinzufügen und 5 Minuten garen. Erbsen hinzugeben und noch 3–5 Minuten mitgaren.
3. Restliche Butter erhitzen, Champignons darin andünsten, mit Salz und Pfeffer bestreuen, mit Spargel und Sahne zu dem Gemüse geben und erhitzen. Evtl. nochmals abschmecken.
4. Für den Fisch Rotbarschfilet unter fließendem kalten Wasser abspülen, trockentupfen, mit Zitronensaft beträufeln, mit Salz und Pfeffer bestreuen, trockentupfen und mit Mehl bestäuben. Öl und Butter zerlassen, die Filets darin 6–8 Minuten braten.
5. Den Fisch mit dem Gemüse anrichten, mit Petersilie bestreut servieren.

Rotbarschfilet Gärtnerin Art

Rotbarschfilet, gebraten

■ Klassisch

Pro Portion:
E: 33 g, F: 23 g, Kh: 22 g,
kJ: 1881, kcal: 449

4 Rotbarschfilets (je 150 g)
2 EL Zitronensaft
Salz, frisch gemahlener Pfeffer
1 Ei
2 EL kaltes Wasser
40 g Weizenmehl
75 g Semmelbrösel
75 g Butter oder Margarine
einige Zitronenscheiben

Zubereitungszeit: 15 Min.

1. Filets unter fließendem kalten Wasser abspülen, trockentupfen, mit Zitronensaft beträufeln, mit Salz und Pfeffer bestreuen.
2. Ei mit Wasser verschlagen. Filets zunächst in Mehl, dann in dem Ei und zuletzt in Semmelbröseln wenden.
3. Butter erhitzen und Filetstücke von beiden Seiten darin in 8–10 Minuten goldbraun braten. Mit Zitronenscheiben garnieren.

Tipp:
Anstelle von Rotbarschfilet Seelachs, Blauleng, Kabeljaufilet oder Seezungenfilet verwenden (Bratzeit für die Seezunge etwa 5 Minuten).

395

Rote-Bete-Feldsalat mit Nüssen

Rote-Bete-Feldsalat mit Nüssen

■ Vegetarisch

Pro Portion:
E: 6 g, F: 16 g, Kh: 13 g,
kJ: 978, kcal: 234

500 g Rote Bete
100 g Feldsalat

Für die Sauce:
5 EL Apfelessig
1 TL scharfer Senf
1 TL Meersalz, 1/2 TL gemahlener Pfeffer
1 Bund Petersilie
2 Schalotten
100 g Walnusskernhälften

Zubereitungszeit: 60 Min.

1. Rote Bete von den Blättern befreien, in einen Topf geben, knapp mit Wasser bedecken, zugedeckt je nach Größe 30–50 Minuten garen, eiskalt abschrecken, vorsichtig häuten, abkühlen lassen und in 1 x 1 cm große Würfel schneiden.

2. Feldsalat putzen, gründlich waschen und gut abtropfen lassen.
3. Für die Sauce aus Essig, Senf, Salz und Pfeffer eine cremige Sauce rühren. Petersilie abspülen, trockentupfen, Blättchen von den Stängeln zupfen, fein hacken und in die Sauce geben.
4. Schalotten abziehen, fein würfeln und in die Sauce geben. Feldsalat darin wenden, als Bett auf vier Tellern verteilen. Rote Bete mit Walnüssen in der restlichen Sauce marinieren und auf dem Feldsalat verteilen.

Rote-Bete-Gemüse

■ Vegetarisch

Pro Portion:
E: 4 g, F: 1 g, Kh: 30 g,
kJ: 772, kcal: 185

1 kg Rote Bete
2 Zwiebeln
40 g Margarine
Meersalz, frisch gemahlener Pfeffer
1–2 EL Zucker
1 TL gemahlener Koriander
2–3 EL Zitronensaft
1 Lorbeerblatt
250 ml (1/4 l) Rotwein
2 säuerliche Äpfel (etwa 300 g)

Zubereitungszeit: 60 Min.

1. Rote Bete putzen, waschen, schälen und grob raspeln. Zwiebeln abziehen, fein würfeln und in der erhitzten Margarine glasig dünsten. Rote Bete dazugeben, kurze Zeit andünsten.
2. Mit Salz, Pfeffer, Zucker, Koriander und Zitronensaft würzen. Lorbeerblatt und Wein dazugeben. Gemüse zugedeckt etwa 25 Minuten garen lassen.
3. Äpfel schälen, vierteln, entkernen und grob raspeln. Etwa 5 Minuten vor Beendigung der Garzeit die Äpfel zu den Rote Bete geben. Wenn das Gemüse gar ist, nochmals mit den Gewürzen abschmecken.

Rote Grütze, klassisch

■ Raffiniert

Pro Portion:
E: 3 g, F: 1 g, Kh: 69 g,
kJ: 1310, kcal: 314

750 g Erdbeeren
250 g Rhabarber
250 g schwarze Johannisbeeren
150 g Zucker
60 g Perl-Sago
120–150 g verlesene Himbeeren
evtl. Zucker

Zubereitungszeit: 35 Min.

1. Erdbeeren waschen, entstielen, 250 g beiseite stellen. Rhabarber waschen, schälen, in etwa 1 1/2 cm lange Stücke schneiden. Johannisbeeren waschen.

Rote Grütze, klassisch

2. Das Obst mit Zucker zum Kochen bringen, etwa 10 Minuten köcheln lassen.
3. Perl-Sago unter Rühren einstreuen, zum Kochen bringen, etwa 20 Minuten ausquellen lassen.
4. Himbeeren mit den beiseite gestellten Erdbeeren hinzufügen, die Grütze zum Kochen bringen, 1–2 Minuten kochen lassen, evtl. mit Zucker abschmecken, dann erkalten lassen.

Rotkohl

■ **Klassisch**

Pro Portion:
E: 4 g, F: 14 g, Kh: 17 g,
kJ: 933, kcal: 221

1 kg Rotkohl
3 mittelgroße, saure Äpfel
50 g Schweineschmalz
2 mittelgroße Zwiebeln
1 Lorbeerblatt
3 Gewürznelken
3 Wacholderbeeren
Salz, frisch gemahlener Pfeffer
1 Prise Zucker
3 EL Essig
125 ml ($^1/_8$ l) Wasser

Zubereitungszeit: 2 Std.

1. Die groben äußeren Rotkohlblätter ablösen. Kohl vierteln, Strunk herausschneiden. Kohl waschen, sehr fein schneiden oder hobeln. Äpfel schälen, vierteln, entkernen und klein schneiden.
2. Schweineschmalz zerlassen, Kohl und Apfelstücke dazugeben und andünsten. Zwiebeln abziehen, mit Lorbeerblatt und Gewürznelken spicken, mit Wacholderbeeren, Salz, Pfeffer, Zucker, Essig und Wasser hinzufügen. Rotkohl

30–45 Minuten garen lassen, mit Salz, Zucker und Essig abschmecken.

Tipp:
Anstelle von Wasser Weiß- oder Rotwein nehmen; evtl. auch 1 Esslöffel Johannisbeergelee mitkochen oder 2 Esslöffel Preiselbeerkompott unterrühren. Sie können Rotkohl auch in größeren Mengen zubereiten und portionsweise einfrieren.

Rotweincreme

■ **Gut vorzubereiten**

Pro Portion:
E: 2 g, F: 19 g, Kh: 28 g,
kJ: 1388, kcal: 332

250 ml ($^1/_4$ l) Wasser
1 Pck. Rote Grütze Himbeer-Geschmack
100 g Zucker
250 ml ($^1/_4$ l) Rotwein
250 ml ($^1/_4$ l) Schlagsahne

Rotweinkirschen

Zubereitungszeit: 90 Min.

1. Wasser zum Kochen bringen. Rote Grütze mit Zucker mischen, mit Wein anrühren, unter Rühren in das von der Kochstelle genommene Wasser geben, kurz aufkochen lassen, kalt stellen, ab und zu durchrühren.
2. Sahne steif schlagen und unter die abgekühlte Speise heben (etwas zum Verzieren zurücklassen). Die Rotweincreme in eine Glasschale oder in Dessertschälchen füllen und mit der zurückgelassenen Sahne verzieren.

Rotweinkirschen

■ **Für Gäste**

Pro Portion:
E: 3 g, F: 21 g, Kh: 34 g,
kJ: 1783, kcal: 426

500 g Sauerkirschen
50 g Zucker
500 ml ($^1/_2$ l) Rotwein
abgeriebene Schale von 1 Zitrone (unbehandelt)
250 ml ($^1/_4$ l) Schlagsahne
2 EL Zucker
2 EL abgezogene, gemahlene Mandeln

Zubereitungszeit: 2$^1/_2$ Std.

1. Sauerkirschen waschen, entstielen, entsteinen, gut abtropfen lassen, mit Zucker bestreuen und mit Wein übergießen. Zitronenschale hinzufügen. Kirschen zugedeckt etwa 2 Stunden kalt stellen.
2. Sahne steif schlagen, Zucker und Mandeln unterheben. Mandelsahne zu den Rotweinkirschen servieren.

397

Rührei

Rührei

■ Preiswert

Pro Portion:
E: 12 g, F: 20 g, Kh: 2 g,
kJ: 1042, kcal: 249

6 Eier
6 EL Milch
Salz, frisch gemahlener Pfeffer
geriebene Muskatnuss
45 g Butter oder Margarine

Zubereitungszeit: 10 Min.

1. Eier mit Milch, Salz, Pfeffer und Muskat kurz verschlagen. Butter oder Margarine in einer Bratpfanne zerlassen.
2. Eiermilch hineingeben. Sobald die Masse zu stocken beginnt, sie strichweise vom Boden der Pfanne losrühren und so lange weiter erhitzen, bis keine Flüssigkeit mehr vorhanden ist (etwa 5 Minuten). Das Rührei muss weich und großflockig, aber nicht trocken sein.

Tipp:
Zur Verfeinerung 3 Esslöffel fein geschnittenen Schnittlauch unter die Eiermilch rühren.

Rührei mit Schinken

■ Schnell

Pro Portion:
E: 19 g, F: 23 g, Kh: 1 g,
kJ: 1260, kcal: 301

125 g magerer, gekochter Schinken
6 Eier, 6 EL Mineralwasser
Salz, Pfeffer, geriebene Muskatnuss
1 EL gehackte, gemischte Kräuter
40 g Butter

Zubereitungszeit: 15 Min.

1. Schinken fein würfeln.
2. Eier mit Mineralwasser, Salz, Pfeffer, Muskat und Kräutern verquirlen, Schinken unterrühren.
3. Butter in einer Pfanne erhitzen und die Schinken-Eier-Masse hinzugeben. Sobald die Masse zu stocken beginnt, sie strichweise vom Boden der Pfanne lösen, bis alles großflockig gestockt und keine Flüssigkeit mehr vorhanden ist.

Beilage:
Vollkornbrot mit Butter.

Rumpsteaks

■ Klassisch

Pro Portion:
E: 27 g, F: 43 g, Kh: 0 g,
kJ: 2204, kcal: 526

4 Rumpsteaks (je 150 g)
50 g Butterschmalz
Salz
frisch gemahlener Pfeffer

Zubereitungszeit: 15 Min.

1. Rumpsteaks unter fließendem kalten Wasser abspülen, trockentupfen.
2. Den Fettrand der Rumpsteaks an den Rändern etwas einschneiden. Fett erhitzen und das Fleisch hineinlegen. Nachdem die untere Seite gebräunt ist, Fleisch wenden, mit Salz und Pfeffer bestreuen. Fleischscheiben öfter mit Bratfett begießen, damit sie saftig bleiben, insgesamt 6 – 8 Minuten braten.
3. Steaks auf einer vorgewärmten Platte anrichten, das Bratfett über die Steaks gießen.

Tipp:
Die Rumpsteaks mit gebräunten Zwiebeln garnieren, nach Belieben geriebenen Meerrettich oder Kräuterbutter dazureichen.

Rührei mit Schinken

Rumpsteaks in Knoblauchrahm

■ **Für Gäste**

Pro Portion:
E: 38 g, F: 69 g, Kh: 4 g,
kJ: 3443, kcal: 822

4 Rumpsteaks (je 200 g)
3 EL Speiseöl
Salz, frisch gemahlener Pfeffer
6–8 Knoblauchzehen
2 EL Butter
1 Becher (150 g) Crème fraîche
1 Msp. Cayennepfeffer
2 Bund glatte Petersilie

Zubereitungszeit: 20 Min.

1. Steaks unter fließendem kalten Wasser abspülen und trockentupfen. Fettrand der Steaks rundherum einschneiden, damit sich das Fleisch beim Braten nicht zusammenzieht.
2. Öl in einer Pfanne erhitzen, Steaks darin auf jeder Seite etwa 3 Minuten braten. Mit Salz und Pfeffer würzen. Aus der Pfanne nehmen, auf eine Platte legen und mit Alufolie bedeckt nachziehen lassen, damit sich der Fleischsaft sammeln kann.
3. Knoblauch abziehen, Butter zerlassen. Knoblauch durch die Presse in die Butter drücken und goldgelb andünsten. Crème fraîche unterrühren und etwa 3 Minuten dünsten lassen. Mit Salz, Pfeffer und Cayennepfeffer abschmecken.
4. Petersilie abspülen, von den Stängeln zupfen, grob hacken und unter die Sauce rühren. Steaks mit dem ausgetretenen Fleischsaft in die Pfanne geben und nochmals ganz kurz erhitzen. Rumpsteaks auf vorgewärmten Tellern anrichten und mit der Sauce überziehen.

Beilage:
Röstkartoffeln, Salatplatte, Bohnensalat.

Rumpsteaks in Knoblauchrahm

MENUE

Hauptgericht:
Rumpsteaks (Seite 398)

Beilage:
Salatplatte (Seite 401)

Dessert:
Vanilleeis mit Kaiserkirschen (Seite 484)

Safran-Reis-Pfanne

■ Für Gäste

Pro Portion:
E: 66 g, F: 45 g, Kh: 56 g,
kJ: 3887, kcal: 927

1/2 Hähnchen (600 g)
1 mittelgroße Zwiebel
1 Knoblauchzehe
2 Tomaten
4 EL Speiseöl
Salz, weißer Pfeffer
250 g Rundkornreis
750 ml (3/4 l) heiße Hühnerbrühe
3 EL Sherry
2 Msp. Safranpulver
1 kleine, rote Chilischote
1 rote Paprikaschote
200 g Miesmuscheln
200 g Garnelen mit Schale
10 eingelegte Oliven
1 EL Olivenöl
2 Räucherwürstchen
2 EL gehackte, glatte Petersilie

Zubereitungszeit: 55 Min.

1. Hähnchen unter fließendem kalten Wasser abspülen, trockentupfen und in 6 Portionsstücke teilen. Zwiebel und Knoblauch abziehen, fein würfeln.
2. Tomaten kurze Zeit in kochendes Wasser legen (nicht kochen lassen), in kaltem Wasser abschrecken, enthäuten, Stängelansätze herausschneiden, Tomaten achteln.
3. Öl in einer tiefen Pfanne erhitzen und die Hähnchenteile von allen Seiten anbraten, mit Salz und Pfeffer würzen. Zwiebel- und Knoblauchwürfel sowie den Reis hinzugeben und unter ständigem Rühren glasig dünsten. Mit Brühe und Sherry aufgießen, Safran hinzufügen und alles bei schwacher Hitze etwa 15 Minuten kochen.
4. Chilischote abspülen, halbieren, entkernen und in Streifen schneiden. Paprika halbieren, entstielen, entkernen, die weißen Scheidewände entfernen, Schote waschen, trockentupfen, in Streifen schneiden und zu dem Reis geben.
5. Muscheln unter fließendem kalten Wasser abspülen, gründlich bürsten, Barthaare entfernen (geöffnete Muscheln nicht verwenden), mit den abgespülten Garnelenschwänzen auf den Reis legen und etwa 10 Minuten ziehen lassen.
6. Oliven abtropfen lassen, halbieren, evtl. entkernen. Öl erhitzen und die in Scheiben geschnittenen Räucherwürstchen kurz anbraten. Tomatenachtel mit Oliven und Wurstscheiben in die Safran-Reis-Pfanne geben. Alles vorsichtig umrühren, erwärmen und abschmecken. Mit Petersilie bestreuen.

Sahnechampignons

■ Schnell – raffiniert

Pro Portion:
E: 4 g, F: 18 g, Kh: 5 g,
kJ: 866, kcal: 206

500 g Champignons
1 Zwiebel
30 g Butter
3 EL Weißwein
1 Becher (150 g) Crème fraîche
Salz
frisch gemahlener Pfeffer
Zitronensaft
Worcestersauce
1 EL gehackte Kräuter, z. B. Petersilie, Schnittlauch

Zubereitungszeit: 25 Min.

1. Champignons putzen, mit Küchenpapier abreiben, evtl. abspülen (große Köpfe halbieren). Zwiebel fein würfeln.
2. Butter zerlassen, Zwiebelwürfel darin andünsten. Champignons hinzufügen und in etwa 10 Minuten gar dünsten lassen (Flüssigkeit muss zur Hälfte eingekocht sein). Wein hinzufügen.
3. Crème fraîche unterrühren, erhitzen und mit Salz, Pfeffer, Zitronensaft und Worcestersauce abschmecken. Das Gericht mit Kräutern bestreut anrichten.

Sahnemöhren

■ Preiswert

Pro Portion:
E: 7 g, F: 14 g, Kh: 16 g,
kJ: 955, kcal: 229

1 kg junge Möhren
1 Zwiebel
3 EL Butter
250 ml (1/4 l) Hühnerbrühe
4 EL Crème fraîche
1–2 EL Kapern
Salz, frisch gemahlener Pfeffer
1 Prise Zucker
Zitronensaft

Sahnemöhren

2 EL gemischte, gehackte Kräuter
1 hart gekochtes Ei

Zubereitungszeit: 45 Min.

1. Möhren putzen, schälen und waschen. Zwiebel abziehen und fein würfeln. Butter zerlassen, Zwiebelwürfel und Möhren darin andünsten.
2. Brühe hinzugießen und das Gemüse in 8–10 Minuten gar dünsten lassen. Gemüse abtropfen lassen und die Flüssigkeit auffangen.
3. Crème fraîche unterrühren und etwas einkochen lassen. Kapern hinzufügen und die Sauce mit Salz, Pfeffer, Zucker und Zitronensaft abschmecken.
4. Kräuter unterrühren und die Möhren in der Sauce erhitzen. Ei pellen, klein hacken und über das Gemüse streuen.

MENUE

Vorspeise:
Blattsalat mit Putenfleisch (Seite 43)
Hauptgericht:
Safran-Reis-Pfanne (Seite 400)
Dessert:
Aprikosenkompott (Seite 15)

Sahnesauce

■ Schnell

Pro Portion:
E: 1 g, F: 4 g, Kh: 4 g,
kJ: 234, kcal: 56

150 g saure Sahne
Zitronensaft
1 Prise Zucker, 1 Prise Salz

Zubereitungszeit: 5 Min.

1. Sahne verrühren, mit Zitronensaft, Zucker und Salz abschmecken.

Tipp:
Zu Chicorée- oder Endiviensalat reichen. Sie können die Sauce auch zusätzlich mit 2 Esslöffeln Speiseöl oder mit 1 Esslöffel Milch verrühren.

Salatplatte

■ Für Gäste

Pro Portion:
E: 15 g, F: 39 g, Kh: 19 g,
kJ: 2109, kcal: 503

1 kleiner Kopfsalat
2 Paprikaschoten
(rot und grün, etwa 300 g)
4 große Tomaten
3–4 Zwiebeln oder 1 Gemüsezwiebel
1/2 Salatgurke (etwa 300 g)
285 g Gemüsemais (aus der Dose)
200 g Thunfisch (aus der Dose)

Für die Sauce:
2 Becher (je 150 g) Crème fraîche
2–3 EL Tomatenketchup
2–3 EL Milch
Salz, frisch gemahlener Pfeffer
1 Prise Zucker
gehackte Petersilie
gehackter Dill
Schnittlauchröllchen

Zubereitungszeit: 30 Min.

1. Die äußeren Salatblätter entfernen, die übrigen vom Strunk lösen. Große Blätter teilen, Herzblätter ganz lassen. Salat abspülen und gut abtropfen lassen.
2. Paprika halbieren, entstielen, entkernen, die weißen Scheidewände entfernen, Schoten waschen und in Streifen schneiden. Tomaten waschen, abtrocknen, Stängelansätze herausschneiden und Tomaten in Scheiben schneiden.
3. Zwiebeln abziehen, in Scheiben schneiden und in Ringe teilen. Gurke waschen und in dünne Scheiben schneiden. Mais und Thunfisch abtropfen lassen.
4. Salatzutaten auf einer großen Platte anrichten.
5. Für die Sauce Crème fraîche mit Ketchup und Milch verrühren, mit Salz, Pfeffer und Zucker würzen, über die Salatzutaten verteilen, mit Petersilie, Dill und Schnittlauch bestreuen.

Salatplatte

Salatsauce

■ Schnell

Pro Portion:
E: 0 g, F: 9 g, Kh: 1 g,
kJ: 372, kcal: 89

3 EL Speiseöl
1–2 EL Essig
Salz, frisch gemahlener Pfeffer
1 Prise Zucker
1 EL fein gehackte gemischte Kräuter,
z. B. Petersilie, Estragon, Kerbel, Dill,
Kresse, Schnittlauch, Pimpinelle

Zubereitungszeit: 10 Min.

1. Öl mit Essig verrühren und mit Salz, Pfeffer und Zucker würzen.
2. Kräuter unterrühren.

Tipp:
1 mittelgroße, abgezogene, gewürfelte Zwiebel hinzufügen. Zu Blattsalaten reichen.

MENUE
Vorspeise:
Grüner Salat (Seite 177)
Hauptgericht:
Salzheringe in Sahnesauce (Seite 403)
Dessert:
Gestürzter Grießpudding mit Himbeersauce (Seite 163)

Salatsauce mit Sahne

■ Schnell

Pro Portion:
E: 1 g, F: 11 g, Kh: 2 g,
kJ: 488, kcal: 117

1 mittelgroße Zwiebel
2 EL Schlagsahne
3 EL Speiseöl
2 EL Zitronensaft oder Essig
Salz
frisch gemahlener Pfeffer
1 Prise Zucker
1 EL gemischte, gehackte Kräuter,
z. B. Dill, Petersilie, Schnittlauch

Zubereitungszeit: 10 Min.

1. Zwiebel abziehen, fein würfeln, mit Sahne, Öl und Zitronensaft oder Essig verrühren.
2. Mit Salz, Pfeffer und Zucker würzen und die Kräuter unterrühren.

Saltimbocca
Gefüllte Kalbsschnitzel

■ Schnell

Pro Portion:
E: 57 g, F: 43 g, Kh: 5 g,
kJ: 2848, kcal: 681

8 Kalbsschnitzel (je 100 g)
8 Salbeiblätter
8 Scheiben Parmaschinken
Salz
frisch gemahlener Pfeffer
1–2 EL Weizenmehl
3 EL Olivenöl
250 ml (¼ l) brauner Fond
2 cl trockener Wermut

Zubereitungszeit: 25 Min.

1. Schnitzel unter fließendem kalten Wasser abspülen und trockentupfen. Salbeiblätter vorsichtig abspülen und trockentupfen. Schnitzel nebeneinander legen und jeweils ein Salbeiblatt auf jedes Schnitzel legen.

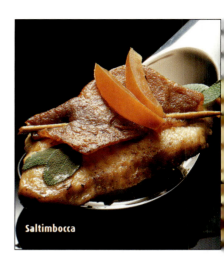
Saltimbocca

2. Schinkenscheiben zusammenfalten, auf die Schnitzel legen und mit Holzspießchen feststecken. Schnitzel mit Salz und Pfeffer würzen und mit Mehl bestäuben.
3. Öl erhitzen und die Schnitzel auf jeder Seite 3–4 Minuten braten. Fleisch aus der Pfanne nehmen und warm stellen.
4. Braunen Fond und Wermut in die Pfanne gießen und den Bratensatz loskochen. Sauce evtl. nachwürzen.

Tipp:
Safranrisotto oder Tomatenspaghetti dazureichen.

Salzburger Nockerln

■ Schnell

Pro Portion:
E: 7 g, F: 10 g, Kh: 16 g,
kJ: 782, kcal: 187

4 Eigelb
2 EL Weizenmehl
1 Prise Salz
3 Tropfen Vanille-Aroma
4 Eiweiß

2 EL feiner Zucker
20 g Butter
2 EL gesiebter Puderzucker

Zubereitungszeit: 20 Min.

1. Eigelb mit Mehl, Salz und Vanille-Aroma verrühren. Eiweiß steif schlagen, nach und nach Zucker unterschlagen. 1 Esslöffel Eischnee mit der Eigelbmasse verrühren, dann die Eigelbmasse unter den Schnee ziehen.
2. Eine flache, feuerfeste Form mit Butter ausfetten, die Masse in vier Hügeln hineingeben und auf der mittleren Schiene auf dem Rost in den Backofen schieben.
   Ober-/Unterhitze: etwa 200 °C (vorgeheizt)
   Heißluft: etwa 180 °C (vorgeheizt)
   Gas: Stufe 3–4 (vorgeheizt)
   Backzeit: etwa 10 Minuten.
3. Nockerln mit Puderzucker bestäuben und sofort servieren.

Tipp:
Die Nockerln fallen schnell zusammen, da sie nur außen gebräunt sind, innen aber noch feucht und weich sein sollen.

Salzburger Nockerln

Salzheringe in Sahnesauce

Salzheringe in Sahnesauce

■ Klassisch

Insgesamt:
E: 168 g, F: 248 g, Kh: 28 g,
kJ: 13424, kcal: 3204

4 Salzheringe

Für die Sahnesauce:
4–5 Zwiebeln
2 mittelgroße Gewürzgurken
375 ml ($^3/_8$ l) Schlagsahne
1 EL Essigessenz (25 %)
1 TL Senfkörner
$^1/_2$ TL Pfefferkörner
$^1/_2$ TL Wacholderbeeren
1–2 Lorbeerblätter

Zubereitungszeit: 25 Min., ohne Wässerungs- und Marinierzeit

1. Heringe gründlich säubern und etwa 24 Stunden wässern. Das Wasser ab und zu erneuern.
2. Heringe unter fließendem kalten Wasser abspülen. Köpfe abschneiden, Heringe halbieren und die innere schwarze Haut abziehen. Heringe nochmals unter fließendem kalten Wasser abspülen, entgräten und nach Belieben enthäuten.
3. Für die Sahnesauce Zwiebeln abziehen. Zwiebeln und Gurken in Scheiben schneiden, mit Sahne, Essigessenz und Gewürzen verrühren. Heringe in Sahnesauce legen und etwa 24 Stunden darin marinieren.

Tipp:
Dazu Pellkartoffeln und Blattsalat servieren.

Saté mit Erdnusssauce

Salzkartoffeln

■ Klassisch

Pro Portion:
E: 4 g, F: 0 g, Kh: 28 g,
kJ: 544, kcal: 129

750 g Kartoffeln
Salzwasser

Zubereitungszeit: 30 Min.

1. Kartoffeln waschen, mit einem Sparschäler dünn schälen, Augen entfernen und nochmals waschen, größere Kartoffeln ein- oder zweimal durchschneiden.

MENUE
Vorspeise:
Feldsalat mit Croûtons (Seite 116)
Hauptgericht:
Saté mit Erdnusssauce (Seite 404)
Dessert:
Ambrosia (Seite 8)

---

2. Kartoffeln in Salzwasser zum Kochen bringen, in 15–20 Minuten gar kochen lassen und abgießen. Kartoffeln im offenen Topf unter häufigem Schütteln abdämpfen lassen oder zum Abdämpfen ein Küchentuch zwischen Topf und Deckel legen.

Saté mit Erdnusssauce

■ Raffiniert

Pro Portion:
E: 46 g, F: 64 g, Kh: 39 g,
kJ: 3905, kcal: 933

4 Schalotten
500 g Hähnchenbrustfilet
6 EL Speiseöl
4 EL Sojasauce
1/2 TL gemahlener Pfeffer

Für die Erdnusssauce:
3 Schalotten
2 Knoblauchzehen
2 EL Sojaöl
150 g Erdnusscreme
250 ml (1/4 l) Wasser
2 TL Essigessenz (25 %)
1 TL Sambal Oelek
1 TL Zucker
Salz

Für die Reiswürfel:
1 Beutel Reis
2 l kochendes Wasser
80 g zerlassene Butter

Zubereitungszeit: 3 Std.

1. Schalotten abziehen und sehr fein hacken. Filet unter fließendem kalten Wasser abspülen, trockentupfen und in Würfel von 2 x 2 cm schneiden. Mit Öl, Sojasauce, Pfeffer und Schalotten vermischen und etwa 2 Stunden marinieren lassen.

2. Fleischstücke herausnehmen, jeweils etwa 5 Stück auf einen Holzspieß ziehen. Spieße auf den heißen Grillrost legen, von allen Seiten etwa 6 Minuten grillen und zwischendurch immer wieder mit der Marinade bestreichen.

3. Für die Erdnusssauce Schalotten und Knoblauch abziehen und fein hacken. Öl in einem Topf erhitzen, Schalotten und Knoblauch darin andünsten.

4. Erdnusscreme, Wasser, Essigessenz, Sambal Oelek, Zucker und Salz hinzufügen, etwas einkochen lassen, evtl. pürieren und nochmals abschmecken.

5. Für die Reiswürfel Reis in kochendes Wasser geben, 1 1/2 Stunden bei schwacher Hitze köcheln lassen, der Reisbeutel muss ständig mit Wasser bedeckt sein.

6. Beutel vom abgetropften, etwas abgekühlten Reis entfernen, den festen Reis in Würfel schneiden, in Butter anbraten, mit den Spießen und der Erdnusssauce servieren.

Sauce Tatare

■ **Klassisch**

Pro Portion:
E: 1 g, F: 0 g, Kh: 5 g,
kJ: 127, kcal: 30

4 Schalotten oder 2 Zwiebeln
2 TL Kapern
2 EL gehackte Kräuter, z. B. Petersilie, Dill, Kerbel
2–3 EL Mayonnaise
Salz

Zubereitungszeit: 15 Min.

1. Schalotten oder Zwiebeln abziehen und fein würfeln. Kapern sehr fein hacken.
2. Kräuter, Kapern und Zwiebelwürfel mit Mayonnaise verrühren und mit Salz würzen.

Tipp:
Zu gegrilltem Fleisch oder Fisch reichen oder als Salatsauce verwenden.

Sauce Vinaigrette

Sauce Vinaigrette

■ **Schnell**

Pro Portion:
E: 5 g, F: 22 g, Kh: 2 g,
kJ: 998, kcal: 238

2 hart gekochte Eier
2 EL mittelscharfer Senf
3 EL Weinessig
75 ml Olivenöl
½ Bund Petersilie
½ Bund Schnittlauch
1 abgezogene Zwiebel
Salz
frisch gemahlener Pfeffer
1 Prise Zucker

Zubereitungszeit: 15 Min.

1. Eier pellen und halbieren. Eigelb herausnehmen, durch ein Sieb streichen und in eine Schüssel geben. Mit Senf und Essig verrühren und tropfenweise Öl unterschlagen.
2. Petersilie und Schnittlauch abspülen, trockentupfen, Petersilie fein hacken, Schnittlauch in feine Röllchen schneiden.
3. Mit dem fein gehackten Eiweiß und der sehr fein gehackten Zwiebel unter die Sauce ziehen. Mit Salz, Pfeffer und Zucker kräftig abschmecken und die Vinaigrette bis zum weiteren Verzehr kalt stellen.

Tipp:
Zu Endiviensalat oder gekochten Artischocken reichen.

Sauce Tatare

Saucenfond, brauner

■ Gut vorzubereiten

Insgesamt:
E: 27 g, F: 13 g, Kh: 23 g,
kJ: 1410, kcal: 340

1 kg Ochsenschwanz
4 EL Speiseöl
50 g Staudensellerie
1 Zwiebel
1 Petersilienwurzel
1 EL Tomatenmark
1 Thymianzweig
1 Lorbeerblatt
6 zerdrückte schwarze Pfefferkörner
250 ml (¼ l) trockener Weißwein
1½ l Wasser

Zubereitungszeit: 2½ Std.

1. Den Ochsenschwanz vom Metzger in Stücke hacken lassen, unter fließendem kalten Wasser abspülen, trockentupfen. Das Fleisch in einem Bräter unter wiederholtem Wenden in Öl anbraten und etwas Farbe nehmen lassen.
2. Gemüse putzen, abspülen und klein schneiden, mit dem Fleisch andünsten.
3. Tomatenmark, Thymianzweig, Lorbeerblatt und Pfefferkörner zugeben und andünsten.
4. Mit Weißwein ablöschen und mit Wasser auffüllen, so dass der Ochsenschwanz bedeckt ist.
5. Etwa 2 Stunden köcheln und wiederholt abschäumen. Durch ein Sieb gießen, erkalten lassen und entfetten.

Tipp:
Die Fonds sollten vorher nicht gewürzt werden, da sie bei einer evtl. Reduktion dann eine zu intensive Würzung haben. Reduziert können die Fonds auch in kleinen Behältern für einen schnellen Bedarf eingefroren werden.

Sauerampfersuppe

■ Vegetarisch

Pro Portion:
E: 5 g, F: 27 g, Kh: 4 g,
kJ: 1209, kcal: 289

2 Zwiebeln
1–2 EL Butter
500 ml (½ l) Gemüsebrühe
200–250 g Sauerampfer
2 Eigelb
250 ml (¼ l) Schlagsahne
Salz, frisch gemahlener Pfeffer

Zubereitungszeit: 20 Min.

1. Zwiebeln abziehen und fein würfeln. Butter zerlassen und Zwiebelwürfel darin glasig dünsten lassen. Brühe hinzugießen, zum Kochen bringen und etwa 5 Minuten kochen lassen.
2. Sauerampfer verlesen, Stiele entfernen, Sauerampferblätter vorsichtig abspülen, abtropfen lassen, in feine Streifen schneiden, in die Brühe geben, zum Kochen bringen und etwa 2 Minuten kochen lassen.
3. Eigelb mit Sahne verrühren, die Suppe damit abziehen, erhitzen (nicht mehr kochen lassen), mit Salz und Pfeffer abschmecken und sofort servieren.

Beilage:
Weizen-Vollkorntoast oder Baguette.

Sauerbraten

Sauerbraten

■ Klassisch – dauert länger

Pro Portion:
E: 56 g, F: 44 g, Kh: 21 g,
kJ: 3378, kcal: 806

1 kg Rindfleisch
(aus der Keule, ohne Knochen)

Für die Marinade:
2 mittelgroße Zwiebeln
1 Bund Suppengrün
5 Pimentkörner
2 Gewürznelken
10 Pfefferkörner
3 Lorbeerblätter

MENUE

Vorspeise:
Sauerampfersuppe (Seite 406)
Hauptgericht:
Perlhuhnröllchen mit glasierten Kartoffeln (Seite 344)
Dessert:
Charlotte Russe (Seite 74)

1 Zweig Thymian
250 ml (¹/₄ l) Weißwein
250 ml (¹/₄ l) Weinessig
Salz
frisch gemahlener Pfeffer
3 EL Schweineschmalz
1 Stück Zitronenschale (unbehandelt)
70 g Rosinen
4 EL abgezogene, gehobelte Mandeln
50 g Lebkuchen ohne Schokolade
125 g saure Sahne
1 EL Rübenkraut

Zubereitungszeit: 2¹/₂ Std., ohne Marinierzeit

1. Rindfleisch unter fließendem kalten Wasser abspülen und in eine Schüssel geben.
2. Für die Marinade Zwiebeln abziehen und klein schneiden. Suppengrün putzen, klein schneiden und waschen. Beide Zutaten mit Pimentkörnern, Gewürznelken, Pfefferkörnern, Lorbeerblättern und Thymian zu dem Fleisch geben.
3. Wein mit Essig verrühren, über das Fleisch gießen (das Fleisch muss mit der Marinade bedeckt sein). Zugedeckt 2–3 Tage an einem kühlen Ort stehen lassen. Fleisch ab und zu wenden.
4. Das gesäuerte Fleisch trockentupfen, mit Salz und Pfeffer würzen. Schmalz in einem Bratentopf zerlassen. Fleisch von allen Seiten gut darin anbraten.
5. Marinade durch ein Sieb gießen, 250 ml (¹/₄ l) davon abmessen. Gemüse zu dem Fleisch geben und gut durchdünsten lassen, die Hälfte der Marinade zugeben. Das Fleisch etwa 1¹/₂ Stunden schmoren lassen, von Zeit zu Zeit wenden.
6. Die restliche Marinade, Zitronenschale, Rosinen und Mandeln zu dem Sauerbraten geben und noch 30 Minuten weiterschmoren lassen.
7. Das gare Fleisch herausnehmen und 10 Minuten ruhen lassen. Fleisch in Scheiben schneiden, auf einer vorgewärmten Platte anrichten und warm stellen. Lebkuchen zerbröseln, die Flüssigkeit damit binden. Die Sauce mit Salz, Pfeffer, saurer Sahne und Rübenkraut abschmecken.

Tipp:
Dazu Makkaroni und Backobst reichen.

Sauerkirsch-Kaltschale
6 Portionen

■ Preiswert

Pro Portion:
E: 2 g, F: 1 g, Kh: 29 g,
kJ: 605, kcal: 144

375 g Sauerkirschen
50 g Zucker
1 Stück Zitronenschale (unbehandelt)
1 l Wasser
1 Pck. Götterspeise Instant Kirsch-Geschmack
Zucker nach Geschmack

Zubereitungszeit: 25 Min., ohne Kühlzeit

1. Sauerkirschen waschen, abtropfen lassen, entstielen und entsteinen. Mit Zucker und Zitronenschale in das Wasser geben, zum Kochen bringen und fast gar kochen lassen.
2. Götterspeise unter die heißen Kirschen rühren. So lange rühren, bis sich alles gelöst hat. Evtl. mit Zucker abschmecken.
3. Die Suppe mehrere Stunden kalt stellen.

Beilage:
Suppenmakronen oder Baisertupfen.

Sauerkirsch-Kaltschale

Sauerkirschkompott

■ Schnell

Pro Portion:
E: 1 g, F: 0 g, Kh: 43 g,
kJ: 774 , kcal: 184

500 g Sauerkirschen
125 g Zucker

Zubereitungszeit: 20 Min., ohne Kühlzeit

1. Sauerkirschen waschen, entstielen, entsteinen und mit Zucker bestreuen.
2. Sobald die Früchte Saft gezogen haben, sie weich dünsten. Kompott erkalten lassen und evtl. mit Zucker abschmecken.

Sauerkraut

■ Klassisch

Pro Portion:
E: 4 g, F: 16 g, Kh: 9 g,
kJ: 881, kcal: 210

2 Zwiebeln
60 g Schweineschmalz
750 g Sauerkraut
1 Lorbeerblatt
einige Wacholderbeeren
250 ml (¼ l) Wasser
1 rohe Kartoffel
Salz, 1 Prise Zucker

Zubereitungszeit: 60 Min.

1. Zwiebeln abziehen und würfeln. Schmalz zerlassen, Zwiebeln darin hellgelb dünsten.
2. Sauerkraut zerpflücken, hinzufügen und andünsten. Lorbeerblatt, Wacholderbeeren und Wasser hinzufügen und in 30–40 Minuten garen.
3. Kartoffel schälen, waschen, reiben. 10 Minuten vor Beendigung der Garzeit zu dem Sauerkraut geben und kurz aufkochen lassen. Sauerkraut mit Salz und Zucker abschmecken.

Sauerkraut, ungarisch

■ Preiswert

Pro Portion:
E: 8 g, F: 28 g, Kh: 12 g,
kJ: 1472, kcal: 351

100 g durchwachsener Speck
30 g Margarine, 2 Zwiebeln
2 EL Paprika edelsüß
800 g Sauerkraut
1 rote Paprikaschote
250 ml (¼ l) Salzwasser
1 Lorbeerblatt
3 Gewürznelken
1 Kartoffel
150 g saure Sahne
Salz, weißer Pfeffer

Zubereitungszeit: 55 Min.

1. Speck würfeln und mit Margarine auslassen. Zwiebeln abziehen, würfeln, darin andünsten. Paprika darüber stäuben.
2. Sauerkraut lockerzupfen. Paprika vierteln, entkernen, weiße Scheidewände entfernen, Schote in Würfel schneiden. Sauerkraut und Paprikawürfel zu der Speck-Zwiebel-Masse geben, Salzwasser, Lorbeerblatt und Gewürznelken hinzufügen. Zum Kochen bringen, etwa 35 Minuten kochen lassen.
3. Kartoffel schälen, waschen, fein reiben, zu dem Sauerkraut geben und aufkochen lassen, damit das Sauerkraut sämig wird.
4. Saure Sahne unterheben, Sauerkraut abschmecken.

Sauerkraut, ungarisch

Sauerkrautsalat

■ Vegetarisch

Sauerkrautsalat

Pro Portion:
E: 8 g, F: 16 g, Kh: 14 g,
kJ: 1014, kcal: 242

1 Apfel
1 Zwiebel
3 Scheiben Ananas (aus der Dose)
500 g Sauerkraut

Für die Sauce:
1 EL Mayonnaise
4 EL Schlagsahne
1 EL geriebener Meerrettich
$1/2$ TL Zucker
1 EL Zitronensaft
Salz, frisch gemahlener Pfeffer
80 g Sonnenblumenkerne

Zubereitungszeit: 25 Min.

1. Apfel waschen und das Kerngehäuse entfernen, Apfel würfeln. Zwiebel abziehen und klein schneiden. Ananas abtropfen lassen, klein schneiden, Sauerkraut lockerzupfen.
2. Für die Sauce Mayonnaise, Sahne, Meerrettich, Zucker, Zitronensaft, Salz und Pfeffer verrühren und mit den Salatzutaten vermengen.
3. Sonnenblumenkerne ohne Fett in einer Pfanne anrösten und über den Salat streuen.

Sauerkrautsuppe

■ Vegetarisch

Pro Portion:
E: 4 g, F: 26 g, Kh: 18 g,
kJ: 1534, kcal: 366

1 mittelgroße Zwiebel
2 EL Butter
125 g Sauerkraut
200 ml Weißwein
500 ml ($1/2$ l) Gemüsebrühe
125 ml ($1/8$ l) Schlagsahne
1 Knoblauchzehe
Salz
frisch gemahlener Pfeffer
1 Prise Zucker
4 Scheiben Weißbrot
50 g zerlassene Butter

Zubereitungszeit: 35 Min.

1. Zwiebel abziehen, fein würfeln. Butter zerlassen, Zwiebelwürfel darin andünsten. Sauerkraut gut auspressen, zu der Zwiebel geben und mitdünsten lassen.
2. Wein hinzufügen, zum Kochen bringen. Nach und nach Brühe und Sahne hinzugießen, zum Kochen bringen und 15 Minuten kochen lassen.
3. Knoblauch abziehen, durch die Presse drücken und unterrühren. Mit Salz, Pfeffer und Zucker abschmecken.
4. Weißbrot würfeln, in Butter unter ständigem Rühren goldbraun braten lassen. Suppe in vorgewärmte Suppentassen geben, Weißbrotwürfel darüber streuen.

Sauerkrautsuppe

409

Scampi am Spieß mit Dillbutter

Scampi am Spieß mit Dillbutter

■ Für Gäste

Pro Portion:
E: 23 g, F: 39 g, Kh: 7 g,
kJ: 2090, kcal: 499

Für die Dillbutter:
80 g Butter
2 Bund Dill
1 Bund Kerbel
einige Tropfen Zitronensaft
Salz, weißer Pfeffer

450 g TK-Scampi (in der Schale)
1 Knoblauchzehe
3 Petersilienstängel
einige Pfefferkörner
4 Tomaten
100 g gefüllte Oliven
2 Knoblauchzehen
6 EL Olivenöl
schwarzer Pfeffer

Zubereitungszeit: 70 Min.

1. Für die Dillbutter Butter geschmeidig rühren. Dill und Kerbel abspülen und trockentupfen. Dill mit der Küchenschere fein schneiden. Kerbel fein hacken.

2. Kräuter unter die Butter rühren, mit Zitronensaft, Salz und Pfeffer würzen. Buttermischung zu einer Rolle formen, in Alufolie einwickeln und in den Kühlschrank stellen.

3. Scampi auftauen lassen, unter fließendem kalten Wasser abspülen, mit Knoblauchzehe, abgespülten Petersilienstängeln, Pfefferkörnern und Salz in kochendes Wasser geben. Zum Kochen bringen, 2 Minuten kochen lassen, auf ein Sieb geben, mit kaltem Wasser übergießen und abtropfen lassen.

4. Das Fleisch aus den Schalen lösen und den dunklen Darmstrang entfernen.

5. Tomaten kurze Zeit in kochendes Wasser legen (nicht kochen lassen) und in kaltem Wasser abschrecken. Tomaten enthäuten, vierteln, Stängelansätze herausschneiden und entkernen.

6. Oliven trockentupfen. Scampifleisch, Tomatenviertel und Oliven abwechselnd auf Spieße stecken. Knoblauchzehen abziehen, durch die Knoblauchpresse drücken und mit Öl verrühren.

7. Spieße damit bestreichen und 3–4 Minuten auf den heißen Grillrost legen. Während des Grillens ab und zu wenden und mit Knoblauchöl bestreichen.

8. Die fertig gegrillten Spieße mit Salz und Pfeffer bestreuen und mit der in Scheiben geschnittenen Dillbutter servieren.

Beilage:
Vollkorntoast, Tomatensalat.

MENUE
Vorspeise:
Scampi in scharfer Sauce, kreolisch
(Seite 411)
Hauptgericht:
Nasi Goreng (Seite 318)
Dessert:
Himbeerparfait (Seite 209)

Scampicocktail in Dillrahm

■ Gut vorzubereiten

Pro Portion:
E: 17 g, F: 23 g, Kh: 13 g,
kJ: 1521, kcal: 363

300 g TK-Scampi
(ohne Schale)
Zitronensaft
100 g kleine, gedünstete
Champignons
100 g Mandarinenspalten
(aus der Dose)
1 Bund Dill
Salz, frisch gemahlener Pfeffer

Für die Cocktailsauce:
1 Becher (150 g) Crème fraîche
3 EL Tomatenketchup
3 EL Weißwein
3 EL Weinbrand
1 TL Meerrettich (aus dem Glas)
1 EL gehackte Kräuter
Cayennepfeffer
125 ml ($1/8$ l) Schlagsahne
Dillzweige

Zubereitungszeit: 20 Min.

1. Scampi bei Zimmertemperatur auftauen lassen und mit Zitronensaft beträufeln. Champignons und Mandarinenspalten abtropfen lassen. Dill abspülen, trockentupfen und fein hacken.

2. Scampis, Champignons, Mandarinenspalten und Dill in 4 Gläser oder Schalen geben, mit Salz und Pfeffer würzen.

3. Für die Cocktailsauce Crème fraîche mit Tomatenketchup, Weißwein, Weinbrand und Meerrettich verrühren. Kräuter hinzufügen.

4. Sauce mit Salz, Pfeffer und Cayennepfeffer abschmecken. Sahne steif schlagen und unterheben. Die Sauce auf die Cocktailzutaten geben und mit Dillzweigen garnieren.

Scampicocktail in Dillrahm

Scampi in scharfer Sauce, kreolisch

■ Für Gäste

Pro Portion:
E: 15 g, F: 10 g, Kh: 5 g,
kJ: 768, kcal: 183

250 g Tomaten
2 Knoblauchzehen
2 Peperoni
4 Frühlingszwiebel
20 Scampi
Salz
Zitronenpfeffer
3 EL Speiseöl
Tabasco

Zubereitungszeit: 25 Min.

1. Tomaten kurze Zeit in kochendes Wasser legen (nicht kochen lassen), in kaltem Wasser abschrecken, enthäuten, Stängelansätze herausschneiden und Tomaten würfeln. Knoblauch abziehen, fein würfeln, Peperoni fein würfeln, Frühlingszwiebel putzen, waschen und in feine Scheiben schneiden.
2. Scampi längs bis zur Hälfte aufschneiden, Darm entfernen, mit Salz und Zitronenpfeffer würzen.
3. Öl erhitzen, Scampi darin scharf anbraten, herausnehmen und warm stellen.
4. Im verbleibenden Öl Tomatenwürfel, Peperoni und Knoblauch anschwitzen, mit Salz und Tabasco herzhaft abschmecken und 2 Minuten leicht dünsten lassen.
5. Tomatensauce auf vier Teller verteilen, je 5 Scampi darauf anrichten und mit den Frühlingszwiebeln garnieren.

Schaschlik mit pikanter Sauce

Schaschlik mit pikanter Sauce

■ Schnell

Pro Portion:
E: 20 g, F: 24 g, Kh: 7 g,
kJ: 1412, kcal: 337

Für die Sauce:
6 EL Tomatenketchup
2 EL Speiseöl
2 EL mittelscharfer Senf
1 EL Sardellenpaste
1 kleine Zwiebel
etwas gehackte Petersilie
Salz

100 g Schweinefilet
100 g Kalbsfilet
100 g Schweine- oder Rinderleber
75 g durchwachsener Speck
Speiseöl
frisch gemahlener Pfeffer
Paprika edelsüß

Zubereitungszeit: 25 Min.

1. Für die Sauce Ketchup mit Öl, Senf und Sardellenpaste verrühren. Zwiebel abziehen, reiben, mit Petersilie darunter rühren und mit Salz abschmecken.
2. Schweinefilet, Kalbsfilet, Schweine- oder Rinderleber kalt abspülen, trockentupfen und mit dem Speck in etwa $2^{1}/_{2}$ cm große Würfel schneiden.
3. Abwechselnd auf Spieße stecken. Spieße mit etwas Öl bestreichen und etwa 10 Minuten auf den Grillrost legen. Während des Grillens die Spieße ab und zu wenden.
4. Schaschlik mit Salz, Pfeffer und Paprika bestreuen und mit der Sauce servieren.

411

Schaumomelett

■ **Preiswert**

Pro Portion:
E: 5 g, F: 6 g, Kh: 13 g,
kJ: 548, kcal: 131

3 Eigelb
abgeriebene Schale von $^1/_2$ Zitrone
(unbehandelt)
$1^1/_2$ EL Zitronensaft
30 g Zucker
3 Eiweiß
1 geh. TL Speisestärke
Butter oder Margarine
Preiselbeerkompott oder Konfitüre
Puderzucker

Zubereitungszeit: 25 Min.

1. Eigelb mit Zitronenschale, Zitronensaft und Zucker schaumig schlagen. Eiweiß steif schlagen, auf die Eigelbcreme geben und Speisestärke darüber sieben. Beides unter die Eigelbcreme heben.
2. Butter oder Margarine in einer nicht zu kleinen Stielpfanne erhitzen, Teig hineingeben (evtl. 2 Omeletts backen).
3. Pfanne mit einem Deckel schließen und den Teig von unten in etwa 10 Minuten goldgelb backen.
4. Omelett zur Hälfte übereinander klappen oder es vorher mit Preiselbeerkompott oder Konfitüre füllen und mit Puderzucker bestäuben.

Tipp:
Etwa 1 Esslöffel Weinbrand unter das Preiselbeerkompott oder die Konfitüre rühren.

Schellfisch in Dillsauce

■ **Klassisch**

Pro Portion:
E: 37 g, F: 36 g, Kh: 7 g,
kJ: 2285, kcal: 546

1 küchenfertiger Schellfisch
(etwa 750 g)
Saft von 1 Zitrone
Salz, frisch gemahlener Pfeffer
Butter für die Form
3 Scheiben durchwachsener Speck
125 ml ($^1/_8$ l) Weißwein

Schellfisch in Dillsauce

MENUE

Vorspeise:
Fenchel-Fisch-Suppe (Seite 117)
Hauptgericht:
Schellfischfilet mit Kräuterbutter und Selleriesalat (Seite 413)
Dessert:
Reis Trauttmansdorff (Seite 378)

---

30 g weiche Butter
15 g Weizenmehl
125 ml ($^1/_8$ l) Schlagsahne
1 Prise Zucker
evtl. Zitronensaft
2 EL fein gehackter Dill

Zubereitungszeit: 35 Min.

1. Fisch kalt abspülen, trockentupfen, mit Zitronensaft beträufeln.
2. Mit Salz und Pfeffer bestreuen, in eine längliche, mit Butter ausgestrichene Auflaufform legen.
3. Speck auf den Fisch legen, mit etwas Weißwein angießen und die Form auf dem Rost in den Backofen schieben.
Ober-/Unterhitze: etwa 200 °C (vorgeheizt)
Heißluft: etwa 180 °C (vorgeheizt)
Gas: Stufe 3–4 (vorgeheizt)
Garzeit: etwa 20 Minuten.
4. Nach Garende den Fisch aus der Form herausnehmen, Fischsud mit dem restlichen Wein aufgießen und aufkochen lassen.
5. Butter und Mehl verkneten, zu dem Sud geben und so lange verrühren, bis eine sämige Sauce entstanden ist. 3–4 Esslöffel Sahne hinzugeben, mit Pfeffer, Salz, Zucker und evtl. Zitronensaft abschmecken.
6. Die restliche Sahne steif schlagen und unter die Sauce heben. Mit Dill bestreuen und die Sauce zum Fisch reichen.

Schellfischfilet mit Kräuterbutter und Selleriesalat

Schellfischfilet mit Kräuterbutter und Selleriesalat

■ Für Gäste

Pro Portion:
E: 36 g, F: 41 g, Kh: 6 g,
kJ: 2296, kcal: 549

Für den Salat:
300 g Knollensellerie in feinen Streifen
1 EL Zitronensaft
2 EL Weißweinessig
3 EL Speiseöl
Salz
frisch gemahlener Pfeffer
1 TL mittelscharfer Senf

Für die Kräuterbutter:
125 g weiche Butter
4 EL gehackte Kräuter, z. B. Kerbel, Petersilie, Dill, Schnittlauch

4 Schellfischfilets
(je 180 g, ohne Haut und Gräten)

30 g Butter
2 EL Schalottenwürfel
400 ml Fischfond oder Gemüsebrühe
Zitronensaft

Zubereitungszeit: 50 Min.

1. Selleriestreifen in kochendem, mit Zitronensaft versehenem Wasser etwa 2 Minuten blanchieren, in ein Sieb gießen und gut abtropfen lassen.
2. Aus Essig, Öl, Salz, Pfeffer und Senf ein pikantes Dressing bereiten, abgetropfte Selleriestreifen dazugeben und etwa 15 Minuten ziehen lassen.
3. Für die Kräuterbutter Butter mit Kräutern, Salz und Pfeffer verrühren, in einen Spritzbeutel geben, kleine Rosetten spritzen und kühl stellen.
4. Fischfilets kalt abspülen, trockentupfen.
5. Butter in einer Pfanne erhitzen, Schalottenwürfel darin andünsten, Fischfilets hineinsetzen, Fischfond angießen und den Fisch darin etwa 5 Minuten garen.
6. Fisch herausnehmen, mit Salz, Pfeffer und Zitronensaft würzen, anrichten, mit Kräuterbutter belegen und mit Selleriesalat servieren.

Schichtpudding

8 Portionen

■ Für Kinder – gut vorzubereiten

Pro Portion:
E: 4 g, F: 4 g, Kh: 40 g,
kJ: 918, kcal: 219

1 Pck. Rote Grütze Himbeer-Geschmack
500 ml (1/2 l) kaltes Wasser
100 g Zucker
1 Pck. Pudding-Pulver Vanille-Geschmack
2 schwach geh. EL Zucker
500 ml (1/2 l) Milch
1 Pck. Pudding-Pulver Schokoladen-Geschmack, 2 schwach geh. EL Zucker
500 ml (1/2 l) Milch

Zubereitungszeit: 80 Min.

1. Aus Rote Grütze, Wasser und Zucker nach Packungsanleitung eine Grütze zubereiten und in mit kaltem Wasser ausgespülte Puddingförmchen füllen. Diese in kaltes Wasser setzen, so dass die Grütze fest wird.
2. Aus Pudding-Pulver Vanille-Geschmack, Zucker und Milch nach Packungsanleitung einen Pudding zubereiten und gleichmäßig auf die einzelnen fest gewordenen Grützeportionen verteilen. Die Puddingförmchen wieder in kaltes Wasser setzen und fest werden lassen.
3. Aus Pudding-Pulver Schokoladen-Geschmack, Zucker und Milch einen Pudding zubereiten und auf den Vanillepudding füllen.
4. Förmchen zum Festwerden noch eine Zeit lang in kaltes Wasser setzen, erst dann den Pudding auf kleine Teller stürzen.

413

Schinken mit pikanter Honigkruste

12 Portionen

■ Dauert länger

Pro Portion:
E: 53 g, F: 88 g, Kh: 4 g,
kJ: 4699, kcal: 1123

3 1/2 kg Schinken, gepökelt
(Ober- und Unterschale mit Schwarte)
1 1/2 l Wasser
700 ml trockener Weißwein
1 abgezogene Zwiebel
1 abgezogene Knoblauchzehe
5 Gewürznelken
2–3 Lorbeerblätter
Pfefferkörner
Korianderkörner
2 EL Honig
2 EL mittelscharfer Senf
gemahlene Nelken
gemahlener Koriander

Zubereitungszeit: 4 1/2 Std.

1. Schwarte vom Schlachter in Quadrate schneiden lassen und Schinken unter fließendem kalten Wasser abspülen.
2. Wasser mit Wein zum Kochen bringen. Schinken mit Zwiebel, Knoblauch und Gewürzen in die Flüssigkeit geben. Zum Kochen bringen und bei schwacher Hitze in etwa 2 Stunden gar ziehen lassen.
3. Schinken ab und zu wenden. Den garen Schinken in die Rostbratpfanne legen und in den Backofen schieben.
Ober-/Unterhitze: etwa 220 °C (vorgeheizt)
Heißluft: etwa 200 °C (nicht vorgeheizt)
Gas: Stufe 4–5 (nicht vorgeheizt)
Bratzeit: etwa 2 Stunden.
4. Brühe durch ein Sieb gießen. Sobald der Bratensatz zu bräunen beginnt, etwas Brühe hinzugießen.
5. Honig mit Senf, Nelken und Koriander verrühren. Den Schinken etwa 30 Minuten vor Beendigung der Bratzeit mit der Hälfte der Mischung bestreichen, braten lassen, nach weiteren 7–10 Minuten mit der restlichen Honig-Senf-Mischung bestreichen.

Schinken mit pikanter Honigkruste

Schinken-Porree-Rollen

■ Für Kinder

Schinken-Porree-Rollen

Pro Portion:
E: 14 g, F: 19 g, Kh: 7 g,
kJ: 1098, kcal: 262

8 Stangen Porree (Lauch, etwa 750 g)
kochendes Salzwasser
4 Scheiben gekochter Schinken
1 Becher (150 g) Crème fraîche
Salz
frisch gemahlener Pfeffer
Paprika edelsüß
Zitronensaft
2 Tomaten
1 hart gekochtes Ei
1 EL gehackte Petersilie

Zubereitungszeit: 25 Min.

1. Porree putzen, auf gleiche Länge schneiden, längs einschneiden, waschen, in Salzwasser geben und zum Kochen bringen. Etwa 7 Minuten kochen, abtropfen und erkalten lassen.
2. Je 2 Porreestangen in eine Schinkenscheibe wickeln und auf einer Platte anrichten.

MENUE

Vorspeise:
Hochzeitssuppe (Seite 216)
Hauptgericht:
Schinken mit pikanter Honigkruste
(Seite 414)
Beilage:
Mangold (Seite 298)

---

3. Crème fraîche anschlagen, mit Salz, Pfeffer, Paprika und Zitronensaft abschmecken und über die Schinken-Porree-Rollen verteilen.
4. Tomaten enthäuten, halbieren, entkernen, Stängelansätze entfernen und das Tomatenfleisch in Würfel schneiden. Ei pellen und in Würfel schneiden. Beide Zutaten über die Schinken-Porree-Rollen verteilen und mit Petersilie bestreuen.

Beilage:
Bauernbrot, Butter.

Schinkennudeln

■ Für Kinder

Pro Portion:
E: 17 g, F: 24 g, Kh: 42 g,
kJ: 1985, kcal: 474

1 l heißes Salzwasser
250 g Nudeln
40 g Butter
150 g roher oder gekochter Schinken, in Streifen geschnitten
20 g geriebener Parmesan

Zubereitungszeit: 15 Min.

---

1. Salzwasser zum Kochen bringen, Nudeln nach Packungsanleitung kochen, abschrecken und auf einem Sieb abtropfen lassen.
2. Butter zerlassen, Schinken darin kurz andünsten, Nudeln hinzufügen und unter Rühren erhitzen.
3. Mit Käse bestreuen.

Schinkensalat
2 Portionen

■ Schnell

Pro Portion:
E: 20 g, F: 34 g, Kh: 9 g,
kJ: 1848, kcal: 441

150 g gekochter Schinken
3 EL Senfgurken (aus dem Glas)
3 EL Selleriestreifen (aus dem Glas)
1 säuerlicher Apfel
Zitronensaft

Für die Salatsauce:
1 Becher (150 g) Crème fraîche
1 TL Weinessig, 2 EL Milch
Salz, frisch gemahlener Pfeffer
gewaschene Salatblätter
Eiachtel

Zubereitungszeit: 15 Min.

1. Schinken in kleine Stücke schneiden. Senfgurken und Selleriestreifen abtropfen lassen. Senfgurken in feine Würfel schneiden.
2. Apfel schälen, vierteln, entkernen, in kleine Würfel schneiden und mit Zitronensaft beträufeln.
3. Für die Salatsauce Crème fraîche mit Essig und Milch verrühren, mit Salz und Pfeffer würzen.
4. Eine Salatschüssel oder vier Portionsschälchen mit Salatblättern auslegen, die Salatzutaten darauf anrichten und mit der Sauce übergießen. Salat mit Eiachteln garnieren.

Beilage:
Vollkornbrot.

Schinkensalat

Schlemmertopf

Schlemmertopf

■ Preiswert

Pro Portion:
E: 19 g, F: 30 g, Kh: 30 g,
kJ: 2036, kcal: 486

4 EL Margarine
600 g gegarte Pellkartoffeln
Salz, frisch gemahlener Pfeffer
1 mittelgroße Zwiebel
150 g gekochter Schinken
1 EL Butter oder Margarine
1 Stange Porree (Lauch)
1 Becher (150 g) Crème fraîche
3 Eier
Kümmelsamen

Zubereitungszeit: 40 Min.

1. Fett in einer Pfanne erhitzen, Kartoffeln pellen, in Scheiben schneiden, in die Pfanne geben, goldbraun braten lassen, würzen.
2. Zwiebel abziehen und fein würfeln. Kurz vor Beendigung der Bratzeit hinzufügen und mitbraten lassen.
3. Schinken würfeln, in Butter oder Margarine anbraten.
4. Porree putzen, halbieren, gründlich waschen, klein schneiden, hinzufügen und kurz mit andünsten.
5. Bratkartoffeln in eine gefettete Form geben.
6. Schinken-Porree-Masse gleichmäßig darüber verteilen und würzen. Crème fraîche mit Eiern verschlagen, über die Kartoffeln geben. Form auf dem Rost in den Backofen schieben.

Ober-/Unterhitze: etwa 200 °C (vorgeheizt)
Heißluft: etwa 180 °C (vorgeheizt)
Gas: Stufe 3–4 (vorgeheizt)
Backzeit: 20–25 Minuten.

Schlesischer Kartoffelsalat

■ Gut vorzubereiten

Pro Portion:
E: 26 g, F: 48 g, Kh: 42 g,
kJ: 3111, kcal: 743

750 g Pellkartoffeln
350–400 g Fleischwurst (im Stück)
3 hart gekochte Eier
2 mittelgroße Zwiebeln
1–2 Äpfel
2–3 Tomaten
3–4 Gewürzgurken

Für die Salatsauce:
5–6 EL Speiseöl
3 EL Essig
Salz
Pfeffer, Zucker
1 Bund gehackte Petersilie

Zubereitungszeit: 1 Std., ohne Ziehzeit

1. Pellkartoffeln noch heiß pellen und erkalten lassen. Fleischwurst enthäuten. Eier pellen. Zwiebeln abziehen.
2. Äpfel schälen, vierteln und entkernen. Tomaten waschen, abtrocknen, Stängelansätze herausschneiden, Tomaten halbieren und entkernen. Alle Zutaten in kleine Würfel schneiden.
3. Für die Salatsauce Öl mit Essig verrühren, mit Salz, Pfeffer und Zucker würzen, Petersilie unterrühren und mit den Salatzutaten vermengen.
4. Kartoffelsalat 2–3 Stunden durchziehen lassen.

Tipp:
Nach Belieben 1–2 Heringsfilets in Würfel schneiden und unter den Salat heben

Schmorgurken, gefüllt

■ Klassisch

Schmorgurken, gefüllt

Pro Portion:
E: 26 g, F: 56 g, Kh: 9 g,
kJ: 2854, kcal: 681

Für die Füllung:
400 g Hackfleisch
(halb Rind-, halb Schweinefleisch)
4 EL Speiseöl
2 Möhren
1 dünne Stange Porree (Lauch)
1 EL Butter
2 Knoblauchzehen
1 Becher (200 g) Schmand
2 Bund fein gehackter Dill
Salz, frisch gemahlener Pfeffer
4 Schmorgurken
1 EL Semmelbrösel
2 EL frisch geriebener Parmesan
1 große, abgezogene Fleischtomate
125 ml (1/8 l) Fleischbrühe

Zubereitungszeit: 50 Min.

1. Für die Füllung Hackfleisch in erhitztem Öl anbraten und dabei die Fleischklümpchen mit einer Gabel zerdrücken.

2. Möhren putzen, schälen, waschen und raspeln. Porree putzen, gründlich waschen und sehr fein schneiden. Butter zerlassen und das Gemüse darin weich dünsten.
3. Knoblauch abziehen und zerdrücken. Gemüse und Knoblauch mit Schmand und Dill verrühren, abschmecken und zu dem Hackfleisch geben.
4. Schmorgurken schälen, längs halbieren und entkernen. Gurkenhälften in eine gefettete Form legen und die Füllung in die Gurken geben.
5. Semmelbrösel mit Parmesan vermengen und über die Füllung streuen. Tomate in Würfel schneiden (Stängelansatz herausschneiden), Tomatenwürfel um die Gurken legen.
6. Brühe hinzugießen. Form auf dem Rost in den Backofen schieben.
Ober-/Unterhitze: etwa 200 °C (vorgeheizt)
Heißluft: etwa 180 °C (vorgeheizt)
Gas: Stufe 3–4 (vorgeheizt)
Backzeit: etwa 30 Minuten.

Beilage:
Reis oder frisch gebackenes Knoblauchbaguette.

MENUE

Vorspeise:
Porree-Möhren-Salat (Seite 357)
Hauptgericht:
Schlemmertopf (Seite 416)
Dessert:
Bratäpfel (Seite 56)

Schnecken mit Kräuterbutter

■ Klassisch

Pro Portion:
E: 4 g, F: 9 g, Kh: 3 g,
kJ: 616, kcal: 147

1–2 Schalotten, 1 Knoblauchzehe
40–50 g Butter
1 EL gehackte Petersilie
1 TL Kräuter der Provence
1/2–1 TL Zitronensaft
24 Schnecken (aus der Dose)
Salz, frisch gemahlener Pfeffer
3–4 EL Gin

Schnecken mit Kräuterbutter

Zubereitungszeit: 20 Min.

1. Schalotten abziehen und fein würfeln. Knoblauchzehe abziehen und zerdrücken. Butter in einer Pfanne erhitzen, Schalotten- und Knoblauchwürfel darin glasig dünsten lassen.
2. Petersilie, Kräuter der Provence und Zitronensaft unterrühren.
3. Schnecken abtropfen lassen, zu der Kräuterbutter geben, mit Salz und Pfeffer würzen, in der Kräuterbutter 6–7 Minuten erhitzen und mit Gin flambieren.

417

Schneidebohneneintopf

■ Klassisch

Pro Portion:
E: 35 g, F: 31 g, Kh: 31 g,
kJ: 2418, kcal: 576

500 g Kasselernacken
(ohne Knochen)
600 g Kartoffeln
1 Pck. (550 g) Schneidebohnen
40 g Margarine
2 mittelgroße Zwiebeln
frisch gemahlener, weißer Pfeffer
375 ml ($^3/_8$ l) Gemüsebrühe
Salz
gerebeltes Bohnenkraut
Petersilie

Zubereitungszeit: 60 Min.

Schneidebohneneintopf

1. Kasselernacken unter fließendem kalten Wasser abspülen, trockentupfen und in Würfel schneiden.
2. Kartoffeln schälen, waschen und in Würfel schneiden. Schneidebohnen evtl. wässern und abtropfen lassen.
3. Margarine erhitzen und das Fleisch unter Wenden andünsten. Zwiebeln abziehen und würfeln. Zwiebelwürfel hinzufügen und kurz miterhitzen.
4. Fleisch mit Pfeffer würzen. Kartoffelwürfel, Bohnen und Gemüsebrühe hinzufügen und in etwa 45 Minuten gar schmoren lassen.
5. Eintopf mit Salz und Bohnenkraut abschmecken. Mit Petersilie garniert servieren.

Schnippelbohneneintopf

■ Preiswert

Pro Portion:
E: 34 g, F: 44 g, Kh: 31 g,
kJ: 2834, kcal: 675

500 g geräucherte dicke Rippe
1$^1/_2$ l Wasser
600 g (mehlig kochende) Kartoffeln
750 g grüne Stangenbohnen
3 Zweige Bohnenkraut
Salz, frisch gemahlener Pfeffer
150 g durchwachsener Speck
3 Zwiebeln
2–3 EL Essig

Zubereitungszeit: 90 Min.

1. Fleisch kalt abspülen, mit dem Wasser zum Kochen bringen und bei schwacher Hitze etwa 1 Stunde kochen lassen. Fleisch herausnehmen, von den Knochen lösen, Fleisch in Würfel schneiden und beiseite stellen, 1 Liter Brühe abmessen.
2. Kartoffeln waschen, schälen, abspülen, in Würfel schneiden und in die Brühe geben. Bohnen waschen, Enden abschneiden und schräg in kleine, längliche Scheiben schneiden oder durch die Schnippelbohnenmaschine drehen.
3. Bohnen in kochendem Salzwasser 3 Minuten blanchieren, auf ein Sieb geben, mit kaltem Wasser abschrecken. Bohnen mit Bohnenkraut zu den Kartoffeln geben, mit Salz und Pfeffer würzen und etwa 20 Minuten kochen lassen.
4. Speck würfeln und auslassen. Zwiebeln abziehen, würfeln und in dem Speckfett andünsten.
5. Die Kartoffeln in dem Eintopf etwas zerstampfen, damit er sämig wird. Die Speck-Zwiebel-Mischung und das Fleisch in den Eintopf geben, mit Salz, Pfeffer und Essig abschmecken.

Schnittlauchbutter

Schnittlauchbutter

■ Schnell – gut vorzubereiten

Pro Portion:
E: 0 g, F: 26 g, Kh: 1 g,
kJ: 1016, kcal: 243

125 g Butter
6 EL fein geschnittener Schnittlauch
Salz
frisch gemahlener, weißer Pfeffer

Zubereitungszeit: 15 Min.

1. Butter geschmeidig rühren, mit Schnittlauch verrühren, mit Salz und Pfeffer würzen.

Tipp:
Zu gegrillten Schweinesteaks oder Fischfilet reichen.

Schnittlauchsauce

■ Schnell

Pro Portion:
E: 1 g, F: 11 g, Kh: 2 g,
kJ: 494, kcal: 118

1 Bund Schnittlauch
1 Zwiebel
1 Knoblauchzehe
1 Becher (150 g) Crème fraîche
Salz
frisch gemahlener Pfeffer

Zubereitungszeit: 15 Min.

1. Schnittlauch unter fließendem kalten Wasser abspülen, trockentupfen und fein schneiden.
2. Zwiebel abziehen und fein würfeln. Knoblauchzehe abziehen und zerdrücken.
3. Zutaten mit Crème fraîche verrühren, mit Salz und Pfeffer abschmecken.

Tipp:
Schnittlauchsauce zu Rohkost oder zu Grillkartoffeln reichen.

Schokoladenauflauf

■ Für Kinder

Pro Portion:
E: 14 g, F: 22 g, Kh: 35 g,
kJ: 1691, kcal: 404

70 g Halbbitterschokolade
125 ml (1/8 l) Milch
40 g Butter, 80 g Zucker
4 Eigelb, 20 g Speisestärke
4 Eiweiß

Zubereitungszeit: 55 Min.

1. Schokolade grob raspeln, mit der Milch erwärmen, bis sich die Schokolade gelöst hat, und abkühlen lassen.
2. Butter schaumig rühren, Zucker unterrühren. Nach und nach Eigelb und Speisestärke unterrühren. Schokoladenmilch hinzufügen und mit einem Schneebesen durchschlagen. Eiweiß steif schlagen und unter die Schokoladenmasse ziehen.
3. Schokoladenmasse in eine gefettete Auflaufform füllen, in die 2 cm hoch mit Wasser gefüllte Fettfangschale stellen und auf dem Rost in den Backofen schieben.

Ober-/Unterhitze: etwa 200 °C (vorgeheizt)
Heißluft: etwa 180 °C (nicht vorgeheizt)
Gas: Stufe 3–4 (nicht vorgeheizt)
Backzeit: etwa 40 Minuten.

Schokoladenpudding

Schokoladenpudding

■ Für Kinder

Pro Portion:
E: 13 g, F: 23 g, Kh: 74 g,
kJ: 2414, kcal: 577

50 g Butter
150 g Zucker
1 Pck. Vanillin-Zucker
3 Eier
4 Tropfen Rum-Aroma
1 Prise Salz
1 TL Instant-Kaffeepulver
40 g Speisestärke
2–3 gestr. EL Kakao
1 gestr. TL Backpulver
100 g Zwiebackbrösel
4 EL Milch
30 g abgezogene, gemahlene Mandeln
20 g Zwiebackbrösel

Zubereitungszeit: 100 Min.

1. Butter geschmeidig rühren. Nach und nach Zucker, Vanillin-Zucker, Eier, Rum-Aroma, Salz und Kaffeepulver hinzufügen.
2. Speisestärke mit Kakao und Backpulver mischen, sieben und unterrühren.
3. Zwiebackbrösel abwechselnd mit Milch unterrühren. Mandeln unter die Masse heben.
4. Masse in eine gefettete, mit Zwiebackbröseln ausgestreute Puddingform füllen. Form verschließen, in einen Topf mit kochendem Wasser setzen und etwa 1 Stunde kochen lassen.

Beilage:
Vanillesauce.

Schokoladensauce

■ Für Kinder

Pro Portion:
E: 7 g, F: 22 g, Kh: 48 g,
kJ: 1801, kcal: 430

1 Pck. Saucenpulver Vanille-Geschmack
75 g Zucker
1 EL Kakao
500 ml ($1/2$ l) Milch
100 g Zartbitterschokolade
125 ml ($1/8$ l) Schlagsahne

Zubereitungszeit: 50 Min.

1. Saucenpulver, Zucker und Kakao mit etwas von der Milch verrühren. Restliche Milch und die in Stücke geschnittene Schokolade zum Kochen bringen.
2. Das angerührte Saucenpulver hinzufügen, unter Rühren aufkochen lassen. Kalt stellen, dabei ab und zu umrühren.
3. Sahne steif schlagen und unter die erkaltete Sauce heben.

Tipp:
Schokoladensauce zu Vanillepudding oder zu gedünsteten Birnen oder Bananen reichen.

MENUE

Vorspeise:
Italienischer Salat (Seite 225)
Hauptgericht:
Schollenfilet mit grüner Pfeffersauce und Spinat (Seite 420)
Dessert:
Schwarzbrotpudding (Seite 421)

Schollen, gebraten

■ Schnell

Schollen, gebraten

Pro Portion:
E: 53 g, F: 17 g, Kh: 10 g,
kJ: 1851, kcal: 443

4 küchenfertige Schollen (je 300 g)
2 EL Zitronensaft
Salz, frisch gemahlener Pfeffer
50 g Weizenmehl
2 EL Speiseöl, 30 g Butter
2 EL gehackte Petersilie

Zubereitungszeit: 15 Min.

1. Schollen unter fließendem kalten Wasser abspülen, trockentupfen, mit Zitronensaft beträufeln.
2. Innen und außen mit Salz, Pfeffer bestreuen. Schollen mit Mehl bestäuben.
3. Speiseöl erhitzen, Butter hinzufügen, Schollen von beiden Seiten in etwa 8 Minuten darin goldbraun braten.

Veränderung:
Anstelle von Schollen folgende Fische verwenden: 1. Forellen (je 300 g), Bratzeit: 8–10 Minuten; 2. Seezungen (je 250 g), Bratzeit: 5–7 Minuten.

Beilage:
Kräuterreis oder Kartoffelsalat.

Schollenfilet mit grüner Pfeffersauce und Spinat

■ Für Gäste

Pro Portion:
E: 36 g, F: 80 g, Kh: 34 g,
kJ: 4345, kcal: 1039

Für das Gratin:
600 g rohe Kartoffelscheiben, Salz
500 ml ($1/2$ l) Schlagsahne
4 EL Zwiebelwürfel
4 abgezogene, fein gehackte Knoblauchzehen
1 TL grober, bunter Pfeffer
8 Schollenfilets (je 120 g)
4 EL Speiseöl
Salz, frisch gemahlener Pfeffer
4 EL geriebener Emmentaler

Für die Sauce:
200 ml Schlagsahne
200 ml Fischfond oder -brühe
1 EL eingelegter grüner Pfeffer

Für die Beilage:
2 EL feine Zwiebelwürfel, 40 g Butter
320 g blanchierter Blattspinat

Zubereitungszeit: 60 Min.

1. Kartoffelscheiben in kochendem Salzwasser etwa 2 Minuten blanchieren, in ein Sieb gießen und gut abtropfen lassen.
2. Sahne mit Zwiebelwürfeln und Knoblauch um ein Drittel einkochen lassen.
3. Abgetropfte Kartoffelscheiben in einer flachen Gratinform dachziegelartig einschichten, mit Salz und Pfeffer würzen,

420

die eingekochte Sahne darüber gießen und im Backofen gratinieren.

Ober-/Unterhitze: etwa 180 °C (vorgeheizt)
Heißluft: etwa 160 °C (vorgeheizt)
Gas: Stufe 2–3 (vorgeheizt)
Backzeit: 30–40 Minuten.

4. Schollenfilets unter fließendem kalten Wasser abspülen, trockentupfen, würzen, in heißem Öl braten und warm stellen.
5. Das Gratin etwa 10 Minuten vor Garende mit Käse bestreuen und überbacken.
6. Für die Sauce Bratensatz mit Sahne und Fischfond aufkochen, Pfefferkörner hinzufügen und um die Hälfte einkochen lassen. Mit Salz würzen.
7. Zwiebelwürfel in Butter glasig dünsten, abgetropften Spinat hinzugeben, salzen und pfeffern.

Schupfnudeln

■ Klassisch

Pro Portion:
E: 6 g, F: 8 g, Kh: 30 g,
kJ: 960, kcal: 229

300 g Kartoffeln
Salzwasser, 1 Ei
100 g Weizenmehl
Salz, frisch gemahlener Pfeffer
geriebene Muskatnuss, 30 g Butter

Zubereitungszeit: 80 Min.

1. Kartoffeln dünn schälen, waschen, in Salzwasser zum Kochen bringen, in etwa 20 Minuten gar kochen lassen, abgießen, abdämpfen und sofort durch die Kartoffelpresse geben.

Schupfnudeln

2. Erkalten lassen, mit Ei und Mehl verrühren, mit Salz, Pfeffer und Muskat abschmecken.
3. Aus der Masse mit bemehlten Händen fingerdicke Röllchen (5 cm lang) formen, an den Enden etwas dünner rollen.
4. Röllchen in kochendes Salzwasser geben, zum Kochen bringen und in 3–4 Minuten gar ziehen lassen (das Wasser muss sich leicht bewegen).
5. Schupfnudeln gut abtropfen lassen. Butter zerlassen und Schupfnudeln kurz anbraten.

Tipp:
Zu Schweine- oder Rinderbraten mit Sauerkraut oder Rotkohl reichen. Gut schmecken die Schupfnudeln auch auf Sauerkraut.

Schwarzbrotpudding

■ Preiswert

Pro Portion:
E: 26 g, F: 35 g, Kh: 73 g,
kJ: 3150, kcal: 752

400 g Schwarzbrot oder Pumpernickel
250 ml ($^1/_4$ l) Milch
5 Eier, 50 g Zucker
100 g geriebene Schokolade
3 cl Amaretto, 1 Msp. Zimtpulver
100 g abgezogene, geriebene Mandeln
100 g Sauerkirschen, frisch oder aus dem Glas
Butter, 2 EL Semmelbrösel

Zubereitungszeit: 2 $^1/_4$ Std.

1. Schwarzbrot oder Pumpernickel fein zerbröseln und in einer Schüssel mit der zuvor erhitzten Milch übergießen. Durchrühren und etwa 1 Stunde ziehen lassen.
2. Eier trennen. Eigelb mit dem Zucker schaumig rühren und Schokolade, Amaretto, Zimt und Mandeln dazugeben und gut vermischen. Die eingeweichten Schwarzbrotbrösel ebenfalls untermischen.
3. Eiweiß steif schlagen und unter die Masse heben. Zuletzt die entsteinten bzw. abgetropften Sauerkirschen unterziehen.
4. Eine Puddingform buttern und mit Semmelbröseln ausstreuen. Masse hineinfüllen, maximal bis zu $^3/_4$ Höhe, verschließen.
5. Puddingform in ein heißes Wasserbad stellen und etwa 60 Minuten darin garen, anschließend den Pudding stürzen.

Beilage:
Vanillesauce.

Schwarzbrotpudding

Schwarzwurzeln in Sahnesauce

🟥 Preiswert – klassisch

Pro Portion:
E: 6 g, F: 28 g, Kh: 30 g,
kJ: 1716, kcal: 410

1 kg Schwarzwurzeln
1 l kaltes Wasser
2 gestr. EL Weizenmehl
4 EL Essig
375 ml ($^3/_8$ l) Wasser
1 TL Salz

Für die Sahnesauce:
30 g Butter
30 g Weizenmehl
250 ml ($^1/_4$ l) Kochwasser
250 ml ($^1/_4$ l) Schlagsahne
1 Eigelb
2 EL kaltes Wasser
weißer Pfeffer
1–2 EL fein gehackte,
glatte Petersilie

Zubereitungszeit: 70 Min.

1. Schwarzwurzeln unter fließendem kalten Wasser gründlich bürsten, schälen und nochmals waschen.
2. Das kalte Wasser mit Mehl und 2 Esslöffeln Essig verrühren. Schwarzwurzeln sofort hineinlegen, abtropfen lassen und in Stücke schneiden.
3. Wasser mit Salz und restlichem Essig zum Kochen bringen, Schwarzwurzeln hineingeben, zum Kochen ringen und in 15–20 Minuten gar kochen lassen.
4. Schwarzwurzeln in eine vorgewärmte Schüssel geben und warm stellen. Von dem Kochwasser 250 ml ($^1/_4$ l) abmessen.
5. Für die Sahnesauce Butter zerlassen. Mehl unter Rühren so lange erhitzen, bis es hellgelb ist.
6. Das zurückbehaltene Kochwasser von den Schwarzwurzeln mit der Sahne hinzugießen und mit einem Schneebesen durchschlagen. Darauf achten, dass keine Klumpen entstehen. Sauce zum Kochen bringen und etwa 5 Minuten kochen lassen.
7. Eigelb mit kaltem Wasser verschlagen. Sauce damit abziehen, aber nicht mehr kochen lassen, mit Salz und Pfeffer abschmecken.
8. Petersilie unterrühren. Schwarzwurzeln in der Sauce anrichten.

MENUE

Vorspeise:
Schwarzwurzelsalat (Seite 423)
Hauptgericht:
Schweinebraten mit Senfkruste (Seite 424)
Dessert:
Karthäuser Klöße (Seite 246)

Schwarzwurzeln, überbacken

🟥 Gut vorzubereiten

Pro Portion:
E: 32 g, F: 17 g, Kh: 32 g,
kJ: 1845, kcal: 441

1 kg Schwarzwurzeln
1 l kaltes Wasser
2 gestr. EL Weizenmehl
2 EL Essig
375 ml ($^3/_8$ l) Wasser
2 EL Essig, 1 TL Salz
4–8 Scheiben Rindersaftschinken
(etwa 400 g)

Für die Sauce:
40 g Butter oder Margarine
40 g Weizenmehl
375 ml ($^3/_8$ l) Gemüseflüssigkeit
125 ml ($^1/_8$ l) Milch oder Schlagsahne
Salz, frisch gemahlener Pfeffer
geriebene Muskatnuss
2–3 EL gehackter Dill
50 g geriebener, mittelalter Gouda

Schwarzwurzeln in Sahnesauce

Schwarzwurzeln, überbacken

Zubereitungszeit: 1¹/₂ Std.

1. Schwarzwurzeln unter fließendem kalten Wasser bürsten, schälen und waschen.
2. Wasser mit Mehl und Essig verrühren. Schwarzwurzeln sofort hineinlegen und abtropfen lassen. Dicke Stangen längs halbieren, in Stücke schneiden.
3. Wasser mit Essig und Salz zum Kochen bringen, Schwarzwurzelstücke hineingeben, zum Kochen bringen, etwa 10 Minuten kochen lassen und mit einem Schaumlöffel herausnehmen. Von der Gemüseflüssigkeit 375 ml (³/₈ l) abmessen.
4. Schwarzwurzelstücke in Rindersaftschinken wickeln und in eine gefettete feuerfeste Form legen.
5. Für die Sauce Butter oder Margarine zerlassen. Mehl unter Rühren so lange darin erhitzen, bis es hellgelb ist. Gemüseflüssigkeit, Milch oder Sahne hinzugießen und mit einem Schneebesen durchschlagen. Darauf achten, dass keine Klümpchen entstehen.
6. Sauce zum Kochen bringen, etwa 5 Minuten kochen lassen, mit Salz, Pfeffer und Muskat würzen und Dill unterrühren. Sauce über die Schwarzwurzeln gießen und Käse darüber streuen.
7. Form auf dem Rost in den Backofen schieben.
   Ober-/Unterhitze: etwa 200 °C (vorgeheizt)
   Heißluft: etwa 180 °C (vorgeheizt)
   Gas: Stufe 3–4 (vorgeheizt)
   Backzeit: 20–25 Minuten.

Beilage:
Salzkartoffeln, Nudeln oder Reis.

Schwarzwurzelsalat

■ Gut vorzubereiten

Pro Portion:
E: 2 g, F: 10 g, Kh: 13 g,
kJ: 665, kcal: 159

600 g Schwarzwurzeln
Essigwasser
2 EL Essig, 3 EL Speiseöl, 4 EL Joghurt
Saft von 1 Zitrone
2 EL gehackte Kräuter,
z. B. Borretsch, Dill, Schnittlauch
Salz, frisch gemahlener Pfeffer

Zubereitungszeit: 65 Min.

1. Schwarzwurzeln putzen, waschen, schälen und in Essigwasser legen.
2. Schwarzwurzeln in leicht gesalzenem Wasser mit Essig 15–20 Minuten garen. Abkühlen lassen und in kleine Stücke schneiden.
3. Aus Öl, Joghurt und Zitronensaft eine Sauce bereiten. Kräuter unterrühren. Mit Salz und Pfeffer abschmecken.
4. Sauce über die Schwarzwurzeln geben, gut durchziehen lassen, evtl. nochmals abschmecken.

Schweine-Grundfond, brauner

■ Klassisch

Insgesamt:
E: 25 g, F: 76 g, Kh: 8 g,
kJ: 3574, kcal: 852

75 g durchwachsener Speck
30 g Pflanzenfett
1 kg Schweinefleischknochen
2 Zwiebeln, 1 Bund Suppengrün
30 g Tomatenmark
2 l Wasser

Zubereitungszeit: 3 Std.

1. Speck in kleine Würfel schneiden und in Pflanzenfett auslassen.
2. Knochen waschen, abtrocknen, in dem Fett anbraten.
3. Zwiebeln abziehen, fein würfeln, Suppengrün putzen, waschen, klein schneiden. Die beiden Zutaten hinzufügen, mitbräunen lassen, Tomatenmark hinzufügen, miterhitzen.
4. Wasser hinzufügen, zum Kochen bringen, in etwa 2¹/₂ Stunden bis auf 1 Liter Flüssigkeit einkochen lassen, durch ein Sieb gießen.

Schweinebraten mit Kräuterkruste

■ Dauert länger

Schweinebraten mit Kräuterkruste

Pro Portion:
E: 49 g, F: 25 g, Kh: 6 g,
kJ: 2109, kcal: 503

1 kg Schweinefleisch mit Schwarte (aus der Keule)
Salz
frisch gemahlener Pfeffer
gerebelter Thymian
gerebelter Salbei
gerebelter Rosmarin
250 ml ($1/4$ l) Bier
250 ml ($1/4$ l) Wasser
2 EL Weizenmehl
3 EL kaltes Wasser

Zubereitungszeit: 2,2 Std.

1. Fleisch unter fließendem kalten Wasser abspülen und trockentupfen. Die Schwarte gitterartig einschneiden. Diese Einschnitte mit Salz, Pfeffer, Thymian, Salbei und Rosmarin einreiben.

2. Das Fleisch mit der Schwarte nach oben in einen mit Wasser ausgespülten Bratentopf legen und auf dem Rost in den Backofen schieben.
Ober-/Unterhitze: etwa 200 °C (vorgeheizt)
Heißluft: etwa 180 °C (nicht vorgeheizt)
Gas: Stufe 3–4 (nicht vorgeheizt)
Bratzeit: etwa $1^{3}/_{4}$–2 Stunden.

3. Sobald der Bratensatz bräunt, etwas Bier und Wasser hinzugießen. Fleisch ab und zu mit dem Bratensatz begießen. Verdampfte Flüssigkeit nach und nach ersetzen.

4. Das gare Fleisch 10 Minuten ruhen lassen, in Scheiben schneiden, auf einer vorgewärmten Platte anrichten und warm stellen.

5. Bratensatz mit Wasser loskochen, durch ein Sieb gießen. Nach Belieben mit Wasser auf 500 ml ($1/2$ l) auffüllen. Mehl mit dem kalten Wasser anrühren, den Bratensatz damit binden. Die Sauce mit Salz und Pfeffer abschmecken.

Schweinebraten mit Senfkruste

8 Portionen

■ Dauert länger

Pro Portion:
E: 49 g, F: 40 g, Kh: 5 g,
kJ: 2576, kcal: 615

2 kg Schweinenacken
4 Knoblauchzehen
2 EL Dijon-Senf
2 EL Senfkörner
2 EL Kräuter der Provence
4 EL Speiseöl
500 g kleine Zwiebeln

Zubereitungszeit: 2,7 Std.

1. Schweinenacken unter fließendem kalten Wasser abspülen, trockentupfen und auf der Oberseite im Abstand von 3 cm etwa $1^{1}/_{2}$ cm tief einschneiden.

2. Knoblauchzehen abziehen, fein hacken und mit Senf, Senfkörnern, Kräutern der Provence und Öl verrühren. Die Masse auf den Braten und in die Einschnitte streichen.

3. Fleisch in eine mit kaltem Wasser ausgespülte Kasserolle legen. Zwiebeln abziehen und um das Fleisch legen.

4. Kasserolle auf dem Rost in den Backofen schieben.
Ober-/Unterhitze: etwa 200 °C (vorgeheizt)
Heißluft: etwa 180 °C (nicht vorgeheizt)
Gas: Stufe 3–4 (nicht vorgeheizt)
Bratzeit: etwa $2^{1}/_{2}$ Stunden.

Schweinebraten mit Senfkruste

Schweinefilet

🟥 Klassisch

Pro Portion:
E: 44 g, F: 30 g, Kh: 4 g,
kJ: 1992, kcal: 475

750 g Schweinefilet
Salz
frisch gemahlener Pfeffer
gerebelter Majoran
25 g flüssiges Pflanzenfett
50 g fetter Speck
1 mittelgroße Zwiebel
1 mittelgroße Tomate
1 Bund Suppengrün
heißes Wasser

1 Becher (150 g) Crème fraîche

Zubereitungszeit: 40 Min.

1. Vom Schweinefilet evtl. Fett und Sehnen entfernen, das Fleisch enthäuten, unter fließendem kalten Wasser abspülen, trockentupfen. Mit Salz, Pfeffer und Majoran einreiben, mit Fett bestreichen und mit in Streifen geschnittenem Speck belegen.
2. Fleisch in eine mit Wasser ausgespülte Rostbratpfanne legen und auf der obersten Schiene in den Backofen schieben.
   Ober-/Unterhitze: etwa 220 °C (vorgeheizt)
   Heißluft: etwa 200 °C (vorgeheizt)
   Gas: Stufe 4–5 (vorgeheizt)
   Bratzeit: 20–25 Minuten.
3. Zwiebel abziehen. Tomate waschen, Stängelansatz entfernen. Suppengrün putzen und waschen. Die Zutaten klein schneiden.
4. Sobald der Bratensatz bräunt, die geschnittenen Zutaten hinzufügen, mitbräunen lassen und etwas Wasser hinzugießen. Fleisch ab und zu mit dem Bratensatz begießen. Verdampfte Flüssigkeit nach und nach ersetzen.
5. Das gare Fleisch in Scheiben schneiden, auf einer vorgewärmten Platte anrichten und warm stellen.
6. Bratensatz mit Wasser loskochen, mit dem Gemüse durch ein Sieb passieren, mit Salz und Pfeffer abschmecken. Crème fraîche unterrühren.

Schweinefilet, überbacken

🟥 Gut vorzubereiten

Pro Portion:
E: 37 g, F: 32 g, Kh: 6 g,
kJ: 2055, kcal: 490

500 g Schweinefilet
50 g Pflanzenfett
Salz, frisch gemahlener Pfeffer
200 g Champignons
1 EL Weizenmehl
125 ml (1/8 l) Wasser
125 ml (1/8 l) Weißwein
1 Becher (150 g) Crème fraîche
Senf
Worcestersauce
100 g Emmentaler

Zubereitungszeit: 55 Min.

1. Vom Schweinefilet evtl. Fett und Sehnen entfernen, Fleisch enthäuten, unter fließendem kalten Wasser abspülen, trockentupfen und in Streifen schneiden.
2. Fett portionsweise erhitzen und Fleisch portionsweise darin anbraten. Mit Salz und Pfeffer bestreuen und in eine gefettete Auflaufform geben.
3. Champignons putzen, mit Küchenpapier abreiben, evtl. abspülen, in Scheiben schneiden und in dem Bratfett anbraten.
4. Mit Salz und Pfeffer würzen, mit Mehl bestäuben und etwas bräunen lassen. Wasser und Wein hinzufügen, unter Rühren erhitzen, mit Crème fraîche verrühren, mit Senf und Worcestersauce abschmecken und über das Fleisch geben.
5. Käse reiben und darüber streuen. Auflaufform auf dem Rost in den Backofen schieben.
   Ober-/Unterhitze: etwa 220 °C (vorgeheizt)
   Heißluft: etwa 200 °C (vorgeheizt)
   Gas: Stufe 4–5 (vorgeheizt)
   Backzeit: etwa 15 Minuten.

Schweinefilet, überbacken

Tipp:
Schweinefilet, überbacken, kann einige Stunden vor dem Verzehr so weit zubereitet werden, dass es kurz vor dem Servieren nur noch überbacken werden muss. Dann erhöht sich die Backzeit allerdings um etwa 5 Minuten.

Schweinekoteletts „Hawaii"

■ Raffiniert

Pro Portion:
E: 39 g, F: 58 g, Kh: 40 g,
kJ: 3803, kcal: 909

4 Schweinekoteletts (je 180 g)
Salz
frisch gemahlener Pfeffer
1 EL Wasser
1 Ei
60 g Semmelbrösel
50 g Margarine
4 Scheiben Ananas

Für die Sauce:
40 g Butter
1 EL Currypulver
2 gestr. EL Weizenmehl
125 ml (1/8 l) Ananassaft
100 ml Schlagsahne
100 ml Weißwein
2–3 EL fein gehackte, rote Paprikawürfel
1 Dose (285 g) Mandarinen
1 Prise Zucker

Zubereitungszeit: 40 Min.

1. Koteletts unter fließendem kalten Wasser abspülen, trockentupfen, leicht klopfen, mit Salz und Pfeffer würzen, in mit Wasser verschlagenem Ei wenden, mit Semmelbröseln bestreuen und gut andrücken.
2. Fett erhitzen, die Koteletts darin von beiden Seiten etwa 12 Minuten braten, herausnehmen und warm stellen.
3. Ananas abtropfen lassen (Saft auffangen), kurze Zeit in dem Bratfett anbraten und auf die Koteletts legen.
4. Für die Sauce Butter zerlassen, Curry darin kurz dünsten. Mehl darüber stäuben und unterrühren. Ananassaft, Sahne und Wein hinzufügen, zum Kochen bringen und etwa 5 Minuten kochen lassen.
5. Paprikawürfel und abgetropfte Mandarinen unterrühren und erwärmen. Sauce mit Salz, Pfeffer und Zucker abschmecken und zu den Koteletts servieren.

Beilage:
Reis oder Nudeln, Tomatensalat.

Schweinemedaillons in Estragon

2–3 Portionen

■ Schnell

Pro Portion:
E: 31 g, F: 28 g, Kh: 6 g,
kJ: 1725, kcal: 412

400 g Schweinefilet
Salz
frisch gemahlener Pfeffer
1 EL Weizenmehl
1 Zwiebel
30 g Butterschmalz
3 EL Weißwein
1 Becher (150 g) Crème fraîche
Worcestersauce
1 EL fein geschnittener Estragon

Schweinemedaillons in Estragon

Zubereitungszeit: 20 Min.

1. Fleisch unter fließendem kalten Wasser abspülen, trockentupfen, evtl. von Fett und Sehnen befreien, enthäuten, in 4 Scheiben schneiden, mit Salz und Pfeffer bestreuen und mit Mehl bestäuben.
2. Zwiebel abziehen und würfeln. Butterschmalz erhitzen und das Fleisch von beiden Seiten darin in etwa 5 Minuten braun braten.
3. Fleisch auf einer vorgewärmten Platte anrichten und warm stellen.
4. Zwiebelwürfel in dem Bratfett glasig dünsten lassen. Weißwein hinzufügen. Crème fraîche unterrühren und kurz aufkochen lassen.
5. Sauce mit Worcestersauce, Salz und Pfeffer abschmecken, Estragon und Fleisch hinzufügen und nochmals kurz erhitzen.

Beilage:
Stangenspargel und Salzkartoffeln.

Schweinekoteletts „Hawaii"

426

Schweinenacken

■ Klassisch

Pro Portion:
E: 47 g, F: 33 g, Kh: 1 g,
kJ: 2244, kcal: 536

1 kg Schweinenacken
Salz, frisch gemahlener Pfeffer
Paprika edelsüß
heißes Wasser
1 Zwiebel, 1 Tomate

Zubereitungszeit: 2 Std.

1. Schweinenacken unter fließendem kalten Wasser abspülen und trockentupfen.
2. Mit Salz, Pfeffer und Paprika einreiben, in eine mit Wasser ausgespülte Rostbratpfanne legen und auf dem Rost in den Backofen schieben.
   Ober-/Unterhitze: etwa 200 °C (vorgeheizt)
   Heißluft: etwa 180°C (nicht vorgeheizt)
   Gas: Stufe 3-4 (nicht vorgeheizt)
   Bratzeit: etwa 105 Minuten.
3. Sobald der Bratensatz bräunt, etwas Wasser hinzugießen. Fleisch ab und zu mit dem Bratensatz begießen. Verdampfte Flüssigkeit nach und nach ersetzen.
4. Zwiebel abziehen. Tomate waschen, Stängelansatz entfernen. Beide Zutaten vierteln. 25 Minuten vor Beendigung der Bratzeit in die Rostbratpfanne geben.
5. Das gare Fleisch in Scheiben schneiden und auf einer vorgewärmten Platte anrichten.
6. Bratensatz mit Wasser loskochen, durch ein Sieb gießen, abschmecken und über das Fleisch geben.

Schweinerippchen, geschmort

■ Gut vorzubereiten

Pro Portion:
E: 48 g, F: 42 g, Kh: 3 g,
kJ: 2633, kcal: 628

1 kg Schweinerippchen (Schälrippchen)
Salz, frisch gemahlener Pfeffer
gerebelter Majoran
2 Zwiebeln
4 EL Speiseöl
2 Lorbeerblätter
4 Pimentkörner
250 ml (¼ l) heißes Wasser
2-3 EL Zitronensaft

Zubereitungszeit: 70 Min.

1. Schweinerippchen unter fließendem kalten Wasser abspülen, trockentupfen, in Portionsstücke schneiden, mit Salz, Pfeffer und Majoran einreiben.
2. Zwiebeln abziehen und vierteln. Öl in einem Schmortopf erhitzen, Rippchen und Zwiebelviertel portionsweise von allen Seiten darin gut anbraten.
3. Lorbeerblätter und Pimentkörner hinzufügen, Wasser und Zitronensaft hinzugießen.
4. Schmortopf zugedeckt auf dem Rost in den Backofen schieben.
   Ober-/Unterhitze: etwa 200 °C (vorgeheizt)
   Heißluft: etwa 180 °C (nicht vorgeheizt)
   Gas: Stufe 3-4 (nicht vorgeheizt)
   Schmorzeit: 55-60 Minuten.
5. Etwa 10 Minuten vor Beendigung der Garzeit das Fleisch ohne Deckel bräunen lassen.

Schweinerippchen, geschmort

Schweineschmorbraten

■ Klassisch

Schweineschmorbraten

Pro Portion:
E: 40 g, F: 25 g, Kh: 7 g,
kJ: 1865, kcal: 444

750 g Schweinefleisch
(aus der Keule, ohne Knochen)
1 Bund Suppengrün
6 mittelgroße Zwiebeln
30 g Butterschmalz
Salz, frisch gemahlener Pfeffer
gerebelter Majoran
heißes Wasser

Zubereitungszeit: 2 Std.

1. Schweinefleisch kalt abspülen und trockentupfen.
2. Suppengrün putzen und waschen. Zwiebeln abziehen. Beide Zutaten klein schneiden.
3. Schmalz erhitzen, Fleisch von allen Seiten gut darin anbraten, mit Salz, Pfeffer und Majoran bestreuen, Wasser hinzugießen und das Fleisch etwa 1 1/2 Stunden schmoren lassen.
4. Von Zeit zu Zeit wenden, verdampfte Flüssigkeit nach und nach durch heißes Wasser ersetzen. 30 Minuten vor Beendigung der Schmorzeit das Gemüse hinzufügen.
5. Das gare Fleisch vor dem Schneiden 10 Minuten ruhen lassen, damit sich der Fleischsaft setzt. Das Fleisch quer zur Fleischfaser in Scheiben schneiden und auf einer vorgewärmten Platte anrichten.
6. Bratensatz mit dem Gemüse durch ein Sieb streichen, etwa 500 ml (1/2 l) Bratensatz (evtl. mit Wasser aufgefüllt) zum Kochen bringen und evtl. etwas einkochen lassen. Sauce mit Salz, Pfeffer und Majoran abschmecken.

Beilage:
Kartoffelklöße und Rosenkohl.

Schweinshaxe, gepökelt

■ Gut vorzubereiten

Pro Portion:
E: 95 g, F: 61 g, Kh: 1 g,
kJ: 3915, kcal: 933

4 gepökelte Schweinshaxen
(je 500 g, mit Knochen)
Salz
frisch gemahlener Pfeffer
heißes Wasser

Zubereitungszeit: 105 Min.

1. Schweinshaxen unter fließendem kalten Wasser abspülen und trockentupfen.
2. Haxen mit Salz und Pfeffer einreiben, in eine mit Wasser ausgespülte Rostbratpfanne legen und in den Backofen schieben.
   Ober-/Unterhitze: etwa 200 °C (vorgeheizt)
   Heißluft: etwa 180 °C (nicht vorgeheizt)
   Gas: Stufe 3–4 (nicht vorgeheizt)
   Bratzeit: etwa 1 1/2 Stunden.
3. Sobald der Bratensatz bräunt, Wasser hinzugießen. Fleisch ab und zu mit dem Bratensatz begießen. Verdampfte Flüssigkeit nach und nach durch Wasser ersetzen.
4. Das gare Fleisch 10 Minuten ruhen lassen, auf einer vorgewärmten Platte anrichten. Bratensatz mit etwas Wasser loskochen, durch ein Sieb gießen und zu dem Fleisch reichen.

Beilage:
Sauerkraut, Kartoffelklöße.

Schweinshaxe, gepökelt

428

MENUE

Vorspeise:
Tomatensuppe (Seite 474)
Hauptgericht:
Schweineschmorbraten (Seite 428)
Dessert:
Welfenspeise (Seite 492)

Schweizer Reis

■ Klassisch

Pro Portion:
E: 10 g, F: 27 g, Kh: 51 g,
kJ: 2108, kcal: 504

Für die Reiscreme:
750 ml (³/₄ l) Milch
1 Prise Salz, 75 g Zucker
1 Pck. Vanillin-Zucker
150 g Milchreis (Rundkornreis)
1 schwach geh. TL
gemahlene Gelatine, weiß
2 EL kaltes Wasser
250 ml (¹/₄ l) Schlagsahne

Für die Erdbeersauce:
500 g Erdbeeren
1 Pck. Vanillin-Zucker
25 g Zucker

Zubereitungszeit: 60 Min., ohne Abkühlzeit

1. Für die Reiscreme Milch mit Salz, Zucker und Vanillin-Zucker zum Kochen bringen. Milchreis hineingeben, bei schwacher Hitze in 30–40 Minuten ausquellen lassen, dabei ab und zu umrühren (der Reis muss noch körnig sein).
2. Gelatine mit Wasser in einem kleinen Topf anrühren, 10 Minuten zum Quellen stehen lassen, zu dem Reisbrei geben und so lange rühren, bis sie völlig gelöst ist. Reisbrei kalt stellen.
3. Sahne steif schlagen und unter den kalten Reisbrei heben. Creme in eine Glasschale füllen und bis zum Verzehr kalt stellen.
4. Für die Erdbeersauce Erdbeeren waschen, abtropfen lassen, entstielen und pürieren, bis eine dickflüssige Sauce mit Fruchtstückchen entstanden ist.
5. Sauce mit Vanillin-Zucker und Zucker verrühren.

Tipp:
Eine Kirschsauce zum Reis reichen. Dafür 1 Glas Sauerkirschen (Abtropfgewicht 370 g) zum Abtropfen auf ein Sieb geben. 200 ml Kirschsaft abmessen (evtl.

Schweizer Reis

mit Wasser auffüllen). 10 g Speisestärke mit 3 Esslöffeln von dem Saft anrühren. Den übrigen Saft zum Kochen bringen, mit der angerührten Speisestärke binden. 20 g Zucker, 1 Päckchen Vanillin-Zucker, 2 Esslöffel Mandellikör oder Kirschwasser und die abgetropften Kirschen unterrühren.

Schweizer Wurstsalat

■ Für Gäste

Pro Portion:
E: 26 g, F: 47 g, Kh: 7 g,
kJ: 2457, kcal: 587

400 g Fleischwurst
125 g Emmentaler
1 Gemüsezwiebel
2 Tomaten, 1 Kopf Salat

Für die Salatsauce:
1 Zwiebel, 4 EL Speiseöl
2–3 EL Essig, ¹/₂ TL Senf
Salz, frisch gemahlener Pfeffer
gehackter Dill, gerebelter Majoran

Zubereitungszeit: 30 Min.

1. Wurst enthäuten und in dünne Scheiben schneiden. Käse in feine Streifen schneiden. Zwiebel abziehen, halbieren, in Scheiben schneiden, in Salzwasser blanchieren und auf ein Sieb geben.
2. Tomaten waschen, halbieren, entkernen, Stängelansätze entfernen und Tomaten in Streifen schneiden.
3. Aus dem Kopfsalat das Salatherz herauslösen, waschen, zerpflücken und in Streifen schneiden. Den übrigen Salat waschen, abtropfen lassen und auf eine Platte legen.
4. Für die Salatsauce Zwiebel abziehen, reiben, mit Öl, Essig und Senf verschlagen, mit Salz und Pfeffer abschmecken. Dill und Majoran unterrühren, mit den Salatzutaten vermengen.
5. Salatblätterstreifen vorsichtig unterheben und kurz durchziehen lassen. Salat abschmecken.

Seefisch auf dem Gemüsebett

■ Schnell

Pro Portion:
E: 31 g, F: 15 g, Kh: 9 g,
kJ: 1301, kcal: 311

200 g Rotbarschfilet
200 g Kabeljaufilet
200 g Seelachsfilet
Saft von 1 Zitrone
Salz, frisch gemahlener Pfeffer
125 ml (1/8 l) Schlagsahne
125 ml (1/8 l) Fischfond
2 EL Senf, 1 Prise Zucker
4 Möhren (400 g)
2 Stangen Porree (Lauch, 300 g)
1/2 Bund glatte Petersilie
2 EL Crème fraîche

Zubereitungszeit: 35 Min.

Seefisch auf dem Gemüsebett

1. Fisch unter fließendem kalten Wasser abspülen, trockentupfen, jeweils in Stücke schneiden, mit Zitronensaft beträufeln und mit Salz und Pfeffer bestreuen.
2. Sahne, Fischfond und Senf verrühren, mit Salz, Pfeffer und Zucker würzen.
3. Möhren putzen, schälen, waschen und in feine Scheiben schneiden. Porree putzen, halbieren, waschen und in dünne Ringe schneiden. Möhren etwa 4 Minuten, Porree etwa 2 Minuten in Salzwasser blanchieren, dann auf einem Sieb abtropfen lassen und in eine gefettete längliche Auflaufform füllen.
4. Petersilie abspülen, trockentupfen, Blätter von den Stielen zupfen, fein hacken und unter die Sauce mischen.
5. Sauce mit den Fischstücken auf das Gemüse geben, Crème fraîche darauf verteilen. Form auf dem Rost in den Backofen schieben.

Ober-/Unterhitze: etwa 200 °C (vorgeheizt)
Heißluft: etwa 180 °C (vorgeheizt)
Gas: Stufe 3–4 (vorgeheizt)
Garzeit: etwa 15 Minuten.

Seehecht aus der Form

■ Für Gäste

Pro Portion:
E: 34 g, F: 27 g, Kh: 41 g,
kJ: 2392, kcal: 572

4 Seehechtfilets (je 150 g)
Saft von 1 Zitrone, Salz, Pfeffer
2 große, rote Paprikaschoten
10 mittelgroße Tomaten
2 Zwiebeln
1 Knoblauchzehe
4 EL Olivenöl
125 ml (1/8 l) Schlagsahne
Olivenöl zum Ausfetten
600 g geschälte Kartoffeln
250 ml (1/4 l) Fisch- oder Gemüsebrühe
Weißbrotwürfel von 3 Weißbrotscheiben
1 Bund glatte Petersilie

Seehecht aus der Form

Zubereitungszeit: 50 Min.

1. Seehechtfilets unter fließendem kalten Wasser abspülen und trockentupfen. Mit Zitronensaft beträufeln. Mit Salz und Pfeffer würzen.
2. In der Zwischenzeit Paprikaschoten und Tomaten enthäuten. Paprika entstielen, entkernen, die weißen Scheidewände entfernen und Schoten in dünne Streifen schneiden. Tomaten entkernen, Stängelansätze entfernen und Tomaten klein schneiden.
3. Zwiebeln und Knoblauch abziehen und fein hacken. Öl in einer Pfanne erhitzen, Zwiebeln und Knoblauch darin anschwitzen, Tomaten dazugeben. Sahne hinzugießen und alles zu einer sämigen Sauce verkochen. Sauce mit Salz und Pfeffer kräftig abschmecken.
4. Eine Auflaufform mit Öl ausfetten. Kartoffeln in dünne Scheiben schneiden und auf dem Boden der Form verteilen, mit Brühe angießen.
5. Seehechtfilets auf die Kartoffeln legen, Paprikastreifen in die Sauce geben und diese auf dem Fischfilet verteilen.
6. Die Form verschließen und auf dem Rost in den Backofen schieben.

Ober-/Unterhitze: etwa 180 °C (vorgeheizt)
Heißluft: etwa 160 °C (vorgeheizt)

Gas: Stufe 2–3 (vorgeheizt)
Garzeit: 20–25 Minuten.

7. Anschließend die sehr fein geschnittenen Weißbrotwürfel mit der gehackten Petersilie vermischen, über den Auflauf streuen und den Auflauf goldgelb überbacken.
Ober-/Unterhitze: etwa 240 °C (vorgeheizt)
Heißluft: etwa 220 °C (vorgeheizt)
Gas: Stufe 4–5 (vorgeheizt)
Backzeit: 5–6 Minuten.

Seelachs in Schnittlauchbutter

■ Schnell

Pro Portion:
E: 28 g, F: 42 g, Kh: 5 g,
kJ: 2414, kcal: 577

Seelachs in Schnittlauchbutter

4 Seelachsfilets (je 150 g)
2 EL Zitronensaft, 2 Schalotten
2 Bund Schnittlauch
200 g kalte Butter
100 ml trockener Weißwein
100 ml Wermut (Noilly Prat)
Salz
frisch gemahlener Pfeffer

Zubereitungszeit: 25 Min.

1. Fisch unter fließendem kalten Wasser abspülen, trockentupfen und mit Zitronensaft beträufeln.
2. Schalotten abziehen und fein würfeln. Schnittlauch abspülen, trockentupfen und in Röllchen schneiden.
3. 50 g Butter zerlassen, Schalotten darin glasig dünsten. Schnittlauch dazugeben (etwas zum Bestreuen zurücklassen), Fisch hineinlegen. Wein und Wermut angießen. Fischfilets 6–8 Minuten garen, herausnehmen und warm stellen.
4. Sud etwas einkochen. Restliche Butter in Flöckchen unterschlagen, bis die Sauce sämig ist. Restlichen Schnittlauch unterrühren.

Tipp:
Salzkartoffeln dazureichen.

Seelachsfilet auf Sauerkraut

■ Raffiniert

Pro Portion:
E: 37 g, F: 39 g, Kh: 10 g,
kJ: 2588, kcal: 618

500 g Sauerkraut
1 Apfel, 2 EL Speiseöl
200 ml trockener Weißwein
Salz, Pfeffer, 1 Prise Zucker
4 Seelachsfilets (je 180 g)
1 EL Zitronensaft
80 g weiche Butter
2 EL Rotisseur-Senf (mit Körnern)
2 EL Schnittlauchröllchen, 1 Zwiebel
125 ml (1/8 l) Rieslingwein
150 g Schmand
1 EL mittelscharfer Dijon-Senf

Seelachsfilet auf Sauerkraut

Zubereitungszeit: 50 Min.

1. Sauerkraut ausdrücken und locker zupfen. Apfel schälen, entkernen und in feine Würfel schneiden.
2. Öl erhitzen, Sauerkraut und Apfelstücke zugeben und mit Wein etwa 20 Minuten zugedeckt dünsten. Mit Salz, Pfeffer und Zucker würzen, in eine gefettete Gratinform füllen.
3. Seelachsfilets unter fließendem kalten Wasser abspülen, trockentupfen, leicht salzen, pfeffern, mit Zitronensaft beträufeln und auf das Sauerkraut legen.
4. Die Hälfte der Butter mit Rotisseur-Senf und Schnittlauch verrühren und auf die Filets streichen. Die Form auf dem Rost in die mittlere Einschubleiste des Backofens schieben.
Ober-/Unterhitze: etwa 200 °C (vorgeheizt)
Heißluft: etwa 180 °C (vorgeheizt)
Gas: Stufe 3–4 (vorgeheizt)
Backzeit: etwa 15 Minuten.
5. Inzwischen Zwiebel abziehen, fein hacken und in der restlichen Butter glasig dünsten. Wein zugießen und bei starker Hitze fast ganz verdampfen lassen.
6. Schmand zugeben und leicht cremig einkochen. Dann mit Dijon-Senf würzen und mit Salz und Pfeffer abschmecken. Zum Seelachs servieren.

431

Seelachsfilet, gefüllt

■ Preiswert

Seelachsfilet, gefüllt

Pro Portion:
E: 39 g, F: 14 g, Kh: 2 g,
kJ: 1272, kcal: 304

750 g Seelachsfilet
2 EL Zitronensaft

Für die Füllung:
300 g TK-Blattspinat
Salz, frisch gemahlener Pfeffer

Für den Belag:
1 Becher (150 g) Crème fraîche
1 EL geriebener Parmesan

Zubereitungszeit: 55 Min.

1. Seelachsfilet unter fließendem kalten Wasser abspülen, trockentupfen, mit Zitronensaft beträufeln.
2. Für die Füllung Spinat nach Packungsanleitung zubereiten.
3. Fisch wieder trockentupfen, mit Salz und Pfeffer bestreuen. Die Hälfte des Filets in eine gefettete Auflaufform geben, die Füllung darauf verteilen und mit dem übrigen Fischfilet bedecken.
4. Für den Belag Crème fraîche mit Salz und Käse verrühren und den Fisch damit bestreichen. Auflaufform auf dem Rost in den Backofen schieben.
Ober-/Unterhitze: etwa 200 °C (vorgeheizt)
Heißluft: etwa 180 °C (vorgeheizt)
Gas: Stufe 3–4 (vorgeheizt)
Backzeit: etwa 30 Minuten.

Tipp:
Salzkartoffeln dazureichen.

Seelachsröllchen in pikanter Sauce

■ Preiswert

Pro Portion:
E: 38 g, F: 25 g, Kh: 5 g,
kJ: 1801, kcal: 430

750 g Seelachsfilet
2 EL Zitronensaft
50 g durchwachsener Speck
2 EL Zwiebelwürfel, 2 Essiggurken
2 schwach geh. TL Senf
Salz
frisch gemahlener Pfeffer
1 EL Butter

Seelachsröllchen in pikanter Sauce

Für die pikante Sauce:
1 Zwiebel
1 Becher (150 g) Crème fraîche
Salz
1 Prise Zucker
2 EL Wermut (Noilly Prat)
30 g geriebener Käse
2 EL Butter
Kerbelblättchen

Zubereitungszeit: 40 Min.

1. Seelachsfilet unter fließendem kalten Wasser abspülen, trockentupfen, mit Zitronensaft beträufeln.
2. Speck in kleine Würfel schneiden. Speck auslassen, Zwiebelwürfel darin hellbraun dünsten lassen und kalt stellen.
3. Gurken in Würfel schneiden, mit dem erkalteten Speck und Senf verrühren, mit Salz und Pfeffer bestreuen.
4. Fisch in schmale Streifen schneiden, mit der Speck-Zwiebel-Masse bestreichen, aufrollen, in eine mit Butter gefettete Auflaufform legen.
5. Für die Sauce Zwiebel abziehen, fein hacken und Crème fraîche unterrühren. Sauce mit Salz und Zucker abschmecken. Wermut unter die Sauce rühren, über die Fischröllchen gießen.
6. Den Auflauf mit Käse bestreuen, Butter in Flöckchen darauf setzen. Form auf dem Rost in den Backofen schieben.
Ober-/Unterhitze: etwa 200 °C (vorgeheizt)
Heißluft: etwa 180 °C (vorgeheizt)
Gas: Stufe 3–4 (vorgeheizt)
Backzeit: 15–20 Minuten.
7. Mit Kerbelblättchen garnieren.

Tipp:
Statt Seelachs kann auch Schellfisch- oder Rotbarschfilet verwendet werden.

MENUE

Vorspeise:
Pfifferlingssuppe mit Kerbel (Seite 348)
Hauptgericht:
Seelachsfilet, gefüllt (Seite 432)
Dessert:
Fruchtgrütze (Seite 144)

Seeteufel auf grüner Sauce

3 Portionen

■ **Für Gäste**

Seeteufel auf grüner Sauce

Pro Portion:
E: 26 g, F: 29 g, Kh: 2 g,
kJ: 1769, kcal: 422

400 g Seeteufelsteaks
Salz, frisch gemahlener Pfeffer
Limonensaft, 4 EL Speiseöl
40 g Butter
2 EL Zwiebelwürfel
2 EL Schnittlauchröllchen
2 EL Porreeringe (Lauch)
1 Pck. Kresse, 100 ml Fischfond
100 ml Weißwein
1 EL Crème fraîche
einige Schnittlauchhalme

Zubereitungszeit: 20 Min.

1. Seeteufelsteaks unter fließendem kalten Wasser abspülen, trockentupfen, mit Salz, Pfeffer und Limonensaft würzen.
2. Steaks in heißem Öl von beiden Seiten braten, anschließend warm stellen.
3. Butter erhitzen, Zwiebelwürfel, Schnittlauchröllchen, Porreeringe und Kresse darin andünsten, mit Fischfond und Wein aufkochen, mit Salz und Pfeffer würzen.
4. Sauce im Mixer pürieren und als Spiegel auf Tellern verteilen. Die gebratenen Seeteufelsteaks darauf anrichten und mit Crème fraîche und Schnittlauchhalmen dekorieren.

Beilage:
Wildreis, Gemüseplatte.

Tipp:
Seeteufel hat festes, feines Fleisch.

Seezungenfilets auf Ratatouille

■ **Raffiniert**

Pro Portion:
E: 32 g, F: 25 g, Kh: 14 g,
kJ: 1797, kcal: 429

Für das Ratatouille:
4 EL Olivenöl
1 abgezogene Gemüsezwiebel, in Würfel geschnitten
je 100 g rote, grüne, gelbe Paprikawürfel
150 g Zucchiniwürfel
200 g Auberginenwürfel
2 abgezogene Fleischtomaten, in Würfel geschnitten
1 EL Tomatenmark
Salz, frisch gemahlener Pfeffer
1 abgezogene, gehackte Knoblauchzehe
1 EL Kräuter der Provence

8 Seezungenfilets (je 80 g)
2 EL Limonensaft
30 g Weizenmehl
2 EL Speiseöl
20 g Butter zum Braten

Zubereitungszeit: 30 Min.

1. Für das Ratatouille Öl erhitzen und nacheinander Zwiebel-, Paprika-, Zucchini- und Auberginenwürfel darin anbraten, evtl. etwas Wasser hinzufügen und 5 Minuten garen.
2. Nach dem Anbraten Tomatenwürfel, -mark und Gewürze hinzugeben und kurz durchdünsten lassen.
3. Seezungenfilets unter fließendem kalten Wasser abspülen, trockentupfen, mit Salz, Pfeffer und Limonensaft würzen.
4. Filets in Mehl wälzen, in Öl und Butter etwa 5 Minuten braten.
5. Ratatouillegemüse anrichten, die gebratenen Seezungenfilets darauf geben.

Seezungenfilets auf Ratatouille

Seezungenröllchen

■ Schnell

Pro Portion:
E: 43 g, F: 3 g, Kh: 3 g,
kJ: 1209, kcal: 289

12 Seezungenfilets (je 80 g)
375 ml (³/₈ l) trockener Weißwein
Salz
6 weiße Pfefferkörner
1 TL Senfkörner
1 TL gerebelter Estragon
frisch gemahlener Pfeffer
Scheiben von ¹/₂ Zitrone
(unbehandelt)
Tomatenachtel
Kresseblättchen

Zubereitungszeit: 20 Min.

1. Seezungenfilets unter fließendem kalten Wasser abspülen, trockentupfen.
2. Wein mit Salz, Pfefferkörnern, Senfkörnern, Estragon, Pfeffer und Zitronenscheiben zum Kochen bringen und etwa 5 Minuten kochen lassen.
3. Seezungenfilets zu Röllchen formen, mit Holzspießchen feststecken, in die Flüssigkeit geben, zum Kochen bringen und etwa 5 Minuten gar ziehen lassen.
4. Die garen Seezungenröllchen auf einer vorgewärmten Platte anrichten (Holzspießchen vorher entfernen), mit Zitronenscheiben, Tomatenachteln und Kresseblättchen garnieren.

Beilage:
Kresse-Hollandaise, Petersilienkartoffeln.

Selleriegemüse
2 Portionen

■ Schnell

Pro Portion:
E: 5 g, F: 25 g, Kh: 27 g,
kJ: 1517, kcal: 362

500 g Knollensellerie
20 g Weizenmehl
4 EL Distelöl
Meersalz
frisch gemahlener Pfeffer
1 EL gehackte, frische Kräuter, z. B. Petersilie, Schnittlauch

Zubereitungszeit: 25 Min.

1. Sellerie putzen, schälen, waschen, in etwa 1 cm dicke Scheiben schneiden, mit Mehl bestäuben.
2. Öl in einer Pfanne erhitzen und Selleriescheiben etwa 10 Minuten von beiden Seiten goldbraun braten.
3. Sellerie mit Salz und Pfeffer abschmecken und mit Kräutern bestreuen.

Sellerieknollen, gefüllt

■ Gut vorzubereiten

Pro Portion:
E: 20 g, F: 22 g, Kh: 32 g,
kJ: 1756, kcal: 419

2 Knollensellerie (je 300 g)
2 EL Zitronensaft
250 ml (¹/₄ l) Gemüsebrühe
1 Stange Porree (Lauch)
40 g Butter
100 g Grünkerngrütze

Seezungenröllchen

frisch gemahlener Pfeffer
geriebene Muskatnuss
Sojasauce, 1 Knoblauchzehe
200 g gekochter Schinken
1 EL gehackter Dill, 2–3 EL saure Sahne
50 g Emmentaler

Zubereitungszeit: 75 Min.

1. Sellerie waschen, schälen, halbieren und mit dem Kartoffelausstecher aushöhlen, mit Zitronensaft beträufeln.
2. Brühe zum Kochen bringen, die Selleriehälften darin in etwa 20 Minuten halb gar kochen. Vom Kochwasser 250 ml (¼ l) abmessen.
3. Das Innere der Knollen hacken. Porree putzen, waschen und in feine Scheiben schneiden.
4. Butter zerlassen, beide Gemüse darin andünsten, die abgemessene Kochflüssigkeit dazugießen, Grünkern und Gewürze unterrühren.
5. Knoblauch abziehen, hacken, dazugeben. Etwa 15 Minuten bei kleiner Hitze quellen lassen.
6. Schinken fein würfeln, mit Dill und Sahne unter die Masse ziehen. In die Selleriehälften füllen, festdrücken, mit Käse bestreuen und auf ein mit Alufolie belegtes Backblech setzen.
7. Gefüllte Sellerieknollen im Backofen überbacken.
   Ober-/Unterhitze: etwa 200 °C (vorgeheizt)
   Heißluft: etwa 180 °C (vorgeheizt)
   Gas: Stufe 3–4 (vorgeheizt)
   Backzeit: etwa 20 Minuten.

Tipp:
Als Beilage zu saucenreichen Fleischgerichten reichen oder mit Käsesauce als kleine Mahlzeit. Ausgereifter, ungewaschener Knollensellerie ist im Keller oder anderen Kühlräumen gut lagerfähig.

Sellerieknollen, gefüllt

Selleriesalat

■ Preiswert

Pro Portion:
E: 3 g, F: 12 g, Kh: 17 g,
kJ: 800, kcal: 191

1 Knollensellerie (750 g)

Für die Salatsauce:
3 EL Speiseöl
2 EL Zitronensaft oder Essig
2 EL Schlagsahne
Salz
1 Prise Zucker
1 mittelgroße Zwiebel
1 EL gehackte Kräuter, z. B. Petersilie, Schnittlauch

Zubereitungszeit: 25 Min.

1. Sellerie gründlich unter fließendem Wasser bürsten, schälen und raspeln.
2. Für die Salatsauce Öl mit Zitronensaft oder Essig und Sahne verrühren. Mit Salz und Zucker abschmecken.
3. Zwiebel abziehen und fein würfeln, mit den Kräutern unter die Sauce rühren. Sellerie mit der Sauce vermengen.

Tipp:
Sellerie mit Möhren, Äpfeln oder Tomaten mischen. Sollte der Salat zu trocken sein, etwas Sahne hinzufügen.

MENUE

Vorspeise:
Apfel-Matjes-Salat (Seite 11)
Hauptgericht:
Seezungenröllchen (Seite 434)
Dessert:
Nektarinen mit Häubchen (Seite 318)

Semmelknödel, bayerische

Semmelknödel, bayerische

■ Für Gäste

Pro Portion:
E: 4 g, F: 12 g, Kh: 6 g,
kJ: 618, kcal: 147

10 alte Semmeln (Brötchen)
375 ml (³/₈ l) Milch
40 g Butter
2 Zwiebeln
2 EL gehackte, glatte Petersilie
5 Eier
Salz

Zubereitungszeit: 40 Min.

1. Semmeln in kleine Würfel oder feine Blättchen schneiden.
2. Milch mit der Hälfte der Butter erhitzen, über die Semmeln geben, gut verrühren und 10 Minuten ruhen lassen.
3. Zwiebeln abziehen, fein würfeln, in der restlichen Butter andünsten. Petersilie unterrühren, zu den Semmeln geben.
4. Eier mit Salz verschlagen, unter die abgekühlte Masse rühren. Mit bemehlten Händen etwa 16 Knödel formen, in kochendes Salzwasser geben, zum Kochen bringen, etwa 20 Minuten gar ziehen lassen (Wasser muss sich leicht bewegen).

Tipp:
Probekloß kochen. Sollte er zu weich sein, etwas Mehl oder Semmelbrösel unterrühren.
Zu gebratener Gans servieren.

Senfsauce

■ Klassisch

Pro Portion:
E: 2 g, F: 17 g, Kh: 7 g,
kJ: 824, kcal: 197

35 g Butter oder Margarine
15 g Weizenmehl
250 ml (¹/₄ l) Milch
125 ml (¹/₈ l) Schlagsahne
2 schwach geh. EL mittelscharfer Senf
Salz
Zitronensaft
1 Prise Zucker

Zubereitungszeit: 15 Min.

1. Butter oder Margarine zerlassen. Mehl unter Rühren so lange darin erhitzen, bis es hellgelb ist.
2. Milch und Sahne hinzugießen und mit einem Schneebesen durchschlagen. Darauf achten, dass keine Klumpen entstehen.
3. Sauce zum Kochen bringen und etwa 5 Minuten kochen lassen. Senf in die Sauce geben, mit Salz, Zitronensaft und Zucker abschmecken.

MENUE

Vorspeise:
Hähnchen-Avocado-Salat (Seite 192)
Hauptgericht:
Sauerbraten (Seite 406)
Beilage:
Semmelknödel, bayerische (Seite 436)

Senfsauce, braune

■ Schnell

Pro Portion:
E: 2 g, F: 4 g, Kh: 2 g,
kJ: 260, kcal: 62

375 ml (³/₈ l) Rinderbratensud oder brauner Rinder-Grundfond
2 EL Senf
3 EL Rotwein
3 EL saure Sahne
Salz
Zucker
Zitronensaft
1 TL gehackte Kräuter, z. B. Petersilie, Kresse

Zubereitungszeit: 15 Min.

1. Sud oder Fond zum Kochen bringen. Senf, Rotwein, Sahne unterrühren.
2. Die Sauce mit Salz, Zucker und Zitronensaft würzen. Kräuter hinzufügen.

Tipp:
Zu Rinderschmorbraten oder Kalbsbraten reichen.

Serbische Bohnensuppe

■ Schnellkochtopf

Pro Portion:
E: 38 g, F: 16 g, Kh: 23 g,
kJ: 1662, kcal: 397

500 g Hohe Rippe vom Rind
500 ml (½ l) Fleischbrühe
4 Zwiebeln
2 Knoblauchzehen
1 rote und 1 grüne Paprikaschote
1 Stange Porree (Lauch)
125 g Knollensellerie
1 Dose (400 g) geschälte Tomaten
1 Dose (400 g) weiße Bohnen
Salz
frisch gemahlener Pfeffer
Cayennepfeffer
Paprika extra scharf

Zubereitungszeit: 50 Min.

1. Hohe Rippe unter fließendem kalten Wasser abspülen, mit Brühe in den Schnellkochtopf geben, Topf schließen. Nach Erscheinen des 2. Ringes die Hitzezufuhr verringern und das Fleisch 25 Minuten garen lassen. Den Topf nach Vorschrift öffnen.
2. Das gare Fleisch aus der Brühe nehmen und in Würfel schneiden.
3. Zwiebeln und Knoblauchzehen abziehen und würfeln. Paprikaschoten halbieren, entstielen, entkernen und die weißen Scheidewände entfernen. Schoten waschen und in Streifen schneiden.
4. Porree putzen, längs halbieren, waschen und in Ringe schneiden. Sellerie schälen, waschen und in Würfel schneiden.
5. Gemüse in die Brühe geben. Topf schließen. Nach dem Erscheinen des 2. Ringes die Hitzezufuhr verringern und das Gemüse etwa 4 Minuten garen. Den Topf nach Vorschrift öffnen.
6. Tomaten etwas zerkleinern, mit der Flüssigkeit und weißen Bohnen hinzufügen, zum Kochen bringen und 2–3 Minuten kochen lassen.
7. Die Suppe mit den Gewürzen abschmecken. Fleisch würfeln, in die Suppe geben und miterhitzen.

Tipp:
Die Suppe nach Belieben mit Petersilie bestreuen.

Serbische Bohnensuppe

437

Serbisches Reisfleisch

■ Klassisch

Pro Portion:
E: 34 g, F: 27 g, Kh: 45 g,
kJ: 2463, kcal: 588

500 g mageres Schweinefleisch
50 g fetter Speck
Salz
frisch gemahlener Pfeffer
2–3 Zwiebeln
200 g Brühreis
600 ml heiße Fleischbrühe
250 g Tomaten
2 EL Crème fraîche
Paprika edelsüß
1 EL gehackte Petersilie

Zubereitungszeit: 55 Min.

1. Schweinefleisch unter fließendem kalten Wasser abspülen, trockentupfen und in Würfel schneiden.
2. Speck in Würfel schneiden, auslassen, Fleischwürfel gut darin anbraten, mit Salz und Pfeffer würzen.
3. Zwiebeln abziehen, in Scheiben schneiden, zu den Fleischwürfeln geben und mitbräunen lassen. Brühreis hinzufügen, unter Rühren andünsten und Brühe hinzugießen.
4. Tomaten kurze Zeit in kochendes Wasser legen (nicht kochen lassen), in kaltem Wasser abschrecken, enthäuten und Stängelansätze herausschneiden. Tomaten halbieren, in Würfel schneiden und zu dem Reisfleisch geben.
5. Das Gericht etwa 35 Minuten gar schmoren lassen. Unter das gare Reisfleisch Crème fraîche rühren, mit Paprika abschmecken und mit Petersilie bestreuen.

Serviettenknödel

■ Klassisch

Pro Portion:
E: 22 g, F: 30 g, Kh: 98 g,
kJ: 3303, kcal: 789

8 getrocknete Brötchen
(Semmeln, 300 g)
100 g Margarine
300 g Weizenmehl
3 Eier
Salz
250 ml ($1/4$ l) Milch
kochendes Salzwasser
zerlassene, gebräunte Butter

Zubereitungszeit: 85 Min.

1. Brötchen in kleine Würfel schneiden und in 2 Portionen rösten. Dazu jeweils 50 g Margarine erhitzen, die Brötchenwürfel darin goldgelb rösten und abkühlen lassen.
2. Mehl in eine Schüssel sieben. Eier, Salz und Milch hinzufügen, gut durchschlagen, bis der Teig Blasen wirft und geschmeidig ist. Die gerösteten Brötchenwürfel unterrühren.
3. Ein Geschirrtuch oder eine große Serviette anfeuchten, Knödelmasse zu einem runden Laib formen, auf das untere Drittel des Tuches geben und zusammenrollen. Die beiden Tuch-(Servietten-) enden fest zubinden.
4. Die Rolle in reichlich kochendes Salzwasser geben und den Topf mit einem Deckel verschließen. Serviettenknödel etwa 1 Stunde gar ziehen lassen (das Wasser muss sich leicht bewegen).
5. Den garen Serviettenknödel aus dem Geschirrtuch (Serviette) wickeln und mit Hilfe eines Zwirnsfadens in Scheiben schneiden.

Serbisches Reisfleisch

6. Serviettenknödelscheiben nach Belieben mit Butter begießen.

Tipp:
Serviettenknödel als Beilage zu Sauerbraten, Schweinebraten, Geflügel (Ente, Gans) oder Gulasch reichen.

Sojasprossensalat mit Geflügel und Shrimps

■ Für Gäste

Pro Portion:
E: 26 g, F: 26 g, Kh: 6 g,
kJ: 1626, kcal: 388

300 g Sojasprossen
8 EL Nussöl
200 g Geflügelbruststreifen
3 EL Himbeeressig
Sojasauce
Salz
frisch gemahlener Pfeffer
Knoblauchpulver
200 g Shrimps oder Krabben
Kresse

Zubereitungszeit: 40 Min.

1. Sojasprossen kalt abspülen und kurz blanchieren. Auf ein Sieb gießen und auskühlen lassen.
2. Zwei Esslöffel Nussöl erhitzen, Geflügelbruststreifen darin braten.
3. Aus dem restlichen Öl, Essig, Sojasauce und den Gewürzen eine Marinade rühren.
4. Sojasprossen, Geflügelbruststreifen und Shrimps oder Krabben in die Marinade geben und kurz ziehen lassen.
5. Vor dem Servieren mit gewaschener Kresse garnieren.

Sojasprossensalat mit Geflügel und Shrimps

Soleier

■ Gut vorzubereiten

Insgesamt:
E: 47 g, F: 40 g, Kh: 3 g,
kJ: 2531, kcal: 605

1 l Wasser, 60 g Salz, 6 Eier

Zubereitungszeit: 20 Min., ohne Durchziehzeit

1. Wasser mit Salz aufkochen, die Eier vorsichtig hineingeben und in 8–10 Minuten hart kochen.
2. Eier herausnehmen, abschrecken, die Schalen leicht anknicken und die Eier in ein Glas legen.
3. Salzwasser darüber geben, kühl stellen und mindestens 24 Stunden ziehen lassen.

Tipp:
Kühl aufbewahrt halten sich Soleier bis zu 6 Tage. Bei hellen Eiern können Sie die braunen Schalen von 2 Zwiebeln in dem Salzwasser mitkochen. Die Flüssigkeit danach durch ein Sieb geben.

MENUE

Vorspeise:
Sojasprossensalat mit Geflügel und Shrimps (Seite 439)

Hauptgericht:
Tomaten-Broccoli-Auflauf (Seite 472)

Dessert:
Pfirsich Melba (Seite 348)

Spaghetti Bolognese

■ Klassisch

Pro Portion:
E: 27 g, F: 27 g, Kh: 72 g,
kJ: 2916, kcal: 696

Für die Sauce:
2 Zwiebeln
1–2 Knoblauchzehen
2 EL Olivenöl
250 g Hackfleisch
(halb Rind-, halb Schweinefleisch)
Salz
frisch gemahlener Pfeffer
Paprika edelsüß
400 g Tomaten (aus der Dose)
70 g Tomatenmark (aus der Dose)
125 ml ($1/8$ l) Rotwein oder Wasser
1 TL gehackte Thymianblättchen
1 TL gehackte Basilikumblättchen

Für die Spaghetti:
400 g Spaghetti
3 l kochendes Salzwasser
1 EL Speiseöl

geriebener Parmesan

Zubereitungszeit: 30 Min.

1. Für die Sauce Zwiebeln und Knoblauchzehen abziehen und würfeln. Olivenöl erhitzen, Zwiebel- und Knoblauchwürfel darin andünsten.
2. Hackfleisch hinzufügen und unter ständigem Rühren etwa 5 Minuten anbraten. Dabei die Fleischklümpchen mit einer Gabel zerdrücken, mit Salz, Pfeffer und Paprika würzen.
3. Tomaten mit dem Saft hinzufügen. Tomaten mit einem Löffel etwas zerkleinern. Tomatenmark, Rotwein oder Wasser hinzufügen, gut verrühren und zum Kochen bringen.
4. Sauce etwa 10 Minuten kochen lassen. Thymian- und Basilikumblättchen unterrühren.
5. Für die Spaghetti Spaghetti in kochendes Salzwasser geben und Speiseöl hinzufügen. Nudeln nach Packungsanleitung garen, auf ein Sieb geben und abtropfen lassen.
6. Das Gericht mit Parmesan bestreuen.

Spaghetti Carbonara

■ Klassisch

Pro Portion:
E: 30 g, F: 57 g, Kh: 69 g,
kJ: 3992, kcal: 953

400 g Spaghetti
3 l Salzwasser
150 g durchwachsener Speck
1 EL Olivenöl
4 Eier
50 g geriebener Parmesan
Salz
frisch gemahlener Pfeffer
6 EL Schlagsahne
50 g Butter

Zubereitungszeit: 25 Min.

1. Spaghetti in Salzwasser bissfest kochen.
2. Speck würfeln und in einer Pfanne in erhitztem Öl anbraten.
3. Eier aufschlagen, mit Parmesan mischen, salzen und pfeffern. Sahne hinzufügen.
4. In einer Pfanne Butter erhitzen, Eiergemisch hinzufügen, Spaghetti und Speckwürfel dazugeben. Mit der Gabel durchrühren, bis die Eiermasse gestockt ist.

Spaghetti Bolognese

Spaghetti mit Meeresfrüchten

■ Raffiniert

Pro Portion:
E: 29 g, F: 10 g, Kh: 70 g,
kJ: 2296, kcal: 548

400 g Spaghetti
200 g Muscheln mit Schalen
200 g küchenfertige kleine Tintenfische
100 g Lachsfilet
2 EL Olivenöl
2 EL Zwiebelwürfel
2 abgezogene, gewürfelte Knoblauchzehen
150 g Tomatenwürfel
1 kleines Bund Basilikum
Salz
grober, bunter Pfeffer

Zubereitungszeit: 30 Min.

1. Spaghetti in reichlich Salzwasser bissfest kochen. Auf ein Sieb geben und abtropfen lassen.
2. In der Zwischenzeit Muscheln unter fließendem kalten Wasser gründlich abbürsten (geöffnete Muscheln nicht verwenden). Tintenfische und Lachsfilet unter fließendem kalten Wasser abspülen und trockentupfen. Lachs in Würfel schneiden.
3. Öl erhitzen. Zwiebelwürfel, Knoblauch, Tintenfische, Muscheln und Lachs darin andünsten.
4. Tomatenwürfel und gehacktes Basilikum (einige Blättchen zum Garnieren zurücklassen) zugeben und mitdünsten lassen. Mit Salz und Pfeffer würzen.
5. Spaghetti mit der Sauce auf Tellern anrichten und mit Basilikumblättchen garnieren.

Spaghetti mit Sardellen, Oliven und Kapern

■ Raffiniert

Pro Portion:
E: 36 g, F: 30 g, Kh: 75 g,
kJ: 3054, kcal: 729

1 kg reife Tomaten
4 EL Olivenöl
2 abgezogene Knoblauchzehen
3 l Salzwasser
400 g Spaghetti
4 Sardellen
150 g grüne Oliven
2 EL Kapern
Salz
1 EL gehackte Petersilie

Zubereitungszeit: 30 Min.

1. Tomaten kurz in kochendes Wasser legen und in kaltem Wasser abschrecken. Enthäuten, in Stückchen schneiden, dabei Stängelansätze entfernen und entkernen.
2. Öl erhitzen und Knoblauchzehen hinzufügen. Wenn die Knoblauchzehen gelb gebraten sind, aus dem Öl herausnehmen.
3. Tomaten in das Öl geben und bei schwacher Hitze weich dünsten.
4. Inzwischen Salzwasser zum Kochen bringen und Spaghetti hineingeben, nach Packungsanleitung bissfest kochen.
5. Gewaschene, entgrätete und in Stückchen geschnittene Sardellen, die entkernten Oliven und Kapern in die Tomatensauce geben. Mit wenig Salz abschmecken.
6. Spaghetti auf einem Sieb abtropfen lassen, Sauce darüber gießen, mit Petersilie bestreuen und servieren.

Spaghetti mit Sardellen, Oliven und Kapern

Spaghetti mit Meeresfrüchten

MENUE

Vorspeise:
Tomaten mit Mozzarella (Seite 471)
Hauptgericht:
Spaghetti Bolognese (Seite 440)
Dessert:
Zitronencreme (Seite 508)

Spanferkelkeule, geschmort

■ Dauert länger

Spanferkelkeule, geschmort

Pro Portion:
E: 51 g, F: 32 g, Kh: 9 g,
kJ: 2501, kcal: 597

1 Spanferkelkeule (1 kg)
Salz, frisch gemahlener Pfeffer
3 EL Speiseöl
1 Möhre, 1 Stück Knollensellerie
1 große Zwiebel
gerebelter Thymian
gerebelter Majoran
1 EL Tomatenmark
100 g entsteinte Backpflaumen
200 ml trockener Rotwein
200 ml Kalbsfond

Zubereitungszeit: 2½ Std.

1. Spanferkelkeule kalt abspülen, trockentupfen, mit Salz und Pfeffer bestreuen.
2. Öl in einem Bräter erhitzen, Keule darin von allen Seiten kräftig anbraten.
3. Möhre und Sellerie putzen, schälen und waschen. Zwiebel abziehen. Gemüse in grobe Würfel schneiden, zu der Spanferkelkeule geben und mit anrösten.
4. Thymian, Majoran und Tomatenmark hinzufügen, gut verrühren und mit Wasser ablöschen.
5. Bräter auf dem Rost in den Backofen schieben.
   Ober-/Unterhitze: etwa 200 °C (vorgeheizt)
   Heißluft: etwa 180 °C (nicht vorgeheizt)
   Gas: Stufe 3–4 (nicht vorgeheizt)
   Garzeit: etwa 2 Stunden.
6. Während der Garzeit die eingekochte Flüssigkeit ersetzen. Nach der Hälfte der Garzeit Backpflaumen hinzugeben.
7. Mit Wein und Kalbsfond aufgießen. Nach Beendigung der Garzeit Keule herausnehmen und warm stellen.
8. Fond mit den Backpflaumen und dem Gemüse im Mixer pürieren und um etwa ein Drittel einkochen lassen. Sauce evtl. nochmals abschmecken und zu der Spanferkelkeule reichen.

Tipp:
Als Beilage passen besonders gut geschmorter Wirsing und Kümmelkartoffeln mit gehackter Petersilie.

Spanisch Frikko

■ Für Gäste

Pro Portion:
E: 43 g, F: 28 g, Kh: 59 g,
kJ: 2895, kcal: 691

250 g Schweinefleisch
250 g Rindfleisch
125 g Kalbfleisch
3 große Zwiebeln
1½ kg Kartoffeln
40 g Margarine
Salz, frisch gemahlener Pfeffer
Paprika edelsüß
½ TL Kümmelsamen
375 ml (3/8 l) Fleischbrühe
2 EL Crème fraîche
2 EL gehackte Petersilie

Zubereitungszeit: 90 Min.

1. Fleisch unter fließendem kalten Wasser abspülen, trockentupfen und in kleine Würfel schneiden.
2. Zwiebeln abziehen und würfeln. Kartoffeln schälen, waschen und in Würfel schneiden.
3. Margarine erhitzen, Fleischwürfel unter Wenden schwach darin bräunen. Kurz bevor das Fleisch genügend gebräunt ist, Zwiebelwürfel hinzufügen und kurze Zeit miterhitzen.
4. Kartoffelwürfel, Salz, Pfeffer, Paprika, Kümmel und Brühe hinzufügen und in etwa 45 Minuten gar schmoren lassen.
5. 10 Minuten vor Beendigung der Schmorzeit Crème fraîche unterrühren.
6. Das Gericht mit Petersilie bestreut servieren.

Spanisch Frikko

Spanischer Hühnertopf

■ Schnellkochtopf

Spanischer Hühnertopf

Pro Portion:
E: 68 g, F: 45 g, Kh: 46 g,
kJ: 3683, kcal: 880

1 küchenfertiges Hähnchen (1,2 kg)
4 EL Olivenöl
2 rote Paprikaschoten
150 g Langkornreis, 300 g TK-Erbsen
200 g Champignonstücke
(aus der Dose, mit Flüssigkeit)
4 EL Tomatenmark
1½ l Fleischbrühe
Salz, Pfeffer, gerebeltes Basilikum
getrockneter Rosmarin

Zubereitungszeit: 50 Min.

1. Hähnchen unter fließendem kalten abspülen, trockentupfen, in etwa 10 Stücke schneiden.
2. Öl im Schnellkochtopf erhitzen und Hähnchenteile von allen Seiten gut darin anbraten.
3. Paprikaschoten halbieren, entstielen, entkernen, die weißen Scheidewände entfernen, Schoten waschen, in breite Streifen schneiden, zu dem Fleisch geben und kurze Zeit mitschmoren lassen.
4. Reis mit Erbsen, Champignonstücken und -flüssigkeit hinzufügen.
5. Tomatenmark unterrühren, Fleischbrühe hinzugießen, mit Salz, Pfeffer, Basilikum und Rosmarin würzen.
6. Schnellkochtopf schließen. Nach dem Erscheinen des 2. Ringes die Hitzezufuhr verringern und den Hühnertopf etwa 10 Minuten garen lassen.
7. Den Topf nach Vorschrift öffnen, das Gericht abschmecken.

Spareribs mit feuriger Honigglasur

■ Preiswert

Pro Portion:
E: 48 g, F: 51 g, Kh: 9 g,
kJ: 3140, kcal: 750

1 kg Spareribs (Rippenspeer)
frisch gemahlener Pfeffer
Paprika edelsüß, gerebelter Majoran
4 EL Speiseöl, 1 Knoblauchzehe
1 TL Salz, 1 TL abgeriebene
Zitronenschale (unbehandelt)
1 Chilischote, 2 EL Tomatenketchup
3 EL Olivenöl, 2 EL Honig
1–2 EL Weinbrand
evtl. 2 EL Schnittlauchröllchen

Zubereitungszeit: 45 Min.

1. Spareribs in 8 Stücke teilen, kalt abspülen, trockentupfen, mit Pfeffer, Paprika und Majoran würzen, mit Öl bestreichen.
2. Rippchen auf ein mit Alufolie belegtes Backblech legen und in den Backofen schieben.
   Ober-/Unterhitze: etwa 200 °C (vorgeheizt)
   Heißluft: etwa 180 °C (vorgeheizt)
   Gas: Stufe 3–4 (vorgeheizt)
   Bratzeit: etwa 35 Minuten.
3. Knoblauch abziehen, mit Salz zu einer Paste zerreiben und mit Zitronenschale vermischen. Chilischote halbieren, entkernen, waschen und fein hacken, mit der Knoblauch-Zitronen-Paste, dem Ketchup, Öl und Honig verrühren und mit Weinbrand abschmecken. Mit Pfeffer und Paprika würzen.
4. Die Masse nach etwa 20 Minuten Bratzeit über die Spareribs streichen und fertig braten.
5. Die Spareribs evtl. mit Schnittlauch bestreut servieren.

Beilage:
Krautsalat, Kartoffelsalat und Folienkartoffeln.

Spareribs mit feuriger Honigglasur

Spargel in Kräutermarinade

■ Gut vorzubereiten

Pro Portion:
E: 4 g, F: 0 g, Kh: 10 g,
kJ: 286, kcal: 68

1 kg Spargel
500 ml ($^1/_2$ l) Salzwasser
250 ml ($^1/_4$ l) Weißweinessig
3–4 TL Zucker
1 TL schwarze Pfefferkörner
2 TL gehackte Estragonblätter
2 TL fein gehackter Dill
2 TL fein gehackte Kerbelblättchen

Zubereitungszeit: 70 Min.,
ohne Ziehzeit

Spargel in Kräutermarinade

1. Spargel waschen, von oben nach unten schälen, die unteren Enden abschneiden (holzige Stellen vollkommen wegschneiden), Spargel abspülen. Salzwasser zum Kochen bringen, die Spargelschalen hineingeben, zum Kochen bringen und etwa 15 Minuten kochen lassen.

2. Spargelschalen auf ein Sieb geben und die Kochflüssigkeit auffangen. Die Flüssigkeit mit Essig, Zucker und Pfefferkörnern zum Kochen bringen. Spargelstangen hineingeben, zum Kochen bringen und etwa 15 Minuten kochen lassen.

3. Spargel mit den Kräutern in eine flache Form geben, die Flüssigkeit nochmals abschmecken, wieder zum Kochen bringen und sofort über den Spargel gießen. Die Form mit Frischhaltefolie abdecken. Mindestens 1 Tag im Kühlschrank durchziehen lassen.

Tipp:
Als Beilage zu kaltem Braten oder kurz gebratenen Fleischstücken oder zusammen mit anderen marinierten Gemüsen als Antipasti reichen.

Spargel mit abgeschlagener Sauce

■ Schnell

Pro Portion:
E: 10 g, F: 25 g, Kh: 15 g,
kJ: 1425, kcal: 340

500 g gekochte Spargelspitzen
50 g Butter
4 Scheiben Toastbrot

Für die abgeschlagene Sauce:
2 Eigelb
3 EL lauwarmes Wasser
2 EL steif geschlagene Schlagsahne
Salz
frisch gemahlener Pfeffer
Zitronensaft
Salatblätter
100 g roher oder gekochter Schinken
gehackte Petersilie

Spargel mit abgeschlagener Sauce

Zubereitungszeit: 25 Min.

1. Spargelspitzen abtropfen lassen und warm stellen. Butter zerlassen, Toastbrot von beiden Seiten darin braun rösten.

2. Für die Sauce Eigelb mit Wasser im Wasserbad so lange schlagen, bis die Masse dicklich wird (nicht kochen lassen). Sahne unterheben und die Sauce mit Salz, Pfeffer und Zitronensaft abschmecken.

3. Die Brotscheiben auf Salatblättern anrichten, den Spargel darauf verteilen, etwas von der Sauce darüber geben und die restliche Sauce getrennt dazu reichen. Schinken in Streifen schneiden, über die Spargelbrote verteilen und mit Petersilie bestreuen.

MENUE

Vorspeise:
Spargel mit abgeschlagener Sauce
(Seite 444)
Hauptgericht:
Filetscheiben in Parmesan (Seite 120)
Dessert:
Joghurt-Aprikosen-Gelee (Seite 230)

Spargel-Kerbel-Suppe mit Hackklößchen

■ **Gut vorzubereiten**

Pro Portion:
E: 19 g, F: 20 g, Kh: 14 g,
kJ: 1337, kcal: 319

Für die Hackklößchen:
200 g Tatar
2 EL Butter
1 Eigelb
30 g Semmelbrösel
1 EL fein gehackte Petersilie
Salz
frisch gemahlener Pfeffer
geriebene Muskatnuss

Für die Suppe:
750 g Spargel
250 g Champignons
1 Bund Suppengrün
3 Frühlingszwiebeln
3 EL Butter
1 l Gemüsebrühe
3 EL Crème fraîche
4 EL gehackte Kerbelblättchen

Zubereitungszeit: 40 Min.

1. Für die Hackklößchen Tatar, Butter, Eigelb, Semmelbrösel und Petersilie zu einer geschmeidigen Masse verkneten. Mit Salz, Pfeffer und Muskatnuss würzen. Aus der Masse Klößchen formen.
2. Für die Suppe Spargel schälen und die Enden abschneiden. Spargel waschen, abtropfen lassen und in etwa 3 cm lange Stücke schneiden. Champignons putzen, mit Küchenpapier abreiben, evtl. abspülen und in Scheiben schneiden. Suppengrün und Frühlingszwiebeln putzen, waschen und in feine Streifen schneiden.
3. Butter zerlassen, Suppengrün- und Zwiebelstreifen darin leicht andünsten, Brühe hinzugießen und zum Kochen bringen. Spargelstückchen darin zum Kochen bringen. Nach etwa 10 Minuten Champignons und Klößchen dazugeben, etwa 5 Minuten bei schwacher Hitze mitkochen lassen.
4. Crème fraîche unterrühren und Kerbel über die Suppe geben.

Spargel-Schinken-Omelett

2 Portionen

■ **Schnell**

Pro Portion:
E: 14 g, F: 19 g, Kh: 1 g,
kJ: 1015, kcal: 242

100 g gegarte Spargelspitzen
100 g gekochter Schinken
1 EL Butter oder Margarine
4 Eier, 4 EL Milch
Salz
30 g Butter oder Margarine
gehackte Petersilie

Zubereitungszeit: 25 Min.

1. Spargel abtropfen lassen. Schinken in Würfel schneiden. Butter oder Margarine zerlassen, Spargel und Schinken darin erhitzen.
2. Eier mit Milch und Salz verschlagen. Butter oder Margarine in einer Stielpfanne erhitzen, Eiermilch hineingeben (Pfanne mit einem Deckel schließen) und in etwa 15 Minuten langsam gerinnen lassen.
3. Wenn die untere Seite des Omeletts bräunlich gebacken ist (die obere Seite muss weich bleiben), Spargel-Schinken-Masse auf eine Hälfte des Omeletts geben, die andere Hälfte darüber schlagen. Das Omelett auf eine vorgewärmte Platte gleiten lassen und mit Petersilie bestreuen.

Spargel-Kerbel-Suppe mit Hackklößchen

445

Spargelauflauf

■ Gut vorzubereiten

Spargelauflauf

Pro Portion:
E: 24 g, F: 41 g, Kh: 22 g,
kJ: 2430, kcal: 580

2 altbackene Brötchen (Semmeln)
200 ml Milch
200 g gekochter Schinken
100 g Butter
4 Eigelb
Salz, frisch gemahlener Pfeffer
4 Eiweiß
750 g gegarte, grüne und weiße Spargelstücke
20 g Semmelbrösel
30 g Butterflöckchen

Zubereitungszeit: 45 Min.

1. Brötchen in Milch einweichen. Schinken in Streifen schneiden.
2. Butter geschmeidig rühren, nach und nach Eigelb unterrühren. Mit Brötchen und Schinkenstreifen vermengen, mit Salz und Pfeffer würzen. Eiweiß steif schlagen, mit den Spargelstücken unterheben.
3. Die Masse in eine gefettete Auflaufform schichten. Semmelbrösel darüber streuen und mit Butterflöckchen belegen. Die Form auf dem Rost in den Backofen schieben.
Ober-/Unterhitze: etwa 200 °C (vorgeheizt)
Heißluft: etwa 180 °C (vorgeheizt)
Gas: Stufe 3–4 (vorgeheizt)
Garzeit: etwa 30 Minuten.

Spargelcremesuppe
3 Portionen

■ Preiswert

Pro Portion:
E: 9 g, F: 18 g, Kh: 11 g,
kJ: 1076, kcal: 257

250 g Suppenspargel
500 ml ($1/2$ l) Wasser
1 TL Salz, 1 gestr. TL Zucker
10 g Butter
250 ml ($1/4$ l) Milch
20 g Butter
15 g Weizenmehl
500 ml ($1/2$ l) Spargelkochflüssigkeit
1 Prise Zucker
1 Eigelb
2 EL Schlagsahne
50 g gekochter Schinken, in Scheiben
1 EL gehackte Petersilie

Zubereitungszeit: 40 Min.

1. Spargel waschen, von oben nach unten schälen, Enden abschneiden. Darauf achten, dass Schalen und holzige Stücke völlig entfernt, die Köpfe aber nicht verletzt werden. Wasser mit Salz, Zucker und Butter zum Kochen bringen. Spargelenden und -schalen hinzufügen, zum Kochen bringen und etwa 20 Minuten kochen lassen. Das Spargelwasser durch ein Sieb gießen und mit Milch auffüllen.
2. Spargelstangen in 3 cm lange Stücke schneiden, in die Flüssigkeit geben, zum Kochen bringen, etwa 10 Minuten kochen lassen und zum Abtropfen auf ein Sieb geben. Von der Flüssigkeit 500 ml ($1/2$ l) abmessen.
3. Butter zerlassen und Mehl unter Rühren so lange darin erhitzen, bis es hellgelb ist. Spargelkochflüssigkeit hinzugießen und mit einem Schneebesen durchschlagen, dabei darauf achten, dass keine Klümpchen entstehen. Suppe zum Kochen bringen, etwa 5 Minuten kochen lassen und mit Salz und Zucker abschmecken.
4. Eigelb mit Sahne verschlagen und die Suppe damit abziehen (nicht mehr kochen lassen).
5. Schinken in Streifen schneiden, mit den Spargelstücken in die Suppe geben und mit Petersilie bestreuen.

MENUE

Vorspeise:
Spargelsalat (Seite 447)
Hauptgericht:
Matjes in Dill (Seite 302)
Dessert:
Erdbeergrütze mit Vanillesahne (Seite 110)

Spargelragout mit Klößchen und Blätterteigfleurons

■ Für Gäste – gut vorzubereiten

Pro Portion:
E: 23 g, F: 33 g, Kh: 18 g,
kJ: 2031, kcal: 485

G H I J K L M N O P Q R **S**

Spargelragout mit Klößchen und Blätterteigfleurons

750 g weißer Spargel
750 g grüner Spargel
1¹/₂ l Salzwasser
250 g Kalbsbrät
200 ml Kalbs- oder Rinderfond
100 ml Schlagsahne
1 EL Weizenmehl
Salz, frisch gemahlener Pfeffer
2 Scheiben (120 g) TK-Blätterteig
1 Ei
1 EL Schnittlauchröllchen
1 EL kleine, rote und grüne Paprikawürfel

Zubereitungszeit: 65 Min.

1. Weißen Spargel von oben nach unten schälen, bei dem grünen Spargel nur das untere Drittel schälen, die unteren Enden abschneiden (holzige Stellen vollkommen wegschneiden), Spargel abspülen und in Salzwasser garen (weißen Spargel etwa 15 Minuten, grünen nur etwa 10 Minuten).
2. Aus dem Kalbsbrät kleine Klößchen formen, in dem heißen Fleischfond etwa 8 Minuten gar ziehen lassen und herausnehmen.
3. Fond mit Sahne aufkochen, mit angerührtem Mehl andicken, salzen und pfeffern. Spargel in mundgerechte Stücke schneiden und mit den Fleischklößchen in die Sauce geben.
4. Aus dem aufgetauten Blätterteig Halbmonde ausstechen, diese mit verquirltem Ei bestreichen und auf ein mit Backpapier belegtes Backblech legen und in den Backofen schieben.
Ober-/Unterhitze: etwa 200 °C (vorgeheizt)
Heißluft: etwa 180 °C (vorgeheizt)
Gas: Stufe 3–4 (vorgeheizt)
Backzeit: etwa 10 Minuten.
5. Das Spargelragout anrichten, mit Schnittlauchröllchen, Paprikawürfeln und Blätterteigfleurons (Halbmonde) garnieren.

Spargelsalat

■ **Gut vorzubereiten**

Pro Portion:
E: 8 g, F: 19 g, Kh: 6 g,
kJ: 991, kcal: 236

je 500 g weißer und grüner Spargel
1 l Salzwasser

Für die Sauce:
1 Schalotte
2 EL Weinessig
1 EL Zitronensaft
¹/₂ TL Zucker
frisch gemahlener Pfeffer
5 EL Sonnenblumenöl
2 Eier, 1 Bund Petersilie
¹/₂ Kopfsalat

Zubereitungszeit: 30 Min., ohne Ziehzeit

1. Weißen Spargel von oben nach unten schälen, beim grünen Spargel nur das untere Drittel schälen, die unteren Enden abschneiden (holzige Stellen vollkommen wegschneiden), Spargel abspülen, in Stücke schneiden und in leicht gesalzenem Wasser in etwa 10 Minuten knapp gar kochen.
2. Für die Sauce die Schalotte abziehen und fein hacken, mit Essig, Zitronensaft, Zucker und Pfeffer verrühren. Öl hinzufügen und über den abgetropften, noch warmen Spargel gießen. Zugedeckt einige Stunden durchziehen lassen.
3. Eier hart kochen, abschrecken, pellen und hacken. Petersilie abspülen, trockentupfen und fein hacken. Beides über den Spargel streuen.
4. Salat verlesen, waschen, abtropfen lassen, in Streifen schneiden und auf Teller verteilen. Den Spargelsalat darauf anrichten.

Spargelsalat

447

Spargelsalat, bunt
6 Portionen

■ Für Gäste

Pro Portion:
E: 1 g, F: 19 g, Kh: 9 g,
kJ: 918, kcal: 219

200 g kleine Kartoffeln
1 kg weißer Stangenspargel
375 ml (³/₈ l) Salzwasser
½ TL Zucker
20 g Butter
1 Bund Radieschen
200 g Cocktailtomaten
1 Bund Frühlingszwiebeln

Für die Sauce:
8 EL Knoblauchöl
5 EL Kräuteressig
½ TL süßer Senf
Salz, frisch gemahlener Pfeffer
1 Prise Zucker

Zubereitungszeit: 80 Min.

1. Kartoffeln waschen, etwa 20 Minuten kochen, abpellen, abkühlen lassen und in Scheiben schneiden.
2. Spargel von oben nach unten schälen, holzige Enden abschneiden, Spargel waschen. Salzwasser mit Zucker und Butter zum Kochen bringen, Spargel darin in etwa 15 Minuten gar kochen, aus dem Sud nehmen, abtropfen lassen und in 5 cm lange Stücke schneiden.
3. Radieschen putzen, waschen und in Scheiben schneiden. Tomaten waschen und in Scheiben schneiden. Frühlingszwiebeln putzen, waschen, abtropfen lassen und in feine Scheiben schneiden. Alle Zutaten vorsichtig miteinander vermischen.
4. Für die Sauce Öl mit Essig, Senf, Salz, Pfeffer und Zucker verrühren und über den Salat geben. Salat einige Zeit durchziehen lassen, hin und wieder in der Sauce vorsichtig wenden.

Beilage:
Ofenwarmes Brot und Butterröllchen.

Tipp:
Pro Portion noch ein gekochtes, in Sechstel geschnittenes Ei hinzufügen.

Spätzle
Grundrezept

■ Klassisch

Pro Portion:
E: 9 g, F: 12 g, Kh: 37 g,
kJ: 1292, kcal: 309

200 g Weizenmehl
2 Eier, ½ gestr. TL Salz
5 EL Wasser
40 g Butter

Zubereitungszeit: 50 Min.

1. Mehl in eine Schüssel sieben und in die Mitte eine Vertiefung eindrücken. Eier mit Salz und Wasser verschlagen. Etwas davon in die Vertiefung geben und mit Handrührgerät mit Knethaken von der Mitte aus mit dem Mehl verrühren.
2. Nach und nach die übrige Flüssigkeit hinzugießen. Darauf achten, dass kei-

Spargelsalat, bunt

ne Klümpchen entstehen. Den Teig so lange rühren, bis er Blasen wirft.
3. Den Teig entweder mit einem Spätzlehobel oder durch eine Spätzlepresse in reichlich kochendes Salzwasser geben und in 3–5 Minuten gar kochen lassen (Spätzle sind gar, wenn Sie an der Oberfläche schwimmen). Die garen Spätzle auf ein Sieb geben und mit kaltem Wasser übergießen.
4. Butter bräunen und die Spätzle darin schwenken.

Tipp:
Sie können den Spätzleteig auch auf ein Holzbrett streichen und mit einem Messer kleine Stücke in kochendes Salzwasser schaben. Zu den Spätzle gebräunte Zwiebeln servieren.

Spätzle, überbacken

■ Für Gäste

Pro Portion:
E: 29 g, F: 43 g, Kh: 42 g,
kJ: 2945, kcal: 704

Für die Spätzle:
200 g Weizenmehl
2 Eier
1/2 gestr. TL Salz
5 EL Wasser

Für den Spinat:
600 g TK-Blattspinat
2 Becher (je 125 g) Crème double
3 EL Zwiebelwürfel
Salz, 150 g geriebener Emmentaler

Zubereitungszeit: 70 Min.

1. Für die Spätzle Mehl in eine Schüssel sieben. Eier, Salz und Wasser verschla-

gen, mit dem Mehl verrühren. Dabei darauf achten, dass keine Klümpchen entstehen. Teig so lange schlagen, bis er Blasen wirft.
2. Teig mit Hilfe eines Spätzlehobels portionsweise in kochendes Salzwasser geben, zum Kochen bringen, gar kochen lassen (Spätzle sind gar, wenn sie an der Oberfläche schwimmen). Spätzle dann nochmals kurz aufkochen lassen, auf ein Sieb geben, mit kaltem Wasser übergießen und abtropfen lassen.
3. Für den Spinat den TK-Spinat auftauen lassen, mit Crème double und Zwiebelwürfeln verrühren, mit Salz abschmecken und in eine gefettete Auflaufform geben.
4. Spätzle darauf verteilen und mit Käse bestreuen. Die Form auf dem Rost in den Backofen schieben.
Ober-/Unterhitze: etwa 200 °C (vorgeheizt)
Heißluft: etwa 180 °C (vorgeheizt)
Gas: Stufe 3–4 (vorgeheizt)
Backzeit: etwa 20 Minuten.
5. Die überbackenen Spätzle sofort servieren.

Spätzle- oder Nockerlnsuppe

■ Schnell

Pro Portion:
E: 8 g, F: 10 g, Kh: 3 g,
kJ: 585, kcal: 139

100 g Kalbsbrät
1 kleines Ei
geriebene Muskatnuss oder gerebelter Majoran
frisch gemahlener Pfeffer

Spätzle, überbacken

1 geh. EL Semmelbrösel
evtl. Meersalz
1 l Gemüsebrühe oder entfettete Fleischbrühe
fein gehackte Kräuter, z.B. Petersilie, Schnittlauch

Zubereitungszeit: 25 Min.

1. Kalbsbrät mit Ei, Gewürzen, Semmelbröseln und evtl. Salz zu einem Teig verarbeiten. Aus der Masse Spätzle schaben oder Nockerln formen.
2. Die Brühe zum Kochen bringen. Spätzle oder Nockerln in die Brühe geben und gar ziehen lassen (Spätzle etwa 5 Minuten, Nockerln etwa 15 Minuten).
3. Suppe mit Kräutern anrichten.

MENUE

Vorspeise:
Cäsarsalat (Seite 71)
Hauptgericht:
Kalbsvögerl (Seite 242)
Beilage:
Spätzle, überbacken (Seite 449)

449

Speckböhnchen

■ Klassisch

Pro Portion:
E: 8 g, F: 31 g, Kh: 8 g,
kJ: 1500, kcal: 357

750 g grüne Bohnen
2–3 Bohnenkrautzweige oder gerebeltes Bohnenkraut
175 g durchwachsener Speck
1 EL Butter
1 Zwiebel
1 Knoblauchzehe
Salz
frisch gemahlener Pfeffer

Zubereitungszeit: 35 Min.

1. Bohnen evtl. abfädeln, die Enden abschneiden, Bohnen waschen und in Stücke schneiden. Salzwasser mit Bohnenkraut zum Kochen bringen, die Bohnen hineingeben, in 15–20 Minuten gar kochen, abgießen. Speck in Würfel schneiden.
2. Butter zerlassen und Speckwürfel darin auslassen. Zwiebel und Knoblauch abziehen, würfeln und in dem Speckfett glasig dünsten lassen.
3. Bohnen darin schwenken, mit Salz und Pfeffer würzen.

MENUE

Vorspeise:
Hühnerbrühe (Seite 218)
Hauptgericht:
Speckscholle (Seite 451)
Beilage:
Kartoffelsalat mit Essig-Öl-Marinade (Seite 250)

Speckknödel

Speckknödel

■ Preiswert

Pro Portion:
E: 19 g, F: 30 g, Kh: 44 g,
kJ: 2308, kcal: 551

8 (etwa 300 g) altbackene Brötchen (Semmeln)
125 g durchwachsener Speck
1 Zwiebel
250 ml (¼ l) kochend heiße Milch
4 Eier
Salz
frisch gemahlener Pfeffer
geriebene Muskatnuss
1 gestr. TL Backpulver
1 EL gehackte Petersilie

Zubereitungszeit: 95 Min.

1. Brötchen in knapp 2 mm dicke Blättchen schneiden. Speck in Würfel schneiden und auslassen. Zwiebel abziehen, würfeln und in dem Speckfett goldgelb dünsten lassen.
2. Speck-Zwiebel-Masse mit der Milch über die Semmelblättchen geben, etwa 1 Stunde durchziehen lassen.
3. Eier verschlagen, mit Salz, Pfeffer und Muskat würzen, Backpulver und Petersilie unterrühren und mit der Semmelmasse verrühren.
4. Aus der Masse mit nassen Händen etwa 12 Klöße formen, in reichlich kochendes Salzwasser geben, zum Kochen bringen und in etwa 20 Minuten gar ziehen lassen (Wasser muss sich leicht bewegen).

Beilage:
Sauerkraut oder Tomatensauce und Salat

Speckkuchen

■ Für Gäste

Pro Portion:
E: 18 g, F: 67 g, Kh: 40 g,
kJ: 3677, kcal: 878

Für den Teig:
200 g Weizenmehl
1 gestr. TL Backpulver
1/2 gestr. TL Salz
3 EL Milch oder Wasser
100 g kalte Butter oder Margarine

Für den Belag:
3 Zwiebeln
250 g Schinkenspeck, 3 Eier
3 EL Milch, 1 Msp. gemahlener Pfeffer
evtl. etwas Kümmel

Zubereitungszeit: 65 Min.

1. Für den Teig Mehl und Backpulver mischen und in eine Rührschüssel sieben. In die Mitte eine Vertiefung eindrücken, Salz, Milch und Butter hinzufügen. Mit Handrührgerät mit Knethaken zunächst kurz auf niedrigster, dann auf höchster Stufe gut durcharbeiten.
2. Anschließend auf der Arbeitsfläche zu einem glatten Teig verkneten. Sollte er kleben, ihn eine Zeit lang kalt stellen.

Speckkuchen

3. Zwei Drittel des Teiges auf dem Boden einer Springform (Ø 26 cm) ausrollen. Restlichen Teig zu einer Rolle formen, sie als Rand auf den Boden legen und so an die Form drücken, dass der Rand etwa 2 cm hoch wird. Den Teigboden mehrmals mit einer Gabel einstechen.
4. Für den Belag Zwiebeln abziehen. Zwiebeln und Schinkenspeck in kleine Würfel schneiden. Eier, Milch, Pfeffer und Kümmel gut verschlagen, dann Zwiebel- und Speckwürfel unterrühren.
5. Masse auf dem Teigboden verteilen. Die Form auf dem Rost in den Backofen schieben.
Ober-/Unterhitze: etwa 180 °C (vorgeheizt)
Heißluft: etwa 160 °C (vorgeheizt)
Gas: Stufe 2–3 (vorgeheizt)
Backzeit: etwa 30 Minuten.

Speckscholle

■ Schnell

Pro Portion:
E: 36 g, F: 34 g, Kh: 9 g,
kJ: 2172, kcal: 519

4 küchenfertige Schollen (je 300 g)
4 EL Zitronensaft
Salz, frisch gemahlener Pfeffer

40 g Weizenmehl
150 g magerer, durchwachsener Speck
40 g Butter, Zitronenscheiben, Dill

Zubereitungszeit: 25 Min.

1. Schollen kalt abspülen, trockentupfen, mit Zitronensaft beträufeln, mit Salz und Pfeffer würzen, mit Mehl bestäuben.
2. Speck fein würfeln und in einer großen Pfanne knusprig braun ausbraten. Speckwürfel herausnehmen und warm stellen. Butter zu dem Speckfett geben und die Schollen darin von jeder Seite etwa 12 Minuten braten.
3. Die Schollen mit Butter und Speckwürfeln auf Tellern anrichten, mit Zitronenscheiben und Dill garnieren und sofort servieren.

Spiegeleier

■ Preiswert

Pro Portion:
E: 8 g, F: 11 g, Kh: 0 g,
kJ: 582, kcal: 139

20 g Butter oder Margarine
4 Eier
Salz

Zubereitungszeit: 10 Min.

1. Butter oder Margarine in einer Pfanne zerlassen.
2. Eier vorsichtig aufschlagen und nebeneinander in das Fett gleiten lassen. Eiweiß mit Salz bestreuen und etwa 5 Minuten braten lassen.

Beilage:
Salzkartoffeln, Spinat oder Mangold.

Speckscholle

451

Spiegeleier auf Bauernart

■ Schnell

Pro Portion:
E: 33 g, F: 45 g, Kh: 24 g,
kJ: 2810, kcal: 672

4 Scheiben gekochter Schinken
20 g Butter oder Margarine
1 Gemüsezwiebel
30 g Butter oder Margarine
2 Fleischtomaten
Salz, frisch gemahlener Pfeffer
4 Scheiben Kümmelbrot
4 Scheiben Edamer
4 Gewürzgurken
40 g Butter oder Margarine, 8 Eier

Spiegeleier auf Bauernart

Zubereitungszeit: 25 Min.

1. Schinken in Butter oder Margarine anbraten. Zwiebel abziehen, in Scheiben schneiden, in Butter oder Margarine dünsten. Tomaten waschen, abtrocknen, die Stängelansätze herausschneiden, Fruchtfleisch in Scheiben schneiden, zu dem Schinken geben und mitdünsten. Alle Zutaten mit Salz und Pfeffer würzen.

2. Brot mit Edamer, Tomaten-, Schinken- und Zwiebelscheiben belegen. Gurken in Scheiben schneiden und die Brote damit belegen.
3. Butter oder Margarine in einer Pfanne zerlassen. Eier vorsichtig aufschlagen und nebeneinander in das Fett gleiten lassen. Eiweiß mit Salz bestreuen und etwa 5 Minuten braten. Spiegeleier auf die Brote legen.

Tipp:
Um dieses Bauernbrot dekorativ zu gestalten, kann man jeweils noch ein großes Salatblatt unter den Käse legen und die Spiegeleier mit Kressebündchen und Paprika edelsüß bestreuen.

Spinat

■ Klassisch

Pro Portion:
E: 7 g, F: 14 g, Kh: 3 g,
kJ: 726, kcal: 173

1 kg Spinat
2 Zwiebeln
60 g Butter
Salz, frisch gemahlener Pfeffer
geriebene Muskatnuss
1 EL Crème fraîche

Zubereitungszeit: 25 Min.

1. Spinat verlesen, gründlich waschen, abtropfen lassen.
2. Zwiebeln abziehen, fein würfeln. Butter zerlassen, Zwiebelwürfel darin hellgelb werden lassen. Spinat, Salz, Pfeffer und Muskat hinzufügen und etwa 5 Minuten gar dünsten lassen.
3. Crème fraîche unterrühren und mit Salz abschmecken.

Spinat, gebacken vom Blech

■ Gut vorzubereiten

Spinat, gebacken vom Blech

Pro Portion:
E: 23 g, F: 32 g, Kh: 4 g,
kJ: 1747, kcal: 418

1 kg Blattspinat
4–6 EL Olivenöl
1 Knoblauchzehe
2–3 EL Pinienkerne
125 g Mozzarella
5–6 EL geriebener Parmesan
Salz
frisch gemahlener Pfeffer

Zubereitungszeit: 35 Min.

1. Spinat verlesen, dicke Stiele entfernen, Spinat gründlich waschen und abtropfen lassen.
2. Eine flache Auflaufform mit einem Teil des Öls einfetten. Knoblauch abziehen, längs durchschneiden und mit den Schnittflächen die Auflaufform einreiben.

452

3. Spinat darauf verteilen, andrücken, mit Pinienkernen und dem restlichem Öl beträufeln. Mozzarella in feine Würfel schneiden, mit Parmesan auf dem Spinat verteilen, mit Salz und Pfeffer bestreuen. Die Auflaufform auf dem Rost in den Backofen schieben.

Ober-/Unterhitze: etwa 200 °C (vorgeheizt)
Heißluft: etwa 180 °C (vorgeheizt)
Gas: Stufe 3–4 (vorgeheizt)
Backzeit: 15–20 Minuten.

Tipp:
Als Vorspeise reichen.

Spinatgemüse mit Pinienkernen

■ **Vegetarisch**

Pro Portion:
E: 15 g, F: 26 g, Kh: 73 g,
kJ: 2481, kcal: 593

Spinatgemüse mit Pinienkernen

500 g Blattspinat
5 EL Olivenöl
2 Knoblauchzehen
1 TL Salz
Saft von 1 Zitrone
100 ml Gemüsebrühe
Salz
frisch gemahlener Pfeffer
geriebene Muskatnuss
Cayennepfeffer
1 Prise Zucker
100 g eingeweichte Korinthen
2 enthäutete Tomaten
250 g gekochter Reis
1 Bund Zitronenmelisse
75 g Pinienkerne

Zubereitungszeit: 30 Min.

1. Spinat verlesen, waschen, gut abtropfen lassen und etwas klein schneiden. Öl erhitzen. Knoblauch abziehen, mit Salz zerreiben, dazugeben und kurz andünsten.
2. Spinat in das Knoblauchfett geben, mit Zitronensaft beträufeln und bei mäßiger Hitze etwa 5 Minuten dünsten.

3. Brühe angießen, mit Salz, Pfeffer, Muskat, Cayennepfeffer und Zucker kräftig würzen. Korinthen, die entkernten und in Würfel geschnittenen Tomaten und den Reis zum Spinat geben, alles gut miteinander vermischen und bei mäßiger Hitze weitere 5 Minuten garen.
4. Nach Ende der Garzeit Spinat kräftig abschmecken. Die verlesene, gewaschene und fein geschnittene Zitronenmelisse sowie die Pinienkerne untermischen, nochmals erhitzen und servieren.

Stachelbeerkompott

■ **Für Kinder**

Pro Portion:
E: 1 g, F: 0 g, Kh: 39 g,
kJ: 708, kcal: 169

500 g halbreife Stachelbeeren
125 ml (¹/₈ l) Wasser
100 g Zucker, evtl. Zucker

Zubereitungszeit: 60 Min.

1. Stachelbeeren von Stiel und Blüte befreien und waschen.
2. Wasser mit Zucker zum Kochen bringen, Stachelbeeren hineingeben, zum Kochen bringen und weich kochen (nicht durchrühren). Das Kompott erkalten lassen, evtl. mit Zucker abschmecken.

Tipp:
Bei der Zubereitung von Kompott ist es wichtig, dass das Obst nicht zerkocht. Bei vielen Früchten reicht schon ein Aufkochen und Durchziehen im geschlossenen Topf.

Staudensellerie mit Dips

■ **Für Gäste**

Pro Portion:
E: 18 g, F: 19 g, Kh: 17 g,
kJ: 1243, kcal: 298

800 g Staudensellerie

Für den Eierdip:
3 Eier
100 g Frischkäse
4 EL Schlagsahne
1 EL gehackte Estragonblätter
Salz, frisch gemahlener Pfeffer

Für den Kräuter-Knoblauch-Dip:
2 Knoblauchzehen
1 EL Kapern
2 EL gehackte Petersilie
2 EL gehackter Schnittlauch
100 g Frischkäse
4 EL Joghurt

Für den Orangen-Meerrettich-Dip:
1 Orange (unbehandelt)
100 g Frischkäse
1 EL geriebener Meerrettich

Staudensellerie mit Dips

Zubereitungszeit: 50 Min.

1. Staudensellerie putzen und die harten Außenfäden abziehen. Stangen waschen, abtropfen lassen und in einem Glas anrichten.
2. Für den Eierdip Eier hart kochen, abschrecken, pellen, das Eigelb herauslösen und mit einer Gabel zerdrücken. Mit Frischkäse, Sahne und Estragonblättern verrühren. Mit Salz und Pfeffer abschmecken.
3. Für den Kräuter-Knoblauch-Dip Knoblauchzehen abziehen und zerdrücken. Kapern fein hacken. Beide Zutaten mit Petersilie, Schnittlauch, Frischkäse und Joghurt verrühren, mit Salz und Pfeffer abschmecken.
4. Für den Orangen-Meerrettich-Dip Orange waschen, halbieren, eine Hälfte auspressen (ergibt 2 Esslöffel), die andere Hälfte dünn abschälen und Schale in feine Streifen schneiden. Saft mit Frischkäse und Meerrettich verrühren, mit den Schalenstreifen dekorieren.

Staudenselleriegratin

■ **Für Gäste**

Pro Portion:
E: 7 g, F: 6 g, Kh: 12 g,
kJ: 561, kcal: 134

3 Knoblauchzehen
2 Zwiebeln
1 EL Butter
125 ml (1/8 l) Weißwein
2 Fleischtomaten
Salz
frisch gemahlener Pfeffer
1 Staude Staudensellerie (600 g)
50 g geriebener Parmesan

Staudenselleriegratin

Zubereitungszeit: 40 Min.

1. Knoblauch und Zwiebeln abziehen und fein würfeln. Butter zerlassen, Zwiebel- und Knoblauchwürfel darin weich dünsten lassen, Wein hinzugießen und etwas einkochen lassen.
2. Tomaten waschen, Stängelansätze herausschneiden, Tomaten klein schneiden, zu der Zwiebel-Knoblauch-Masse geben, mit Salz und Pfeffer würzen. Staudensellerie putzen, einzelne Stangen von der Staude lösen, harte Außenfäden abziehen, Stangen waschen, in Stücke schneiden.
3. Selleriestücke in eine gefettete Gratinform geben. Tomatensauce darüber gießen und mit Parmesan bestreuen. Die Form auf dem Rost in den Backofen schieben.
Ober-/Unterhitze: etwa 200 °C (vorgeheizt)
Heißluft: etwa 180 °C (vorgeheizt)
Gas: Stufe 3–4 (vorgeheizt)
Backzeit: etwa 20 Minuten.

Staudenselleriesalat mit Äpfeln

4–6 Portionen

■ Vegetarisch

Pro Portion:
E: 3 g, F: 11 g, Kh: 9 g,
kJ: 639, kcal: 152

¹/₂ Friséesalat
500 g Staudensellerie
2 mittelgroße Äpfel

Für die Sauce:
150 g Sahnejoghurt
1–2 EL geriebener Meerrettich (aus dem Glas)
3–4 EL Zitronensaft
Salz
125 ml (¹/₈ l) Schlagsahne

Zubereitungszeit: 30 Min.

1. Salat putzen, zerpflücken, waschen, gut abtropfen lassen oder trockenschleudern.
2. Staudensellerie putzen, die harten Außenfäden abziehen, die Stangen waschen und in dünne Scheiben schneiden.
3. Äpfel waschen, vierteln, entkernen und in dünne Scheiben schneiden.
4. Für die Sauce Joghurt mit Meerrettich und Zitronensaft verrühren und mit Salz würzen.
5. Sahne steif schlagen und unterheben. Salatzutaten auf vier Tellern anrichten und die Sauce darüber geben.

Tipp:
Den Salat evtl. mit gehackten Walnusskernen bestreuen.

Staudenselleriesalat mit Äpfeln

Steckrüben

Kohlrüben, Wruken

■ Preiswert

Pro Portion:
E: 3 g, F: 13 g, Kh: 4 g,
kJ: 608, kcal: 145

1 kg Steckrüben
60 g Margarine oder Butter
1 TL Zucker
125 ml (¹/₈ l) Wasser
Salz, frisch gemahlener Pfeffer
1 EL gehackte Petersilie

Zubereitungszeit: 35 Min.

1. Steckrüben schälen, waschen und in kleine, fingerdicke Stücke von 3–4 cm Länge schneiden.
2. Margarine oder Butter zerlassen, Zucker darin bräunen und Steckrüben darin andünsten. Wasser, Salz und Pfeffer hinzufügen und in etwa 20 Minuten garen.
3. Mit Petersilie bestreuen.

MENUE

Vorspeise:
Staudensellerie mit Dips (Seite 454)
Hauptgericht:
Hühnerbrustroulade (Seite 218)
Dessert:
Himbeer-Schichtspeise (Seite 210)

Steckrübeneintopf

■ Preiswert – klassisch

Pro Portion:
E: 31 g, F: 11 g, Kh: 29 g,
kJ: 1408, kcal: 336

500 g Rindfleisch (aus der Hüfte)
750 g Steckrüben
500 g Kartoffeln
40 g Margarine
2 mittelgroße Zwiebeln
Salz
frisch gemahlener, weißer Pfeffer
375–500 ml ($^3/_8$–$^1/_2$ l) Gemüsebrühe
1 EL gehackte glatte Petersilie

Zubereitungszeit: 70 Min.

1. Rindfleisch kalt abspülen, trockentupfen, in Würfel schneiden.
2. Steckrüben und Kartoffeln schälen, waschen und in Stifte schneiden.
3. Margarine zerlassen, das Fleisch unter Wenden darin dünsten.
4. Zwiebeln abziehen, würfeln, hinzufügen, kurz mitdünsten, das Fleisch mit Salz und Pfeffer würzen, einen Teil von der Brühe hinzufügen, etwa 30 Minuten garen lassen.
5. Steckrüben- und Kartoffelstifte sowie den Rest der Brühe dazugeben. Den Eintopf mit Salz und Pfeffer würzen, etwa 20 Minuten weitergaren, nochmals abschmecken, mit Petersilie bestreuen.

> **MENUE**
>
> **Vorspeise:**
> Dill-Gurken-Salat (Seite 93)
> **Hauptgericht:**
> Steinbutt in der Kartoffelkruste (Seite 456)
> **Dessert:**
> Orangenmousse (Seite 334)

Steinbutt in der Kartoffelkruste

■ Für Gäste

Pro Portion:
E: 31 g, F: 25 g, Kh: 25 g,
kJ: 1978, kcal: 473

4 Portionen Steinbutt
(je 150 g, ohne Haut und Gräten)
Salz
frisch gemahlener Pfeffer
Zitronensaft
Worcestersauce
4 Kartoffeln
1 Kästchen Kresse
40 g Weizenmehl
1 EL Wasser
1 Ei
100 g Butter
Limettenscheiben
rote Paprikawürfel

Zubereitungszeit: 35 Min.

1. Steinbutt unter fließendem kalten Wasser abspülen, trockentupfen, mit Salz und Pfeffer bestreuen, mit Zitronensaft und Worcestersauce beträufeln.

Steckrübeneintopf

456

Steinbutt in der Kartoffelkruste

2. Kartoffeln schälen, waschen, in ganz feine Streifen hobeln, auf ein Sieb geben und abtropfen lassen.
3. Kresse abspülen, die Blättchen abschneiden (einige Blättchen zum Garnieren zurücklassen) und mit den Kartoffelstreifen vermischen.
4. Steinbutt nacheinander in Mehl, in mit Wasser verquirltem Ei und Kartoffelstreifen wenden. Kartoffelstreifen gut andrücken.
5. Butter in einer beschichteten Pfanne zerlassen, Steinbutt von beiden Seiten jeweils etwa 8 Minuten braten. Mit Limettenscheiben, Paprikawürfeln und Kresseblättchen garnieren.

Tipp:
Anstatt des Steinbutts können auch andere Fische verwendet werden, z. B. Rotbarsch, Seelachs oder Heilbutt.

Steinbutt mit Knoblauch

Raffiniert

Pro Portion:
E: 56 g, F: 32 g, Kh: 33 g,
kJ: 2870, kcal: 686

1 küchenfertiger Steinbutt (etwa 1,2 kg)
Salz
Zitronensaft
800 g Kartoffeln
1 Zwiebel
1 Stängel Petersilie
2 Lorbeerblätter
250 ml ($^1/_4$ l) Fischfond
1 EL Paprika edelsüß
6 Knoblauchzehen
100 ml Olivenöl

Zubereitungszeit: 35 Min.

1. Steinbutt unter fließendem kalten Wasser abspülen, trockentupfen, mit wenig Salz und Zitronensaft würzen.
2. Kartoffeln schälen, waschen und in etwa walnussgroße Würfel schneiden. Zwiebel abziehen und grob würfeln. Beides zusammen mit Petersilie, Lorbeerblättern und Fond in einem großen, flachen Topf aufkochen, etwa 10 Minuten garen.
3. Steinbutt darüber legen, mit Paprika bestreuen, alles zusammen weitere 15 Minuten zugedeckt ziehen lassen. Petersilie und Lorbeerblätter herausnehmen.
4. Knoblauch abziehen und in feine Scheiben schneiden. Öl nicht zu stark erhitzen, den Knoblauch darin frittieren, so dass er hellgelb aussieht, aber nicht verbrennt.
5. Steinbutt auf eine tiefe, vorgewärmte Platte legen. Knoblauchöl unter die Kartoffeln rühren, alles um den Fisch herum anordnen.

Steinbutt mit Knoblauch

457

Steinpilze, gebraten

■ Schnell

Pro Portion:
E: 2 g, F: 17 g, Kh: 4 g,
kJ: 766, kcal: 183

400 g mittelgroße Steinpilze
80 g Butter
Salz, frisch gemahlener Pfeffer
120 g Tomatenwürfel
1 EL gehackte Petersilie
Knoblauchpulver

Zubereitungszeit: 20 Min.

1. Steinpilze putzen, mit Küchenpapier abreiben, evtl. kurz abspülen und trockentupfen, anschließend in Scheiben schneiden.
2. Butter erhitzen, Pilzscheiben darin braten, mit Salz und Pfeffer würzen, herausnehmen und auf vorgewärmten Tellern anrichten.
3. Im verbleibenden Fett Tomatenwürfel und Petersilie andünsten, über die Pilze geben und mit Salz, Pfeffer und Knoblauch abschmecken.

Beilage:
Baguette.

Steinpilzsalat

■ Vegetarisch

Pro Portion:
E: 3 g, F: 17 g, Kh: 5 g,
kJ: 826, kcal: 198

400 g junge Steinpilze
250 ml ($1/4$ l) kochendes Salzwasser

Für die Salatsauce:
5 EL Traubenkernöl oder Walnussöl
2 EL Zitronensaft
1 TL Zucker
Salz
frisch gemahlener Pfeffer
1 EL Pinienkerne
1 EL gehackte Petersilie

Zubereitungszeit: 40 Min.

1. Steinpilze putzen, mit Küchenpapier abreiben, evtl. abspülen, in dünne Scheiben schneiden, in Salzwasser geben, zum Kochen bringen, etwa 1 Minute kochen lassen.
2. Auf ein Sieb geben, mit kaltem Wasser übergießen, gut abtropfen lassen.
3. Für die Salatsauce Öl mit Zitronensaft, Zucker, Salz und Pfeffer verrühren.
4. Pinienkerne unterrühren, die Steinpilzscheiben mit der Salatsauce vermengen, mit Petersilie bestreut servieren.

Stielmus mit Kartoffeln
Streifrüben

■ Preiswert

Pro Portion:
E: 25 g, F: 21 g, Kh: 25 g,
kJ: 1718, kcal: 410

375 g Schweinenacken
(ohne Knochen)
40 g Margarine
Salz, frisch gemahlener Pfeffer
1 kg Stielmus
500 g Kartoffeln, 250 ml ($1/4$ l) Wasser

Zubereitungszeit: 80 Min.

Steinpilze, gebraten

Stielmus mit Kartoffeln

1. Fleisch unter fließendem kalten Wasser abspülen, trockentupfen und in Würfel schneiden. Margarine zerlassen, das Fleisch schwach darin bräunen, mit Salz und Pfeffer würzen.
2. Stielmus putzen, welke Blätter entfernen, waschen und klein schneiden. Kartoffeln schälen, waschen und in Würfel schneiden.
3. Stielmus und Kartoffeln mit Wasser zu dem Fleisch geben, zum Kochen bringen und in etwa 60 Minuten garen, vor dem Servieren abschmecken.

Stielmuseintopf

■ Preiswert

Pro Portion:
E: 28 g, F: 46 g, Kh: 24 g,
kJ: 2653, kcal: 633

500 g Schweinefleisch (z. B. Nacken)
40 g Butter
Salz
frisch gemahlener Pfeffer
800 g Stielmus
500 g Kartoffeln
250 ml (¼ l) Fleischbrühe

Zubereitungszeit: 90 Min.

1. Fleisch unter fließendem kalten Wasser abspülen, trockentupfen und in Würfel schneiden. Butter zerlassen, das Fleisch darin schwach anbräunen, mit Salz und Pfeffer würzen.
2. Stielmus putzen, welke Blätter entfernen, waschen und klein schneiden. Kartoffeln schälen, waschen, in Würfel schneiden und zu dem Fleisch geben.
3. Brühe hinzufügen, zum Kochen bringen und in etwa 1 Stunde gar schmoren lassen. Den Stielmuseintopf mit Salz und Pfeffer abschmecken.

Strammer Max

1 Portion

■ Schnell

Pro Portion:
E: 8 g, F: 13 g, Kh: 25 g,
kJ: 1117, kcal: 267

1 Scheibe (30 g) Leberkäse oder magerer Schinken
1 TL Speiseöl
1 Scheibe Mischbrot
1 Ei
Meersalz
frisch gemahlener Pfeffer
fein gehackte Kräuter, z. B. Schnittlauch, Petersilie

Zubereitungszeit: 10 Min.

1. Leberkäse oder Schinken in etwas erhitztem Öl in einer Pfanne anbraten. Brot damit belegen.
2. Ei in dem Bratfett braten, auf den Leberkäse oder Schinken geben, mit Salz und Pfeffer würzen. Mit Kräutern bestreut servieren.

MENUE

Vorspeise:
Steinpilze, gebraten (Seite 458)

Hauptgericht:
Lammfleischgulasch (Seite 272)

Dessert:
Nusseis mit Krokant (Seite 326)

Stubenküken mit Buttergemüse

■ Für Gäste

Pro Portion:
E: 109 g, F: 73 g, Kh: 22 g,
kJ: 4990, kcal: 1192

4 küchenfertige Stubenküken
(je 500 g)
Salz
frisch gemahlener Pfeffer
gerebelter Thymian
4 EL Speiseöl

Für das Gemüse:
8 weiße Spargelspitzen
8 grüne Spargelspitzen
8 kleine, tournierte
(in Form geschnittene) Möhren
8 kleine, tournierte Knollensellerie
8 kleine, tournierte Zucchini
40 g Butter
8 Cocktailtomaten

Zubereitungszeit: 60 Min.

1. Stubenküken unter fließendem kalten Wasser abspülen, trockentupfen, von innen und außen mit Salz, Pfeffer und Thymian würzen. Öl in einem Bräter erhitzen und Stubenküken darin rundherum anbraten. Den Bräter auf dem Rost in den Backofen schieben.
Ober-/Unterhitze: etwa 200 °C (vorgeheizt)
Heißluft: etwa 180 °C (nicht vorgeheizt)
Gas: Stufe 3-4 (nicht vorgeheizt)
Bratzeit: etwa 40 Minuten.
2. Während des Bratens ab und zu mit dem Bratensaft begießen.
3. Gemüse in kochendem Salzwasser knackig blanchieren, in Eiswasser abschrecken, auf einem Sieb abtropfen lassen und in Butter andünsten. Cocktailtomaten hinzufügen, salzen und pfeffern.
4. Die fertig gebratenen Stubenküken mit Gemüse auf einer Platte anrichten.

Beilage:
Pommes frites oder Kroketten und Salat.

Stubenküken mit Buttergemüse

Sülze

■ Gut vorzubereiten

Pro Portion:
E: 28 g, F: 10 g, Kh: 2 g,
kJ: 970, kcal: 232

250 g Kalbfleisch
250 g Schweinefleisch
1 l kochendes Salzwasser
1 mittelgroße Zwiebel
75 g TK-Suppengrün
1 Lorbeerblatt, 3-4 Pfefferkörner
125 ml ($^1/_8$ l) Essig
Salz, 1 Prise Zucker
1 Pck. Gelatine gemahlen, weiß
5 EL kaltes Wasser
Petersiliensträußchen

Zubereitungszeit: 85 Min.

1. Fleisch unter fließendem kalten Wasser abspülen, in das Salzwasser geben, zum Kochen bringen und abschäumen.
2. Zwiebel abziehen, mit Suppengrün, Lorbeerblatt und Pfefferkörnern hinzufügen. Fleisch in etwa 70 Minuten gar kochen, aus der Brühe nehmen, erkalten lassen und in Würfel schneiden.
3. Brühe durch ein Sieb gießen, 375 ml ($^3/_8$ l) davon abmessen, Essig hinzufügen. Mit Salz und Zucker abschmecken. Gelatine mit kaltem Wasser anrühren, etwa 10 Minuten zum Quellen stehen lassen.
4. Brühe wieder zum Kochen bringen. Von der Kochstelle nehmen, Gelatine hineingeben und so lange rühren, bis sie gelöst ist. Fleischwürfel in die Brühe geben. Die Flüssigkeit mit dem Fleisch in mit kaltem Wasser ausgespülte Tassen oder Förmchen füllen und im Kühlschrank erstarren lassen.
5. Wenn die Sülze schnittfest ist, sie mit einem Messer vorsichtig vom Rand des Gefäßes lösen (evtl. vorher kurz in heißes Wasser halten), auf eine Platte stürzen und mit Petersiliensträußchen garniert servieren.

Tipp:
Kräuterremoulade und Bratkartoffeln dazureichen.

Sülzkotelett

Sülzkotelett

■ **Dauert länger**

Pro Portion:
E: 34 g, F: 28 g, Kh: 4 g,
kJ: 1834, kcal: 438

600 g Schweinerücken
1½ l Salzwasser
1 mittelgroße Zwiebel
1 Bund Suppengrün
4 Pfefferkörner
2 Pimentkörner (Nelkenpfeffer)
1 kleines Lorbeerblatt
125 ml (⅛ l) Essig, Salz
1 Pck. Gelatine gemahlen, weiß
5 EL kaltes Wasser, 1 EL Speiseöl
1 mittelgroße Tomate
1 hart gekochtes Ei
1 Gewürzgurke

Zubereitungszeit: 4½ Std.

1. Schweinerücken unter fließendem kalten Wasser abspülen, in Salzwasser geben, zum Kochen bringen und abschäumen.
2. Zwiebel abziehen. Suppengrün putzen und waschen. Zutaten klein schneiden, mit Pfefferkörnern, Pimentkörnern und Lorbeerblatt hinzufügen. Fleisch in etwa 90 Minuten garen, aus der Brühe nehmen, in 4 gleich dicke Scheiben schneiden. Erkalten lassen.
3. Brühe durch ein Sieb gießen, 375 ml (⅜ l) davon abmessen, Essig hinzufügen und mit Salz abschmecken.
4. Gelatine mit kaltem Wasser anrühren, etwa 10 Minuten zum Quellen stehen lassen. Brühe wieder zum Kochen bringen. Von der Kochstelle nehmen, Gelatine hineingeben und so lange rühren, bis sie gelöst ist. Kühl stellen und abkühlen lassen.
5. Vier Förmchen in Größe der Fleischscheiben mit Öl ausstreichen und so viel von der erkalteten Brühe hineingeben, dass der Boden bedeckt ist.
6. Tomate waschen, Stängelansatz entfernen, Ei pellen. Tomate, Ei und Gewürzgurke in Scheiben schneiden. Die erstarrte Schicht damit garnieren. Einige Esslöffel Brühe darüber gießen und wieder im Kühlschrank erstarren lassen.
7. In jede Form ein Kotelett legen, je ¼ der restlichen Brühe darüber gießen und wieder im Kühlschrank erstarren lassen.
8. Vor dem Servieren Gelee mit einem Messer vom Rand der Form lösen, die Formen kurz in heißes Wasser halten und Sülzkoteletts auf eine Platte stürzen. Evtl. mit Petersilie garnieren.

Beilage:
Kräuter-Sahne-Sauce oder Remoulade.

Tipp:
Anstelle von Schweinerücken Kasseler Rippenspeer verwenden, dann dem Kochwasser kein Salz hinzufügen.

Szegediner Gulasch

■ **Klassisch**

Pro Portion:
E: 35 g, F: 38 g, Kh: 9 g,
kJ: 2327, kcal: 556

250 g Schweinefleisch
250 g Rindfleisch
3 EL Speiseöl
Salz, frisch gemahlener Pfeffer
Paprika edelsüß
200 g Zwiebeln, 1 EL Tomatenmark
750 ml (¾ l) Fleischbrühe
500 g Sauerkraut
1 Lorbeerblatt, 2 Wacholderbeeren
1 Becher (150 g) Crème fraîche

Zubereitungszeit: 70 Min.

1. Fleisch unter fließendem kalten Wasser abspülen, trockentupfen und in 2 cm große Würfel schneiden. Öl erhitzen, Fleischwürfel gut darin anbraten und kräftig mit Salz, Pfeffer und Paprika würzen.
2. Zwiebeln abziehen, halbieren, in Scheiben schneiden, mit Tomatenmark zu dem Fleisch geben und anbraten. Brühe hinzugießen, umrühren, etwa 30 Minuten garen lassen.
3. Sauerkraut lockerzupfen, mit Lorbeerblatt und Wacholderbeeren zu dem Fleisch geben (evtl. noch etwas Brühe hinzufügen), etwa 20 Minuten schmoren lassen.
4. Crème fraîche unter das gare Gulasch rühren, mit Salz, Pfeffer und Paprika abschmecken.

Szegediner Gulasch

Beilage:
Kartoffelpüree.

Tipp:
Anstelle von Crème fraîche saure Sahne verwenden.

461

Tacos, gefüllt

■ Schnell

Pro Portion:
E: 12 g, F: 21 g, Kh: 43 g,
kJ: 1656, kcal: 396

2 EL Speiseöl
150 g Paprikastreifen, rot, grün, gelb
150 g Kidneybohnen
150 g Tomatenwürfel
1 EL gehackte Petersilie
8 EL süße Chilisauce
Salz
grober, bunter Pfeffer
8 Taco-Schalen

Zubereitungszeit: 20 Min.

1. Öl erhitzen, Paprikastreifen darin andünsten.
2. Bohnen abtropfen lassen und mit Tomatenwürfeln zu den Paprikastreifen geben. Mit Petersilie, Chilisauce, Salz und Pfeffer würzen.
3. Gemüsemischung in Taco-Schalen füllen und als Vorspeise reichen.

Tacos, gefüllt

Tafelspitz, mariniert mit Kräuter-Senf-Sauce

■ Dauert länger

Pro Portion:
E: 50 g, F: 108 g, Kh: 10 g,
kJ: 5178, kcal: 1237

1 kg Tafelspitz
1½ l kochendes Salzwasser
1 Bund Suppengrün
1 Zwiebel
2 Lorbeerblätter

Für die Sauce:
1 Knoblauchzehe
140 g milder Senf
2 TL Zucker
frisch gemahlener Pfeffer
300 ml Speiseöl
125 ml (⅛ l) entfettete Fleischbrühe
½ Bund Basilikum
1 Bund Kerbel
½ Bund Petersilie
100 g Zwiebeln
Majoranblättchen

Zubereitungszeit: 3 Std., ohne Marinierzeit

1. Tafelspitz unter fließendem kalten Wasser abspülen, in das kochende Salzwasser geben, zum Kochen bringen. Suppengrün putzen, waschen, Zwiebel abziehen. Beide Zutaten grob zerkleinern, mit Lorbeerblättern zu dem Tafelspitz geben und etwa 2 Stunden ziehen lassen (nicht kochen). Das gare Fleisch von der Kochstelle nehmen, in der Brühe etwa 24 Stunden stehen lassen.
2. Für die Sauce Knoblauch abziehen, durchpressen, mit Senf, Zucker und Pfeffer mit dem Pürierstab zu einer einheitlichen Masse schlagen. Nach und nach Öl unter die Masse rühren. Zum Schluss Brühe unterrühren.
3. Tafelspitz in dünne Scheiben schneiden, schichtweise mit der Senfsauce bestreichen und mindestens 5 Stunden (am besten über Nacht) durchziehen lassen.
4. Sauce von den Fleischscheiben etwas abstreifen. Basilikum, Kerbel und Petersilie abspülen, trockentupfen, die Blättchen von den Stielen streifen, grob hacken, unter die Senfsauce rühren. Sauce so lange pürieren, bis sie zartgrün ist.
5. Zwiebeln abziehen, in hauchdünne Ringe schneiden. Fleischscheiben auf einer Platte anrichten, Zwiebelringe darauf verteilen und etwas Sauce darüber geben. Restliche Sauce dazureichen.

Tafelspitz, mariniert mit Kräuter-Senf-Sauce

Tafelspitz nach Wiener Art

■ Dauert länger

Pro Portion:
E: 52 g, F: 62 g, Kh: 14 g,
kJ: 3499, kcal: 836

Für das Fleisch:
1 kg Tafelspitz (Rindfleisch aus der Hüfte)
2 dicke Möhren
1 Petersilienwurzel
100 g Knollensellerie
2 Zwiebeln
1 Stange Porree (Lauch)
4 Petersilienstängel
1 Lorbeerblatt
1 EL Pfefferkörner
Salz

Für die Sauce:
1 altbackenes Brötchen (Semmel)
125 ml (1/8 l) Wasser
1 TL Weißweinessig
3 hart gekochte Eigelb
2 rohe Eigelb
8 EL Speiseöl, 1 Prise Zucker
4 EL Schnittlauchröllchen

Zubereitungszeit: 3 1/2 Std.

1. Tafelspitz unter fließendem kalten Wasser abspülen und trockentupfen.
2. Möhren, Petersilienwurzel und Sellerie putzen, waschen, schälen und in Würfel schneiden. 1 Zwiebel abziehen und würfeln. Porree putzen, gründlich waschen und in Ringe schneiden. Petersilie abspülen.
3. Gemüse mit Petersilie, Lorbeerblatt und Pfefferkörnern in einen Topf geben, mit Wasser bedecken, mit Salz würzen und etwa 10 Minuten bei schwacher Hitze garen.
4. Die zweite Zwiebel waschen, trockentupfen, halbieren, mit der Schnittfläche auf eine heiße Herdplatte setzen, bräunen und in die Brühe geben. Tafelspitz dazugeben und zugedeckt etwa 3 Stunden ziehen, nicht kochen, lassen.
5. Für die Sauce Brötchen entrinden, Brötchen in Stücke schneiden, mit Wasser und Essig begießen, etwa 30 Minuten einweichen und ausdrücken.
6. Gekochte Eigelb durch ein Sieb streichen, mit dem Brötchen verrühren und durch das Sieb streichen. Die Masse mit dem rohen Eigelb schaumig rühren, tropfenweise Öl unterschlagen. Sauce mit Salz, Pfeffer und Zucker würzen und Schnittlauchröllchen unterziehen.
7. Das gegarte Fleisch aus der Brühe nehmen und in Scheiben schneiden. Brühe etwas einkochen lassen. Fleisch mit Gemüse auf einer Platte anrichten und mit Brühe begießen. Die Sauce getrennt dazureichen.

Beilage:
Röstkartoffeln.

Tafelspitz nach Wiener Art

Tafelspitzsülze

■ **Gut vorzubereiten**

Pro Portion:
E: 33 g, F: 3 g, Kh: 4 g,
kJ: 852, kcal: 204

10 Blatt weiße Gelatine
500 ml (1/2 l) Rinderfond
200 ml weißer Bordeaux
Salz
frisch gemahlener Pfeffer
Knoblauchpulver
geriebene Muskatnuss
320 g gekochter Tafelspitz, in Würfel geschnitten
80 g blanchierte Möhrenwürfel
80 g blanchierte Selleriewürfel
60 g blanchierte Wirsingwürfel

Zubereitungszeit: 3 1/2 Std.

1. Gelatine etwa 10 Minuten in kaltem Wasser einweichen.
2. Rinderfond erhitzen, Wein zugeben und mit Salz, Pfeffer, Knoblauchpulver und Muskat abschmecken. Gelatine leicht ausdrücken und in dem Fond auflösen.
3. Fleisch- und Gemüsewürfel mischen, etwas davon in eine Kastenform füllen, etwas Fond dazugießen und im Kühlschrank erstarren lassen. Diesen Vorgang wiederholen, bis alle Zutaten verbraucht sind.
4. Wenn alles fest geworden ist, die Form kurz in heißes Wasser tauchen, stürzen und die Sülze in Scheiben schneiden.

Tipp:
Mit Remouladensauce und Salat, Röstkartoffeln oder Bauernbrot servieren.

Tafelspitzsülze

Tatar, mariniert

Tatar, mariniert

■ Schnell

Pro Portion:
E: 17 g, F: 15 g, Kh: 3 g,
kJ: 912, kcal: 218

Für die Marinade:
Saft von 1 Limone
2 EL Traubenkernöl
frisch gemahlener Pfeffer
½ TL Paprika edelsüß
250 g Tatar (Beefsteakhack)

Für die Garnitur:
1 rote Zwiebel, 1 Chilischote
4 Eigelb, 8 Cornichons
100 g abgespülte Cocktailtomaten
2 EL scharfer Senf, 2 EL milder Senf
abgespülte Petersiliensträußchen

Zubereitungszeit: 20 Min.

1. Für die Marinade Limonensaft mit Öl, Pfeffer und Paprika vermischen. Mit Tatar verrühren und kalt stellen.
2. Für die Garnitur Zwiebel abziehen und in kleine Würfel schneiden. Chilischote waschen, entstielen, entkernen und in Ringe schneiden. Eigelb in je einer Eierschalenhälfte anrichten.
3. Auf einer Platte Zwiebelwürfel, Chiliringe, Cornichons, Cocktailtomaten und Senf getrennt anrichten. In die Mitte der Platte Tatar und Eigelb geben. Alles mit Petersiliensträußchen dekorieren.

Beilage:
Kräcker und frisches Graubrot, Tabasco und Worcestersauce.

Tipp:
Dazu schmeckt ein gut gekühltes Bier.

Tatarensalat

■ Raffiniert

Pro Portion:
E: 14 g, F: 30 g, Kh: 5 g,
kJ: 1536, kcal: 367

8 gewässerte Salzheringsfilets
1 Gemüsezwiebel
2 Gewürzgurken
Salz, Pfeffer
3 EL Himbeeressig
5 EL Speiseöl
1 Kopfsalat
1 Bund Dill

Zubereitungszeit: 25 Min.

1. Heringsfilets unter fließendem kalten Wasser abspülen, trockentupfen und in kleine Stücke schneiden.
2. Zwiebel abziehen und in Scheiben schneiden. Gurken in Scheiben schneiden. Beide Zutaten mit den Heringsstücken vermischen. Mit Salz, Pfeffer, Essig und Öl würzen.
3. Salat von schlechten Blättern befreien, restliche Blätter waschen, trockenschleudern und in Streifen schneiden.
4. Salat auf Kopfsalatstreifen anrichten und mit abgespültem und gezupftem Dill garnieren.

Beilage:
Vollkornbrot und Butter.

Tatarensalat

Tauben, gebraten

■ Für Gäste

Pro Portion:
E: 36 g, F: 50 g, Kh: 2 g,
kJ: 2715, kcal: 648

4 küchenfertige Tauben (je 250 g)
Salz
1 EL Butter
125 ml (⅛ l) heißes Wasser
3 EL saure Sahne
Weizenmehl

Zubereitungszeit: 70 Min.

Tauben, gebraten

1. Tauben unter fließendem kalten Wasser abspülen und trockentupfen. Bauch quer einschneiden, innen mit Salz einreiben. Hals nach hinten legen, die Flügel so zusammenbiegen, dass der eine den Hals hält.
2. Magen, Herz und Leber säubern, waschen, mit Butter in den Bauch geben. Beide Beine in den Baucheinschnitt stecken. Tauben in die mit Wasser ausgespülte Rostbratpfanne legen und in den Backofen schieben.
Ober-/Unerhitze: etwa 200 °C (vorgeheizt)
Heißluft: etwa 180 °C (nicht vorgeheizt)
Gas: Stufe 3–4 (nicht vorgeheizt)
Bratzeit: 45–60 Minuten.
3. Sobald der Bratensatz bräunt, etwas heißes Wasser hinzugießen. Tauben ab und zu mit dem Bratensatz begießen, verdampfte Flüssigkeit nach und nach ersetzen.
4. Die garen Tauben auf einer vorgewärmten Platte anrichten und warm stellen. Den Bratensatz mit Wasser loskochen, saure Sahne hinzufügen, nach Belieben mit Flüssigkeit auffüllen. Auf der Kochstelle zum Kochen bringen, etwas Mehl mit kaltem Wasser anrühren, den Bratensatz damit binden und mit Salz abschmecken.

Tipp:
Magen, Herz und Leber fein hacken. Mit einem eingeweichten, gut ausgedrückten Stück Weißbrot, 1 Ei, Salz, geriebener Muskatnuss und gehackter Petersilie vermengen. Die Füllung in die Tauben geben und zunähen.

Tellersülze von Geflügel

■ Gut vorzubereiten

Pro Portion:
E: 44 g, F: 3 g, Kh: 3 g,
kJ: 939, kcal: 224

400 g Hähnchenbrustfilet (ohne Haut und Knochen)
500 ml (½ l) Geflügelfond oder -brühe
40 g feine Möhrenwürfel
40 g feine Knollenselleriewürfel
40 g feine Porreewürfel
Salz, geriebene Muskatnuss
weißer Pfeffer
100 ml weißer Bordeaux
1 TL gezupfte Kerbelblätter
6 Blatt weiße Gelatine

Zubereitungszeit: 30 Min., ohne Gelierzeit

1. Hähnchenbrustfilet kalt abspülen, trockentupfen, in Würfel schneiden.
2. Geflügelfond erhitzen, Hähnchenwürfel darin etwa 7 Minuten ziehen lassen, Hähnchenwürfel herausnehmen.
3. Gemüsewürfel in den Sud geben und leicht kochend etwa 5 Minuten garen. Mit Salz, Muskat, Pfeffer, Bordeaux und Kerbelblättchen würzen. Hähnchen wieder dazugeben.
4. Gelatine in Wasser etwa 10 Minuten quellen lassen. In etwas Brühe auflösen, zu der restlichen Brühe geben, in tiefe Teller füllen und erstarren lassen.

Tellersülze von Geflügel

Teltower Rübchen

■ Preiswert

Pro Portion:
E: 2 g, F: 9 g, Kh: 14 g,
kJ: 624, kcal: 149

750 g Teltower Rübchen
40 g Butter
2 TL Zucker
125 ml (1/8 l) Gemüsefond oder
-brühe
Salz
1 TL Speisestärke
1 EL kaltes Wasser
fein gehackte Petersilie

Zubereitungszeit: 45 Min.

1. Rübchen putzen, schälen und waschen.
2. Butter zerlassen, Zucker darin bräunen und die Rübchen darin andünsten. Gemüsebrühe und Salz hinzufügen und in 20–25 Minuten gar dünsten lassen.
3. Speisestärke mit Wasser anrühren, Flüssigkeit damit binden. Mit Salz abschmecken und mit Petersilie bestreuen.

Terrine von frischem Gemüse

■ Gut vorzubereiten

Insgesamt:
E: 67 g, F: 185 g, Kh: 37 g,
kJ: 8995, kcal: 2151

100 g Möhrenwürfel
100 g Knollenselleriewürfel

Teltower Rübchen

100 g Porreewürfel
100 g Broccoliröschen
100 g Blumenkohlröschen
100 g Kohlrabiwürfel
400 ml Schlagsahne
6 Eier, 2 EL gehackte Petersilie
Salz, frisch gemahlener Pfeffer
geriebene Muskatnuss

Für die Sauce:
4 EL Crème fraîche
4 EL feine Paprikawürfel
1 EL Schnittlauchröllchen

Zubereitungszeit: 90 Min.

1. Gemüse in kochendem Salzwasser etwa 3 Minuten kochen, in ein Sieb gießen und abtropfen lassen. Gemüse in eine längliche Terrinenform geben.
2. Sahne mit Eiern und Petersilie verquirlen, mit Salz, Pfeffer und Muskat würzen und über das Gemüse in die Terrinenform gießen. Die Form auf dem Rost in den Backofen schieben.

Terrine von frischem Gemüse

Ober-/Unterhitze: etwa 180 °C (vorgeheizt)
Heißluft: etwa 160 °C (nicht vorgeheizt)
Gas: Stufe 2–3 (nicht vorgeheizt)
Garzeit: etwa 70 Minuten.

3. Für die Sauce Crème fraîche mit Paprikawürfeln und Schnittlauchröllchen verrühren und mit Salz und Pfeffer würzen.
4. Terrine vorsichtig stürzen, in Scheiben schneiden und mit der Sauce auf Tellern anrichten.

Beilage:
Toast.

Teufelssauce

■ Schnell

Pro Portion:
E: 4 g, F: 10 g, Kh: 1 g,
kJ: 496, kcal: 119

2 hart gekochte Eier
2 EL Speiseöl
1 EL Senf
1 TL Essigessenz
1 TL Zwiebelwürfel, Salz
frisch gemahlener Pfeffer
1 Prise Zucker
1 TL gehackter Estragon
1 EL geriebener Apfel
3 EL Rotwein
1/2 TL Tabascosauce

Zubereitungszeit: 15 Min.

1. Eier pellen, Eigelb durch ein Sieb streichen, nach und nach Öl, Senf, Essigessenz und Zwiebelwürfel unterrühren. Mit Salz, Pfeffer, Zucker und Estragon abschmecken.

2. Nach und nach Apfel, Wein und Tabascosauce unterrühren. Nach Belieben nochmals mit den Gewürzen abschmecken.

Tipp:
Zu gegrilltem Fleisch oder Fondue reichen.

Teufelssuppe

■ Gut vorzubereiten

Pro Portion:
E: 20 g, F: 19 g, Kh: 11 g,
kJ: 1402, kcal: 335

100 g Rindfleisch
100 g Schweinefleisch
100 g Kalbfleisch
2 Gemüsezwiebeln
4 EL Speiseöl
800 ml Rinderfond
4 EL Möhrenwürfel
4 EL Kartoffelwürfel
2 EL Tomatenmark
Salz, Sambal Oelek
1 abgezogene, zerdrückte Knoblauchzehe
40 ml Weinbrand

Zubereitungszeit: 65 Min.

1. Fleisch unter fließendem kalten Wasser abspülen, trockentupfen und in Würfel schneiden.
2. Zwiebeln abziehen und in Scheiben schneiden. Öl erhitzen, Zwiebel- und Fleischwürfel darin anbraten, mit Rinderfond auffüllen und 30 Minuten kochen lassen.
3. Möhren- und Kartoffelwürfel sowie Tomatenmark hinzufügen und mit Salz, Sambal Oelek und Knoblauch

scharf würzen. Noch etwa 20 Minuten kochen lassen und zum Schluss mit Weinbrand verfeinern.

Thanksgiving Truthahn

■ Für Gäste – dauert länger

Pro Portion:
E: 10 g, F: 21 g, Kh: 65 g,
kJ: 2133, kcal: 509

1 Baby-Truthahn (1,2–1,5 kg)
Salz, Pfeffer, 3 EL Speiseöl

Für die Brotroulade:
10 Scheiben Weißbrot
200 ml heiße Milch, 40 g Butter
2 EL gehackte Zwiebeln
4 EL Gemüsemais
4 EL gehackte Champignons
1 EL gehackte Petersilie, 2 Eier

Für die glacierten Kartoffeln:
400 g längliche Kartoffeln
40 g Butter, 1 EL Zucker
100 ml Geflügelfond

Zubereitungszeit: 2$^{1}/_{2}$ Std.

1. Truthahn kalt abspülen, trockentupfen, von innen und außen mit Salz und Pfeffer würzen, mit Öl bestreichen, in einen Bräter legen und auf dem Rost in den Backofen schieben.

Ober-/Unterhitze: etwa 200 °C (vorgeheizt)
Heißluft: etwa 180 °C (nicht vorgeheizt)
Gas: Stufe 3–4 (nicht vorgeheizt)
Bratzeit: etwa 90 Minuten.

2. Sobald der Bratensatz bräunt, etwas heißes Wasser hinzufügen, dann den Truthahn ab und zu damit begießen.
3. Für die Brotroulade Weißbrot würfeln und mit Milch übergießen.
4. Butter erhitzen, Zwiebeln darin glasig dünsten, Mais und Champignons dazugeben, leicht Farbe nehmen lassen und mit Petersilie unter das Weißbrot arbeiten.
5. Mit Salz und Pfeffer würzen, zur Bindung Eier einarbeiten. Die Brotfarce zu Rollen formen, in Alufolie oder ein Geschirrtuch wickeln und im heißen Wasserbad etwa 45 Minuten garen lassen.
6. Für die glacierten Kartoffeln Kartoffeln schälen, waschen, etwa 15 Minuten kochen, abgießen und abdämpfen.
7. Butter in einer Pfanne erhitzen, Kartoffeln darin anbraten, mit Zucker bestreuen und diesen auflösen lassen. Geflügelfond zugeben und verkochen lassen, bis sich eine Glasur um die Kartoffeln bildet.
8. Brotroulade aus dem Wasserbad nehmen, von Alufolie (Geschirrtuch) befreien, Roulade in Scheiben schneiden.
9. Truthahn mit Brotrouladenscheiben und Kartoffeln auf einer Platte anrichten.

Thunfisch-Muschel-Salat

Thunfisch-Muschel-Salat

■ Gut vorzubereiten

Pro Portion:
E: 21 g, F: 28 g, Kh: 4 g,
kJ: 1592, kcal: 380

320 g Thunfischfilet
4 EL Olivenöl
Salz, frisch gemahlener Pfeffer
je 80 g rote und grüne
Paprikaschoten, 1 Zwiebel
60 g grüne und schwarze,
entsteinte Oliven
2 EL Olivenöl
1 Bund glatte Petersilie
2 EL Tomatenmark
2–3 EL Essig
1 abgezogene, durchgepresste
Knoblauchzehe
1 Prise Zucker
100 g gekochtes Miesmuschelfleisch
(aus dem Glas)

Zubereitungszeit: 25 Min.

1. Thunfischfilet kalt abspülen, trockentupfen, evtl. entgräten, in Würfel schneiden. In Öl braten, mit Salz und Pfeffer würzen und erkalten lassen.
2. Paprika halbieren, entstielen, entkernen, die weißen Scheidewände entfernen, Schoten waschen und in feine Streifen schneiden. Zwiebel abziehen, in Scheiben schneiden und in Ringe teilen. Oliven in Scheiben schneiden.
3. Thunfischwürfel mit Paprikastreifen, Zwiebelringen, Olivenscheiben und Öl mischen. Petersilie abspülen, trockentupfen, Blättchen abzupfen und unter den Salat heben. Mit Tomatenmark, Essig, Knoblauch, Salz, Pfeffer und Zucker würzen und Miesmuschelfleisch unterheben, etwas durchziehen lassen.

Thunfisch, gebacken

■ Raffiniert

Pro Portion:
E: 32 g, F: 14 g, Kh: 8 g,
kJ: 1278, kcal: 306

750 g Thunfischsteaks (4 Scheiben)
Saft von 1/2 Zitrone
Salz
frisch gemahlener Pfeffer
1 EL Semmelbrösel
4 Fleischtomaten (enthäutet)
2 Knoblauchzehen
2 EL Kapern, 4 EL Speiseöl

Zubereitungszeit: 35 Min.

1. Thunfischsteaks kalt abspülen und trockentupfen. Mit Zitronensaft beträufeln, abtupfen, in eine gefettete, feuerfeste Form legen, mit Salz und Pfeffer würzen und mit Semmelbröseln bestreuen.
2. Von den Tomaten Stängelansätze herausschneiden und Tomaten in Würfel schneiden. Knoblauch abziehen, fein würfeln und mit Tomatenwürfeln auf dem Fisch verteilen. Kapern darauf geben und mit Öl beträufeln.
Die Form auf dem Rost in den Backofen schieben.
Ober-/Unterhitze: etwa 200 °C (vorgeheizt)
Heißluft: etwa 180 °C (vorgeheizt)
Gas: Stufe 3–4 (vorgeheizt)
Garzeit: etwa 25 Minuten.

Beilage: Baguette.

Thunfisch-Reis-Salat

■ Gut vorzubereiten

Pro Portion:
E: 20 g, F: 52 g, Kh: 36 g,
kJ: 2983, kcal: 712

150 g Langkornreis
1 l Salzwasser
2 Zwiebeln
2 Knoblauchzehen
1 rote Paprikaschote
1 grüne Paprikaschote
1 Zucchini (250 g)
4 EL Olivenöl
Salz
frisch gemahlener Pfeffer
2 Dosen Thunfisch in Öl (je 180 g)

Für die Salatsauce:
3 EL Weißweinessig
1 TL Zucker
4 EL Wasser
4 EL Olivenöl

Zubereitungszeit: 40 Min., ohne Durchziehzeit

1. Den Reis in Salzwasser in etwa 20 Minuten gar kochen, abtropfen und abkühlen lassen.
2. Zwiebeln und Knoblauch abziehen und fein hacken. Paprika halbieren, entstielen, entkernen, die weißen Scheidewände entfernen, die Schoten waschen und in kleine Würfel schneiden. Zucchini waschen, abtrocknen, die Enden abschneiden und Zucchini in Würfel schneiden.
3. Öl in einer Pfanne erhitzen und Zucchiniwürfel darin andünsten. Knoblauch- und Zwiebelwürfel hinzufügen, kurz mitdünsten und abkühlen lassen.
4. Reis und Paprikawürfel mit der Zucchini-Zwiebel-Masse in einer Salatschüssel mischen und mit Salz und Pfeffer würzen. Thunfisch auf einem Sieb abtropfen lassen, zerpflücken und unter die Reis-Gemüse-Mischung heben.
5. Für die Salatsauce Essig mit Zucker, Salz und Pfeffer verrühren. Wasser und Öl unterrühren. Die Sauce mit den Salatzutaten mischen und etwas durchziehen lassen. Nach Bedarf nochmals mit den Gewürzen abschmecken.

Thunfisch-Reis-Salat

Thunfischsteaks auf buntem Gemüse

■ Raffiniert

Pro Portion:
E: 36 g, F: 49 g, Kh: 18 g,
kJ: 2912, kcal: 696

Für das Gemüse:
1 Gemüsezwiebel
2 Knoblauchzehen
1 rote Paprikaschote
2 Zucchini (300 g)
1 Aubergine (300 g)
2 enthäutete Fleischtomaten
8 EL Olivenöl
Salz, Pfeffer, Oregano
100 ml Gemüsebrühe
2 TL Basilikumstreifen
1 EL gehackte, glatte Petersilie

4 Thunfischsteaks (je 150 g)
1 EL Zitronensaft
40 g Weizenmehl
3 EL Olivenöl

Zubereitungszeit: 60 Min.

1. Zwiebel und Knoblauch abziehen, beides würfeln. Paprikaschote halbieren, entkernen, die weißen Scheidewände entfernen, Schote waschen und würfeln.
2. Zucchini und Aubergine putzen, Enden abschneiden, Gemüse waschen und in Würfel schneiden. Tomaten entkernen, Stängelansätze herausschneiden, Tomaten in Stücke schneiden.
3. Öl erhitzen, Zwiebel-, Knoblauch-, Zucchini- und Auberginenwürfel darin andünsten, mit Salz, Pfeffer und Oregano würzen.
4. Tomatenstücke und Brühe hinzufügen und das Gemüse etwa 5 Minuten garen. Basilikumstreifen und Petersilie unterrühren, abschmecken.
5. Thunfischsteaks kalt abspülen, trockentupfen, mit Salz und Pfeffer würzen, mit Zitronensaft beträufeln und mit Mehl bestäuben.
6. Öl erhitzen, Thunfischsteaks darin etwa 8 Minuten von beiden Seiten braten und auf dem Gemüse anrichten.

Thunfischsteaks auf buntem Gemüse

Thousand-Island-Sauce

■ Schnell

Pro Portion:
E: 1 g, F: 3 g, Kh: 2 g,
kJ: 174, kcal: 42

3 EL Salatmayonnaise
1/2 TL Paprika edelsüß
1 EL Essig
2 Tropfen Tabascosauce
3–4 EL Milch
1–2 EL fein gehackte, rote Paprikaschoten
1 EL Schnittlauchröllchen

Zubereitungszeit: 10 Min.

1. Mayonnaise mit Paprika, Essig, Tabasco und Milch verrühren.
2. Paprika unterrühren und Sauce mit Schnittlauch bestreuen.

Tipp:
Thousand-Island-Sauce eignet sich für Blattsalate, Spargel-, Wirsing-, Sellerie- und Champignon-Salate.

Thousand-Island-Sauce

Tintenfischringesalat

Thüringer Klöße

■ Klassisch

Pro Portion:
E: 15 g, F: 17 g, Kh: 93 g,
kJ: 2522, kcal: 601

1 1/2 kg mehlig kochende Kartoffeln
250 ml (1/4 l) Milch
40 g Butter
Salz
150 g Weizengrieß
1 Brötchen (Semmel)
30 g Butter

Zubereitungszeit: 65 Min.

1. Kartoffeln schälen, waschen, fein reiben und in einem Küchentuch gut auspressen.
2. Milch mit Butter und Salz zum Kochen bringen, Grieß unter Rühren einstreuen, kurz aufkochen lassen, sofort mit den ausgepressten Kartoffeln mischen und mit Salz abschmecken.
3. Brötchen in kleine Würfel schneiden, Butter zerlassen und die Brötchenwürfel darin braun braten.
4. Aus der Kartoffelmasse mit nassen Händen 12 Klöße formen, in jeden Kloß einige Brötchenwürfel drücken, Klöße in kochendes Salzwasser geben, zum Kochen bringen und etwa 25 Minuten gar ziehen lassen (Wasser muss sich leicht bewegen).

Tipp:
Zu Thüringer Topfbraten, Schweinebraten und Rotkohl oder Szegediner Gulasch reichen.

Tintenfischringesalat

■ Raffiniert

Pro Portion:
E: 21 g, F: 20 g, Kh: 6 g,
kJ: 1280, kcal: 306

500 g kleine, küchenfertige Tintenfische
2 EL Zitronensaft
Salz, frisch gemahlener Pfeffer
1 TL Senf
5 EL Olivenöl
2 Fleischtomaten
1 rote Zwiebel
50 g grüne Oliven
50 g schwarze Oliven
100 g eingelegte Peperoni
1 Stängel frische Minze

Zubereitungszeit: 30 Min.

1. Tintenfische kalt abspülen, in Salzwasser etwa 15 Minuten kochen, abgießen, etwas abkühlen lassen und in Ringe schneiden.
2. Zitronensaft, Salz, Pfeffer und Senf verrühren. Öl unterschlagen, über den

470

noch warmen Tintenfisch geben und durchziehen lassen.
3. Tomaten kurze Zeit in kochendes Wasser legen (nicht kochen lassen), in kaltem Wasser abschrecken, enthäuten, Stängelansätze herausschneiden, Tomaten würfeln. Zwiebel abziehen und in Ringe schneiden.
4. Tomaten und Zwiebel vorsichtig unter die Tintenfischringe heben, mit Oliven, Peperoni und Minzeblättern auf Portionstellern anrichten.

Tiramisu
6 Portionen

■ Gut vorzubereiten

Pro Portion:
E: 9 g, F: 40 g, Kh: 37 g,
kJ: 2362, kcal: 565

3 Eigelb, 75 g Zucker
40 ml Amaretto
500 g Mascarpone
250 ml (1/4 l) kalter Espresso oder starker Kaffee
250 g Löffelbiskuits
2 EL Kakaopulver

Zubereitungszeit: 30 Min., ohne Durchziehzeit

1. Eigelb mit einem Schneebesen schaumig schlagen. Zucker nach und nach zugeben und so lange rühren, bis er sich aufgelöst hat. Die Hälfte des Amarettos zugeben. Mascarpone nach und nach unterrühren, bis die Creme dicklich ist.
2. Espresso mit dem restlichen Amaretto mischen.
3. Die Hälfte der Löffelbiskuits in eine flache Schüssel füllen, mit der Hälfte der Espresso-Amaretto-Mischung beträufeln und mit der Hälfte der Mascarponemasse bedecken. Die restlichen Zutaten in gleicher Reihenfolge darauf schichten.
4. Mit Kakao bestäuben und einige Stunden durchziehen lassen.

Tipp:
Anstelle des Amarettos kann Weinbrand verwendet werden.

Tiramisu

Tomaten mit Mozzarella

■ Klassisch

Pro Portion:
E: 14 g, F: 31 g, Kh: 6 g,
kJ: 1572, kcal: 376

6 Fleischtomaten
2 Mozzarella (je 125 g)
Salz
Pfeffer
6 EL Olivenöl
2 EL Weißweinessig
1 Töpfchen frisches Basilikum

Zubereitungszeit: 20 Min.

1. Tomaten waschen, abtupfen, Stängelansätze entfernen. Tomaten waagerecht in Scheiben schneiden. Mozzarella abtropfen lassen und in Scheiben schneiden.
2. Käse- und Tomatenscheiben auf einer Servierplatte oder vier Portionstellern abwechselnd dachziegelartig anrichten. Mit Salz und Pfeffer würzen, mit Öl und Essig beträufeln.
3. Basilikum abspülen, trockentupfen, Blättchen abzupfen, in feine Streifen schneiden und über den Tomaten verteilen.

Tipp:
Statt Weißweinessig Balsamicoessig nehmen. Den Essig dann nicht so sehr über den Käse träufeln, da er sonst zu braun wird.

Tomaten, gefüllt

■ Schnell

Pro Portion:
E: 11 g, F: 15 g, Kh: 7 g,
kJ: 942, kcal: 225

4 mittelgroße Tomaten
Salz, Pfeffer
100 g feine Fleischwurst
5 Walnusskerne, 1 kleiner Apfel
2–3 EL Kapern
200 g Meerrettichquark
gewaschene Salatblätter

Zubereitungszeit: 20 Min.

1. Tomaten waschen, trockentupfen, einen Deckel abschneiden. Tomaten aushöhlen und innen mit Salz und Pfeffer ausstreuen.
2. Fleischwurst enthäuten und in kleine Würfel schneiden. Walnusskerne grob hacken. Apfel schälen, halbieren, entkernen und grob raspeln.
3. Die Zutaten mit Kapern und Quark verrühren, in die Tomaten füllen und die Deckel aufsetzen. Die Tomaten auf Salatblättern anrichten.

Beilage:
Roggenbrot, Butter.

Tomaten, gefüllt

Tomaten-Broccoli-Auflauf

Tomaten-Broccoli-Auflauf

■ Für Kinder

Pro Portion:
E: 26 g, F: 35 g, Kh: 32 g,
kJ: 2418, kcal: 578

400 g Broccoliröschen
250 ml (¼ l) Gemüsebrühe
150 g gekochte, grüne Bandnudeln
150 g gekochter Schinken
4 enthäutete Tomaten
Salz, frisch gemahlener Pfeffer
250 ml (¼ l) Schlagsahne
2 Eier
geriebene Muskatnuss
75 g geriebener Emmentaler

Zubereitungszeit: 50 Min.

1. Broccoliröschen waschen, in der kochenden Gemüsebrühe etwa 8 Minuten kochen, auf ein Sieb geben, mit den Bandnudeln mischen.
2. Schinken in Streifen schneiden, unterheben, alles in eine flache, gefettete Auflaufform geben.
3. Die Stängelansätze der Tomaten herausschneiden, Tomaten in Scheiben schneiden und darüber verteilen. Mit Salz und Pfeffer bestreuen.
4. Sahne mit Eiern verschlagen, mit Salz, Pfeffer und Muskat würzen, Käse unterheben. Die Masse in die Auflaufform geben. Die Form auf dem Rost in den Backofen schieben.

Ober-/Unterhitze: etwa 200 °C (vorgeheizt)
Heißluft: etwa 180 °C (vorgeheizt)
Gas: Stufe 3–4 (vorgeheizt)
Backzeit: etwa 30 Minuten.

Tomatencremesuppe

■ Schnell

Pro Portion:
E: 11 g, F: 20 g, Kh: 11 g,
kJ: 1312, kcal: 313

100 g durchwachsener Speck
1 EL Butter oder Margarine
200 g Zwiebeln
800 g Tomaten (aus der Dose)
Salz, Pfeffer, gerebelter Majoran
3–4 EL Gin
200 g Magerquark
1 EL eingelegter, grüner Pfeffer
4 TL Crème fraîche
Basilikumblättchen

Zubereitungszeit: 20 Min.

Tomatencremesuppe

1. Speck in kleine Würfel schneiden. Butter oder Margarine zerlassen und Speckwürfel darin ausbraten. Zwiebeln abziehen, würfeln und in dem Speckfett glasig dünsten lassen.
2. Tomaten durch ein Sieb streichen, mit der Flüssigkeit in die Zwiebel-Speck-Masse geben und mit Salz, Pfeffer und Majoran würzen. Die Masse zum Kochen bringen und etwa 5 Minuten bei schwacher Hitze kochen lassen.
3. Gin unterrühren, evtl. mit Salz und Pfeffer abschmecken und von der Kochstelle nehmen. Quark und grünen Pfeffer unterrühren.
4. Suppe in vier Suppentassen füllen und Crème fraîche darauf verteilen. Mit Basilikumblättchen garnieren.

Tipp:
Kleine Käsestangen dazureichen.

Tomatenreis mit Auberginen

Tomatenreis mit Auberginen

■ Vegetarisch

Pro Portion:
E: 10 g, F: 18 g, Kh: 87 g,
kJ: 2287, kcal: 545

1 Aubergine
1 EL Salz
6 EL Olivenöl
1 TL Salz
2 abgezogene Knoblauchzehen
1 Zwiebel
1 Stange Porree (Lauch)
4–5 Tomaten
2 EL Tomatenmark
400 g gekochter Reis
frisch gemahlener Pfeffer
1 TL Thymian
$^1/_2$ Bund Petersilie

Zubereitungszeit: 30 Min.

1. Aubergine waschen, Stängelansatz abschneiden, Aubergine in Würfel schneiden, mit Salz bestreuen und mindestens 10–15 Minuten ziehen lassen. Anschließend unter fließendem kalten Wasser abspülen und gut abtropfen lassen.
2. Öl in einem Topf erhitzen und die mit Salz zerriebenen Knoblauchzehen darin andünsten. Auberginenwürfel in das Knoblauchöl geben und braten.
3. Zwiebel abziehen und in feine Würfel schneiden. Porree längs halbieren, waschen, in Streifen schneiden, mit Zwiebelwürfeln zu der Aubergine geben und kurz mitbraten.
4. Tomaten enthäuten und Stängelansätze herausschneiden. Tomaten entkernen, in feine Würfel schneiden, zu dem Gemüse geben und kurz mitdünsten.
5. Tomatenmark unterrühren und Reis unterheben. Mit Salz, Pfeffer und Thymian kräftig würzen und 4–5 Minuten erhitzen.
6. Tomatenreis abschmecken, mit abgespülter, fein gehackter Petersilie bestreut servieren.

473

Tomatensalat

■ Klassisch

Pro Portion:
E: 2 g, F: 12 g, Kh: 7 g,
kJ: 648, kcal: 155

800 g reife, nicht zu weiche,
mittelgroße Tomaten
Salz
frisch gemahlener Pfeffer
20 g Schnittlauchröllchen
20 g fein geschnittene, glatte
Petersilie
4 EL Olivenöl
2 EL Weinessig
1 TL Zucker

Zubereitungszeit: 20 Min.

1. Tomaten kurze Zeit in kochendes Wasser legen (nicht kochen lassen), in kaltem Wasser abschrecken, enthäuten, Stängelansätze herausschneiden, Tomaten in Scheiben schneiden und auf vorgekühlten Tellern anrichten. Etwas salzen, pfeffern, mit Schnittlauch und Petersilie bestreuen.
2. Aus Öl, Essig, Salz und Zucker eine Vinaigrette bereiten und die Tomaten damit übergießen.

Tomatensauce

■ Für Kinder

Pro Portion:
E: 3 g, F: 12 g, Kh: 8 g,
kJ: 672, kcal: 161

1 kg Tomaten
3 Knoblauchzehen

Tomatensauce, rohe

4 EL Olivenöl
Salz, frisch gemahlener Pfeffer
1 Prise Zucker

Zubereitungszeit: 30 Min.

1. Tomaten enthäuten, Stängelansätze herausschneiden und Tomaten grob zerkleinern. Knoblauch abziehen und zerdrücken.
2. Öl in einer Pfanne erhitzen, Tomatenstücke und Knoblauch hinzufügen, zu einer dicklichen Sauce einkochen lassen und mit Salz, Pfeffer und Zucker abschmecken.

Tomatensauce, rohe

■ Schnell

Pro Portion:
E: 2 g, F: 6 g, Kh: 7 g,
kJ: 426, kcal: 103

1 kg vollreife Tomaten
2 EL kaltgepresstes Olivenöl
Salz
frisch gemahlener Pfeffer
1 EL Zitronensaft
1 EL fein gehacktes Basilikum

Zubereitungszeit: 25 Min.

1. Tomaten mit kochendem Wasser überbrühen, abschrecken, enthäuten, halbieren. Stängelansätze entfernen und mit einem Löffel die Kerne herausheben. Das Fruchtfleisch fein hacken.
2. Mit Öl, Salz, Pfeffer und Zitronensaft verrühren. Zuletzt Basilikum über die Sauce streuen und vor dem Servieren einige Zeit durchziehen lassen.

Tipp:
Zu Spaghetti und Speckknödeln oder kurz vor Beendigung der Bratzeit zu Koteletts in die Pfanne geben.

Tomatensuppe

■ Klassisch

Pro Portion:
E: 5 g, F: 27 g, Kh: 15 g,
kJ: 1422, kcal: 340

1 kg Tomaten
2 mittelgroße Zwiebeln
50 g fetter Speck
20 g Margarine
20 g Weizenmehl
2 EL Tomatenmark
750 ml ($^3/_4$ l) Gemüsebrühe
Salz, 1 Prise Zucker
Pfeffer, Paprika edelsüß
gehackte Basilikumblättchen
gehackte Thymianblättchen
Tabascosauce
1 EL gehackte Petersilie
1 Becher (150 g) Crème fraîche

Zubereitungszeit: 35 Min.

1. Tomaten kurze Zeit in kochendes Wasser legen (nicht kochen lassen), in kaltem Wasser abschrecken, enthäuten, Stängelansätze herausschnei-

den und Tomaten in Würfel schneiden. Zwiebeln abziehen. Zwiebeln und Speck in Würfel schneiden.
2. Margarine zerlassen, Zwiebel- und Speckwürfel darin glasig dünsten. Tomatenwürfel hinzufügen und kurz mitdünsten lassen. Mit Mehl bestäuben, Tomatenmark unterrühren, Brühe hinzugießen, zum Kochen bringen und etwa 10 Minuten kochen lassen.
3. Suppe durch ein Sieb streichen, erhitzen, mit Salz, Zucker, Pfeffer, Paprika, Basilikumblättchen, Thymianblättchen und Tabasco abschmecken. Mit Petersilie bestreuen und mit Crème fraîche anrichten.

Tipp:
Anstelle von frischen Tomaten können auch Tomaten aus der Dose verwendet werden.

Tomatensuppe, klare mit Polentarauten

■ **Vegetarisch**

Pro Portion:
E: 14 g, F: 25 g, Kh: 34 g,
kJ: 1815, kcal: 434

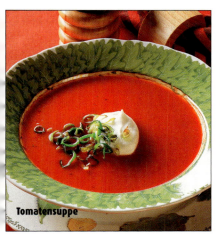
Tomatensuppe

Tomatensuppe, klare mit Polentarauten

2 Zwiebeln, 3 Knoblauchzehen
50 ml Olivenöl
1 kg Tomaten
1 Dose geschälte Tomaten (etwa 800 g)
Salz
Pfeffer
4 Eiweiß
2 enthäutete Tomaten
1 Topf Basilikum

Für die Polentarauten:
300 ml Gemüsebrühe
50 ml Milch
100 g Maisgrieß
1 Bund Schnittlauch
30 g geriebener Parmesan
40 g Butter

Zubereitungszeit: 75 Min., ohne Abkühlzeit

1. Zwiebeln und Knoblauch abziehen, fein hacken und in dem Öl andünsten.
2. Tomaten waschen, die Stängelansätze herausschneiden, Tomaten in kleine Würfel schneiden. Zusammen mit Dosentomaten hinzufügen, aufkochen lassen, mit Salz und Pfeffer abschmecken, 30 Minuten köcheln, dann auskühlen lassen (in der Zwischenzeit Polentarauten bereiten).
3. Eiweiß in die kalte Suppe geben, gut durchrühren, unter ständigem Rühren aufkochen lassen, Hitze reduzieren und 2 Minuten ohne Rühren kochen lassen.
4. Ein Sieb mit einem groben Leinentuch auslegen, in einen Topf hängen und Suppe durch das Tuch passieren.
5. Enthäutete Tomaten vierteln, in Streifen schneiden. Basilikum abspülen, Blätter abzupfen, waschen, abtupfen.
6. Suppe erhitzen, mit Salz und Pfeffer abschmecken und mit Tomatenstreifen und Basilikumblättchen als Einlage servieren.
7. Für die Polentarauten Brühe mit Milch aufkochen, Maisgrieß einstreuen, auf kleiner Flamme etwa 8 Minuten garen, mit Salz und Pfeffer würzen.
8. Schnittlauch abspülen, fein schneiden, zusammen mit Parmesan unter den Brei rühren. Etwa 1 cm dick auf die eingeölte Arbeitsfläche streichen, erkalten lassen und in Rauten schneiden.
9. Rauten in Butter goldbraun braten und in die Suppe geben.

475

Tomatentopf mit Nudeln

■ Für Kinder

Pro Portion:
E: 13 g, F: 13 g, Kh: 19 g,
kJ: 1093, kcal: 261

1 mittelgroße Zwiebel
1 Knoblauchzehe
150 g Broccoliröschen
1 EL Butter
60 g Suppennudeln
250 ml ($^1/_4$ l) Tomatensaft
125 ml ($^1/_8$ l) Gemüsebrühe
600 g enthäutete Tomaten
1 TL gehackter Oregano
1 TL frische, gehackte Basilikumblättchen
frisch gemahlener, weißer Pfeffer
Salz, Cayennepfeffer
1 Prise Zucker
125 g gekochter Schinken
75 ml Schlagsahne
2 TL gehackte Basilikumblättchen

Zubereitungszeit: 25 Min.

1. Zwiebel und Knoblauch abziehen und fein würfeln. Broccoliröschen waschen, abtropfen lassen, am Strunk kreuzförmig einschneiden.
2. Butter zerlassen, die 3 Zutaten darin andünsten. Nudeln hinzufügen, mit Tomatensaft und Brühe aufgießen, zum Kochen bringen und etwa 5 Minuten kochen lassen.
3. Tomaten in Stücke schneiden und mit den Gewürzen und dem in Würfel geschnittenen Schinken hinzufügen und 2–3 Minuten kochen lassen.
4. Sahne unterrühren und abschmecken. Mit Basilikum bestreut servieren.

Topfenknödel mit Kirschmus

■ Vegetarisch

Pro Portion:
E: 31 g, F: 19 g, Kh: 78 g,
kJ: 2714, kcal: 648

Für das Kirschmus:
300 g Sauerkirschen
8 EL Wasser, 2 EL Birnensaft

Für die Topfenknödel:
500 g Magerquark (Topfen)
3 Eier, 1 EL weiche Butter
120 g Weizenvollkornmehl
100 g Weizengrieß
50 g Butter
100 g Vollkornsemmelbrösel

30 g Vollrohrzucker
$^1/_2$ TL Zimtpulver

Zubereitungszeit: 50 Min.

1. Für das Kirschmus Kirschen waschen, entstielen, mit Wasser zum Kochen bringen und etwa 8 Minuten kochen lassen.
2. Dann durch ein grobmaschiges Sieb passieren, so dass die Kerne zurückbleiben. Mit Birnensaft abschmecken und kalt stellen.
3. Für die Topfenknödel Quark mit Eiern und Butter cremig rühren, Mehl und Grieß unterziehen und den Teig kurz quellen lassen.
4. In einem großen Topf reichlich Salzwasser zum Kochen bringen, mit einem Esslöffel Nockerln vom Teig abstechen und in das kochende Wasser gleiten lassen.
Dabei nach jedem Abstechen den Löffel in kaltes Wasser tauchen. Hitze reduzieren, Klöße etwa 8 Minuten ziehen lassen, bis sie an der Oberfläche schwimmen, mit einem Schaumlöffel herausheben und abtropfen lassen.

5. Butter erhitzen, Semmelbrösel darin rösten, mit Zucker und Zimt vermischen und Klöße darin wenden. Mit Kirschmus servieren.

Topfenpalatschinken

■ Für Kinder

Pro Portion:
E: 20 g, F: 36 g, Kh: 69 g,
kJ: 2982, kcal: 712

Für die Palatschinken:
3 Eier
100 g Weizenmehl
125 ml (1/8 l) Milch
1 Prise Salz
Mineralwasser
50 g Butter

Für die Füllung:
300 g Magerquark (Topfen)
30 g Honig
40 g Sultaninen
200 g Aprikosenkonfitüre

Für den Guss:
150 g saure Sahne
100 ml Schlagsahne

Zubereitungszeit: 50 Min.

1. Für die Palatschinken Eier mit Mehl verrühren, nach und nach Milch zugeben, mit Salz würzen, mit einem Schuss Mineralwasser aufgießen. Butter portionsweise in einer Pfanne erhitzen und acht dünne Pfannkuchen ausbacken.
2. Für die Füllung Quark mit Honig und Sultaninen verrühren. Palatschinken mit Konfitüre bestreichen, die Quarkmasse darauf verteilen. Palatschinken zusammenrollen und in eine gefettete, flache Auflaufform dicht nebeneinander einschichten.
3. Für den Guss saure Sahne und Schlagsahne verrühren, über die Palatschinken gießen und die Form auf dem Rost in die mittlere Einschubleiste des Backofens schieben.
Ober-/Unterhitze: etwa 220 °C (vorgeheizt)
Heißluft: etwa 200 °C (vorgeheizt)
Gas: Stufe 4–5 (vorgeheizt)
Backzeit: 15–20 Minuten.
4. Sofort servieren.

Topinambur in Zitronenbutter

■ Schnell

Pro Portion:
E: 0 g, F: 6 g, Kh: 1 g,
kJ: 260, kcal: 62

500 g Topinambur
30 g Butter
Saft von 1 Zitrone
1 Bund Petersilie
Salz

Zubereitungszeit: 20 Min.

1. Topinambur waschen, schälen und in fingerdicke Stifte schneiden.
2. Butter mit Zitronensaft in einem Topf aufkochen. Topinamburstifte hineingeben und zugedeckt etwa 10 Minuten dünsten.
3. Petersilie abspülen, trockentupfen, fein hacken, dazugeben und mit etwas Salz abschmecken.

Tipp:
Topinambur sind leicht süßliche und nussartig schmeckende Knollenpflanzen. Sie können wie Kartoffeln zubereitet werden.

Topinambur in Zitronenbutter

Tortellini mit Gemüse

■ Schnell

Pro Portion:
E: 21 g, F: 41 g, Kh: 106 g,
kJ: 3733, kcal: 892

500 g frische Tortellini
1 Bund Frühlingszwiebeln
40 g Butter
150 ml Schlagsahne
100 g Gorgonzola
250 g Zuckerschoten
12 Cocktailtomaten
Salz
frisch gemahlener Pfeffer
6 Salbeiblätter
8 Walnusskernhälften

Zubereitungszeit: 30 Min.

1. Tortellini in reichlich Salzwasser nach Packungsanleitung garen, abgießen und abtropfen lassen.
2. Frühlingszwiebeln putzen, waschen und in 1 cm große Stücke schneiden. Butter zerlassen, Frühlingszwiebelstücke darin andünsten und mit Sahne auffüllen. Gorgonzola zerbröckeln, in die Sahne geben und langsam unter Rühren schmelzen lassen.
3. Von den Zuckerschoten die Enden abschneiden, Schoten waschen, in die Sauce geben und etwa 4 Minuten mitgaren.
4. Tomaten abspülen und dazugeben. Sauce mit Salz und Pfeffer würzen. Salbeiblätter abspülen, trockentupfen, fein schneiden und zu dem Gemüse geben.
5. Tortellini zu dem Gemüse geben und kurz mit erhitzen. Walnusskernhälften fein hacken und die Tortellini damit bestreut servieren.

Tortellini mit Gemüse

Tortelliniauflauf mit Salbei und Parmaschinken

■ Gut vorzubereiten

Pro Portion:
E: 24 g, F: 47 g, Kh: 30 g,
kJ: 2760, kcal: 659

250 g Tortellini
1 Bund Frühlingszwiebeln
1 Bund Salbei
150 g Parmaschinken
4 Tomaten (250 g)
3 EL Olivenöl
Salz, frisch gemahlener Pfeffer
1 zerdrückte Knoblauchzehe
1 Fenchelknolle (etwa 200 g)
2 Eier, 200 ml Schlagsahne
150 g saure Sahne
30 g Butterflöckchen
30 g Parmesan

Tortelliniauflauf mit Salbei und Parmaschinken

H I J K L M N O P Q R S **T**

Zubereitungszeit: 65 Min.

1. Tortellini in reichlich Salzwasser bissfest kochen, auf ein Sieb geben, mit kaltem Wasser übergießen und abtropfen lassen.
2. Frühlingszwiebeln putzen, waschen und in feine Ringe schneiden. Salbei abspülen, trockentupfen und die Blättchen von den Stängeln zupfen. Parmaschinken in Würfel schneiden.
3. Tomaten kurze Zeit in kochendes Wasser legen (nicht kochen lassen), mit kaltem Wasser abschrecken, enthäuten, Stängelansätze herausschneiden und Tomaten in Würfel schneiden.
4. Öl erhitzen, Gemüse, Salbei und Schinkenwürfel darin andünsten und mit Salz, Pfeffer und Knoblauch würzen.
5. Fenchel putzen, halbieren, das Grün beiseite legen, Fenchel in Scheiben schneiden und in etwas Salzwasser etwa 5 Minuten garen.
6. Alle Zutaten mischen und in eine gefettete Auflaufform geben. Eier mit Schlagsahne und saurer Sahne verquirlen und mit Salz und Pfeffer abschmecken. Eiersahne über den Auflauf gießen, mit Butterflöckchen und Parmesan bestreuen, die Form auf dem Rost in den Backofen schieben.

Ober-/Unterhitze: etwa 200 °C (vorgeheizt)
Heißluft: etwa 180 °C (vorgeheizt)
Gas: Stufe 3-4 (vorgeheizt)
Backzeit: etwa 25 Minuten.

Tortilla mit Oliven

■ **Preiswert**

Pro Portion:
E: 14 g, F: 36 g, Kh: 27 g,
kJ: 1903, kcal: 455

Tortilla mit Oliven

600 g Kartoffeln
5 EL Olivenöl
1 Gemüsezwiebel
Salz, frisch gemahlener Pfeffer
25 g Kapern
25 gefüllte Oliven
5 Eier
3 EL Milch
1/2 Bund Petersilie
1 TL Majoran

Zubereitungszeit: 35 Min.

1. Kartoffeln schälen, waschen und in dünne Scheiben schneiden. 3 Esslöffel Öl in einer Pfanne erhitzen und Kartoffelscheiben darin braten.
2. Kurz vor Garende die abgezogene und in dünne Scheiben geschnittene Gemüsezwiebel dazugeben und mitbraten. Kartoffel-Zwiebel-Masse mit Salz und Pfeffer würzen.
3. Kapern und Oliven gut abtropfen lassen und unter die Kartoffeln heben. Eier mit Milch, fein gehackter Petersilie und Majoran verschlagen, salzen, pfeffern und in eine mit dem restlichen Öl ausgefettete Auflaufform geben. Die Kartoffelmasse darüber gleichmäßig verteilen. Die Form auf dem Rost in den Backofen schieben.

Ober-/Unterhitze: etwa 220 °C (vorgeheizt)
Heißluft: etwa 200 °C (vorgeheizt)
Gas: 4-5 (vorgeheizt)
Garzeit: 10-15 Minuten.

Tortilla mit Paprika und Salami

■ Schnell

Pro Portion:
E: 19 g, F: 27 g, Kh: 4 g,
kJ: 1419, kcal: 339

1 Zwiebel
2 EL Olivenöl
1 rote Paprikaschote
1 grüne Paprikaschote
100 g Salami
2 Tomaten
1 kleines Glas gefüllte Oliven (100 g)
$1/2$ TL gerebelter Oregano
$1/2$ TL gerebeltes Basilikum
Salz
frisch gemahlener Pfeffer
5 Eier
1 EL Tomatenmark
2 EL Milch
$1/2$ Bund Petersilie

Zubereitungszeit: 25 Min.

1. Zwiebel abziehen und fein hacken. Öl in einer Pfanne erhitzen und Zwiebelwürfel darin glasig dünsten.
2. Paprika halbieren, entstielen, entkernen, die weißen Scheidewände entfernen, Schoten waschen, in dünne Streifen schneiden, zu der Zwiebel geben und glasig dünsten.
3. Salami in Streifen schneiden, zu dem Gemüse geben und erhitzen. Tomaten kurze Zeit in kochendes Wasser legen (nicht kochen lassen), in kaltem Wasser abschrecken, enthäuten, Stängelansätze herausschneiden. Tomaten entkernen, in kleine Würfel schneiden, zu dem Gemüse geben und so lange dünsten lassen, bis die Flüssigkeit verdunstet ist.
4. Oliven halbieren, hinzufügen, mit Oregano und Basilikum würzen, mit Salz und Pfeffer abschmecken. Von der Kochstelle nehmen und bereitstellen.
5. Eier mit Tomatenmark, Milch und gehackter Petersilie verschlagen, salzen, pfeffern und in eine mit Öl ausgefettete Auflaufform geben. Gemüse gleichmässig darauf verteilen und die Form auf dem Rost in den Backofen schieben.

Ober-/Unterhitze: etwa 200 °C (vorgeheizt)
Heißluft: etwa 180 °C (vorgeheizt)
Gas: Stufe 3 – 4 (vorgeheizt)
Garzeit: 8 – 10 Minuten.

Tipp:
Nach Belieben mit Kräutern bestreut servieren.

Trifle

■ Klassisch

Pro Portion:
E: 11 g, F: 19 g, Kh: 55 g,
kJ: 1952, kcal: 466

4 Eigelb
3 EL Zucker
1 Pck. Vanillin-Zucker
150 g heller Biskuitboden
50 g Erdbeerkonfitüre
100 ml Sherry oloroso
500 ml ($1/2$ l) warme Milch
6 EL geschlagene Schlagsahne
4 Erdbeeren
4 Löffelbiskuits oder Makronen

Zubereitungszeit: 40 Min., ohne Auskühlzeit

1. Eigelb mit Zucker, Vanillin-Zucker schaumig schlagen.
2. Biskuitboden mit Erdbeerkonfitüre bestreichen, würfeln, in 4 Gläser verteilen und mit Sherry beträufeln.
3. Milch zum Eigelb geben und im Wasserbad zu einer Creme schlagen, in die Gläser verteilen und auskühlen lassen.
4. Die ausgekühlte Creme mit Sahne, Erdbeeren und Löffelbiskuits garnieren.

H I J K L M N O P Q R S **T**

Türkische Joghurtsauce

■ Schnell

Pro Portion:
E: 8 g, F: 9 g, Kh: 9 g,
kJ: 635, kcal: 152

4 Knoblauchzehen
2 TL Salz
1 EL gehackte, glatte Petersilie
600 g Joghurt
2 EL Sesamsamen

Zubereitungszeit: 15 Min.

1. Knoblauch abziehen und mit Salz in einem Mörser zu einer glatten Paste verreiben. Paste mit Petersilie unter den Joghurt rühren.
2. Sesamsamen in einer Pfanne ohne Fett goldbraun rösten und über die Sauce streuen.

Tipp:
Zu Hackfleischbällchen oder -spießchen servieren.

Türkischer Pilaw

Türkischer Pilaw

■ Raffiniert

Pro Portion:
E: 49 g, F: 18 g, Kh: 73 g,
kJ: 2745, kcal: 656

4 Hähnchenbrustfilets (je 150 g)
1 Gemüsezwiebel
2 rote Paprikaschoten
4 EL Olivenöl
250 g Langkornreis
100 g Rosinen
500 ml ($1/2$ l) Hühnerbrühe
0,2 g Safran
Ingwerpulver
Salz
frisch gemahlener Pfeffer

Zubereitungszeit: 55 Min.

1. Hähnchenbrustfilets unter fließendem kalten Wasser abspülen, trockentupfen. Fleisch in Stücke schneiden.
2. Zwiebel abziehen und würfeln. Paprika halbieren, entstielen, entkernen, die weißen Scheidewände entfernen, Schoten waschen und würfeln.
3. Öl erhitzen und Hähnchenstücke darin anbraten. Zwiebel- und Paprikawürfel dazugeben und mitbraten.
4. Reis und Rosinen unterrühren, Brühe angießen und mit Safran, Ingwer, Salz und Pfeffer würzen. Pilaw etwa 30 Minuten bei schwacher Hitze garen lassen, abschmecken.

Tipp:
Sie können zusätzlich 125 g gehäutete, entkernte Tomaten dazugeben.

Tsatsiki

Tsatsiki
2 Portionen

■ Klassisch

Pro Portion:
E: 9 g, F: 8 g, Kh: 10 g,
kJ: 686, kcal: 164

100 g Salatgurke
3 Knoblauchzehen
Salz
300 g Joghurt
1 EL Magerquark, 2 EL saure Sahne

Zubereitungszeit: 20 Min.

1. Gurke waschen, trockentupfen und fein raspeln. Knoblauch abziehen und mit Salz zerdrücken.
2. Joghurt, Quark und saure Sahne glatt rühren, mit Gurke und Knoblauchpaste vermengen.

Ungarischer Frühlingszwiebelauflauf

■ Preiswert

Pro Portion:
E: 26 g, F: 50 g, Kh: 16 g,
kJ: 2707, kcal: 646

1 Bund Frühlingszwiebeln
250 g gekochte Kartoffeln
je 1/2 große rote, gelbe
und grüne Paprika
200 g ungarische Salami
1 Bund glatte Petersilie
2 Eier
150 g saure Sahne
200 ml Schlagsahne
Paprika edelsüß
Salz
frisch gemahlener Pfeffer
etwas Tabascosauce
100 g Schafskäse
30 g Butterflöckchen

Zubereitungszeit: 50 Min.

1. Frühlingszwiebeln putzen, waschen und in feine Ringe schneiden. Kartoffeln in Würfel schneiden. Paprika halbieren, entstielen, entkernen, die weißen Scheidewände entfernen, Schoten waschen und in Streifen schneiden.
2. Salami in kleine Würfel schneiden. Petersilie abspülen, trockentupfen und in Streifen schneiden. Gemüse mit den Kartoffel- und Salamiwürfeln mischen und in eine gefettete Auflaufform geben.
3. Eier mit saurer Sahne und Schlagsahne verquirlen und mit Paprika, Salz, Pfeffer und Tabasco würzen. Eiersahne über den Auflauf gießen. Schafskäse zerbröckeln, darüber streuen und mit Butterflöckchen belegen. Die Form auf dem Rost in den Backofen schieben.

Ungarischer Frühlingszwiebelauflauf

Ober-/Unterhitze: etwa 180 °C (vorgeheizt)
Heißluft: etwa 160 °C (vorgeheizt)
Gas: Stufe 2–3 (vorgeheizt)
Garzeit: etwa 30 Minuten.

Ungarisches Gulasch

■ Schnellkochtopf – klassisch

Pro Portion:
E: 41 g, F: 31 g, Kh: 13 g,
kJ: 2232, kcal: 534

2 EL Speiseöl
750 g Rindergulasch
Salz, frisch gemahlener Pfeffer
600 g Gemüsezwiebeln
1 gestr. EL Paprika edelsüß
70 g Tomatenmark
1 rote Paprikaschote
1 grüne Paprikaschote
1 Peperoni
250 ml (1/4 l) Wasser

Zubereitungszeit: 40 Min.

1. Öl im Schnellkochtopf erhitzen, Gulasch von allen Seiten darin anbraten und mit Salz und Pfeffer würzen.
2. Zwiebeln abziehen, würfeln, hinzufügen und durchdünsten lassen. Paprika und Tomatenmark zu dem Gulasch geben und gut verrühren.
3. Paprika halbieren, entstielen, entkernen, die weißen Scheidewände entfernen, Schoten waschen und in Stücke schneiden. Peperoni halbieren, entstielen, entkernen, waschen und in Streifen schneiden. Paprikastücke und Peperonistreifen zu dem Gulasch geben und durchdünsten lassen.
4. Wasser hinzugießen, den Schnellkochtopf schließen. Nach dem Erscheinen des 2. Ringes die Hitzezufuhr verringern und das Gulasch 15 Minuten garen.
5. Den Topf von der Kochstelle nehmen, den Kochregler langsam stufenweise zurückziehen und den Topf öffnen. Das Gulasch abschmecken.

Tipp:
Knoblauchwürfel mit den Zwiebeln durchdünsten lassen.

Ungarische Hühnersuppe

■ Raffiniert

Pro Portion:
E: 36 g, F: 32 g, Kh: 24 g,
kJ: 2394, kcal: 572

1 Suppenhuhn (1,2 kg)
150 g Möhren
150 g Petersilienwurzeln
100 g Knollensellerie
1 Zwiebel
1 Knoblauchzehe
1 1/2 TL Pfefferkörner, 1 TL Salz
100 g Fadennudeln
100 g Erbsen
50 g Champignons
150 g Blumenkohl
2 Bund glatte Petersilie

Zubereitungszeit: 60 Min.

1. Suppenhuhn unter fließendem kalten Wasser abspülen und in kaltem Wasser aufsetzen. Wenn es kocht, den Schaum abschöpfen.
2. Die Suppe von nun an bei mittlerer Hitze ziehen lassen, damit sie nicht trüb wird.
3. Nach 30–40 Minuten das geputzte, gewaschene Gemüse und den abgezogenen, zerdrückten Knoblauch in die Suppe geben.
4. Mit ganzem Pfeffer würzen und salzen. Nudeln, Erbsen, geputzte Champignons und in Röschen zerlegten Blumenkohl jeweils gesondert kochen.
5. Wenn das Huhn gar ist, aus der Suppe nehmen und die Zwiebel entfernen. Suppe vom Herd ziehen und ein paar Minuten stehen lassen, dann mit der Suppenkelle durch ein Tuch geben. Das mitgekochte Gemüse in feine Streifen schneiden, das Huhn zerteilen.
6. Fleischstücke in eine Suppenschüssel legen, das Gemüse, Nudeln, Erbsen und Blumenkohl darauf geben. Die heiße Suppe darüber schöpfen und mit gewaschener, fein geschnittener Petersilie bestreuen.

Tipp:
Essig, geriebener Meerrettich oder Tomatensauce zu der Suppe reichen. Wenn die Suppe in Tassen serviert werden soll, das von den Knochen gelöste Fleisch und das mitgekochte Gemüse in Scheiben schneiden, auf die Tassen verteilen und die heiße Suppe darüber gießen.

Ungarische Hühnersuppe

Ungarisches Kartoffelgulasch

■ Preiswert

Pro Portion:
E: 8 g, F: 17 g, Kh: 42 g,
kJ: 1524, kcal: 363

1 kg Kartoffeln, 50 g fetter Speck
1 EL Speiseöl
2 Zwiebeln
1 grüne Paprikaschote
1 Knoblauchzehe
2 EL Paprika edelsüß
1 Msp. Kümmelpulver, Salz
frisch gemahlener Pfeffer
500 ml (1/2 l) heiße Gemüsebrühe
4 EL saure Sahne

Zubereitungszeit: 45 Min.

1. Kartoffeln schälen, waschen, in etwa 2 cm große Würfel schneiden.
2. Speck in sehr kleine Würfel schneiden und in erhitztem Öl auslassen. Zwiebeln abziehen, halbieren, fein würfeln, zum Speckfett geben und andünsten lassen.
3. Paprika halbieren, entstielen, entkernen, die weißen Scheidewände entfernen, Schote waschen, in Streifen schneiden, zu den Zwiebeln geben und mitdünsten lassen. Kartoffelwürfel dazugeben.
4. Knoblauchzehe abziehen, zerdrücken und hinzugeben. Mit Paprika, Kümmel, Salz und Pfeffer würzen. Brühe hinzugießen, zum Kochen bringen und bei schwacher Hitze etwa 25 Minuten garen lassen.
5. Saure Sahne unterrühren.

Ungarisches Gulasch

Vanillecreme, abgebrannt mit Zitrusfrüchten
Crème brûlée

■ **Für Gäste**

Pro Portion:
E: 6 g, F: 23 g, Kh: 44 g,
kJ: 1749, kcal: 418

Für die Vanillecreme:
60 g Zucker
100 ml Milch
1/2 aufgeschlitzte Vanilleschote
200 ml Schlagsahne
1 Prise Salz
5 Eigelb
1 Orange
1 Limone
1 rosa Grapefruit

80 g brauner Rohrzucker
Minzeblättchen

Zubereitungszeit: 50 Min.

1. Für die Vanillecreme die Hälfte des Zuckers in einer Kasserolle karamellisieren lassen und mit der Milch ablöschen. Vanilleschote und Sahne zugeben und mit Salz aufkochen.
2. Eigelb mit dem restlichen Zucker schaumig rühren, mit der heißen Flüssigkeit begießen und auf maximal 85 °C erhitzen. Die Masse durch ein Sieb geben und in 4 feuerfeste Schalen (Suppenteller) verteilen.
3. Die Creme in einem Wasserbad in den Backofen schieben und stocken lassen.
Ober-/Unterhitze: 160–180 °C (vorgeheizt)
Heißluft: 140–160 °C (vorgeheizt)
Gas: etwa Stufe 2 (vorgeheizt)
Garzeit: etwa 20 Minuten.

Vanillecreme, abgebrannt mit Zitrusfrüchten

4. Die Creme aus dem Backofen nehmen und kalt stellen.
5. Orange, Limone und Grapefruit schälen und filetieren, so dass die Filets ohne Haut sind.
6. Oberfläche der durchgekühlten Creme mit Rohrzucker bestreuen und im Backofen in der obersten Einschubleiste nur mit Oberhitze langsam überbacken, bis der Zucker karamellisiert.
7. Die knusprige Oberfläche mit den Zitrusfilets belegen, mit Minze garnieren und sofort servieren.

Tipp:
Der Garpunkt der Creme wird mit einer Nadel festgestellt. Diese muss beim Herausziehen in der Mitte ohne anhaftende Creme sein.

MENUE

Vorspeise:
Mangoldsalat (Seite 298)
Hauptgericht:
Hähnchenauflauf (Seite 192)
Dessert:
Vanilleeis mit Kaiserkirschen (Seite 484)

Vanilleeis mit Kaiserkirschen
8 Portionen

■ **Für Kinder**

Pro Portion:
E: 4 g, F: 34 g, Kh: 41 g,
kJ: 2107, kcal: 503

4 Eigelb
750 ml (3/4 l) Schlagsahne
100 g Zucker
2 EL Zitronensaft
1 Pck. Bourbon Vanille-Zucker
1 EL Speiseöl
2 Gläser Kaiserkirschen (Abtropfgewicht je 390 g)
15 g Speisestärke
15 g Zucker
geschabte Schokolade

Zubereitungszeit: 20 Min., ohne Gefrierzeit

1. Eigelb mit 4 Esslöffeln von der Sahne, Zucker, Zitronensaft und Vanille-Zucker im Wasserbad zu einer dicklichen Masse aufschlagen, aus dem Wasserbad nehmen und kalt schlagen.

2. Die restliche Sahne steif schlagen, unter die Eigelbmasse heben.
3. Eine Form mit Öl ausstreichen, die Eigelb-Sahne-Masse hineinfüllen, in das Gefrierfach stellen und gefrieren lassen. Ab und zu umrühren.
4. Kirschen auf ein Sieb geben (Saft auffangen). Speisestärke mit Zucker und 3 Esslöffeln Kirschsaft anrühren. 250 ml (¼ l) Kirschsaft zum Kochen bringen. Angerührte Stärke hineinrühren, aufkochen lassen, etwas abkühlen lassen, Kirschen unterheben.
5. Die Form ganz kurz in heißes Wasser halten, das Eis auf eine Platte stürzen, mit den Kirschen anrichten und mit Schokoladenraspeln garnieren.

Tipp:
Die Kirschsauce kann heiß oder kalt serviert werden.

Vanillepudding

■ **Gut vorzubereiten**

Pro Portion:
E: 12 g, F: 11 g, Kh: 24 g,
kJ: 1071, kcal: 255

4 Eier
40 g Zucker
500 ml (½ l) lauwarme Milch
1–2 Vanilleschoten
2 EL brauner Rohrzucker

Zubereitungszeit: 75 Min.

1. Eier mit Zucker verschlagen. Milch langsam dazugeben. Vanilleschoten aufschneiden, das Mark herauskratzen, in die Eiermilch geben und alles gut verrühren.
2. Gebutterte, feuerfeste Förmchen mit Rohrzucker ausstreuen und die Eiermilch hineingießen.
3. Wasser in die Fettfangschale des Backofens gießen, Förmchen hineinstellen und die Fettfangschale in den Backofen schieben.
   Ober-/Unterhitze: etwa 180 °C (vorgeheizt)
   Heißluft: etwa 160 °C (nicht vorgeheizt)
   Gas: Stufe 2–3 (nicht vorgeheizt)
   Garzeit: etwa 60 Minuten.

Beilage:
Gezuckertes Obst, Fruchtsauce oder Kompott.

Vanillesauce

Vanillesauce
6 Portionen

■ **Klassisch**

Pro Portion:
E: 4 g, F: 6 g, Kh: 12 g,
kJ: 489, kcal: 117

500 ml (½ l) Milch
½ Vanilleschote
3 Eigelb, 2 EL Zucker

Zubereitungszeit: 30 Min.

1. 450 ml Milch mit der aufgeschlitzten Vanilleschote aufkochen und von der Kochstelle nehmen.
2. Eigelb mit restlicher Milch und Zucker verrühren, unter Rühren in die heiße, nicht kochende Milch geben und bei kleiner Hitze schlagen, bis die Sauce cremig wird, Vanilleschote entfernen.
3. Im kalten Wasserbad weiterschlagen und kalt stellen.

Vanilleeis mit Kaiserkirschen

Vichyssoise

■ Gut vorzubereiten

Pro Portion:
E: 12 g, F: 16 g, Kh: 24 g,
kJ: 1247, kcal: 298

1 l Fleischbrühe
500 g Kartoffeln
1–2 Stangen Porree (Lauch)
125 ml (⅛ l) Schlagsahne
frisch gemahlener Pfeffer
Speisewürze

Zubereitungszeit: 40 Min., ohne Abkühlzeit

1. Brühe zum Kochen bringen.
2. Kartoffeln schälen, waschen, würfeln. Porree putzen, gründlich waschen, in Ringe schneiden und evtl. nochmals waschen. Kartoffelwürfel und Porreeringe in die Brühe geben, zum Kochen bringen und in etwa 25 Minuten gar kochen lassen.
3. Suppe pürieren und Sahne unterrühren. Suppe mit Pfeffer und Speisewürze abschmecken, abkühlen lassen und kalt servieren.

Vollkornnudeln mit Sesam-Pesto

Vollkornnudeln mit Sesam-Pesto

■ Vegetarisch

Pro Portion:
E: 16 g, F: 38 g, Kh: 48 g,
kJ: 2617, kcal: 625

Für den Nudelteig:
300 g Vollkornmehl
2 Eier
1 TL Salz
6 EL Wasser

Für das Pesto:
2 Bund glatte Petersilie
1 Bund frisches Basilikum
3 Knoblauchzehen
50 g Sesamsamen
1 EL weiche Butter
100 ml Olivenöl
40 g geriebener Parmesan
Salz
frisch gemahlener Pfeffer

Zubereitungszeit: 75 Min.

1. Für den Nudelteig Mehl in eine Schüssel geben und in die Mitte eine Mulde drücken. Eier, Salz und Wasser hineingeben und alles verrühren, gut durchkneten, bis der Teig sehr geschmeidig ist, abgedeckt etwa 30 Minuten ruhen lassen.
2. Teig dünn ausrollen, zu Bandnudeln schneiden und gut abtrocknen lassen.

Vichyssoise

Vollkornreis mit Schinken und Salatstreifen

■ Für Gäste

Pro Portion:
E: 19 g, F: 11 g, Kh: 53 g,
kJ: 1627, kcal: 388

2 l Salzwasser

250 g Vollkornreis
2 Frühlingszwiebeln
1 kleiner Kopfsalat
120 g geräucherter Stör
120 g gekochter Schinken
4 Eier
Sojasauce
etwas Ingwersaft
Salz, Pfeffer

Zubereitungszeit: 50 Min.

3. Nudeln in reichlich kochendes Salzwasser geben und 8-10 Minuten kochen und auf einem Sieb abtropfen lassen.
4. Für das Pesto Petersilie und Basilikum abspülen, trockentupfen, Blätter von den Stängeln zupfen und bis auf einige Basilikumblätter zum Garnieren fein hacken.
5. Knoblauch abziehen und grob hacken, mit Kräutern, Sesam, Butter und Öl vermischen. Mit Parmesan, Salz und Pfeffer würzen und zu den Nudeln geben. Mit Basilikumblättern garniert servieren.

MENUE

Vorspeise:
Vichyssoise (Seite 486)
Hauptgericht:
Filetsteaks mit Austernpilzen (Seite 121)
Dessert:
Rotweincreme (Seite 397)

1. Salzwasser zum Kochen bringen, Reis hineingeben, umrühren, zum Kochen bringen und etwa 30 Minuten sprudelnd kochen lassen. Reis auf ein Sieb geben, mit kaltem Wasser übergießen und gut abtropfen lassen.
2. Frühlingszwiebeln putzen, in Streifen schneiden, waschen und abtropfen lassen. Salat putzen, zerpflücken, in Streifen schneiden, waschen und gut abtropfen lassen oder trockenschleudern. Stör und Schinken in Streifen schneiden.
3. Eier mit Sojasauce und Ingwersaft vermischen, mit Reis und Frühlingszwiebelstreifen vermischen und mit Salz und Pfeffer abschmecken.
4. Die Masse in einer Pfanne erhitzen und stocken lassen. Stör- und Salatstreifen hinzufügen und mit Schinkenstreifen garnieren.

Vollkornreis mit Schinken und Salatstreifen

Wachteln, gefüllt

2 Portionen

■ Raffiniert

Pro Portion:
E: 42 g, F: 82 g, Kh: 78 g,
kJ: 5884, kcal: 1407

1 Pck. (300 g) TK-Blätterteig
2 küchenfertige Wachteln
Salz
frisch gemahlener Pfeffer

Für die Füllung:
2 Scheiben Weißbrot (ohne Rinde)
etwas Milch
2 Schalotten
20 g Butter
75 g frische Putenleber
1 Bund Petersilie
50 g Parmaschinken
1 Ei
3 EL Speiseöl
2 mittelgroße Äpfel
Saft von 1/2 Zitrone
1 EL Calvados

1 Eigelb
2 EL Milch
125 ml (1/8 l) brauner Kalbsfond
2 EL Calvados

Zubereitungszeit: 65 Min.

1. Blätterteig bei Zimmertemperatur zugedeckt auftauen lassen.
2. Wachteln unter fließendem kalten Wasser abspülen, trockentupfen, mit Salz und Pfeffer innen und außen einreiben.
3. Für die Füllung Weißbrot in Milch etwa 30 Minuten einweichen und gut ausdrücken.
4. Schalotten abziehen, in feine Würfel schneiden, in zerlassener Butter andünsten.
5. Leber unter fließendem kalten Wasser abspülen, trockentupfen, zu den Schalotten geben, ebenfalls kurz anbraten. Das Brot mit Leber und Schalotten durch den Fleischwolf drehen.
6. Petersilie abspülen, trockentupfen, die Blätter von den Stängeln zupfen, fein hacken. Parmaschinken in feine Würfel schneiden. Ei zu der Putenlebermasse geben, vermengen, mit Salz und Pfeffer abschmecken.
7. Die Wachteln damit füllen, mit Holzstäbchen zustecken, die Wachteln in erhitztem Öl gut bräunlich anbraten, abkühlen lassen.
8. Äpfel schälen, halbieren, in der Mitte aushöhlen, mit dem Zitronensaft beträufeln, die Wachteln in eine Apfelhälfte setzen, mit Calvados beträufeln, mit der anderen Apfelhälfte bedecken.
9. Den Blätterteig zu 2 Quadraten ausrollen, je eine Wachtel im Apfel in eine Blätterteigplatte einschlagen. Eigelb mit Milch verschlagen, die Blätterteigoberfläche mit der Eigelbmilch bestreichen, je zwei große Löcher ausstechen (damit der Dampf entweichen kann), auf ein mit Wasser abgespültes Backblech setzen und in den Backofen schieben.
   Ober-/Unterhitze: etwa 200 °C (vorgeheizt)
   Heißluft: etwa 180 °C (vorgeheizt)
   Gas: Stufe 3–4 (vorgeheizt)
   Backzeit: 15–20 Minuten.
10. Den Bratensatz mit Kalbsfond und Calvados loskochen, etwas einkochen lassen, mit Salz, Pfeffer abschmecken, zu den Wachteln servieren.

Wachteln, gefüllt

Waldorfsalat

■ Klassisch

Pro Portion:
E: 6 g, F: 22 g, Kh: 19 g,
kJ: 1308, kcal: 312

250 g Äpfel
250 g Knollensellerie
3 Scheiben Ananas
125 g Walnusskerne

Waldorfsalat

Für die Sauce:
Saft von 1/2 Zitrone
Salz, 1 TL Zucker
frisch gemahlener Pfeffer
1 EL Mayonnaise
2 EL saure Sahne

Zubereitungszeit: 30 Min., ohne Durchziehzeit

1. Äpfel schälen, vierteln, entkernen und in Stifte schneiden. Sellerie putzen, waschen, schälen und fein hobeln. Ananas würfeln, Walnusskerne grob hacken.
2. Für die Sauce Zitronensaft, Salz, Zucker und Pfeffer verrühren. Mayonnaise und saure Sahne unterziehen.
3. Sauce mit den Zutaten vermengen und mindestens 2 Stunden durchziehen lassen.

Weinbergschnecken

■ Für Gäste

Pro Portion:
E: 3 g, F: 12 g, Kh: 3 g,
kJ: 597, kcal: 143

24 Weinbergschnecken (aus der Dose mit Schalen)
60 g weiche Butter
1/2 Zwiebel
1 Knoblauchzehe
2 Schalotten
1–2 EL gehackte Petersilie
Salz, frisch gemahlener Pfeffer

Zubereitungszeit: 45 Min.

1. Schneckenhäuser in heißem Wasser waschen und abtropfen lassen. Je 1/2 Teelöffel von der Schnecken-Flüssigkeit in die Schneckenhäuser füllen und Schnecken hineingeben.
2. Butter geschmeidig rühren. Zwiebel, Knoblauch und Schalotten abziehen, fein hacken und mit der Petersilie zu der Butter geben, gut verrühren und mit Salz und Pfeffer würzen.
3. Die Butter in die Schneckenhäuser geben, in flache, feuerfeste Schalen (mit Salz gefüllt) oder in Schneckenpfannen setzen und auf dem Rost in den Backofen schieben.

Weinbergschnecken

Ober-/Unterhitze: etwa 220 °C (vorgeheizt)
Heißluft: etwa 200 °C (vorgeheizt)
Gas: Stufe 4–5 (vorgeheizt)
Garzeit: 10–15 Minuten.

Beilage:
Baguette.

Tipp:
Anstelle von Zwiebel und Schalotten Frühlingszwiebeln verwenden.

Weincreme

6 Portionen

■ Für Gäste

Pro Portion:
E: 7 g, F: 6 g, Kh: 26 g,
kJ: 1009, kcal: 241

500 ml (1/2 l) Weißwein
125 g Zucker, 5 Eier
1 geh. EL Speisestärke
3 EL Zitronensaft

Zubereitungszeit: 30 Min., ohne Kühlzeit

1. Wein mit Zucker und Eiern verrühren. Speisestärke mit Zitronensaft verrühren und zu der Wein-Eier-Masse geben.
2. Alles in einen Topf gießen und bei kleiner Hitze schlagen, so dass eine dicke, weißcremige Masse entsteht. Sofort in ein kaltes Wasserbad stellen und weiterschlagen, bis die Creme abgekühlt ist.
3. Einige Stunden kalt stellen, dann servieren.

Weinschaumsauce

■ Schnell

Pro Portion:
E: 1 g, F: 3 g, Kh: 17 g,
kJ: 657, kcal: 157

2 Eigelb
3 EL Zucker
250 ml (¼ l) Weißwein
2 cl Maraschino

Zubereitungszeit: 15 Min.

1. Eigelb mit Zucker und Wein verrühren und im heißen (aber nicht kochenden) Wasserbad mit einem Schneebesen dickschaumig aufschlagen.
2. Mit Maraschino aromatisieren und noch warm servieren.

Tipp:
Die Sauce zu Obstsalat, Armen Rittern oder Waffeln reichen.

Weinschaumsauce

Weiße Bohnen in Tomatensauce

■ Schnell

Pro Portion:
E: 8 g, F: 12 g, Kh: 21 g,
kJ: 969, kcal: 231

4–5 Salbeiblätter
2 Peperoni
2 Knoblauchzehen
3 EL Olivenöl
500 g passierte Tomaten
1 EL Tomatenmark
Salz
500 g gekochte, weiße Bohnen (Cannellini)

Zubereitungszeit: 25 Min.

1. Salbeiblätter abspülen und trockentupfen. Peperoni waschen, entkernen und in Stücke schneiden. Knoblauch abziehen und zerdrücken.
2. Öl erhitzen, Salbei, Peperoni und Knoblauch darin leicht bräunen. Passierte Tomaten, Tomatenmark und Salz zugeben und etwa 5 Minuten bei schwacher Hitze einkochen lassen.
3. Bohnen auf ein Sieb geben, gut abtropfen lassen, unter die Tomatensauce mischen und bei mittlerer Hitze etwa 10 Minuten ziehen lassen. Die Bohnen sollen ganz bleiben und nicht verkochen, wenn nötig noch etwas Wasser zugeben.

Beilage:
Bauernbrot oder Baguette.

Tipp:
Zu Kurzgebratenem oder Spareribs reichen.

Weiße-Bohnen-Salat

Weiße-Bohnen-Salat

■ Gut vorzubereiten

Pro Portion:
E: 4 g, F: 18 g, Kh: 12 g,
kJ: 881, kcal: 210

250 g weiße Bohnen
750 ml (¾ l) Wasser
½ TL Salz
½ TL gerebelter Thymian
1 Stange Staudensellerie
1 Möhre
2 kleine Zwiebeln
20 Oliven, mit Paprika gefüllt

Für die Sauce:
4 EL Olivenöl
2 EL Essig, Salz
frisch gemahlener Pfeffer
1 Prise Zucker

gewaschene Salatblätter
rote Paprikastreifen
Petersilie

Zubereitungszeit: 75 Min., ohne Einweichzeit

1. Bohnen 12 Stunden in Wasser einweichen.

2. Bohnen in dem Einweichwasser zum Kochen bringen, mit Salz und Thymian würzen, in etwa 50 Minuten gar kochen und abtropfen lassen.
3. Staudensellerie putzen und harte Außenfäden abziehen. Möhre putzen und schälen. Beide Zutaten waschen und klein schneiden.
4. Zwiebeln abziehen, in Scheiben schneiden, in wenig kochendem Wasser blanchieren, abtropfen lassen.
5. Für die Sauce Öl mit Essig verrühren, mit Salz, Pfeffer und Zucker würzen und mit den Salatzutaten vermengen. Salat gut durchziehen lassen und evtl. mit Salz, Pfeffer und Zucker abschmecken.
6. Auf Salatblättern anrichten, mit Paprikastreifen und Petersilie garnieren.

Weiße-Bohnen-Suppe

■ **Dauert länger**

Pro Portion:
E: 32 g, F: 25 g, Kh: 29 g,
kJ: 2056, kcal: 490

250 g weiße Bohnen
1 1/2 l Wasser
500 g Kasseler Nacken
375 g Kartoffeln
1 Stange Porree (Lauch, 150 g)
3 mittelgroße Möhren
75 g Knollensellerie
2 mittelgroße Zwiebeln
125 g geräucherte Mettwurst
Salz
frisch gemahlener Pfeffer
1/2 Bund Petersilie

Zubereitungszeit: 90 Min., ohne Einweichzeit

1. Bohnen in dem Wasser 12 Stunden einweichen.
2. Kasseler unter fließendem kalten Wasser abspülen. Kasseler zu den Bohnen geben, in dem Einweichwasser zum Kochen bringen, in etwa 40 Minuten fast gar kochen lassen. Das gare Fleisch herausnehmen.
3. Kartoffeln schälen, waschen und in Würfel schneiden. Porree putzen, halbieren und gründlich waschen. Möhren und Sellerie putzen, schälen und waschen, Zwiebeln abziehen. Das Gemüse klein schneiden und mit der Mettwurst zu den Bohnen geben. Mit Salz und Pfeffer würzen, zum Kochen bringen und in etwa 30 Minuten gar kochen lassen.
4. Suppe mit Salz und Pfeffer abschmecken. Fleisch klein schneiden und in die Suppe geben.
5. Petersilie waschen, trockentupfen, die Blättchen von den Stängeln zupfen, fein hacken und die Suppe damit bestreuen.

Weißkohleintopf, bunt

■ **Preiswert**

Pro Portion:
E: 63 g, F: 54 g, Kh: 28 g,
kJ: 3756, kcal: 897

500 g Weißkohl
2 Möhren (200 g)
1 Stück Knollensellerie (150 g)
1 Stange Porree (Lauch, 150 g)
350 g Kartoffeln
1 Zwiebel
125 g durchwachsener, geräucherter Speck
2 EL Pflanzenfett
Salz, frisch gemahlener Pfeffer
gerebelter Majoran
375 ml (3/8 l) Gemüsebrühe
4 Kohlwürstchen (je 125 g)

Zubereitungszeit: 55 Min.

1. Weißkohl putzen, achteln, Strunk herausschneiden. Kohl waschen, fein hobeln oder schneiden.
2. Möhren und Sellerie putzen, schälen, waschen, würfeln. Porree putzen, längs halbieren, waschen, in Streifen schneiden.
3. Kartoffeln schälen, waschen, in Würfel schneiden. Zwiebel abziehen, mit dem Speck in Würfel schneiden.
4. Fett erhitzen. Speck und Zwiebelwürfel darin andünsten. Gemüse und Kartoffeln hinzufügen, kurz andünsten, mit den Gewürzen bestreuen, mit der Gemüsebrühe auffüllen, zum Kochen bringen und etwa 25 Minuten garen.
5. Nach 15 Minuten Garzeit die Würstchen auf den Eintopf legen und fertig garen.
6. Die Würstchen auf eine Platte legen, den Eintopf umrühren und abschmecken.

Weißkohleintopf, bunt

Weißkohlgemüse
Weißkraut

■ Preiswert

Pro Portion:
E: 3 g, F: 16 g, Kh: 8 g,
kJ: 831, kcal: 199

1 kg Weißkohl
1 mittelgroße Zwiebel
75 g Margarine
1 TL Kümmelsamen
125 ml ($^1/_8$ l) Gemüsebrühe
Salz, Pfeffer

Zubereitungszeit: 40 Min.

1. Die schlechten äußeren Blätter des Weißkohls ablösen, den Kopf achteln und Strunk herausschneiden. Kohl waschen und sehr fein schneiden oder hobeln.
2. Zwiebel abziehen und würfeln. Margarine zerlassen und Zwiebelwürfel darin hellgelb dünsten. Kohl und Kümmel dazugeben und andünsten. Gemüsebrühe hinzugießen und in 15–20 Minuten garen.
3. Weißkohl mit Salz und Pfeffer abschmecken.

Welfenspeise

■ Klassisch

Pro Portion:
E: 10 g, F: 10 g, Kh: 44 g,
kJ: 1484, kcal: 353

Für die Creme:
2 Eiweiß
35 g Speisestärke
40 g Zucker
1 Pck. Vanillin-Zucker
500 ml ($^1/_2$ l) kalte Milch

Für den Weinschaum:
3 Eigelb
80 g Zucker
10 g Speisestärke
250 ml ($^1/_4$ l) Weißwein

Zubereitungszeit: 50 Min.

1. Eiweiß steif schlagen.
2. Speisestärke mit Zucker, Vanillin-Zucker und 6 Esslöffeln von der Milch anrühren, die übrige Milch zum Kochen bringen, von der Kochstelle nehmen, die Speisestärke unter Rühren hineingeben, kurz aufkochen lassen.
3. Eischnee unter die kochend heiße Speise rühren, nochmals kurz aufkochen lassen, die Speise in eine Glasschale oder in Dessertgläser füllen (nur zur Hälfte füllen!), kalt stellen.
4. Für den Weinschaum Eigelb mit Zucker, Speisestärke und Wein in eine Rührschüssel geben, mit Handrührgerät mit Rührbesen auf niedrigster Stufe im Wasserbad so lange durchschlagen, bis die Masse durch und durch schaumig ist (sie muss sich etwa verdoppeln – nicht kochen lassen). Den Weinschaum erkalten lassen, dann vorsichtig auf die weiße Creme füllen.

Welfenspeise

Tipp:
Zum Aufschlagen sollte ein Edelstahlgefäß genommen werden.

Wels im Wurzelsud

■ Für Gäste

Pro Portion:
E: 42 g, F: 33 g, Kh: 9 g,
kJ: 2417, kcal: 576

1 küchenfertiger Wels oder Kabeljau (etwa 1 kg)
Zitronensaft
Salz

Für den Wurzelsud:
1 Zwiebel
1 Stange Porree (Lauch)
1 Möhre
1 Stück Knollensellerie
2 EL Butter, 1 l Wasser
250 ml ($^1/_4$ l) Weißwein
5 Wacholderbeeren
$^1/_4$ TL Pfefferkörner
2 Lorbeerblätter
1 Bund Dill
1 Bund glatte Petersilie
1 Stängel Estragon

Wels im Wurzelsud

K L M N O P Q R S T U V **W**

Westfälischer Kastenpickert

Zubereitungszeit: 65 Min.

1. Wels oder Kabeljau kalt abspülen, trockentupfen, mit Zitronensaft beträufeln, trockentupfen und innen und außen mit Salz bestreuen.
2. Für den Wurzelsud Zwiebel abziehen und in dünne Scheiben schneiden. Porree putzen, in dünne Ringe schneiden und waschen. Möhre und Sellerie putzen, schälen, waschen und in feine Stifte schneiden.
3. Butter zerlassen, Zwiebelscheiben darin andünsten, Gemüse hinzufügen und mitdünsten lassen. Wasser und Wein hinzugießen und mit Salz würzen.
4. Wacholderbeeren und Pfefferkörner zerdrücken, mit Lorbeerblättern in einem Mullbeutelchen in den Wurzelsud geben, zum Kochen bringen und etwa 10 Minuten kochen lassen.
5. Den Fisch in den Sud geben, zum Kochen bringen, 10–15 Minuten darin gar ziehen lassen, herausnehmen, auf einer vorgewärmten Platte anrichten und warm stellen.
6. Den Mullbeutel aus dem Sud nehmen und Flüssigkeit einkochen lassen. Dill, Petersilie und Estragon vorsichtig abspülen, trockentupfen, die Blättchen von den Stielen zupfen, fein hacken und in den Wurzelsud geben. Den Sud zu dem Fisch reichen.

Beilage:
Petersilienkartoffeln, zerlassene Butter, grüner Salat.

Westfälischer Kastenpickert

■ **Dauert länger**

Pro Portion:
E: 28 g, F: 58 g, Kh: 174 g,
kJ: 5800, kcal: 1385

30 g frische Hefe
1 TL Zucker
125 ml ($^1/_8$ l) lauwarme Milch
1 kg mehlig kochende Kartoffeln
500 g Weizenmehl
1 Prise Salz
3 Eier
250 g Rosinen
Semmelbrösel
200 ml Speiseöl

Zubereitungszeit: $2^1/_2$ Std.

1. Hefe zerbröckeln, mit Zucker und 5 Esslöffeln Milch gut verrühren, dann ruhen lassen.
2. Kartoffeln schälen, waschen, fein reiben, gut abtropfen lassen oder in einem sauberen Tuch gut auspressen.
3. Mehl in eine Rührschüssel sieben, in die Mitte eine Vertiefung eindrücken. Hefemilch hineingeben und sie etwa $^1/_2$ cm dick mit Mehl bestreuen. Salz und Eier an den Rand des Mehls geben.
4. Sobald das auf die Hefe gestreute Mehl rissig wird, die Hefemilch von der Mitte aus mit Mehl, Salz, Eiern und der restlichen Milch mit Handrührgerät mit Knethaken so lange verkneten, bis sich der Teig vom Boden löst. Kartoffelmasse gut unterkneten und den Teig an einem warmen Ort so lange stehen lassen, bis er sich sichtbar vergrößert hat.
5. Teig nochmals gut durchkneten, Rosinen einarbeiten und in eine gut gefettete, mit Semmelbröseln ausgestreute Kastenform füllen.
6. Nochmals an einem warmen Ort stehen lassen, bis er sich sichtbar vergrößert hat. Die Form auf dem Rost in den Backofen schieben.
Ober-/Unterhitze: etwa 180 °C (vorgeheizt)
Heißluft: etwa 160 °C (nicht vorgeheizt)
Gas: Stufe 2–3 (nicht vorgeheizt)
Backzeit: etwa 60 Minuten.
7. Den gut ausgekühlten Pickert aus der Form lösen, in fingerdicke Scheiben schneiden. Kurz vor dem Servieren von beiden Seiten in erhitztem Öl goldbraun braten und heiß servieren.

Beilage:
Butter, Sirup oder Leberwurst.

Wiener Saftrindergulasch

Wiener Saftrindergulasch

6 Portionen

■ **Klassisch**

Pro Portion:
E: 53 g, F: 48 g, Kh: 17 g,
kJ: 3175, kcal: 758

1,2 kg Rindfleisch (aus der Hüfte)
1 kg Zwiebeln
6–8 EL Butterschmalz
30 g Paprika edelsüß
4 geviertelte Tomaten
1 EL Tomatenmark
2–3 EL Weißweinessig
1½ l Rinderbrühe oder Wasser
10 Pfefferkörner
3 Lorbeerblätter
Schale von ½ Zitrone (unbehandelt), Salz
½ EL Weizenmehl
4 EL Butterschmalz

Für das Gulaschgewürz:
2 Knoblauchzehen
½ TL Kümmelsamen
1 EL Majoranblättchen
frisch gemahlener Pfeffer

Zubereitungszeit: 90 Min.

1. Fleisch unter fließendem kalten Wasser abspülen, trockentupfen, von Sehnen und Häuten befreien und in etwa 3 x 3 cm große Würfel schneiden.
2. Zwiebeln abziehen und in feine Streifen schneiden. Butterschmalz in einem Topf erhitzen, Zwiebeln darin unter ständigem Rühren goldgelb anbraten. Den Topf von der Kochstelle nehmen und Zwiebeln leicht auskühlen lassen.
3. Zwiebeln mit Paprika bestäuben, Tomatenviertel und Tomatenmark in den Topf geben. Den Topf wieder auf die Herdplatte stellen und Zwiebeln und Tomaten ganz kurz unter Rühren durchrösten. Mit Essig ablöschen, Rinderbrühe oder Wasser angießen. Pfefferkörner, Lorbeerblätter, Zitronenschale und Salz hinzugeben und etwa 30 Minuten kochen lassen, bis die Menge auf ⅓ eingekocht ist.
4. Die Masse durch ein feines Sieb geben, die Zwiebeln richtig durchpressen, da sie die Sauce binden.
5. Fleischwürfel in Mehl wenden und in einem Topf in heißem Butterschmalz anbraten. Mit dem Zwiebelsaft ablöschen, Fleisch in diesem Saft etwa 45 Minuten langsam weich dünsten.
6. Für das Gulaschgewürz Knoblauch abziehen und mit Kümmel und Majoranblättchen ganz fein hacken, zu dem weich gedünsteten Fleisch geben und mit Salz und Pfeffer abschmecken.

Tipp:
Als Beilage in Butter gebratene Nudeln mit frisch gehackter Petersilie oder Petersilienkartoffeln servieren.

Wiener Schnitzel

■ **Klassisch**

Pro Portion:
E: 28 g, F: 13 g, Kh: 21 g,
kJ: 1304, kcal: 311

4 Schnitzel von der Kalbsoberschale (je 150 g)
1 EL Speiseöl
Salz, frisch gemahlener Pfeffer
2 Eier
50 g Weizenmehl
150 g Semmelbrösel
100 g Butterschmalz
4 Zitronenspalten
4 Stängel krause Petersilie

K L M N O P Q R S T U V **W**

Wiener Schnitzel

Zubereitungszeit: 30 Min.

1. Kalbsschnitzel unter fließendem kalten Wasser abspülen, trockentupfen. Zwei Stück Klarsichtfolie mit Öl bestreichen und Schnitzel zwischen den beiden Folien dünn ausklopfen. Schnitzel aus der Folie nehmen, mit Salz und Pfeffer würzen.
2. Eier mit einer Gabel verschlagen. Schnitzel in Mehl wenden, überschüssiges Mehl abklopfen, in den verschlagenen Eiern und zuletzt in Semmelbröseln wenden. Panade fest andrücken.
3. Butterschmalz in einer Pfanne erhitzen, Schnitzel darin etwa 10 Minuten goldgelb braten.
4. Die fertigen Schnitzel auf Küchenpapier abtropfen lassen und auf Tellern mit je einer Zitronenspalte und etwas Petersilie anrichten.

Beilage:
Kartoffelsalat.

Wildbrühe/Wildfond

■ **Gut vorzubereiten**

Pro Portion:
E: 18 g, F: 14 g, Kh: 51 g,
kJ: 1717, kcal: 408

500 g Wildparüren
(Abschnitte, Lappen und Knochen)
2 EL Butterschmalz
1 mittelgroße Zwiebel
2 Möhren
1 Knollensellerie
1 Stange Porree (Lauch)
2 EL Tomatenmark
2 Lorbeerblätter
1 EL Wacholderbeeren
4–5 Pfefferkörner
2–3 Nelken
250 ml ($^1/_4$ l) Rotwein
$1^3/_4$ l Wasser oder Gemüsebrühe
1 Zweig Rosmarin
1 Zweig Thymian, 1 Zweig Majoran
2–3 EL Johannisbeergelee

Zubereitungszeit: $3^1/_2$ Std.

1. Wildparüren kalt abspülen, klein schneiden oder hacken, nochmals abspülen und trockentupfen. Butterschmalz in einem Topf erhitzen, die Wildparüren darin unter Rühren kräftig anbraten.
2. Zwiebel abziehen und grob würfeln. Möhren und Sellerie putzen, schälen, waschen und in Würfel schneiden. Porree putzen, längs halbieren, gründlich waschen und in dünne Ringe schneiden. Gemüse zum Fleisch geben, unter Rühren mitbraten, Tomatenmark unterrühren und durchdünsten.
3. Lorbeerblätter, Wacholderbeeren, Pfefferkörner und Nelken in einem Mörser fein zerreiben und Fleisch und Gemüse damit bestreuen. Wein und Wasser oder Brühe hinzugießen und zum Kochen bringen.
4. Rosmarin, Thymian und Majoran unter fließendem kalten Wasser abspülen und mit Johannisbeergelee in die Brühe geben. Alles in einem großen Topf zum Kochen bringen und bei schwacher Hitze etwa 3 Stunden köcheln lassen.
5. Zwischendurch von der Brühe (Fond) den sich bildenden Schaum mit einem Schaumlöffel abheben. Die fertige Brühe durch ein Sieb gießen. Den Fond weiterverwenden oder portionsweise einfrieren.

MENUE

Vorspeise:
Steinpilzsalat (Seite 458)
Hauptgericht:
Wiener Schnitzel (Seite 494)
Dessert:
Mousse au chocolat (Seite 314)

Wildgulasch mit Pilzen

■ Für Gäste

Pro Portion:
E: 35 g, F: 19 g, Kh: 7 g,
kJ: 1578, kcal: 377

5 g getrocknete Steinpilze
500 g Wildfleisch,
z. B. Reh, Hirsch, Wildschwein
1 EL Speiseöl
60 g durchwachsener Speck
2 Zwiebeln
1 Knoblauchzehe
½ TL gerebelter Thymian
Salz
frisch gemahlener Pfeffer
250 ml (¼ l) Fleischbrühe
250 ml (¼ l) dunkles Bier
1 Bund glatte Petersilie
1 Lorbeerblatt
250 g Champignons
250 g Tomaten
2 EL Crème fraîche

Zubereitungszeit: 90 Min.

1. Steinpilze in Wasser nach Packungsanleitung einweichen.
2. Wildfleisch unter fließendem kalten Wasser abspülen, trockentupfen und in Würfel schneiden.
3. Öl erhitzen, Speck in Würfel schneiden und darin auslassen. Speckwürfel herausnehmen. Fleischwürfel von allen Seiten darin braun anbraten.
4. Zwiebeln und Knoblauch abziehen, würfeln, zu dem Fleisch geben und mitbraten lassen. Mit Thymian, Salz und Pfeffer würzen und Brühe und Bier hinzugießen. Steinpilze abtropfen lassen und dazugeben. Petersilie abspülen, zu einem Sträußchen zusammenbinden, mit dem Lorbeerblatt hinzufügen und das Gulasch zugedeckt etwa 60 Minuten schmoren lassen.
5. Champignons putzen, mit Küchenpapier abreiben, evtl. abspülen, trockentupfen, halbieren und etwa 15 Minuten vor Beendigung der Schmorzeit zu dem Gulasch geben.
6. Tomaten kurze Zeit in kochendes Wasser legen (nicht kochen lassen), in kaltem Wasser abschrecken, enthäuten, vierteln, Stängelansätze herausschneiden. Tomatenviertel etwa 5 Minuten vor Beendigung der Schmorzeit mithitzen.
7. Lorbeerblatt und Petersiliensträußchen aus dem garen Gulasch nehmen. Crème fraîche unterrühren, kurz aufkochen lassen und mit Salz und Pfeffer abschmecken.

Tipp:
Dazu Semmelknödel und grünen Salat servieren.

Wildgulasch mit Pilzen

Wildmedaillons in Thymianessenz

■ Für Gäste – schnell

Pro Portion:
E: 32 g, F: 20 g, Kh: 2 g,
kJ: 1476, kcal: 352

Wildmedaillons in Thymianessenz

4 Rehmedaillons (je 70 g)
4 Hirschmedaillons (je 70 g)
Salz, Pfeffer
3 EL Speiseöl, 2 EL Sherry
200 ml Wildfond
1 EL frische Thymianblättchen
80 g kleine Pfifferlinge
80 g kleine Champignons
80 g kleine Austernpilze
30 g Butter

Zubereitungszeit: 30 Min.

1. Wildmedaillons kalt abspülen, trockentupfen, salzen, pfeffern und in heißem Öl von beiden Seiten etwa 6 Minuten braten. Anschließend herausnehmen und warm stellen.
2. Den Bratensatz mit Sherry und Wildfond loskochen, Thymian hinzufügen und um die Hälfte einkochen lassen.
3. Pilze putzen, mit Küchenpapier abreiben, evtl. abspülen und trockentupfen. Champignons in Scheiben schneiden. Butter erhitzen, Pilze darin andünsten und zur Thymianessenz geben.
4. Wildmedaillons mit Pilzen und Sauce anrichten.

Wildschweinbraten

Wildschweinbraten

5 Portionen

■ Dauert länger

Pro Portion:
E: 24 g, F: 19 g, Kh: 91 g,
kJ: 2891, kcal: 689

1 kg Wildschweinfleisch
(aus der Keule, ohne Knochen)
1 l Buttermilch, Salz
geschnittenes Rosmarin
4 EL Speiseöl
125 ml ($1/8$ l) heißes Wasser
250 g Suppengrün

Für die Sauce:
125 ml ($1/8$ l) Rotwein
125 g Champignons
Rosmarin
frisch gemahlener Pfeffer

Zubereitungszeit: 2$1/2$ Std., ohne Marinierzeit

1. Fleisch kalt abspülen, trockentupfen, mit Küchengarn zusammenbinden und über Nacht in Buttermilch legen.
2. Fleisch aus der Buttermilch nehmen, trockentupfen und mit Salz und Rosmarin einreiben.
3. Öl erhitzen und Fleisch darin von allen Seiten gut anbraten. Wasser hinzufügen, Fleisch etwa 2 Stunden schmoren lassen, dabei von Zeit zu Zeit wenden und verdampfte Flüssigkeit nach und nach durch heißes Wasser ersetzen.
4. Suppengrün putzen, waschen und klein schneiden und etwa 30 Minuten vor Ende der Schmorzeit hinzufügen.
5. Das gare Fleisch (Garn entfernen) vor dem Schneiden 10 Minuten ruhen lassen, damit sich der Fleischsaft setzt. Fleisch in Scheiben schneiden und auf einer vorgewärmten Platte anrichten.
6. Für die Sauce den Bratensatz mit Wein loskochen, pürieren.
7. Champignons putzen, mit Küchenpapier abreiben, evtl. abspülen, trockentupfen, in Scheiben schneiden und kurz in der Sauce gar ziehen lassen. Sauce mit Salz, Rosmarin und Pfeffer würzen.

Wildschweinrouladen

■ Für Gäste

Pro Portion:
E: 22 g, F: 43 g, Kh: 82 g,
kJ: 3885, kcal: 928

8 dünne Wildschweinschnitzel
(je 100 g)
Salz, frisch gemahlener Pfeffer
4 Zwiebeln
40 g Butter
8 gekochte Esskastanien
200 g Schweinemett
3 EL Schlagsahne
gerebelter Thymian
gerebelter Rosmarin
2 Möhren
50 g Knollensellerie
50 g Butterschmalz
2 EL Tomatenmark
500 ml ($1/2$ l) Rotwein

Zubereitungszeit: 70 Min.

1. Schnitzel kalt abspülen, trockentupfen, salzen und pfeffern.
2. Zwiebeln abziehen und fein hacken. Die Hälfte der Zwiebeln in Butter andünsten.
3. Kastanien hacken, mit Mett, gedünsteten Zwiebeln, Sahne, Thymian, Rosmarin, Salz und Pfeffer vermengen, auf die Schnitzel streichen. Schnitzel zusammenrollen und mit Rouladennadeln oder Holzstäbchen feststecken.
4. Möhren und Sellerie putzen, schälen, waschen und zerkleinern.
5. Butterschmalz erhitzen und Rouladen darin anbraten. Gemüse, restliche Zwiebelwürfel und Tomatenmark zugeben und mitdünsten. Wein angießen und die Rouladen etwa 45 Minuten schmoren lassen.
6. Rouladen aus der Sauce nehmen und warm stellen. Sauce pürieren, etwas einkochen lassen, mit Salz und Pfeffer würzen und zu den Rouladen reichen.

Wildschweinrouladen

Wildschschweinspieße mit buntem Gemüse

Wildschweinspieße mit buntem Gemüse

■ **Für Gäste**

Pro Portion:
E: 29 g, F: 86 g, Kh: 173 g,
kJ: 7027, kcal: 1677

750 g Wildschweinrücken
Salz, Pfeffer, Rosenpaprika
150 g durchwachsener Speck
5 rote Zwiebeln
400 g Staudensellerie
2 grüne Paprikaschoten
2 gelbe Paprikaschoten
100 g Butterschmalz

Für die Pfeffersauce:
je 1 TL rote und grüne Pfefferkörner
(aus dem Glas oder getrocknet)
125 ml (1/8 l) trockener Rotwein
100 ml Schlagsahne

1 EL Weizenmehl
1 EL Himbeergelee

Für die gebackenen Kartoffeln:
1 kg kleine, fest kochende Kartoffeln
5 EL Olivenöl, Paprika edelsüß

Zubereitungszeit: 75 Min.

1. Fleisch unter fließendem kalten Wasser abspülen, trockentupfen, vom Knochen lösen, Fleisch in Würfel schneiden und mit Salz, Pfeffer und Rosenpaprika würzen.
2. Speck in dünne Scheiben schneiden, Fleischwürfel damit umwickeln und etwa 30 Minuten stehen lassen.
3. Zwiebeln abziehen und vierteln. Sellerie waschen, putzen, die harten Außenfäden abziehen und Sellerie in Stücke schneiden. Paprika halbieren, entstielen, entkernen, die weißen Scheidewände entfernen, Schoten waschen und in Stücke schneiden.
4. Abwechselnd Fleisch und Gemüse auf 8 Spieße stecken. Butterschmalz erhitzen und die Spieße darin etwa 10 Minuten braten. Nach dem Braten Speck entfernen und Spieße mit dem Bratensatz bestreichen.
5. Für die Pfeffersauce Pfefferkörner mit Wein zum Kochen bringen, mit Salz und Pfeffer würzen und etwa 20 Minuten köcheln lassen.
6. Unter Rühren das mit kalter Sahne angerührte Mehl hinzugeben, etwa 5 Minuten kochen lassen, bis eine cremige Bindung entstanden ist. Himbeergelee unterziehen und mit Salz und Pfeffer abschmecken.
7. Für die gebackenen Kartoffeln Kartoffeln waschen, in Salzwasser in etwa 15 Minuten gar kochen. Kartoffeln pellen und kalt stellen.
8. Kartoffeln halbieren und auf einem mit etwas Olivenöl bestrichenen Backblech verteilen und mit Salz, Pfeffer und Paprika würzen. Kartoffeln mit dem restlichen Öl bestreichen und das Backblech in den Backofen schieben.

Ober-/Unterhitze: etwa 200 °C (vorgeheizt)
Heißluft: etwa 180 °C (vorgeheizt)
Gas: Stufe 3–4 (vorgeheizt)
Backzeit: etwa 15 Minuten.

MENUE

Vorspeise:
Kalbfleischbrühe (Seite 236)
Hauptgericht:
Wildschweinspieße mit buntem Gemüse (Seite 498)
Dessert:
Mokkacreme mit Mascarpone (Seite 312)

K L M N O P Q R S T U V **W**

Winterlicher Salat mit Kalbsleberstreifen

2 Portionen

■ Schnell

Pro Portion:
E: 23 g, F: 55 g, Kh: 7 g,
kJ: 2720, kcal: 650

80 g Feldsalat
80 g Radicchio
80 g Friséesalat
80 g Salatherzen vom Eisbergsalat

Für die Sauce:
1 Eigelb
1–2 EL Sherryessig
1 TL mittelscharfer Senf
6 EL Traubenkernöl
Salz, frisch gemahlener Pfeffer
1 abgezogene, zerdrückte Knoblauchzehe
200 g Kalbsleber
2 EL Speiseöl

Zubereitungszeit: 25 Min.

1. Salate putzen, waschen und in der Salatschleuder trocknen.
2. Für die Sauce Eigelb mit Essig und Senf verrühren, Öl nach und nach unterrühren, so dass eine Bindung entsteht. Mit Salz, Pfeffer und Knoblauch würzen.

Winterlicher Salat mit Kalbsleberstreifen

3. Kalbsleber kalt abspülen, trockentupfen, in Streifen schneiden und in heißem Öl kross anbraten. Salzen und pfeffern.
4. Die Salate auf Tellern anrichten, Sauce darüber geben und die Kalbsleberstreifen darauf platzieren.

Winzer Kartoffelpfanne

Winzer Kartoffelpfanne

■ Preiswert

Pro Portion:
E: 9 g, F: 28 g, Kh: 55 g,
kJ: 2262, kcal: 540

1 kg Kartoffeln
4–5 mittelgroße Zwiebeln
50 g Butter
Salz, frisch gemahlener Pfeffer
125–250 ml ($1/8$–$1/4$ l) Weißwein

Zubereitungszeit: 55 Min.

1. Kartoffeln schälen, waschen und in Scheiben schneiden. Zwiebeln abziehen und würfeln.
2. Butter zerlassen, Kartoffelscheiben und Zwiebelwürfel hineingeben, mit Salz, Pfeffer würzen und hellbraun braten.

3. Etwas Wein hinzugießen und Kartoffeln in 20–30 Minuten gar dünsten lassen.
4. Verdampfte Flüssigkeit nach und nach durch Wein ersetzen. Die Kartoffeln sollen zuletzt fast ohne Flüssigkeit sein.

Beilage:
Bunter Salatteller.

Wirsing

■ Preiswert

Pro Portion:
E: 6 g, F: 13 g, Kh: 8 g,
kJ: 736, kcal: 175

1 kg Wirsing
1 Zwiebel
60 g Margarine
etwa 125 ml ($1/8$ l) Wasser
Salz
frisch gemahlener Pfeffer
1 EL gehackte Petersilie

Zubereitungszeit: 55 Min.

1. Die groben äußeren Blätter des Wirsings entfernen, Wirsing achteln, den Strunk herausschneiden, den Kohl abspülen, abtropfen lassen und in Streifen schneiden.
2. Zwiebel abziehen und würfeln. Margarine zerlassen und Zwiebelwürfel darin hellgelb dünsten.
3. Kohlstreifen dazugeben, andünsten, Wasser, Salz und Pfeffer hinzufügen und in 20–30 Minuten gar dünsten lassen.
4. Mit Salz und Pfeffer abschmecken und mit Petersilie bestreuen.

499

Wirsingauflauf, Schweizer Art

Wirsingauflauf, Schweizer Art

■ Gut vorzubereiten

Pro Portion:
E: 28 g, F: 55 g, Kh: 11 g,
kJ: 2834, kcal: 677

40 g Speckstreifen
40 g Butter
40 g Zwiebelstreifen
800 g Wirsing, in Streifen
Salz, frisch gemahlener Pfeffer
200 ml Gemüsefond
200 ml Schlagsahne
4 Eier
200 g geriebener Emmentaler
geriebene Muskatnuss

Zubereitungszeit: 75 Min.

1. Speckstreifen in Butter auslassen, Zwiebel- und Wirsingstreifen darin andünsten, salzen, pfeffern, mit Gemüsefond ablöschen und etwa 10 Minuten garen lassen.
2. Sahne mit Eiern und Emmentaler mischen, mit Salz, Pfeffer und Muskat würzen.
3. Die gedünsteten Wirsingstreifen in eine gebutterte Auflaufform füllen, mit dem Sahne-Eier-Gemisch übergießen und auf dem Rost in den Backofen schieben.

Ober-/Unterhitze: etwa 180 °C (vorgeheizt)
Heißluft: etwa 160 °C (nicht vorgeheizt)
Gas: Stufe 2–3 (nicht vorgeheizt)
Garzeit: etwa 45 Minuten.

MENUE
Vorspeise:
Grüner-Spargel-Salat mit gebratener Entenbrust (Seite 178)
Hauptgericht:
Wolfsbarsch vom Grill (Seite 501)
Dessert:
Fruchtgrütze (Seite 144)

Wirsingeintopf

■ Klassisch

Pro Portion:
E: 34 g, F: 25 g, Kh: 23 g,
kJ: 2003, kcal: 478

500 g Rindfleisch
1 kg Wirsing
375 g Kartoffeln
40 g Schweineschmalz
2 mittelgroße Zwiebeln
Salz
frisch gemahlener Pfeffer
Kümmelpulver
750 ml ($^3/_4$ l) Wasser
2 EL gehackte Petersilie

Zubereitungszeit: 70 Min.

1. Fleisch unter fließendem kalten Wasser abspülen, trockentupfen und in Würfel schneiden.
2. Die groben äußeren Blätter des Wirsings entfernen, Wirsing vierteln, den Strunk herausschneiden, Kohl abspülen, abtropfen lassen und in Streifen schneiden. Kartoffeln schälen, waschen und in Würfel schneiden.
3. Schmalz erhitzen und Fleischwürfel unter Wenden schwach darin bräunen lassen.
4. Zwiebeln abziehen, halbieren und in Scheiben schneiden. Kurz bevor das Fleisch genügend gebräunt ist, Zwiebelscheiben hinzufügen und kurz miterhitzen.
5. Fleisch mit Salz, Pfeffer und Kümmel würzen. Wirsing, Kartoffeln und Wasser hinzufügen und in etwa 45 Minuten gar schmoren lassen.
6. Den Eintopf abschmecken und mit Petersilie bestreuen.

K L M N O P Q R S T U V **W**

Wirsingsuppe

Wolfsbarsch vom Grill

■ Für Gäste

Pro Portion:
E: 46 g, F: 2 g, Kh: 1 g,
kJ: 992, kcal: 237

½ Fenchelknolle
2 kleine, küchenfertige Wolfsbarsche
(je 500 g)
Salz, frisch gemahlener Pfeffer
Saft von 1 Zitrone, 2 cl Pernod

Zubereitungszeit: 30 Min.

1. Fenchelknolle putzen, waschen, in längliche Streifen schneiden.
2. Barsche unter fließendem kalten Wasser abspülen, trockentupfen, mit Salz, Pfeffer, Zitronensaft und Pernod innen und außen würzen.
3. Die Bauchhöhle mit Fenchelstreifen füllen, die Fische in Alufolie wickeln, Enden zudrehen und 15–20 Minuten grillen.

Tipp:
Dazu passen frische Salate und gebackene Kartoffeln.

Wirsingsuppe
6 Portionen

■ Preiswert

Pro Portion:
E: 35 g, F: 87 g, Kh: 26 g,
kJ: 4461, kcal: 1065

100 g weiße Bohnen
2 l Wasser
500 g magerer, durchwachsener Speck
1 Schinkenknochen
1½ kg Wirsing
3 Zwiebeln
2 Knoblauchzehen
2 Möhren (150 g)
2 Petersilienwurzeln
250 g Porree (Lauch)
2 Thymianzweige
2 Majoranzweige
2 Lorbeerblätter
500 g fest kochende Kartoffeln
500 g Cabanossi (Knoblauchwurst)
Salz, frisch gemahlener Pfeffer

Zubereitungszeit: 100 Min., ohne Einweichzeit

1. Bohnen waschen und in Wasser 12 Stunden einweichen.
2. Speck und Schinkenknochen zu den Bohnen in das Einweichwasser geben, zum Kochen bringen und etwa 60 Minuten kochen lassen. Speck und Schinkenknochen aus der Brühe nehmen.
3. Die groben äußeren Blätter des Wirsings entfernen, Wirsing vierteln, den Strunk herausschneiden, den Kohl abspülen, abtropfen lassen und in grobe Streifen schneiden.
4. Zwiebeln abziehen und in Scheiben schneiden. Knoblauch abziehen und durchpressen. Möhren und Petersilienwurzeln putzen, schälen, waschen und in Scheiben schneiden. Porree putzen, das dunkle Grün bis auf etwa 10 cm entfernen, Porree in Scheiben schneiden und gründlich waschen.
5. Das vorbereitete Gemüse zu den Bohnen geben.
6. Thymian- und Majoranzweige vorsichtig abspülen und mit den Lorbeerblättern in die Wirsingsuppe geben.
7. Kartoffeln schälen, waschen und würfeln. Cabanossi einige Male einstechen, mit den Kartoffelwürfeln in die Suppe geben, zum Kochen bringen und weitere 25 Minuten kochen lassen.
8. Cabanossi aus der Suppe nehmen.
9. Die Speckschwarte abschneiden, Speck in Würfel und Cabanossi in Scheiben schneiden. Speck und Wurst wieder in die Wirsingsuppe geben und erhitzen. Mit Salz und Pfeffer abschmecken.

Wolfsbarsch vom Grill

501

Würstchenauflauf

■ **Preiswert – für Kinder**

Pro Portion:
E: 57 g, F: 63 g, Kh: 35 g,
kJ: 4150, kcal: 992

500 g Pellkartoffeln
400 g Wiener Würstchen
150 g TK-Erbsen
200 g Champignonscheiben
(aus der Dose)
300 g Bratwurstmasse
3 Eier
125 ml ($^1/_8$ l) Milch
125 ml ($^1/_8$ l) Schlagsahne
Salz
frisch gemahlener Pfeffer
geriebene Muskatnuss
100 g geriebener Gouda
2 EL Semmelbrösel
2 EL Butter

Zubereitungszeit: 50 Min.

Würstchenauflauf

1. Kartoffeln pellen. Kartoffeln und Würstchen in Scheiben schneiden und abwechselnd in eine gefettete, flache Auflaufform schichten.
2. Erbsen in kochendem Salzwasser etwa 3 Minuten kochen, auf ein Sieb geben. Champignons abtropfen lassen. Aus der Bratwurstmasse Klößchen formen und die 3 Zutaten auf dem Auflauf verteilen.
3. Eier mit Milch und Sahne verschlagen, mit Salz, Pfeffer und Muskat würzen, die Eiermilch über den Auflauf gießen. Den Auflauf mit Käse und Semmelbröseln bestreuen, Butterflöckchen darauf verteilen, die Form auf dem Rost in den Backofen schieben
Ober-/Unterhitze: etwa 180 °C (vorgeheizt)
Heißluft: etwa 160 °C (nicht vorgeheizt)
Gas: Stufe 2–3 (vorgeheizt)
Backzeit: 35–45 Minuten.

Beilage:
Kopf- oder Tomatensalat.

Wurstebrei

■ **Klassisch**

Pro Portion:
E: 69 g, F: 30 g, Kh: 49 g,
kJ: 3381, kcal: 807

1–1$^1/_2$ kg Schweinefleisch (Schulter mit Schwarte, dicke Rippe)
1$^1/_2$ l Salzwasser
1 Bund Suppengrün
1 Zwiebel
1–2 Lorbeerblätter
2 Nelken
125 g grobe Gerstengrütze
125 g feine Gerstengrütze
250 g Zwiebeln
1 TL gerebelter Majoran
1 TL Pimentpulver
1 TL scharzer Pfeffer
1 Msp. gemahlene Nelken
250–375 ml ($^1/_4$–$^3/_8$ l) heißes Wasser
Salz
frisch gemahlener Pfeffer

Zubereitungszeit: 2$^1/_2$ Std.

1. Fleisch unter fließendem kalten Wasser abspülen, trockentupfen, evtl. durchschneiden. Salzwasser zum Kochen bringen.
2. Suppengrün putzen, waschen, klein schneiden, Zwiebel abziehen. Fleisch, Suppengrün, Zwiebel, Lorbeerblätter und Nelken in das Salzwasser geben, zum Kochen bringen und etwa 90 Minuten gar kochen lassen.
3. Fleisch aus der Brühe nehmen, die Knochen entfernen. Brühe durch ein Sieb gießen, mit Wasser auf 1$^1/_2$ l auffüllen, zum Kochen bringen. Die grobe Gerstengrütze einstreuen, zum Kochen bringen, etwa 10 Minuten quellen lassen.

Für die Salatsauce:
4 EL Speiseöl, 3 EL Essig
Salz, frisch gemahlener Pfeffer
2 EL fein geschnittener Schnittlauch

Zubereitungszeit: 30 Min.

1. Fleischwurst enthäuten, Wurst und Gurke erst in Scheiben, dann in Streifen schneiden.
2. Apfel schälen, vierteln, entkernen. Möhren waschen, schälen, in Salzwasser etwa 5 Minuten bissfest garen und abtropfen lassen. Apfel und Möhren in Würfel schneiden.
3. Zwiebeln abziehen, in Scheiben schneiden und in Ringe teilen.
4. Für die Salatsauce Öl mit Essig verrühren. Mit Salz und Pfeffer würzen, mit den Salatzutaten vermengen und etwas durchziehen lassen.
5. Den Wurstsalat mit Schnittlauch bestreut servieren.

Wurstsalat, ländlicher

■ Gut vorzubereiten

Pro Portion:
E: 24 g, F: 45 g, Kh: 6 g,
kJ: 2337, kcal: 559

100 g Emmentaler, 400 g Fleischwurst
1 Bund Radieschen
2–3 Möhren, 3 Tomaten
2 Zwiebeln

Für die Sauce:
1/2 abgezogene, durchgepresste Knoblauchzehe
4 EL Speiseöl, 3–4 EL Essig
1 EL Senf
Salz, frisch gemahlener Pfeffer
Schnittlauchröllchen

Zubereitungszeit: 35 Min., ohne Durchziehzeit

1. Emmentaler in kleine Stücke schneiden. Fleischwurst enthäuten, längs halbieren und in Scheiben schneiden.
2. Radieschen putzen, waschen. Möhren putzen, schälen und waschen. Beide Zutaten in sehr dünne Scheiben schneiden. Tomaten waschen, ab-

Wurstsalat, ländlicher

trocknen, die Stängelansätze herausschneiden, die Tomaten achteln. Zwiebeln abziehen, in Scheiben schneiden.
3. Für die Sauce Knoblauch mit Öl, Essig und Senf verrühren, mit Salz und Pfeffer würzen und mit den Salatzutaten vermengen. Den Salat gut durchziehen lassen, mit Schnittlauch bestreut servieren.

Wurstsalat

4. Die feine Gerstengrütze hinzufügen, zum Kochen bringen, weitere 10–15 Minuten quellen lassen.
5. Fleisch in Stücke schneiden. Zwiebeln abziehen, mit dem Fleisch durch den Fleischwolf drehen und mit Majoran, Piment, Pfeffer und Nelken zu der Gerstengrütze geben.
6. Je nach Beschaffenheit evtl. noch heißes Wasser hinzugießen, aufkochen lassen, kräftig mit Salz und Pfeffer würzen.

Tipp:
Als Beilage Pellkartoffeln, Gewürzgurken und eingelegte Rote Bete reichen.

Wurstsalat

■ Gut vorzubereiten

Pro Portion:
E: 13 g, F: 31 g, Kh: 6 g,
kJ: 1576, kcal: 377

300 g Fleischwurst
1 Gewürzgurke
1 Apfel
3 Möhren
2–3 Zwiebeln

MENUE

Vorspeise:
Weiße-Bohnen-Salat (Seite 490)
Hauptgericht:
Würstchenauflauf (Seite 502)
Dessert:
Karamellpudding (Seite 245)

503

Xeres-Creme
Sherrycreme

■ Gut vorzubereiten

Pro Portion:
E: 7 g, F: 23 g, Kh: 20 g,
kJ: 1513, kcal: 362

3 Blatt weiße Gelatine, 2 Eigelb
2 EL heißes Wasser
60 g Zucker, 2 TL Zitronensaft
150 ml Cream Sherry
2 Eiweiß, 250 ml ($1/4$ l) Schlagsahne

Zubereitungszeit: 45 Min.

1. Gelatine etwa 10 Minuten in kaltem Wasser einweichen. Die abgetropfte Gelatine erwärmen, bis sie sich aufgelöst hat.
2. Eigelb mit Wasser schaumig schlagen. Zucker nach und nach dazugeben und so lange schlagen, bis eine cremeartige Masse entstanden ist.
3. Zitronensaft und aufgelöste Gelatine unter die Creme rühren. Sherry unterrühren und kalt stellen.
4. Sobald die Creme anfängt dicklich zu werden, Eiweiß und Sahne getrennt voneinander steif schlagen und unter die Creme rühren. In Glasschälchen füllen und erneut kalt stellen.

Yam-Pfannkuchen

Yam-Gratin

■ Raffiniert

Pro Portion:
E: 2 g, F: 22 g, Kh: 11 g,
kJ: 1050, kcal: 251

600 g Yamknollen
2 Äpfel
250 ml ($1/4$ l) Schlagsahne
1 EL Zucker
1 Msp. Zimtpulver
$1/4$ TL frisch gemahlener Pfeffer
Fett für die Form

Zubereitungszeit: 70 Min.

1. Yamknollen wie Kartoffeln dünn schälen, waschen und in dünne Scheiben schneiden.
2. Äpfel schälen, halbieren, das Kerngehäuse herausschneiden und die Äpfel in dünne Spalten schneiden.
3. Sofort abwechselnd mit den Yams dachziegelartig in einer gefetteten, flachen Auflaufform anordnen und Sahne darüber gießen.
4. Zucker mit Zimt und Pfeffer mischen und darüber streuen.
5. Die Form auf dem Rost in den Backofen schieben.
   Ober-/Unterhitze: etwa 180 °C (vorgeheizt)
   Heißluft: etwa 160 °C (nicht vorgeheizt)
   Gas: Stufe 2–3 (nicht vorgeheizt)
   Backzeit: etwa 45 Minuten.

Tipp:
Yamknollen sind sehr stärkehaltige, kartoffelähnliche Wurzelknollen. Hauptanbaugebiet ist Westafrika, besonders Nigeria.

Yufka-Rollen mit Thunfisch

Yam-Pfannkuchen

■ Vegetarisch

Pro Portion:
E: 8 g, F: 46 g, Kh: 1 g,
kJ: 1974, kcal: 471

500 g Yamknollen, 1 kleine Zwiebel
40 g Butter, 1 Bund glatte Petersilie
4 kleine Eier, frisch gemahlener Pfeffer
1 TL Salz, 125 ml ($1/8$ l) Speiseöl

Zubereitungszeit: 45 Min.

1. Yamknollen dünn schälen, waschen. Zwiebel abziehen. Beide Zutaten fein reiben, in einer Schüssel vermengen.
2. Butter zerlassen, lauwarm unterrühren.
3. Petersilie abspülen, trockentupfen, fein hacken, mit den Eiern unter den Yambrei rühren.
4. Yambrei mit Pfeffer und Salz würzen, alles kräftig durchschlagen, bis die Masse glatt und dickflüssig ist.
5. Öl in einer großen Pfanne erhitzen, für jeden Pfannkuchen etwa 1 Esslöffel Yamteig in das heiße Öl geben (immer etwa 4 Pfannkuchen auf einmal zubereiten).
6. Die Pfannkuchen etwa 2 Minuten bei niedriger Hitze von jeder Seite goldbraun braten, im vorgeheizten Backofen warm halten, bis alle – etwa 20 Pfannkuchen – fertig gebraten sind.

Yufka-Rollen mit Thunfisch

20 Stück

■ Raffiniert

Pro Stück:
E: 7 g, F: 23 g, Kh: 4 g,
kJ: 885, kcal: 211

400 g Yufka (5 Teigblätter, vom Türken)
2 Dosen Thunfisch in Öl (je 150 g)
2 rote Zwiebeln
4 hart gekochte Eier
1 Bund glatte Petersilie
3 EL Zitronensaft
100 g geraspelter Parmesankäse
2 TL eingelegte Kapern
frisch gemahlener Pfeffer

Zum Bestreichen:
1 Ei, 3 EL Milch

1½ l Speiseöl zum Frittieren

Zubereitungszeit: 60 Min.

1. Teigblätter ausrollen und vierteln. Thunfisch abtropfen lassen. Zwiebeln abziehen und in feine Würfel schneiden. Eier pellen und ebenfalls fein würfeln. Petersilie abspülen, trockentupfen, Blätter von den Stängeln zupfen und fein hacken.
2. Thunfisch mit Zwiebeln, Eiern, Petersilie, Zitronensaft, Parmesan, Kapern und Pfeffer gut vermischen und die Masse auf die Teigviertel verteilen. Zum Bestreichen Ei mit Milch verquirlen, die Teigränder damit bestreichen und die Teigviertel aufrollen.
3. Das Öl in einem Topf auf 180 °C erhitzen. Die Temperatur ist erreicht, wenn sich um einen ins Öl gehaltenen Holzlöffelstiel Bläschen bilden. Die Rollen in heißem Öl von allen Seiten goldbraun frittieren und auf reichlich Küchenpapier abtropfen lassen.

Yufkateigschalen mit Gyros

24 Stück

■ Für Gäste

Pro Portion:
E: 18 g, F: 20 g, Kh: 15 g,
kJ: 1353, kcal: 323

1 Pck. (400 g) Yufkateigplatten (gibt es in türkischen Läden)
etwas Speiseöl

Für die Joghurtsauce:
3 Knoblauchzehen
250 g türkischer oder griechischer Joghurt (10 %)
2 EL Olivenöl
Salz, frisch gemahlener Pfeffer

Für die Gyrosfüllung:
etwa 600 g Gyrosfleisch (fertig mariniert)
2 EL Olivenöl, 8 mittelgroße Tomaten
350 g Schafskäse, 2 Bund glatte Petersilie
3–4 EL Olivenöl, gerebelter Oregano

Zubereitungszeit: 85 Min.

1. Je 2 Yufkateigplatten aufeinander legen. Aus dem Teig Kreise von 12 cm Durchmesser ausstechen und je 2 Teigstücke in mit Öl gefettete Muffinförmchen legen. Ein Stück Alufolie zusammenknüllen und in die Vertiefung geben, damit ein Hohlraum für die Schalen entsteht. Die Form auf dem Rost in den Backofen schieben.

Ober-/Unterhitze: etwa 180 °C (vorgeheizt)
Heißluft: etwa 160 °C (vorgeheizt)
Gas: Stufe 2–3 (vorgeheizt)
Backzeit: 12–15 Minuten

2. Die Yufkaschalen aus den Förmchen nehmen und abkühlen lassen. Mit dem restlichen Teig genau so verfahren, bis der Teig aufgebraucht ist.
3. Für die Joghurtsauce Knoblauch abziehen und zerdrücken. Joghurt mit Knoblauch und Öl verrühren, mit Salz und Pfeffer abschmecken.
4. Für die Gyrosfüllung das Fleisch portionsweise in erhitztem Öl etwa 5 Minuten anbraten.
5. Tomaten waschen, halbieren, die Stängelansätze herausschneiden, Tomaten in Würfel schneiden. Schafskäse in Würfel schneiden. Petersilie gut waschen, trockentupfen und in feine Streifen schneiden.
6. Das Gyros mit Tomaten, Käse und Petersilie vermischen, Öl unterrühren und mit Salz, Pfeffer und Oregano würzen.
7. Die Fleisch-Salat-Masse in die Yufkaschalen füllen und mit der Joghurtsauce servieren.

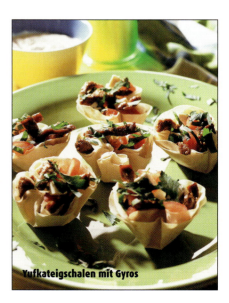
Yufkateigschalen mit Gyros

Zabaione

■ Klassisch

Pro Portion:
E: 3 g, F: 7 g, Kh: 13 g,
kJ: 522, kcal: 124

4 Eigelb
50 g Zucker
100 ml Marsala oder Portwein

Zubereitungszeit: 15 Min.

1. Alle Zutaten im heißen Wasserbad schaumig schlagen, bis die Masse dickflüssig wird.
2. Zabaione sofort in Gläser füllen, heiß servieren.

Tipp:
Waffelröllchen dazureichen.

Zander in der Kartoffelkruste

■ Für Gäste

Pro Portion:
E: 30 g, F: 23 g, Kh: 19 g,
kJ: 1786, kcal: 427

8 Zanderfilets (je 60 g)
Salz, Pfeffer, Zitronensaft
60 g Weizenmehl
2 Eier
160 g rohe Kartoffelstreifen
40 g Butter
2 EL Olivenöl

Für die Gemüsegarnitur:
20 g Butter
4 EL Möhrenwürfel
4 EL Paprikawürfel (rot, grün, gelb)
4 EL Porreewürfel (Lauch)
1 EL gehackter Dill
100 ml Fischfond

Zubereitungszeit: 35 Min.

1. Zanderfilets unter fließendem kalten Wasser abspülen, trockentupfen, mit Salz, Pfeffer und Zitronensaft würzen.
2. Filets zunächst mit Mehl bestäuben, dann durch die verschlagenen Eier ziehen und mit Kartoffelstreifen umhüllen.
3. Butter und Öl erhitzen, Fischfilets darin vorsichtig rundherum anbraten und warm stellen.
4. Für die Gemüsegarnitur Butter zerlassen, Gemüsewürfel und Dill darin anschwenken. Gemüse mit Fischfond ablöschen, um die Hälfte einkochen lassen und mit Salz und Pfeffer würzen.
5. Die gedünsteten Gemüse mit der Sauce zu den gebratenen Fischfilets reichen.

Zander nach badischer Art

■ Dauert länger

Pro Portion:
E: 55 g, F: 92 g, Kh: 94 g,
kJ: 6426, kcal: 1534

Für den Nudelteig:
3 ganze Eier
2 Eigelb
1 EL Speiseöl
230 g Weizengrieß
200 g Weizenmehl

1 küchenfertiger Zander (1,2 kg)
je 160 g rosa Champignons und Steinpilze
50 g Schalotten
Saft von 1 Zitrone
Salz, frisch gemahlener Pfeffer
einige Kräuterstiele, z. B. Petersilie, Dill
2 Zitronenscheiben
30 g Weizenmehl

Zander in der Kartoffelkruste

130 g Butter
250 ml (¼ l) trockener Riesling
250 ml (¼ l) Schlagsahne
250 g Crème fraîche
1–2 EL Zitronensaft
1 abgezogene, zerdrückte Knoblauchzehe
2 EL fein geschnittene Kräuter, z. B. Dill, Schnittlauch, Petersilie, Kerbel und Estragon
2 EL geschlagene Sahne
50 g Butter

Zubereitungszeit: 2,2 Std.

1. Für den Nudelteig Zutaten zu einem festen Teig verkneten und 1 Stunde ruhen lassen.
2. Zander unter fließendem kalten Wasser abspülen und trockentupfen.
3. Pilze putzen, mit Küchenpapier abreiben, evtl. abspülen, in Würfel schneiden. Schalotten abziehen, ebenfalls würfeln.
4. Zander mit Zitronensaft, Salz und Pfeffer würzen, den Bauch mit einigen Kräuterstielen und 2 Zitronenscheiben füllen und mit Mehl bestäuben.
5. In einer großen Pfanne 80 g Butter aufschäumen lassen und den Zander darin anbraten, Pilz- und Schalottenwürfel dazugeben, dann im Backofen weitergaren.
   Ober-/Unterhitze: etwa 220 °C (vorgeheizt)
   Heißluft: etwa 200 °C (vorgeheizt)
   Gas: Stufe 4–5 (vorgeheizt)
   Garzeit: etwa 25 Minuten.
6. Mit Riesling und Sahne ablöschen, mehrmals damit übergießen und in der Pfanne leicht bräunen lassen. Anschließend den Zander herausnehmen und warm stellen.
7. In die Sauce vorsichtig die restliche kalte Butter und Crème fraîche einarbeiten und mit Zitronensaft, Salz, Pfeffer und Knoblauch abschmecken.
8. Reichlich Kräuter dazugeben und die geschlagene Sahne unterrühren. Die Sauce über den Zander geben.
9. Den Nudelteig dünn ausrollen und fein schneiden. Nudeln in Salzwasser einmal kurz kochen lassen, abgießen, in Butter schwenken und zum Zander servieren.

Ziegenbraten mit Frühlingsgemüse und Spätzle

■ Für Gäste

Pro Portion:
E: 43 g, F: 44 g, Kh: 11 g,
kJ: 2720, kcal: 650

800 g Ziegenbraten (Keule)
Salz
frisch gemahlener Pfeffer
4 EL Speiseöl
200 g Gemüse
(Zwiebel-, Sellerie-, Möhrenwürfel)
1 gewürfelte Fleischtomate
1 EL Kräuter der Provence
300 ml Kalbsfond

Für das Frühlingsgemüse:
100 g junge Möhren
100 g junge Teltower Rübchen
100 g junge Bohnen
100 g Frühlingszwiebeln
(nur das Weiße)
40 g Butter

Für die Spätzle:
250 g gekochte Spätzle
20 g Butter
geriebene Muskatnuss
Kümmelpulver

Ziegenbraten mit Frühlingsgemüse und Spätzle

Zubereitungszeit: 100 Min.

1. Ziegenbraten kalt abspülen, trockentupfen, mit Salz und Pfeffer würzen, in einem Bräter in heißem Öl anbraten.
2. Das klein geschnittene Gemüse sowie Tomatenwürfel dazugeben. Bräter auf dem Rost in den Backofen schieben.
   Ober-/Unterhitze: etwa 200 °C (vorgeheizt)
   Heißluft: etwa 180 °C (nicht vorgeheizt)
   Gas: Stufe 3–4 (nicht vorgeheizt)
   Garzeit: etwa 80 Minuten.
3. Nach der Hälfte der Garzeit Kräuter der Provence hinzugeben und mit Kalbsfond angießen.
4. Für das Frühlingsgemüse Möhren und Rübchen putzen, schälen, von den Bohnen die Enden abschneiden, evtl. abfädeln, Frühlingszwiebeln putzen. Gemüse waschen und in Salzwasser etwa 5 Minuten blanchieren.
5. Anschließend auf einem Sieb abtropfen lassen, in Butter dünsten und mit Salz, Pfeffer würzen.
6. Für die Spätzle Spätzle in Butter braten, mit Salz, Muskat und Kümmel abschmecken.
7. Braten aus dem Backofen nehmen, 10 Minuten ruhen lassen, in Scheiben schneiden und mit Gemüse und Spätzle anrichten.

MENUE

Vorspeise:
Rote-Bete-Feldsalat mit Nüssen
(Seite 396)
Hauptgericht:
Rehsteaks mit Pfeffersauce (Seite 378)
Dessert:
Zimtparfait (Seite 508)

Zigeunersauce

■ Raffiniert

Pro Portion:
E: 2 g, F: 9 g, Kh: 9 g,
kJ: 543, kcal: 130

3 EL Olivenöl
1 Zwiebel
1 Knoblauchzehe
$^1/_2$ rote Paprikaschote
6 EL Tomatenketchup
1 EL Tomatenmark
125 ml ($^1/_8$ l) Tomatensaft
1 TL Senf
einige Spritzer Tabascosauce
Paprika edelsüß
Salz, frisch gemahlener Pfeffer
je $^1/_2$ Bund glatte Petersilie und
Schnittlauch
1 Gewürzgurke

Zubereitungszeit: 25 Min.

1. Öl erhitzen. Zwiebel und Knoblauch abziehen, würfeln und in dem Öl andünsten.
2. Paprikaschote entkernen, die weißen Scheidewände entfernen, Schote waschen, in feine Streifen schneiden und kurz mitdünsten.
3. Tomatenketchup, -mark und -saft und Senf hinzufügen, zum Kochen bringen, etwa 10 Minuten kochen lassen.
4. Mit den Gewürzen abschmecken. Kräuter abspülen, trockentupfen, fein schneiden und unter die Sauce rühren.
5. Gurke in feine Streifen schneiden, unterrühren.

Tipp:
Zu Schnitzel oder gegrilltem Fleisch reichen.

Zimtparfait

■ Raffiniert

Pro Portion:
E: 5 g, F: 31 g, Kh: 35 g,
kJ: 1965, kcal: 470

3 Eigelb
75 g Zucker
1 geh. TL Zimtpulver
3 EL Weinbrand
3 Eiweiß
1 EL Zucker
250 g Crème double
300 g vorbereitete Früchte der Saison

Zubereitungszeit: 25 Min., ohne Gefrierzeit

1. Eigelb mit Zucker cremig schlagen. Zimt und Weinbrand hinzufügen.
2. Eiweiß mit Zucker steif schlagen. Eischnee und Crème double vorsichtig mit der Eigelbcreme vermengen, in eine Schüssel füllen, abdecken und ins Gefrierfach stellen (am besten über Nacht).
3. Schüssel etwa 10 Minuten vor dem Verzehr herausnehmen, kurz in heißes Wasser tauchen. Zimtparfait auf eine Platte stürzen, in Scheiben schneiden und mit Früchten anrichten.

Zitronencreme

■ Klassisch

Pro Portion:
E: 5 g, F: 13 g, Kh: 22 g,
kJ: 952, kcal: 228

1 geh. TL gemahlene Gelatine, weiß
3 EL kaltes Wasser

Zimtparfait

Zitronencreme

2 Eigelb
2 EL heißes Wasser
75 g Zucker
Schale von 1/2 Zitrone (unbehandelt)
5 EL Zitronensaft
2 Eiweiß
125 ml (1/8 l) Schlagsahne
4 halbierte Maraschino-Kirschen

Zubereitungszeit: 50 Min.

1. Gelatine mit kaltem Wasser in einem kleinen Topf anrühren und etwa 10 Minuten zum Quellen stehen lassen.
2. Eigelb mit heißem Wasser schaumig schlagen, nach und nach Zucker unterschlagen und so lange schlagen, bis eine cremeartige Masse entstanden ist. Zitronenschale und -saft unterrühren.
3. Die gequollene Gelatine unter Rühren erwärmen, bis sie gelöst ist. Zunächst 3 Esslöffel der Eigelbmasse hinzufügen, verrühren und dann unter die übrige Eigelbmasse schlagen, evtl. kalt stellen.
4. Eiweiß steif schlagen. Sahne steif schlagen. Wenn die Masse anfängt dicklich zu werden, beide Zutaten (etwas Sahne zum Verzieren zurücklassen) unterheben.
5. Creme in eine Schale oder in Dessertgläser füllen und kalt stellen, damit sie fest wird. Mit der zurückgelassenen Sahne verzieren und mit Maraschino-Kirschen garnieren.

Zitronenhuhn

■ Für Gäste

Pro Portion:
E: 71 g, F: 46 g, Kh: 25 g,
kJ: 3429, kcal: 820

4 Hühnerbrüste mit Haut
4 Hühnerkeulen
frisch gemahlener Pfeffer
2 Zitronen in Scheiben (unbehandelt)
4 EL Olivenöl
2 Zwiebeln
3 Knoblauchzehen
2 EL frische Rosmarinnadeln
4 gehackte Sardellenfilets
Schale und Saft von 3 Zitronen (unbehandelt)
100 g Kapern
etwas Kapernflüssigkeit
400 ml kräftige Hühnerbrühe
1 1/2 EL Speisestärke
Salz, 3 EL Zucker

Zubereitungszeit: 40 Min., ohne Durchziehzeit

1. Hühnerbrüste und -keulen unter fließendem kalten Wasser abspülen, trockentupfen, kräftig pfeffern und mit Zitronenscheiben belegt über Nacht im Kühlschrank durchziehen lassen.
2. Zitronenscheiben entfernen und die Hühnerstücke in heißem Öl nach und nach von jeder Seite in etwa 5 Minuten knusprig goldbraun braten. Fleisch herausnehmen und beiseite stellen.
3. Zwiebeln abziehen und in Streifen schneiden, Knoblauch abziehen und fein hacken. Beide Zutaten zusammen mit Rosmarin in dem Bratensatz unter Rühren anbraten. Sardellenfilets und Zitronenschale kurz mitbraten.
4. Mit Zitronensaft, Kapern und Kapernflüssigkeit ablöschen und den Bratensatz unter Rühren mit einem Holzlöffel lösen. Brühe angießen und alles etwa 3 Minuten miteinander sprudelnd verkochen.
5. Speisestärke mit etwas Wasser anrühren und die Sauce damit binden. Mit Salz, Pfeffer und Zucker abschmecken.
6. Die Hühnerstücke in die Sauce legen und darin bei niedriger Hitze etwa 10 Minuten zugedeckt ziehen lassen.

Zitronenhuhn

Zitronensauce

■ Schnell

Pro Portion:
E: 9 g, F: 14 g, Kh: 2 g,
kJ: 832, kcal: 199

500 ml (½ l) Fleischbrühe
8 Eigelb
Saft von 2 Zitronen
Salz
frisch gemahlener, weißer Pfeffer
geriebene Muskatnuss
2 EL Weinbrand

Zubereitungszeit: 20 Min.

1. Brühe im Wasserbad erhitzen, jedoch nicht kochen lassen.
2. Eigelb mit Zitronensaft gut verschlagen und einige Esslöffel heiße Brühe unterrühren.
3. Dann die Eiermasse in dünnem Strahl unter ständigem Rühren im Wasserbad unter die Brühe schlagen. Unter Rühren so lange erhitzen, bis die Flüssigkeit dicklich wird.
4. Die Sauce mit Salz, Pfeffer, Muskat und Weinbrand pikant abschmecken.

Zitronensorbet
6 Portionen

■ Klassisch

Pro Portion:
E: 0 g, F: 0 g, Kh: 54 g,
kJ: 1027, kcal: 245

250 ml (¼ l) Wasser
250 ml (¼ l) Weißwein
Schale von ½ Zitrone (unbehandelt)
300 g Zucker
250 ml (¼ l) Zitronensaft
2 EL Cointreau

Zubereitungszeit: 25 Min., ohne Gefrierzeit

1. Wasser, Wein, Zitronenschale und Zucker zum Kochen bringen, bis die Masse Fäden zieht.
2. Zitronenschale entfernen und die Masse abkühlen lassen.
3. Zitronensaft unterrühren, mit Cointreau abschmecken. In eine flache Metallschale füllen und 2-3 Stunden gefrieren lassen, dabei öfter umrühren.

Tipp:
Nach Belieben mit Sekt auffüllen.

Zitrusfrüchte-Auflauf

■ Raffiniert

Pro Portion:
E: 9 g, F: 8 g, Kh: 93 g,
kJ: 2364, kcal: 564

4 Orangen, 4 Mandarinen
4 Grapefruits
1 Limone oder 1 Zitrone
1 EL Zitronat, 1 EL Orangeat
4-5 EL Hagelzucker
1 dicke Scheibe Biskuitboden (200 g)
4 cl Orangenlikör
4 Eigelb
200 ml Weißwein (lieblich) oder Cidre
etwas Zucker
grünes Marzipan
Puderzucker

Zubereitungszeit: 45 Min.

1. Zitrusfrüchte schälen, in Spalten teilen und die weißen Trennwände entfernen.
2. Die Filets mit Zitronat, Orangeat und Hagelzucker mischen.
3. Den Boden einer flachen, gefetteten Auflaufform mit dem Biskuitboden auslegen. Orangenlikör darüber träufeln und die Fruchtfilets darauf verteilen.
4. Eigelb mit Wein oder Cidre und etwas Zucker im heißen Wasserbad schaumig schlagen, bis die Masse dicklich wird.
5. Masse anschließend über die Früchte gießen und die Form auf dem Rost in den Backofen schieben.
   Ober-/Unterhitze: etwa 200 °C (vorgeheizt)
   Heißluft: etwa 180 °C (vorgeheizt)
   Gas: Stufe 3-4 (vorgeheizt)
   Backzeit: 10-15 Minuten.
6. Evtl. kurz unter den Grill stellen.

Zitronensorbet

N O P Q R S T U V W X Y **Z**

Zitrusfrüchte-Auflauf

7. In der Zwischenzeit Marzipan zwischen Frischhaltefolie dünn ausrollen. Blätter ausschneiden, mit einem Messerrücken Blattadern eindrücken. Den Auflauf damit verzieren und mit Puderzucker bestäuben.

Tipp:
Statt Marzipanblättchen den Auflauf mit Zitronenmelisseblättchen garnieren.

Zucchini, überbacken

■ Für Kinder

Pro Portion:
E: 37 g, F: 62 g, Kh: 6 g,
kJ: 3248, kcal: 776

2 EL Speiseöl
600 g Hackfleisch
(halb Rind-, halb Schweinefleisch)
Salz, frisch gemahlener Pfeffer
1–2 TL Paprika edelsüß
600 g Zucchini, 4 EL Olivenöl
2 abgezogene, zerdrückte
Knoblauchzehen
2 Fleischtomaten, Oregano
100 g geriebener, mittelalter Gouda

Zubereitungszeit: 45 Min.

1. Öl erhitzen, Hackfleisch unter Rühren durchbraten, dabei die Klümpchen mit einer Gabel zerdrücken. Mit Salz, Pfeffer und Paprika würzen.
2. Zucchini waschen, trockentupfen, Enden abschneiden, quer halbieren, mit der Schnittfläche in erhitztem Olivenöl anbraten und herausnehmen. Mit einem Löffel aushöhlen, so dass ein etwa 1/2 cm breiter Rand stehen bleibt.
3. Das Gemüsefleisch klein schneiden, mit dem Hackfleisch vermengen, mit Knoblauch und den Gewürzen abschmecken. Die Masse in die Zucchinihälften füllen und in eine gefettete, flache Auflaufform setzen.
4. Tomaten waschen, Stängelansätze herausschneiden, Tomaten in Scheiben schneiden, auf den Zucchini verteilen.
5. Mit Salz, Pfeffer und Oregano bestreuen, Käse darüber verteilen. Die Form auf dem Rost in den Backofen schieben.
Ober-/Unterhitze: etwa 200 °C (vorgeheizt)
Heißluft: etwa 180 °C (vorgeheizt)
Gas: Stufe 3–4 (vorgeheizt)
Backzeit: etwa 20 Minuten.

MENUE

Vorspeise:
Allgäuer Käsesuppe (Seite 8)
Hauptgericht:
Zucchini, überbacken (Seite 511)
Dessert:
Quark-Trifle (Seite 371)

Zucchini, überbacken

511

Zucchini-Gratin

2 Portionen

■ Raffiniert – für Kinder

Pro Portion:
E: 41 g, F: 45 g, Kh: 24 g,
kJ: 2912, kcal: 696

600 g Zucchini
2 Zwiebeln
100 g gekochter Schinken
2 EL Weizenmehl
Salz, frisch gemahlener Pfeffer
geriebene Muskatnuss
2 EL Speiseöl
75 g geraspelter Greyerzer
125 g Mozzarella, in Scheiben

Zubereitungszeit: 50 Min.

1. Zucchini waschen, trockentupfen und Enden abschneiden. Zucchini würfeln.
2. Zwiebeln abziehen und würfeln. Schinken in Würfel schneiden.
3. Zwiebel- und Schinkenwürfel mit Mehl zu der Zucchinimasse geben und mit Salz, Pfeffer und Muskat würzen.
4. Öl in einer Gratinform verteilen und den Zucchiniteig hineingeben.
5. Greyerzer und Mozzarella über die Zucchinimasse streuen. Die Form auf dem Rost in den Backofen schieben.

Ober-/Unterhitze: etwa 200 °C (vorgeheizt)
Heißluft: etwa 180 °C (vorgeheizt)
Gas: Stufe 3–4 (vorgeheizt)
Backzeit: etwa 30 Minuten.

Zucchinigemüse

■ Schnell – preiswert

Pro Portion:
E: 4 g, F: 19 g, Kh: 7 g,
kJ: 925, kcal: 221

1 kg Zucchini
1 Zwiebel
6 EL Olivenöl
3 abgezogene Knoblauchzehen
Salz
frisch gemahlener Pfeffer
geriebene Muskatnuss
100 ml Gemüsebrühe
3–4 EL gehackte, glatte Petersilie

Zubereitungszeit: 25 Min.

1. Zucchini waschen, trockentupfen, Enden abschneiden und Zucchini in Scheiben schneiden.
2. Zwiebel abziehen, fein hacken. Öl in einer Pfanne erhitzen, Zwiebelwürfel darin dünsten.
3. Zucchinischeiben, durchgepresste Knoblauchzehen, Salz, Pfeffer und Muskat dazugeben und mit Brühe aufgießen. 5–10 Minuten garen und mit Petersilie bestreut servieren.

MENUE

Vorspeise:
Sauerkrautsalat (Seite 409)

Hauptgericht:
Züricher Geschnetzeltes (Seite 513)

Dessert:
Schokoladenpudding (Seite 419)

Zucchini-Gratin

Zuckerschotentopf

■ Schnell

Pro Portion:
E: 25 g, F: 15 g, Kh: 12 g,
kJ: 1194, kcal: 285

400 g Rinderfilet
2 EL Speiseöl
Salz
frisch gemahlener Pfeffer
1 Zwiebel
2 EL Butter
400 g Zuckerschoten
125 ml (1/8 l) Gemüsebrühe
1 Fleischtomate
1 EL Basilikumstreifen
1 EL Sojasauce

Zubereitungszeit: 25 Min.

1. Rinderfilet kalt abspülen, trockentupfen und in Streifen schneiden. Öl erhitzen, Rinderfiletstreifen in 2 Portionen anbraten, mit Salz und Pfeffer würzen. Herausnehmen und warm stellen.
2. Zwiebel abziehen, würfeln. Butter zu dem Bratenfett geben. Zwiebelwürfel darin andünsten. Zuckerschoten putzen, die Enden abschneiden, Zuckerschoten waschen, zu den Zwiebeln geben, mit andünsten, Brühe hinzufügen und etwa 5 Minuten garen.
3. Tomate enthäuten, entkernen, Stängelansatz herausschneiden, Tomate in Würfel schneiden, mit Fleisch und Basilikumstreifen zu den Zuckerschoten geben, mit Sojasauce und den Gewürzen abschmecken.

Zuckerschotentopf

Züricher Geschnetzeltes

Züricher Geschnetzeltes

■ Klassisch

Pro Portion:
E: 32 g, F: 41 g, Kh: 10 g,
kJ: 2476, kcal: 592

600 g Kalbfleisch (aus der Keule)
2 mittelgroße Zwiebeln
4 EL Speiseöl
Salz, frisch gemahlener Pfeffer
15 g Weizenmehl
250 ml (1/4 l) Schlagsahne
125 ml (1/8 l) Weißwein
1 Prise Zucker, Zitronensaft
Kerbelblättchen

Zubereitungszeit: 25 Min.

1. Kalbfleisch kalt abspülen, trockentupfen und in Streifen schneiden.
2. Zwiebeln abziehen, halbieren und fein würfeln.
3. Öl erhitzen, Fleisch portionsweise jeweils 1–2 Minuten darin anbraten, mit Salz und Pfeffer bestreuen und herausnehmen.
4. Zwiebeln in die Pfanne geben, etwa 2 Minuten dünsten lassen, mit Mehl bestäuben und kurz miterhitzen. Sahne und Wein hinzugießen und etwas einkochen lassen.
5. Fleisch hinzufügen und erhitzen. Das Geschnetzelte mit Salz, Pfeffer, Zucker und Zitronensaft abschmecken und nach Belieben mit Kerbelblättchen anrichten.

Beilage:
Rösti.

Tipp:
150 g geputzte, in Scheiben geschnittene Champignons zusammen mit den Zwiebeln andünsten. Das Fleisch darf in der Sauce nicht mehr kochen, da es sonst hart wird.

513

Zwetschenknödel

6 Portionen

■ Für Kinder

Insgesamt:
E: 58 g, F: 110 g, Kh: 612 g,
kJ: 16000, kcal: 3823

700 g mehlig kochende Kartoffeln
40 g Butter
160 g Weizenmehl
60 g Weizengrieß
1 Eigelb, 1 Prise Salz
16–20 Zwetschen
16–20 Stück Würfelzucker
80 g Butter
100 g Semmelbrösel
abgeriebene Schale von $1/2$ Orange (unbehandelt)
abgeriebene Schale von $1/2$ Zitrone (unbehandelt)
50 g Zucker
1 TL Vanillin-Zucker

Zubereitungszeit: 90 Min.

1. Kartoffeln abspülen, in Salzwasser zum Kochen bringen, in 20–25 Minuten gar kochen, abgießen und abdämpfen lassen.
2. Kartoffeln etwas abkühlen lassen, pellen und durch die Kartoffelpresse drücken. Kartoffelmasse mit Butter, Mehl, Grieß, Eigelb und Salz zu einem Teig verkneten, zur Seite stellen.
3. Zwetschen abspülen, trockentupfen, an einer Seite einschneiden, entsteinen, an die Stelle des Steins ein Stück Würfelzucker stecken.
4. Den Teig zu einer Rolle formen, in 16–20 Stücke schneiden, jedes Teigstück in der bemehlten Hand etwas flach drücken, eine Zwetschen auflegen, den Teig beutelartig darüber zusammenfassen und zu einem Knödel formen.
5. Die Knödel in kochendem Salzwasser 10–15 Minuten ziehen lassen.
6. Butter in einer Pfanne erhitzen, Brösel zugeben, leicht rösten, Orangen- und Zitronenschale zugeben, Zucker und Vanillin-Zucker untermischen.
7. Die Knödel aus dem Wasser nehmen, gut abtropfen und in den Bröseln wälzen.

Zwetschenkompott in Rotwein

■ Gut vorzubereiten

Pro Portion:
E: 2 g, F: 1 g, Kh: 53 g,
kJ: 1123, kcal: 269

1 kg Zwetschen
125 ml ($1/8$ l) Rotwein
80 g Zucker
1 Pck. Vanillin-Zucker
1 EL Zitronensaft
1 Zimtstange
einige Nelken
Zwetschenwasser
Zimtpulver
Korianderpulver

Zubereitungszeit: 25 Min.

1. Zwetschen waschen und trockentupfen. Zwetschen halbieren, entsteinen.
2. Zwetschen mit Rotwein, Zucker, Vanillin-Zucker, Zitronensaft, Zimtstange und Nelken in einen Topf geben, zum Kochen bringen, etwa 10 Minuten garen.
3. Das Zwetschenkompott mit Zwetschenwasser abschmecken, mit Zimt und Koriander würzen und warm oder kalt servieren.

Zwetschenkompott in Rotwein

Zwiebelkuchen vom Blech

6 Portionen

■ Für Gäste

Pro Portion:
E: 31 g, F: 69 g, Kh: 69 g,
kJ: 4459, kcal: 1066

Für den Teig:
400 g Weizenmehl (Type 550)
1 Pck. Trockenhefe
1 TL Zucker
1 gestr. TL Salz
4 EL Speiseöl
250 ml (¼ l) lauwarme Milch

Für den Belag:
1½ kg Gemüsezwiebeln
2 EL Speiseöl
Salz
frisch gemahlener Pfeffer
getrockneter Oregano
1 TL Kümmelsamen
1 abgezogene, zerdrückte Knoblauchzehe
350 g durchwachsener Speck
200 g mittelalter Gouda
3 Eier
2 EL Crème fraîche
Butter oder Margarine

Zubereitungszeit: 110 Min.

1. Für den Teig Mehl in eine Schüssel sieben und mit der Hefe sorgfältig vermischen. Zucker, Salz, Öl und Milch hinzufügen und alles mit Handrührgerät mit Knethaken zuerst auf niedrigster, dann auf höchster Stufe in etwa 5 Minuten zu einem Teig verarbeiten.
2. Den Teig an einem warmen Ort so lange gehen lassen, bis er sich sichtbar vergrößert hat.
3. Für den Belag Zwiebeln abziehen, vierteln und in Streifen schneiden. Öl erhitzen, Zwiebeln darin andünsten und mit Salz, Pfeffer und Oregano würzen. Kümmel und Knoblauchzehe unterrühren.
4. Speck in Würfel schneiden, Gouda raspeln. Speck, Gouda, Eier und Crème fraîche unter die Zwiebelmasse rühren und mit Salz und Pfeffer abschmecken.
5. Den gegangenen Teig nochmals kurz auf der Arbeitsfläche durchkneten und ihn in der Größe einer Fettfangschale ausrollen. Fettfangschale mit Butter oder Margarine ausfetten, den Teig hineingeben, an den Seiten hochdrücken und die Zwiebelmasse darauf verteilen.
6. Den Teig nochmals an einem warmen Ort gehen lassen, erst dann in den Backofen schieben.
Ober-/Unterhitze: etwa 200 °C (vorgeheizt)
Heißluft: etwa 180 °C (vorgeheizt)
Gas: Stufe 3-4 (vorgeheizt)
Backzeit: etwa 40 Minuten.

Tipp:
Zu Federweißer reichen.

Zwiebelkuchen vom Blech

Zwiebelsuppe

Zwiebelsuppe

■ Klassisch – für Gäste

Pro Portion:
E: 16 g, F: 29 g, Kh: 22 g,
kJ: 1791, kcal: 430

375 g Zwiebeln
75 g Butter oder Margarine
1 l Fleischbrühe
Salz, frisch gemahlener Pfeffer
4 EL Weißwein
4 Weißbrotscheiben
2 EL Butter
4 Scheiben Raclettekäse

Zubereitungszeit: 30 Min.

1. Zwiebeln abziehen, in Scheiben schneiden, Butter zerlassen und Zwiebeln darin andünsten.
2. Brühe hinzugießen und Zwiebeln gar kochen lassen. Suppe mit Salz und Pfeffer abschmecken und den Wein hinzufügen.
3. Vier Weißbrotscheiben rund ausstechen und in Butter anrösten.
4. Die Suppe in feuerfeste Suppentassen füllen.
5. Weißbrotscheiben auf die Zwiebelsuppe legen und anschließend jeweils eine Scheibe Käse darauf geben.
6. Zwiebelsuppe unter dem vorgeheizten Grill überbacken und sofort servieren.

515

Aufläufe und Gratins

Anglertopf 10
Aprikosenauflauf 14
Auberginenauflauf 18
Auberginen-Lasagne 18
Bäckers Spinatauflauf 25
Baeckeofe (Fleischauflauf aus dem Elsass) . . 28
Broccoligratin 62
Cannelloni Rosanella 70
Clafoutis (Französischer Kirschauflauf) 82
Fischauflauf 122
Garnelenauflauf, bunter 149
Gemüselasagne 158
Grießauflauf mit Obst 170
Grüner Nudel-Fleisch-Topf 176
Hähnchenauflauf 192
Hirseauflauf 214
Kirsch-Quark-Auflauf 257
Lasagne mit Pilzen 278
Lasagne, klassisch 279
Moussaka 312
Moussaka, vegetarisch 313
Nudelauflauf 320
Nudelauflauf mit Pilzen 320
Nudelauflauf, bunter 320
Nudelauflauf, pikanter 321
Nudelauflauf, vegetarisch 322
Palatschinkenauflauf 337
Quarkauflauf mit Aprikosen 368
Quark-Ofenschlupfer 370
Reis-Gemüse-Gratin 379
Rhabarberauflauf mit Nüssen 381
Schlemmertopf 416
Schokoladenauflauf 419
Spargelauflauf 446
Staudenselleriegratin 454
Tomaten-Broccoli-Auflauf 472
Tortelliniauflauf mit Salbei
und Parmaschinken 478
Wirsingauflauf, Schweizer Art 500
Würstchenauflauf 502
Yam-Gratin 504
Zitrusfrüchte-Auflauf 510
Zucchini-Gratin 512

Butter und Schmalz

Currybutter 88
Dillbutter 92
Grieben- und Apfelschmalz 168
Knoblauchbutter 257

Krabbenbutter 263
Kräuterbutter 264

Desserts

Ambrosia 8
Ananas-Charlotte 9
Apfelbeignets 12
Apfelklöße 12
Apfelmus 12
Apfelpfannkuchen 12
Aprikosenauflauf 14
Aprikosenkaltschale 14
Aprikosenkompott 15
Bananen, flambiert 31
Bayerische Creme 34
Birnen in Rotwein 41
Birnenkompott 42
Bratäpfel 56
Buttermilchkaltschale 67
Charlotte Royal 74
Charlotte Russe 74
Clafoutis (Französischer Kirschauflauf) . . . 82
Crème au Caramel 86
Crêpes Suzette 86
Crêpes, süß oder pikant 87
Datteln in Marsala 90
Eisfrüchte 102
Erdbeer-Bavarois 109
Erdbeer-Mascarpone-Eis 109
Erdbeeren im Schokoladenmantel 110
Erdbeergrütze mit Vanillesahne 110
Erdbeerkaltschale 111
Erdbeerparfait 111
Erdbeerquark 111
Flammeri 129
Fruchtgrütze 144
Gestürzter Grießpudding
mit Himbeersauce 163
Grießauflauf mit Obst 170
Grießbrei 171
Grießflammeri mit marinierten Beeren 171
Grießpudding 172
Heidelbeerkompott 204
Himbeercreme, geeist 209
Himbeerparfait 209
Himbeer-Schichtspeise 210
Joghurt-Aprikosen-Gelee 230
Joghurtcreme „Weiße Dame" 230
Joghurteis 231
Joghurtkaltschale mit Heidelbeeren . . . 232
Johannisbeer-Granité 233

Johannisbeersülze 233
Kaffeecreme 235
Karamellpudding 245
Karthäuser Klöße 246
Kirschkompott 257
Kirsch-Quark-Auflauf 257
Mandelpudding 296
Mandelsulz 296
Mangocreme 297
Maronencreme 300
Mascarponebecher 301
Melonen-Himbeer-Salat 306
Mirabellenkompott 309
Mokka-Parfait 312
Mokkacreme mit Mascarpone 312
Mousse au chocolat 314
Nektarinen mit Häubchen 318
Nektarinen mit Joghurtsauce 319
Nusseis mit Krokant 326
Nusspudding mit Aprikosensauce 326
Obstsalat 328
Oeufs à la neige 329
Omelett surprise mit Kirschen 333
Orangen-Beeren-Creme 333
Orangenmousse 334
Orangen-Parfait 334
Orangen-Weinschaum-Speise 334
Panna cotta 338
Pfirsich Melba 348
Pfirsich-Kirsch-Gratin 348
Pfirsiche in Portwein 349
Pflaumenkompott 349
Portweincreme 358
Quarkauflauf mit Aprikosen 368
Quark-Flammeri 368
Quark-Ofenschlupfer 370
Quarkspeise mit Himbeeren 370
Quark-Trifle 371
Reis Trauttmansdorff 378
Reispudding mit heißen Kirschen 379
Renekloden 381
Rhabarberauflauf mit Nüssen 381
Rhabarberkompott 382
Ricottatörtchen mit Himbeersauce 383
Rote Grütze, klassisch 396
Rotweincreme 397
Rotweinkirschen 397
Sauerkirsch-Kaltschale 407
Sauerkirschkompott 408
Schichtpudding 413
Schokoladenauflauf 419
Schokoladenpudding 419
Schwarzbrotpudding 421

Register

Schweizer Reis 429
Stachelbeerkompott 453
Tiramisu 471
Topfenknödel mit Kirschmus 476
Topfenpalatschinken 477
Trifle 480
Vanillecreme,
abgebrannt mit Zitrusfrüchten 484
Vanilleeis mit Kaiserkirschen 484
Vanillepudding 485
Weincreme 489
Welfenspeise 492
Xeres-Creme 504
Zabaione 506
Zimtparfait 508
Zitronencreme 508
Zitronensorbet 510
Zitrusfrüchte-Auflauf 510
Zwetschenkompott in Rotwein 514

Eierspeisen

Ei im Glas 98
Eier im Näpfchen 98
Eier mit Senfsauce 99
Eier, garniert 99
Omelett auf französische Art 331
Omelett mit Mozzarella 332
Omelett rustikal 332
Pochierte Eier 355
Rührei 398
Rührei mit Schinken 398
Schaumomelett 412
Soleier 439
Spargel-Schinken-Omelett 445
Spiegeleier 451
Spiegeleier auf Bauernart 452
Tortilla mit Oliven 479
Tortilla mit Paprika und Salami 480
Yam-Pfannkuchen 504

Eintöpfe

Birnen, Bohnen und Speck 41
Borschtsch 54
Cassoulet (Französicher Bohneneintopf) 71
Chili con carne 77
Chinakohleintopf 79
Dicke Bohneneintopf im Römertopf 92
Dicke Rippe mit grünen Bohnen 92
Eintopf, bunter 100

Fassbohneneintopf 115
Feuerbohnentopf 118
Hackfleischeintopf, bunter 188
Irish Stew 223
Italienischer Fischtopf 224
Kürbiseintopf 268
Letscho mit Fleisch 286
Linseneintopf mit Rauchenden 286
Mairübeneintopf 291
Möhreneintopf 311
Nudeleintopf 322
Paprikaeintopf 339
Pichelsteiner 351
Porree-Eintopf 356
Schneidebohneneintopf 418
Schnippelbohneneintopf 418
Spanischer Hühnertopf 443
Steckrübeneintopf 456
Stielmuseintopf 459
Tomatentopf mit Nudeln 476
Weißkohleintopf, bunt 491
Wirsingeintopf 500
Zuckerschotentopf 513

Fisch und Schalentiere

Aal grün 6
Aal in Gelee 6
Aalspieße mit Champignons 7
Ananascurry mit Garnelen 10
Anglertopf 10
Apfel-Matjes-Salat 11
Austern 20
Austern, gebacken 20
Avocados mit Krabben 23
Bachforellen in Rosmarinsauce 24
Bachforellen, gebraten 24
Balatoner Karpfen 29
Barsch in Kräutersauce 32
Bismarckhering 42
Bratheringe mit Bratkartoffeln 58
Bratheringe mit Frühlingsgemüse 58
Bückling 65
Dorade, gebacken 94
Dorschfilet auf Reis 94
Dorsch, gebraten 95
Dorschfilet auf Wirsing 96
Dorschscheiben, gedünstet 96
Fisch, ausgebacken 122
Fischauflauf 122
Fischfilet mit Sesam 123
Fischfilet, gebraten 124

Fischfrikassee 124
Fischrollen auf Porreegemüse 125
Fischspieße, pikant 127
Fish and Chips 128
Flunder, gebraten 134
Flusskrebse in Dillsauce 134
Forelle blau mit Schnittlauchjoghurt 138
Forellen mit Mandeln 138
Forellen Müllerin 139
Forellenröllchen mit Schmorgemüse 139
Gambas in Knoblauchöl 146
Garnelen im Knuspermantel 148
Garnelenauflauf, bunter 149
Garnelenpfanne 149
Gebeizte Forelle mit Dillsauce 150
Gebeizter Lachs mit süß-saurer Senfsauce . . 150
Goldbarschpfanne mit Shrimps 166
Graved Lachs 167
Grüne Heringe, gebraten 175
Hamburger Pfannfisch 197
Hecht auf flämische Art 201
Hechtfilet, gebraten 202
Hechtklößchen auf Sauerampfersauce 202
Heilbutt Gärtnerin 204
Heilbuttscheiben mit Sauce tatare 205
Heringe in Gelee 206
Heringe in saurer Sahne 206
Heringshappen, mariniert 207
Herzmuscheln, gedünstet 208
Hummer, klassisch 220
Hummer-Canapés 221
Indonesischer Fischtopf 222
Jakobsmuscheln, gratiniert 227
Jakobsmuscheln auf griechische Art 228
Jakobsmuscheln, überbacken 228
Kabeljau pochiert mit Senfsauce 234
Kabeljau, gedünstet im Backofen 234
Karpfen blau 246
Karpfen polnisch 246
Krabbenrührei auf Schwarzbrot 263
Krebscocktail 267
Krebse, klassisch 267
Lachs in Senfsahne 270
Lachs, mariniert 271
Langusten, gegrillt 277
Langusten-Cocktail 277
Lotte 289
Lotte, gegrillt 289
Maischolle auf geschmorten
Gartengurken 291
Makrelen in Alufolie 294
Makrelenfilet in rosa Pfefferrahm 294
Matjes in Dill 302

517

Register

Matjes-Topf 303
Meeräsche, gedünstet 304
Miesmuscheln in Tomatensauce 307
Muscheln auf französische Art 315
Muscheln, Livroneser Art 315
Muscheln, rheinische Art 316
Muscheleintopf 316
Paella 336
Piccata vom Rotbarsch 350
Provencalischer Fischtopf 362
Riesengarnelenspieße 383
Rotbarschfilet Gärtnerin Art 395
Rotbarschfilet, gebraten 395
Salzheringe in Sahnesauce 403
Scampi am Spieß mit Dillbutter 410
Scampicocktail in Dillrahm 410
Scampi in scharfer Sauce, kreolisch 411
Schellfisch in Dillsauce 412
Schellfischfilet mit Kräuterbutter
und Selleriesalat 413
Schollen, gebraten 420
Schollenfilet mit grüner Pfeffersauce
und Spinat 420
Seefisch auf dem Gemüsebett 430
Seehecht aus der Form 430
Seelachs in Schnittlauchbutter 431
Seelachsfilet auf Sauerkraut 431
Seelachsfilet, gefüllt 432
Seelachsröllchen in pikanter Sauce 432
Seeteufel auf grüner Sauce 433
Seezungenfilets auf Ratatouille 433
Seezungenröllchen 434
Speckscholle 451
Steinbutt in der Kartoffelkruste 456
Steinbutt mit Knoblauch 457
Thunfisch, gebacken 468
Thunfischsteaks auf buntem Gemüse 469
Wels im Wurzelsud 492
Wolfsbarsch vom Grill 501
Zander in der Kartoffelkruste 506
Zander nach badischer Art 506

Fleisch

Amerikanischer Schinken mit Sirup 8
Bayerischer Krautbraten 34
Beefsteak Tatar 37
Bifteki 39
Bigosch 40
Blaue Zipfel 44
Blitzgulasch 45
Blutwurst auf Sauerkraut 48

Boeuf à la mode 48
Boeuf Bourgignon 50
Boeuf ficelle 50
Boeuf Stroganoff 50
Böflamot (Bayerischer Rotweinbraten) 51
Bollito misto
(Gemischtes, gekochtes Fleisch) 54
Bratwurst 60
Burgunderbraten 66
Burgunderschinken 66
Choucroute (Elsässisches Sauerkraut) 82
Cordon bleu 85
Couscous 86
Currywurst 89
Deutsches Beefsteak 91
Eisbein, gepökelt 101
Entrecôte nach Holzfällerart 106
Falscher Hase 112
Feuertopf, scharf-süß 118
Filet Wellington 119
Filetscheiben in Parmesan 120
Filetspieße 120
Filetsteaks mit Austernpilzen 121
Filetsteaks, gegrillt 121
Fleisch-Gemüse-Spieße 130
Fleischspieße, gegrillt 132
Fondue bourguignonne 137
Fondue chinoise 137
Frikadellen 142
Geschnetzeltes in Sahnesauce 162
Geschnetzeltes mit Steinpilzen
in Rieslingsauce 162
Glasiertes Kasseler 165
Griechische Lammkeule 169
Grünkohl mit Kasseler 180
Gulasch 182
Gyros mit Tsatsiki 185
Hackbraten, griechische Art 186
Hackbraten mit grünem Pfeffer
und Möhren 186
Hackfleischspieße mit Joghurtsauce 188
Hackfleischtaschen 189
Hacksteak à la Mayer 190
Hamburger, marinierte 196
Italienisches Roastbeef 225
Jägerschnitzel 227
Kalbfleisch, mariniert 236
Kalbsbrust, gefüllt 237
Kalbsfrikassee 238
Kalbshaxe, bayerisch 238
Kalbskoteletts Périgord 239
Kalbsleber Berliner Art 239
Kalbsleber venezianisch 240

Kalbsmedaillons Ungarische Art 240
Kalbsragout „Marengo" 241
Kalbsschnitzel 241
Kalbsvögerl 242
Kaninchen nach Bauernart 242
Kaninchenbraten 243
Kaninchenkeulen mit Oliven 243
Kasseler 254
Kasseler auf Kraut 255
Kasseler Koteletts, gebraten 255
Kohlrouladen 260
Königsberger Klopse 261
Kotelett oder Schnitzel, natur 262
Koteletts mit Champignon-Zwiebeln 262
Labskaus 270
Lamm-Gemüse-Spieße 271
Lammfleischgulasch 272
Lammfrikadellen 272
Lammgeschnetzeltes
auf provenzalische Art 272
Lammhaxe „Mittelmeerart" 273
Lammkeule 274
Lammkoteletts 274
Lammkoteletts mit Minzebutter 275
Lammkrone 275
Lammrücken mit Rosmarin 276
Leber 281
Lebergeschnetzeltes mit Kartoffeln 282
Leberkäse, abgebräunt mit Spiegelei 282
Leberpfanne mit Salbei 284
Mandelmedaillons 295
Nürnberger Rostbratwürstl
mit Apfelcreme 325
Osso Bucco 335
Paprikaschoten, gefüllt 340
Pfeffersteaks 346
Pfeffersülze 347
Pfundstopf 350
Piccata (Italienische Kalbsschnitzel) 350
Quark-Frikadellen 369
Rheinischer Sauerbraten 382
Rinderbraten ländliche Art 384
Rinderfilet 385
Rinderfilet im Blätterteigmantel 385
Rinderhaxe, geschmort 386
Rinderrouladen 386
Rinderschmorbraten 387
Rindfleisch auf Burgunder Art 387
Rindfleisch chinesische Art 388
Rippchen mit Kraut 389
Roastbeef 390
Roastbeef mit Kräuter-Senf-Kruste 391
Rollbraten mit Champignons 392

Register

Rumpsteaks 398
Rumpsteaks in Knoblauchrahm 399
Saltimbocca 402
Sauerbraten 406
Schaschlik mit pikanter Sauce 411
Schinken mit pikanter Honigkruste 414
Schweinebraten mit Kräuterkruste 424
Schweinebraten mit Senfkruste 424
Schweinefilet 425
Schweinefilet, überbacken 425
Schweinekoteletts „Hawaii" 426
Schweinemedaillons in Estragon 426
Schweinenacken 427
Schweinerippchen, geschmort 427
Schweineschmorbraten 428
Schweinshaxe, gepökelt 428
Serbisches Reisfleisch 438
Spanferkelkeule, geschmort 442
Spanisch Frikko 442
Spareribs mit feuriger Honigglasur 443
Sülze 460
Sülzkotelett 461
Szegediner Gulasch 461
Tafelspitz, mariniert mit Kräuter-Senf-Sauce . . 462
Tafelspitz nach Wiener Art 462
Tafelspitzsülze 463
Tatar, mariniert 464
Tellersülze von Geflügel 465
Ungarisches Gulasch 482
Wiener Saftrindergulasch 494
Wiener Schnitzel 494
Wurstebrei 502
Ziegenbraten mit Frühlingsgemüse
und Spätzle 507
Züricher Geschnetzeltes 513

Geflügel

Backhendl 25
Bami Goreng 30
Bettlerhuhn, chinesisch 38
Bierhähnchen 39
Brathähnchen 57
Calvadoshuhn mit Äpfeln 68
China-Ente 78
Chop Suey 81
Coq au Riesling (Huhn in Weißwein) 84
Coq au vin (Huhn in Wein) 84
Fasan auf Weinsauerkraut 113
Fasan vom Grillspieß 114
Fasanenbrust auf Linsen 114
Flugente mit Thymian 133

Gans, gebraten 146
Gänsebrust mit Orangensauce 147
Gänsekeulen in Paprika 148
Gänseschmalz 148
Geflügelleber, gebraten 153
Geflügelleberpfanne 154
Geflügelpizza 154
Hähnchen, gefüllt 190
Hähnchen mit Honig, gebraten 191
Hähnchenauflauf 192
Hähnchenbrust in Orangensauce 193
Hähnchenkeulen, gegrillt 194
Hähnchenkroketten 194
Hähnchenpastete 194
Hähnchenrollen
mit Schafskäse-Gemüsefüllung 195
Huhn, gekocht 218
Hühnerbrustroulade 218
Hühnerfrikassee 219
Ingwerhähnchen mit Gemüse 222
Martinsgans mit Majoranäpfeln 300
Perlhuhnröllchen
mit glasierten Kartoffeln 344
Poularde im Gemüsebett 359
Poularde mit Rosmarin 359
Poularde, gebraten 360
Pute, gefüllt 362
Putenbrust mit Gemüsefüllung 364
Putenkeule, provencalisch 364
Puten-Salbei-Spieße 366
Putenstreifen Provençal, gratinierte 366
Putenschnitzel 366
Putenschnitzel, gefüllt 367
Rebhühner auf Weinkraut 376
Saté mit Erdnusssauce 404
Spanischer Hühnertopf 443
Stubenküken mit Buttergemüse 460
Tauben, gebraten 465
Thanksgiving Truthahn 467
Türkischer Pilaw 481
Wachteln, gefüllt 488
Zitronenhuhn 509

Gemüse

Apfelrotkohl 13
Auberginenscheiben, ausgebacken 19
Austernpilze 20
Austernpilze, gegrillt 21
Austernpilze, mariniert 21
Austernpilzschnitzel 22
Baked Beans 28

Bayerisch Kraut 34
Blattspinat 44
Blumenkohl mit Tomaten, gedünstet 46
Blumenkohl und Broccoli mit Bierteig 46
Blumenkohl, gratiniert 47
Blumenkohl, klassisch 47
Broccoli 61
Broccoli mit Mandelbutter 62
Broccoligratin 62
Champignons, ausgebacken 72
Chicorée im Schinkenmantel 76
Chinakohl 78
Chinesisches Gemüse 80
Dicke Bohnen mit Speck 91
Dill-Gurken-Gemüse 93
Erbsen 107
Erbspüree 108
Fenchel, geschmort 116
Fenchel, karamellisiert 117
Filetbohnen im Speckmantel 120
Frühlingszwiebeln 145
Gemüse, gefüllt 157
Gemüselasagne 158
Gemüse-Piccata mit Tomatensauce 158
Glasierte Möhren 164
Glasierte Perlzwiebeln 164
Glasiertes Gemüse 164
Grilltomaten 173
Grüne Bohnen 174
Grüne Bohnen mit Tomaten
und Basilikum 174
Grüne Tomaten, gebraten 176
Grüner Spargel mit Kresse-Hollandaise 177
Grüner-Spargel-Salat
mit gebratener Entenbrust 178
Grünkohl, gedünstet 181
Gurke, gefüllt 183
Gurken in Dillsahne 184
Gurken, geschmort 184
Italienisches Gemüse 224
Jägerkohl 226
Kichererbsengemüse 256
Knoblauchtomaten 258
Kohlrabi 259
Kohlrabi mit Estragon 259
Kohlrouladen, vegetarisch 260
Krautfleckerl 266
Lauch (Porree) 279
Leipziger Allerlei 284
Letscho 285
Löffelerbsen 288
Maisgemüse 292
Maiskolben, gegrillt mit Dillbutter 292

519

Register

Mangold 298
Möhren-Kartoffel-Püree 311
Möhren mit Kerbel 312
Nussrübchen 327
Okragemüse 330
Paksoi-Gemüse 336
Paprikagemüse 339
Paprikaschoten, gefüllt 340
Paprikaschoten, mariniert 341
Pastinakengemüse 342
Pfifferlinge mit Speck 347
Pilz-Paprika-Gemüse 352
Porree 356
Radicchio, im Ofen gegart 372
Radispirale 373
Ratatouille 374
Reis-Gemüse-Gratin 379
Rosenkohl 393
Rote-Bete-Gemüse 396
Rotkohl 397
Sahnechampignons 400
Sahnemöhren 400
Sauerkraut 408
Sauerkraut, ungarisch 408
Schmorgurken, gefüllt 417
Schwarzwurzeln in Sahnesauce 422
Schwarzwurzeln, überbacken 422
Selleriegemüse 434
Sellerieknollen, gefüllt 434
Spargel in Kräutermarinade 444
Spargel mit abgeschlagener Sauce 444
Spargelragout mit Klößchen
und Blätterteigfleurons 446
Speckböhnchen 450
Spinat 452
Spinat, gebacken vom Blech 452
Spinatgemüse mit Pinienkernen 453
Staudensellerie mit Dips 454
Staudenselleriegratin 454
Steckrüben 455
Steinpilze, gebraten 458
Stielmus mit Kartoffeln 458
Teltower Rübchen 466
Terrine von frischem Gemüse 466
Tomaten mit Mozzarella 471
Tomaten, gefüllt 472
Tomatenreis mit Auberginen 473
Topinambur in Zitronenbutter 477
Weiße Bohnen in Tomatensauce 490
Weißkohlgemüse 492
Wirsing 499
Yam-Pfannkuchen 504
Zucchini, überbacken 511

Zucchini-Gratin 512
Zucchinigemüse 512

Kartoffeln

Backofenkartoffeln 26
Bauernfrühstück 33
Béchamelkartoffeln 36
Berner Rösti 38
Bircher-Benner-Kartoffeln mit Kräuterquark . . . 40
Bouillonkartoffeln 56
Bratkartoffeln 59
Bratkartoffeln auf dem Blech 59
Dauphine-Kartoffeln 90
Fächerkartoffeln 112
Folienkartoffeln 135
Försterpfanne 140
Gnocchi in Salbeibutter 165
Griechische Kartoffeln 168
Hackfleisch-Kartoffel-Scheiben 187
Herzoginkartoffeln 209
Himmel und Erde 210
Kartoffel-Gemüse-Puffer 247
Kartoffelbrei 247
Kartoffelgratin 248
Kartoffelgratin mit Blattspinat 248
Kartoffelklöße 249
Kartoffelklöße halb und halb 249
Kartoffelklöße, rohe 250
Kartoffelpuffer Husumer Art 250
Lappenpickert 278
Mandelkroketten 294
Möhren-Kartoffel-Püree 311
Ofenkartoffeln mit Kräuterquark 330
Pellkartoffeln 342
Pellkartoffeln mit Kräuterquark 343
Pommes frites 356
Rosmarinkartoffeln mit Schmandsauce . . 394
Rösti mit Schinken 394
Röstkartoffeln 395
Salzkartoffeln 404
Schupfnudeln 421
Ungarisches Kartoffelgulasch 483
Westfälischer Kastenpickert 493
Winzer Kartoffelpfanne 499

Knödel

Apfelklöße 12
Gnocchi in Salbeibutter 165
Grießklößchen 172
Grießklößchen römische Art 172

Grünkernklöße 179
Hefeklöße 203
Hefe-Quark-Klöße mit Kirschen 203
Karthäuser Klöße 246
Leberknödel 283
Marillenknödel 299
Quarkklöße 369
Semmelknödel, bayerische 436
Serviettenknödel 438
Speckknödel 450
Thüringer Klöße 470
Zwetschenknödel 514

Nudeln

Bami Goreng 30
Bandnudeln mit Kräutern 31
Basilikumnudeln mit Pinienkernen 32
Cannelloni Rosanella 70
Farfalle mit Broccoli 113
Gestockte Nudelnester 162
Grünkernspätzle 180
Käsespätzle 254
Lasagne mit Pilzen 278
Lasagne, klassisch 279
Lauchnudeln 280
Makkaroni Gärtnerinnen-Art 293
Makkaroni in Thunfischsauce 293
Maultaschen, schwäbisch 303
Milchnudeln 307
Mohnnudeln 310
Nudeln, fernöstlich 322
Nudeln, bunte 323
Nudeln ohne Ei 324
Penne all'arrabbiata 343
Penne mit Gorgonzola 344
Ravioli 375
Schinkennudeln 415
Spaghetti Bolognese 440
Spaghetti Carbonara 440
Spaghetti mit Meeresfrüchten 441
Spaghetti mit Sardellen, Oliven und Kapern . . 441
Spätzle 448
Spätzle, überbacken 449
Tortellini mit Gemüse 478
Vollkornnudeln mit Sesam-Pesto 486

Pikant backen

Flammkuchen 130
Geflügelpizza 154

520

Register

Gemüsequiche 159
Käseomelett 252
Käsepizza 253
Lauchkuchen 280
Pizza 353
Pizza Vier Jahreszeiten 354
Pizza, vegetarisch 354
Quiche Lorraine 370
Speckkuchen 451

Reis und Getreide

Butterreis mit Kräutern 67
Hirse 214
Hirserisotto 215
Hochzeitsreis 216
Kochreis 258
Mailänder Risotto 290
Meeresfrüchterisotto 305
Milchreis 308
Nasi Goreng 318
Paprika-Risotto mit Speck 338
Pilzrisotto 352
Polenta 355
Porridge 358
Reis-Gemüse-Gratin 379
Risi-Pisi 390
Risotto 390
Safran-Reis-Pfanne 400
Schweizer Reis 429
Tomatenreis mit Auberginen 473
Vollkornreis mit Schinken
und Salatstreifen 487

Salate

Apfel-Matjes-Salat 11
Apfel-Möhren-Rohkost 11
Artischocken-Tomaten-Salat 17
Bamberger Spargelsalat 30
Bayerischer Wurstsalat 35
Blattsalat, bunter 42
Blattsalat mit Putenfleisch 43
Blattsalat mit Walnüssen 44
Bohnensalat, bunt 52
Bohnen-Schinken-Salat 52
Brennnesselsalat 60
Brunnenkressesalat 63
Camembertsalat 69
Caprisalat 70
Cäsarsalat 71

Champignonsalat 73
Chicoréesalat mit blauen Trauben 76
Dill-Gurken-Salat 93
Düsseldorfer Salat 97
Eichblattsalat mit Pfifferlingen 98
Eiersalat 100
Eisbergsalat mit Ananas 102
Endivien-Apfel-Salat 102
Endiviensalat 103
Entensalat, chinesisch 106
Feldsalat mit Champignons 116
Feldsalat mit Croûtons 116
Fenchel-Orangen-Salat 118
Fischsalat „Clarissa" 126
Fleischsalat 132
Fleischwurstsalat 132
Försterinsalat 140
Französischer Selleriesalat 142
Frühlingssalat 144
Geflügelsalat 155
Gemüsesalat 160
Griechischer Salat mit Schafskäse 170
Grüner Salat 177
Gurken-Sprossen-Salat 184
Hähnchen-Avocado-Salat 192
Hähnchensalat „California" 196
Hähnchensalat mit Gemüse 196
Hanseatischer Fischsalat 198
Heringssalat 207
Heringssalat, pikanter 208
Italienischer Salat 225
Japanischer Salat 229
Kaninchensalat auf gelben Linsen 244
Kartoffelsalat mit Essig-Öl-Marinade 250
Kartoffelsalat mit Pesto 251
Kartoffelsalat, bunt 251
Kartoffelsalat, pikanter 252
Kichererbsensalat 256
Kohlsalat 261
Kopfsalat mit Erbsen 262
Krautsalat, bayerisch 267
Langostinos-Salat mit Zuckerschoten 276
Linsensalat 287
Linsensalat
mit geräucherter Gänsebrust 287
Mailänder Salat 290
Mango-Eisberg-Salat 297
Mangoldsalat 298
Matjessalat 302
Melone mit Geflügelsalat 306
Melonen-Himbeer-Salat 306
Möhren-Apfel-Salat 310
Nizza Salat 319

Nudelsalat mit Schweinefleisch 324
Nudelsalat mit Spargel und Shrimps 325
Orientalischer Reissalat 334
Palmenherzensalat 338
Paprikasalat mit Schafskäse 340
Porree-Möhren-Salat 357
Poulardenbrustsalat 360
Puten-Gemüse-Salat 363
Putensalat 365
Radicchiosalat 372
Radieschensalat 373
Reissalat mit Geflügelfleisch und Erbsen . . . 380
Rettichsalat 381
Rindfleisch-Bohnen-Salat 388
Rote-Bete-Feldsalat mit Nüssen 396
Salatplatte 401
Sauerkrautsalat 409
Schinkensalat 415
Schlesischer Kartoffelsalat 416
Schwarzwurzelsalat 423
Schweizer Wurstsalat 429
Selleriesalat 435
Sojasprossensalat mit Geflügel
und Shrimps 439
Spargelsalat 447
Spargelsalat, bunt 448
Staudenselleriesalat mit Äpfeln 455
Steinpilzsalat 458
Tatarensalat 464
Thunfisch-Muschel-Salat 468
Thunfisch-Reis-Salat 469
Tintenfischringesalat 470
Tomatensalat 474
Waldorfsalat 488
Weiße-Bohnen-Salat 490
Winterlicher Salat mit
Kalbsleberstreifen 499
Wurstsalat 503
Wurstsalat, ländlicher 503

Saucen, Fonds, Dipps

Asia-Sauce 17
Basilikumsauce 33
Béarnaise 36
Béchamelsauce 36
Bologneser Sauce 54
Chinasauce süß-scharf 79
Cocktailsauce 83
Cumberlandsauce 88
Currysauce 89
Dip Bombay 94

521

Register

Erdbeersauce 111
Fond, brauner 136
Fond, heller 136
Frankfurter Grüne Sauce 141
French Dressing 142
Geflügel-Grundfond, brauner 151
Geflügel-Grundfond, heller 152
Geflügelcremesauce 152
Gemüsesauce 160
Gorgonzolasauce 166
Griechische Käsecreme 169
Grundsauce, helle 173
Grüne Sauce 175
Guacamole 181
Holländische Sauce 217
Jägersauce 226
Joghurt-Frucht-Sauce 231
Joghurt-Knoblauch-Sauce 232
Joghurt-Salat-Sauce 232
Kalbs-Grundfond 236
Kapernsauce 244
Karamellsauce 245
Knoblauchdip 258
Kräuterdressing 265
Kräuter-Sahne-Sauce 266
Mango-Chutney 296
Marsalasauce 300
Mayonnaise 304
Meerrettichsauce 306
Paprikasauce, bunte 340
Pesto 345
Pfeffersauce 346
Preiselbeersauce 361
Quarkdip, bunter 368
Remouladensauce 380
Roquefortsauce 393
Sahnesauce 401
Salatsauce 402
Salatsauce mit Sahne 402
Sauce Tatare 405
Sauce Vinaigrette 405
Saucenfond, brauner 406
Schnittlauchbutter 418
Schnittlauchsauce 419
Schokoladensauce 420
Schweine-Grundfond, brauner 423
Senfsauce 436
Senfsauce, braune 437
Teufelssauce 466
Thousand-Island-Sauce 470
Tomatensauce 474
Tomatensauce, rohe 474
Türkische Joghurtsauce 481

Tsatsiki 481
Weinschaumsauce 490
Wildbrühe/Wildfond 495
Zigeunersauce 508
Zitronensauce 510

Snacks

Avocado-Krabben-Toast 22
Bacon and Eggs 27
Beefsandwich 37
Beefsteak Tatar 37
Blätterteigtaschen, pikant gefüllt 42
Blinis mit Lachs 45
Bruschetta 64
Buchweizenpfannkuchen 65
Calzone 68
Gebackener Camembert
mit Preiselbeersauce 69
Champignons, ausgebacken 72
Champignons mit Knoblauch 73
Cheeseburger 75
Chicorée im Schinkenmantel 76
Clubsandwiches 83
Currywurst 89
Ei im Glas 98
Eier im Näpfchen 98
Eier mit Senfsauce 99
Eier, garniert 99
Felafel 115
Fish and Chips 128
Foie gras mit Briochetoast und Gelee 135
Frühlingsquark 144
Gebeizte Forelle mit Dillsauce 150
Gebeizter Lachs
mit süß-saurer Senfsauce 150
Geflügelcocktail 152
Gemüse-Piccata mit Tomatensauce 158
Graved Lachs 167
Grünkernbratlinge 178
Hackfleisch-Kartoffel-Scheiben 187
Hackfleischtaschen 189
Hähnchenbrust-Häppchen 193
Handkäs mit Musik 198
Harzer Brote mit Gurkensalat 198
Hawaiitoast 201
Hot Dogs 218
Jägerpfannkuchen 226
Kartoffel-Gemüse-Puffer 247
Krabbenrührei auf Schwarzbrot 263
Krabbentoast 264
Kräuterquark 266

Lachs, mariniert 271
Liptauer Käse 288
Mozzarella im Schinkenhemd 314
Obatzder 328
Omelett auf französische Art 331
Omelett mit Mozzarella 332
Omelett rustikal 332
Pfifferlinge mit Speck 347
Radieschenquark 372
Ragoût Fin 374
Rösti mit Schinken 394
Rührei 398
Rührei mit Schinken 398
Spargel-Schinken-Omelett 445
Spiegeleier auf Bauernart 452
Strammer Max 459
Tacos, gefüllt 462
Tortilla mit Oliven 479
Tortilla mit Paprika und Salami 480
Yufka-Rollen mit Thunfisch 505
Yufkateigschalen mit Gyros 505

Suppen und Suppenbeilagen

Allgäuer Käsesuppe 8
Backerbsen 25
Badische Schneckensuppe 27
Blumenkohlsuppe „Grün-Weiß" 48
Bohnensuppe mit Mettwurst 53
Bohnensuppe, ungarisch 53
Bouillabaisse (Französische Fischsuppe) . . . 55
Bouillon 56
Bratwurstklößchensuppe 60
Brennsuppe 61
Broccolicremesuppe 62
Buchweizensuppe „Gärtnerin" 65
Buttermilchkaltschale 67
Champignon-Creme-Suppe 72
Chinesische Eierflockensuppe 80
Chinesische Hühnersuppe 80
Consommé mit Ei (Kraftbrühe mit Ei) 84
Croûtons 88
Eierstich 100
Erbsencremesuppe 107
Erbsensuppe mit Würstchen 108
Fenchel-Fisch-Suppe 117
Fischsoljanka 126
Fischsuppe 127
Fischsuppe, klare 128
Flädlesuppe 129
Fleischbrühe, klassisch 131
Fleischklößchen 131

Register

Französische Zwiebelsuppe 141
Gazpacho 150
Gemüsebrühe mit Zwiebelflädle 156
Gemüsefond oder -brühe 156
Gemüsesuppe mit Pesto 160
Gemüsesuppe, klare 161
Graupensuppe 167
Grießklößchen 172
Grießsuppe 173
Gulaschsuppe 182
Gulaschsuppe, ungarisch 182
Gurkencremesuppe mit Lachseinlage 185
Haferflockensuppe 190
Hochzeitssuppe 216
Hühnerbrühe 218
Hühnersuppe, klare
mit Eierstich und Markklößchen 220
Japanische Nudelsuppe mit Ei 229
Joghurt-Gurkensuppe mit Krabben 231
Kalbfleischbrühe 236
Kartoffelsuppe 252
Kohlrabicremesuppe mit Lachsklößchen . . . 259
Krabbensuppe 264
Kürbiscremesuppe mit Radicchio 269
Lauchsuppe, schnell 281
Lebernockensuppe 283
Maiscremesuppe, amerikanisch 292
Markcroûtons 299
Markklößchen 299
Meeresfrüchtesuppe, legierte 305
Minestrone 308
Mitternachtssuppe 309
Möhrencremesuppe 311
Ochsenschwanzsuppe 328
Ochsenschwanzsuppe, klare 329
Pfifferlingssuppe mit Kerbel 348
Pilzklößchensuppe 352
Porree-Käse-Suppe 357
Rindfleischbrühe 389
Sauerampfersuppe 406
Sauerkrautsuppe 409
Serbische Bohnensuppe 437
Spargel-Kerbel-Suppe mit Hackklößchen . . . 445
Spargelcremesuppe 446
Spätzle- oder Nockerlnsuppe 449
Teufelssuppe 467
Tomatencremesuppe 473
Tomatensuppe 474
Tomatensuppe, klare mit Polentarauten . . . 475
Ungarische Hühnersuppe 483
Vichyssoise 486
Weiße-Bohnen-Suppe 491
Wirsingsuppe 501

Süße Mahlzeiten

Arme Ritter 15
Backobstkompott mit Klößen 26
Bircher-Benner-Müsli 40
Buchteln 64
Buchweizenpfannkuchen 65
Crêpes Suzette 86
Crêpes, süß oder pikant 87
Dampfnudeln, Bayerische 90
Hefe-Quark-Klöße mit Kirschen 203
Heidelbeerpfannkuchen 204
Holunderblüten-Pfannkuchen 217
Kaiserschmarrn mit Apfelkompott 235
Kirsch-Quark-Auflauf 257
Marillenknödel 299
Mohnnudeln 310
Müsli, fernöstlich 317
Palatschinken 337
Palatschinkenauflauf 337
Pfannkuchen 345
Pfannkuchen-Gratin 346
Powidl-Tascherl 361
Quark-Ofenschlupfer 370
Rohrnudeln mit Mohnfüllung 392
Salzburger Nockerln 402
Schaumomelett 412
Topfenknödel mit Kirschmus 476
Topfenpalatschinken 477
Zwetschenknödel 514

Vorspeisen

Artischocken mit Sauce Vinaigrette 16
Artischocken, römisch 16
Austern 20
Austern, gebacken 20
Austernpilze 20
Austernpilze, gegrillt 21
Austernpilze, mariniert 21
Austernpilzschnitzel 22
Avocado-Krabben-Toast 22
Avocados mit Krabben 23
Backpflaumen im Speckmantel 27
Blinis mit Lachs 45
Bruschetta 64
Carpaccio 70
Champignons, ausgebacken 72
Champignons mit Knoblauch 73
Eier, garniert 99
Filetbohnen im Speckmantel 120
Foie gras mit Briochetoast und Gelee 135

Garnelen im Knuspermantel 148
Gebeizte Forelle mit Dillsauce 150
Gebeizter Lachs mit
süß-saurer Senfsauce 150
Geflügelcocktail 152
Graved Lachs 167
Grüner-Spargel-Salat
mit gebratener Entenbrust 178
Hähnchenbrust-Häppchen 193
Hummer-Canapés 221
Jakobsmuscheln, gratiniert 227
Jakobsmuscheln auf griechische Art 228
Jakobsmuscheln, überbacken 228
Kräuterfrischkäse im Kressebett 265
Krebscocktail 267
Lachs, mariniert 271
Langusten-Cocktail 277
Matjes-Cocktail 302
Mozzarella im Schinkenhemd 314
Paprikaschoten, mariniert 341
Parmaschinken mit Melone 342
Ragoût fin 374
Roastbeefröllchen 391
Scampi am Spieß mit Dillbutter 410
Scampicocktail in Dillrahm 410
Scampi in scharfer Sauce, kreolisch 411
Schnecken mit Kräuterbutter 417
Tomaten mit Mozzarella 471
Weinbergschnecken 489

Wild

Frischlingskeule mit Portweinsauce 143
Hasenkeulen 199
Hasenrücken mit Austernpilzen 200
Hasenrücken mit Sauerkirschen 200
Hirschgulasch 210
Hirschkeule, gespickt 211
Hirschpastete 212
Hirschrücken 213
Hirschsteaks mit Portweinsauce 214
Rehgeschnetzeltes 376
Rehkeule 376
Rehrücken, badisch 377
Rehsteaks mit Pfeffersauce 378
Wildgulasch mit Pilzen 496
Wildmedaillons in Thymianessenz 496
Wildschweinbraten 497
Wildschweinrouladen 497
Wildschweinspieße mit buntem Gemüse . . 498

Küchenfeuerwehr

Aal

Aal wird gehäutet, indem man erst die Flossen abschneidet. Dann reibt man den Fisch mit Salz ein, schneidet die Haut hinter dem Kopf quer ein und zieht sie ab.

Alufolie

Beim Backen und Braten in Alufolie sollte immer die blanke Seite nach innen zeigen, d. h. dem Back- oder Gargut zugewendet sein. Denn sonst wird das Back- und Gargut nur sehr schwer heiß, weil die Hitze reflektiert wird. Bei Braten, die in Alufolie im Backofen gegart werden, die Alufolie nicht zu eng um das Gargut legen, es muss etwas Platz für die Dampfentwicklung bleiben.

Ananas

Zerteilte Ananas bleibt mehrere Tage frisch, wenn sie mit den Schnittflächen in einen gezuckerten Teller gesetzt und im Kühlschrank gelagert wird. Beim Kauf von Ananas auf die Schuppen achten, denn je ausgeprägter die Schuppe, desto aromatischer ist die Frucht.

Auflauf

Aufläufe und Gratins lassen sich sehr gut vorbereiten. Die Zutaten in der Auflaufform abkühlen lassen und dann im Kühlschrank aufbewahren. Die Eiermilch oder sonstige Flüssigkeit separat lassen und erst kurz vor dem Backen über den Auflauf gießen. Nudel- oder Gemüseaufläufe, die viel Flüssigkeit abgeben, zehn Minuten vor Ende der Garzeit mit hellem oder dunklem Saucenbinder andicken. Aufläufe lassen sich oft auch aus gefetteten Formen nur mit Mühe lösen. Wenn die Form aber vor dem Füllen erhitzt wird, lässt sich der Inhalt leicht herausnehmen. Aufläufe quellen nicht über, wenn man 2 halbierte Makkaroni hineinsteckt, durch die der Dampf entweichen kann.

Auflaufformen

Auflaufformen sollten nie höher als zu Dreiviertel gefüllt werden, damit der Auflauf nicht überläuft.

Auftauen von Lebensmitteln

Lebensmittel erst nach dem Auftauen salzen, würzen oder zuckern. Salz und Zucker entziehen den Speisen Eigensaft, Gewürze verlieren ihre Geschmacksintensität. Im Gefrierbeutel eingefrorene Speisen im Wasserbad auftauen und erwärmen.

Ausbackfett

Ausbackfett hat die richtige Temperatur, wenn sich um einen in das Fett gehaltenen Holzlöffelstiel Bläschen bilden. Wenn man 1 Esslöffel Essig in das Ausbackfett gibt, nimmt das Ausbackgut weniger Fett auf und schmeckt dadurch auch nicht so fettig. Unterschiedliches Frittiergut, wie z. B. Fisch und Gebäck, kann nacheinander in demselben Ausbackfett gebacken werden, da die hohe Temperatur eine Geschmacksübertragung verhindert.

Austern

Austern lassen sich leichter öffnen, wenn man sie etwa 5 Minuten in Mineralwasser legt.

Austernpilze

Austernpilze werden sehr knusprig, wenn sie mit etwas Speiseöl bestrichen und etwa 5 Minuten gegrillt werden.

Avocados

Avocadofleisch verfärbt sich nicht so schnell, wenn es mit etwas Zitronensaft beträufelt wird. Avocado-Dips oder -Cremespeisen werden nicht braun und unappetitlich, wenn man einfach den Kern bis zum Servieren mit in die Speise legt. So behält sie ihre frische grüne Farbe.

Avocados, Reifetest

Der Reifegrad von Avocados kann durch Daumendruck geprüft werden. Reife Früchte geben auf Daumendruck leicht nach.

Backformen

Backformen und Auflaufformen niemals auf dem Backblech, sondern nur auf dem Rost in den Backofen schieben. Der Kuchen bzw. Auflauf bekommt sonst zu starke Unterhitze und verbrennt.

Backofenkartoffeln

Wenn man Backofenkartoffeln vor dem Garen mit Speckschwarte einreibt, platzen sie nicht so leicht. Außerdem schmecken sie herzhafter.

Bananen

Bananen, die als Kuchenbelag oder für Obstsalate verwendet werden sollen, werden nicht braun und matschig, wenn man sie geschält, evtl. auch schon in Scheiben geschnitten, mit Zitronensaft beträufelt.

Beeren einfrieren

Beeren friert man am besten ein, indem man sie, erst einzeln verteilt, auf einem Teller oder Tablett in das Gefrierfach stellt, dann in gefrorenem Zustand zusammen in Gefrierbeutel verpackt. Die Früchte kleben nicht so zusammen und werden beim Auftauen nicht so matschig.

Bierteig

Der Bierteig für ausgebackenen Fisch oder Gemüse sollte immer stark gewürzt sein, sonst wird das Bratgut im Geschmack fade.

Blanchieren

Vor dem Einfrieren sollte Gemüse, wie z. B. Blumenkohl, Möhren und Zuckerschoten, blanchiert werden. Dazu das vorbereitete Gemüse 30 Sekunden bis 2 Minuten in kochendem Salzwasser garen, mit einem Schaumlöffel oder Siebeinsatz herausnehmen und sofort in Eiswasser abschrecken. So werden die Bakterien abgetötet, aber die Geschmacksstoffe und Vitamine bleiben weitgehend erhalten und das Gemüse bleibt knackig.

Blätterteig

Blätterteig für größere Gebäckstücke wird ganz besonders „blättrig", wenn man die einzelnen aufgetauten Teigscheiben übereinanderlegt und dann ausrollt. Blätterteig darf nicht geknetet werden. Eventuell übrig gebliebene Reste aufeinander legen und erneut ausrollen. Blätterteig wird besonders zart, wenn man vor dem Ausrollen kleine Butterflöckchen zwischen die einzelnen aufgetauten Platten legt. Blätterteig geht besonders schön auf, wenn man das Backblech vor dem Backen mit kaltem Wasser abspült.

Blumenkohl kochen

Blumenkohl behält beim Kochen seine helle Farbe, wenn man einen Schuss Milch oder 1 Zitronenscheibe in das Kochwasser gibt. Wenn Blumenkohl im ganzen Kopf gekocht werden soll, ihn mit dem Strunk nach unten in das Kochwasser geben, so gart er gleichmäßiger.

Blumenkohlgeruch verhindern

Eine rohe Kartoffel oder ein Lorbeerblatt im Blumenkohlkochwasser verhindert eine starke Geruchsbildung.

Bockwürstchen

Bockwürstchen, die länger warm gehalten werden müssen (z. B. für ein Büfett), in kochendes Salzwasser legen und bei schwacher Hitze auf einem Rechaud warm halten. So platzt die Pelle nicht, und die Würstchen laugen nicht aus.

Küchenfeuerwehr

Bohnen
Bohnen sollten niemals roh gegessen werden, da sie Phasin enthalten. Dieser Stoff, der Magen- und Darmentzündungen hervorrufen kann, wird beim Kochen zerstört.

Bohnen, grüne
Von grünen Bohnen lassen sich die Fäden leichter abziehen, wenn man sie kurz in kochendes Wasser legt. Weiße Bohnen zur Abwechslung einmal mit ein paar Fenchelsamen zusammen kochen, ihr exotischer Geschmack macht aus einem einfachen Gericht eine raffinierte Spezialität.

Bohnensalat
Für Bohnensalat die Bohnen noch warm mit der Salatsauce vermengen, damit sie die Gewürze gut aufnehmen können.

Bowle
Gefrorene Früchte für Bowle unaufgetaut in die Flüssigkeit geben. So geben sie ihr volles Aroma ab und kühlen gleichzeitig das Getränk. Bowlenansätze lässt man am besten erst bei Zimmertemperatur 1–2 Stunden durchziehen, bevor man sie in den Kühlschrank stellt.

Bratäpfel
Bratäpfel bleiben schön glatt, wenn sie vor dem Braten mit etwas Butter oder Öl bepinselt werden. Bratäpfel schmecken besonders gut, wenn der Boden der Auflaufform etwa 1 cm hoch mit Zuckerwasser, mit 10 ml Wein vermischt, bedeckt wird.

Braten
Beim Angießen eines Bratens immer heiße Flüssigkeit verwenden. Der „Schockeffekt" ist nicht so groß und die Schmorzeit verlängert sich nicht unnötig. Braten im Backofen mit der Fettseite nach oben legen, dann brät das Fett gut aus. Rinder- und Schweinebraten schmecken pikanter, wenn man sie dünn mit Senf bestreicht und erst dann salzt und pfeffert.

Braten aufwärmen
Braten und Bratenreste zum Aufwärmen in Alufolie wickeln und bei schwacher Hitze im Backofen erwärmen. Die Sauce separat erwärmen, dann mit den Bratenresten servieren. So bleibt das feine Bratenaroma ganz erhalten.
Das Fleisch in ein Sieb legen, über einen Topf mit kochendem Wasser hängen und 10 Minuten ziehen lassen. Der Dampf trocknet das Fleisch nicht aus, sondern hält es schön saftig.

Braten einlegen
Bratenstücke werden zarter und bekömmlicher, wenn man das rohe Fleisch über Nacht in Ananassaft einlegt. Gleichzeitig bekommt das Fleisch ein feines Fruchtaroma.

Bratenkruste
Wenn man Schweinebraten und Kasseler kurz vor Ende der Garzeit mit Honig bestreicht, bekommt das Fleisch eine schöne Kruste und die Schwarte wird noch knuspriger.

Bratensauce
Bratensauce erhält ein fruchtig-herzhaftes Aroma, wenn man einen geschälten Apfel (oder einige Apfelscheiben) mitbraten lässt. Oder etwas Zucker in einer Pfanne bräunen, mit Apfelsaft ablöschen, diese Mischung in die fast fertige Sauce rühren. Feine Bratensaucen erhält man, indem man das Fleisch mit einigen geschälten und gewürfelten Petersilienwurzeln schmort, Fleisch und Petersilienwurzeln aus dem Bratensaft nimmt, wie gewohnt die Sauce zubereitet und zum Schluss die pürierten Petersilienwurzeln in die fertige Bratensauce gibt.

Bratensauce, dunkle
Dunkle Bratensauce für Schweinebraten, Rinderrouladen oder Gulasch bekommt ein tolles Aroma und eine wunderbar kräftige Farbe, wenn man den Bratensatz mit etwas kaltem Kaffee ablöscht. Dunkle Bratensauce wird kräftig braun, wenn man sie mit selbst gemachter Zuckercouleur einfärbt. Dazu 1–2 Esslöffel Zucker bei mittlerer Hitze in einem Topf karamellisieren lassen. Für Bratensaucen mit kräftig-dunklem Farbton eine Scheibe Pumpernickel in den Bratensaft bröseln. So wird die Sauce besonders sämig und herzhaft. Dunkle Bratensauce schmeckt noch viel pikanter, wenn sie mit klein gehackten Essiggurken verfeinert wird.

Bratfett
Bratfett hat die richtige Temperatur, wenn beim Eintunken eines trockenen Holzlöffelstiels kleine Luftbläschen darum herum aufschäumen.

Brathähnchen
Brathähnchen werden besonders knusprig, wenn sie vor dem Braten mit einer Mischung aus Speiseöl oder Schlagsahne und Paprikapulver bestrichen werden und etwa 10 Minuten bevor sie gar sind, mehrmals mit Salzwasser bestrichen werden.

Bratkartoffeln
Bratkartoffeln werden knusprig, wenn sie aus gut abgekühlten, in Scheiben geschnittenen Pellkartoffeln zubereitet werden. Heiße oder lauwarme Kartoffeln saugen zuviel Fett auf und werden nicht richtig kross. Bratkartoffeln werden knusprig und bekommen eine herrlich goldgelbe Farbe, wenn sie vor dem Braten mit etwas Weizenmehl bestäubt werden. Für Bratkartoffeln Pellkartoffeln schon am Vortag kochen. Die Stärke bindet über Nacht, und die Kartoffeln werden beim Braten knuspriger. Bratkartoffeln schmecken pikanter, wenn man vor dem Anbraten der Kartoffeln erst etwas fetten Speck auslässt. Die Speckwürfel dann herausnehmen und in dem Speckfett die Kartoffeln anbraten.

Bratwurst
Bratwürste platzen nicht, wenn man sie vor dem Braten in heißes Wasser oder in heiße Milch taucht und in Mehl wälzt. Beim Anbraten von Bratwürsten eine geviertelte Zwiebel mit in die Pfanne geben, dann verbrennt das Fett nicht. Bratwürste während des Bratens mehrmals mit einer Gabel einstechen, damit das Fett etwas heraustritt. So schmecken sie nicht so fett.

Bratwurst verfeinern
Bratwürste bekommen ein südländisches Aroma, wenn man nach dem Braten frischen oder getrockneten Salbei, Rosmarin und Thymian im Bratfett schwenkt und dieses Kräuterfett über die Würste träufelt, bevor sie serviert werden. Bratwürste werden besonders knusprig, wenn sie nach der halben Bratzeit mit Bier bepinselt werden.

Broccoli
Broccoli bleibt schön grün, wenn man ihn erst kurz blanchiert und dann wie gewohnt kocht. Broccoli gart gleichmäßiger, wenn man ihn mit den Stielen nach unten in den Topf stellt.

Brot
Frisches, noch warmes Brot sofort aus dem Papier wickeln und abkühlen lassen. Wenn man eine knusprige Kruste mag, das Brot danach wieder in das Papier packen.

Küchenfeuerwehr

Brot, ausgetrocknetes

Ausgetrocknetes Brot in ein feuchtes Küchentuch wickeln und für etwa 24 Stunden in den Kühlschrank legen. Danach das Tuch entfernen und das Brot einige Minuten im vorgeheizten Backofen aufbacken. So schmeckt es wieder viel saftiger.

Brot einfrieren

Brot in Scheiben geschnitten einfrieren. So können die Scheiben auch portionsweise entnommen werden.

Brot schneiden

Frisches Brot lässt sich leichter schneiden, wenn man das Messer vorher erwärmt.

Brotteig aus Roggenmehl

Brotteig, der ganz oder teilweise mit Roggenmehl zubereitet wird, geht höher auf, wenn etwas Zitronensaft oder Buttermilch untergeknetet wird.

Brühe

Rinder- oder Hühnerbrühe erhält eine würzige Note und bleibt wunderbar klar, wenn man einige Bröckchen Hartkäse darin auflöst. Die Zutaten für Brühe in kaltem Wasser aufsetzen, sie laugen so stärker aus, d. h. der Geschmack der Brühe wird voller. Fleisch- oder Gemüsebrühe bekommt eine schöne Farbe, wenn man eine gewaschene, ungeschälte, halbierte Zwiebel, die vorher kurz in einer Pfanne ohne Fett an der Schnittfläche gebräunt wird, mitköcheln lässt. Brühe bekommt durch eine Prise Safran eine intensive Farbe und einen pikanten Geschmack.

Brühe einfrieren

Brühe auf Vorrat kochen, stark reduzieren und portionsweise einfrieren. Die Brühe kann so nach Bedarf als Grundzutat für weitere Rezepte eingesetzt werden.

Brühe entfetten

Wenn es schnell gehen muss, die Fettaugen mit einem flachen, großen Löffel abschöpfen. Oder stark saugendes Haushaltspapier über die Oberfläche der Brühe ziehen, die Fettschicht wird dabei aufgenommen. Ist mehr Zeit vorhanden, die Brühe abkühlen lassen. Das Fett schwimmt an der Oberfläche und erstarrt beim Erkalten. So lässt es sich leicht abheben.

Brühe, geklärte

In geklärten Brühen keine Teigwaren, Reis oder Klößchen mitgaren, die Brühen werden sonst trüb. Die Einlagen getrennt garen und erst kurz vor dem Servieren in die Brühe geben.

Brühe, versalzene

Ist zuviel Salz in der Brühe, ein Eiweiß darin verquirlen. Entfernt man es im geronnenen Zustand, ist der Salzgeschmack verschwunden.

Camembert

Aus der Packung genommen und in Alufolie gewickelt, hält sich Camembert mindestens eine Woche länger, als vom Hersteller angegeben.

Cannelloni füllen

Cannelloni lassen sich mit einem Spritzbeutel mit großer Spritztülle mühelos füllen.

Cappuccino

Cappuccino lässt sich auf folgende Art und Weise herstellen: man mischt löslichen Kaffee mit der doppelten Menge Kakaopulver und Kaffeeweißer, gibt Zucker und Vanillin-Zucker nach Geschmack dazu und gießt heißes Wasser an.

Carpaccio

Fleisch oder Fisch für Carpaccio lässt sich gut schneiden, wenn es eingepackt eine halbe bis eine Stunde im Gefrierfach gelegen hat.

Champignons

Champignons vor der Weiterverarbeitung mit Zitronensaft beträufeln, dann bleiben sie schön hell.

Champignons aufbewahren

Champignons lassen sich in der offenen Schale bis zu 4 Tage im Kühlschrank aufbewahren. Sie sollten jedoch nicht zusammen mit Zwiebeln gelagert werden, da sie deren Geruch annehmen.

Chicorée

Bei der Zubereitung von Chicorée immer den Strunk herausschneiden, dann er schmeckt bitter. Chicorée verliert den leicht bitteren Geschmack, wenn man die Blätter eine Stunde in lauwarmes Wasser legt oder den Chicorée in Milch gart.

Cremespeisen, zu süße

Unter zu süß geratene Cremespeisen 1 Esslöffel Zitronensaft oder Apfelessig rühren. Die enthaltene Säure bindet den überschüssigen Zucker, und der Geschmack des Desserts wird abgerundet.

Crêpes

Crêpes werden besonders knusprig, wenn man den Teig mit Magermilch oder Mineralwasser anrührt und den Teig etwas ruhen lässt, damit das Mehl ausquellen kann.

Crêpes vorbereiten

Große Mengen Crêpes können schon einige Stunden vor dem Verzehr oder sogar schon am Vortag zubereitet werden. Die gebackenen Crêpes zu 8–10 Stück übereinander stapeln und eine Lage Backpapier dazwischenlegen. Die Crêpes zum Aufwärmen 15–20 Minuten bei 160 °C (Heißluft: etwa 140 °C, Gas: Stufe 1-2) im vorgeheizten Backofen backen.

Dämpfen

Kalorien- und vitaminschonend und zudem energiebewusst kann beispielsweise Gemüse zubereitet werden, wenn man es im Dämpfeinsatz mit Kartoffeln in einem Topf gart.

Desserts

Gekochte Puddings und Cremes können bereits 1 Tag vor dem Verzehr zubereitet. Kalt aufgeschlagene Puddings und Dessets immer erst am Tag des Verzehrs zubereiten, damit Aroma und Konsistenz optimal erhalten bleiben.

Dickmilch

Dickmilch kann man auch selbst zubereiten, indem man Milch einige Tropfen Zitronensaft oder 1 Esslöffel Buttermilch pro Liter Milch zusetzt und so lange bei 18–22 °C stehen lässt, bis sie die gewünschte Konsistenz hat.

Dill

Dill niemals mitkochen, sondern erst am Ende der Garzeit an die Speisen geben und kurz mitziehen lassen, weil sich sonst die geschmacksgebenden ätherischen Öle beim Kochen verflüchtigen.

Dillessig

Schmackhaften Dillessig kann man einfach selbst herstellen, indem man einige Dilldolden 1-2 Wochen in Essig ziehen lässt.

Dünsten

Lebensmittel mit kurzen Garzeiten, wie z. B. die meisten Gemüsesorten, Hähnchenbrustfilet und Fischfilet, lassen sich schonend und kalorienbewusst zubereiten, indem man sie dünstet. Beim Dünsten wird das Gargut im eigenen Saft,

Küchenfeuerwehr

mit nur wenig Fett oder Flüssigkeit gegart. Lebensmittel mit hohem Wasseranteil verlieren durch die Erwärmung soviel Eigensaft, dass man meistens auf einen Flüssigkeits- oder Fettzusatz verzichten kann.

Edelpilzkäse
Edelpilzkäse verfeinert Dressings für Blattsalate. Dazu mit dem Sparschäler einige Streifen von dem Käse abraspeln und in das Dressing rühren.

Eier
Eier für Backrezepte sollten immer aus der Gewichtsklasse M sein. Sind sie größer oder kleiner, stimmen die Zutatenmengen nicht mehr überein, und es kann passieren, dass der Kuchen zusammenfällt und klebrig wird.

Eier, eingelegte
Hart gekochte Eier werden zu einem sehr schmackhaften Partyhappen, wenn man sie ein bis zwei Tage in den Essigsud von Gewürzgurken oder Paprika einlegt und kühl stellt.

Eier, festgeklebte
Wenn Eier am Verpackungskarton festgeklebt sind, den Karton einige Minuten in kaltes Wasser stellen. Die Eier können dann problemlos entnommen werden.

Eier, Frischetest (Aufschlagprobe)
Das Ei aufschlagen. Bei einem frischen Ei umschließt das Eiweiß das Eidotter fest, das Dotter ist kugelig. Bei einem etwa 7 Tage alten Ei beginnt das Eiweiß zu fließen, es steht nicht mehr so fest. Bei einem etwa 3 Wochen alten Ei ist das Eiweiß wässerig, das Dotter ist flach.

Eier, Frischetest (Schwimmprobe)
Das Ei in ein mit Wasser gefülltes Glas geben. Ein frisches Ei bleibt auf dem Boden liegen, ein etwa 7 Tage altes Ei richtet sich leicht auf (mit dem stumpfen Ende), ein etwa 3 Wochen altes Ei beginnt zu schwimmen/steigt an die Wasseroberfläche.

Eier, geplatzte
Wenn Eier beim Kochen platzen, sofort etwas Essig in das Kochwasser geben, das verhindert ein Auslaufen von Eiweiß.

Eier kochen
Eier platzen beim Kochen nicht auf, wenn man das stumpfe Ende mit einem Eierpick oder einer Nadel anstich und mit kaltem Wasser bedeckt zum Kochen bringt. Eier, die gekocht werden sollen, sollten immer Zimmertemperatur haben. Die Eier daher etwa 30 Minuten vor dem Kochen aus dem Kühlschrank nehmen. 10-Minuten-Eier in hoch konzentriertem Salzwasser kochen. Falls das Ei beim Kochen aufplatzen sollte, behält es dennoch seine Form. Die Eier zum Garnieren eines Kartoffelsalats kann man zeit- und energiesparend im Kochwasser der Pellkartoffeln mitkochen. Eier dürfen nicht in der Mikrowelle gekocht werden. Durch den entstehenden Unterdruck würden die Eier explodieren.

Eier pellen
Gekochte Eier unter kaltem Wasser abschrecken. Sie lassen sich dann wesentlich besser pellen. Ein Schuss Essig im Kochwasser bewirkt, dass sich hart gekochte Eier leichter pellen lassen.

Eier, rohe
Für Gerichte aus rohen Eiern (z. B. Pudding, Tiramisu, Mayonnaise) nur ganz frische Eier verwenden, die nicht älter als 5 Tage sind (Lege- oder Verpackungsdatum beachten). Die fertigen Speisen immer im Kühlschrank lagern.

Eierstich kochen
Eierstich kann man statt in ein gefettetes Behältnis auch in einen kochfesten Gefrierbeutel füllen und diesen in siedendes Wasser hängen. Die gestockte Masse in Würfel, Streifen oder Rauten schneiden.

Einfrieren von Lebensmitteln
Wichtig ist, dass die Speisen und Lebensmittel „schockgefroren" werden. Dabei wird der größte Teil der Zellflüssigkeit im Gefriergut bei mindestens −30 °C so schnell eingefroren, dass sich kleine Eiskristalle bilden. Ist die Gefrier-Temperatur nicht niedrig genug, bilden sich größere Eiskristalle. Sie verändern und zerstören das Zellgewebe und beeinträchtigen Aussehen und Nährstoffgehalt nach dem Auftauen. Behälter mit Gefriergut ohne Flüssigkeit (z. B. Gemüse) voll, mit Flüssigkeit (z. B. Suppe) nur etwa bis 2 cm unter den Rand einfüllen, denn die Flüssigkeit dehnt sich beim Gefrieren aus. Gefriergut neben- und nicht aneinander zum Gefrieren in das Gerät stellen. Die Kälte kann schneller durch die Speisen dringen. Aufeinander gestapelt lagern. Gekochte Speisen vor dem Einfrieren erst abkühlen lassen.

Eintopf, angebrannter
Ist der Eintopf angebrannt, den heißen Topf zugedeckt für etwa 15 Minuten in eine Schüssel mit kaltem Wasser stellen. Dann kann der Inhalt – ohne den verbrannten Bodensatz – in einen sauberen Topf umgefüllt werden. Durch den Temperaturschock verschwindet der unangenehme Geschmack.

Eintopf, zu dünnflüssiger
Eintöpfe, die etwas zu dünnflüssig geraten sind, lassen sich ganz einfach retten, indem man etwas Kartoffelpüreepulver hinzugibt. Das dickt die Flüssigkeit an und beeinflusst den Geschmack nicht.

Eiswürfel
Eiswürfel werden besonders klar, wenn man sie mit abgekochtem Wasser zubereitet. Dekorative Eiswürfel erhält man, indem man interessant geformte und gemusterte Einsätze aus Konfektdosen mit Mineralwasser füllt und ins Gefrierfach stellt. Anstelle von Wasser kann man auch aus Fruchtsaft Eiswürfel herstellen.

Eiweiß wird nicht steif
Wenn Eiweiß nicht richtig steif wird, können winzige Fettreste in der Rührschüssel oder an den Rührbesen oder etwas Eigelb, das beim Eiertrennen in das Eiweiß gelaufen ist, die Ursache sein. Dann einige Tropfen Zitronensaft und eine Prise Salz zugeben und das Eiweiß lässt sich trotzdem noch steif schlagen.

Eiweiß steif schlagen
Eiweiß immer in einem sauberen, fettfreien Gefäß steif schlagen, da fetthaltige Gefäße und Eigelbreste das Steifwerden von Eiweiß verhindern. Eiweiß wird besonders fest, wenn man sowohl das Eiweiß als auch die Schüssel und die Rührbesen vor dem Steifschlagen gut kühlt und etwas Zitronensaft oder kaltes Wasser hinzufügt.

Endivien
Den Strunk von Endivien immer herausschneiden, denn er schmeckt sehr bitter. Endivien verlieren ihren etwas bitteren Geschmack, wenn sie etwa 10 Minuten in lauwarmes Wasser gelegt werden.

527

Küchenfeuerwehr

Erbsen kochen

Erbsen bleiben beim Kochen schön grün, wenn man sie in Zuckerwasser kocht und danach kurz in Eiswasser gibt. Erbsen behalten beim Kochen ihre Farbe, wenn man eine Messerspitze Backpulver oder Natron in das Kochwasser gibt oder die Erbsen kurz blanchiert und dann in Eiswasser gibt. Beim Erbsenkochen den Topf nicht zudecken, dann behalten Erbsen auch ihre grüne Farbe.

Erdbeeren

Erdbeeren immer vor dem Putzen waschen. Denn wenn der grüne Blütenansatz vor dem Waschen entfernt wird, laugen die Früchte zu sehr aus, weil sie Saft verlieren. Außerdem werden sie schneller matschig. Erdbeeren werden noch aromatischer, wenn man sie mit etwas Zitronen- oder Orangensaft beträufelt und einige Minuten ziehen lässt.

Erdbeeren, Ernteüberschuss

Ein Ernteüberschuss an Erdbeeren kann neben Konfitüre auch zu Erdbeerpüree verarbeitet werden. Dazu die gewaschenen und geputzten Erdbeeren nach Belieben mit etwas Zucker pürieren und in Gefrierdosen portionsweise einfrieren. So hat man bei Bedarf immer eine leckere Erdbeersauce.

Feldsalat, welker

Feldsalat, der durch zu lange Lagerung schlaff geworden ist, wird wieder appetitlich frisch, wenn er etwa 5 Minuten in lauwarmes Wasser gelegt wird.

Fett, brennendes

Brennendes Fett niemals mit Wasser löschen (könnte eine Stichflamme auslösen), sondern mit einem feuchten Tuch ersticken.

Fett, heißes

Heißes Fett spritzt nicht aus der Pfanne, wenn man eine trockene Brotkruste mitbrät. Heißes Fett spritzt nicht, wenn vor dem Braten etwas Weizenmehl oder Salz in die Pfanne gestreut wird.

Fisch

Fisch, der im Ganzen zubereitet werden soll, mit der Bauchöffnung auf eine geschälte Kartoffel oder eine umgestülpte Kaffeetasse setzen. So kann er nicht umkippen und gart von allen Seiten gleichmäßig.

Fisch braten

Fisch bekommt eine schöne Kruste, wenn man ein wenig Salz in das Bratfett streut. Fisch zerfällt beim Wenden in der Pfanne nicht, wenn dem Bratfett etwas Zitronensaft hinzugefügt wird. Damit sich beim Braten von Fischfilet mit Haut die Hautseite nicht wellt und der Fisch gleichmäßig gebraten wird, die Hautseite vor dem Braten mehrmals einschneiden.

Fisch dünsten

Fisch lässt sich fettlos dünsten, wenn man ihn auf ein Bett aus Zwiebeln, Möhren und Petersilie legt und dann etwa 3 Esslöffel Wasser angießt.

Fisch, Frischetest

Frische Fische sind an folgenden Merkmalen zu erkennen: klare Augen, rote Kiemen ohne Schleim (Kiemen etwas anheben und darunter sehen), feste Schuppen, frischer, nicht unangenehmer Geruch, kräftig glänzende Haut, die mit klarem Schleim überzogen ist (verfärbt sich beim Garen im Sud blau) und an glatten, glänzenden Fischstücken bei zerlegtem Fisch.

Fisch, Garprobe

Fisch ist gar, wenn sich die Rückenflosse leicht herausziehen lässt. Fisch ist gar, wenn sich die Haut vom Fischfleisch leicht abheben lässt.

Fisch schuppen

Fisch, der sich schlecht schuppen lässt, kurz in kochendes Wasser tauchen oder kurz in lauwarmes Wasser mit einem Schuss Essig legen. Fisch immer unter fließendem Wasser schuppen (mit der stumpfen Seite des Küchenmessers), die Schuppen spritzen dann nicht so stark.

Fischfond einfrieren

Selbst gemachten Fischfond stark einkochen lassen (reduzieren) und in Eiswürfelbehältern einfrieren. So kann er bei Bedarf portionsweise entnommen und z. B. für Fischsaucen verwendet werden.

Fleisch, angebranntes

Angebranntes Fleisch lässt sich noch retten, wenn man die dunklen Stellen großzügig abschneidet und das Fleisch in einem neuen Topf in frischem Fett weiterbrät.

Fleisch aufschneiden

Fleisch vor dem Aufschneiden (in Alufolie eingewickelt) etwa 10 Minuten ruhen lassen. Der Fleischsaft verteilt sich und läuft beim Aufschneiden nicht heraus.

Fleisch beizen

Zartes Fleisch, wie Kalb oder Reh, kann man nicht nur in eine Beize legen, sondern auch in ein Küchentuch, das mit Beize getränkt und dann immer wieder nachgefeuchtet wird, einschlagen.

Fleisch, eingefrorenes

Eingefrorenes Fleisch, z. B. für Geschnetzeltes oder Gulasch, nur an- und nicht vollkommen auftauen lassen, das Fleisch lässt sich so sehr gut schneiden. Eingefrorene, kleine Fleisch- oder Fischportionen müssen nicht vollkommen aufgetaut werden, sondern können angetaut weiterverarbeitet werden.

Fleisch, Garprobe

Fleisch kann mit einem Löffeldruck auf seinen Garzustand geprüft werden. Ist das Fleisch weich, ist der Braten im Inneren rot. Gibt er federnd nach, ist der Braten im Inneren rosa. Ist er fest und gibt nicht nach, ist der Braten durchgegart. An der Farbe der Flüssigkeit, die austritt, wenn man das Fleisch an seiner dicksten Stelle mit einer Nadel einsticht, kann man erkennen, ob das Fleisch gar ist. Ist die Flüssigkeit klar, ist der Braten durchgegart. Ist sie trübe, ist das Fleisch im Inneren rosa. Bei roter Flüssigkeit ist das Fleisch innen rot.

Fleischbrühe

Fleischbrühe bekommt eine besonders schöne kräftige Farbe, wenn einige sehr scharf angebratene Kalbs- oder Rinderknochen mitgegart werden.

Fleischbrühe klären

Fleischbrühe, in der etwas Rinderhackfleisch erhitzt wird, wird ganz klar und bekommt eine goldgelbe Farbe. Durch das Hackfleisch werden Eiweißpartikel gebunden und können leicht entfernt werden.

Fleischsauce

Fleischsaucen werden besonders delikat, wenn man einige getrocknete Pilze zerkleinert, hinzufügt und in der Fleischsauce kurz mit aufkocht.

Küchenfeuerwehr

Folienkartoffeln
Folienkartoffeln werden viel schneller weich, wenn man die Kartoffeln vorher mehrmals mit einer Gabel einsticht oder mit einem Messer längs einschneidet.

Fond, dunkler
Für einen dunklen Fond (Wild, Rind, Lamm) muss das Brat- oder Schmorgut kräftig angebraten werden. Nach dem Würzen und Ablöschen mit Flüssigkeit (Wasser, Wein oder Brühe) muss diese immer wieder reduziert und aufgefüllt werden. Je öfter dieser Vorgang wiederholt wird, desto kräftiger und besser wird der Saucenfond.

Fond, heller
Für einen hellen Fond (Fisch, Geflügel, Schwein) werden Knochen und Fleisch mit Suppengemüse, Wasser, Kräutern und Gewürzen längere Zeit gekocht und reduziert, dabei verdampft das Wasser. Nach dem Abkühlen geliert der Fond und kann löffelweise entnommen werden.

Fondue
Heißes Fonduefett spritzt nicht so stark, wenn man 1–2 kleine, rohe Kartoffelstücke hineingibt. Zudem wird der Fettgeruch etwas gemildert. Die Kartoffelstücke auswechseln, wenn sie gar sind. Fondue-Fleisch wird besonders zart und aromatisch, wenn es am Vortag in ein mit Weinbrand getränktes Baumwolltuch gewickelt wird und im Kühlschrank durchziehen kann. Fondue-Fleisch wird besonders aromatisch, wenn man es in Speiseöl gart, das seit etwa 2 Wochen mit Gewürzen und Kräutern, wie z. B. Thymian, Majoran, Lorbeerblatt, durchziehen konnte. Das Öl vor dem Erhitzen filtern, um die Gewürze zu entfernen.

Forellen
Knusprige Forellen erhält man, wenn man die Haut im Abstand von 3–4 cm einschneidet und die Forellen mit Weizenstärke bestäubt. Frische Forellen platzen beim Garen nicht, wenn man sie vor dem Garen eine Stunde ins Gefrierfach legt.

Forellen blau
Wenn Forellen blau gekocht werden sollen, darf die Schleimschicht der Haut nicht verletzt werden. Deshalb die Forellen nur mit nassen Händen anfassen.

Forellenfilets, geräucherte
Geräucherte Forellenfilets schmecken wie frisch aus dem Rauch, wenn sie vor dem Servieren kurz in der Mikrowelle oder im Backofen erwärmt werden.

Frikadellen braten
Frikadellen werden besonders saftig, wenn man nach dem Anbraten wenig heißes Wasser hinzugießt. Das Wasser verkocht schnell und die Frikadellen bleiben saftig.

Frikadellen verfeinern
Frikadellen schmecken besonders würzig und pikant, wenn sie vor dem Braten mit feinen Knoblauchstiften gespickt werden. Frikadellen schmecken würziger, wenn man die Brötchen nicht in Wasser, sondern in etwas Fleischbrühe einweicht oder klein gewürfeltes Suppengemüse untermischt. Frikadellen werden besonders saftig, wenn man etwas Speisequark in die Fleischmasse knetet. Frikadellen bekommen eine pikante Note, wenn man etwas abgeriebene Zitronenschale unter die Fleischmasse knetet. Frikadellen werden würziger, wenn einige zerkleinerte Kartoffelchips hinzugefügt werden.

Frikassee
Fleisch für Frikassee oder Ragout erst in das kochende Wasser geben, dann schließen sich die Poren sofort. Das bedeutet, dass weniger Fleischsaft an die Brühe abgegeben wird und das Fleisch saftiger bleibt.

Frittieren
Das Frittierfett muss vor dem Einlegen des Frittiergutes heiß genug sein, weil es sich sonst mit Fett voll saugt und nicht knusprig wird. Wenn man dem Frittierfett für Pommes frites, Gemüse, Fisch, Fleisch oder Gebäck einen Teelöffel Essig zusetzt, saugt das Frittiergut nicht so viel Fett auf und schmeckt aromatischer. Frittierfett wird nicht so schnell braun, wenn man eine Möhre hineingibt. Behälter wie Fritteusen oder Pfannen nach dem Reinigen gut mit kaltem Wasser auswaschen, denn Reste von Spülmittel lassen das Fett schäumen.

Früchte, tiefgefrorene
Tiefgefrorene Früchte noch in gefrorenem Zustand mit heißem Zuckerwasser überbrühen oder mit Alkohol beträufeln, so behalten sie nach dem Auftauen ihre frische Farbe. Tiefgefrorene Früchte sind eine zeitsparende, saisonunabhängige und qualitativ hochwertige Alternative zu frischen Früchten.

Früchte, unreife
Unreife Früchte, wie etwa grüne Bananen oder Tomaten, reifen innerhalb kurzer Zeit nach, wenn man sie bei Zimmertemperatur zusammen mit Äpfeln in einer Obstschale aufbewahrt. Die Äpfel strömen ein ungiftiges Gas aus (Äthylen), das den Reifeprozess beschleunigt.

Fruchteis, selbst gemachtes
Leckeres Fruchteis kann man schnell und billig selber herstellen. Dazu 100 g Zucker in 500 ml ($^1/_2$ l) Wasser auflösen, abkühlen lassen und mit 250 g Erdbeer- oder Ananaspüree mischen. Frischen Zitronensaft unterrühren. Die Püreemischung anschließend in eine Metallform füllen und über Nacht im Tiefkühlfach gefrieren lassen.

Fruchtgrütze
Fruchtgrütze (z. B. rote Grütze, grüne Grütze) kann vitaminschonend hergestellt werden, indem der Saft für die Grütze mit Speisestärke angedickt und die Früchte unter den angedickten Saft gemischt, aber nicht aufgekocht werden. Das Aroma und die kräftigen Farben der Früchte bleiben so erhalten. Bei Verwendung von tiefgekühlten Früchten muss der Saft sehr stark angedickt werden und die gefrorenen Früchte unter den kochend heißen Saft gemischt werden. Nicht mehr aufkochen lassen.

Fruchtsalat
siehe Obstsalat

Früchte für Kuchen
Früchte (z. B. Rosinen), die dem Kuchenteig beigegeben werden, vorher in Mehl wälzen. So verteilen sie sich besser im Teig und fallen nicht nach unten.

Gans braten
Siehe Großgeflügel braten

Garmethoden
Abhängig von Zutaten und Gericht können unterschiedliche Garmethoden eingesetzt werden. Im Rahmen einer gesunden Ernährung sollte darauf geachtet werden, die Speisen möglichst fettarm und schonend zu garen. D. h. eine nährstoffschonende Garmethode (z. B. Dünsten, Dämpfen) anzuwenden, die Garzeit so kurz wie möglich zu halten und zubereitete Speisen nicht lange warm zu halten.

529

Küchenfeuerwehr

Geflügel
Wird Geflügelfleisch vor dem Kochen mit Zitronensaft eingerieben, bleibt es wunderbar weiß.

Geflügel auftauen
Geflügel beim Auftauen zudecken. Es darf nicht in der Auftauflüssigkeit liegen. Das Geflügel zum Auftauen am besten in ein Gefäß mit Siebeinsatz (Metallsieb) oder in eine große Schüssel mit einem umgedrehten Suppenteller legen, damit die Auftauflüssigkeit ablaufen kann. Die Auftauflüssigkeit vollständig wegschütten. Andere Lebensmittel nicht mit der Auftauflüssigkeit in Berührung bringen und Arbeitsfläche, -geräte und Hände gründlich waschen.

Gelatine
Gemahlene Gelatine lässt sich sehr gut in der Mikrowelle auflösen, indem man ein Päckchen gemahlene Gelatine nach Packungsanleitung quellen lässt und die Mischung anschließend bei 450 Watt $1/2$–1 Minute in das Mikrowellengerät stellt. Kleine Mengen gemahlene Gelatine kann man gut in einer Suppenkelle auflösen. Wasser zum Kochen bringen, die Kelle so hineinhalten, dass kein Wasser hineinspritzt.
Gelatine am besten in einer Schale im Wasserbad auflösen. Um eine Klümpchenbildung zu vermeiden, die aufgelöste, warme Gelatine mit 3–4 Esslöffeln der zu gelierenden Creme verrühren (zum Temperaturausgleich) und dies dann schnell unter die restliche Creme rühren.

Gelatine aufbewahren
Gelatine möglichst in fest schließenden Dosen aufbewahren. Denn wenn man sie in offenen Gefäßen in Holzschränken aufbewahrt, die nicht formaldehydfrei sind, kann es zu einer Beeinträchtigung der Gelierfähigkeit kommen.

Gemüse
Gemüse lässt sich schonend im Wasserbad garen, indem man es nach dem Putzen und Zerkleinern getrennt in Alufolie wickelt und gart. Gemüse bekommt eine delikate Note, wenn es in Gemüse- oder Hühnerbrühe statt in Salzwasser gekocht wird. Die Brühe kann anschließend für Suppen oder Saucen weiterverwendet werden.

Gemüse dünsten
Gedünstetes Gemüse bekommt ein feineres Aroma, wenn man einen Teelöffel Butter, eine Prise Zucker und etwas Brühe zufügt und es bei schwacher Hitze langsam garen lässt.

Gemüse, eingefrorenes
Eingefrorenes Gemüse kann gefroren weiterverarbeitet werden.

Gemüse frittieren
Damit frittiertes Gemüse im Teigmantel möglichst kross wird, sollte man den Teig mit Eiswasser anrühren. Dazu Eiswürfel in eine Schüssel geben, Wasser angießen und erst dann die benötigte Menge abmessen.

Gemüse, zu lange gekochtes
Gemüse, das zu lange gekocht wurde und seine frische Farbe verloren hat, wird wieder appetitlich, wenn es mit in Butter leicht gerösteten Semmelbröseln angerichtet wird.

Gemüsebrühe
Gemüsebrühe wird gehaltvoller und schmackhafter, wenn man das geputzte und zerkleinerte Gemüse vor dem Kochen kurz in etwas Sonnenblumen- oder Olivenöl anschwitzt.

Gewürze
Gewürze entfalten ihr Aroma am besten, wenn man sie ungemahlen kauft und sie bei Bedarf frisch mahlt (Pfeffer- oder Muskatmühle), reibt, zerkleinert oder im Mörser zerstößt. Gewürze nur in kleinen Mengen einkaufen. Licht- und aromageschützt, getrennt in geschlossenen Behältern aufbewahren. Gewürze möglichst nicht in der Nähe der Kochstelle lagern. Durch den beim Kochen entstehenden Wasserdampf klumpen und verderben sie leicht.

Gewürznelken
Gewürznelken beim Mitgaren in eine abgezogene Zwiebel stecken, so muss man sie nach dem Schmoren nicht mühsam aus Bratensaucen oder Gemüse herausfischen.

Glasieren
Fleisch- oder Gemüsegerichte erhalten ein schöneres Aussehen und einen feineren Geschmack, wenn man sie glasiert, d. h. mit Sauce, Zuckerglasur, Aspik oder Fond überzieht.

Götterspeise
Bei der Zubereitung von Götterspeise ist es wichtig, dass sie nur langsam erwärmt wird und nicht kocht. Außerdem ist langes Durchkühlen der Götterspeise (mehrere Stunden oder am besten über Nacht) sehr wichtig. Götterspeise in kleinen Portionsschälchen geliert schneller als die gesamte Portion in einer großen Schüssel. Götterspeise geliert schneller, wenn man sie mit der Hälfte der Flüssigkeit erwärmt und die restliche Flüssigkeit kalt dazugibt. Bei Götterspeisen und auch Fruchtpuddingen kann man die angegebene Wassermenge gut durch Fruchtsäfte oder Weine ersetzen. Dabei darf aber die angegebene Flüssigkeitsmenge nicht überschritten werden, da die Speise sonst nicht genügend geliert. Für eine klare Götterspeise ist es wichtig, dass die Götterspeise genügend erwärmt wird, nur so kann sie richtig gelöst werden und wird nicht trübe.

Götterspeise mit Klümpchen
Götterspeise, in der sich kleine Klümpchen gebildet haben, kann man noch retten, indem man sie unter ständigem Rühren wieder erwärmt (aber nicht aufkochen lässt), bis sich die Gelatineklümpchen ganz aufgelöst haben.

Grießklöße, zu feste
Zu feste Grießklöße aus der Suppe nehmen, etwa 10 Minuten in kaltes Wasser legen und dann wieder in der heißen Suppe erhitzen. Bei dieser Prozedur quellen sie auf und sind danach herrlich locker und luftig.

Grießpudding
Grießpudding wird besonders locker, wenn man zum Schluss steif geschlagenes Eiweiß darunter zieht. Grießpudding wird ergiebiger und auch viel schaumiger, wenn der Grieß vor dem Kochen einige Stunden in etwas Milch eingeweicht wird.

Grillen
Mit Speiseöl bestrichenes Grillgut vor dem Auflegen mit Küchenpapier abtupfen, damit das Öl nicht in die Glut tropft. Beim Holzkohlengrill ist es empfehlenswert, fettes Fleisch auf Alufolie oder in speziellen Grillschalen zu grillen, so wird vermieden, dass das Fett in die Glut tropft.

Grillfleisch
Ein besonders pikantes Aroma erreicht man bei gegrilltem Fleisch, wenn man in die Holzkohlenglut einige Wacholderbeeren, Lorbeerblätter oder Rosmarinnadeln legt. Das Fleisch nimmt dieses Aroma an. Grillfleisch wird zarter und schmackhafter, wenn man es vorher mariniert. Gewürze zuerst mit dem Speiseöl vermischen, danach das Grillgut bestreichen. Die Gewürze können so nicht verbrennen. Steaks zum Grillen

Küchenfeuerwehr

schmecken würzig, wenn man sie vorher etwa 30 Minuten in Bier mariniert. Bevor man sie auf den Grill legt, gut trockentupfen und würzen.

Großgeflügel
Enten oder Gänse lassen sich gut schon am Vortag zubereiten und im Kühlschrank aufbewahren. Das ausgebratene Fett lässt sich dann leicht abheben. Es eignet sich gut für die Verfeinerung der entsprechenden Gemüsebeilage.

Großgeflügel braten
Großgeflügel, wie Enten, Gänse und Puten, werden besonders knusprig, wenn man sie 10 Minuten vor Ende der Garzeit mit kaltem Salzwasser oder Bier bestreicht und die Hitze auf stark stellt. Während des Bratens von Großgeflügel wie beispielsweise einer Ente oder Gans im Backofen ab und zu unterhalb der Flügel und Keulen in das Tier stechen, damit das Fett besser ausbraten kann.

Grünkohl
Der Geschmack von Grünkohl ist am ausgeprägtesten, wenn die Pflanzen einmal dem Frost ausgesetzt waren. Außerdem machen tiefe Temperaturen die Blätter lockerer und bekömmlicher. Grünkohl schmeckt pikanter, wenn man ihn am Ende der Garzeit mit etwas Senf abschmeckt.

Gulasch
Gulasch wird nicht bitter, wenn man das Paprikapulver erst nach dem Anbraten hinzugibt. Gulasch bekommt eine schöne braune Farbe und wird viel schmackhafter, wenn man das Fleisch vor dem Anbraten mit etwas Mehl bestäubt. Gulasch wird kräftiger, wenn man ein wenig Suppengrün mitschmort.

Gurken
Gurken nicht zusammen mit Tomaten und Äpfeln aufbewahren, da beide Äthylen ausscheiden, ein Gas, das Gurken schnell gelb werden lässt.

Gurken, eingelegte
Eingelegte Gurken bleiben länger knackig und frisch, wenn man ein kleines Stück frischen Meerrettich in das geöffnete Glas gibt und dieses dann gut verschließt.

Hackbällchen
Hackbällchen für Auflaufgerichte lassen sich schnell und einfach herstellen, indem man feines Bratwurstbrät mit bemehlten Händen zu kleinen Klößchen formt. So lassen sich kleine Hackbällchen (z. B. für eine Party) ganz schnell zubereiten: Eisportionierer in kaltes Wasser tauchen. Hackfleisch portionsweise abstechen. Bällchen anschließend in einer Fritteuse frittieren.

Hackbraten
Hackbraten und Frikadellen werden lockerer und saftiger, wenn man statt Semmelbrösel geriebenen Vollkorntoast unter den Fleischteig mischt. Hackbraten wird saftiger und kann nicht anbrennen, wenn der Boden der Auflaufform und der Hackbraten mit mageren Speckscheiben auslegt bzw. belegt wird. Hackbraten und Frikadellen werden lockerer, wenn man entweder 1 Brötchen (Semmel), 1 große durchgepresste Pellkartoffel, 1–2 Esslöffel gegarten Reis oder Bulgur (Weizengrütze), 1–2 Esslöffel Quark oder 2 Esslöffel eingeweichte, abgesiebte Hafer-, Weizen-, Gersten- oder Roggenflocken unterrührt.

Hackfleisch
Da Hackfleisch schnell verderblich ist, sollte es am Tag des Einkaufs zubereitet werden.

Hackfleisch binden
Hackfleischteige für Braten, Frikadellen oder Füllungen kann man auch mit Kartoffelpüreepulver binden. Hackfleisch für Hackbraten oder Frikadellen kann man statt mit Ei mit einer geriebenen, rohen Kartoffel binden.

Hackfleisch einfrieren
Hackfleisch oder Mett zum Einfrieren nicht zu Kugeln formen, sondern einfach nur flach drücken. Das verkürzt die Auftauzeit erheblich, vermeidet dadurch eine Verfärbung des Fleisches beim Auftauen und spart Platz in der Gefriertruhe.

Hackfleisch, zuwenig
Hackfleischteig für Frikadellen oder Hackbraten lässt sich mit Kartoffelknödelpulver (halb und halb) und der entsprechenden Menge Wasser strecken. So erhält man fast die doppelte Menge Teig mit der gleichen Fleischmenge.

Haxen
Haxen schmecken nicht so fett, wenn man sie erst eine Stunde kocht und anschließend eine halbe Stunde grillt.

Hering
Wenn man Heringe kurz in Essigwasser legt, fallen sie beim Braten nicht auseinander.

Himbeeren
Himbeeren nur gründlich verlesen, nicht waschen. Denn durch das Waschen werden die Beeren matschig und wässerig.

Holländische Sauce, geronnene
Holländische Sauce kann gerinnen, wenn sie bei zu großer Hitze geschlagen wurde. Man kann sie retten, indem man einen Eiswürfel dazugibt und kräftig weiterschlägt. Oder eine neue Holländische Sauce zubereiten, diese vorsichtig unter die geronnene Sauce schlagen.

Honig
Um eine Tasse Honig abzumessen, die Tasse vorher hauchdünn mit etwas Speiseöl auspinseln. So bleibt kein Honig in der Tasse kleben.

Honig, auskristallisierter
Honig, der nach längerer Lagerung auskristallisiert ist, einfach für einige Zeit in ein warmes Wasserbad stellen, so wird er wieder glatt.

Hühnerbrühe
Hühnerbrühe bekommt eine außergewöhnliche Note, wenn eine kleine rote Peperonischote mitgekocht wird. Die fertige Brühe dann mit etwas Zitronensaft abschmecken. Eine Messerspitze Safran gibt der Hühnerbrühe eine appetitlich-gelbe Färbung.

Hülsenfrüchte, getrocknete
Getrocknete Hülsenfrüchte (z. B. Erbsen) vor dem Kochen 12–24 Stunden in kaltem Wasser einweichen, dann verkürzt sich die Kochzeit erheblich. Getrocknete Hülsenfrüchte erst nach dem Kochen salzen, weil sie sonst langsamer weich werden. Getrocknete Hülsenfrüchte garen schneller, wenn man zu dem Kochwasser etwas Backpulver oder Natron hinzufügt.

Hülsenfrüchte zum Blindbacken
Getrocknete Hülsenfrüchte, die zum Blindbacken verwendet werden, in einem speziellen Gefäß aufbewahren, damit sie nicht mit anderen Hülsenfrüchten verwechselt werden. Zum Kochen sind sie nämlich untauglich, können aber unbegrenzt für weitere Kuchenböden verwendet werden.

Hummer
Lebender Hummer ist sehr empfindlich und muss vor Kälte und Hitze geschützt werden. Der Schwanz des lebenden Hummers muss eingezogen und elastisch sein. Auf dem Transport gestorbene Tiere nicht mehr verarbeiten.

531

Küchenfeuerwehr

Ingwer
Frischer Ingwer ist eine schmackhafte Würze für viele Fleisch- und Gemüsegerichte. Man kann sich das recht zeitaufwendige Hacken sparen, indem man die geschälten Ingwerstücke durch die Knoblauchpresse direkt in die Speisen drückt. Beim Würzen mit Ingwer ist zu beachten, dass frischer Ingwer viel schärfer ist als getrockneter.

Joghurt
Joghurt darf nicht zu kräftig geschlagen werden, sonst wird er dünnflüssig.

Johannisbeeren
Johannisbeeren lassen sich leicht entstielen, wenn man die Beeren mit einer Gabel von den Rispen streift.

Jus
Jus (entfetteter Bratensaft, der beim Erkalten geliert) lässt sich gut zur Abrundung von Bratensaucen verwenden und – in Würfel geschnitten – als Garnitur einsetzen.

Kaffee, übrig gebliebener
Übrig gebliebenen Kaffee nicht wegschütten. Man kann daraus noch einen leckeren Eiskaffee zubereiten. Der Kaffee kann auch in einem Eiswürfelbehälter eingefroren und später für Eiskaffee verwendet werden.

Kalbfleisch
Kalbfleisch stammt von jungen Rindern, die jünger als 4 Monate und bis zu 150 kg schwer sind. Kalbfleisch ist zartfaserig, hat eine hellrote Farbe (eisenhaltig) und ist mager bis fettarm.

Kakaopulver
Kakao klumpt nicht, wenn das Pulver erst mit Zucker, dann mit einem Esslöffel kalter Milch angerührt und erst zuletzt mit heißer Milch aufgegossen wird.

Kap-Stachelbeeren
Kap-Stachelbeeren (Physalis), die in einen Obstsalat gegeben werden, sollte man vorher anstechen oder durchschneiden, damit der zugegebene Zucker eindringen kann.

Karamellisieren
Dabei werden Speisen mit Zucker, der zu hellbraunem Karamell gekocht wurde, überzogen. Meistens werden Möhren, Kartoffeln oder Esskastanien karamellisiert.

Karamellpudding
Karamellpudding kann selbst gemacht werden, indem man den selbst gemachten Karamell unter einen Vanillepudding rührt.

Karpfen blau
Wenn Karpfen blau gekocht werden soll, darf die Schleimschicht der Haut nicht verletzt werden. Deshalb den Karpfen nur mit nassen Händen anfassen.

Karpfen, Garprobe
Ein Karpfen ist gar, wenn sich die Rückenflosse leicht herausziehen lässt.

Karpfen verfeinern
Karpfen schmeckt noch leckerer, wenn man ihn einen Tag in Bier einlegt.

Kartoffelklöße als Suppeneinlage
Fertige Kartoffelklöße oder Semmelknödel aus dem Kochbeutel, in Würfel geschnitten und in Butter goldbraun geröstet, sind eine schmackhafte Einlage für Suppen.

Kartoffelklöße, zerfallene
Kartoffelklöße oder Semmelknödel, die beim Garen im heißen Wasser auseinanderfallen, können gerettet werden, indem man sie abschöpft, auf ein mit Küchenpapier ausgelegtes Haarsieb gibt und das Kochwasser mit Hilfe des Papiers vorsichtig herausdrückt, damit die Klöße trocken werden. Danach die Reste in eine gebutterte Auflaufform schichten, bei etwa 180 °C etwa 20 Minuten überbacken und dann als „Knödelschmarren" servieren. Dieser schmeckt köstlich zu Wild oder Schweinebraten.

Kartoffeln
Von Kartoffeln, die länger dem Licht ausgesetzt waren oder zu hell gelagert wurden und sich grün verfärbt haben, die grünen Stellen unbedingt großzügig wegschneiden. Denn diese enthalten den giftigen Stoff Solanin. Geschälte und zerkleinerte Kartoffeln sollte man nicht längere Zeit in Wasser liegen lassen, weil sonst erhebliche Mengen an löslichen Vitaminen und Mineralstoffen ausgeschwemmt werden.

Kartoffeln, angebrannte
Angebrannte Kartoffeln kann man noch retten, wenn man sie in einen anderen Topf umfüllt, kaltes Wasser und Salz zugibt und die Kartoffeln erneut aufkochen lässt. Die Kartoffeln schmecken dann nicht mehr angebrannt.

Kartoffeln, aufbewahren
Auf Vorrat geschälte Kartoffeln lassen sich problemlos drei bis vier Tage im Kühlschrank aufbewahren. Sie einfach in einem Topf mit kaltem Wasser bedecken, ein paar Tropfen Essig dazugeben und den Deckel auflegen.

Kartoffelpüree
Für Kartoffelpüree sollten immer mehlig kochende Kartoffelsorten verwendet werden. Zum Zerstampfen der Kartoffeln sollte ein Kartoffelstampfer verwendet werden. Auf keinen Fall darf ein elektrischer Mixer oder Schneidstab verwendet werden, das Kartoffelpüree bekommt dann eine kleisterähnliche Konsistenz. Bei der Zubereitung von Kartoffelpüree sollte die Milch kochend heiß untergeschlagen werden, damit das Püree nicht klebrig wird.

Kartoffelpüree verfeinern
Kartoffelpüree schmeckt besonders pikant, wenn man eine geriebene Zwiebel mitkocht. Zusätzlich nach dem Pürieren ein wenig geriebenen Käse unterrühren. Kartoffelpüree wird lockerer, wenn man steif geschlagenes Eiweiß untermischt. Kartoffelpüree durch Zugabe von Kräuterbutter verfeinern.

Kartoffelpüree, zu dünnflüssiges
Wenn selbst gemachtes Püree aus frischen Kartoffeln beim Anrühren zu dünn geworden ist, es mit etwas Kartoffelpüreepulver andicken.

Kartoffelsalat
Kartoffelsalat klebt nicht, wenn die noch warmen Kartoffelscheiben mit etwas heißer Brühe übergossen werden. Die Eier zum Garnieren eines Kartoffelsalates kann man zeit- und energiesparend im Kochwasser der Pellkartoffeln mitkochen.

Kartoffelsalat verfeinern
Gurkenwasser, Joghurt oder verdünnten Essig unter die Mayonnaise für Kartoffelsalat mischen, das spart Kalorien und gibt dem Salat eine pikante Note.

Käse
Käse entfaltet sein Aroma am besten, wenn man ihn etwa 1 Stunde vor dem Verzehr aus dem Kühlschrank nimmt. Käse zum Überbacken

Küchenfeuerwehr

entfaltet sein volles Aroma am besten, wenn er frisch vom Stück gerieben oder gehobelt wird. Um Käse zu schneiden, benutzt man – anders als bei Wurst – stets ein stumpfes Messer.

Käse reiben
Hartkäse im Stück lässt sich viel leichter reiben, wenn man die Küchenreibe zuvor mit Speiseöl einstreicht. Frischer Käse lässt sich besser reiben, wenn man ihn vorher kurz in den Gefrierschrank legt und im gefrorenen Zustand reibt.

Käse schneiden
Bröckeliger Käse, z. B. alter Gouda oder Parmesan, lässt sich auch ohne Spezialmesser leicht schneiden, wenn man die Messerklinge vorher erwärmt.

Klären von Brühen
Dabei werden die Trübstoffe aus Brühen z. B. durch verschlagenes Eiweiß, das in der Flüssigkeit aufgekocht wurde, mit einer Schaumkelle beseitigt. Das Eiweiß bindet die Trübstoffe.

Kirschen einfrieren
Damit Kirschen beim Einfrieren möglichst wenig Saft verlieren, sie am besten mit Stein einfrieren und erst im angetauten Zustand entsteinen.

Kirschen entsteinen
Kirschen und anderes Steinobst vor dem Entsteinen einige Minuten ins Gefrierfach legen. Die Früchte werden fester, und der Stein lässt sich dann leichter entfernen.

Kiwis
Kiwis schmecken in Milchspeisen leider oft bitter. Die Bitterstoffe werden entzogen, wenn man die geschälten Früchte kurz mit kochendem Wasser überbrüht.

Klöße
Klöße oder Knödel aus gekochten Kartoffeln gelingen besser, wenn die Kartoffeln schon am Vortag gegart werden. Geformte Klöße auf ein bemehltes Brett legen. Sie kleben dann nicht fest. Klöße kleben nicht am Topfboden fest, wenn man etwas Mehl in das Kochwasser einrührt.

Klöße auftauen
Gegarte Klöße gefroren im Siebeinsatz (z. B. Kartoffeldämpfer) über Wasserdampf auftauen. Rohe Klöße gefroren – ohne Verpackung – in siedendem Wasser auftauen und garen.

Klöße formen
Klöße formt man, indem man mit einem angefeuchteten Löffel Portionen vom Teig absticht oder Klöße mit angefeuchteten oder leicht bemehlten Händen formen. Längliche Klößchen (Nocken) mit 2 angefeuchteten Löffeln formen. Teig von einem zum anderen Löffel so lange andrücken, bis sich ein länglicher Kloß geformt hat.

Klöße garen
Klöße brauchen zum Garen viel Platz. Daher einen breiten Topf wählen. Klöße im offenen Topf (Ausnahme Hefeknödel) gar ziehen lassen, nicht kochen. Das Wasser darf sich nur leicht bewegen. Den Topf während der Garzeit ab und zu leicht rütteln, damit die Knödel an die Oberfläche steigen.

Klöße, Garprobe
Einen Probekloß nach dem Garen mit 2 Gabeln aufreißen. Ist das Kloßinnere trocken, sind sie gar, ist es noch feucht, müssen die Klöße noch ziehen.

Kloßmasse, zu feucht
Ist die Kloßmasse zu feucht, nach und nach etwas Grieß oder Kartoffelstärke unterkneten.

Knoblauch
Knoblauch sollte nie in zu heißem Fett gebraten werden, da er dann einen bitteren, beißenden Geschmack bekommt. Knoblauchzehen, die in einem Gericht nur kurz mitkochen sollen, auf einen Zahnstocher stecken. So kann man sie vor dem Servieren leicht wieder herausfischen. Wer nur „einen Hauch" Knoblauch in dem Salat möchte, reibt die Salatschüssel mit einer durchgeschnittenen Zehe aus. Für ein kräftigeres Aroma kann der gepresste Knoblauch in die Salatsauce oder in Scheiben geschnitten direkt in den Salat gegeben werden.

Knoblauchgeruch
Knoblauchgerichten sollte viel gehackte, frische Petersilie beigegeben werden, das Chlorophyll der Petersilie vertreibt den Knoblauchgeruch schneller. Knoblauchgeruch lässt sich verringern, wenn man den grünen Spross in der Mitte der Zehe entfernt.

Knochenbrühe
Knochenbrühe bekommt eine appetitliche Färbung, wenn man die Knochen in heißem Fett anbrät, bevor man Wasser angießt. Beim erwünschten Bräunungsgrad mit heißem Wasser ablöschen, nur leicht ziehen lassen. So bleibt die Brühe schön klar.

Knollensellerie
Knollensellerie bleibt beim Kochen schön weiß, wenn man einen Schuss Zitronensaft mit ins Kochwasser gibt oder wenn man ihn ungeschält kocht und erst nach dem Garen schält. Beim Kauf von Knollensellerie darauf achten, dass die Knolle nicht hohl klingt, wenn man darauf klopft, da sie dann im Inneren weich ist.

Kochfisch
Kochfisch verbreitet keinen unangenehmen Fischgeruch und ist besser verdaulich, wenn ein Stück frischer Ingwer mitgekocht wird.

Kohlgeruch
Kohlgeruch wird abgemildert, wenn einige alte Brotrinden mitgekocht werden. Außerdem wird der Kohl bekömmlicher.

Kohlrabi
Die Herzblätter der Kohlrabi sollten immer mitverzehrt werden, da sie besonders reich an wertvollen Inhaltsstoffen sind. Die Blätter klein schneiden und an die fertigen Gerichte oder Suppen geben. Winterkohlrabi schmecken milder, wenn man sie in gleichen Anteilen Milch und Wasser kocht. Eine Prise Zucker, eine Prise Salz und eine Messerspitze Meerrettich verfeinern den Geschmack zusätzlich. Große Kohlrabiblätter eignen sich zur Zubereitung von Rouladen.

Kohlrabi schneiden
Kohlrabi lassen sich gut mit einem Pommesfrites-Schneider in gleich große Stifte schneiden. Das sieht hübsch aus und spart Zeit.

Kohlrouladen
Für Kohlrouladen von Weißkohl oder Wirsing die dicken Rippen nach dem Blanchieren flach schneiden, so lassen sich die Rouladen besser aufrollen.

Kompott
Ein Kompott wird sämiger, wenn die Hälfte des Zuckers durch Gelierzucker ersetzt wird. Kompott immer erst nach dem Abkühlen süßen, da die heiße Fruchtsäure die Kraft des Zuckers mindert.

533

Küchenfeuerwehr

Konserven

Den Inhalt von geöffneten Konservendosen oder Kondensmilch vor der Lagerung im Kühlschrank in ein anderes Gefäß umfüllen. Feste Doseninhalte, wie z. B. Wurst, lassen sich leichter stürzen, wenn sie mit einem Messer vom Dosenrand gelöst werden. Oder den Dosenboden der geöffneten Dose kurz in heißes Wasser tauchen.

Koriander

Koriander kann man frisch oder getrocknet (kugelförmige Samen oder gemahlen) kaufen. Frischer Koriander wird für orientalisch, indisch, karibisch und mexikanisch gewürzte Gerichte verwendet. Koriandersamen werden für Beizen, eingelegtes Gemüse, Kohlarten und auch beim Backen (Weihnachtsbäckerei, Brot) verwendet.

Koteletts

Damit sich Schweinekoteletts beim Braten nicht nach oben wölben, sollte vor dem Panieren der Fettrand ringsherum leicht eingeschnitten werden.

Krabben

Krabben aus der Dose verlieren ihren metallischen Beigeschmack, wenn man sie etwa 15 Minuten in einer Mischung aus 2 Esslöffeln Zitronensaft und einem großen Schuss trockenem Sherry mariniert. Die Krabben können natürlich auch mit einer pikanten Sauce serviert werden, das überdeckt den unangenehmen Beigeschmack.

Kräuter, frische

Frische Kräuter in warmen oder kalten Saucen entwickeln mehr Aroma, wenn man eine Hälfte der Kräuter fein hackt und die andere mit dem Mixstab püriert. Frische Kräuter nicht mitkochen, da sie sonst stark an Geschmack und Aroma verlieren. Die Kräuter am Ende der Garzeit nur kurz erwärmen oder erst vor dem Servieren über die Speisen geben. Kleinblättrige Kräuter zum Abstreifen der Blätter am oberen Teil des Stängels festhalten und die Blätter mit der Hand von oben nach unten abstreifen (z. B. Thymian, Bohnenkraut, Majoran). Frische Kräuter einzeln oder kombiniert verwendet in Salaten und Rohkost können helfen, Salz zu sparen. Frische Küchenkräuter, die über einen Gemüseauflauf gestreut werden, verbrennen beim Backen nicht, wenn man vorher etwas Öl darüber streicht.

Kräuter, getrocknete

Getrocknete, ganze Kräuter zusammen mit ein paar Tropfen Speiseöl im Mörser zerstoßen, bevor sie an die Speisen gegeben werden, dadurch entfaltet sich das Aroma besonders gut.

Kräuter trocknen

Taufrische Kräuter möglichst ungewaschen zu Sträußen binden. An einem luftigen, schattigen, trocken-warmen Ort kopfüber aufhängen oder im Backofen oder Dörrgerät trocknen, bis sie zwischen den Fingern zerbrechen. Kleine Mengen von frischen Kräutern können schnell in der Mikrowelle getrocknet werden. Dazu die Kräuter abspülen, trockentupfen, dicke Stiele entfernen, die Kräuter auf einen Teller legen und bei 600 Watt in 3 Minuten trocknen.

Kräuter zerkleinern

Kräuter erst unmittelbar vor der Weiterverarbeitung zerkleinern, damit kein Aromaverlust eintritt. Frische Kräuter nicht so fein hacken, dass sie matschig werden, denn dann verfliegen die ätherischen Öle, die die Würzkraft ausmachen. Außerdem werden Bitterstoffe freigesetzt.

Kräuterbutter einfrieren

Selbst gemachte Kräuterbutter lässt sich gut portionsweise in weichen Eiswürfelbereitern aus Kunststoff einfrieren. So ist sie immer rasch zur Hand.

Krustentiere, kurzschwänzige

Dazu zählen: Tiefseegarnelen, Kaisergranat, Riesengarnelenschwänze, Nordseegarnelen (auch Nordseekrabben genannt).

Kurzgebratenes

Kurzgebratenes bleibt saftiger, wenn man es vor dem Braten mit Speiseöl bestreicht und in die heiße, trockene Pfanne legt.

Lammkeule spicken

Lammkeulen oder auch Lammnacken werden aromatischer, wenn man sie mit Knoblauch spickt. Dazu zwischen den Muskelsträngen des Fleischstückes mit einem Küchenmesser Schnitte anbringen und die abgezogenen Knoblauchzehen hineinstecken.

Leber

Leber wird weich und zarter, wenn man sie erst nach dem Braten salzt. Leber wird besonders zart, wenn man sie vor dem Braten 10 Minuten in Möhren- oder Tomatensaft einlegt. Leber lässt sich leichter häuten, wenn man sie vorher 1 Minute in heißes Wasser taucht.

Leberknödel

Leberknödel lassen sich besser formen, wenn der Teig etwa 1 Stunde im Kühlschrank geruht hat.

Linsen

Linsen werden schneller weich, wenn man dem Kochwasser etwas Natron zugibt. Linsengerichte bekommen eine besondere Note, wenn sie mit Trockenpflaumen zubereitet werden.

Linsensuppe verfeinern

Linsensuppe lässt sich mit Thymian und Liebstöckel verfeinern.

Litchi (Lychee), Reifetest

Bei reifen Litchis lässt sich die Schale leicht eindrücken und von der Frucht glatt abheben.

Löwenzahn

Wilder Löwenzahn sollte vor der Weiterverarbeitung 10 Minuten gewässert werden, damit die Bitterstoffe abgebaut werden.

Mais kochen

Frischer Mais behält seine Farbe, wenn man ihn in Zitronenwasser kocht. Zudem gart er auch schneller. Kein Salz in das Kochwasser von Maiskörnern oder -kolben geben, da es den Mais hart und zäh macht. Statt dessen dem Kochwasser etwas Zucker und Butter zufügen, das macht den Mais zart.

Maiskolben lagern

Maiskolben halten sich im Gemüsefach des Kühlschranks 2–3 Tage. Bei Zimmertemperatur verlieren sie ihr süßes Aroma.

Mango, Reifetest

Der Reifegrad von Mangos kann durch Daumendruck geprüft werden. Die Schale reifer Früchte gibt auf Daumendruck leicht nach.

Marinieren

Fleisch und Gemüse schmecken aromatischer, wenn sie vor dem Grillen mariniert werden.

Marinieren im Gefrierbeutel

Fleisch oder Gemüse lässt sich einfach in einem Gefrierbeutel marinieren. Dazu die Zutaten mit der Marinade in einen Gefrierbeutel geben und fest

Küchenfeuerwehr

verschließen. Ab und zu den Beutel wenden, damit das Mariniergut gleichmäßig „umspielt" wird.

Markklößchen
Hausgemachte Markklößchen werden extra locker und leicht, wenn man eine Prise Backpulver unter die Markmasse mischt.

Matjes
Matjeshering etwa 30 Minuten in Milch oder Buttermilch einlegen, so wird er ganz zart und schmeckt milder. Vor dem Säubern von Matjes oder Salzheringen die Hände mit Speiseöl einreiben, sie nehmen dann nicht den Fischgeruch an.

Mayonnaise
Fertig gekaufte Mayonnaise wird sehr viel bekömmlicher und kalorienärmer, wenn man sie mit etwas Milch oder Joghurt verrührt.

Mayonnaise, geronnene
Mayonnaise, die geronnen ist, lässt sich durch die Zugabe von etwas Senf retten. Sollte Mayonnaise geronnen sein, nochmals 1 Eigelb verrühren und die geronnene Mayonnaise nach und nach unterrühren.

Mayonnaise, zu dünne
Zu dünn geratene Mayonnaise lässt sich mit einer geriebenen oder fein zerdrückten, gekochten Kartoffel andicken, ohne dass ein störender Beigeschmack entsteht.

Meerrettich
Frischer Meerrettich, der sehr scharf ist, einfach vor dem Schälen eine Zeit lang in Milch einlegen, danach ist er wesentlich milder.

Meerrettich lagern
Geriebener Meerrettich bleibt schön weiß, wenn man ihn mit Zitronensaft beträufelt, mit Essig oder Milch mischt oder mit etwas Salz verknetet in einem Porzellangefäß aufbewahrt.

Meerrettichsauce
Frischen Meerrettich immer erst nach dem Kochen in die Sauce geben, er verliert sonst seine Würzkraft.

Meerrettichsauce, zu scharf
Zu scharf gewordene Meerrettichsauce kann im Geschmack gemildert werden, wenn etwas Schlagsahne, Butter oder geriebener Apfel an die Sauce gegeben wird.

Mehlklümpchen in Saucen
Mehlklümpchen in feinen Saucen zu Gemüse oder Fleisch können ganz schnell entfernt werden, indem die Sauce durch ein feines Haarsieb gestrichen wird.

Milch
Frischmilch wird im Kühlschrank nicht so schnell sauer, wenn man 1 Esslöffel Zucker unter 1 Liter Milch rührt.

Milch, angebrannt
Angebrannte Milch umfüllen und mit Vanillin-Zucker frisch aufkochen. Der Brandgeschmack lässt sich beseitigen, wenn man die Milch in eine Kanne umfüllt und etwa 15 Minuten in kaltes Wasser stellt.

Milch kochen
Damit die Milch nicht überkocht, den Topfrand mit Butter einstreichen.

Milch, saure
Saure Milch kann man noch zum Anrühren von Pfannkuchen- oder Hefeteig verwenden. Saure Milch wird zu Quark, wenn man sie in eine Filtertüte gießt und einige Stunden bei Zimmertemperatur stehen lässt.

Milchreis
Milchreis lässt sich energiesparend zubereiten, indem man ihn ohne Deckel in kalter Milch aufsetzt, zum Kochen bringt und etwa 3 Minuten kochen lässt. Danach den Topf in eine Decke wickeln und den Reis etwa 60 Minuten ausquellen lassen. Milchreis wird leckerer und nicht pappig, wenn man ihn etwa 3 Minuten in leicht gesalzenem Wasser kocht, abgießt und ihn dann mit Milch weitergart. Milchreis bekommt keine Haut, wenn man nach dem Kochen Frischhaltefolie über die heiße Oberfläche spannt. Milchreis, Grießbrei oder Pudding brennt nicht an, wenn man etwas Wasser – etwa 3 Esslöffel – zum Kochen bringt und die Milch erst danach zugibt. Die Wassermenge muss natürlich von der Milchmenge abgezogen werden.

Mohnsamen
Mohnsamen erst kurz vor Gebrauch fein mahlen. Sie werden sonst sehr schnell ranzig, da Mohn stark fetthaltig ist. Mohn entfaltet sein Aroma noch besser und schmeckt noch intensiver, wenn man ihn vor dem Mahlen oder Zerstoßen im Mörser in einer Pfanne ohne Fett etwas anröstet.

Möhren
Beim Garen von Möhren eine Messerspitze Natron mit ins Kochwasser geben. Das beschleunigt den Kochvorgang und erhält ihnen ihre leuchtende Farbe. Möhren immer mit etwas Fett zubereiten (z. B. Butter). Dadurch kann das in ihnen enthaltene Provitamin A vom Körper besonders gut genutzt werden. Von Bundmöhren, die nicht sofort verbraucht werden, immer das Grün entfernen, da es den Möhren zuviel Feuchtigkeit entzieht, so dass sie schneller welken.

Möhren schneiden
Möhren lassen sich gut mit einem Pommes-frites-Schneider in gleich große Stifte schneiden. Das sieht hübsch aus und spart Zeit.

Morcheln waschen
Morcheln mit Wasser in eine Plastikschüssel mit Deckel füllen, verschließen und kräftig schütteln. Den Vorgang 4–5 mal wiederholen. Dabei löst sich der Sand aus den Kammern.

Muscheln
Muscheln nur mit fest verschlossener Schale kaufen. Rohe, bereits geöffnete Muscheln wegwerfen. Sie sind verdorben. Beim Kochen müssen sich die Muscheln öffnen. Gekochte, geschlossene Muscheln sind verdorben und deshalb ungenießbar. Muscheln für eine Fischsuppe erst kurz vor dem Anrichten in die Suppe geben, da sie sonst leicht breiig werden und ihren Geschmack verlieren.

Muskatnuss
Muskatnuss erst am Ende der Kochzeit frisch über das Gericht reiben. Sparsam dosieren, denn nur ein Hauch zuviel, und das warme Aroma kippt ins Bittere. Ganze Muskatnüsse lassen sich im Dunkeln und gut verpackt 2–3 Jahre lagern.

Natron
Natron kann als Ersatz für Backpulver verwendet werden. Dazu 5 g Natron auf 500 g Mehl nehmen und kurz vor dem Backen 6 Esslöffel Tafelessig unter den Teig rühren. Gemüse mit langen Kochzeiten (Hülsenfrüchte) werden schneller gar, wenn dem Kochwasser etwas Natron beigefügt wird.

Küchenfeuerwehr

Nierchen

Nierchen werden zarter und schmackhafter, wenn man sie in Milch etwa 1 Stunde einlegt oder nach dem Wässern im Tiefkühlfach leicht anfrieren lässt und dann weiterverarbeitet.

Nudeln

Nudeln, die mit Sauce oder Ragout gemischt werden sollen, nach dem Abgießen nicht mit kaltem Wasser abspülen. Sonst wird die Stärkeschicht abgespült und die beiden Zutaten können sich nicht miteinander verbinden. Durch eine Fettzugabe (z. B. Butter) nach dem Garen verhindert man, dass die Nudeln zusammenkleben.

Nudeln kochen

Nudeln immer in reichlich Salzwasser (1 Liter Wasser auf 100 g Nudeln) kochen. In zuwenig Wasser gekocht, kleben sie zusammen. Etwas Öl in das Nudelkochwasser geben. So kleben die Teigwaren nicht zusammen. Das Überkochen beim Kochen von Nudeln wird verhindert, wenn dem Kochwasser etwas Fett (Öl, Butter) zugefügt wird oder wenn man den Topfrand mit Fett bestreicht.

Nudeln, zusammengeklebte

Zusammengeklebte Spaghetti kann man retten, indem man sie nochmals in einem Sieb über Wasserdampf erwärmt.

Nudelteig ausrollen

Selbst gemachter Nudelteig für Maultaschen und Bandnudeln lässt sich leichter ausrollen und klebt auch nicht an Händen und Geräten, wenn man ihn mindestens 1 Stunde ruhen lässt, damit das Mehl ausquellen kann.

Obst, tiefgefrorenes

Tiefgefrorenes Obst kann man unaufgetaut zum Kuchenteig geben und mitbacken. Tiefgefrorenes Obst während des Auftauens mit etwas heißem Zuckerwasser übergießen, damit die Früchte ihre frische Farbe behalten.

Obstsalat

Für Obstsalate sollte nur reifes Obst ausgewählt werden. Es ist besonders süß und macht zusätzlichen Zucker überflüssig.

Olivenöl, ausgeflocktes

Im Kühlschrank gelagertes Olivenöl kann ausflocken. Durch eine Lagerung bei Zimmer-temperatur kann dieser Vorgang rückgängig gemacht werden.

Olivenöl, trübe

Trübung bei Olivenöl bedeutet kein Qualitätsverlust, sondern ist ein Zeichen von Qualität.

Omeletts

Omeletts werden viel lockerer, wenn die Eier mit etwas Mineralwasser angerührt werden.

Orangen filetieren

Beim Filetieren von Orangen neben den Trennhäuten die weiße Außenhaut immer vollständig entfernen, da sie bitter schmeckt.

Oregano, getrockneter

Getrockneten Oregano sollte man spätestens 20 Minuten vor Ende der Garzeit zugeben, denn er entfaltet sein Aroma erst beim Mitkochen.

Panieren

Paniertes Bratgut sofort weiterverarbeiten, damit die Panade nicht weich wird. Beim Panieren alle Gewürze in das verquirlte Ei geben, das sorgt für eine gleichmäßigere Würzung des Bratgutes. Panade aus Ei und Semmelbröseln bröckelt nicht ab und haftet besser an dem Bratgut, wenn das Ei mit etwas Speiseöl verquirlt wird. Außerdem das Bratgut vorher in Mehl wenden. Fettarme Fleischstücke vor dem Panieren mit Speiseöl bestreichen, so trocknen sie beim Braten nicht aus. Anstelle von Semmelbröseln können zum Panieren auch geriebener Hartkäse (auch Käsereste), Kokosraspeln, Zwiebackmehl, gehackte Nüsse oder Mandeln (oder Mandelblättchen), Sesamsamen oder gemahlene Sonnenblumenkerne verwendet werden. Wenn man zum Panieren von Fischfilets oder Schnitzeln Maismehl nimmt, erhält man eine goldgelbe Panade. Fisch und Fleisch kann man auch in Weizenkleie panieren. Das gibt eine herrlich knusprige und kalorienarme Panade. Bratfisch und Frikadellen vor dem Braten in Dinkelmehl wenden, so bekommen sie eine schöne krosse Kruste.

Panieren ohne Ei

Kondensmilch oder Zitronensaft ist bei paniertem Fisch oder Fleisch ein guter Ersatz für ein verquirltes Ei.

Panieren von Geflügel

Die Kruste von panierten Geflügelstücken wird besonders zart, wenn man unter die Panade eine Prise Backpulver mischt. Knusprige Hühnerbrüstchen bekommt man, wenn man sie statt mit Semmelbröseln mit Cornflakes paniert.

Paprika enthäuten

Schnell und energiesparend lassen sich Paprikaschoten in der Mikrowelle enthäuten. 4 Paprika putzen, vierteln und 10 Minuten bei 600 Watt in der Mikrowelle garen und anschließend mit einem feuchten Tuch bedecken. Die Haut der Paprika lässt sich dann leicht abziehen.

Parmesan

Parmesan ist oft sehr trocken und verbrennt leicht beim Überbacken. Das passiert nicht, wenn man den Käse vorher in etwas Milch quellen lässt.

Passieren

Gemüsesuppen oder Saucen lassen sich noch einfacher passieren, wenn man sie nicht mit einem Löffel sondern mit einer Suppenkelle durch das Sieb streicht.

Pellkartoffeln

Für Pellkartoffeln möglichst gleich große Kartoffeln auswählen, damit sie zur gleichen Zeit gar sind. Pellkartoffeln schmecken besonders würzig, wenn man sie mit einem Esslöffel Kümmel kocht. Pellkartoffeln lassen sich mit einem Eierschneider in schöne, gleichmäßige Scheiben schneiden.

Pellkartoffeln pellen

Pellkartoffeln auch aus älteren Knollen, lassen sich nach dem Kochen wesentlich leichter pellen, wenn man einen Schuss Speiseöl in das Kochwasser gibt. Pellkartoffeln lassen sich bedeutend leichter pellen, wenn sie mit kaltem Wasser abgeschreckt werden und heiß oder lauwarm gepellt werden.

Peperoni

Bei kühler Lagerung bleiben Peperoni etwa eine Woche frisch, danach leidet der Geschmack. Wenn man Peperoni länger aufbewahren möchte, sie mit Essig bedeckt in einem gut verschlossenen Glas in den Kühlschrank stellen.

Pfannkuchen warm halten

Pfannkuchen, die gefüllt werden sollen, kann man gut im Backofen warm halten. Dazu die fertig gebackenen Pfannkuchen dünn mit etwas zerlassener Butter bestreichen, mit Alufolie zudecken und bei etwa 100 °C in den Backofen stellen.

Küchenfeuerwehr

Pfannkuchen, übrig gebliebene
Übrig gebliebene Pfannkuchen können sehr gut als Einlage für klare Suppen oder Brühen verwendet werden. Die ausgekühlten Pfannkuchen zu einer Roulade zusammenrollen und in dünne Streifen schneiden. Erst kurz vor dem Servieren die Pfannkuchenstreifen (Flädle) in die Suppe geben.

Pfirsiche, runzelige
Runzelige Pfirsiche einige Zeit in eine Schüssel mit kaltem Wasser legen. Die Früchte werden dann wieder herrlich glatt und bleiben süß und saftig.

Pilze einfrieren
Pilze je nach Größe ganz oder in Scheiben geschnitten einfrieren. Wenn die Pilze auf einem Tablett, das mit Back- oder Pergamentpapier belegt ist, vorgefrostet werden, können sie auch gut einzeln entnommen werden. Die Pilze gefroren weiterverwenden.

Pilze, getrocknete
Getrocknete Pilze kann man in kleinen Mengen als kräftiges Gewürz für Suppen und Saucen verwenden. Dazu die Pilze in eine Pfeffermühle füllen und über die Speise mahlen.

Pilze lagern
Frische Pilze zur Lagerung im Kühlschrank vorher aus der Verpackung nehmen.

Pizza
Pizzaboden wird schön knusprig, wenn man ihn mit Hartweizengrieß anstelle von Weizenmehl zubereitet. Pizza aus eigener Herstellung wird nach dem Backen nicht weich und klebrig, wenn man den Pizzateig zuerst mit geriebenem Käse bestreut und erst dann mit Tomatensauce und den übrigen Zutaten belegt.

Pochieren
Pochieren (Garen knapp unter dem Siedepunkt in einer Flüssigkeit) eignet sich besonders gut für zartes Fleisch oder für Fisch, da es durch diese Gartechnik besonders aromatisch bleibt. Außerdem ist es eine fettsparende Garmethode.

Pochierte Eier aufbewahren
Pochierte Eier kann man abgedeckt in kaltem, leicht gesalzenem Wasser im Kühlschrank etwa 2 Tage aufbewahren.

Pommes frites
Pommes frites werden nicht so schnell matschig, wenn sie erst kurz vor dem Servieren – oder besser noch erst am Tisch – gesalzen werden.

Preiselbeeren
Preiselbeeren nur so lange kochen, bis die Häute platzen, längeres Kochen macht sie bitter. Herber Preiselbeergeschmack kann durch die Zugabe von Himbeersaft gemildert werden.

Pudding brennt nicht an
Pudding brennt beim Kochen nicht an, wenn man den Topfboden vorher mit etwas Butter einreibt.

Pudding, Hautbildung
Pudding bleibt ohne Haut, wenn man etwas Butter, etwas Zucker auf den heißen Pudding streut oder ihn mit Frischhaltefolie zudeckt.

Pudding kochen
Pudding setzt beim Kochen nicht an, wenn man das Pudding-Pulver nur mit der Hälfte der angegebenen Zuckermenge anrührt, den restlichen Zucker auf dem Boden des Topfes (vorher mit kaltem Wasser ausspülen) verteilt, dann ohne umzurühren die Milch hineingibt und zum Kochen bringt. Auf diese Weise schützt der Zucker, der sich in der Milch nur langsam löst, den Boden des Topfes und verhindert so ein Anbrennen der Milch.

Pudding mit Ei
Das Eigelb mit dem angerührten Pudding-Pulver verrühren und kurz mit aufkochen. Wenn steif geschlagenes Eiweiß in einen Pudding gegeben wird, muss das Eiweiß sehr steif geschlagen und unter die kochend heiße Masse gehoben werden.

Pudding stürzen
Wenn gekochte Puddinge gestürzt werden sollen, sollten sie nicht nur kurz aufgekocht, sondern mindestens 1 Minute lang unter ständigem Rühren durchgekocht werden. Den Pudding dann in eine mit kaltem Wasser ausgespülte Sturzform füllen und mehrere Stunden kalt stellen. Pudding lässt sich besser stürzen, wenn man ihn vor dem Stürzen (etwa 4 Stunden nach dem Kochen, siehe Packungsanleitung) mit einem spitzen Messer vom Formenrand löst und dann vorsichtig mit den Fingern so vom Rand wegzieht, dass Luft zwischen Pudding und Form dringen kann.

Pudding, zu dünn
Etwas Speisestärke oder das entsprechende Pudding-Pulver mit kalter Milch anrühren, den Pudding erneut zum Kochen bringen und die Mischung mit einem Schneebesen einrühren. Den Pudding etwa 3–4 Minuten unter ständigem Rühren köcheln lassen.

Quark
Magerquark ist ein hervorragender Ersatz für Butter oder Margarine und hilft, beim Kuchenbacken Kalorien zu sparen. Ein Teil des Fettes durch dieselbe Menge Quark austauschen. Quark bleibt länger frisch, wenn man die verschlossene Packung auf den Kopf herum in den Kühlschrank stellt.

Quitten
Bevor Quitten verarbeitet werden, sie als erstes trocken abreiben, um den Flaum zu entfernen. Quitten aus südlichen Ländern können ab und an roh gegessen werden; die Früchte aus heimischen Gefilden können wegen ihres festen und körnigen, herb-säuerlichen und sogar bitter schmeckenden Fruchtfleisches nicht roh verzehrt werden. Quitten möglichst separat lagern, da sie einen starken Geruch verbreiten, der sich leicht auf anderes Lagergut überträgt.

Quitten, verarbeiten
Quitten schmecken gut als Kompott, als Obstbelag auf Gebäck, als Likör oder als Konfekt. Quitten haben einen sehr hohen Pektingehalt, d. h. sie gelieren sehr gut. Sie eignen sich deshalb auch sehr gut für Konfitüren und Gelees, und schmecken zudem auch sehr gut.

Radieschen
Radieschen schmecken frisch am besten, können aber auch einige Tage im Kühlschrank aufbewahrt werden, wenn man die Blätter entfernt und die Radieschen in einen Gefrierbeutel gibt. So bleiben sie länger frisch als im Bund.

Radieschen, weiche
Radieschen, die etwas weich und trocken geworden sind, werden wieder schön knackig, wenn man sie kurze Zeit in kaltes Wasser legt.

Reh
Das Fleisch ist rotbraun, zart und wohlschmeckend. Die besten Fleischstücke sind Rücken und Keulen.

Küchenfeuerwehr

Rehbraten beizen

Rehbraten niemals in eine saure Beize legen, sie zerstört das Aroma und trocknet das Fleisch aus. Optimal ist eine Marinade aus 4 cl Cognac, 100 ml Olivenöl, 2 Thymianzweigen, 3 Lorbeerblättern, 1 Teelöffel Wacholderbeeren und einigen Pimentkörnern pro Kilo Fleisch.

Reibekuchen

Reibekuchen werden besonders knusprig, wenn man statt Weizenmehl die entsprechende Menge Haferflocken unter den Kartoffelteig mischt.

Reibekuchen wenden

Reibekuchen lassen sich leichter wenden, wenn der Rand goldbraun ist.

Reis

Reis bleibt schön körnig, wenn nach dem Garen zwischen Topf und Topfdeckel ein Tuch gelegt wird. Der aufsteigende Dampf wird in dem Tuch aufgesaugt und es entsteht kein Kondenswasser. Dadurch wird ein Übergaren verhindert.

Reis im Backofen garen

Reis kann auch im Backofen gegart werden. Dazu Reis mit der 1 $^1\!/_2$-fachen Menge Flüssigkeit in ein feuerfestes Gefäß geben und zugedeckt im Backofen bei 200 °C 20–30 Minuten garen.

Reis im Schnellkochtopf kochen

Bei der Zubereitung von Reis im Schnellkochtopf Reis und Wasser im Mengenverhältnis 1:1 nehmen.

Reis kochen

Beim Reis kochen etwas Speiseöl in das Kochwasser geben, so wird ein Überschäumen verhindert. Reis wird strahlend weiß, wenn man dem Kochwasser etwas Zitronensaft zufügt. Reis wird schneller gar, wenn man die abgespülten Körner in heißem Speiseöl wendet, mit kochendem Wasser bedeckt, sprudelnd aufkocht und im geschlossenen Topf bei niedriger Hitze ausquellen lässt. Außerdem kocht er so nicht über und Vitamine und Mineralstoffe bleiben erhalten.

Rhabarber einfrieren

Zum Einfrieren von Rhabarber sind die frühen Sorten am besten geeignet. Dazu die Stangen waschen (nicht abziehen) und ganz oder in kleinen Stücken roh einfrieren.

Rhabarber lagern

Rhabarber lässt sich mehrere Tage im Gemüsefach des Kühlschrankes aufbewahren, wenn man ihn in feuchte Tücher oder eine Plastiktüte einwickelt.

Rhabarber süßen

Rhabarber sollte erst nach dem Garen und kurzem Abkühlen gesüßt werden. So vermeidet man eine zu starke Süßung.

Rhabarberkompott

Um dem Rhabarber die Säure zu nehmen, kann man ihn nach dem Kochen mit angerührter Speisestärke binden. Rhabarberkompott wird auch ohne Bindemittel schön sämig und verliert seine beißende Säure, wenn man es mit Gelierzucker zubereitet. Milch oder Milchprodukte wie z. B. Joghurt als Zutat oder Beigabe in Form von Sauce oder Pudding mildern die Säure und runden den Geschmack von Rhabarberkompott ab.

Rinderbraten verfeinern

Rinderbraten wird zarter und auch besser im Geschmack, wenn man ihn am Vortag mit etwas scharfem Senf einstreicht.

Rinderbrühe

Rinderbrühe bekommt eine schöne Farbe, wenn man etwas Safran mitköcheln lässt.

Rinderschmorbraten

Rinderschmorbraten mit einer Scheibe Schwarzbrot garen. Die Bratensauce muss dann nicht mehr angedickt werden, schmeckt intensiver und bekommt eine besonders schöne Farbe.

Rindfleisch lagern

Rindfleisch lässt sich 2–3 Tage im Kühlschrank aufbewahren, wenn man es vorher mit Speiseöl bestreicht und in Alufolie wickelt oder in eine Frischhaltedose legt. Das Fleisch (besonders Filet) wird zudem dadurch zarter.

Risotto

Risotto immer im offenen Topf, unter häufigem Rühren köcheln lassen. So wird er sämig, und der richtige Zeitpunkt zum Servieren wird nicht verpasst. Einen besonders sämigen Risotto erhält man, wenn man nach und nach heiße Bouillon zugibt. Immer nur soviel Flüssigkeit zugeben, dass der Reis knapp damit bedeckt ist.

Risottoreis

Für Risotto immer einen speziellen Risottoreis (Rundkorn) wählen, er gibt während des Garens Stärke ab und sorgt so für die Sämigkeit des Risottos. Milchreis dagegen ist nicht so gut geeignet, kann aber auch verwendet werden, falls kein Risottoreis zu bekommen ist.

Rote Bete

Rote Bete verlieren beim Garen nicht ihren Saft, wenn sie in Alufolie eingewickelt gekocht werden. Gekochte Rote Bete mit Gummihandschuhen schälen, da sie sehr stark färben.

Rotkohl

Damit Rotkohl beim Kochen nicht grau wird, sondern seine rote Farbe behält, dem Kochwasser etwas Säure, z. B. Essig oder Zitronensaft, hinzufügen.

Rotkohl, bekömmlicher

Beim Kochen zum Schluss 1 Esslöffel Honig zum Rotkohl zugeben, so wird er bekömmlicher.

Rotkohl einfrieren

Es ist empfehlenswert, Rotkohl in größeren Mengen zuzubereiten und ihn dann portionsweise einzufrieren. Den Rotkohl nicht zu gar kochen, er sollte noch „Biss" haben.

Rotkohl färbt nicht

Frischer Rotkohl verfärbt beim Raspeln nicht die Hände, wenn man diese zuvor mit einigen Tropfen Speiseöl einreibt.

Rouladen

Fleischrouladen behalten ihre Form und schrumpfen beim Braten nicht, wenn man etwa 10 g rohe Reiskörner mit in die Füllung gibt.

Rouladen marinieren

Rouladen werden besonders zart, wenn man sie vor dem Anbraten in etwas Cognac mariniert, 10 Minuten ruhen lässt und dann gut trockentupft.

Rouladen schmoren

Rouladen nur mit heißem Wasser ablöschen. Bei kalter Flüssigkeit besteht die Gefahr, dass die Rouladen zäh werden.

Rumpsteak

Bei Rumpsteaks das Fett an den Rändern etwas einschneiden, damit sich das Fleisch beim Braten nicht nach oben wölbt.

Küchenfeuerwehr

Rundkornreis
Rundkornreis verliert beim Kochen einen Großteil seiner Stärke, dadurch wird er weich und breiig. Daher eignet sich Rundkornreis gut für die Zubereitung von Milchreis und Süßspeisen. Milchreis aus Rundkornreis wird besonders locker, wenn man kurz vor dem Anrichten Eischnee unterzieht (siehe auch Milchreis).

Safran
Die Zugabe von etwas Safran gibt Speisen, wie z. B. Hühnerbrühe, Reis und Nudelteig, eine appetitliche gelbe Färbung. Als Ersatz für Safran kann man auch Kurkuma nehmen. Es färbt die Speisen auch schön gelb, ist aber erheblich billiger als Safran.

Salatblätter, welke
Angewelkte Salatblätter werden im Nu wieder frisch und knackig, wenn sie einige Minuten mit rohen Kartoffelscheiben in kaltes Wasser gelegt werden. Welke Salatblätter werden wieder frisch, wenn man 1 Esslöffel Zucker in das Waschwasser gibt. Danach mit klarem Wasser nachspülen.

Salatsauce, versalzene
Eine versalzene Salatsauce lässt sich retten, indem man sie mit etwas ungesalzener Brühe, Sahne oder Wein verlängert und sie tropfenweise unter ein frisches, verquirltes Ei schlägt.

Salatsauce vorbereiten
Salatsauce kann ohne weiteres einige Stunden vor Verzehr oder auf Vorrat zubereitet werden. Sie schmeckt dann oftmals sogar noch intensiver, weil frische Kräuter oder Gewürze ihr Aroma besser entfalten.

Salz, klumpiges
Wenn Salz klumpig geworden ist, es für einige Minuten in der Mikrowelle erwärmen, danach ist es wieder streufähig.

Salzgurken
Salzgurken bleiben schön knackig, wenn man sie vor dem Einlegen von beiden Seiten der Länge nach mit einer Stricknadel durchsticht. Zudem schmecken die Gurken noch würziger, da die Marinade besser in das Fruchtfleisch eindringen kann.

Salzkartoffeln
Salzkartoffeln kochen nicht mehr über und bekommen auch keinen wässerigen Geschmack, wenn man einen Teelöffel Speiseöl in das Kochwasser gibt. Möglichst gleich große Kartoffeln auswählen, dann sind sie zur gleichen Zeit gar. Ist dies nicht möglich, größere Kartoffeln mit einer Gabel anstechen, sie garen dann schneller. Oder die Kartoffeln in gleich große Stücke schneiden. Erkaltete Salzkartoffeln mit kochendem Wasser übergießen, kurz aufkochen lassen und abgießen, sie schmecken dann wieder wie frisch.

Salzkartoffeln abdämpfen
Bei Salzkartoffeln nach dem Garen das Wasser abgießen und ein Küchentuch zwischen Topf und Topfdeckel legen. Der Dampf wird von dem Tuch aufgenommen, die Kartoffeln bleiben trocken. Den Topf evtl. dabei etwas rütteln.

Sauce, abgeschlagene
Wenn eine abgeschlagene Sauce mit zerlassenem Fett zubereitet wird, sollte das Fett vorher geklärt werden. Dazu das Fett zerlassen und kurze Zeit stehen lassen. Der eiweißhaltige Schaum setzt sich am Topfboden ab, das geklärte Fett kann vorsichtig abgegossen werden. Das Fett etwas abkühlen lassen und erst dann nach und nach in die abgeschlagene Masse rühren.

Sauce binden
Mehlschwitze: Weizenmehl in zerlassenem Fett, wie z. B. Butter oder Margarine, leicht oder etwas stärker erhitzen, bzw. bräunen. Nach und nach unter ständigem Rühren Brühe oder Fond hinzufügen, bis die gewünschte Konsistenz erreicht ist.
Mehlkloß: 1 gehäuften Teelöffel Butter mit 1 gehäuften Teelöffel Weizenmehl verkneten, zu einer Kugel formen, in die kochende Sauce geben, unter Rühren darin auflösen und aufkochen lassen.
Gemüse: Mitgegartes Gemüse und Zwiebeln pürieren oder durch ein Sieb streichen. So bekommt man eine kalorienarme und leichte Bindung.
Angerührtes Weizenmehl oder Speisestärke: Mehl oder Speisestärke mit kaltem Wasser in einem separaten Gefäß anrühren, unter Rühren in die heiße Brühe oder den Fond geben und kurz aufkochen lassen. Bei dieser Methode wird das Aroma feiner Saucen leicht überdeckt.
Kalte Butter: Kalte Butter stückchenweise mit einem Rührlöffel in die Sauce rühren. Die Sauce soll dabei heiß bleiben, darf aber nicht kochen.
Eigelb und Schlagsahne: Für helle Saucen Eigelb mit etwas Schlagsahne verrühren, langsam in den Saucenfond einrühren und so lange rühren, bis die Sauce sämig ist. Nicht mehr aufkochen lassen, sonst gerinnt das Eigelb. Ei zum Binden von Saucen gerinnt nicht, wenn man es mit einem halben Teelöffel Milch verrührt. Bratensaucen schmecken besonders herzhaft und bekommen eine schöne, kräftige Farbe, wenn sie mit zerbröseltem Pumpernickel angedickt werden.

Sauce, dunkle
Um eine schöne dunkle Sauce zu erhalten, eine Zwiebel zu dem angebratenen Fleisch geben und ein wenig Zucker ins Bratfett streuen. Der karamellisierte Zucker gibt eine schöne Farbe. Dunkle Fleischsaucen bekommen eine intensivere Farbe, wenn man nach dem Anbraten ein wenig Tomatenmark im Bratfett anröstet und dann mit Fond aufgießt.

Sauce entfetten
Fettarme Saucen bekommt man, wenn man den Bratensaft in ein hohes Glas gießt. Nach kurzer Zeit sammelt sich das Fett im oberen Teil und kann dort nach Belieben abgeschöpft werden (siehe auch Suppe entfetten).

Sauce, geronnene
Wenn eine Sauce oder Creme, die bis kurz vor dem Kochen aufgeschlagen wird, gerinnt, sofort einen Schuss Eiswasser oder einen Eiswürfel dazugeben. Nicht zuviel Flüssigkeit hinzugeben, sonst verwässert die Sauce.

Sauce, mehlige
Schmeckt eine Sauce mehlig, hat sie nicht lange genug gekocht. Die Sauce noch einige Zeit kochen lassen und mit Sahne verfeinern.

Sauce würzen
Saucen immer erst nach dem Einkochen würzen, denn durch das Verdunsten von Flüssigkeit werden sie sonst evtl. zu kräftig. Nur getrocknete Kräuter sollten mitgekocht werden, da sie so am besten ihr Aroma entfalten.

Sauce, zu blasse
Ist die braune Sauce ein wenig zu blass geraten, etwas löslichen Kaffee oder Zuckercouleur unterrühren. Das schmeckt nicht durch und macht die Sauce schön dunkel.

539

Küchenfeuerwehr

Saucenbinder auf Vorrat

Saucenbinder auf Vorrat erhält man, wenn man eine Tasse weiche Butter mit einer Tasse Weizenmehl verknetet, die Paste in einen Eiswürfelbereiter streicht und tiefgefriert.

Die Würfel in Gefrierbeuteln verpackt im Gefrierschrank aufbewahren. Für ein Gemüse- oder Fleischgericht mit heller Sauce – für vier Personen gerechnet – reicht ein Würfel aus.

Sauergemüse, zu saueres

Wenn Mixed Pickles oder eingelegte Gurken zu sauer sind, den Sud abgießen, 2–3 Esslöffel Zucker hinzufügen, verrühren und wieder über das Sauergemüse gießen. Nach einer Ruhezeit von einem Tag schmeckt es viel milder.

Sauerkraut

Sauerkraut schmeckt frischer und ist wesentlich vitaminreicher, wenn man gekochtes und rohes Kraut mischt. Dazu $^3/_4$ des Sauerkrautes wie gewohnt garen und $^1/_4$ zum Schluss roh unterrühren und nur kurz erwärmen. Sauerkraut wird sämiger, wenn man eine rohe, geschälte Kartoffel hineingibt.

Sauerkraut kochen

Sauerkraut behält seine appetitliche Farbe, wenn man vor dem Kochen einen Schuss Milch dazugibt.

Schafskäse

Schafskäse lässt sich einige Zeit im Kühlschrank aufbewahren, wenn man ihn mit abgekochtem, abgekühltem Salzwasser bedeckt.

Schafskäse, zu salzig

Sehr salziger Schafskäse wird milder, wenn man ihn einige Stunden in eiskaltes Wasser legt.

Schalentiere, bekömmlicher

Schalentiere, z. B. Hummer und Garnelen sind besser verdaulich, wenn man zwischendurch etwas Ingwer isst.

Schaschlik

Damit sich das Fleisch beim Essen besser von den Holzspießen löst, die Holzspieße vorher über Nacht in Wasser legen.

Schinken, zu salzig

Zu stark gesalzener Schinken schmeckt milder und wird weicher, wenn man ihn eine Weile in einer Mischung aus Wasser und Milch im Verhältnis 1 : 1 durchziehen lässt.

Schnellkochtopf

Einen Schnellkochtopf niemals unter Druck öffnen, sondern den Topf vor dem Öffnen unter kaltes Wasser halten.

Schnitzel oder Steaks lagern

Schnitzel oder Steaks, die nicht sofort zubereitet werden, dick mit Sonnenblumenöl oder einer Öl-Kräuter-Marinade bestreichen. Mit Frischhaltefolie zugedeckt bleiben sie im Kühlschrank 2–3 Tage frisch.

Schokoladenpfannkuchen

Schokoladenpfannkuchen bekommt man, wenn man den Teig statt mit Milch mit der gleichen Menge Kakao herstellt.

Schokoladenpudding

Schokoladenpudding bekommt eine besondere Note, wenn er nicht mit 6 Esslöffeln Milch, sondern mit derselben Menge Kaffee angerührt wird. Die Menge muss dann von der Milchmenge abgezogen werden.

Schwarzbrotreste

Brotreste können noch tolle Desserts ergeben. Krümel von Schwarzbrot schmecken beispielsweise lecker, wenn man sie unter einen Quark mit frischen Früchten mischt.

Schwarzwurzeln

Damit sich geschälte Schwarzwurzeln nicht verfärben, sie sofort nach dem Schälen in Milch oder Essigwasser legen und danach verarbeiten. So erhalten sie auch einen milden Geschmack.

Schwarzwurzeln schälen

Schwarzwurzeln lassen sich mühelos schälen, wenn sie zuvor einige Minuten mit reichlich kochendem Wasser überbrüht werden.

Schweinebraten

Schweinebraten schmeckt kräftiger, wenn man ihn nach dem Anbraten auf gehackten Schweineknochen fertig schmort. Den Bratenfond nach dem Garen durch ein Haarsieb filtern und als Basis für besonders würzige und aromatische Saucen verwenden. Schweinebraten bekommt eine ganz besonders knusprige Kruste, wenn diese etwa 15 Minuten vor Ende der Garzeit mit Bier oder Salzwasser eingestrichen und der Braten dann bei erhöhter Temperatur fertig gebraten wird. Schweinebraten wird besonders lecker und bekommt eine sehr aromatische Sauce, wenn

man zum Angießen 500 ml ($^1/_2$ l) Bier nimmt und einen Apfel mitkocht.

Schweinekoteletts

Schweinekoteletts schmecken würziger, wenn man sie vor dem Panieren mit etwas Senf bestreicht.

Semmelbrösel

Semmelbrösel, die nach dem Panieren übrig bleiben, mit geriebenem Parmesan und Gewürzen vermischen, in einer Pfanne braten und dann z. B. über Blumenkohl geben. Damit in Semmelbröseln paniertes Fleisch nicht zu rasch bräunt und leicht bitter schmeckt, sollten die nicht festhaftenden Semmelbrösel vor dem Braten leicht abgeschüttelt werden.

Semmelbröselersatz

Zum Panieren können Semmelbrösel auch durch Zwiebackbrösel ersetzt werden. Dazu je zwei Zwiebackscheiben gegeneinander reiben und auf diese Weise zerbröseln oder in einen Gefrierbeutel geben und mit einer Teigrolle zerkleinern. Semmelbrösel können beim Panieren auch durch Weizenkleie ersetzt werden.

Semmelknödel

Semmelknödel schmecken ganz besonders lecker, wenn man einige fein gehackte Sellerieblätter unter den Teig knetet.

Senf, eingetrockneter

Eingetrockneter Senf lässt sich mit etwas Essig, Öl und Zucker wieder glatt rühren.

Senfsauce

Senfsauce wird glatt und klümpchenfrei, wenn man den Senf vor dem Einrühren mit etwas Milch verquirlt.

Sojasauce

Sojasauce wird für viele asiatische Rezepte häufig nur tropfenweise benötigt. Wenn man keine ganze Flasche kaufen möchte, kann man Maggi mit trockenem Sherry mischen. Die Mischung schmeckt verblüffend ähnlich.

Spaghetti

Eine leckere und raffinierte Beilage zu Fleisch sind Spaghetti, die mit schmalen Porreestreifen in Salzwasser bissfest gekocht, dann durch ein Sieb abgegossen und mit Sahnesauce oder geriebenem Käse (z. B. Parmesan) angerichtet werden.

Küchenfeuerwehr

Spargel
Ein Stück Weißbrot im Spargelkochwasser saugt die Bitterstoffe auf. So kann Spargel milder und aromatischer im Geschmack werden. Das Brot nach dem Garen entfernen. Frischer Spargel hält sich bis zu 4 Tagen frisch, wenn man ihn in ein feuchtes Tuch wickelt und im Kühlschrank aufbewahrt.

Spargel einfrieren
Die Spargelsaison lässt sich verlängern, indem man geschälten Spargel roh einfriert (Haltbarkeit: etwa 6 Monate), später unaufgetaut in kochendes Wasser gibt (Achtung: die Garzeit verkürzt sich auf etwa 10 Minuten) und entsprechend dem Rezept zubereitet.

Spargel, Frischetest
Frischen Spargel erkennt man daran, dass die Stangen prall und knackig aussehen und quietschen, wenn man sie aneinander reibt. Außerdem sind die Schnittenden glatt, saftig und glänzend. Wenn man mit dem Fingernagel in die Schnittenden sticht, tritt etwas Flüssigkeit aus.

Spargel, grüner
Grüner Spargel ist ergiebiger als weißer, weil man die Stangen nur im unteren Drittel schälen muss. Als Hauptgericht rechnet man pro Portion etwa 400 g, als Vorspeise etwa 200 g.

Spargel, nicht mehr ganz frisch
Ist der ungeschälte Spargel schon einige Tage alt, wird er wieder frisch und knackig und lässt sich leichter schälen, wenn man ihn vor dem Schälen wenigstens 1 Stunde in kaltes Wasser legt.

Spätzle
Hausgemachte Spätzle schmecken besonders lecker, wenn man 1 Teelöffel Hartweizengrieß in dem Teig verarbeitet und sie in Fleischbrühe gart.

Speck
Speckscheiben bleiben beim Braten schön glatt, wenn man sie vorher kurz in kaltes Wasser taucht.

Speck würfeln
Weicher Speck, den man kurz vor dem Schneiden ins Gefrierfach legt, lässt sich viel leichter in Würfel schneiden.

Speiseeis
Speiseeis bekommt keine wachsartige oder kristalline Oberfläche, wenn man die Packung auf den Deckel stellt. Gekauftes oder selbst gemachtes Eis in großen Behältern lässt sich leichter portionieren, wenn man es schon 15–20 Minuten vor dem Servieren aus dem Gefrierschrank nimmt und in den Kühlschrank stellt. Außerdem entfaltet sich der Geschmack besser.

Speisen, versalzene
Versalzene Speisen kann man retten, wenn man eine rohe Kartoffel hinzufügt und gar kochen lässt. Die Kartoffel zieht das überflüssige Salz aus der Speise.

Spiegeleier braten
Perfekte Spiegeleier erhält man, indem man Butter bei mittlerer Temperatur in einer Pfanne schmelzen lässt, die Eier in das lauwarme Fett aufschlägt, die Temperatur etwas erhöht und die Eier fertig gart. So verbrennen die Eier nicht und das Eigelb bleibt flüssig.

Spiegeleier salzen
Spiegeleier erst nach dem Braten salzen und das Salz nicht auf das Eigelb streuen, es wird sonst fleckig.

Spinat
Frischer Spinat lässt sich bis zu 2 Tage im Kühlschrank aufbewahren, wenn man ihn in ein feuchtes Tuch oder eine angefeuchtete Zeitung einwickelt.

Spinat verfeinern
Spinat lässt sich anstelle von Schlagsahne mit Kräuter-Crème-fraîche oder rahmigen Brotaufstrichen mit Kräutern verfeinern. Spinat schmeckt lecker, wenn man ihn in Butter dünstet und anschließend mit in einer Pfanne leicht gerösteten Weißbrotwürfeln bestreut.

Steaks
Steaks, die auf einmal in einer Pfanne gebraten werden sollen, müssen ungefähr gleich dick sein, wenn sie den gleichen Gargrad haben sollen. Steaks vor dem Braten etwa 2 Stunden in eine Mischung aus Speiseöl und Essig einlegen (ab und zu wenden), das Fleisch wird dadurch besonders zart. Steaks nach dem Braten noch ein wenig ruhen lassen, je nach Dicke der Steaks 3–6 Minuten. Die Steaks dabei warm halten.

Steckrüben
Steckrüben würzt man am besten mit etwas Essig oder Zitronensaft, das nimmt ihnen den leicht erdigen Geschmack.

Suppe
Wird Suppe in großen Mengen bereits am Vortag gekocht, das Gemüse erst am Tag selbst zugeben. Damit die Suppe nicht sauer wird, muss sie auf jeden Fall ganz schnell abkühlen. Suppen, wie z. B. Tomatensuppe, gerinnen leicht, wenn man Schlagsahne oder Crème-fraîche in die Suppe hineingibt. Wenn man die Schlagsahne oder Crème-fraîche mit etwas heißer Suppenflüssigkeit verrührt und erst dann alles in die Suppe hineingibt, geht es problemlos. Suppe bekommt keine Haut, wenn man Butterflöckchen darauf setzt.

Strudel
Strudel 5 Minuten vor Ende der Backzeit mit etwas Schlagsahne, Kondensmilch oder zerlassener Butter bestreichen. Die Oberfläche bekommt so einen appetitlichen Glanz.

Strudelteig
Strudelteig nicht in der Küchenmaschine, sondern mit Handrührgerät mit Knethaken zubereiten, da die Menge zu klein ist. Außerdem klumpt der Teig in der Küchenmaschine schneller. Strudelteig wird elastischer und lässt sich dünner ausziehen, wenn man ihn ohne Ei zubereitet.

Suppe entfetten
Zum Entfetten von Suppen oder Bratensaucen 3-4 Eiswürfel in die heiße Flüssigkeit geben. Das Fett erstarrt innerhalb von Sekunden und sammelt sich um die Eiswürfel. Die Eiswürfel dann vorsichtig mit einem Sieb abschöpfen. Oder die Eiswürfel in ein Küchentuch geben und damit über die Suppe oder Sauce streichen.

Suppe, gebundene
Gebundene Suppen oder Eintöpfe werden sämiger, wenn man 1 rohe, geriebene Kartoffel zugibt. Der Eigengeschmack wird dadurch nicht beeinträchtigt.

Suppen- und Saucengewürze
Suppen- und Saucengewürze wie Gewürznelken, Wacholderbeeren und Lorbeerblätter in ein Tee-Ei oder ein kleines Mullsäckchen geben und mitkochen lassen. Auf diese Weise lassen sie sich ganz leicht wieder aus dem Fond entfernen.

Küchenfeuerwehr

Suppe, versalzene

Versalzene Suppen oder Saucen sind noch zu retten, wenn man ein Brötchen vom Vortag oder 1 Scheibe altbackenes Weißbrot darin aufkocht und es etwas ziehen lässt. Man kann auch einige rohe Kartoffeln mitkochen. Die zugesetzten Zutaten vor dem Servieren herausnehmen.

Tamarillo

Der leichte Bittergeschmack von Tamarillos (Baumtomaten) lässt sich durch Brühen und Schälen sowie mit Zucker mildern.

Tee, grüner

Grüner Tee wird richtig zubereitet, wenn das Wasser eine Temperatur von 60–70 °C hat, das kochende Wasser etwa 5 Minuten abkühlen lassen, bevor der Tee aufgegossen wird.

Tee, schwarzer

Schwarzen Tee immer in gut schließenden Dosen aufbewahren, da er sehr leicht Gerüche aus der Umgebung aufnimmt. Schwarzen Tee kann man auch selbst aromatisieren, indem man 1 Zimtstange, 1 Vanilleschote oder getrocknete Orangenscheiben (unbehandelt) mit in die Dose legt.

Toastbrot

Frisches Toastbrot schimmelt weniger schnell und ist nach dem Rösten auch knuspriger, wenn die angebrochene Packung im Kühlschrank aufbewahrt wird.

Tomaten enthäuten

Tomaten enthäutet man am besten, indem man sie kurz in kochendes Wasser legt (nicht kochen lassen) und in kaltem Wasser abschreckt. Die Haut lässt sich dann mit einem Messer mühelos abziehen.

Tomaten, gefüllte

Für gefüllte Tomaten zusätzlich zur eigentlichen Füllung 4–5 Reiskörner in jede Tomate geben. Der Reis nimmt überschüssige Flüssigkeit auf und die Tomaten bleiben schön fest.

Tomaten lagern

Tomaten nicht zu kalt lagern, sie verlieren sonst ihr Aroma. Sie im Kühlschrank im Gemüsefach aufbewahren.

Tomaten, matschige

Tomaten eignen sich auch dann noch als Brotaufstrich oder zur Spaghettisauce, wenn sie matschig geworden sind. Sie einfach enthäuten, das Fruchtfleisch pürieren und mit Pfeffer, Salz und Knoblauch pikant würzen.

Tomaten, reife

Sehr reife Tomaten pürieren, durch ein Sieb streichen und in kleinen Portionen einfrieren und später zu einer Saucengrundlage oder zu Ketchup verarbeiten. Diese Methode eignet sich auch hervorragend dazu, eine reiche Tomatenernte auf schnelle Art haltbar zu machen.

Tomaten, weiche

Wenn Tomaten schon etwas weich geworden sind, legt man sie etwa 15 Minuten in kaltes Wasser. Dadurch werden sie wieder schnittfest.

Tomatenmark, fehlendes

Tomatenmark kann durch geschälte Tomaten aus der Dose ersetzt werden. Dazu werden die Tomaten einfach durch ein feines Haarsieb passiert, so dass die Kerne aufgefangen werden, etwas eingekocht und pikant abgeschmeckt.

Tomatensauce

Tomatensaucen schmecken pikanter, wenn ihnen nach dem Kochen ein wenig geriebene Zwiebel zugegeben wird.

Tomatensuppe

Fertige Tomatensuppe schmeckt herzhafter, wenn man ihr etwas Tomatenmark und Crème fraîche hinzufügt.

Tontopf

Vor jeder Benutzung müssen der Topf und besonders auch der Deckel gewässert werden. Beim Garen im Tontopf erübrigt sich eine Fettzugabe. Den Tontopf nur zu zwei Dritteln mit dem Gargut füllen. Keine kalte Flüssigkeit in den heißen Tontopf einfüllen, er könnte sonst springen. Tontöpfe immer in den kalten Backofen schieben.

Tontopf reinigen

Der Tontopf lässt sich leicht reinigen, wenn man ihn nach Gebrauch sofort in heißes Wasser setzt, um anhaftende Speisereste aufzuweichen. Anschließend kann er mit einer Spülbürste gereinigt werden. Sollte sich der Tontopf nach häufigem Benutzen innen verfärben, kann er $^1/_2$–1 Stunde mit schwachem Essigwasser im Backofen ausgekocht werden. So erhält er wieder eine schöne Farbe.

Trockenobst einweichen

Trockenobst bekommt ein intensiveres Aroma, wenn es statt in Wasser in schwarzem Tee eingeweicht wird.

Trockenobst, hartes

Hartes Trockenobst wird wieder weich, wenn man es einweicht oder in einem Sieb kurze Zeit über Wasserdampf hängt.

Vanillepudding verfeinern

Vanillepudding schmeckt besonders gut, wenn man ihn anstelle von Milch mit verschiedenen Fruchtsäften kocht und nach dem Abkühlen etwas steif geschlagene Sahne unterhebt. Vanillepudding lässt sich mit einem Schuss Eierlikör verfeinern, der zum Schluss unter den leicht abgekühlten Pudding gerührt wird.

Vanillesauce

Damit Vanillesauce keine Haut bekommt, die warme Sauce mit Frischhaltefolie zudecken oder mit Zucker bestreuen. So kann sie schon Stunden vor der Verwendung zubereitet werden.

Vanilleschoten, ausgekratzte

Ausgekratzte Vanilleschoten kann man noch zur Herstellung von Vanilletee verwenden. Die Schoten dazu mit schwarzem Tee aufbrühen oder die ausgeschabte Schote mit Teeblättern in einer geschlossenen Dose einige Tage durchziehen lassen. Aufgeschlitzte und ausgekratzte Vanilleschoten kann man noch zur Herstellung von Vanillezucker benutzen. Sie einfach mit Haushaltszucker in ein kleines Schraubglas geben und einige Zeit durchziehen lassen.

Versalzenes Essen

Apfelessig und Zucker, zu gleichen Teilen gemischt, ins fertige Gericht geben, zwischendurch nachschmecken, ob das überschüssige Salz neutralisiert ist.

Vitamine und Mineralstoffe

Um den Vitamin- und Mineralstoffgehalt von Lebensmitteln möglichst zu erhalten, die Lagerzeit so kurz wie möglich halten. Lebensmittel erst nach dem Waschen zerkleinern und zubereitete Speisen nicht lange warm halten.

Walnüsse aufbewahren

Walnüsse ohne Schale in kleinen Behältern oder Gefrierbeuteln eingefroren halten etwa 1 Jahr.

Küchenfeuerwehr

Weinreste
Weinreste in Eiswürfelbehälter füllen und einfrieren. So können zum Abschmecken von Saucen, Suppen usw. immer kleine Mengen entnommen werden.

Weizenmehl austauschen
Bei vielen Teigarten kann Weizenmehl Type 405 nicht in demselben Mengenverhältnis gegen Vollkornmehl ausgetauscht werden. Durch den Kleieanteil quillt der Teig und die Konsistenz des Teiges wird zu fest.

Weizenmehl sieben
Je nach Rezept Weizenmehl, Backpulver, Speisestärke und Kakaopulver mischen und sieben. Das Sieben lockert das Mehl auf und verteilt das Backpulver gleichmäßig im Mehl. Vollkornmehl wird nicht gesiebt.

Weißkohl
Weißkohl wird weicher, sämiger und auch bekömmlicher, wenn man eine rohe Kartoffel und Kümmel mitkocht.

Weißkohl schneiden
Große Mengen Weißkohl, z. B. zum Einlegen von Sauerkraut, lassen sich zeit sparend auf der Brotschneidemaschine in feine, gleichmäßige Streifen schneiden.

Wildfleisch beizen/marinieren
Der intensive Eigengeschmack von Wildbret lässt sich mildern, indem man das Fleisch über Nacht oder länger in Buttermilch oder einer Rotweinbeize einlegt. Wer keinen Alkohol mag, kann eine Rotweinbeize beim Wildbraten durch Holunder- oder Brombeersaftbeize ersetzen. Das Fleisch wird so butterzart, und die Sauce bekommt einen fruchtigen Geschmack. Die Beize/Marinade für Wildfleisch nicht salzen, da Salz das Fleisch austrocknet. Beim Beizen/Marinieren von Wild ist es wichtig, dass die Beize Säure enthält (Wein, Weinessig, Buttermilch), und dass die Gewürze nicht zu stark dosiert werden, um ein Überwürzen zu vermeiden.

Wildfleisch garen
Beim Garen von Wildfleisch sollte die Brateninnentemperatur möglichst immer bei 80 °C liegen (Bratenthermometer benutzen).

Wildfleisch spicken
Mageres Wildfleisch, wie z. B. Hasen- oder Rehrücken wird nicht so trocken, wenn das Fleisch mit Speck gespickt wird. Dazu zwischen den Muskelsträngen des Fleischstückes mit einem scharfem Küchenmesser Schnitte anbringen und den Speck hineinstecken. Um ein Austrocknen zu vermeiden, kann mageres Wildfleisch auch mit Speckscheiben umlegt (d. h. bardiert) und der Speck mit Küchengarn festgebunden werden. Dies ist schonender, da die Fleischfasern nicht zerstört werden. Die Speckhülle kann nach dem Braten wieder entfernt werden, und das Fleisch bleibt saftig.

Zerlegen von Geflügel
Unter Zerlegen versteht man das Zerkleinern von Geflügel in Teilstücke. Teilstücke mit unterschiedlicher Fleischbeschaffenheit können optimal gegart werden. Brustfleisch z. B. hat eine kürzere Garzeit als Schenkelfleisch.

Zitronensaft
Werden nur wenige Tropfen Zitronensaft benötigt, die Zitrone an der schmalen Seite mit einer Gabel einstechen und den Saft herauspressen. Die Zitrone kann für weitere Verwendung im Kühlschrank aufbewaht werden. Zitronensaft lässt sich gut in Eiswürfelbehältern einfrieren und bei Bedarf portionsweise auftauen.

Zitronenschale abreiben
Zum Abreiben von Zitronenschale nur unbehandelte Früchte nehmen. Zitronenschale bleibt beim Abreiben nicht mehr in der Reibefläche hängen, wenn man Pergamentpapier über die Reibefläche legt. Das Papier drückt sich in die Reibefläche, und die abgeriebene Schale bleibt auf dem Papier haften. Sie lässt sich so ganz leicht abnehmen. Von Zitronen nur das Gelbe der Schale abreiben, die weiße Haut schmeckt bitter. Reste von Zitronenschale an der Reibe können besser entfernt werden, wenn ein Stück Würfelzucker nachgerieben wird.

Zitronenschale, abgeriebene, lagern
Zitronenschale von unbehandelten Früchten auf Vorrat reiben, sie auf Küchenpapier trocknen, in Schraubdeckelgläser oder Gefrierdosen füllen und an einem kühlen und trockenen Ort lagern. Abgeriebene Zitronenschale lässt sich gut aufheben, indem man sie mit Zucker mischt und in ein gut verschließbares Glas füllt.

Zitrusfrüchte auspressen
Zitrusfrüchte wie Orangen und Zitronen geben beim Auspressen mehr Saft, wenn sie vorher kurz im Backofen angewärmt oder mit kochend heißem Wasser kurz überbrüht werden. Oder die Früchte auf der Arbeitsfläche mit der flachen Hand unter leichtem Druck hin und her rollen. Zitrusfrüchte geben mehr Saft, wenn man sie vor dem Auspressen kurz in der Mikrowelle erwärmt.

Zuckerklumpen
Zuckerklumpen können ohne Bedenken im Mixer zerkleinert werden. Ein positiver Nebeneffekt ist, dass die Schneiden dabei geschärft werden.

Zwiebeln
Damit rohe Zwiebeln im Salat nicht so scharf und penetrant sind, diese abziehen, klein schneiden, salzen und 5 Minuten stehen lassen oder in Speiseöl marinieren, dann werden sie bekömmlicher. Die Zwiebelwürfel dann auf einem Sieb abtropfen lassen. Das Zwiebelaroma verteilt sich besser in Speisen, wenn man die Zwiebel nicht hackt oder würfelt, sondern fein reibt. Zwiebeln werden milder, wenn sie zusammen mit 1 reifen Apfel gelagert werden.

Zwiebeln braten
Unangenehme Gerüche beim Zwiebelbraten verschwinden, wenn ein Spritzer Essig zum kalten Fett in die Pfanne gegeben wird.

Zwiebeln schneiden
Zwiebeln immer mit einem scharfen Messer schneiden, sonst werden die Zellen zerquetscht und es tritt viel Saft aus, der den Zwiebeln die Schärfe gibt. Außerdem tränen dann auch die Augen mehr.

Zwiebeln schneiden ohne Tränen
Zwiebeln können ohne Tränen geschnitten werden, wenn man statt durch die Nase durch den Mund atmet.

Zwiebeln, zu weich gekocht
Gekochte Zwiebeln, die zu weich geworden sind, kann man durch kurzes Eintauchen in Eiswasser wieder fest kriegen.

Zwiebelringe
Schöne und gleichmäßige dünne Zwiebelringe bekommt man, wenn man die abgezogenen Zwiebeln auf einer Reibe hobelt. Dies ist bei großen Mengen von Zwiebeln, z. B. für eine Zwiebelkuchen, zudem eine enorme Zeitersparnis. Zwiebelringe werden schön braun und appetitlich knusprig, wenn sie vor dem Braten in etwas Weizenmehl gewendet werden.

543

Umwelthinweis	Dieses Buch und der Einband wurden auf chlorfrei gebleichtem Papier gedruckt. Die Einschrumpffolie – zum Schutz vor Verschmutzung – ist aus umweltfreundlichem und recyclingfähigem PE-Material.
	Wenn Sie Anregungen, Vorschläge oder Fragen zu unseren Büchern haben, rufen Sie uns unter folgender Nummer an 0521 155-2580 oder 5206-58 oder schreiben Sie uns: Dr. Oetker Verlag KG, Am Bach 11, 33602 Bielefeld.
Copyright	© 2004 by Dr. Oetker Verlag KG, Bielefeld
Redaktion	Jasmin Gromzik, Miriam Krampitz, Carola Reich
Innenfotos	Fotostudio Büttner, Bielefeld
	Thomas Diercks, Hamburg
	Herbert Maass, Hamburg
	Ulrich Kopp, Füssen
	Christiane Pries, Borgholzhausen
	Michael Somoroff, New York
	Norbert Toelle, Bielefeld
	Brigitte Wegner, Bielefeld
	Winkler Studios, Bremen
	Bernd Wohlgemuth, Hamburg
Grafisches Konzept, Gestaltung	kontur:design, Bielefeld
Satz und Reproduktionen	MOHN Media · Mohndruck GmbH, Gütersloh
Druck und Bindung	MOHN Media · Mohndruck GmbH, Gütersloh

Die Autoren haben dieses Buch nach bestem Wissen und Gewissen erarbeitet. Alle Rezepte, Tipps und Ratschläge sind mit Sorgfalt ausgewählt und geprüft. Eine Haftung des Verlages und seiner Beauftragten für alle erdenklichen Schäden an Personen, Sach- und Vermögensgegenständen ist ausgeschlossen.

Nachdruck, auch auszugsweise, nur mit ausdrücklicher Genehmigung und Quellenangabe gestattet.

Bitte besuchen Sie uns auf unserer Homepage: **www.oetker.de**

ISBN: 3-7670-0562-X